JN446230

EXPERT INSIGHT

프롬프트
디자인 패턴

AI 보조 소프트웨어 개발

ChatGPT및 GitHub Copilot으로 개발 워크플로우 개선

AI-Assisted Programming for Web and Machine Learning

Improve your development workflow with ChatGPT and GitHub Copilot

Christoffer Noring | Anjali Jain
Marina Fernandez | Ayşe Mutlu | Ajit Jaokar 지음
단무지 옮김

<packt>

도서출판 홍릉

AI-Assisted Programming for Web and Machine Learning

by Christoffer Noring | Anjali Jain Marina Fernandez | Ayşe Mutlu | Ajit Jaokar

Copyright © 2024 Packt Publishing
First published in the English language under the title 'AI-Assisted Programming for Web and Machine Learning', ISBN 9781835086056
Korean Translation Copyright © 2025 by HongReung Publishing co.
All rights reserved.

The Korean edition was published by arrangement with Packt Publishing Ltd. through Agency-One, Seoul.

프롬프트 디자인 패턴

AI 보조 소프트웨어 개발

ChatGPT및 GitHub Copilot으로 개발 워크플로우 개선

인 쇄: 2025년 1월 10일 초판 1쇄
발 행: 2025년 1월 17일 초판 1쇄

역 자: 단무지
발행인: 송 준
발행처: 도서출판 홍릉
주 소: 01093 서울시 강북구 인수봉로 50길 10
등 록: 1976년 10월 21일 제5-66호

전 화: 02-999-2274~5
팩 스: 02-905-6729
e-mail: hongpub@hongpub.co.kr
http://www.hongpub.co.kr
ISBN: 979-11-5600-258-1(93000)

정 가: 39,000원

낙장 및 파본은 구입처나 본사에서 교환하여 드립니다.

이 책의 한국어판 저작권은 에이전시 원을 통해 저작권자와의 독점 계약으로 도서출판 홍릉에 있습니다.
신 저작권법에 의해 한국 내에서 보호를 받는 저작물이므로 무단전재와 무단복제를 금합니다.

역자서문

독자 여러분, 이 책을 통해 여러분은 만날 수 있게 되어서 정말로 기쁩니다.

지금까지 프로그래밍 서적은 인터넷 강의나 자습서를 통하여 학습자가 일방적으로 코딩을 공부하는 방식이었다면, GitHub Copilot 및 OpenAI의 ChatGPT와 함께 문답을 해가면서 마치 1대1 과외를 받는 방식으로 진행됩니다. 물론 해당 AI 어시스턴트를 제대로 사용하기 위해서는 이 책과 별개로 해당 서비스의 유료 정기구독을 통하여 제대로 된 기능을 활용할 수 있다는 한계가 있지만, 이 책의 저자들은 무료 서비스의 경우까지 상정하고 책을 집필했기에 아무나 부담 없이 배울 수 있는 책입니다.

이 책은 데이터 과학자로서 성장하는 데 필요한 개념을 친절하게 설명합니다. 대학에서 배우는 데이터과학의 학부 과정 개념들을 이해하기 쉽게 다루며, 응용 시 필요한 방향도 제시합니다. 데이터 과학에 관심 있는 분들에게 입문서로 적합합니다.

이 책을 우리말로 옮기면서 최대한 원문의 뜻을 왜곡시키지 않으면서, 읽히기 쉽게 최대한 노력하였습니다. 특히, 용어에 관련해서는 신경을 썼지만 일상적으로 쓰이는 영단어를 우리말로 옮긴 것이 아니라, 통계학에서 사용되는 용어를 적극적으로 차용하였습니다. 통계학에서 쓰이는 용어를 사용하였기에 이해가 어려울 경우가 있다고도 판단하여 영어 또한 병기하였습니다. 이 점을 독자 여러분께 양해를 부탁드립니다.

이 책은 역자 혼자만의 힘으로 나온 책이 아닙니다. 마지막으로 번역 작업에 많은 노하우와 도움을 주신 박 실장님, 김 상무님 등의 출판사 관계자를 비롯하여 우리말 검토에서 Heon님, Prokuma님의 도움이 있었습니다.

- Heon: 태어난 고장인 대구를 중심으로, 전국의 오락실 관련 스트리밍 솔루션 업체의 대표를 맡고 있다. 4년제 대학교의 산학센터에서 입상하는 등 쉬는 날 없이 활발한 활동을 이어 나가고 있다.
- Prokuma: 일본에서 학부를 마치고 석사 학위까지 취득하였다. 현재는 일본을 중심으로 하는 AI 스타트업의 CTO를 역임하며, 전 세계 서비스를 목표로 일하는 동시에 박사 과정을 밟고 있다.

독자 여러분들을 다시 만날 수 있기를 고대하고 있겠습니다.

번역가 단무지.

기여자들

저자 소개

Christoffer Noring은 Microsoft의 선임 변호사로 일하고 응용 프로그램 개발과 AI에 주력합니다. 그는 구글 개발 전문가이고, 전 세계에 걸쳐서 100 여 번의 발표를 대중에게 발표했습니다. 추가적으로 옥스퍼드 대학에서 구름 패턴과 AI를 가르치고 있습니다. 크리스토퍼는 Angular, NGRX, GO 언어의 저자입니다.

Anjali Jain은 20년 이상 런던에 기반을 두고 AI와 기계 학습 전문가로서 경력을 쌓고 있습니다. 현재는 Metrobank에서 데이터 설계자로 일하고 있는 그녀는 AI, 데이터, 아키텍처, 데이터 거버넌스 및 소프트웨어 개발에 대한 전문 지식을 금융 부문에 제공합니다. Anjali는 전기 공학 학사 학위를 가지고 있으며 TOGAF 9.1 ITIL 2011 재단을 포함한 자격증을 자랑합니다. 옥스포드 대학의 시니어 AI 및 기계 학습을 가르치는 역할에서 그녀는 다양한 기술에 대한 최첨단 지식을 공유합니다.

Marina Fernandez는 재무 위험 관리에 대한 전문 지식을 보유한 데이터 과학자이며 데이터브릭 컨설턴트입니다. 그녀는 옥스포드 대학의 학술 팀에 기여하고 있으며, 그곳에서 AI 및 기계 학습 수석 튜터 및 객원 강사직을 맡고 있습니다. 20년의 경력 동안, Marina는 다양한 비즈니스 도메인을 위한 대규모 엔터프라이즈 시스템 개발에 힘써왔습니다. 그녀의 경험은 전자 상거래, 전자 학습, 소프트웨어 보안, 상품 거래 및 위험 관리 시스템 및 규제 보고를 포함합니다. Marina는 옥스포드 대학에서 소프트웨어 공학 석사 학위를 취득하였습니다. 추가적으로 그녀는 Microsoft Certified Professional 및 Certified Scrum Master를 포함한 전문 자격증을 취득했습니다.

Ayşe Mutlu는 Azur AI 및 DevOps 기술을 연구하는 데이터 과학자입니다. 런던에 본사를 둔 Ayşe는 Microsoft Azure 프레임워크(Azure DevOps 및 Azure Pipeles)를 사용하여 기계 학습 및 심층 학습 모델을 구축하고 배포하는 것입니다. 그녀는 Python 으로 코딩하는 것을 좋아하고 Python의 오픈 소스 이니셔티브에 기여합니다.

Ajit Jaokar는 Feynlabs의 데이터 과학자로, 복잡한 응용 프로그램을 위한 AI 프로토타입을 구축하고 있습니다. 그는 또한 옥스포드 대학의 AI 코스 디렉터입니다. 이외에도, Ajit는 옥스포드

기여자들

대학의 공학 과학 방문 연구원이며, 런던 경제 대학 폴리테크니카 데 마드리드 대학, 하버드 케네디 정부 대학엣 미래 사회의 일환으로 AI 과정을 수행하고 있습니다. 옥스포드와 그의 회사에서 그의 작업은 디지털 트윈을 가진 AI, 양자 컴퓨팅, 메타버스, 아그텍 및 생명과학을 포함한 AI 의 학제 간 측면을 기반합니다. 그의 교육은 여구의 일환으로 개발하고 있는 AI 및 사이버 물리 시스템에 대한 방법론을 기반으로 합니다.

검토자들

Maxim Salnikov는 오슬로에 기반을 둔 기술 및 클라우드 커뮤니티 애호가입니다. 웹 개발자로써 20년 이상의 경험을 가진 그는 전 세계 개발 행사에서 연설하고 교육을 제공함으로써, 웹 플랫폼, 클라우드 컴퓨팅 및 Ai에 대한 광범위한 지식을 공유합니다. Maxim은 하루가 다르게 Micrsoft의 개발자 생산성 비즈니스 리더로서 유럽 기업 내에서 클라우드 및 AI 솔루션을 개발을 지원하는 데 중요한 역할을 하고 있습니다. 저녁에는 노르웨이에서 가장 큰 웹 클라우드 개발 커뮤니티의 행사를 운영하는 것을 볼 있습니다. Maxim은 AI 보조 개발을 포함한 범용 Ai 가능성을 탐색하고 실험하는 데 열정적입니다. 그는 자신의 통찰력을 공유하고 전 세계적으로 같은 생각을 가진 전문가들과 연결하기 위하여 세계적인 규모에서 처음으로 창립된 프롬프트 엔지니어링 컨퍼런스를 설립하고 조직하였습니다.

Şaban Kara는 게브제 공과 대학교 전자공학을 졸업한 AI 및 기계 학습 소프트웨어 엔지니어입니다. Şaban은 여러 NLP 프로젝트를 개발하고 다양한 확률 통계 기반의 기계 학습 알고리즘을 개발했습니다. Şaban은 특히 LLM 및 LangChain 모델에 대한 관심을 가진 것으로 유명합니다. 이러한 모델에 대한 그의 연구는 자발적인 학습 능력을 향상시키는 데 초점을 맞추고 있습니다. 그는 TUBITAK에서 경력을 쌓기 시작했습니다. 현재 개인 회사에서 LLM 모델에 대한 ML 알고리즘을 개발하고 자체 학습 Ai를 만들고 있습니다.

이 책을 준비하는 데 기여한 가족, 친구, 동료들에게 감사드립니다. 그들의 지원이 이 프로젝트의 성공에 중요한 역할을 했습니다.

기여자들

Discord에서 우리 커뮤니티에 참여하세요.

저자 및 여러 독자와 함께 토론하려면 Discord 커뮤니티 공간에 참여하세요.

https://packt.link/aicode

저자서문

책의 대상

이 책은 웹 계발, 기계 학습, 데이터 과학 현장에 있는 전문가를 대상합니다. 최소한 1~3년의 전문적인 경력이 있어야 합니다. 이 책은 다양한 문제 도메인에서 AI 어시스턴트의 활용하는 방법을 보여줌으로써, 여러분에게 힘을 실어주기 위한 것입니다. 전반적인 특징을 설명할 뿐만 아니라, 최적의 결과를 얻고 효과적인 프롬프트에 대한 권장 사항도 제공합니다.

북 커버에 뭐가 있나요

"1장 AI 어시스턴트가 함께하는 세상에 여러분을 초대합니다."에서는 대규모 언어 모델을 어떻게 사용하기 시작했는지, 그리고 IT 노동자뿐만이 아니라 많은 사람들에게 어떻게 패러다임의 전환을 구성하는 지 살펴봅니다.

"2장 프롬프트 전략"에서는 문제를 분석하는 데 사용되는 전략과 선택한 AI 도구를 효과적으로 프롬프트 하는 방법에 대한 몇 가지 지침을 설명합니다.

"3장 비장의 무기 : AI 어시스턴트를 소개합니다"에서는 두 가지의 AI 어시스턴트인 Github Copilot과 ChatGPT를 함께 동작하는 방법에 대해 알아봅니다.

"4장 HTML과 Copilot으로 응용 프로그램의 생김새 구축하기"에서는 전자 상거래 응용 프로그램의 프론트엔드 구축에 중점을 둡니다. (책 전체에 걸쳐서 소개될 이야기입니다.)

"5장 CSS와 Copilot으로 응용 프로그램 꾸미기"에서는 CSS와 코파일럿으로 전자 상거래 응용 프로그램을 계속 개발하자만, 이제는 CSS에 초점을 맞추고 생김새가 매력적으로 보이도록 하는 장입니다.

"6장 JavaScript를 사용하여 동작 추가"에서는 JavaScript를 사용하여 전자 상거래 응용 프로그램에 행동을 추가합니다.

"7장 반응형 웹 레이아웃을 이용하여 다중 뷰포트 지원"에서는 응용 프로그램이 더 작은 모바일 화면, 태블릿, 데스크톱 화면 등 다양한 기기 유형에서 작동해야 한다는 사실을 다룹니다. 따라서 이 장에서는 반응형 설계에 초점을 맞춥니다.

저자서문

"8장 Web API로 백엔드 구축"에서는 구축한 응용 프로그램이 실제로 작동하려면, 데이터를 읽고 쓸 수 있고 지속할 수 있는 코드로 구성된 백엔드가 있어야 하는 방법에 대해 살펴봅니다. 그렇기에 이 장에서는 전자 상거래 응용 프로그램을 위한 웹 API 구축에 중점을 둡니다.

"9장 AI 서비스와 Web 응용 프로그램 프로그램 보강"에서는 기계 학습 모델을 훈련하고 웹 API를 통하여 노출시켜, 브라우저 혹은 기타 유형의 클라이언트가 HTTP 프로토콜을 사용할 수 있도록 하는 방법을 다룹니다.

"10장 기존 코드베이스 유지 관리"에서는 대부분의 개발자가 새 프로젝트를 만드는 대신, 기존 코드베이스를 유지 보수하는 방법에 대해 다룹니다. 그렇기에, 이 장에서는 버그 처리, 성능, 테스트 작업 등의 다루기에 대한 다양한 측면에 초점을 맞춥니다.

"11장 ChatGPT를 가지고 데이터 탐구"에서는 리뷰 데이터 세트와 협력하여, 분포, 추세 상관 관계 등에 대한 통찰을 식별하는 방법을 배웁니다.

"12장 ChatGPT로 분류 모델 구축하기"에서는 11장과 동일한 데이터 세트를 살펴보고, 분류 및 감정 분석을 수행합니다.

"13장 ChatGPT로 고객 지출에 대한 회귀 모델 구축하기"에서는 고객의 연간 지출액을 예측하려고 시도하며, 회귀를 사용하여 이러한 예측을 수행할 수 있는 모델을 만듭니다.

"14장 ChatGPT로 Fashion-MNIST를 위한 MLP 모델 구축하기"에서는 Fashion-MNIST를 기반으로 한 MLP 모델 구축을 살펴보며, 지속적으로 전자 상거래라는 주제를 고수합니다.

"15장 ChatGPT로 CIFAR-10을 위한 CNN 모델 구축하기"에서는 CNN 모델 구축에 초점을 맞춥니다.

"16장 비지도 학습"에서는 클러스터링과 PCA는 클러스터링 미 PCA에 초점을 맞춥니다.

"17장 Copilot으로 기계 학습"에서는 Githhub Copilot을 사용하여, 기계 학습을 수행하고 ChatGPT와 대조하는 과정을 다룹니다.

"18장 ChatGPT로 회귀"에서는 회귀 모델을 개발합니다. 또한, 이 장에서는 Github Copilot을 사용합니다.

“19장 Copilot 제안으로 회귀”에서는 이전 장과 마찬가지로 Github Copilot을 사용한 회귀에 초점을 맞추고 있습니다. 이 장의 차이점은 채팅과 같은 인터페이스에서 프롬프트를 작성하는 대신에, 프롬프트를 텍스트 파일의 주석으로 작성할 때 제안을 사용한다는 점입니다.

“20장 Github Copilot으로 효율성 향상하기”에서는 Github Copilot을 최대한 활용하는 데 초점을 둡니다. 이 장은 Github Copolot을 마스터하려면 반드시 읽어야 합니다.

“21장 소프트웨어 개발에서 에이전트”에서는 Ai의 다음 단계, 즉 에이전트에 대해 살펴봅니다. 에이전트는 높은 수준의 목표에 따라서 자율적으로 행동함으로써, 훨씬 더 높은 수준으로 도움을 줄 수 있습니다. 미래 동향에 대해 궁금하다면, 읽을 가치가 있습니다.

“22장 마무리”에서는 AI 어시스턴트와 함께 일하는 것에 대해서 자세히 알아보도록 함으로써, 책을 마무리 짓습니다.

이 책을 최대한 활용하려면

이 책은 초보자가 아닌 각 도메인에서 몇 가지 프로젝트를 구축했다면 더 많은 것을 얻을 수 있습니다. 그렇기에 이 책은 기존 개발 작업흐름에서 역량을 강화하는 데 중점을 둡니다. 웹 개발이나 기계 학습을 완전히 처음 접하는 경우에는 Packt의 다른 책을 추천합니다. 권장사항은 아래의 목록을 참고합니다.

- `https://www.packtpub.com/en-us/product/html5-web-application-development-by-example-beginners-guide-9781849695947`
- Python을 통한 기계 학습 Unlocking AI Potential with Python and Machine Learning by Oliver Theobald (`https://www.packtpub.com/en-US/product/machine-learning-with-python-9781835461969`)

이 책은 사용자가 작성하도록 권장되는 프롬프트와 선택된 AI 도구의 결과를 표시하는 방식으로 제작되었습니다.

- 웹 개발을 하는 장에서는 Visual Studio Code 설치를 추천합니다. 책에는 Github Copilot을 설치하고 이를 활용하는 방법을 설명하는 전용 장이 있습니다. Visual Studio Code의

설치 과정을 보려면 여기를 확인합니다. https://code.visualstudio.com/download

- 기계 학습하는 장의 경우, 대부분의 장은 웹 브라우저를 통하여 접근할 수 있는 ChatGPT를 사용합니다. 다양한 도구를 통해 볼 수 있는 Notebook을 사용하여 문제를 하는 것을 추천합니다. Notebook 설정에 대한 자세한 지침은 이 페이지를 참고합니다. https://code.visualstudio.com/docs/datascience/ jupyter-notebooks
- Github Copilot을 사용하려면, 로그인 할 Github 계정이 필요합니다. Github Copilot의 설정 과정에 대해서는 이 페이지를 참고합니다. https://docs.github.com/en/copilot/quickstart

예시 코드 파일을 다운로드하기

이 책을 위한 코드 번들은 Github을 통해 호스팅됩니다. https://github.com/PacktPublishing/AI-Assisted-Software-Development-with-GitHub-Copilot-and-ChatGPT. 풍부한 도서 및 동영상 카탈로그의 다른 코드 번들도 제공됩니다. https://github.com/PacktPublishing/. 확인해 보세요!

컬러 이미지 다운로드하기

이 책에 사용된 스크린샷/다이어그램의 컬러 이미지가 포함된 PDF를 제공합니다. 이 곳에서 다운로드 할 수 있습니다. https://packt.link/gbp/9781835086056.

사용되는 규칙

이 책 전체에서 사용된 텍스트 규칙이 몇 가지 있습니다.

`CodeInText`(텍스트 안 코드) : 텍스트, 데이터베이스 테이블 이름, 폴더 이름, 파일 이름, 파일 확장자, 경로 이름, 더미 URL, 사용자 입력물, 그리고 X(구 트위터)는 코드워드로 나타냅니다. 예시 : "이제 해당 `product.css`가 위의 콘텐츠로 생성되었으므로, CSS 파일을 HTML 파일에 포함시킬 수 있습니다."

볼드체 : 새로운 용어, 중요한 단어 혹은 화면에서 보이는 단어를 나타냅니다. 예를 들자면, 메뉴나 대화 상자안에 단어는 다음과 같이 나타냅니다. 예시 "**새로운 사용자를 생성합니다**: 새로운 사용자를 생성할 수 있어야만 합니다."

> **참고**
> 주의 혹은 중요 참고는 다음과 같이 나타냅니다.

> **TIP**
> 팁과 요령은 다음과 같이 나타냅니다.

연락처

독자의 피드백을 항상 환영합니다.

일반 피드백 : feedback@packtpub.com 으로 이메일을 보내고 메시지 주제를 포함한 책의 제목을 알려주세요. 이 책의 아무런 측면에 대한 질문은 questions@packtpub.com으로 해주세요.

기타 : 콘텐츠의 정확도에 항상 주의를 기울였음에도 불구하고, 실수가 있을 수 있습니다. 만약 이 책에서 실수를 찾았다면, 이 사실을 저희에게 보고해 주시면 감사하겠습니다. Http://www.packtpub.com/submit-errata에 방문하시고, **Submit Errata를 클릭해주세요**, 그리고 서식을 채워주세요.

정책 : 만약에 인터넷에서 어떠한 형태의 불법 복제 작업물을 우연히 발견한다면, 위치한 주소나 웹사이트 이름을 알려주시면 감사하겠습니다. 자료 링크가 있는 copyright@packtpub.com 으로 문의해 주세요.

만약 저자가 되는 것에 관심이 있으시다면 : 전문 지식이 있고 책을 쓰거나 기고하는 데 관심이 있는 주제가 있다면, http://authors.packtpub.com을 방문해 주세요.

저자서문

후기를 써주세요

“AI 보조 소프트웨어 개발”을 읽으셨다면, 후기를 써주세요. Amazon 리뷰 페이지로 바로가는 QR코드를 스캔하고 리뷰를 남겨주세요.

https://packt.link/r/1835086055

리뷰는 당사와 테크 커뮤니티에 중요하며, 우수한 품질의 콘텐츠를 제공하는 데 도움이 될 것입니다.

저자서문

이 책의 무료 PDF 사본을 다운로드 합니다.

이 책을 구입해 주셔서 감사합니다!

이동 중에도 책을 읽고 싶지만 인쇄된 책을 가지고 다니기 불편하신가요? 구매한 전자책이 원하는 기기와 호환되지 않나요?

걱정하지 마세요. 이제 어떤 Packt 도서를 구입하시든 해당 도서의 DRM이 없는 PDF 버전을 무료로 받으실 수 있습니다.

언제 어디서나 어떤 기기에서든 읽을 수 있습니다. 좋아하는 기술 서적의 코드를 찾아 복사해서 여러분의 어플리케이션에 바로 붙여 넣을 수 있습니다.

혜택은 여기서 그치지 않고 여러분의 받은 편지함에 할인, 뉴스레터 및 훌륭한 무료 콘텐츠를 전달받을 수 있습니다.

다음의 간단한 단계를 따라 혜택을 받으세요:

1. QR 코드를 스캔하거나 아래 링크를 방문하세요.

https://packt.link/free-ebook/9781835086056

2. 구매 증빙 자료를 제출합니다.
3. 끝! 여러분의 이메일 주소로 무료 PDF 및 기타 혜택을 바로 보내드립니다.

차례

차례

차례

차례

제13장 ChatGPT로 고객 지출에 대한 회귀 모델 구축하기

제14장 ChatGPT로 Fashion-MNIST를 위한 MLP 모델 구축하기

제15장 ChatGPT로 CIFAR을 위한 CNN 모델 구축하기

차례

차례

차례

제1장

AI 어시스턴트와 함께하는 새로운 세상으로 여러분을 초대합니다

소개

2022년 11월, ChatGPT는 전혀 예상치 못한 곳에서 등장하였습니다. 시간이 지나가면서, ChatGPT는 탄력을 받아서 서서히 널리 수용되는 도구로 발전해 나갔습니다. 결국에는 수백만 명의 사람들은 통찰 제공, 텍스트 요약, 코드 작성 등과 같은 여러 기능을 활용하여 업무 흐름에 ChatGPT를 적극적으로 편입이 되었습니다.

ChatGPT의 등장으로 많은 사람의 업무 흐름이 바뀌었고, 긴 텍스트 문장의 이해와 이메일 작성 등과 같은 작업에서 많은 개선이 이루어졌습니다. ChatGPT나 Github Copilot과 같은 AI 도구를 이용하여 업무 효율을 높이는 방법을 배울 수 있기를 바랍니다. 이 두 가지 AI 도구 뿐만이 아니라, 다양한 문제 도메인에 적용할 수 있게 알려드는 것이 이 책의 목표입니다.

AI 어시스턴트를 사용하여 문제를 해결하기 전에, 역사를 살펴보겠습니다. ChatGPT는 그냥 갑자기 나온 것이 아닐 것입니다. 그렇죠?

NLP에서 LLM까지, ChatGPT가 태어난 과정

대규모 언어 모델(Large Language Models, LLM)을 기반으로 하는 ChatGPT와 같은 AI 도구를 이야기하기 전에, **자연어 처리**(Natural Language Processing, NLP)에 대해 알아보겠습니다.

NLP는 컴퓨터 과학, 인공지능 그리고 전산언어학Computational linguistic[1])의 한 분야입니다. NLP는 컴퓨터와 인간의 언어 사이의 상호작용과 대량의 자연어 데이터를 처리하고 분석하도록 컴퓨터를 프로그래밍하는 방법을 연구합니다. NLP는 현실 세계에서 다양하고 유용한 응용 분야를

1) **역자주** : 컴퓨터 언어학이라고도 칭함

가진, 흥미로운 분야입니다. 밑에 있는 예시를 보시죠.

- **음성 인식** : 최신 스마트폰을 가지고 있다면, Siri 혹은 Alexa와 같은 음성 어시스턴트와 이야기를 해 본 적이 있을 것입니다.
- **감정 분석** : SNS와 같은 도메인에서 감정을 이해하는 것은 매우 유용할 것입니다. 기업은 브랜드가 어떻게 인식되는지 알고 싶어하고, 전자 상거래에서는 제품의 리뷰를 이해하여 비즈니스를 강화하고자 합니다.
- **챗 봇과 가상 어시스턴트** : ChatGPT가 등장하기 전부터, 웹 페이지에 챗 봇이 통합된 것을 본 적이 있을 것입니다. 이러한 챗 봇은 간단한 질문에 대답할 수 있으며, 기업들은 간단한 질문에 빠르게 대답하고 FAQ 페이지보다 자연스러운 경험을 제공하기 위하여, 챗 봇을 보유하고 있습니다.
- **텍스트 요약** : 텍스트 요약이라고 하면 검색 엔진이 떠오르실 것입니다. Bing이나 Google과 같은 검색 엔진을 사용할 때 검색할 페이지를 요약하여 검색결과 페이지에, 검색하고자 하는 페이지의 링크와 함께 요약본을 표시하는 것을 보셨을 것입니다. 사용자에게 있어서는 어떤 링크를 클릭할 지 더 많이 이해할 수 있습니다.
- **콘텐츠 추천** : 다양한 여러 도메인에서 이용되는 중요한 분야입니다. 전자 상거래에서는 사용자가 관심을 가질 만한 제품을 보여주고, Xbox에서는 어떠한 게임을 플레이하고 구매할지 추천하며, 비디오 스트리밍 서비스에서는 다음으로 볼 만한 콘텐츠를 나타내는 데 사용합니다.

보시는 것과 같이, 이미 NLP의 도입은 기업과 최종 사용자 모두에게 큰 혜택을 주고 있습니다.

LLM의 부흥

NLP에서 LLM으로 어떻게 발전했을까요? 초기에 NLP는 규칙 기반 시스템Rule-based System과 통계적 메서드Statistical method를 사용하였습니다. 이러한 접근 방법은 일부 작업에는 잘 작동하였지만, 인간 언어에는 어려움을 겪었습니다.

기계 학습Machine Learning의 부분집합인 심층 학습Deep Learning이 NLP에 도입이 되며 데이터의 패턴을 학습할 수 있는 (순환 신경망Recurrent Neural Networks(RNN)과 트랜스포머Transformer 기반 등의) 모델이 등장하면서, 상황은 더 나아졌습니다. 그 결과로 성능은 크게 향상 되었습니다. 트랜스포머 기반 모델Transformer-based Model을 통해 대규모 언어 모델Large Language Model(LLM)의 기반이 된 것입니다.

LLM은 일종의 트랜스포머 모델입니다. 사람과 유사한 텍스트를 생성할 수 있으며, NLP 모델과 달리 특정한 훈련 데이터가 없더라도 다양한 작업에 능숙합니다. 어떻게 이것이 가능할까요? 정답은 진보된 아키텍처와 엄청난 연산 능력의 향상 및 방대한 데이터 세트의 조합입니다.

LLM은 충분한 데이터와 연산이 주어진다면, 엄청나게 큰 신경망이 무엇이든지 학습할 수 있다는 발상에 기초하고 있습니다. 이것은 컴퓨터 프로그래밍 방식의 패러다임 전환입니다. 코드를 작성하는 대신에, 프롬프트를 쓰고 나머지는 모델이 알아서 하도록 내버려두는 것입니다.

GPT 모델들

다양한 유형의 LLM이 있지만, 잠시 GPT에 집중해 보겠습니다. 이 책에서 선택한 도구의 기반이 되는 유형의 LLM입니다(GitHub Copilot이 Codex로 알려진 특정 하위집합을 사용합니다만).

지난 몇 년 동안, 여러 가지 버전이 개발되었습니다. 다음은 OpenAI라는 회사가 개발한 몇 가지 모델들입니다.

- GPT-1 : 첫 번째 버전으로 1억 1,700만 개의 모수[Parameter](母數)를 사용하는 트랜스포머 아키텍처입니다.
- GPT-2 : 15억 개의 모수를 가지고 있고 일관되며 관련성 있는 텍스트를 생성할 수 있습니다.
- GPT-3 : 이 모델은 1,750억 개의 모수를 가지고 있으며, 질문 답변, 소설 생성, 코드 작성과 같은 기능을 갖춘 이전 모델보다 훨씬 우수합니다.
- GPT-4 : 이 모델은 1조 7,600억 개의 모수가 있다고 알려져 있습니다.
- 모수의 수를 통하여, 모델은 더 미묘한 텍스트를 이해할 수 있고 일관성이 있습니다. 또한 모델이 클수록, 모델을 훈련하는 데 필요한 계산 리소스가 더 커진다고 말해야 합니다.
- ChatGPT는 최근에 GPT-4로 전환되었으며, GPT-3와 차이는 매우 큽니다.

어떻게 LLM이 더 나은가

이제 LLM이 어떻게 생겨났고 어디에서 왔는지 이해하게 되었습니다. LLM이 왜 좋은 지 알아보겠습니다. LLM 기반의 AI 어시스턴트를 도입해야 하는 이유를 보여준 좋은 예시에는 무엇이 있을까요?

LLM은 더 크고 더 발전하였기에, 기존 NLP 모델을 능가하는 도메인이 몇 가지 있습니다.

- **콘텍스트** : LLM은 최근 입력을 이해할 수 있을 뿐만 아니라, 더 긴 대화에 기초한 대답을 생성할 수 있습니다.
- **단발성 학습** : 작업을 수행하기 위하여, 일반적으로 LLM은 몇 가지 예시만 있다면 올바른 대답을 생성할 수 있습니다. 이것은 주로 대량의 작업에 특화 훈련 데이터를 활용하여 제대로 동작하는 NLP 모델과 대조되어야 합니다.
- **성능** : LLM은 번역, 질문, 요약과 같은 도메인에서 기존 NLP 모델보다 우수합니다.

특히, LLM이 완벽하지 않다는 사실을 말해 둘만 합니다. LLM은 잘못된 대답을 생성하고 할루시네이션Hallucination이라고 하는 대답을 만들어 낼 수 있습니다. 하지만, 이 책을 읽으면서 LLM 기반 AI 어시스턴트를 사용할 때의 장점을 확인하고, 그 장점이 단점보다 훨씬 큰 점을 생각하시길 바랍니다.

새로운 패러다임, 자연어를 이용하는 프로그래밍

자연어로 프로그래밍 하는 새로운 패러다임 LLM 기반 AI 어시스턴트를 사용할 때, 가장 큰 장점은 자연어만을 사용하여 어시스턴트와 상호작용을 할 수 있다는 점일 것입니다. 필요한 대답을 얻기 위하여 프로그래밍 언어를 배울 필요가 없습니다. 이러한 변화는 AI와의 상호작용에 있어서 새로운 패러다임을 제시합니다. 응용 프로그램의 제작, 데이터 검색, 심지어는 이미지와 발표자료 등을 제작할 때 특정한 언어로 작성하는 방식에서 벗어나, 프롬프트를 통하여 원하고자 하는 것을 높은 수준으로 표현할 수 있게 합니다.

다음은 상당히 많은 노력이 필요로 했던 작업을 이제는 프롬프트를 사용해서 이룰 수 있게 된 예시입니다.

- **프로그래밍**: 프롬프트를 통하여 어떠한 응용 프로그램을 구축할지 코드를 변경할지 표현할 수 있습니다.
- **이미지 생성**: 이전에 디자이너나 예술가가 필요로 했다면, 이제는 프롬프트를 통하여 생성할 수 있습니다.
- **비디오**: 사용자가 작성한 프롬프트에서 아바타Avatar가 읽어주는 동영상 생성 도구가 시중에 나와 있습니다.
- **텍스트 업무**: LLM 기반 AI 어시스턴트는 이메일 생성, 다량의 텍스트 요약, 면접 광고 작

성 등 실제로 텍스트로 상상할 수 있는 모든 작업을 할 수 있습니다.

위에서 언급한 모든 응용 분야를 통하여 LLM 기반의 AI 도구는 프로그래머와 데이터 과학자뿐만 아닌 다양한 직업군에서 활용되고 있음을 알 수 있습니다.

도전 과제와 한계

이 시점에서 모든 것이 잘 작동하고 있을까요? AI 어시스턴트는 아직 "당신"을 대체할 수 없으며, "사고력 동반자"로 여겨야 합니다. Microsoft는 의도적으로 AI 어시스턴트를 "Copilot"이라고 명명을 하고, 사용자에게 방향을 제시하는 조종사 역할을 분명하게 주장하고 있습니다. 이와 같은 도구는 몇 초 만에 텍스트 및 기타 양식을 생성할 수 있지만, 정확성을 확인해야 합니다. 가끔씩 도구를 통해 받은 대답은 반복적으로 수정해야 하는 경우가 많습니다. 희소식은 다시 설명하는 데 단지 몇 초 밖에 걸리지 않는다는 점입니다.

AI 어시스턴트에 대해 알아야 할 중요한 점은, 사용자가 특정한 주제에 숙련도가 높을수록 똑똑한 질문을 할 수 있고, 대답의 정확성을 더 잘 평가할 수 있습니다.

이 책에 대하여

이 책의 목표는 다음과 같습니다.

- 자연어를 사용한 프로그래밍의 새로운 패러다임을 소개합니다.
- AI 어시스턴트 사용을 시작할 수 있는 도구를 제공합니다.
- 프롬프트 엔지니어링Prompt Engineering과 특히 프롬프트 전략Prompt Strategy(*2장에서 다룸*)과 몇 가지 괜찮은 예시(*8장에서 다룸*)를 알려드리면서 AI 어시스턴트를 효과적이고 책임감 있게 사용할 수 있는 역량에 힘을 실어드립니다.

이러한 도구들과 프롬프트 전략들 및 예시를 통해 AI 어시스턴트를 효과적이고 책임감 있게 사용하여 업무를 보강하고 생산성을 높일 수 있다고 믿습니다.

책의 대상

이 책은 웹과 기계 훈련 분야의 전문 개발자를 위한 책입니다. Github Copilot 및 ChatGPT와 같은 AI 어시스턴트를 사용하여 작업을 보강하고 생산성을 높이는 방법을 배우고자 하시는 분들을 위한 책입니다.

프로그래밍 언어의 진화

프로그래밍은 역사적으로 일련의 변화와 패러다임의 전환을 겪었습니다.

- 에이다 러브레이스Ada Lovelace는 1840년대에 최초로 알고리즘Algorithm 기계인 해석기관Analytical Engine을 만들었습니다. 러브레이스는 최초의 컴퓨터 프로그래머이자 최초로 기계가 단순한 계산기 이상의 용도를 가지고 있다는 것을 인식한 인물로 평가받습니다.
- 1940년대에 최초의 프로그래밍을 할 수 있는 컴퓨터가 만들어졌습니다. 이 컴퓨터들은 천공 카드Punch card를 이용하여 프로그래밍이 되었습니다. 이러한 컴퓨터 중 하나는 포탄의 궤적을 계산하는 데 사용이 된 하버드 마크 1Harvard Mark I이었습니다. 또한 제2 차 세계대전 중 에니그마 암호Enigma Code를 해독하는 데 사용되어 연합군이 전쟁에서 승리하는 데 중요한 역할을 한 봄베Bombe도 언급할 가치가 있겠습니다.
- 1950년대에 최초로 고급 프로그래밍 언어High-level programming language가 만들어졌습니다. 이 시기에는 FORTRAN, LISP, COBOL, ALGOL이 탄생했습니다. 이 언어들은 특히 은행 시스템과 과학 컴퓨팅 및 국방 분야에서 오늘날까지도 계속 사용됩니다.
- 1970년대에 최초의 객체 지향 프로그래밍 언어Object-oriented programming language가 만들어졌습니다. 1970년대는 Smalltalk, C++, Objective-C가 탄생했습니다. Smalltalk를 제외한 이 언어들은 오늘날에도 많이 사용되고 있습니다.
- 1990년대에 최초의 함수형 프로그래밍 언어Functional programming language가 탄생했습니다. 1990년대에는 Haskell, Ocaml 및 Scala가 등장했습니다. 이러한 언어의 장점은 불변성과 순수 함수Pure function를 장려하여 추론과 테스트가 더 쉽다는 점입니다.
- 2000년대에 최초의 선언형 프로그래밍 언어Declarative programming language가 탄생했습니다. 선언형 프로그래밍 언어는 수행 방법보다는 수행하고자 하는 작업을 설명하는 데 사용됩니다. 2000년대에는 SQL, HTML, CSS가 등장했습니다.
- 2010년대에는 최초의 로우 코드Low-code 및 노 코드No-code 플랫폼이 만들어졌습니다. 이들 플랫폼은 폭이 넓은 청중에게 프로그래밍을 개방하고 기술적인 배경에 관계없이 누구나 응용 프로그램을 구축할 수 있도록 했습니다.
- 2020년대에는 자연어를 활용한 최초의 AI 어시스턴트가 탄생했습니다. 만약 문장을 쓸 수 있다면 코드를 쓸 수 있는 것입니다.

요약하자면, 프로그래밍은 일련의 변화와 패러다임의 전환을 겪어 왔습니다. 프롬프트 우선 프로그래밍Prompt-first programming은 최신의 패러다임의 변화이며, 이를 숙달하는 것이 당면한 미래에 적절함을 유지하는 데 핵심이 될 것입니다.

미래 전망

과거에는 변화와 패러다임의 전환이 몇 년이나 몇 십년이 걸렸다면, 이제 변화와 패러다임의 변환은 몇 개월, 심지어 몇 주가 걸립니다. 우리는 아주 빠른 속도로 새로운 세상을 향하여 나아가고 있습니다.

예전보다 전환이 빨라지는 것에 기대를 할 만합니다. 하지만, 언제나와 같이 주의를 기울어야 합니다. 이러한 도구를 무책임하게 사용하는 것의 위험과 위험성을 인식해야 하지만 무엇보다도 기회에 대해 인식해야 합니다.

앨런 케이Alan Kay는 "미래를 예측하는 가장 좋은 방법은 미래를 발명하는 것The best way to predict the future is to invent it"이라고 말한 바 있습니다.

책의 활용 방법

이 책을 가장 잘 활용하는 방법은 순서대로 장을 따라가는 것입니다.

프롬프트 전략을 다룬 2장은 이 책에서 가장 중요한 장입니다. 이 패턴과 전략은 책 전체에 걸쳐 언급되며 AI 어시스턴트를 효과적이고 책임감 있게 사용하는 방법에 참조가 됩니다.

이 책은 다음과 같은 형식으로 작성되었습니다.

- **소개**: 첫 번째 장에서는 이 책의 내용, 목표, 대상에 대한 개요를 제공하는 것을 목표로 합니다.
- **프롬프트 전략**: 이 아이디어는 데이터 과학 및 웹 개발 도메인 내의 문제를 분석하는 방법에 대한 기반을 마련하는 것입니다. 이 장부터 자신의 문제에 적용할 수 있는 전략을 배울 것입니다.
- **비장의 무기**: 세 번째 장에서는 우리의 도구인 Github Copilot과 ChatGPT의 정의, 작동방식, 설치방법을 소개합니다. 한편, 이 책은 저자가 쓴 모든 프롬프트는 아무 AI 어시스턴트에도 적용해도 비슷한 경험이 될 수 있도록 작성되었습니다.
- 이 책의 나머지는 2장에서 저자가 사용한 프롬프트 전략을 보여주고, 웹 개발부터 데이터

과학과 기계 훈련에 이르는 각양각색의 도메인에 적용하는 방식을 보여줍니다. 즐거운 독서가 되세요!

Discord에서 우리 커뮤니티에 참여하세요.

저자 및 여러 독자와 함께 토론하려면 Discord 커뮤니티 공간에 참여하세요.

https://packt.link/aicode

제2장
프롬프트 전략

소개

이전 장에서는 AI가 수년에 걸쳐서 어떻게 발전해 왔는지, **자연어 처리(NLP)**에서 **대규모 언어 모델(LLM)**로 어떻게 발전해 왔는지, 근래의 AI 어시스턴트이 기본적으로 기계 학습 역할을 하는지에 대한 역사적 맥락을 설명했습니다. 하지만, 효율적인 방법으로 "유도Prompt"하여 사용자가 원하는 것을 얻도록 보장하려면 전략을 세우는 것은 중요하며, 이 장에서는 그러한 전략을 제시하고자 합니다.

"프롬프트"를 효과적으로 하는 방법을 업계에서 흔히 "프롬프트 전략Prompt Strategy" 또는 "프롬프트 엔지니어링Prompt Engineering"이라고 합니다. 이것은 엔지니어링 관행이라고 하기보다는, AI 어시스턴트 실무자들이 잘 작동하는 양식과 관행을 발견한 예술적 형식에 가깝습니다. 이 책의 저자들은 이렇게 발견한 사례를 바탕으로 풀스택Full-stack 웹 개발과 데이터 과학이라는 두 가지 도메인에 대한 연구 결과를 설명하고자 합니다. 이 책은 웹 개발자 또는 데이터 과학자 여러분을 대상으로 하며, AI 어시스턴트를 사용하여 해당 도메인에 문제 해결에 가장 효과적으로 접근할 수 있는 방법을 설명함으로써 여러분에게 힘을 실어주는 것을 목표로 합니다.

이 장은 이 책의 중심을 이루는 부분입니다. 이 장에서 설명하는 접근 방식이 책의 다른 장에서 예시가 된다는 점에서 중심이 됩니다. 그렇기에 이 장은 나중에 데이터 과학과 풀스택 웹 개발의 특정 문제를 해결하는 다른 장에서 사용할 이론과 사고를 참고하고 제공할 수 있는 지침서라고 생각해주세요.

이 장에서 다루는 것은 다음과 같습니다.

- 프롬프트를 통하여 문제 해결을 위한 솔루션과, 솔루션을 검증하기 위한 전략을 제공합

니다.

- 데이터 과학과 풀스택 웹 개발에서 예시와 함께 전략을 설명합니다.
- 프롬프트 작성에 대한 몇 가지 기초 원칙을 파악합니다.

현재 상황

데이터 과학 또는 풀스택 웹 개발, 그리고 둘 다 해당하는 독자이자 실무자로서 독자 여러분은 기술을 알고 있습니다. 자신의 기술을 안다는 것은 문제를 해결하는 도구와 기술을 알고 있다는 뜻입니다. 이 시점에서 여러분은 AI 어시스턴트가 자연어 즉, 프롬프트를 통하여 제어되고 있다는 사실을 알고 있을 것입니다. 단순히 프롬프트를 쓰고 정답을 얻는 것 이상의 기능이 있다는 것을 깨닫지 못할 수도 있습니다. AI 어시스턴트는 대규모 말뭉치Corpus를 훈련했기에, 텍스트를 생성할 수 있는 대상과 프롬프트에 응답하는 방식에 대해 매우 유연합니다. 이러한 유연성 때문에, 효과적이며 효율적인 프롬프트를 작성하는 방법을 이해하는 것이 중요합니다.

프롬프트를 효율적으로 사용하는 지침서

프롬프트는 AI 도구의 입력 장치입니다. 사용자가 달성하는 목표에 따라 해결하려는 행동계획에 맞게 프롬프트를 조정해야 합니다. 그렇기에, 문제를 "유도하는Prompt" 방식이 중요합니다. 예를 들어서 프롬프트가 너무 애매하다면, 필요로 하는 정보를 얻을 수 없습니다. 프롬프트를 사용해서 회사의 슬로건을 생성하려고 한다고 가정해봅시다. 응용 프로그램을 생성하는 같은 코드의 사용을 원치 않으실 겁니다. 정반대로, 데이터 과학과 같은 분야는 특정한 순서대로 작업을 수행하는 것이 중요하며, 사용자의 프롬프트는 수행하려는 작업과 필요한 경우, 이를 수행하기 위한 단계를 반영해야 합니다.

성공하기 위해 필요한 것은 일반적으로 AI 어시스턴트를 효율적으로 사용하기 위하여 사용할 수 있는 접근 방식, 즉 전략입니다. 추가적으로, 이러한 전략은 선택한 문제 도메인에 대한 "본보기"를 제시할 수 있을 만큼 구체적이어야 합니다. 이 장의 초반에서 언급했듯이, 저희 저자들은 해당 도메인의 풀스택 웹 개발 및 데이터 과학을 위한 프롬프트 전략을 개발해 왔습니다.

큰 틀에서 AI 어시스턴트를 사용한 일반적인 문제 해결을 위한 지침서를 제안하며, 이는 프롬프트를 적용하는 문제 도메인에 관계없이 적용이 가능하다고 생각합니다.

1. 문제를 완전히 이해할 수 있도록 **문제를 세분화하세요.** 이 지침서에는 다음과 같은 각각의 단계가 있을 수 있습니다.
   - **문제를 이해합니다** : 어떤 문제이든지, 무엇이 문제이고 무엇이 아닌지 파악하는 것은 중요합니다. 예를 들자면, 매출을 예측하는 기계 학습 모델을 구축하나요? 아니면, 인벤토리[Inventory] 관리를 위해서 웹 페이지를 구축하나요? 이들 두 가지 문제는 서로 다른 문제이며, 서로 다른 접근 방식이 필요합니다.
   - **부분을 식별합니다** : 문제는 일반적으로, 복잡하고 해결해야 할 많은 부분으로 구성되어 있습니다. 예를 들자면, 매출을 예측하기 위하여 기계 학습 모델을 구축할 때에는 데이터, 모델, 훈련 및 평가를 확인해야 합니다. 이러한 각 부분은 더 작은 부분으로 세분화할 수 있습니다. 문제에 대한 적절한 수준을 찾는다면, 프롬프트를 작성함으로써 문제 해결을 시작할 수 있습니다.
   - **세분화하여 문제 해결합니다** : 필요로 한다면, 제어할 수 있는 좀 더 작은 부분으로 나누세요.
   - **데이터를 식별하고 이해합니다** : 특히 기계 학습에서는 작업할 데이터 세트, 데이터에 포함된 내용, 데이터의 구조를 파악하는 것이 중요합니다. 웹 개발에서도 데이터는 중심적인 역할을 하지만, 일반적으로 사용자에게 유용한 방식으로 데이터를 읽고 쓰며, 나타낼 수 있도록 하는 것이 목표입니다.
2. 적절한 수준에서 **프롬프트를 생성합니다.** 완벽하게 문제를 이해하였다면 작업을 목록화해야 하며, 각 작업에 대한 해당 작업을 해결하는 프롬프트를 작성하고 실행할 수 있어야 합니다.
3. **솔루션을 검증합니다.** AI 어시스턴트가 없을 때와 마찬가지로 시스템이나 응용 프로그램을 구축할 때에 검증은 결정적 역할을 합니다. 전통적으로 테스트를 작성하고 다양한 구성 요소를 함께 테스트하며, 사용자가 다양한 부분을 사용해 볼 수 있도록 하는 것을 의미합니다. 프롬프트 사용도 마찬가지입니다. LLM의 부작용으로는 연관이 없는 답변을 생성하거나, 최적의 방법이 아닌 방법으로 문제를 해결할 수 있다는 것입니다. 왜냐하면, 코드를 생성하는 프롬프트에 의존하게 되고, 솔루션이 정확하고 관련성이 있는지 확인하는 것이 더욱 중요해지기 때문입니다.

다음 절에서는 선택하였던 각 문제 도메인의 풀스택 웹 개발 및 데이터 과학에 대한 자세한 전략에 대해 설명합니다.

프롬프트 기술

AI 어시스턴트에게 최대한 활용하도록 지시할 때 매우 유용한 몇 가지 기술이 있습니다. 종합적인 조언은 AI 어시스턴트에게 충분한 컨텍스트를 제공하는 것이지만, 정확히 어떤 의미인지는 아래 제안된 패턴을 통해 더 구체적으로 설명할 수 있습니다.

- Task-Action-Guideline(과업-행동-지침) 프롬프트 패턴
- Persona-Instruction-Content(페르소나-행동-콘텍스트) 프롬프트 패턴
- 탐구 전략

Task-Action-Guideline(과업-행동-지침)프롬프트 패턴 (TAG)

이 패턴이 어떤 일을 하는 지 설명하려면, 부분으로 나누고 예시 프롬프트와 예시 응답을 보여드리겠습니다.

의도: AI 어시스턴트에게 해결해야 할 작업, 취해야 할 조치, 준수해야 할 지침에 대해 지시합니다.

- **Task(과업)**: Ai가 달성하고자 하는 과업을 명확하게 정의합니다.
- **Action(행동)**: AI가 작업을 완료하기 위해 취해야 할 단계 또는 조치를 지정합니다.
- **Guideline(지침)**: AI가 작업을 수행하는 동안 따라야 할 규칙, 제약 또는 지침을 제공합니다.

예시

프롬프트

- **Task(과업)** : 기후 변화에 대한 최신 뉴스 기사의 요약을 생성합니다.
- **Action(행동)** :
  1. 가장 최신의 뉴스 기사 안에서 기후 변하를 검색합니다.
  2. 가장 높은 연관성과 신뢰성의 기사를 선택합니다.
  3. 기사의 요점을 3~4줄로 요약합니다.
- **Guideline(지침)** :
  1. 요약이 일관적이고 정확한지 확인합니다.
  2. 전문 용어 사용을 피합니다. 언어를 간단하고 쉽게 유지합니다.
  3. 요약 끝에 기사의 출처를 인용합니다.

프롬프트 응답

요약 : BBC 뉴스의 최근 기사는 지난 10년 사이에 지구 기온의 급격한 상승을 강조합니다. 지금의 추세가 이어진다면 우리는 전례 없는 기후 사건을 목격할 것이라고 과학자들은 경고하였습니다. 이 기사는 기후 변화에 대응하기 위해 국제적인 협력이 시급하다는 점을 강조합니다. [출처: BBC 뉴스]

이 패턴은 AI 어시스턴트가 작업을 이해하고, 취해야 할 단계를 알고, 특정 지침을 준수하여, 보다 정확하고 유용한 결과를 도출하는 데 도움이 됩니다.

다음은 웹 개발에서 보일 수 있는 프롬프트 예시입니다.

프롬프트

Task(과업) : Node.js와 Express를 사용하여 간단한 블로그 응용 프로그램용 RESTful API를 개발합니다.

Action(행동) :

1. 새 Node.js 프로젝트를 설정합니다.
2. Express 서버를 생성합니다.
3. 블로그 게시글에 CRUD 작업용 경로를 정의합니다.
4. JSON 구문 분석 및 오류 처리를 위한 미들웨어를 구현합니다.
5. Mongoose를 사용하여 MongoDB에 접속합니다.
6. API 엔드포인트를 위한 테스트를 작성합니다.

Guideline(지침) :

1. 프로젝트 설정이 명확하고 간단한지 보장합니다.
2. 간결하고 정확한 코드 예시를 제공합니다.
3. 지나치게 복잡한 용어를 사용하지 마세요. 언어를 간단하고 쉽게 유지합니다.
4. 각 단계를 설명하기 위한 코드에 주석을 포함합니다.

Persona-Instruction-Context(페르소나-행동-콘텍스트) 프롬프트 패턴 (PIC)

이전처럼 같은 방식으로 패턴을 묘사하겠습니다. 정의해 보겠습니다. 다음은 예시 프롬프트와 예시 응답입니다.

의도: AI 어시스턴트에게 가정해야 할 페르소나, 수행해야 할 지침, 올바른 응답을 생성할 수 있는 충분한 컨텍스트를 제공해야 합니다.

- Persona(페르소나): AI가 대응하는 동안 구현해야 할 페르소나 또는 문자 특성을 정의합니다.
- Instruction(행동): AI가 수행해야 할 작업 또는 작업 지정을 지정합니다.
- Context(콘텍스트): AI가 상황을 이해하고 적절한 응답을 생성하는 데 도움이 되는 관련 배경 정보 또는 컨텍스트 제공합니다.

예시

프롬프트

Persona(페르소나) : 친절하고 지식이 풍부한 여행 가이드의 모습을 상상해 보세요.

Instruction(행동) :

1. 파리에서 반드시 방문해야 할 명소 세 곳을 추천합니다.
2. 각 명소의 간단한 설명을 제공합니다.
3. 각 명소에 방문할 최적의 시간을 추천합니다.

Context(콘텍스트) : 사용자는 처음으로 파리에 여행을 계획하고 역사 유적과 지역 문화에 관심이 있습니다.

프롬프트 응답

친근하고 박식한 여행 가이드로써, 파리에서 반드시 방문해야 할 명소 세 곳은 다음과 같습니다.

1. **에펠 탑** 이 상징적인 랜드마크는 도시의 숨막히는 풍경을 선사합니다. 군중을 피하고 굉장히 아름다운 일출과 일몰을 즐기기 위해서는 이른 아침이나 늦은 저녁에 방문하는 것이 최고입니다.
2. **루브르 박물관** 모나리자를 포함한 수 천 가지 예술 작품이 있는 시설인 루브르는 역사와 문화의 보물 창고입니다. 적은 방문객이 방문하는 박물관을 경험하기 위해 주중 아침에 방문을 계획합니다.
3. **몽마르트르** 예술적 역사와 활기찬 거리 생활로 유명한 이 매력적인 동네는 늦은 오후에 방문하여 고풍스러운 거리를 둘러보고 동네 카페에서 여유로운 저녁 식사를 즐기세요.

파리 여행을 즐기세요!

이 패턴은 AI 어시스턴트가 올바른 페르소나를 채택하고 특정 지침을 따르며 제공된 컨텍스트를 사용하여 관련성 있고 유용한 응답을 제공하도록 보장합니다.

다음은 웹 개발에 대한 프롬프트 예시입니다.

프롬프트

Persona(페르소나) : 친절하고 지식이 풍부한 여행 가이드의 모습을 상상해 보세요.

Instruction(행동) :

1. 새 Node.js 프로젝트를 설정합니다.
2. Express 서버를 생성합니다.
3. 블로그 게시글에 CRUD 작업용 경로를 정의합니다.
4. JSON 구문 분석 및 오류 처리를 위한 미들웨어를 구현합니다.
5. Mongoose를 사용하여 MongoDB에 접속합니다.
6. API 엔드포인트를 위한 테스트를 작성합니다.

Context(콘텍스트) : 사용자는 초보자이고 Node.js와 Express를 사용하여 간단한 블로그 응용 프로그램용 RESTful API를 개발합니다. 명확하고 단계별 지침과 코드 예제가 필요합니다.

탐구 프롬프트 패턴

처음부터 끝까지 프로젝트를 구축하지 않거나 일부만 구축한 다음 응답을 평가하려는 상황에 처할 수 있습니다. 이러한 경우 프롬프트는 본질적으로 더 탐색적이며 예를 들어 아래와 같이 보일 수 있습니다.

프롬프트
데이터를 지우세요.

여기서는 이미 데이터를 가져온 기존 코드가 있는 Notebook이 열려 있다고 가정합니다.

웹 개발용 예시입니다.

프롬프트
제품 목록을 CSS로 추가합니다.

이 패턴에 대한 프롬프트는 일반적으로 길이가 훨씬 짧고 콘텍스트가 있으며(기존 코드에서 파생되거나 다른 방식으로 파생됨) 개발자의 시선은 다음 단계를 넘어서는 경우가 거의 없습니다.

Learn-Improvise-Feedback-Evaluate(학습-임기응변-피드백-평가) 프롬프트 패턴 (LIFE)

TAG 기법 및 PIC 기법과 같은 이 패턴은 문제를 해결하는 데 도움이 되며, 더 개선할 수 있는 솔루션의 좋은 시작을 제공합니다.

- Learn(학습): 기본 통계부터 복잡한 상관관계 및 시기 분석에 이르기까지 다양한 분석 기법을 통해 데이터를 이해해야 할 필요성을 강조합니다.
- Improvise(임기응변): 초기 결과를 바탕으로 분석을 조정합니다. 예를 들어, 특정 카테고리의 제품이 비정상적인 추세를 보이는 경우 이러한 영역에서 분석을 심화합니다.
- Feedback(피드백):
  - 피드백을 위한 코드와 모델 출력을 공유하여 효과적인 학습과 이해를 보장합니다.
  - 제안과 비판을 반영하여, 모델과 접근 방식을 개선합니다. 오류를 제공하여 문제를 해결합니다.
- Evaluate(평가): ChatGPT에서 제공하는 코드를 실행하여, 정확성과 유효성을 확인합니다.

이 패턴에서 예시 프롬프트는 다음과 같이 보일 것입니다.

프롬프트

프로젝트 제목 : 웹 기반 검색 결과 페이지를 구축하기 단계와 코드를 제안해야 합니다.

목적 사용자 : 쿼리를 기반으로 검색 결과를 효율적으로 표시하고 필터링하는 동적 및 대화형 검색 결과 페이지를 만드세요.

단계:

- Learn(학습) 검색 결과를 효과적으로 표시하는 것의 중요성을 이해합니다. 사용자 상호 작용 데이터를 분석하여 클릭률, 결과 페이지 평균 소요 시간, 사용자 만족도 점수와 같은 주요 메트릭스를 식별합니다. 기본 통계부터 복잡한 상관관계 및 시기 분석에 이르기까지 다양한 분석 기법을 사용하여 사용자 행동과 선호도에 대한 인사이트를 얻을 수 있습니다.
- Improvise(임기응변) 초기 결과를 바탕으로 검색 결과 페이지를 조정하여 가장 관련성이 높은 결과를 강조 표시합니다. 예를 들어, 사용자가 특정 유형의 결과를 자주 클릭하는 경우 디스플레이에서 우선순위를 지정합니다. 필터, 정렬 옵션, 페이지 지정과 같은 기능을 구현하여 사용자 경험을 향상시키세요.
- Feedback(피드백) 코드와 검색 결과 페이지를 동료 또는 멘토와 공유하여 피드백을 받으세요. 이는 효과적인 학습과 이해를 보장하는 데 도움이 되게 합니다. 그들의 제안과 비판을 통합하여 검색 결과 페이지를 개선하고 기능을 개선합니다. 오류 제공: 데이터 검색 또는 디스플레이 문제와 같이 개발 과정에서 발생한 오류를 문서화합니다. 이러한 문제를 해결하고 해결하면서 프로세스를 통해 기술을 향상시킬 수 있게 합니다.
- Evaluate(평가) ChatGPT에서 제공하는 코드를 실행하여, 정확성과 유효성을 확인합니다. 검색 결과 페이지의 성능을 실제 데이터 및 사용자 피드백과 비교하여 검증합니다. 정확도와 사용자 만족도를 높이기 위해 필요한 조정을 합니다.

다음과 유사한 프롬프트 응답이 나올 수 있습니다.

프롬프트 응답

좋습니다! 단계별로 세분화하고, 역동적이고 반응형 검색 결과 페이지 구축을 돕기 위해서 몇 가지 코드 스니펫을 제공합니다.

- **프로젝트 제목** : 웹 기반 검색 결과 페이지를 구축하기
- **목적** : 사용자 쿼리를 기반으로 검색 결과를 효율적으로 표시하고 필터링하는 동적 및 대화형 검색 결과 페이지를 만듭니다.

단계 :

Learn(학습) :

- 검색 결과를 효과적으로 표시하는 것의 중요성을 이해합니다.
  - 사용자 상호 작용 데이터를 분석하여 클릭의 비율, 결과 페이지 평균 소요 시간, 사용자 만족도 점수와 같은 주요 메트릭스를 식별합니다.
  - 기본 통계부터 복잡한 상관관계에 이르기까지 다양한 분석 기법을 사용합니다. 그리고 기간 분석

을 통해 사용자 행동과 선호도에 대한 통찰을 얻을 수 있습니다.

Improvise(임기응변)

- 초기 결과에 따라 검색 결과 페이지를 조정합니다.
  - 사용자 상호 작용 데이터를 기반으로 가장 관련성이 높은 결과를 강조 표시합니다.
  - 필터, 정렬 옵션, 페이지 지정과 같은 기능을 구현하여 사용자 경험을 향상시킵니다.

Feedback(피드백)

- 코드를 공유하고 검색 결과 페이지를 동료나 멘토에게 피드백을 구합니다.
  - 그들의 제안과 비판을 통합하여 검색 결과 페이지를 개선하고 기능을 개선합니다.

오류 제공:

- 개발 과정에서 발생한 오류를 문서화합니다.
  - 이러한 문제를 해결하고 해결하면서 프로세스를 통해 기술을 향상시킬 수 있게 합니다.

평가

- ChatGPT에서 제공하는 코드를 실행하여, 정확성과 유효성을 확인합니다.
  - 검색 결과 페이지의 데이터 및 사용자 피드백과 비교하여 검증합니다. 정확도와 사용자 만족도를 높이기 위해 필요한 조정을 합니다.

코드 스니펫

HTML 구조

```
<!DOCTYPE html>
<html lang="en">
<head>
    <meta charset="UTF-8">
    <meta name="viewport" content="width=device-width, initial-scale=1.0">
    <title>검색 결과 페이지</title>
    <link rel="stylesheet" href="styles.css">
</head>
<body>
    <div class="search-container">
        <input type="text" id="search-input" placeholder="Search...">
        <button onclick="performSearch()">검색</button>
    </div>
    <div class="results-container" id="results-container"></div>
    <script src="script.js"></script>
</body>
</html>
```

CSS 스타일링

```
/* styles.css */
body {
    font-family: Arial, sans-serif;
}
```

```
.search-container {
    margin: 20px;
}

.results-container {
    margin: 20px;
}

.result-item {
    border: 1px solid #ccc;
    padding: 10px;
    margin-bottom: 10px;
}
```

JavaScript 기능

```
// script.js
function performSearch() {
    const query = document.getElementById('search-input').value;
    const resultsContainer = document.getElementById('results-container');
    resultsContainer.innerHTML = ''; // Clear previous results

    // Simulate search results
    const results = [
        { title: 'Result 1', description: 'Description for result 1' },
        { title: 'Result 2', description: 'Description for result 2' },
        { title: 'Result 3', description: 'Description for result 3' },
    ];
    results.forEach(result => {
        const resultItem = document.createElement('div');
        resultItem.className = 'result-item';
        resultItem.innerHTML = `<h3>${result.title}</h3><p>${result.description}</p>`;
        resultsContainer.appendChild(resultItem);
    });
}
```

추가 특징

- **필터와 분류** : 필터와 분류 결과에 드롭다운이나 체크 박스를 추가합니다.
- **페이지 매기기** : 대규모 결과 세트를 처리하기 위해 페이지화가 구현됩니다.
- **에러 처리** : 오류 처리를 추가하여 데이터 검색 또는 표시 문제를 관리합니다.

이것은 웹 기반 검색 결과 페이지를 구축하기 시작하도록 솔리드 발견해야 합니다. 더 자세한 코드 예시를 들어서 추가 코드의 예시를 들어 주세요!

어떤 패턴을 선택 할까요?

일반적인 답변은 어떤 패턴을 선택할 상황에 달려 있습니다. AG 기법과 PIC 기법 중에서 고르는 이유는 명확하게 정의된 문제가 있고, “힘든 작업”을 수행할 AI 어시스턴트를 찾고 있기 때문입니다. 패턴 탐색을 선택해야 하는 이유는 기존 코드베이스를 개발 중이거나 다양한 접근 방식과 단계를 시도하고 싶을 때입니다. 일반적으로 권장하는 것은 세 가지 패턴을 모두 사용하여 자신의 접근 방식과 문제에 가장 적합한 것을 확인하는 것입니다.

웹 개발을 위한 프롬프트 전략

이전 절에서 제시한 다양한 지침을 적용하고, 이러한 지침서를 통해 프롬프트 전략을 위해 단계적으로 노력할 것입니다.

문제 해결하기: “인벤토리 관리를 위한 웹 시스템”

웹 개발의 “인벤토리 관리”라는 실제 예시를 통해, 일반적인 문제를 이해할 수 있는지 알아보겠습니다. 인벤토리를 “관리”하기 위해서는 인벤토리에 데이터를 읽고 쓸 필요가 있습니다. 이 시스템이나 응용 프로그램에는 관리자부터 일반 사용자까지 역할이 있을 것입니다. 예를 들어서 이 시스템을 다른 시스템과 통합해야 한다면, 어떤 부분을 어떻게 통합할 지, 다른 시스템과 이 시스템이 어떻게 조화를 이루는지도 고려해야 할 수 있습니다.

도메인은 매우 간단해 보이기 때문에, 어떤 부분으로 구성되어 있는지 알아보겠습니다.

큰 틀에서 우리는 시스템이 무엇을 해야 하는지 이해합니다. 그렇지만 문제를 해결하려면 웹 개발에서 일반적으로, 다음가 같은 구성요소를 수반하는 작은 부분으로 나누어야 합니다.

- **프론트엔드** : 프론트엔드는 사용자가 상호 작용하는 시스템의 부분입니다. 프론트엔드는 사용자에게 데이터를 제시하고 사용자의 입력을 수신하는 역할을 합니다.
- **백엔드** : 프론트엔드와 통신하는 시스템의 부분입니다. 백엔드는 데이터베이스에서 데이터를 읽기와 쓰기 역할을 합니다. 또한 더 복잡한 시스템에서 백엔드와 통신하는 다양한 프론트엔드와 다양한 응용 프로그램이 있을 수 있습니다.
- **데이터베이스** : 데이터베이스는 데이터를 저장하는 시스템의 한 부분입니다. 데이터 저장소, 예를 들자면 MySQL 또는 PostgreSQL과 같은 관계형 데이터베이스Relational database입니다. 데이터베이스는 효율적이고 읽기 및 쓰기 쉬운 방식으로 데이터를 저장하는 역할을

합니다.

- **리포팅** : 통찰을 제시하는 리포팅 부분이 종종 있습니다. 데이터 저장소에서 데이터를 가져와서 리포팅 측면에서 데이터를 변환해야 할 수 있습니다.

프론트엔드 특징을 추가적으로 세분화하기

이와 같은 개요는 유용하지만, 일반적으로 프롬프트 작성을 시작하기에는 충분하지 않습니다. 이 시점에서, 프론트엔드 특징을 추가적으로 세분화하면, 다음과 같은 목록과 같이 보일 것입니다.

- **로그인** : 사용자가 시스템에 로그인 할 수 있어야 합니다.
- **로그아웃** : 사용자가 시스템에 로그아웃 할 수 있어야 합니다.
- **인벤토리 보기** : 사용자가 인벤토리를 볼 수 있어야 합니다.
- **인벤토리 추가하기** : 사용자가 인벤토리를 추가할 수 있어야 합니다.
- **인벤토리 제거하기** : 사용자가 인벤토리를 제거할 수 있어야 합니다.
- **인벤토리 업데이트하기** : 사용자가 인벤토리를 업데이트 할 수 있어야 합니다.

각 특징을 위한 프롬프트 생성

이 시점에서 프롬프트 작성을 시작을 할 수 있을 만큼 충분히 세분화되었습니다. 첫 번째 특징인 로그인을 예로 들어 프롬프트를 어떻게 만들 수 있는지 생각해 보겠습니다.

다음과 같이 ChatGPT 혹은 Github Copilot(뒤에서 나올 다음 장에서 나올 예정)과 같은 도구를 사용하여, 프롬프트를 시작할 수 있습니다.

프롬프트
사용자가 시스템에 로그인을 할 수 있는 로그인 페이지를 생성합니다.

이 방법은 효과가 있을 수 있지만, 여기에 정확히 무엇이 필요하고, 무엇이 필요하지 않으며, 어떤 기술을 사용하고 있고, 사용자 경험이 어떠한 지 등의 많은 콘텍스트가 생략이 되어 있습니다.

더 많은 콘텍스트를 추가함으로써 프롬프트를 개선해 보겠습니다.

프롬프트

사용자 이름과 비밀번호 필드가 있는 로그인 페이지를 만드세요. 회원 가입을 위한 링크와 로그인 버튼이 있어야 하며, 수평 및 수직으로 중앙이고, 휴대전화와 태블릿에서 잘 작동해야 합니다. React로 작성해야 하고, Material UI 라이브러리를 사용해야 합니다.

"프롬프트 전략"으로 웹 개발을 위한 기본 원칙 확인

지금까지 살펴본 것과 같이, 문제를 더 작고 "관리할 수 있는" 부분으로 나누고, 특정 특징을 해결하는 방법에 대한 몇 가지 프롬프트를 제안했습니다. 그렇다면 "인벤토리 관리"의 예에 대하여 더 많이 이해했으니, "프롬프트 전략"이라는 측면에서 정확하게 무엇을 제안하는 것일까요? 우선, 우리 사용자는 우리의 전략이 콘텍스트에 따라 달라질 수 있다는 것을 알 수 있습니다. 왜냐하면 웹 개발 분야이므로, 특정 도메인에 적합한 라이브러리 및 아키텍처와 함께 도메인 내의 키워드를 사용해야 합니다. 다음은 저자가 제안하는 몇 가지 지침입니다.

- **콘텍스트 필드를 제공합니다** : 로그인 화면은 사용자 아이디와 비밀번호 필드처럼 간단할 수 있습니다. 그렇지만, 대부분의 화면에서 비밀번호 확인 필드, 비밀번호 재설정 혹은 회원 가입하기 링크 등 더 많은 필드가 있습니다. 독자의 필요에 따라서는 매우 상세하게 입력해야 할 수 있습니다.
- **디자인과 기법 선택을 구체적으로 명시합니다** : 로그인 화면은 많은 방법으로 디자인될 수 있습니다. 오늘날에는 태블릿, 모바일, 대형 화면 등과 같은 다양한 기기에 맞게 최적화하는 것이 일반적입니다. 기법 선택에는 React, Vue, Angular와 같은 프레임워크부터, 명료한 HTML과 CSS까지 다양한 선택지가 있습니다. 프로젝트의 필요에 따라 지정합니다. 프로젝트의 필요에 따라 지정합니다.
- **반복합니다** : 같은 프롬프트는 도구마다 다르게 반응합니다. 이 책에서는 Github Copilot 및 ChatGPT와 같은 다양한 도구를 사용하는 방법을 보여드리겠습니다. 각 도구는 고유의 장단점이 있고, 다른 결과를 제공할 수 있습니다. 쉼표(콤마)나 쌍점(콜론)과 같은 구분자를 추가하여 프롬프트를 반복해 보고, 프롬프트의 문구를 바꿔보세요.
- **콘텍스트를 의식합니다** : ChatGPT 및 Github Copilot과 같은 도구를 사용할 때는, 기존의 콘텍스트와 함께 사용하게 됩니다. ChatGPT의 경우에 프롬프트와 대답에 대한 지속적인 대화를 하고 있다는 의미이며, Github Copilot의 경우에 사용자가 열어둔 일에 작성한 내용은 물론, 허용하는 경우 전체 작업 도메인도 볼 수 있다는 의미입니다. 프롬프트에 대

한 응답은 이 콘텍스트를 보고 무엇을 생성할지 결정합니다. 이 콘텍스트를 인식하고 원하는 대답을 얻지 못하면, ChatGPT에서는 새로운 대화를 시작하며, Github Copilot에서는 열려 있는 파일을 닫고 빈 파일에서 쓰는 것을 시작하는 등, 콘텍스트를 바꾸는 것이 중요합니다.

데이터 과학을 위한 프롬프트 전략

웹 개발에서 한 것처럼, 데이터 과학에 대해서도 비슷한 사고 실험을 해보겠습니다. 제시된 지침서인 "문제 분석하기"와 "프롬프트 생성하기"를 이용하여 웹 개발 부문과 마찬가지로 도메인에 대한 몇 가지 일반적 결론을 도출하고, 이를 데이터 과학을 위한 프롬프트 전략으로 제시해 보겠습니다.

문제 세분화 매출 예측

매출을 예측하기 위하여, 기계 학습 모델을 구축한다고 가정해 보겠습니다. 큰 틀에서 우리는 시스템이 무엇을 해야 하는지 이해합니다. 문제를 해결하려면 이를 더 작은 부분으로 나누어야 하는 데, 이는 데이터 과학에서 일반적으로 다음과 같은 구성 요소를 수반합니다.

- **데이터** : 데이터는 정보를 저장하는 시스템의 한 부분입니다. 데이터는 데이터베이스, 웹 엔드포인트, 정적 파일 등에서 올 수 있습니다.
- **모델** : 모델은 데이터를 학습하여 가능한 한, 정확한 예측을 생성하는 역할을 합니다. 예측하려면 예측으로 하나 이상의 출력을 생성하는 입력이 필요합니다.
- **훈련** : 훈련은 모델을 훈련하는 시스템의 한 부분입니다. 여기에는 일반적으로 데이터의 일부가 훈련 데이터로 사용되고 일부는 샘플 데이터로 사용됩니다.
- **평가** : 모델이 의도한 대로 작동하는지 확인하려면 모델을 평가해야 합니다. 평가란 데이터와 모델을 가져와 모델이 얼마나 잘 수행되는지 나타내는 점수를 생성하는 것을 의미합니다.
- **시각화** : 시각화는 그래프를 통하여, 사업에 유용한 통찰을 얻을 수 있는 부분입니다. 이 부분은 비즈니스에서 가장 눈에 띄는 부분이기에 매우 중요합니다.

데이터 과학을 위한 특징/단계 추가 세분화

이 시점에서, 프롬프트 작성을 시작하는 틀은 짜기 힘들 것입니다. 각 단계를 보면서 더 세분화할 수 있습니다.

- **데이터** : 데이터 부문에는 데이터 수집, 데이터 정리, 데이터 변환 등의 여러 단계가 있습니다. 이를 세분화하는 방법은 다음과 같습니다.
  1. 데이터 수집 : 데이터를 어디인가에서 수집을 해야 합니다. 데이터베이스, 웹 엔드 포인트, 정적 파일 등이 될 수 있습니다.
  2. 데이터 정리 : 데이터가 정리되어야 합니다. 정리란, 관련성이 없는 데이터와 중복을 제거하는 등의 작업을 의미합니다.
  3. 데이터 변환 : 데이터가 변환되어야 합니다. 변환이란, 데이터를 모델에 유용한 형식으로 변경하는 것을 의미합니다.
- **훈련** : 데이터 부분과 마찬가지로 훈련 부분에도 많은 단계가 있습니다. 이를 세분화하는 방법은 다음과 같습니다.
  1. **데이터 분할** : 데이터를 훈련과 샘플로 분할해야 합니다. 훈련 데이터는 모델을 학습시키는 데 사용되며, 샘플 데이터는 모델을 평가하는 데 사용됩니다.
  2. **모델 훈련** : 데이터가 훈련되어야 합니다. 훈련이란, 훈련 데이터를 가져와서 훈련하는 것을 의미합니다.
- **평가** : 평가 부분은 일반적으로 단일 단계이지만 더 세분화할 수 있습니다.

각 단계별 프롬프트 생성

데이터 과학에 대한 저자들의 분석은 웹 개발과 약간 다른 모습입니다. 인벤토리 추가와 같은 특징을 식별하는 대신, 데이터 수집과 같은 특징이 있습니다.

그렇지만, 프롬프트를 작성하기에는 올바른 수준이므로 데이터 수집 기능을 예로 들어보겠습니다:

프롬프트
Data.xls에서 데이터를 수집하고 Pandas 라이브러리를 사용한 데이터프레임으로 `Data.xls`을 읽도록 합니다.

앞의 프롬프트는 일반적이면서도 동시에 구체적입니다. 일반적으로 "데이터를 수집"하라는 의미이지만, 사용할 특정 라이브러리와 어떠한 데이터 구조(데이터프레임)를 지정한다는 점에

서 구체적입니다. 더 간단한 프롬프트가 이전 단계에서 작동했을 가능성이 높습니다.

프롬프트

Data.xls에서 데이터를 수집합니다.

독자가 사용하는 ChatGPT 혹은 GitHub Copilot과 같은 도구에 따라서, 달라질 수 있습니다.

"데이터 과학을 위한 프롬프트 전략", 데이터 과학을 위한 몇 가지 기본 원칙 확인

여기에서는 웹 개발 예시와 같이 비슷한 몇 가지 원칙에 확인하겠습니다.

- **콘텍스트 파일 이름을 제공합니다** : CSV 파일은 어떠한 파일 이름을 가질 수 있습니다. 파일에 이름을 지정하는 것은 중요합니다.
- **라이브러리 지정합니다** : CSV 파일을 불러올 때는 여러 가지 방법이 있으며, Pandas 라이브러리가 일반적으로 선택되지만, 이를 지정하는 것은 중요합니다. 다른 라이브러리도 사용할 수 있는데, 예시로는 라이브러리 이름이 다른 Java, C#, Rust을 위한 솔루션이 필요할 수 있습니다.
- **반복합니다** : 프롬프트를 반복하여 문구를 바꾸고, 쉼표(콤마) 혹은 쌍점(콜론) 등의 구분자를 추가하는 것이 좋습니다.
- **콘텍스트를 의식합니다** : 물론 여기에도 콘텍스트 문제는 많습니다. 작업하는 경우 이전 셀Cell 은 Github Copilot에서 사용할 수 있으며, 이전 대화는 ChatGPT 등에서 사용할 수 있습니다.

앞선 지침에서 볼 수 있듯이 웹 개발의 전략은 매우 유사합니다. 여기에도 "제공", "어떻게 제공할 지", "반복", 및 "콘텍스트 의식"으로 나열되었습니다. 큰 차이점은 세부 사항에 있습니다. 그렇지만 데이터 과학에서 작동하는 대체 전략이 있는데, 그것은 바로 긴 프롬프트입니다. 데이터 과학 문제를 특징으로 세분화했더라도, 특징별로 프롬프트를 작성할 필요는 없습니다. 문제를 해결하는 또 다른 방법은, 이행하고자 하는 모든 것을 하나의 거대한 프롬프트로 표현하는 것입니다. 그렇기에, 이러한 프롬프트는 다음과 같이 보일 수 있습니다.

프롬프트

`Data.xsl` 파일에서 매출을 예측하려고 합니다. Python과 Pandas 라이브러리를 사용합니다. 이행해야 할 단계는 다음과 같습니다.

- 데이터 수집
- 데이터 정리
- 데이터 변환
- 데이터 변환
- 모델 훈련
- 평가

뒤에 나올 데이터 과학 및 기계 학습에 대한 장에서는, 짧은 프롬프트와 긴 프롬프트가 모두 사용되는 예시를 볼 수 있습니다. 어떠한 접근 방식을 선택할 지는 독자 여러분이 결정합니다.

솔루션을 검증

이 전략에서 가장 중요한 부분은 AI 어시스턴트가 생성한 텍스트와 코드가 올바른 지 확인하는 것입니다. 결과값을 검증하기 위하여 취할 수 있는 두 가지 일반적인 접근 방법이 있습니다.

- **프롬프트를 통하여 검증** : 첫 번째 접근 방법은 프롬프트를 사용하여 결과값을 검증하는 것입니다. 즉, 특정 결과의 결과값에 의문을 제기하는 프롬프트를 작성하는 것입니다. 이는 검증 과정을 시작할 때 사용하면, 좋은 전략이 될 수 있습니다. AI 어시스턴트의 응답이 일관적인 상황이 발생할 수 있습니다.
- **고전적으로 검증** : 두 번째 접근 방식은 고전적인 검증 기법을 사용하는 것입니다. 이러한 기법은 문제 도메인에 따라 다릅니다. 큰 틀에서 본다면 코드를 테스트하며, 결과값을 비교하고, 자신의 지식과 동료의 지식에 의존하여 결과를 검증하는 것으로 요약할 수 있습니다.

AI 도구는 자신이 무엇을 하고 있는지 실제로는 알지 못합니다. 제공되는 응답은 훈련 말뭉치에 따라 달라질 수 있는 답변입니다. 항상 이 점을 인지하고 전문 지식에 의존하여 결과값을 검증해야 합니다.

다음의 하위분류에서는 안내서와 전통적인 검증법을 위한 다양한 접근 방식을 살펴보겠습니다.

프롬프트를 통하여 검증

프롬프트를 사용하여 문제 해결에 더 가까이 다가갈 수 있는 결과를 생성하고, 결과를 확인할 수 있습니다. 앞서 언급한 로그인 화면을 구축하는 경우를 예시로 들겠습니다. 다음과 같이 프롬프트를 작성했습니다.

프롬프트

사용자 이름과 비밀번호 필드가 있는 로그인 페이지를 만듭니다. 회원 가입을 위한 링크와 로그인 버튼이 있게 합니다. 수평 및 수직으로 중앙이고, 휴대전화와 태블릿에서 잘 작동하게 합니다. React로 작성해야 하고, Material UI 라이브러리를 사용해야 합니다.

결과값을 검증하기 위해, 다음과 같이 프롬프트를 작성할 수 있습니다.

프롬프트

밑에 있는 코드는 어떻게 작동하나요?

```
.login {
  <!-- 수평 및 수직으로 중앙에 배치하고 반응형 CSS를 포함하여 합니다 -->
  @media (min-width: 768px) {
    <!-- CSS를 포함하여 수평 및 수직으로 중앙에 배치하고 반응성이 있어야 합니다 -->
  }
}

<div class="login">
  <TextField id="username" label="Username" />
  <TextField id="password" label="Password" />
  <Button variant="contained" color="primary">
    Login
  </Button>
</div>
```

응용 프로그램은 제공된 코드를 보고, 그 코드가 무엇을 하는지 추론하기 위해 프롬프트가 필요하지 않으며, 실제로 반응형 코드를 만들기 위한 CSS 코드가 누락되었다는 것을 알 수 있습니다. 여기에서 요점은 프롬프트를 작성함으로써, AI 어시스턴트가 질문을 통하여 코드가 무엇을 한다고 생각하는지 알려주도록 할 수 있다는 점입니다.

이러한 방식으로 프롬프트를 이용하여 출력값에 대한 질문을 던지는 것은, 결과값을 검증하는 데 훌륭한 첫 단계입니다. 하지만, 이것으로는 충분하지 않고 고전적인 검증 기법을 사용해야 하므로, 다음에 이것을 다루겠습니다.

고전적인 검증

문제 도메인에 따라서 결과값을 확인하는 방법은 다릅니다. 웹 개발에서 사용자는 다양한 다른 도구와 기법을 사용할 수 있습니다. 예시는 다음과 같습니다.

- **테스트하기** : 엔드 투 엔드 테스트 혹은 프론트 엔드 테스트를 통하여, 코드가 의도한 대로 동작하는지 확인할 수 있습니다. 일반적으로 이러한 유형의 테스트는 프로그램 접근법을 사용하여 웹 페이지와 사용자의 상호작용을 모의 실험하는 것을 포함합니다. 예를 들어서 Selenium과 같은 것을 사용합니다.
- **수동으로 테스트하기** : 브라우저에서 웹 페이지를 열고 상호 작용하여, 수동으로 테스트할 수 있습니다. 이는 검증 과정을 시작할 때 사용하면, 좋은 전략이 될 수 있습니다. 상호 작용 외에도 웹 페이지가 요구 사항에 따라 올바르게 표시되는지, 시각적으로 검사할 수 있습니다.
- **코드 리뷰** : 코드를 리뷰하여 코드가 올바른 지 확인할 수 있습니다. 이는 검증 과정을 시작할 때 사용하면, 좋은 전략이 될 수 있습니다. 사용자뿐만 아니라 동료들도 결과값을 확인할 수 있습니다.
- **도구** : 도구는 접근성, 성능 등과 같은 다양한 시나리오를 테스트할 수 있습니다. 이러한 도구들은 이미 개발 과정의 일부일 가능성이 높습니다.

데이터 과학을 수행할 때에, 앞서 언급한 모든 접근법을 사용할 수 있지만, 다른 접근법을 사용할 수 있습니다. 몇 가지 일반적인 접근법은 다음과 같습니다.

- **단위 테스트하기** : 단위 테스트를 사용하여, 코드가 의도한대로 작동하는 지 확인할 수 있습니다.
- **통합 테스트하기** : 통합 테스트를 사용하여, 코드가 의도한대로 작동하는지 확인할 수 있습니다.
- **결과값 유효성 인증** : 이 종류의 유효성 검사는, 분석 혹은 모델의 결과를 알려진 결과값이나 벤치마크와 비교하는 것을 의미합니다.
- **교차 검증** : 이 종류의 유효성 검사는, 데이터를 훈련 데이터와 샘플 데이터로 나누고, 훈련 데이터로 모델을 훈련시킨 후에 샘플 데이터로 모델을 평가하는 것을 의미합니다. 이는 검증 과정을 시작할 때 사용하면, 좋은 전략이 될 수 있습니다.

요약

프롬프트를 통하여 문제 해결을 위한 솔루션과, 솔루션을 검증하기 위한 전략을 제공했습니다.

웹 개발과 데이터 과학을 프롬프트로 해결할 수 있는 작은 부분으로 나눌 수 있는 방법을 살펴보겠습니다. 프롬프트 작성에 대한 몇 가지 기초 원칙을 파악했습니다.

마지막으로 프롬프트와 고전적인 검증 기법을 사용하여 솔루션을 검증하는 방법을 살펴보았습니다.

웹 개발이나 데이터 과학 분야에서 문제를 해결하고자 할 때, 접근 방식을 찾고 있자면 이 장을 다시 읽어 보시기 바랍니다.

프롬프트에는 프롬프트를 작성하고 대답을 받는 것 이상의 의미가 있습니다. 이 책을 통해 다양한 도메인에서 이러한 원칙을 사용하여 문제를 해결하는 방법을 확인할 수 있습니다. 책을 읽으면서 이러한 프롬프트를 직접 입력해보고, 자신의 필요에 맞게 조정하여 어떠한 일이 일어나는지 살펴보세요.

다음 장에서는 저자들이 선택한 두 가지 AI 어시스턴트인 Github Copilot과 ChatGPT에 대해 자세히 알아보겠습니다.

Discord에서 우리 커뮤니티에 참여하세요.

저자 및 여러 독자와 함께 토론하려면 Discord 커뮤니티 공간에 참여하세요.

`https://packt.link/aicode`

제3장
비장의 무기: AI 어시스턴트를 소개합니다

소개

잘 정돈되고 읽을 수 있는 최소한의 코드나 텍스트를 작성하는 시간이 걸립니다. 그렇지만, 코드 작성을 빠르고 노력을 덜 들이도록 돕는 도구를 가진다면 어떨까요? 그것은 바로 Github Copilot과 ChatGPT입니다.

AI 어시스턴트를 사용하기 전에 AI 어시스턴트의 기능과 한계를 미리 파악하는 것이 좋습니다. 사용할 수 있는 도구와 사용할 수 없는 도구의 성능을 확인하거나 적어도 도구의 성능이 떨어지는 부분을 파악하고자 합니다.

이 장에서 우리가 다룰 내용은 다음과 같습니다.

- Github Copilot과 ChatGPT가 무엇인지 알고 어떻게 동작하는 지
- Copilot의 가능성과 한계에 대해 배우기
- GitHub Copilot 설치하기
- GitHub Copilot을 통해 코드 자동 완성 생성하기

Copilot 이해하기

페어 프로그래밍은 (보통 두 명의) 개발자가 함께 작업하는 아이디어로, 종종 같은 화면 앞에서 "페어링"이라고도 합니다. GitHub Copilot은 코드 작성에 도움이 되는 "AI 페어 프로그래머"로 볼 수 있어 더 많은 작업을 더 빠르게 수행할 수 있습니다. 이는 공개적으로 사용 가능한 소스 코드와 자연어로 학습된 새로운 AI 시스템인 OpenAI의 코덱 모델을 기반으로 합니다. 하지만 실제로는 이를 넘어섰습니다. 책의 나머지에서는 GitHub Copilot을 Copilot으로 표시해 보겠습

니다. Copilot은 편집기 바로 안에서 줄이나 전체 특징을 제안합니다.

무엇을 생성하는 지 Copilot이 어떻게 아나요

Copilot의 아이디어는 사용자와 다른 사람들이 작성한 코드에서 학습하고 그 지식을 사용하여 입력할 때 새로운 코드 라인을 제안한다는 것입니다.

Copilot은 어떻게 작동할까요? 기계 학습을 사용하여 사용자와 다른 사용자들이 작성한 코드의 모델을 만들고 다음에 사용할 수 있는 최적의 텍스트를 제안합니다. 중요한 부분으로는 훈련된 모델과 소위, 메모리 내부 콘텍스트, 두 개가 있습니다. 이 모델은 Github의 공용 저장소에서 훈련되며, 컨텍스트는 런타임에 파일을 보고 모으는 것입니다. 콘텍스트와 기본 모델을 사용하는 것은 텍스트 제안을 제공합니다. Copilot은 다음 중 일부를 사용하여 콘텍스트(즉, 훈련된 모델과 함께 사용하여 제공하는 메모리 내부 기능)를 구축할 때 사용합니다.

- **활성 파일** : 작업하고 있는 코드입니다.
- **주석** : Copilot은 당신의 코드의 콘텍스트를 이해하기 위하여 주석을 사용합니다.
- **열린 파일과 작업 공간** : 활성 파일 뿐만 아니라, 작업 공간의 다른 파일 안에 있는 코드 또한 검토합니다.
- **상태 가져오기** : 상태 또한 Copilot의 제안에 반영됩니다.
- **기본 모델과 기본 모델의 훈련 데이터** : 공개 Github 레포지토리 코드는 기본 모델의 기초가 됩니다.

Copilot의 성능과 한계

그렇다면 Copilot은 무엇을 할 수 있을까요? 많은 일을 할 수 있지만, 여기에 완전하지 않은 기능 목록이 있습니다.

- **코드 완성** : Copilot은 사용자를 위하여 코드 라인을 완성시킬 수 있습니다.
- **코드 생성** : Copilot은 사용자를 위하여 모든 함수를 생성할 수 있습니다.
- **테스트, 주석, 문서화** : Copilot은 사용자를 위해 테스트, 주석, 문서를 생성할 수 있습니다.
- **개선 제안** : Copilot은 사용자 코드에 개선점을 제안할 수 있습니다. 개선점은, 더 나은 변수 이름 혹은 함수를 작성할 최적의 방법부터 코드 정리를 최적으로 하는 방법까지 여러 형태로 관여할 수 있습니다.
- **코드 번역** : Copilot은 코드를 한 언어에서 다른 언어로 번역할 수 있습니다. 예를 들자면, P

ython 코드를 JavaScript 코드로 번역할 수 있습니다.

- **질문 답하기**: Copilot은 사용자 코드에 대해서 질문을 답할 수 있습니다. 예를 들자면, Copilot은 함수가 어떤 역할을 하거나 한 변수가 어떻게 쓰였는지 알려줄 수 있고, 예를 들자면 "기계 학습이 뭔가요?"와 같은 도메인에 질문을 답할 수 있습니다.

설정과 설치

어떻게 시작할까요? Visual Studio, Visuale Studio Code, Github Codespace 및 Github의 웹 기반 편집기를 포함한 다양한 장소와 편집기에서 Copilot을 사용할 수 있습니다. 이 장에서 저자들은 Visual Studio Code를 사용하겠습니다.

Copilot 설치하기

Copilot을 설치하기 위해서는, Visual Studio Code용 Github Copilot 확장기를 설치할 필요가 있으며 접근을 허용해야 합니다.

(Copliot 공식 문서 페이지에 설명된 대로) 단계를 더 자세하게 검토해 보겠습니다.

Visual Studio Code 마켓플레이스 혹은 Visual Studio Code 내부에서 Visual Studio Code용 Github Copilot 확장 프로그램을 설치할 수 있습니다. 과정을 설명해 드리겠습니다.

1. **확장(Extension)**에서, Visual Studio Code에서 **GitHub Copilot** 탭, **설치(Install)**를 선택합니다.
2. 만약 이전에 Github 계정에서 Visual Studio Code를 인증하지 않았다면, Visual Studio Code에서 Github로 로그인을 하도록 유도될 것입니다.
3. 만약 이전에 Github 계정에서 Visual Studio Code를 인증했다면, 자동으로 Github Copoliot이 인증될 것입니다.
4. 승인하라는 메시지가 표시되지 않는다면, Visual Studio Code 창의 하단 패널에서 종 아이콘을 선택합니다.
5. 브라우저에서 Github가 Github Copilot에 필요한 권한을 요청할 것입니다. 여러 권한을 허가하기 위하여, **Authorize Visual Studio Code**(Visual Studio Code 인증)를 선택합니다.
6. Visual Studio Code에서 인증을 확정하려면, Visual Studio Code 대화창에서 Open을 선택합니다.

Copilot을 작동시키는 데 문제가 있는 경우, 이 페이지를 참조합니다.

`https://docs.github.com/ko/copilot/getting-started-with-github-copilot.`

Copilot로 시작하기

어떻게 시작할까요? 글쎄요. Copilot 설치하고 Visual Studio Code 창의 오른쪽 하단에 Copilot 아이콘이 있다면 바로 시작할 수 있습니다.

시작하기 위한 제안은 다음과 같습니다.

1. Visual Studio Code에서 새 파일을 만들고 app.js으로 명명합니다.
2. 다음과 같이 파일 상단에 주석으로 "루트 제품 및 고객과 함께 웹 API를 표현합니다"라는 텍스트 프롬프트를 입력하고 *Enter* 키를 누릅니다.

```
//루트 제품 및 고객과 함께 웹 API를 표현합니다
```

3. 몇 초 시간을 두고 다음과 같은 Copilot의 제안을 볼 수 있을 것입니다.

```
const express = require('express');
```

> **TIP**
>
> 만약 나타나지 않는다면, Ctrl + 스페이스 바를 눌러 제안이 되도록 작동시키거나 코드의 시작 즉, const를 입력하거나, 제안이 표시될 때까지 기다립니다.

4. 제안을 수락하려면 *Tab*키를 눌러야 합니다. 이 시점에서, Copilot은 사용자를 위해 코드를 계속 생성할 수 있습니다. 이를 확인하려면 *Enter* 키를 누르고, Copilot이 더 많은 코드를 생성하도록 지켜보세요. 다음과 유사한 코드가 나올 때까지 *Enter* 키를 반복적으로 누르고, *Tab* 키를 눌러 제안을 수락합니다.

```
const app = express();

app.get('/products', (req, res) => {
  res.send('products');
});

app.get('/customers', (req, res) => {
```

```
  res.send('customers');
});

app.listen(3000, () => {
  console.log('Server listening on port 3000');
});
```

5. 축하드립니다. 코드 첫 줄을 Copilot과 함께 작성했습니다. Copilot을 사용하여, 자유롭게 실험하고 코드 중간에 소위 프롬프트라고 불리는 주석을 추가하여 어떤 일이 일어나는지 확인해 보세요. 그리고 프롬프트 변경을 시도해 보고 어떤 일이 일어나는 지 보세요.

임무 코드 개선

임무로 Copilot에서 생성된 코드를 개선해야 합니다. 여기에 제안사항이 몇 가지 있습니다.

- 웹 API의 루트에 경로를 추가합니다.
- 특정 제품에 경로를 추가합니다.
- 경로 중 하나에 문서를 추가합니다.

솔루션

여기에 가능성이 있는 솔루션이 있습니다.

```
const express = require('express');

app = express();

// 기본 경로를 추가합니다
app.get('/', (req, res) => {
  res.send('Hello world');
});

app.get('/products', (req, res) => {
  res.send('products'); });

// 문서 경로 /**
  * id 옆에 제품을 불러옵니다
  * @param {number} id - 제품의 id */
app.get('/products/:id', (req, res) => {
  res.send(`product with id ${req.params.id}`);
```

```
});

app.get('/customers', (req, res) => {
  res.send('customers');
});

app.listen(3000, () => {
  console.log('Server listening on port 3000');
});
```

도전 과제

경로 중 한 경로에 테스트를 추가할 수 있는 지 확인합니다.

다음 장에서는 더 자세하게 Copilot을 어떻게 사용하는 지 살펴봅니다. AI 어시스턴트를 완전히 쓰려면, 어떻게 작동하는지 알고 어떻게 사용하는 지 이해해야 할 필요가 있습니다. 이러한 도구를 완전히 사용하는 것과 관련된 기술이 있으며, 이를 프롬프트 엔지니어링이라고 합니다. 프롬프트 엔지니어링은 프롬프트 작성의 예술이며 사용자의 의도를 이해할 수 있게 만들 뿐 아니라 사용자를 기쁘게 할 출력값을 생산합니다. 프롬프트 엔지니어링은 단순히 주석을 작성하는 것이 아닙니다. AI 어시스턴트에게 무언가를 해결하도록 지시하고, 추론의 한 형태로 적용하는 등의 작업을 수행할 수 있습니다.다음 장에서는 이 책의 중심 주제인 프롬프트 엔지니어링을 소개합니다.

레퍼런스

- Copilot 랜딩 페이지 https://github.com/features/copilot
- Copilot 문서 https://docs.github.com/en/copilot/getting-started-with-github-copilot

ChatGPT 이해하기

OpenAI가 개발한 ChatGPT는 인간과 유사한 대화를 시뮬레이션 하도록 설계된 GPT 모델의 특수 버전입니다. 대화에서 사람과 유사한 텍스트를 생성하여 다양한 주제를 처리하는 데 탁월합니다. 프리미엄 ChatGPT Plus 옵션(GPT-4라고도 함)과 함께, chat.openai.com에서 무료로 사용할 수 있으며 에세이 초안 작성, 그림 프롬프트 및 코드 프로그램 생성이 가능합니다. 프리미엄 버전은 시각적 및 오디오 입출력 처리, 파일 업로드, 코드 실행 Python 라이브러리를 통한 데이터 시각화, 사용자 지정이 가능한 GPT 기능 등 향상된 기능을 제공합니다.

단순히 Chat.openai.com에 방문함으로써 ChatGPT에 접속할 수 있고 OpenAI 계정을 만들 수 있습니다. Android 및 iOS에 어플이 존재합니다. 좀 더 자세한 사항은 공식 홈페이지(https://openai.com/)에서 찾을 수 있습니다.

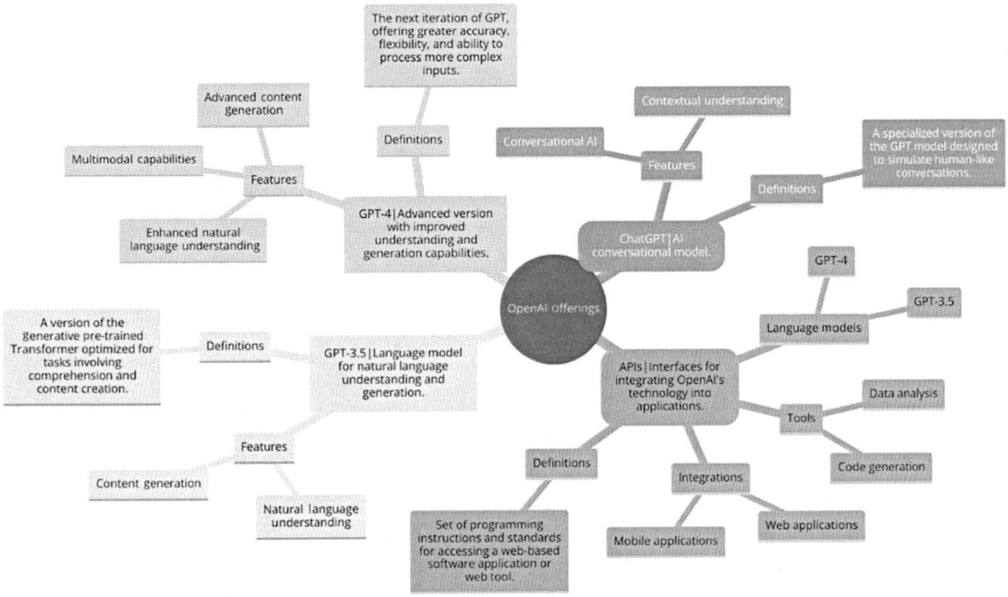

그림 3.1 OpenAI의 제품

어떻게 ChatGPT가 작동하나요?

ChatGPT는 Copilot의 코드 지향적인 접근 방식과 유사하지만, 자연어 처리에 능숙하여 기존 검색 엔진에 결투를 걸고 있습니다. ChatGPT는 에세이 작성과 텍스트 요약과 같은 작업을 뛰어나게 잘 합니다. ChatGPT 답변의 품질은 프롬프트 수신하는 것에 달려 있습니다.

ChatGPT는 포괄적인 언어 이해를 위하여 책, 웹사이트 및 다양한 텍스트 자료를 포함하여 광범위한 훈련 데이터를 활용합니다.

ChatGPT는 트랜스포머 아키텍처 기반의 심층 학습 신경망과 같은, 정교한 기계 학습 알고리즘을 사용하여 정확하고 콘텍스트에 맞는 텍스트 응답을 예측합니다.

ChatGPT의 맥락적인 이해는 고급 기술을 통하여, 향상되고 다양한 대화 글타래를 지능적으로 해석하고 대응할 수 있습니다.이러한 접근 방식은 코드에 대한 Copilot에서 사용되는 원칙을 반영하며, 미묘하고 인간과 유사한 텍스트 상호 작용을 위하여 이곳에 적용됩니다.

ChatGPT의 역량과 한계

ChatGPT의 역량 :

- **콘텐츠 생성** : 마케팅 자료, 블로그 포스트, 이야기 및 시를 포함한 창의적인 콘텐츠를 생성합니다.
- **교육적인 설명** : 교육 목적의 복잡한 주제에 대해서 자세한 설명을 제공합니다.
- **코딩 보조** : 코드 최적화, 오류 디버깅 및 알고리즘 디자인으로 개발자를 보조합니다.
- **학습 지원** : 온라인 학습, 실시간 보조 제공과 콘셉트의 설명에서 동반자로 행동합니다.
- **대화 AI** : 자연어 상호 작용을 통하여 가상 어시스턴트 및 챗 봇에 대한 사용자 경험을 향상시킵니다.

ChatGPT의 제한과 우려 :

- **정확도 문제** : ChatGPT는 할루시네이션Hallucination이라고도 하는 훈련 데이터에서 사실에 기반한 부정확성이나 편향적인 응답을 생성할 수 있습니다. 이 출력 값은 종종 AI 모델의 고유한 편향성과 실생활의 이해 부족 또는 훈련 데이터의 한계에서 비롯됩니다. 즉, AI 시스템은 명시적으로 훈련되지 않은 정보를 '거짓으로 제공하여Hallucinate' 신뢰할 수 없거나 오해의 소지가 있는 응답으로 이어집니다. 따라서 사용자는 항상 응답을 확인하고 검증해야 하며 맹목적으로 사용해서는 안 됩니다.
- **윤리적 영향** : Ai가 생성한 콘텐츠가 사기 활동이나 유해한 정보 수집에 오용될 수 있다는 우려가 제기됩니다.
- **고용 영향** : 특정 부문에서 AI가 인간의 일자리를 대체할 것이라는 두려움.
- **보안 위험** : 사기, 멀웨어malware 생성 및 사이버 범죄 활동에 잠재적으로 사용될 수 있습니다.
- **데이터 정책** : 훈련에서 광활한 인터넷 데이터의 사용과 개인 프라이버시의 영향에 염려사항이 있습니다.
- **메시지 한도** : 책을 작성하고 있을 시점 기준으로 GPT-4는 3시간 동안 최대 40개의 응답을 제공하도록 제한되어 있습니다.
- **코드 실행을 위한 Python 라이브러리 제한** : ChatGPT의 코드 인터프리터 및 고급 데이터 분

석 기능은 제한된 라이브러리 세트를 사용하며, 기계 학습 라이브러리가 많이 포함되어 있지만 심층 학습에 필요한 Keras 혹은 TensorFlow와 같은 다른 라이브러리에 대한 지원은 크지 않습니다.

설정과 설치

ChatGPT를 설정하고 설치하려면 몇 가지 단계가 필요합니다.

1. **OpenAI 계정을 생성합니다** : OpenAI 웹사이트에 방문하고 회원 가입을 합니다.
2. **API 접근** : 개발자가 OpenAI 플랫폼에 응용 프로그램을 적용하여, API 접근 권한을 얻어야 합니다.

개발자가 아닌 분들의 경우, ChatGPT 웹사이트를 방문하거나 Android 혹은 iOS 어플을 설피하고 OpenAI 계정으로 로그인하는 간단한 방법으로 ChatGPT를 사용할 수 있습니다. 일반적인 사용에는 설치가 필요하지 않습니다. 좀 더 자세한 단계와 정보는 OpenAI의 공식 문서 및 웹사이트를 참조하시기 바랍니다.

ChatGPT으로 시작하기

ChatGPT 웹사이트에 OpenAI 계정으로 로그인한 후, AI 도구의 창을 알아볼 차례입니다. 다음은 세부 설명입니다.

- **새 채팅과 사이드 바 버튼 숨기기** : 사용자 화면의 왼쪽에는 새 채팅 버튼을 사용하여 언제든지 새로운 대화를 시작할 수 있습니다. 새 채팅 버튼은 콘텍스트 없이, 새로운 대화를 생성합니다. 또한 사이드바를 숨기는 설정이 있습니다.
- **채팅 히스토리** : 왼쪽 사이드바는 이전 대화에 접근할 수 있도록 유지합니다. 채팅 제목을 수정하거나, 채팅 히스토리를 공유하거나 삭제할 수 있습니다. 채팅 히스토리를 선택적으로 끌 수 있습니다.
- **계정** : 사용자 계정 정보에 접근하기 위해 왼쪽 아래에 위치한 사용자 이름을 클릭합니다. 설정, 로그아웃, 도움말 및 자주 묻는 질문을 포함합니다. 만약 ChatGPT Plus가 아니라면 업그레이드 버튼이 여기에 있는 것을 볼 수 있습니다.
- **사용자 프롬프트** : 질문이나 프롬프트가 채팅 창 중앙에 나타나고 계정 사진이나 이니셜이 함께 표시됩니다.
- **ChatGPT의 응답** : 로고 왼쪽에 ChatGPT의 응답이 표시됩니다. 오른쪽에서는 복사, 좋은

응답 및 별로인 응답과 같은 옵션을 볼 수 있습니다. 다른 곳에서 사용할 수 있도록, 클립보드에 텍스트를 복사하고 응답 정확도에 대한 피드백을 제공합니다.

- **응답 재생성** : 문제가 발생하거나 불만족스러운 답변이 있는 경우, 응답 재생성을 클릭합니다. 응답 재생성은 사용자의 최근 프롬프트에 기반한 새로운 답변을 생성하도록 유도합니다.
- **텍스트 영역** : 사용자의 프롬프트와 질문을 기입하는 영역입니다.
- **ChatGPT 버전** : 텍스트 입력 영역 아래에 면책 조항을 포함한 세부조항을 찾을 수 있습니다. "ChatGPT는 실수를 할 수 있습니다. 중요한 정보를 확인합니다." 표시되어 있는 Chat GPT 모델 버전은 서비스가 중지되었음을 알립니다.

다음 스크린 샷은 이러한 모습을 보여줍니다.

프리미엄 버전인 경우 왼쪽 상단에 접근할 수 있는 GPT가 표시됩니다.

아래에는 사용자의 이전 대화가 있습니다.

프리미엄 버전이 있는 경우 드롭다운에서 플러그인과 함께 GPT-4를 선택할 수 있습니다.

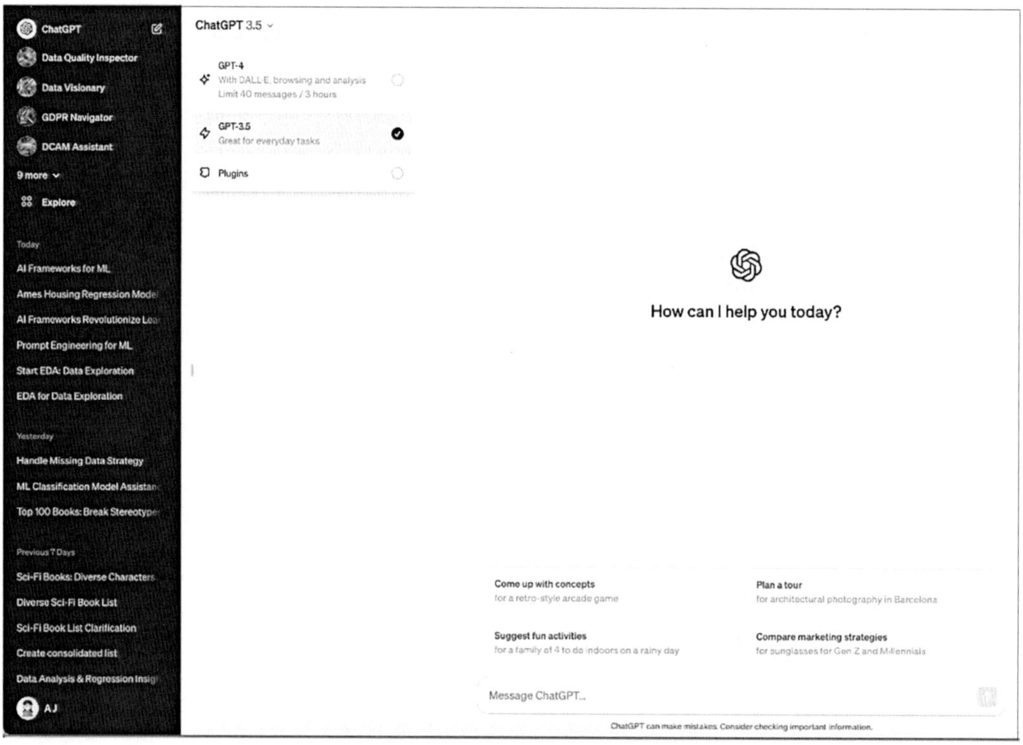

그림 3.2 ChatGPT의 다른 버전 선택하기

모든 새로운 대화에 구성을 적용하려는 경우, 프로필 수준에서 사용자 지정 지침을 설정할 수도 있습니다.

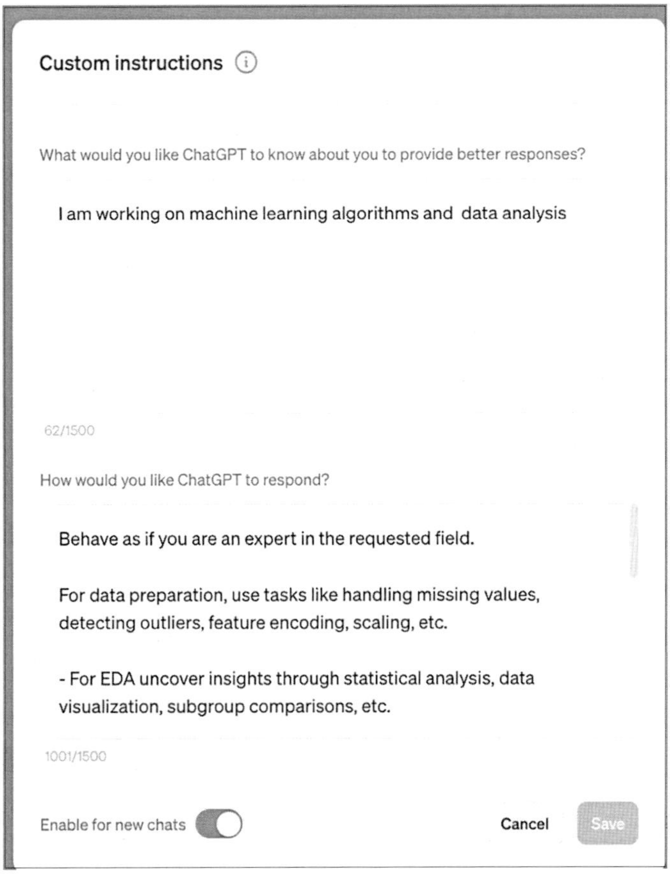

그림 3.3 ChatGPT의 사용자 지정 지침

프롬프팅

ChatGPT로 첫 번째 프롬프트 초안을 작성합시다.

인간과 대화하는 것처럼 자연어로 질문하거나 대화하기만 하면 ChatGPT는 사용자에게 ChatGPT가 가지고 있는 지식을 공유하기 시작합니다.

프롬프트
나한테 기계 학습 과정의 주요 과정을 설명해줄 수 있어?

다음과 같은 스크린 샷에 비슷한 응답을 볼 수 있습니다. 응답이 동일하지 않으며, 매번 동일한 텍스트를 받을 수 없다는 것을 알립니다.

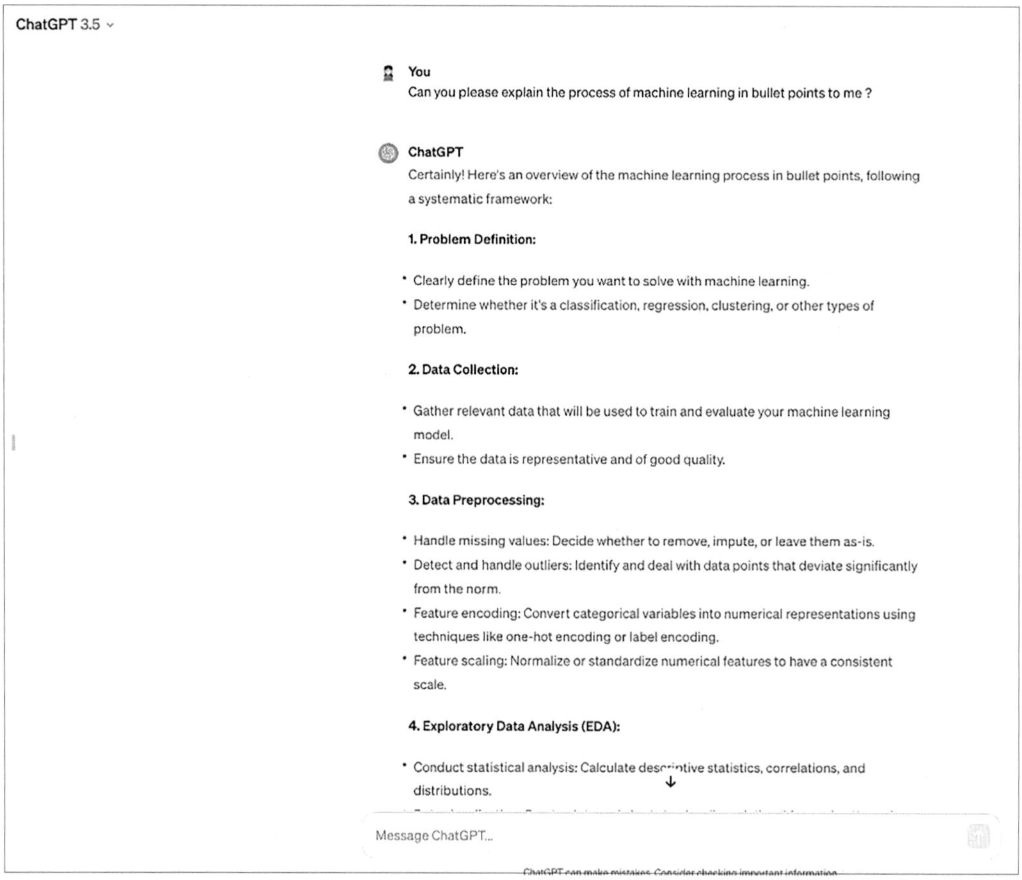

그림 3.4 ChatGPT 프롬프트 화면

요약

이 장에서는 Github Copilot과 ChatGPT가 무엇이며 어떻게 작동하고, 어떻게 시작하는 지에 대해 살펴보았습니다.

또한 Github Copilot과 ChatGPT의 성능과 한계에 대해 알아보았습니다.

마지막으로 어떻게 설치하는 지, 어떻게 작동하는 지 알아 보았습니다. 프롬프트를 통해서 어떻게 사용하는 지에 대한 아이디어를 얻었습니다.

Discord에서 우리 커뮤니티에 참여하세요.

저자 및 여러 독자와 함께 토론하려면 Discord 커뮤니티 공간에 참여하세요.

https://packt.link/aicode

제4장
HTML과 Copilot으로 응용 프로그램의 생김새 구축하기

소개

웹 응용 프로그램을 구축하려면, 마크업markup에 HTML, 스타일링Styling에 CSS, 상호 작용하게 만드는 데 JavaScript를 사용해야 합니다.

1990년대에 정적 페이지Static page로 웹 응용프로그램을 구축하던 것에서 프레임워크를 사용하여 대형 응용 프로그램Large app을 구축하는 시대로 발전했습니다. 프레임워크를 사용하든, 라이브러리를 이용하든, 여전히 HTML, CSS, JavaScript라는 동일한 기반 위에 놓여 있습니다.

이 세 가지 마크업 및 프로그래밍 언어를 다루기 위해, 우리는 AI 어시스턴트를 사용할 수 있습니다. 텍스트 입력을 고려할 때, AI 어시스턴트를 사용하는 것은 텍스트 생성하는 것보다 더 많은 것들이 있습니다. 또한 해결하려는 하는 분야에 대한 실무 지식이 필요합니다. HTML과 CSS와 같은 마크업 언어의 경우, "실무 지식"이란 웹 페이지를 구조화 하는 방법이 CSS로 스타일을 구성하는 방법을 알고 있어야 한다는 뜻입니다. 즉, 사용자가 즉시 쓸 수 있는 작업을 수행하는 방법을 알고 있다면, AI 어시스턴트는 더 빠르며 더 효율적으로 작업할 수 있도록 돕습니다.

> **TIP**
> 이 장에서 언급한 프롬프트의 출력물은 훈련 데이터, 열려있는 파일, 이전에 입력한 내용에 따라 달라질 수 있습니다.

이 책의 다른 장에서 웹 개발이나 데이터 과학은 문제를 해결하는 데 도움이 되는 접근법일 뿐이며, 우리가 해결하고자 하는 비즈니스 문제를 먼저 논의하는 특정한 방식을, 어떻게 따를 것인지 알게 될 것입니다 그 후에 웹 개발자인지 데이터 과학자인지에 따라 달라지는 문제에 초점을 맞춘 다음, 문제를 좀 더 관리하기 쉬운 부분으로 작게 나누어 살펴봅니다. 마지막으로, 특정 유형의 문제에 적합한 "프롬프트" 전략을 추천합니다.

이 장에서 다루는 것은 다음과 같습니다.

- **기초 HTML을 생성합니다.** Github Copilot은 HTML을 포함한 다양한 종류의 코드를 생성할 수 있습니다.
- **프롬프트 기술을 적용합니다.** 원하는 콘텐츠를 얻기 위하여, 사용할 수 있는 여러 가지의 기술이 있습니다.

비즈니스 문제 전자 상거래

전자 상거래는 꽤나 흥미를 끄는 도메인입니다. 이 도메인에는 해결해야 할 많은 문제가 있습니다. 예를 들자면, 사용자가 상품을 구매할 수 있는 기술 플랫폼을 제공해야 합니다. 그 자체로 상품을 구매할 결제는 물론, 배송 등을 위한 물류 등의 다양한 솔루션을 구축해야 한다는 뜻입니다.

데이터 측면에서 이 비즈니스를 바라보면, 고객 행동을 분석하여 적절한 재고 수와 정확한 상품 가격 등을 확보해야 한다는 것을 알 수 있습니다. 한마디로 말하자면, 전자 상거래는 이 책 전체에 걸쳐 언급되는 흥미를 끄는 영역입니다

문제 도메인

이 장에서는 웹 개발자의 역할에 중점을 두었으므로 전자 상거래에서 웹 개발자에게 어떠한 유형의 문제가 기다리고 있는지 알아보겠습니다. 일반적으로 웹 개발자가 해결해야 하는 주요 역할은 2~3가지가 있습니다.

고객과 상품 검색 및 구매부터 계정 관리까지, 고객이 취할 수 있는 모든 행동이 포함됩니다.

- 백 오피스 전자 상거래 응용 프로그램의 배후에 있는 회사입니다. 여기에서는 회사 직원이 인벤토리, 제품 정보, 결제 솔루션 등을 관리할 수 있도록 기술 솔루션이 있는지 확인해야 합니다.
- 데이터의 관점에서 웹 개발자인 독자는 제품, 주문 결제, 고객 정보 등의 영역에서 데이터를 저장하고 업데이트할 수 있도록 해야 합니다.

문제 세분화 특징 식별

이 문제 도메인을 프롬프트 입력해서 작성할 수 있는 것으로 세분화하기 위해 앞서 언급한 고객과 백 오피스 역할로 다시 돌아가 보겠습니다. 다음은 우리가 구축할 수 있는 특징별로 문제를 세분화하려는 시도입니다.

고객 역할과 중요 영역인 "인증"부터 시작하겠습니다. 고객이 할 수 있어야 하는 일을 세분화해 보겠습니다. 다음은 우리가 지원해야 하는 작업입니다.

- **로그인** : 사용자가 로그인 할 수 있어야 합니다.
- **로그아웃** : 사용자가 로그아웃 할 수 있어야 합니다.
- **회원 가입** : 새로운 계정을 만들 수 있어야 합니다.
- **비밀번호 업데이트** : 기존 사용자는 비밀번호를 업데이트 할 수 있어야 합니다.
- **비밀번호** : 만약 사용자가 비밀번호를 잊어버린 경우, 안전한 방법으로 비밀번호를 재설정 할 수 있어야 합니다.

이제 특화 도메인Specific domain인"인증"에 대한 일련의 기능을 확보했으며, 지원해야 할 다양한 작업을 더욱 더 파악할 수 있게 되었습니다. 이와 같은 문제 영역을 더 세분화하는 것은 독자의 몫으로 남겨두겠지만, 앞의 항목은 AI 어시스턴트를 사용하기 전에 우선적으로 갖춰야 할 세부적인 수준이라고 보시면 됩니다.

앞서 기능을 세분화했으므로, 이제 다음과 같은 프롬프트를 입력하여 위에서 식별한 첫 번째 기능을 해결해 볼 수 있습니다.

프롬프트
사용자 아이디, 비밀번호, 비밀번호 다시 입력 및 로그인 버튼 필드가 있는 로그인 페이지를 생성합니다.

웹 개발자는 보통, 개발을 시작하기 전에 문제 영역을 기능으로 분류하고, 스크럼Scrum 같은 개발 방법론을 사용하는 경우, 이를 "사용자 스토리User Story"라고 부르기도 합니다.

그렇지만, 웹 개발에서는 프론트엔드, 백엔드, 데이터 레이어(일반적으로 데이터를 저장하는 데이터베이스)의 세 가지 레이어에서 이 문제를 살펴봐야 한다는 것을 알고 계실 것입니다. 이 장 나머지 부분에서는 AI 어시스턴트를 사용할 때, 프론트엔드에 초점을 맞추겠습니다. 이후의 장에서는 전자 상거래 예시의 다른 레이어에 초점을 맞추겠습니다.

프롬프트 전략

그렇다면 프롬프트 전략은 어떻게 선택하는 것이며, 프롬프트 전략이란 무엇을 의미할까요? 프롬프트 전략은 기능당 하나의 프롬프트를 작성할 것인지, 아니면 여러 가지 짧은 프롬프트를 작성할 것인지에 대한 것입니다.

또한, 선택한 AI 어시스턴트인 Github Copilot을 어떻게 사용할 것인지, 프롬프트를 도구에 어떻게 입력할지에 대한 것입니다. 이 장에서는 텍스트 파일에 직접적으로 입력하는 후자의 접근 방식을 사용합니다. 일반적으로 두 가지 접근 방식이 모두 유효하며, 문제를 해결할 때 이 두 가지 접근 방식 사이에 차이가 있다는 것이 저자들의 경험입니다.

이제 Github Copilot 접근 방식을 선택했으니 프롬프트 자체는 어떨까요? 여기서는 이 패턴을 2장에서 "탐구 프롬프트 패턴"이라고 부르는 짧은 프롬프트를 입력하는 프롬프트 전략을 선택합니다. 우리는 Github Copilot이 런타임 콘텍스트[Runtime Context]를 구축하고 코드를 입력하면서 배울 수 있도록 할 것입니다.

다음 부분에서는 공개 텍스트 파일 안에 있는 상태에서, 마크업 코드를 생성하는 방법을 보여드리겠습니다. 이 장의 마지막에서는 전자 상거래 사용 사례를 다시 살펴보겠습니다.

페이지 구조

웹 페이지는 HTML로 정의되며, 이러한 모든 페이지는 문서 객체 모델[Document Object Model](DOM)이라는 트리[Tree]로 구성됩니다. DOM은 다음과 같은 부분으로 구성됩니다.

```
<html>
<head>
  </head>
  <body>
  </body>
<html>
```

페이지의 마크업이 요소로 어떻게 구성되어 있는지 확인할 수 있습니다. 상위 요소[Top element]들은 계층형으로 배치해야하며, HTML을 루트 요소[Root Element]로 하여 내부 노드[Node]인 HEAD와 BODY가 있습니다. HEAD 노드에서는 스타일링, 검색 엔진에 대한 지침, 페이지 제목 등을 정의합니다. BODY 요소에는 표시하려는 콘텐츠를 배치합니다.

페이지 구조에 AI 어시스턴트 추가

이를 위하여 Github Copilot에게 어떻게 영향을 줄 수 있을까요? 일반적으로 웹 응용 프로그램에는 index.html을 이 응용 프로그램의 엔트리 포인트Entry point로 있어야 합니다. Github Copilot을 활용하려면, 페이지에 댓글 `<!-- my comment -->`을 작성합니다. 프롬프트에서는 "`my comment`"를 대체해야 합니다. 그래서 `my comment` 대신에 무엇을 입력해야 할까요? 답은 Github Copilot이 응답으로 무엇을 생성할지 알 수 있도록 충분한 콘텍스트를 제공해야 합니다.

> **참고**
>
> Github Copilot은 학습 모델뿐만이 아니라 `.js` 혹은 `.html`과 같은 파일 확장자를 기반으로 런타임 콘텍스트를 구축하고, 현재 디렉토리에서 열려 있거나 닫힌 파일에 어떤 문서가 있는지를 기반하여 구축합니다.

첫 번째 프롬프트, 간단한 프롬프트와 AI 어시스턴트 보조

열린 텍스트 파일에서 첫 번째 프롬프트를 작성해 보겠습니다.

> **참고**
>
> 만약, 이 글을 읽는 동안 다음 프롬프트를 직접 사용해 보려면, `index.html` 페이지를 만드세요. 프롬프트는 사용자가 입력하는 주석입니다. 댓글은 선택한 파일 유형에 지정된 주석 형식을 사용해야 합니다. 즉, `<!-- -->`은 HTML 페이지에서 주석 형식을 작성하는 방식이고 //은 JavaScript 파일에서 주석을 작성하는 방식입니다

다음은 페이지 상단에 HTML 주석으로 추가해 볼 수 있는 프롬프트입니다.

프롬프트

제목과 목록을 가진 페이지를 생성해주세요.

```
<!-- 제목과 목록을 가진 페이지를 생성해주세요. -->
```

이 경우에는, 다음과 같은 또 다른 프롬프트를 생성합니다. 즉, `<!-- 목록은 3가지 항목을 포함해야 합니다 -->`.

언뜻 보기에는 혼란스러워 보일 수 있습니다. Github Copilot이 왜 다른 댓글을 출력물로 제공할까요? AI 어시스턴트가 코드와 댓글에 대해 훈련을 했기 때문입니다. 이 경우, Github Copilot

은 훈련 데이터에 따라서 가장 가능성이 높은 대답을 제공합니다.

그렇다면 대신에 HTML 마크업으로 대답을 받으려면 어떻게 할까요? 정답은 HTML을 입력하기 시작하면, Github Copilot이 범위를 좁혀서, 텍스트 파일의 코드가 다음과 같이 보일 것입니다.

```
<!-- 제목과 목록을 가진 페이지를 생성합니다 -->
<HTML
```

이제 Github Copilot은 다음 출력물과 유사한 코드를 생성합니다.

프롬프트 응답

```
<html lang="en">
```

그리고 계속 *Return*키[2]를 누르고 *TAB*으로 제안을 수락하면, 점점 더 많은 코드가 생성되어서 결국 다음과 같은 출력이 나옵니다.

프롬프트 응답

```
<!-- 제목과 목록을 가진 페이지를 생성합니다 -->
<html lang="en">
<head>
    <title>첫 번째 페이지</title>
</head>
<body>
    <h1>첫 번째 페이지</h1>
    <ul>
        <li>첫 번째 목록
        <li>두 번째 목록
        <li>세 번째 목록
    </li>
</body>
</html>
```

두 번째 프롬프트, 더 많은 콘텍스트를 추가하기

지금까지 해 온 작업을 지우고 새로운 프롬프트부터 시작하겠습니다. 더 많은 프롬프트가 포함

2) **역자주** : 혹은 Enter 키

된, 더 나은 프롬프트를 작성하는 것은 어떻게 더 나은 결과물을 만들어내는지 이해하는 것이 목표입니다.

더 많은 프롬프트가 포함된 두 번째 프롬프트를 다음 텍스트와 같이 표시하여 보겠습니다.

프롬프트

제목과 목록을 가진 페이지를 생성하고, 각 항목에는 제목, 설명 필드가 있어야 하며 완성해주세요.

참고

이제 목록이 항목으로 구성되어 있고, 각 항목에 별도의 필드가 있다는 것을 알 수 있습니다. 그렇다면, 이 프롬프트의 출력물은 무엇일까요? 이전과 마찬가지로 RETURN 키를 사용하여, 프롬프트 대답을 생성하고, TAB 키를 사용하여 완성하고 Github Copilot에서 제공한 프롬프트를 수락합니다.

프롬프트 응답

```
<!-- 제목과 목록을 가진 페이지를 생성하고, 각 항목에는 제목, 설명 필드가 있어야 하며 완성되어야
합니다 -->
<html>
<head>
    <title>할 일</title>
</head>
<body>
    <h1>할 일 목록</h1>
    <ul>
        <li>
            <h2>항목 1</h2>
            <p>항목 1 설명</p>
            <p>완료됨: <input type="checkbox" checked></p> </li>
        <li>
            <h2>항목 2</h2>
            <p>항목 2 설명</p>
            <p>완료됨: <input type="checkbox"></p>
        </li>
    </ul>
```

AI 어시스턴트는 완료하고자 하는 작업이 있는 일반적인 유형의 응용 프로그램인, 이른바 "할 일 응용 프로그램(To do app)"을 만들려고 한다는 것을 추측할 수 있습니다 또한 제목에 대한 헤더 요소 h2, 설명에 대한 요소 p, 완료 필드에 대한 확인란을 생성할 수 있었습니다 더 많은 콘텍스트를 추가함으로써, AI 어시스턴트는 더 나은 결과물을 제공할 수 있습니다.

세 번째 프롬프트: 프롬프트의 제안 수락하기

지금까지 두 프롬프트의 차이점을 살펴보았지만, 이렇게 더 많은 맥락을 추가하면 어떻게 될까요?

프롬프트

머리글, 본문, 바닥글이 있는 페이지를 만드세요. 다크 테마를 사용합니다.

이 시점에서 출력물은 더 많은 주석(제안)로 구성되며, 새로운 제안을 받기 위하여 *Return* 키를 입력하고 *Tab* 키를 입력하여 그 중 몇 개를 수락하면 이제 텍스트 파일에 다음과 유사한 내용이 표시됩니다.

> **참고**
>
> 예를 들어서, 계속 입력하는 등의 방법으로 제안을 거부할 수 있습니다.

프롬프트 응답

```
<!-- 머리글, 본문, 바닥글이 있는 페이지를 다크 테마를 사용해서 만듭니다 -->
<!-- 머리글은 3가지 링크가 있는 내비게이션이 있어야 합니다 -->
<!-- 본문은 일부 텍스트와 이미지가 있는 3가지 부문이 있어야 합니다 -->
<!-- 바닥글은 일부 텍스트와 이미지가 있는 3가지 열이 있어야 합니다 -->
<!-- 레이아웃에 플렉스박스를 사용합니다 -->
<!-- 색상에 CSS 변수를 사용합니다 -->
<!-- 폰트 크기에 CSS 변수를 사용합니다 -->
<!-- 패딩과 마진에 CSS 변수를 사용합니다 -->
<!-- 폰트 패밀리에 CSS 변수를 사용합니다 -->
<!-- 테두리 반경에 CSS 변수를 사용합니다 -->
<!-- 테두리 폭에 CSS 변수를 사용합니다 -->
<!-- 테두리 색상에 CSS 변수를 사용합니다 -->
<!-- 배경 색상에 CSS 변수를 사용합니다 -->
```

Github Copilot은 내비게이션, 이미지, CSS 변수 사용 등의 사용자가 고려하지 않을 수 있는 프롬프트를 제안할 수 있습니다. 이 시점에서 `<html`을 입력하면 다음과 유사한 출력이 표시됩니다.

프롬프트 응답

```
<!-- 머리글, 본문, 바닥글이 있는 페이지를 다크 테마를 사용해서 만듭니다 -->
<!-- 머리글은 3가지 링크가 있는 내비게이션이 있어야 합니다 -->
<!-- 본문은 일부 텍스트와 이미지가 있는 3가지 부문이 있어야 합니다 -->
<!-- 바닥글은 일부 텍스트와 이미지가 있는 3가지 열이 있어야 합니다 -->
<!-- 레이아웃에 플렉스박스를 사용합니다 -->
<!-- 색상에 CSS 변수를 사용합니다 -->
<!-- 폰트 크기에 CSS 변수를 사용합니다 -->
<!-- 패딩과 마진에 CSS 변수를 사용합니다 -->
<!-- 폰트 패밀리에 CSS 변수를 사용합니다 -->
<!-- 테두리 반경에 CSS 변수를 사용합니다 -->
<!-- 테두리 폭에 CSS 변수를 사용합니다 -->
<!-- 테두리 색상에 CSS 변수를 사용합니다 -->
<!-- 배경 색상에 CSS 변수를 사용합니다 -->
<html>
<head>
    <title>06.6 솔루션</title>
    <link rel="stylesheet" href="style.css">
</head>
<header>
        <nav>
            <a href="#">홈</a>
            <a href="#">정보</a>
            <a href="#">연락처</a>
        </nav>
    </header>
<body>
    <main>
        <section>
            <h1>부문 1</h1>
            <p>회사 자체는 매우 성공적인 회사입니다. 누구든지, 반가워요.</p>
            <img src="https://picsum.photos/200/300" alt="random image">
        </section>
        <section>
            <h1>부문 2</h1>
            <p>회사 자체는 매우 성공적인 회사입니다. 누구든지, 반가워요.</p>
```

```
        <img src="https://picsum.photos/200/300" alt="random image">
    </section>
    <section>
        <h1>부문 3</h1>
        <p>회사 자체는 매우 성공적인 회사입니다. 누구든지, 반가워요.</p>
        <img src="https://picsum.photos/200/300" alt="random image">
    </section>
</main>
<footer>
    </div>
        <h1>열 1</h1>
        <p>회사 자체는 매우 성공적인 회사입니다. 누구든지, 반가워요.</p>
        <img src="https://picsum.photos/200/300" alt="random image">
    </div>
    </div>
        <h1>열 2</h1>
        <p>회사 자체는 매우 성공적인 회사입니다. 누구든지, 반가워요.</p>
        <img src="https://picsum.photos/200/300" alt="random image">
    </div>
    </div>
        <h1>열 3</h1>
        <p>회사 자체는 매우 성공적인 회사입니다. 누구든지, 반가워요.</p>
        <img src="https://picsum.photos/200/300" alt="random image">
    </div>
</footer>
```

브라우저에서 이 결과물을 보면 여러 항목의 제목, 설명 및 이미지가 포함된 이전 부문이 표시됩니다(이러한 이미지는 무작위이므로, 정확하게 표시되는 내용은 달라질 수 있습니다).

웹 개발자는 이를 나중에 더 보기 좋게 만들기 위하여, 스타일을 추가해야 하는 멋진 첫 번째 단계로 받아드립니다

그림 4.1 이미지가 있는 페이지(머리글 및 바닥글 제외)

도전 과제 프롬프트 변경 .

콘텍스트를 추가하거나 제거하여 출력물을 변경할 수 있습니다. 제안 사항으로 표, 양식 다중열 레이아웃 등을 추가하도록 프롬프트를 변경할 수 있는 지 확인합니다.

사용 사례 전자 상거래를 위한 프론트 구축

이제 HTML 마크업을 만드는데 Github Copilot을 사용하는 방법을 배웠으니, 좀 더 어려운 프로젝트인 전자 상거래 웹사이트에 사용해 보겠습니다. 요구사항은 다음과 같은 부분이 있는 사이트여야 한다는 것입니다.

- 로그인 페이지
- 회원가입 페이지

- 장바구니에 넣을 제품을 위한 제품 페이지
- 구매하려는 항목을 표시하는 장바구니 페이지
- 장바구니 콘텐츠, 결제 정보 양식, 배송용 주소 정보를 표시하는 결제 페이지
- 제품을 편집할 수 있는 관리자 페이지

전자 상거래 웹사이트에서 흔히 볼 수 있는 페이지부터 살펴보겠습니다.

로그인 페이지

로그인 페이지의 요구사항은 사용자가, 사용자 아이디와 비밀번호를 입력할 수 있어야 하며 자격 증명을 확인하는 버튼이 있어야 한다는 것입니다. 선택사항으로 회원가입을 위한 링크와 비밀번호를 잊어버린 경우의 링크를 추가할 수 있습니다.

`login.html`이라는 페이지 상단에 댓글로 다음 프롬프트를 입력합니다.

프롬프트

<!—입력 필드에 사용자 아름과 비밀번호, 로그인 버튼과 비밀번호를 잊어버린 경우, 회원가입 할 수 있는 링크가 있는 페이지가 모바일과 데스크톱에서 보기 좋게 표시되어야 합니다 -->

TIP

완성본을 생성하려면, 〈html〉을 입력해야 할 수도 있습니다. 또한 현재 파일을 제외한 모든 파일을 닫아서, AI 어시스턴트가 열려 있는 다른 파일에 방해받지 않도록 합니다.

다음과 유사한 출력물이 나옵니다.

프롬프트 응답

```
<html>
<head>
    <title>로그인</title>
    <link rel="stylesheet" href="css/login.css">
</head>
<body>
    <div class="container">
        <div class="login">
            <h1>로그인</h1>
            <form action="login.php" method="post">
                <input type="text" name="username" placeholder="Username"
required="required" />
```

```
                <input type="password" name="password" placeholder="Password"
required="required" />
                <button type="submit" class="btn btn-primary btn-block btn-
large">로그인</button>
            </form>
            <a href="register.php">회원 가입/a>
            <a href="forgot.php">비밀번호 잊음</a>
        </div>
    </div>
```

다음과 같이 렌더링 됩니다.

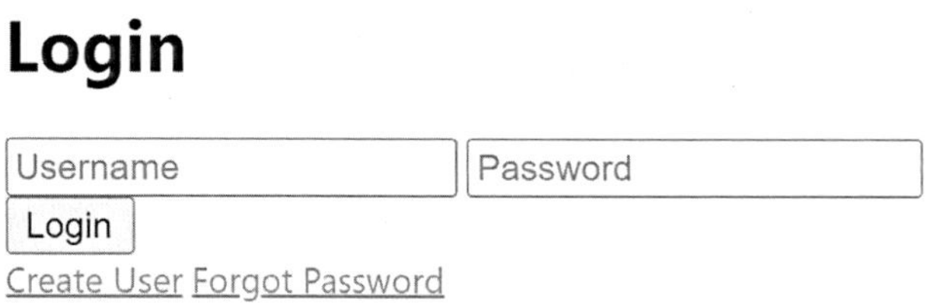

그림 4.2 로그인 페이지

제품 목록 페이지

이 페이지에는 구매할 수 있는 제품 목록, 각 제품에 대한 세부 정보, **"장바구니에 추가"** 버튼을 추가하려고 합니다. 이를 위하여, `products.html` 페이지를 만들고 다음과 같은 프롬프트를 표시합니다.

```
<!-- 각 항목에 필드 텍스트, 세부 페이지 링크, 무작위 이미지, 설명 및 "카트에 추가 버튼"이
있는 디브 요소로 제품 목록을 작성합니다 -->
```

다음과 유사한 출력물이 나옵니다.

프롬프트 응답

```
<!-- 각 항목에 필드 텍스트, 세부 페이지 링크, 무작위 이미지, 설명 및 "카트에 추가 버튼"이
있는 디브 요소로 제품 목록을 작성합니다 -->
<html>
<head>
    <title>제품</title>
    <link rel="stylesheet" href="css/products.css">
</head>
<body>
```

```
    <div class="container">
        <div class="products">
            <h1>제품</h1>
            <div class="product">
                <div class="product-image">
                    <img src="https://picsum.photos/200/300" alt="product image">
                </div>
                <div class="product-text">
                    <h2>제품 1</h2>
                    <p>회사 자체는 매우 성공적인 회사입니다. 누구든지, 반가워요.</p>
                    <a href="product.php">제품 보기</a>
                    <button type="submit" class="btn btn-primary btn-block btn-large">
장바구니에 추가</button>
                </div>
            </div>
            <div class="product">
                <div class="product-image">
                    <img src="https://picsum.photos/200/300" alt="product image">
                </div>
                <div class="product-text">
                    <h2>제품 2</h2>
                    <p>회사 자체는 매우 성공적인 회사입니다. 누구든지, 반가워요.</p>
                    <a href="product.php">제품 보기</a>
                    <button type="submit" class="btn btn-primary btn-block btn-large">
장바구니에 추가</button>
                </div>
            </div>
            <div class="product">
                <div class="product-image">
                    <img src="https://picsum.photos/200/300" alt="product image">
                </div>
                <div class="product-text">
                    <h2>제품 3</h2>
                    <p>회사 자체는 매우 성공적인 회사입니다. 누구든지, 반가워요.</p>
                    <a href="product.php">제품 보기</a>
                    <button type="submit" class="btn btn-primary btn-block btn-large">
장바구니에 추가</button>
                </div>
            </div>
            <div class="product">
                <div class="product-image">
                    <img src="https://picsum.photos/200/300" alt="product image">
                </div>
                <div class="product-text">
                    <h2>제품 4</h2>
                    <p>회사 자체는 매우 성공적인 회사입니다. 누구든지, 반가워요.</p>
```

```
                    <a href="product.php">제품 보기</a>
                    <button type="submit" class="btn btn-primary btn-block btn-large">
장바구니에 추가</button>
                </div>
            </div>
        </div>
    </div>
</body>
</html>
```

이렇게 하면, 다음과 같이 렌더링 됩니다.

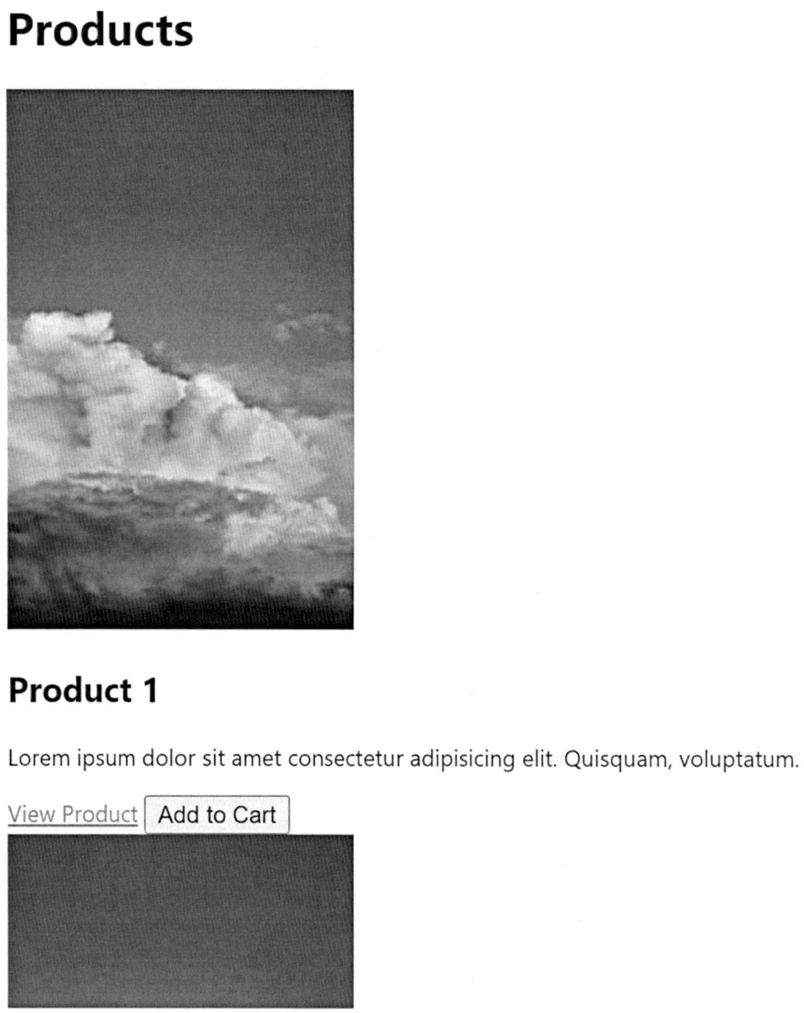

그림 4.3 제품 목록 페이지

나머지 페이지

나머지 페이지는 독자가 직접 제작할 수 있도록 남겨 두겠습니다. 전용 html 페이지를 만들고 페이지 상단에 프롬프트 댓글을 넣는 것을 잊지 마세요.

나머지 페이지에 대한 몇 가지 추천 프롬프트는 다음과 같습니다.

- 회원가입 페이지

  다음은 추천 프롬프트입니다.

```
<!-- 사용자 이름, 비밀번호
비밀번호 반복 버튼이 있는 페이지 만듭니다 -->
```

- 구매하려는 항목을 표시하는 장바구니 페이지

  다음은 추천 프롬프트입니다.

```
<!-- 장바구니의 제품 목록을 보여주는 페이지로, 각 제품에는 제품 이름, 가격, 수량, 합계
및 수량을 늘리거나 줄일 수 있는 버튼이 있어야 하며, 페이지 하단에 "결제" 링크가 있어야
합니다. -->
```

- 장바구니 내용물과 결제 정보 및 배송을 위한 주소 정보를 표시하는 결제 페이지입니다.

  다음은 추천 프롬프트입니다.

```
<!-- 신용카드 결제 정보 섹션과 배송 주소 섹션이 포함된 결제 페이지 -->
```

- 제품을 편집할 수 있는 관리자 페이지입니다.

  다음은 추천 프롬프트입니다.

```
<!-- 제품 목록인 부분, 각 항목에는 제목과 가격, 수량 필드가 있으며 새로운 제품을 추가하
고 제품을 제거하는 작용 이 있어야 합니다 -->
```

임무

이 임무에서는 이력서 웹사이트를 만들게 됩니다. Github Copilot에 어떠한 맥락을 제공할지는 독자에게 달려 있지만, index.html과 HTML에서 댓글 <!-- 내 프롬프트 -->을 만드는 것부터 시

작합니다.

배운 기법을 기억합니다.

> **프롬프트 작성**
>
> 프롬프트를 작성하고 다음 줄에 코드/마크업을 입력하여, 어시스턴트를 도와주세요. 대답을 생성하려면, RETURN 키를 사용하고, 제안된 텍스트를 수락하려면 TAB 키를 사용합니다. 프롬프트를 다시 작성하고 원하는 결과를 얻기 위하여, 내용을 추가하거나 변경합니다.

이 임무에 대한 해결방법은 Github 레포지토리에서 찾을 수 있습니다.

`https://github.com/PacktPublishing/AI-Assisted-Software-Development-with-GitHub-Copilot-and-ChatGPT/tree/ main/04`

도전 과제

이미 작성된 이력서가 있다면, 색상을 추가하여 더욱 개선할 수 있습니다. 그렇게 하려면 어떻게 해야 할까요?

문제

다음은 핵심 개념을 이해했는지 확인하기 위한 몇 가지 질문입니다.

1. AI 어시스턴트에게 보내는 텍스트로 사용되는 것으로 올바른 것을 고르시오.

   가. 텍스트

   나. 설명서

   다. 프롬프트

2. AI 어시스턴트를 구축할 때, 맥락으로 사용되는 것으로 올바른 것을 고르시오.

   가. 입력한 내용

   나. 입력한 내용, 파일 확장자, 작업하고 있는 디렉토리에서 열리고 닫힌 파일들

   다. 입력한 내용과 파일 확장자를 확인하는 것

이 임무에 대한 해결방법은 Github 레포지토리에서 찾을 수 있습니다.

`https://github.com/PacktPublishing/ AI-Assisted-Software-Development-with-GitHub-Copilot-and-ChatGPT/tree/main/04`

요약

이 장에서 Github Copilot을 사용해서, HTML 마크업을 생성하는 방법에 대해 설명했습니다. 또한 프롬프트 기술을 사용하는 방법과 프롬프트에 콘텍스트를 추가하는 방법도 다루었습니다. 이러한 프롬프트 기법을 학습하는 과정에서 AI 어시스턴트에 더 많은 맥락을 제공할수록, 더 나은 결과를 얻을 수 있다는 사실을 알게 되었습니다. 덧붙여서, 페이지에 더 많은 콘텐츠를 추가하면 시간이 지남에 따라서 콘텍스트가 쌓이게 됩니다.

추가적으로, 전자 상거래 웹사이트를 구축하는 사용 사례부터 시작했습니다. 이 사용 사례는 앞으로의 장에서 계속 살펴볼 내용입니다.

다음 장에서는 웹 개발을 계속 다루되, CSS와 스타일링으로 초점을 바꿉니다. CSS에도 동일하거나 유사한 프롬프트 기법을 사용할 수 있는 방법을 살펴볼 것입니다.

Discord에서 우리 커뮤니티에 참여하세요.

저자 및 여러 독자와 함께 토론하려면 Discord 커뮤니티 공간에 참여하세요.

`https://packt.link/aicode`

제5장
CSS와 Copilot으로 응용 프로그램 꾸미기

소개

응용 프로그램 스타일을 잘 지정하면, 사용자가 응용 프로그램을 인식하는 방식에 큰 차이를 만들 수 있습니다. 일관성이 있는 스타일링에는 여러 기기에 대한 지원, 그래픽의 현명한 사용, 대비가 뛰어난 색상 등이 포함됩니다.

CSS 스타일링은 큰 주제이므로, 자세히 다루지 않겠습니다. 그렇지만, 어떻게 사용할 수 있는지 보여 드리겠습니다. 이전 장과 마찬가지로 AI 어시스턴트를 사용하여 코드 생성을 도와 드리겠습니다. 주석 기반 프롬프트를 사용하여 코드를 생성하는 방법과 파일의 콘텍스트만을 사용하여 코드를 생성하는 새로운 기법을 살펴볼 것입니다.

또한, 전자 상거래 프로젝트를 지속적으로 구축하고, 스타일링을 하는 방법도 확인할 수 있습니다.

이 장에서는 필요한 CSS를 생성하는 방법과 이전 장에서 사용한 프롬프트 패턴과 전략을 계속 적용하는 방법을 살펴봅니다. 계속해서 전자 상거래 프로젝트를 구축하여 매력적인 겉모습을 만들겠습니다.

이 장에서 다루는 것은 다음과 같습니다.

- **CSS를 생성합니다** : Github Coplilot은 스타일링을 생성할 수 있으며, 텍스트 파일에서 인근의 코드를 살펴보고, CSS 주석을 기반으로 AI 어시스턴트가 CSS 생성하는 방법을 보여드리겠습니다.
- **프롬프트 기술을 적용합니다** : 원하는 콘텐츠를 얻기 위하여, 사용할 수 있는 여러 가지의 기술이 있습니다.

- **전자 상거래 프로젝트에 CSS를 추가합니다** : 전자 상거래 프로젝트에서 몇 개의 페이지를 선택하여 스타일링의 장점을 보여 드리겠습니다.

비즈니스 문제 전자 상거래

이전 장과 마찬가지로, 전자 상거래 영역에서 흥미로운 여러 문제를 계속 다룰 예정입니다. 이 장에서는 CSS를 사용한 시각화에 초점을 맞추기 때문에, 사업과 어떠한 관련이 있는지 궁금할 수 있습니다. 데스크톱 이외의 기기에서 작동하지 않거나, 접근성을 고려하지 않은 잘못된 UX[User experience](사용자 경험), 잘못 설계된 사이트는 고객이 경쟁사와의 거래를 선택할 수 있기 때문에 비용이 많이 들 수 있습니다.

문제 및 데이터 영역

이 장에서는 전자 상거래 영역에 이어서, 고객이 구매하고자 하는 제품을 나열하는 장바구니 페이지에 대하여 구체적으로 살펴봅니다. 따라서 데이터 즉, 제품 데이터뿐만이 아니라 데이터 측면에서, 고객이 구매할 제품과 제품 수량을 결정할 수 있도록 수량과 총 비용 등의 제품과 관련된 세부 데이터를 어떻게 표시할지 고려해야 합니다. 이러한 고려 사항은 선택한 디자인이 반영되어야 합니다.

특징별로 세분화

이전 장에서는 "인증"이라는 더 큰 영역을 식별하고, 이를 구체적인 특징으로 세분화하기로 했습니다. 그 특징별 세분화가 어떻게 생겼는지 기억해 봅시다. 그런 후에 이를 조금 더, 디자인 지향적으로 변경해야 하는지 살펴보겠습니다. 그렇지만 먼저, 기능의 목록을 보여드리겠습니다.

- **도메인** : 인증
- **로그인** : 사용자가 로그인 할 수 있어야 합니다.
- **로그아웃** : 사용자가 로그아웃 할 수 있어야 합니다.
- **회원 가입** : 새로운 계정을 만들 수 있어야 합니다.
- **비밀번호 업데이트** : 기존 사용자는 비밀번호를 업데이트 할 수 있어야 합니다.
- **비밀번호 재설정** : 만약 사용자가 비밀번호를 잊어버린 경우, 안전한 방법으로 비밀번호를 재설정 할 수 있어야 합니다.

위의 기능 목록은 지원해야 할 기능에 대한 대략적인 목록입니다. 하지만, 디자인 관점에서 보면 다양한 기기에 대한 대응이나 접근성 지원 등을 고려해야 합니다. 따라서 예를 들자면 첫 번째 기능에 대한 프롬프트는 다음과 같이 수정해야 할 수도 있습니다.

프롬프트

로그인 페이지 생성합니다. 사용자 아이디, 비밀번호, 비밀번호 다시 쓰는 입력란과 로그인 버튼이 있어야 합니다. 또한 키보드와 마우스만으로 사용할 수 있도록 도구 설명과 ARIA 키를 통한 접근성을 지원해야 합니다.

위의 프롬프트에서 볼 수 있듯이, 입력 및 버튼과 같이 필요한 UI 요소뿐만 아니라, 어떻게 작동해야 하는지도 고려해야 합니다.

이전과 마찬가지로 구축하려는 웹 응용 프로그램 영역으로, 각 영역을 기능으로 세분화하여 프롬프트를 쉽게 만들 수 있도록 하는 것이 좋습니다.

프롬프트 전략

이전 장에서, Github Copilot의 채팅 모드와 파일 내부에 입력하는 방법을 모두 사용할 수 있으며, 두 가지 방법을 모두 사용하는 것이 좋다고 언급하였습니다. 프롬프트 작성 방법은 필요에 따라, 콘텍스트를 추가하는 짧은 프롬프트를 작성하는 것이 좋습니다. 이렇게 하면, Github Copilot의 작동 방식과 기본 모델, 열려 있는 디렉토리의 내용, 열려 있는 파일 등을 기반으로 런타임 콘텍스트를 구축하는 방식에 의존하게 됩니다. 또한, 프롬프트의 길이가 길거나 짧은 것이 아니라, 특정 AI 도구가 작동하는 방식에 따라 달라지는 프롬프트의 또 다른 측면을 볼 수 있습니다. 이 장에서는 2장에 기서술된 “탐구 프롬프트 패턴”을 사용합니다.

CSS, 혹은 Cascading Style Sheets

CSS 즉, 종속 스타일 시트(Cascading Style Sheets)는 HTML 페이지의 스타일을 지정하는데 사용됩니다. 여기에는 글꼴, 크기, 색상, 레이아웃 등을 변경할 수 있는 다양한 구조가 포함되어 있습니다.

참고

아래에 언급된 안내를 따르려면, `product.css` 파일을 생성하거나 이 장의 뒷부분에 있는 과제 부분까지 기다릴 수 있으며, 이는 독자의 선택에 달려 있습니다.

첫 번째 CSS

예를 들어서 AI 어시스턴트를 활용하려면, 코드와 마찬가지로 CSS 파일에 CSS 형식의 주석을 넣으면 됩니다.

```
.product {
  /* 패딩 및 마진을 적용합니다 */
  padding: 10px;
  margin: 10px;
}
```

> **참고**
>
> 이전 장에서 언급했듯이, 주석 스타일은 파일 유형에 따라 다릅니다. HTML 주석은 <!-- -->과 같은 형태입니다. CSS 주석은 /* */를 사용하며, JavaScript는 CSS 유형의 주석과 //를 모두 이해합니다. 이 장에서 CSS 다룰 때는 /* */를 사용하겠습니다.

Github Copilot에서는 새로운 프롬프트를 입력할 필요가 없이 *RETURN* 키를 계속 누른 다음 *TAB* 키를 눌러서 새로운 제안을 생성하고 수락할 수 있습니다. AI 어시스턴트는 처음에 입력한 프롬프트와 파일에 존재하는 코드를 기반으로 제안을 제공할 수 있습니다.

이것이 위의 CSS 파일에 미치는 영향은 첫 번째 CSS 주석을 입력한 후, RETURN과 TAB을 계속 누르면, AI 어시스턴트가 일반적으로 패딩(Padding) 및 마진(Margin)과 함께 CSS 속성을 생성한다는 것입니다. 다음 출력은 *RETURN* 및 *TAB* 키를 누르고, 열린 파일의 맥락에 의존하는 이 기법을 사용한 결과입니다.

product.css의 모습은 다음과 같습니다.

```
.product {
    /* 패딩 및 마진을 적용합니다 */
    padding: 10px;
    margin: 10px;
    /* 테두리를 적용합니다 */
    border: 1px solid #ccc;
    /* 테두리 반경을 적용합니다 */
    border-radius: 5px;
    /* 배경 색상을 적용합니다 */
    background-color: #fff;
```

```
    /* 박스 그림자를 적용합니다 */
    box-shadow: 0 0 5px #ccc;
    /* 디스플레이를 적용합니다 */
    display: inline-block; /* 너비를 적용합니다 */
    width: 200px;
    /* 텍스트 정렬을 적용합니다 */
    text-align: center;
    /* 텍스트 장식을 적용합니다 */
    text-align: none;
    /* 색상을 적용합니다 */ color: #333;
}
```

이제 해당 product.css가 위의 콘텐츠로 생성되었으므로, CSS 파일을 HTML 파일에 포함시킬 수 있습니다. 해당 HTML 파일로 전환한 후에 (만약 직접 입력하는 경우, index.html 파일을 생성합니다), 새로운 끝에 다음 프롬프트를 추가합니다.

프롬프트

product.css를 포함하는 페이지

프롬프트 응답

```
<!-- product.css를 포함하는 페이지 -->
<!DOCTYPE html>
<html lang="en">
<head>
    <meta charset="UTF-8">
    <title>제품</title>
    <link rel="stylesheet" href="product.css">
</head>

<body>
    <div class="product">
        텍스트 일부
        <div class="product__image">
            <img src="https://via.placeholder.com/200x200" alt="Product Image">
        </div>
        <div class="product__info">
        <h2 class="product__name">제품 이름</h2>
        <p class="product__description">회사 자체는 매우 성공적인 회사입니다. 누구든지, 반가
워요.</p>
        <p class="product__price">9.99 달러</p> <button class="product__buy">구매</button>
```

```
        </div>
    </div>
<html>
```

> **참고**
>
> product.css를 포함하도록, 링크 태그를 올바르게 추가할 뿐만 아니라, 제품에 맞는 HTML을 생성하는 방법을 관찰합니다.

출력물은 다음과 같습니다.

그림 5.1 제품 이미지, 제목 및 설명을 표시하는 product.css

이름별 CSS

지금까지, 제안을 생성하기 위하여 주석을 추가했습니다. 하지만, 주석을 추가하는 대신에 CSS 파일에 대한 제안을 생성하여, Copilot이 반응하도록 하는 다른 방법이 있습니다. 그 “다른” 방법은 빈 CSS 클래스인 `.product`를 생성하고, 그 안에 커서를 놓는 것 입니다. 그런 후에, *RETURN* 키와 *TAB* 키를 사용하여 만족할 때까지 Copilot이 생성하는 내용을 확인합니다.

CSS 파일을 시작하는 방법은 다음과 같습니다.

```
.product {

}
```

이제, 커서를 중괄호 {} 안에 놓고 제안하려는 각각의 새로운 줄에 대하여, *RETURN* 키 및 *TAB* 키를 사용합니다.

최종 결과는 다음과 같습니다.

프롬프트 응답

```
.product {
  display: flex;
  flex-direction: column;
  align-items: center;
  justify-content: center;
  width: 100%; margin: 0 auto;
  padding: 0 0 50px 0;
  background-color: #f5f5f5;
}
```

임무

이 임무에서는 이미지 갤러리 응용 프로그램을 만들게 됩니다. 갤러리에는 열 당 5개의 이미지가 있는 10개의 이미지가 표시되어야 합니다. 이전 장에서 배운 내용을 사용하여, HTML 파일과 별도의 CSS 파일을 모두 생성합니다.

> **TIP**
> 이미지를 가져 오려면, "플레이스홀더Placeholder"를 핵심어로 사용합니다.

> **참고**
> CSS를 올바르게 적용하려면, HTML 파일에 생성된 CSS 파일에 대한 참조를 추가해야 합니다.

솔루션

이 임무에 대한 해결방법은 Github 레포지토리에서 찾을 수 있습니다. https://github.com/PacktPublishing/AI-Assisted-Software-Development-with-GitHub-Copilot-and-ChatGPT

사용 사례 전자 상거래 응용 프로그램 꾸미기

이제 CSS 파일과 HTML 파일을 모두 생성하는 과제를 수행했으므로 프롬프트를 작성하고, Github Copilot에서 제안을 생성하고 수락하는 방법을 더 잘 이해하게 되었을 것입니다. 이제 비즈니스 문제와 전자 상거래 영역에 대해 이야기했던, 이 장의 시작 부분을 다시 한 번 기억해 봅시다. 이제 이 도메인의 문제를 계속 해결하되, CSS를 사용한 시각화에 중점을 두겠습니다.

이전 장에서 시작한 사용 사례인 전자 상거래 상점을 계속 진행하겠습니다. 장바구니 페이지에 초점을 맞추고, 나머지 페이지는 여러분이 구현할 수 있도록 남겨 두겠습니다.

장바구니 페이지

바구니 HTML 페이지의 스타일 지정하기 위해 basket.css 파일을 만든 다음, basket.html 파일에 어떤 CSS 클래스를 도입했는지 관찰합니다. 대표적인 스니펫을 살펴보겠습니다.

```
<div class="container">
        <div class="basket">
            <h1>장바구니</h1>
            <div class="basket-item">
                <div>
                    <h2>제품 2</h2>
                    <p>가격: 200</p>
                    <p>수량: 2</p>
                    <p>합계: 400</p>
                </div>
```

전처리 코드에서는 basket과 basket-item 클래스에 대해 살펴봅니다. Basket.css를 위한 CSS 클래스를 생성합시다.

비어 있는 basket.css로 시작해서 .basket을 기입하기 시작합니다. *Return*과 *Tab* 키를 반복적으로 사용할 때 다음과 비슷한 결과물이 나와야 합니다. 결과물이 만족한다면, }를 기입하여 CSS 클래스를 끝냅니다.

프롬프트 응답

```
.basket {
    width: 100%;
    height: 100%;
    display: flex;
    flex-direction: column;
    align-items: center;
    padding: 20px;
}
```

basket-item 클래스를 만들려면, .basket-item를 기입한 후에 *Return*과 *Tab*을 반복하여 사용합니다. 이전과 마찬가지로, 이 CSS 클래스에 대하여 생성된 CSS 속성의 수에 만족할 때 }를 입력합니다. 이제, 아래 텍스트와 유사한 CSS 출력이 생성되었을 것입니다.

```
.basket-item {
    width: 100%;
    height: 100%;
    display: flex;
    flex-direction: row;
    align-items: center;
    padding: 20px;
    border-bottom: 1px solid #ccc;
}
```

HTML 파일을 계속 살펴본다면 관심이 있는, 또 다른 코드 스니펫을 볼 수 있습니다.

```
<div class="basket-item-buttons">
    <button type="submit" class="btn btn-primary btn-block btn-large">+</ button>
    <button type="submit" class="btn btn-primary btn-block btn-large">-</ button>
</div>
```

이전과 동일한 프롬프트 기법을 사용하여, CSS 클래스 이름 (.basket-item > .basket-item-button)을 입력하고 *RETURN*, *TAB*을 반복적으로 사용하여, 아래 텍스트를 생성합니다.

```
.basket-item > .basket-item-buttons {
    display: flex;
    flex-direction: column;
    align-items: center;
```

```
    justify-content: center;
    margin-left: auto;
}

.basket-item-buttons button {
    margin: 5px;
    /* 너비, 큰 글꼴 크기, 비즈니스 색상 배경을 설정합니다 */
    width: 50px;
    font-size: 20px;
    background-color: #f5f5f5;
    border: 1px solid #ccc;
    border-radius: 4px;

}
```

> **참고**
>
> 이전과 동일한 프롬프트 기술을 사용하여, CSS 클래스 이름(`.basket-item > .basket-item-button`)을 입력하고 RETURN, TAB을 반복적으로 사용하여, 아래 텍스트를 생성합니다.

브라우저에서 적용된 CSS의 영향을 확인하면 아래와 유사한 내용이 표시됩니다.

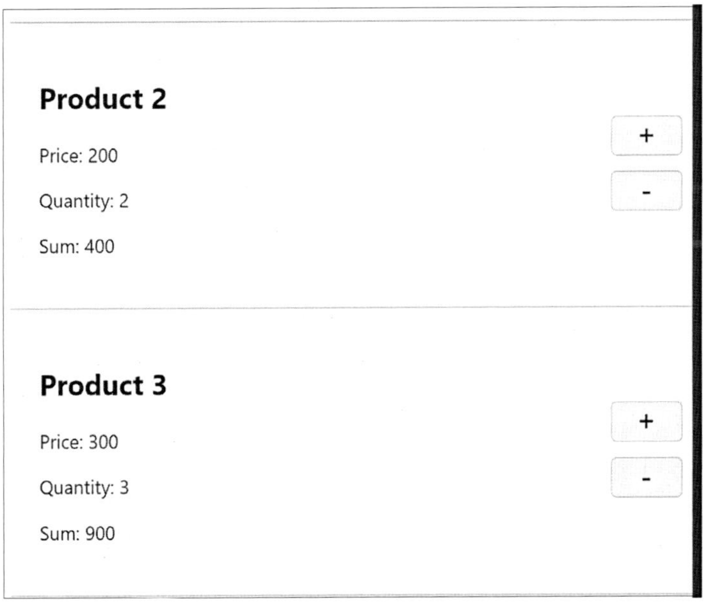

그림 5.2 쇼핑 장바구니의 제품 목록

도전 과제

다크 테마 버전의 장바구니 페이지를 만들려면, 프롬프트를 어떻게 변경할까요?

문제

AI 어시스턴트를 사용하여 CSS를 생성하는 방법으로 옳은 것을 고르시오.

가. CSS 파일에 주석을 작성한다.

나. 클래스를 생성하고, 클래스에 커서를 위치시킨다.

이 임무에 대한 해결방법은 Github 레포지토리에서 찾을 수 있습니다.

`https://github.com/PacktPublishing/ AI-Assisted-Software-Development-with-GitHub-Copilot-and-ChatGPT`

요약

이 장에서는 AI 어시스턴트를 사용하여, CSS를 생성하는 방법을 살펴보았습니다. 이전 장에서 소개한 프롬프트 기술을 CSS에도 적용할 수 있는 방법을 살펴보겠습니다.

또한 파일 상단이나 도움을 받고 싶은 영역 근처에 주석을 달거나, 커서를 CSS 클래스 안에 놓고 CSS 클래스 이름에 따라 CSS를 생성하도록 하는 두 가지 방법으로 텍스트를 생성하는 방법을 보여드렸습니다.

다음 장에서는 JavaScript를 사용하여, 응용 프로그램에 동작을 추가하는 방법을 보여드리겠습니다. 프롬프트 측면에서 JavaScript가 HTML 및 CSS와 어떻게 유사한지 알게 될 것입니다. 그렇지만, 해결하고자 하는 근본적인 문제인 주제를 이해해야 합니다.

Discord에서 우리 커뮤니티에 참여하세요.

저자 및 여러 독자와 함께 토론하려면 Discord 커뮤니티 공간에 참여하세요.

`https://packt.link/aicode`

제6장

JavaScript를 사용하여 동작 추가

소개

HTML 마크업과 CSS로만 구성된 웹 페이지도 괜찮지만, 상호 작용을 원한다면, JavaScript가 필요합니다.

JavaScript를 사용하면, 백 엔드에 양식을 게시하는 것과 같은 작업부터, Vue.js 혹은 React.js와 같은 프레임워크를 사용하여, **단일 페이지 응용 프로그램(SPA, Single-Page Application)**을 구축하는 것과 같은 대형 작업을 적용할 수 있습니다. 어찌되었든, 코드를 작성하고 HTML 마크업에서 해당하는 코드 혹은 코드 파일을 참조해야 한다는 공통분모가 있습니다.

Copilot은 HTML 마크업에 스크립트 태그를 추가하는 것과 같은 일반적인 작업부터, 웹 응용 프로그램에 Vue.js와 같은 JavaScript 프레임워크를 추가하는 것과 같은 고급 작업까지 모두 지원할 수 있습니다.

이 장에서 다루는 것은 다음과 같습니다.

- 프롬프트를 사용하여 JavaScript를 생성하고 응용 프로그램에 동작을 생성합니다.
- 전자 상거래 응용 프로그램에 대화형 기능을 추가합니다.
- Vue와 같은 JavaScript 프레임워크를 도입하여, 탄탄한 기반을 마련합니다.

비즈니스 문제 전자 상거래

이 장에도 전자 상거래 도메인에 대한 작업을 계속 진행하겠습니다. 이전 장에서는 HTML을 사용하여 각 페이지에 어떠한 정보를 배치하고, 그 과정에서 필요한 페이지를 식별하는 방법을 살펴보았습니다. 이 장에서는 이 모든 것을 작동하게 하는 요소인 JavaScript를 추가합니다.

JavaScript는 상호 작용을 추가하고, 데이터를 읽고 쓰는 역할을 합니다.

문제 및 데이터 영역

다음과 같이, 해결해야 할 몇 가지 문제가 있습니다.

- 데이터 흐름Data Flow : 데이터를 읽고 쓸 수 있도록, 응용 프로그램에 코드를 추가하려면 어떻게 해야 할까요?
- 사용자 상호작용 : 다루기 사용자는 응용 프로그램과 상호 작용하는 것은 원활할 것입니다. 사용자가 사용하려는 사이트 부분을 구성하고, 이것이 제대로 작동하는지 확인해야 합니다. 모든 사용자 상호 작용이 데이터 읽기 또는 쓰기로 이어지는 것은 아니지만, 많은 경우에 데이터를 읽거나 쓰게 되므로, 위에서 언급한 대로 언제 그런 경우가 발생하는지 파악하고, 사용자 상호 작용을 데이터 흐름에 "연결"해야 합니다.
- **데이터** : 데이터는 응용 프로그램의 어떤 부분을 다루고 있는지에 따라 달라집니다. 예를 들자면, 장바구니 페이지를 구현하는 경우 사용자가 제품을 구매하고 선택한 주소로 제품을 배송 받을 수 있도록, 장바구니를 "결제"하려는 경우 제품 데이터와 주문 데이터를 모두 처리해야 합니다.

특징별로 세분화

비즈니스 영역과 대략적인 어떤 유형의 문제가 발생할 가능성이 있는지 이해했으니, 이를 기능으로 어떻게 세분화할 수 있을까요? 이전 장에서 이 작업을 수행하는 방법에 대한 아이디어를 얻었지만, 가장 큰 차이점은 예를 들어 작동하는 것처럼 보이는 장바구니 페이지를 만드는 대신, 이렇게 해야 한다는 것입니다. 따라서 예를 들어 장바구니 페이지를 다음과 같은 기능으로 세분화할 수 있습니다.

- 데이터 소스에서 장바구니 정보를 읽습니다.
- 장바구니 정보를 렌더링 합니다.
- 장바구니 품목을 추가합니다.
- 장바구니의 특정 품목에 대하여 선택한 품목 수를 조정합니다.
- 장바구니에서 항목을 제거합니다.
- 장바구니 결제를 지원하여 구매 정보를 입력하는 주문 페이지와 배송 페이지로 사용자를

안내합니다.

전자 상거래 사이트는 다양한 페이지로 구성되어 있습니다. 따라서 특정 페이지에 주소를 지정할 때, 각 페이지마다 유사한 기능 분석을 수행하는 것이 좋습니다.

프롬프트 전략

프롬프트 전략은 선택한 AI 도구, 작동 방식 및 프롬프트 방식에 따라 약간 달라집니다. 이 장에서 선택한 AI 도구는 Github Copilot이며, 주로 열린 파일에 프롬프트를 입력하는 편집기 내 환경에 초점을 맞출 것입니다. 이 장에서 보여드릴 접근 방법은 다음과 같습니다.

- **인라인 주석** : 즉, 열린 파일에 직접 프롬프트를 작성합니다. 파일 상단에 이러한 방식으로 프롬프트를 추가할 수 있으며, AI 어시스턴트가 특정 코드 블록을 구축하도록 하려는 곳에 추가 지원 프롬프트를 추가할 수도 있습니다.
- **채팅** : 이 접근 방식은 그다지 보여주지 않지만, 채팅을 비교 및 대조하거나 특정 정보를 찾아보거나 구현 방법에 대한 조언이 필요한 경우 채팅을 사용하는 것이 좋습니다.

이 책의 일반적인 권장 사항은 열린 파일의 "편집자 내부[in-editor]" 프롬프트와 채팅 창의 입력 프롬프트를 모두 사용하는 혼합 접근 방식을 사용하는 것입니다. 이러한 접근 방식에는 장단점이 함께 제공됩니다. 프롬프트 패턴은 2장에서 설명한 "탐구 프롬프트 패턴"을 사용할 것입니다.

JavaScript 추가하기

웹 페이지에서 JavaScript를 추가하는 방법에는 크게 두 가지가 있습니다.

- Head 요소에 script 태그 사용하기 이 버전에서는 기존 HTML 페이지에 script 태그(예를 들자면, index.html)를 추가합니다.

```
<!-- 대체 -->
  <script>
    // 여기에 JavaScript
  </script>
```

- 독립형[Stand-alone] 파일을 포인팅하기 이 경우, 기존 파일인 "`my-javascript-file.js`"에 JavaScript를 작성합니다.

```
<!-- 대체2 -->
<script src="my-javascript-file.js"></script>
```

JavaScript의 역할

JavaScript가 처음 브라우저에 추가되었을 때에는, 상호 작용을 더하는 역할을 했습니다. 오늘날, JavaScript는 Vue.js, React, Angular와 같은 응용 프로그램 프레임워크의 일부로 확장된 역할을 하는 경우가 많습니다. 이러한 프레임워크에서 개발자는 이제 JavaScript를 사용하여, 템플릿은 선언적으로 정의하고, 이벤트 처리를 추가하여 정적 HTML로 변환하여 사용자 상호 작용에 응답할 수 있습니다. 최종적으로. 이 모든 것이 브라우저로 전송되어 브라우저에서 렌더링 됩니다.

페이지에 JavaScript 추가하기

다음 프롬프트를 제공하여, 페이지에 JavaScript를 추가하는 방법을 보여드리겠습니다.

프롬프트

스크립트 태그를 사용하여 웹 페이지 만드세요.

script 태그가 포함된 웹페이지가 완성됩니다. 이 프롬프트가 페이지 상단에 주석으로 추가되는 방식에 주목합니다. 이것이 바로 Github Copilot이 텍스트 완성을 제안하는 방법입니다.

프롬프트 응답

```
<!-- script 태그를 가진 웹페이지를 만듭니다 -->
<html>
<head>
    <title>나의 첫 번째 웹페이지</title>
</head>
<body>
    <script>
        alert("Hello World!");
    </script>
</body>
```

이 경우, 코드는 alert("Hello, World")를 호출하여, "Hello, World"라는 텍스트가 포함된 대화 상자를 표시합니다.

두 번째 예시: JavaScript 라이브러리/프레임워크 추가하기

첫 번째 예제는 그다지 유용하지 않을 수 있지만, Vue.js와 같은 프레임워크를 추가하는 것과 같이 여러분이 할 가능성이 있는 작업을 추가해 보겠습니다. Vue.js와 같은 프레임워크를 추가하는 이유는 많은 상호 작용과 다양한 페이지로 구성된, 더 큰 응용 프로그램을 만들고 싶기 때문입니다. 업무를 체계적으로 유지하고, 다른 개발자가 쉽게 기여할 수 있도록 하려면 Vue.js와 같은 프레임워크가 필요합니다.

프롬프트

Vue 3를 추가합니다.

이번에는 헤더 태그를 배치합니다. 아래 HEAD 태그의 HTML 주석을 참조하여 Github Copilot에 입력으로 사용할 프롬프트를 표시합니다.

```
<head>
<!-- Vue 3 추가합니다 -->
</head>
```

이 프롬프트는 다음과 같은 제안을 표시합니다.

프롬프트 응답

```
<script src="https://unpkg.com/vue@next"></script>
```

엔트리 포인트 설정을 요청하는 프롬프트를 추가하여, 이를 쉽게 구축할 수 있습니다. (대부분의 SPA 프레임워크는 응용 프로그램이 렌더링 될 요소인 엔트리 포인트가 있어야 한다는 개념으로 작동합니다.)

프롬프트

Vue 3 엔트리 포인트를 추가합니다.

그 결과, 다음 코드가 생성됩니다.

프롬프트 응답

```
<!-- Vue 3 엔트리 포인트를 추가합니다 -->
 <div id="app">
      <h1>{{ message }}</h1>
</div>
```

Vue.js를 가져온 script 태그 아래에 커서를 놓으면 AI 어시스턴트가 Vue.js를 추가로 설정하기 위하여, 어떤 코드를 추가해야 하는지에 대한 지침을 생성합니다. Vue.js에 스크립트를 추가하는 것만으로는 충분하지 않으며 몇 가지 추가 코드가 필요합니다.

다행히도 아래와 같이 커서를 배치하면, Github Copilot이 기존 HTML 주석(프롬프트)에서 누락된 코드를 파악하여 커서 위치에 해당하는 코드를 제안합니다. (만약 Copilot의 제안이 나타나지 않으면, SPACE 키 혹은 RETURN 키를 눌러보세요.)

프롬프트
주어진 프롬프트 없음

프롬프트 응답

```
<script src="https://unpkg.com/vue@next"></script>
<!-- 아래는 여기에 커서를 놓기만 하면 렌더링 됩니다 -->
<script>
   // Vue 3 인스턴스를 생성합니다
   const app = Vue.createApp({
      data(){
         return {
            message: 'Hello World!'
         }
      }
   })
   // Vue 3 인스턴스를 DOM 요소에 마운트합니다
   app.mount('#app')
</script>
```

> **참고**
>
> 추가 프롬프트를 제공할 필요 없이 Tab 및 Return 키만 사용하여 더 많은 제안을 생성할 수 있는 충분한 콘텍스트가 GitHub Copilot에 있었다는 점을 다시 한 번 지적할 필요가 있습니다.

브라우저에서 이 코드를 실행하면, 위의 코드에서 예상한대로 "Hello, World"가 반환됩니다. 이 코드가 작동하는 이유는 Vue.js에 익숙하지 않은 경우, 참조하고 구성하는데 필요한 최소한의 내용이 포함되어 있기 때문입니다.

- `script` 태그, Vue.js 참조
- `message` 속성이 있는 데이터 함수를 정의하는 응용 프로그램 인스턴스 만들기
- `mount()`를 호출하면 식별된 HTML 태그(`id = app` 포함)가 삽입되고, HTML 태그 속성 `message`의 값으로 대체됨

> **참고**
>
> 고급 Vue.js 프로젝트를 구축할 때에는, 위에서 선택한 접근 방식보다 Vue CLI를 사용합니다. 소규모 개념 증명의 경우, 이 접근 방식도 괜찮을 수도 있습니다.

도전 과제

도전 과제로 Copilot에게 카운터를 늘리는 버튼을 추가해 달라고 요청합니다. 다음 프롬프트를 사용할 수 있습니다.

프롬프트

카운터를 증가시키는 버튼을 추가합니다.

`id="app"`이 있는 DIV 요소가 있는 HTML 마크업에 커서를 놓는 것이 좋습니다.

사용 사례 동작 추가하기

전자 상거래 사용 사례의 이 부분에서는 제품의 카트 페이지를 렌더링해 보겠습니다. 이 경우, 데이터에 대한 백 엔드 호출을 모의하고, 데이터가 다음 구조의 `cart.json` 파일에 배치되도록

하겠습니다.

```
{
  "cart": [

  ]
}
```

위의 JSON 콘텐츠는 대괄호 []로 표시된 것처럼, 속성 카트가 배열 유형인 JSON 객체({}로 정의됨)를 설명합니다.

실제로 AI 어시스턴트를 사용하여, 필요한 데이터를 생성해 보겠습니다. `cart.json` 파일과 다음 구조 및 프롬프트를 생성해 보겠습니다.

```
{
  "cart": [
    // 아이디 이름이 있는 항목, 수량 및 가격, 합계 = 수량 * 가격
  ]
}
```

//아이디 이름이 있는 제품, 수량 및 가격, 합계 = 수량 * 가격 항목이라는 메시지가 표시되면, 다음과 같은 JSON이 생성되는 프롬프트를 참고합니다.

```
{
    "id": "1",
    "name": "항목1",
    "quantity": "1",
    "price": "10",
    "total": "10"
},
{
    "id": "2",
    "name": "항목2",
    "quantity": "1",
    "price": "20",
    "total": "20"
},
{
    "id": "3",
    "name":
```

```
    "항목3",
    "quantity": "1",
    "price": "30",
    "total": "30"
}
```

> **참고**
>
> Copilot에서 더 많은 JSON 코드를 생성하려고 할 때, //로 주석을 추가하는 것은 괜찮지만, 출력물에 만족하면 주석을 제거해야 합니다.

다음으로, 이 JSON 파일을 호출하고 렌더링을 끝내는 `app.js` 파일이 필요합니다. 이전 장에서 사용한 `basket.html` 파일을 사용할 수 있습니다. 파일은 다음과 같이 보일 것입니다.

```
<!-- 장바구니의 제품 목록을 보여주는 페이지로, 각 제품에는 제품 이름, 가격, 수량, 합계 및
수량을 늘리거나 줄일 수 있는 버튼이 있어야 하며, 페이지 하단에 "결제" 링크가 있어야 합니다.
-->
<html>
<head>
    <title>장바구니</title>
    <link rel="stylesheet" href="css/basket.css">

</head>
<body>
    <div class="container">
        <div id="basket" class="basket">
        </div>
    </div>
    <!-- app.js를 추가합니다 -->
    <!-- app.js를 추가하고, javascript를 입력합니다 -->

    <script src="js/app.js"></script>
</body>
```

body 태그 끝에 프롬프트를 추가하여 `app.js`를 추가해 보겠습니다.

프롬프트

app.js를 추가합니다.

Copilot 응답

```
<!-- app.js를 추가합니다 -->
<script src="js/app.js"></script>
```

app.js에 다음 프롬프트를 추가합니다.

프롬프트

cart.json을 읽고 ID가 basket인 요소에 콘텐츠를 div 요소로 렌더링 합니다. 각 항목에 CSS 클래스 basket-item을 추가합니다.

다음과 비슷한 결과가 표시됩니다.

프롬프트 응답

```
fetch('cart.json')
    .then(response => response.json())
    .then(data => {
        let basket = document.getElementById('basket');
        data.forEach(item => {
            let div = document.createElement('div');
            div.classList.add('basket-item');
            div.innerHTML = item.name;
            basket.appendChild(div);
        });
    });
```

위의 코드는 ID가 basket인 HTML 요소를 찾은 다음, 배열 데이터를 반복합니다. 데이터의 각 요소에 대하여, DIV 유형의 새로운 HTML 요소가 생성되고 해당 요소에 다음과 같은 작업이 수행됩니다.

- CSS 클래스 basket-item이 추가됩니다.
- innerHTML 속성에 name 속성의 값이 할당됩니다.
- 특정 요소가 상위 요소 바구니에 추가됩니다.

JSON 파일의 모양에 따라 코드의 forEach 부분을 data.cart.forEach로 조정해야 합니다. (JSON에 name 대신에 description 속성이 있는 경우, 해당 속성이 JavaScript 코드 등에 반영되어 있어야 합니다.) 결과 출력물은 제목이 세 개 뿐이라, 그렇게 많아 보이지는 않습니다.

```
항목1
항목2
항목3
```

출력물을 개선하기

결과물을 개선하기 위하여, 다음과 같은 몇 가지 작업을 수행하고자 합니다.

- 항목의 렌더링 된 각각의 프로퍼티 에 CSS 클래스를 추가합니다.

```
.basket-item > div {
  margin: 5px;
  /* 너비 25% */
  width: 25%;
}
```

> **참고**
>
> 위의 응답을 받기 위하여, 프롬프트를 입력해야 하는 것은 아닙니다. 때로는 `.basket-item`을 입력하는 것을 충분할 수 있으며, TAB 키를 사용하여 수락할 수 있는 CSS가 제안됩니다. 하지만 이 경우, style 태그 혹은 `.css` 파일을 작성해야 합니다.

- JavaScript 코드에 프롬프트를 추가하여, 각 항목의 속성을 별도의 div 요소로 렌더링 하도록 합니다.

프롬프트

// `cart.json`을 읽고 콘텐츠를 id 장바구니가 있는 요소에 div 요소로 렌더링하고, 각 항목에 CSS 클래스 `basket-item`을 추가합니다.

프롬프트 응답

```
fetch('cart.json')
.then(response => response.json())
.then(data => {
    let basket = document.getElementById('basket');
```

- 이 시점에서, 위의 프롬프트는 fetch 방식을 호출하여, `cart.json` 파일에서 데이터를 검색했습니다. 그런 후에 검색된 데이터를 JSON 형식으로 변환하고, JSON 응답을 렌더링할 HTML 요소를 식별합니다.

```
    // 각 항목의 이름, 수량, 합계 및 가격을 별도의 div 요소에 렌더링 합니다.
    data.cart.forEach(item => {
        let div = document.createElement('div');
        div.classList.add('basket-item');

        // 1) 이름을 별도의 자식 div 요소로 렌더링 합니다.
        let name = document.createElement('div');
        name.innerHTML = item.name;
        div.appendChild(name);

        // 2) 수량, 가격, 합계를 별도의 자식 div 요소로 렌더링하고, 각 요소의 헤더와
값을 header: value 형식에 추가합니다.
        let quantity = document.createElement('div');
        quantity.innerHTML = `Quantity: ${item.quantity}`;
        div.appendChild(quantity);
        let price = document.createElement('div');
        price.innerHTML = `Price: ${item.price}`;
        div.appendChild(price);

        let total = document.createElement('div');
        total.innerHTML = `Total: ${item.price * item.quantity}`;
        div.appendChild(total);

        basket.appendChild(div);
    });
```

- 코드의 이 부문에서는 JSON 콘텐츠에서 어떤 필드(이름, 수량 등)를 읽을 것인지에 대한 컨텍스트를 추가했습니다. 코드를 보면 이 프롬프트 명령어가 생성된 코드에 반영되어, 각 필드에 고유한 DIV 요소와 설명 텍스트를 가져오는 것을 볼 수 있습니다.

```
    // ) 모든 항목의 합계를 계산하여, 별도의 요소로 렌더링하고 Total price: value로
표시합니다.
    let totalPrice = document.createElement('div');
    totalPrice.innerHTML = `Total price: ${data.cart.reduce((total,
item) => total + item.price * item.quantity, 0)}`;
    basket.appendChild(totalPrice);

});
```

- 이 프롬프트에서는 특정 필드(가격 * 수량)를 곱하여, 합계를 생성하는 구체적인 지침을 제공합니다. 동시에 reduce를 호출하면, 장바구니의 합계가 어떻게 계산되는지 확인할 수 있습니다.

최종 결과는 다음과 같습니다. 완벽하지는 않지만, 우리가 기대할 수 있는 것과 비슷해 보입니다.

그림 6.1 이름, 가격 및 합계가 표시된 렌더링 된 카드

부트스트랩 추가하기

이전 부문에서는 cart 페이지에 몇 가지 기본 CSS 추가하는 방법을 살펴보았습니다. 그렇지만 장바구니 페이지의 외관을 개선하려면, 부트스트랩[Bootstrap]과 같은 CSS 프레임워크를 추가하는 것이 좋습니다. 부트스트랩은 전 세계의 많은 팀에서 사용되고 있으며, “카드” 및 “메뉴”와 같은 다양한 유형의 콘텐츠가 있어서 응용 프로그램을 더 빠르게 구축할 수 있습니다.

부트스트랩을 추가하려면, 다음과 같이 head 요소에 프롬프트 주석을 배치합니다.

프롬프트

부트스트랩을 추가합니다.

프롬프트 응답

```
<!-- 부트스트랩을 추가합니다 -->
  <link rel="stylesheet" href="https://stackpath.bootstrapcdn.com/
bootstrap/4.5.2/css/bootstrap.min.css">
</head>
```

이 시점에서 웹 응용 프로그램에 부트스트랩이 추가되었지만, 그 클래스 중 하나를 사용해야 합니다. 앞서 부트스트랩과 그 콘텐츠 유형, 즉 멋지게 렌더링 하는 레이아웃에 대해 설명할 때 "카드[card]"의 개념을 언급했습니다.

"카드"를 생성하려면, 웹 페이지에 다음과 같은 프롬프트를 표시하면 됩니다.

프롬프트

필드 이름, 가격. 수량 및 합계가 포함된 카드를 만듭니다.

다음과 같은 결과를 얻습니다.

프롬프트 응답

```
<!-- 필드 이름, 가격, 수량 및 합계가 포함된 카드를 만듭니다 -->
<div class="card">
    <div class="card-body">
        <h2 class="card-title">제품 1</h2>
        <p class="card-text">가격: 100</p>
        <p class="card-text">수량: 1</p>
        <p class="card-text">합계: 100</p>
        <button type="submit" class="btn btn-primary btn-block btn-large">+</ button>
        <button type="submit" class="btn btn-primary btn-block btn-large">-</ button>
    </div>
</div>
```

위에서는 열린 텍스트 파일에 HTML 주석으로 프롬프트를 배치하고, TAB 키를 통해 Copilot의 제안을 수락했습니다.

좋습니다. 시작은 좋았습니다. 우리는 웹 응용 프로그램에 부트스트랩을 추가했습니다. 또한 Copilot을 사용하여, 사용할 수 있는 HTML 카드 샘플을 만들었습니다. 다음 단계는 JavaScript 코드를 변경하는 것입니다.

JavaScript 코드를 변경하기 위해서는, Copilot에게 평소보다 더 많은 콘텍스트를 부여합니다. 즉,

프롬프트

밑을 보세요.

```
// 견본:
// <div class="card">
//     <div class="card-body">
//         <h2 class="card-title">제품 1</h2>
//         <p class="card-text">가격: 100</p>
//         <p class="card-text">수량: 1</p>
//         <p class="card-text">합계: 100</p>
//         <button type="submit" class="btn btn-primary btn-block btn-large">+</button>
//         <button type="submit" class="btn btn-primary btn-block btn-large">-</button>
//     </div>
// </div>

// for each item in cart.json, render name, quantity, total, use template above
```

그 결과, 다음 코드가 생성됩니다.

프롬프트 응답

```
data.cart.forEach(item => {
  // target element with id basket
  let basket = document.getElementById('basket');


  let div = document.createElement('div');
  div.classList.add('card');
  basket.appendChild(div);

  let divBody = document.createElement('div');
  divBody.classList.add('card-body');
  div.appendChild(divBody);

  let name = document.createElement('h2');
  name.classList.add('card-title');
```

```
    name.innerHTML = item.name;
    divBody.appendChild(name);


    let price = document.createElement('p');
    price.classList.add('card-text');
    price.innerHTML = `Price: ${item.price}`;
    divBody.appendChild(price);

    let quantity = document.createElement('p');
    quantity.classList.add('card-text');
    quantity.innerHTML = `Quantity: ${item.quantity}`;
    divBody.appendChild(quantity);

    let total = document.createElement('p');
    total.classList.add('card-text');
    total.innerHTML = `Total: ${item.price * item.quantity}`;

    let buttonPlus = document.createElement('button');
    buttonPlus.classList.add('btn', 'btn-primary', 'btn-block', 'btn-large');
    buttonPlus.innerHTML = '+';
    divBody.appendChild(buttonPlus);

    let buttonMinus = document.createElement('button');
    buttonMinus.classList.add('btn', 'btn-primary', 'btn-block', 'btn-large');
    buttonMinus.innerHTML = '-';
    divBody.appendChild(buttonMinus);
  });
```

이 모든 것이 JavaScript와 HTML 사이를 오가며 약간 복잡하게 느끼셨을 겁니다. 그렇기에 많은 개발자가 템플릿을 사용하여 HTML을 보강하고, 예를 들자면 Vue.js와 같은 프레임워크를 사용할 때처럼, HTML에 명령어만 추가할 수 있는 JavaScript 프레임워크를 사용하는 이유입니다.

Vue.js 추가하기

이 시점에서 우리는, 우리의 접근 방식이 그렇게 좋지 않다는 것을 깨달았습니다. JavaScript가 HTML 요소의 생성을 처리하고, JSON 응답에서 이것을 채우도록 했습니다. 우리가 찾고 있는 것은 더 깔끔한 접근 방식입니다. 따라서 처음부터 다시 시작하기로 하였습니다. 그렇지만, Copilot으로 작업해 왔기에, 장바구니 유형(`basket-type`)의 데이터로 작업하고 있다는 것을 "기억"하고 있으며, 우리가 작업중인 파일인 `basket.html`은 Copilot에 추가적인 콘텍스트를 제공하는데 도움이 됩니다. 지금 보시는 것은 마법처럼 보일 수 있지만, 실제로는 Copilot이 사용자와 함께 사용하면서 인 메모리[in-memory] 콘텍스트를 구축한 결과입니다.

> **참고**
>
> Visual Studio Code를 막 연 상태에서, 새로 시작하는 경우 더 자세한 프롬프트를 사용해야 할 수 있습니다.

이 시점에서 JavaScript 프레임워크를 추가하는 것이 큰 변화처럼 들릴 수 있겠지만, 실제로는 그렇지 않습니다. 필요한 변경 사항을 단계별로 보여드리겠습니다.

먼저 `basket.html` 파일에 Vue.js에 대한 지원을 추가해 보겠습니다. BODY 태그 끝에 아래 프롬프트를 추가합니다.

프롬프트

Vue 3를 추가합니다.

프롬프트 응답

```
<!-- Vue 3를 추가합니다 -->
<script src="https://unpkg.com/vue@next"></script>
```

다음으로 필요한 것은 Vue 응용 프로그램을 생성하는 코드입니다.

프롬프트

Vue 3용 부트스트랩 코드를 추가합니다.

결과 코드는 다음과 같습니다.

프롬프트 응답

```
<!-- Vue 3용 부트스트랩 코드를 추가합니다 -->
<script>
let app = Vue.createApp({
    data() {
        return {
            basket: [
                {
                    id: 1,
```

```
                name: '제품 1',
                price: 100,
                quantity: 1
            },
            {
                id: 2,
                name: '제품 2',
                price: 200,
                quantity: 2
            },
            {
                id: 3,
                name: '제품 3',
                price: 300,
                quantity: 3
            },
            {
                id: 4,
                name: '제품 4',
                price: 400,
                quantity: 4
            }
        ]
    }
},
methods: {
    increaseQuantity(index) {
        this.basket[index].quantity++;
    },
    decreaseQuantity(index) {
        if (this.basket[index].quantity > 0) {
            this.basket[index].quantity--;
        }
    }
},
computed: {
    total() {
        let total = 0;
        for (let i = 0; i < this.basket.length; i++) {
            total += this.basket[i].price * this.basket[i].quantity;
        }
        return total; }
    }
}
);
```

```
app.mount('#basket');
</script>
```

> **참고**
>
> Copilot의 인 메모리 컨텍스트에 대해 설명한 내용을 기억하세요. 지금까지 basket에 어떠한 필드가 있었는지에 대해 입력한 모든 내용을 기억하며, 위에 표시된 것과 같이 `basket.html` 파일의 이름도 확인합니다. 위에 표시된 것과 같이 `basket.html` 파일의 이름도 확인합니다.

마지막으로, 응용 프로그램을 렌더링 하는 방법을 명시해야 합니다.

프롬프트

Vue 응용 프로그램에서 basket을 렌더링 합니다.

프롬프트 응답

```
<!-- Vue 응용 프로그램에서 basket을 렌더링 합니다. -->
  <div v-for="(item, index) in basket" class="basket-item">
    <div class="basket-item-text">
        <h2>{{ item.name }}</h2>
        <p>가격: {{ item.price }}</p>
        <p>수량: {{ item.quantity }}</p>
        <p>합계: {{ item.price * item.quantity }}</p>
    </div>
    <div class="basket-item-buttons">
        <button type="submit" class="btn btn-primary btn-block btn-large" @
  click="increaseQuantity(index)">+</button>
        <button type="submit" class="btn btn-primary btn-block btn-large" @
  click="decreaseQuantity(index)">-</button>
    </div>
</div>
```

카트는 다음과 같이 보이게 됩니다.

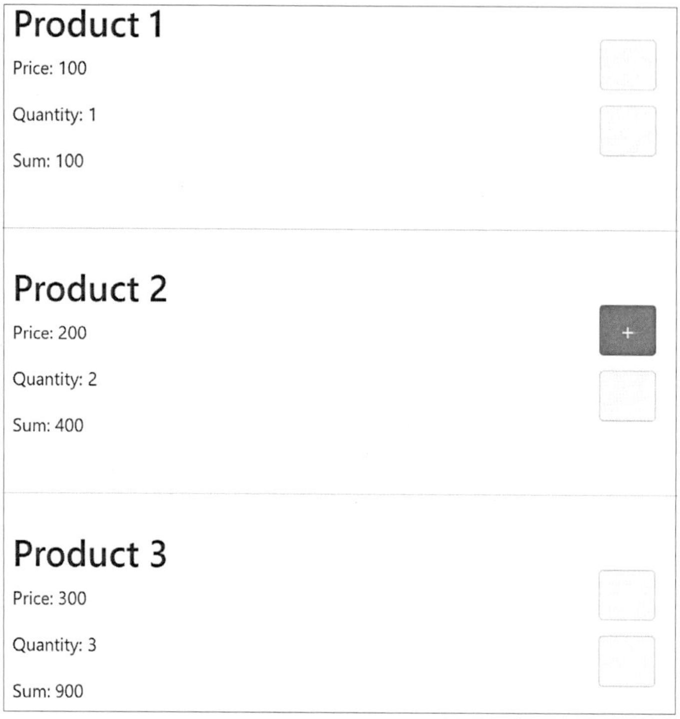

그림 6.2 Vue.js를 사용한 카트 표시

> **참고**
>
> 이 시점에서 페이지를 사용해보고 브라우저에서 실행하면 + 및 – 버튼이 어떻게 증가하고 감소하는지 알 수 있습니다.

이 시점에서 누락된 것은 Vue 응용 프로그램이 부트스트랩 CSS 라이브러리를 사용하도록 하는 것입니다. HTML 마크업을 생성하는 프롬프트를 수정하여, 이 문제를 해결할 수 있습니다.

프롬프트

Vue 응용 프로그램에서 basket을 렌더링 합니다.

다음과 같이, 부트스트랩에서 콘텍스트가 추가된 프롬프트로 변경할 수 있습니다.

프롬프트

부트스트랩과 카드 클래스를 사용하여 Vue 응용 프로그램에서 basket을 렌더링 합니다.

그 결과, 다음과 같은 HTML 마크업이 생성됩니다.

그림 6.3 HTML 마크업에서 카트

임무

제품 목록 페이지를 만듭니다. 페이지에 제품 목록이 표시되어야 합니다. 제품 목록 페이지를 만듭니다. 각각의 제품에는 제품을 카트에 추가할 수 있는 추가 버튼이 있어야 합니다. 카트는 페이지 오른쪽 상단에 카트 아이콘으로 표시되어야 하며, 클릭하면 카트에 있는 제품 수와 총액이 표시되어야 합니다.

> **TIP**
>
> 배운 내용을 사용하여 페이지를 만들고, JavaScript를 추가하는 등의 프롬프트를 작성하세요. 이 문제를 해결하기 위해 Vue.js를 추가할지, 아니면 일반 Javascript를 사용할지는 독자가 결정할 수 있습니다.

솔루션

이 임무에 대한 해결방법은 Github 레포지토리에서 찾을 수 있습니다.

https://github.com/PacktPublishing/AI-Assisted-Software-Development-with-GitHub-Copilot-and-ChatGPT.

요약

이 장에서는 웹페이지에 JavaScript를 추가하는 방법을 설명했습니다. 웹페이지에 JavaScript를 추가하는 것은 일반적인 작업으로, head 요소에 SCRIPT 태그를 추가하거나, 독립형 파일을 포인팅하는 두 가지 방법으로 수행할 수 있습니다.

또한 응용 프로그램에 동작을 추가하여, 이전 장의 사용 사례를 기반으로 구축하는 방법도 보여드렸습니다. 먼저, 다소 번거로울 수 있는 마크업을 JavaScript로 생성하는 방법을 보여드렸습니다. 그런 후에, 관리하기 쉽도록 Vue.js와 같은 JavaScript 프레임워크를 사용하는 예시를 만들었습니다.

Vue.js와 같은 JavaScript 프레임워크를 어떻게 추가하는지에 대해서도 살펴보았습니다. JavaScript 프레임워크를 추가하는 정확한 방법은 프레임워크마다 다르지만, 일반적으로 설정 혹은 초기화 등의 키워드가 포함된 문구를 사용하여, SCRIPT 태그를 추가할 뿐만 아니라 설정 과정을 작동시키고 선택한 프레임워크를 사용할 수 있도록 하는 코드를 추가하는 것이 좋습니다.

다음 장에서는 응용 프로그램에 반응성을 추가하고 다양한 디바이스의 뷰포트[viewport]를 지원하는 방법을 보여드리겠습니다. 더 이상 모든 사람이 큰 화면의 데스크톱 컴퓨터를 사용한다고 가정할 수 없습니다. 많은 사용자가 더 작은 화면의 모바일 기기를 사용할 것입니다.

Discord에서 우리 커뮤니티에 참여하세요.

저자 및 여러 독자와 함께 토론하려면 Discord 커뮤니티 공간에 참여하세요.

https://packt.link/aicode

제7장
반응형 웹 레이아웃을 사용하여 다수의 뷰포트 지원

소개

웹페이지를 구축하는 것은 쉽지 않습니다. 설정한 작업을 수행하기 위하여, HTML, CSS 및 JavaScript를 사용하여 페이지를 제작해야 할 뿐만이 아니라, 대부분의 사용자가 접속할 수 있도록 해야 합니다. 또한 PC, 태블릿, 모바일 기기 등 기기에 관계없이 페이지가 제대로 렌더링하도록 해야 하므로, 화면 크기, 기기의 방향 (즉, 가로모드 또는 세로모드), 픽셀 밀도 등의 측면을 고려해야 합니다.

웹 페이지가 여러 기기에서 보기 좋게 표시되도록 하는 다양한 기술이 있지만, 이 모든 것은 사용하는 기기에 따라 사용자에게 어떤 경험을 제공할 것인지에 대한 전략과 전망을 세우는 것에서 시작됩니다. 전망이 설정되면, 이를 구현하는 것을 시작할 수 있습니다.

콘텐츠가 열(列)로 표시되는 경우, 몇 개의 열을 나열할지 선택해야 합니다. padding과 margin과 같이, 서로 다른 요소는 어떻게 처리해야 할까요? 콘텐츠를 세로로 쌓아야 할까요? 세로로 쌓아야 할까요? 모바일 기기에서 숨겨야 하는 콘텐츠가 있을까요? 보는 것과 같이 어떤 프롬프트를 사용해야 하는지에 영향을 주는 선택 사항이 많이 있습니다.

웹 레이아웃은 기억해야 할 정보가 많기 때문에, AI 어시스턴트를 사용하면, 모든 세부 정보를 기억하여 쉽게 찾아볼 수 있을 뿐만이 아니라, 다양한 디자인을 제안하는데 활용할 수도 있습니다.

이 장에서 다루는 것은 다음과 같습니다.

- 뷰포트 및 미디어 쿼리 와 같은 기술 용어에 대해 설명합니다.
- 다양한 기술을 적용하여, 다양한 뷰포트에 맞게 렌더링을 최적화합니다.

- Copilot 채팅 기능을 활용하여 코드를 개선합니다. 이것은 Github Copilot에서 사용할 수 있는 "다른" 양식으로, 프롬프트를 입력하며 응답을 제공하는 채팅창입니다. 이 환경은 C hatGPT와 같은 AI 도구와 유사합니다. 이 환경은 ChatGPT와 같은 AI 도구와 유사합니다.

비즈니스 문제 전자 상거래

이 장에서는 지난 세 장에서 다룬 전자 상거래 사용 사례를 계속 다룹니다. 기능을 구축하는 것도 중요하지만, 사용자가 다양한 기기에서 웹사이트와 상호 작용하기를 원하고, 그 경험이 좋아야 하며, 그렇지 않으면 경쟁사의 웹사이트로 이동할 것이라고 가정해야 합니다.

문제 및 데이터 영역

태블릿, 휴대폰, 작은 데스크톱부터 매우 큰 화면까지 다양한 기기가 있습니다. 픽셀 밀도도 다릅니다. 새로운 기기에 맞게 사이트를 축소하거나, 확대하는 것뿐만 아니라 특정 기기의 시각적 스타일에 더 잘 어울리는 완전 다른 경험으로 디자인해야 할 수도 있습니다. 또한 기기에 동시 다운로드 처리 가능 수와 네트워크 속도 등의 제한이 있다고 가정할 때, 더 작은 기기에 얼마나 많은 콘텐츠를 전송할 것인지와 같은 다른 문제도 있습니다. 해상도가 높은 데스크톱 컴퓨터의 경우, 인터넷 연결 상태가 좋은 경우가 많습니다. 반대로, 모바일 기기는 3G 네트워크나 그 이하의 네트워크에 연결되어 있을 수 있으므로, 더 작은 그래픽 자원, 더 작은 JavaScript 번들 등을 요구하여 이에 적응해야 합니다.

특징별로 세분화

이 장에 앞서, 여러 장에서 구현해야 할 기능을 식별하기 좋은 접근 방식에 대해 살펴보았습니다. 이러한 기능은 데이터 읽기 및 쓰기보다는 우선순위가 지정된 기기에서 디자인과 상호작용이 잘 작동하도록 하는데 중점을 둡니다. 따라서 다음 목록과 같이 기능을 분류할 수 있습니다.

- 가로 모드의 경우, 장바구니 페이지를 이중 열 디자인으로 렌더링 해야 합니다.
- 세로 모드
  - 세로 모드의 경우, 장바구니 페이지를 단일 열로 렌더링 해야 합니다.
  - 화면 하단에 메뉴 동작이 표시되어야 합니다.
  - X, Y, Z와 같은 특정 기능을 숨겨야 합니다. (화면이 더 넓은 데스크톱에서 X, Y, Z를 사

용할 수 있다고 가정합니다.) 이 요구사항의 요점은 모바일 환경과 데스크톱 환경이 무엇인지, 어떤 기능이 경험의 중심이 되는지, 화면 공간이 충분한 경우에만 어떤 기능을 표시해야 하는지 "다시 생각"해야 한다는 것입니다.

– 다음 모바일 기기를 지원하고, 시각적으로 매력적인 모양을 렌더링 해야 합니다. iPhone, X, Y, X 및 Android

• 3G 연결에서 1초 이내로 페이지를 렌더링 해야 합니다.

보시다시피, 이 기능은 어떠한 데이터 영역보다 사용자 경험과 더 밀접하게 연결되어 있습니다.

프롬프트 전략

저자들의 프롬프트 전략은 이전과 마찬가지로 편집기 내부 환경을 사용하고, 열린 텍스트 파일에 프롬프트를 추가하여 Copilot에서 채팅 창을 불러오는 혼합 방식이며, 재량에 따라서 이러한 접근 방식을 혼합하여 사용하실 수 있습니다.

프롬프트의 경우, 이러한 프롬프트에는 Copilot이 특정한 기기에 맞는 디자인을 제안해야 한다는 것을 인식할 수 있을 만큼 충분한 컨텍스트가 있어야 합니다. 따라서 어떠한 해상도, 픽셀 밀도 및 기타 세부 사항이 제안에 영향을 미칠지 컨텍스트를 통해 추론할 수 있어야 합니다. 사용된 프롬프트 패턴은 2장에 설명된 "탐구 프롬프트 패턴"을 사용합니다.

뷰포트

PC에서만 보기 좋게 웹페이지를 개발하면 되던 시대는 지났습니다. 오늘 날의 웹페이지는 다양한 기기에서 렌더링 될 수 있으며, 모든 기기에서 보기 좋게 표시되지 않으면, 고객이 다른 곳으로 이동할 수 있습니다.

웹페이지를 작성하는 방법을 이해하는 첫 번째 단계는 몇 가지 주요 개념을 숙지하는 것입니다. 뷰포트는 사용자에게 보여지는 페이지의 일부입니다. 뷰포트와 창의 차이점은, 뷰포트가 창의 일부라는 것입니다.

예를 들자면, 데스크톱 화면이나 모바일 기기 등 사용하는 기기에 따라 페이지의 크기가 달라집니다. 다양한 크기에 맞게 조정하고, 정확히 렌더링하기 위해 코드를 작성하는 것을 페이지가 "반응형[Responsive]"으로 만들어진다고 합니다.

미디어 쿼리

좋습니다. 사용 중인 기기 유형에 따라 화면 크기가 달라지는 것을 다루는데, 시각 인터페이스가 사용 중인 기기의 크기에 맞게 조정되도록, 코드를 작성하려면 어떻게 해야 할까요?

정답은 미디어 쿼리라는 구조를 활용하는 것입니다. 미디어 쿼리는 특정 조건을 식별하고 해당 조건이 참인 경우, 특정 CSS를 적용하는 CSS의 논리적 블록입니다.

다음과 같은 코드가 있다고 상상해보세요. 기본적으로 이렇게 작동합니다.

```
if(page.Width > 1024px) {
  // 데스크톱에 잘 보이도록 이 UI를 렌더링 합니다
}else {
  // 이 UI를 모바일 기기에 보기 좋게 렌더링 합니다
}
```

다음은 미디어 쿼리의 예제입니다.

```
body {
  background: blue;
}

@media (max-width: 600px) {
    body {
        background-color: lightblue;
    }
}
```

앞의 코드는 뷰포트의 너비가 현재 최대 600 픽셀인 경우(대부분의 모바일 장치에 해당) 배경색을 하늘색으로 설정하라는 조건을 식별합니다.

이 예제는 다소 인위적으로 느껴질 수 있습니다. 일반 데스크톱이 아닌 모바일 기기에서 왜 다른 배경색을 원할까요? 하지만, 위의 예시를 통해 미디어 쿼리가 뷰포트의 크기를 식별하고 뷰포트의 특정 조건에서 특정 CSS를 적용할 수 있는 방법을 알 수 있습니다.

다양한 뷰포트에 맞게 조정하고 반응형으로 만들어야 할 때

반응형 디자인을 사용하는 좋은 이유는 데스크톱에서 좋아 보일지 모르겠지만, 모바일에서는 너무 넓을 수 있는 레이아웃이 있기 때문입니다. 예를 들자면, 왼쪽에 메뉴가 있고 오른쪽에 주

요 영역이 있는 웹페이지가 있다고 가정해 보겠습니다.

그림 7.1 메뉴 및 기본 영역이 있는 페이지

모바일 기기에서 이 페이지를 보려고 하면, 보기는 좋지 않을 것입니다. 다음과 같이 보일 것입니다.

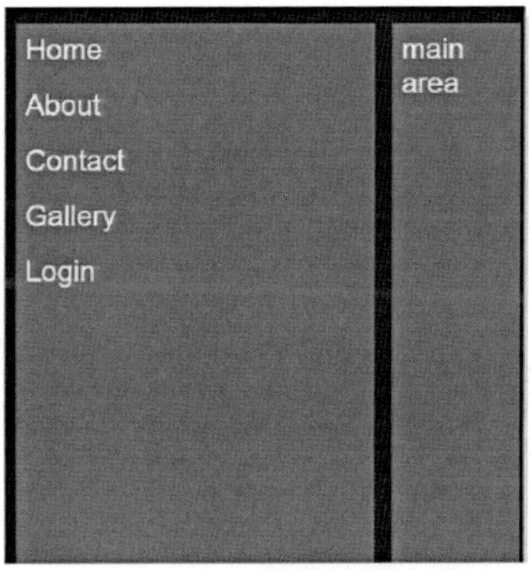

그림 7.2 모바일 기기에서 반응형이 아닌 페이지

위에서는 기기가 페이지를 보려고 시도하지만, 주요 영역이 잘려 나가는 것을 볼 수 있습니다. 이 시점에서 디자이너는 이 문제를 해결하는 방법을 고려해야 합니다. 한 가지의 방법은 플렉스박스(flexbox) 혹은 그리드(grid)와 같은 기술을 사용하여 콘텐츠를 세로로 정렬하는 것입니다. 예를 들어, 메뉴는 상단으로, 주요 영역은 하단에 배치할 수 있습니다.

이 페이지에 사용된 스타일을 살펴보면, 다음 CSS를 확인할 수 있습니다.

```
<style>
    /* 컨테이너, 그리드, 왼쪽 열은 메뉴, 오른쪽 열은 주요 영역 */
    .container {
        max-width: 1200px;
        margin: 0 auto;
        display: grid;
        /* 2 열 */
        grid-template-columns: 200px 1fr;
        background-color: #000;
        padding: 10px;
        /* 열 사이에 5px의 간격을 둡니다 */
        grid-gap: 10px;
        /* 높이 100% */
        height: 100%;
    }
```

앞의 코드에서 그리드인 display:grid가 레이아웃을 만드는데 어떻게 사용되는지 확인할 수 있습니다.

```
    /* 메뉴 항목 */
    .menu {
        /* 배경 검은색 음역 */
        background-color: darkslategrey;

        padding: 0px;
        /* 열 1 */
        grid-column: 1;

    }
```

메뉴가 왼쪽 grid-colum:1에 배치되는 방식도 확인할 수 있습니다.

```
    /* 메뉴 항목 */
    .menu-item {
        padding: 5px;
        background-color: darkslategrey;
        height: 20px;
    }
    .menu-item a {
```

```
        color: white;
        text-decoration: none;
        font-family: sans-serif;
    }

    /* 주요 영역, 패딩 5px, 진한 회색 */
    .main {
        padding: 5px;
        background-color: darkslategrey;

        grid-column: 2;
        color: white;
        font-family: sans-serif;
    }
```

메뉴가 왼쪽 display:grid:2에 배치되는 방식도 확인할 수 있습니다.

```
</style>
```

모바일 기기와 같이 화면이 작은 기기에서도 사용할 수 있도록, 이 디자인을 개선하려면 아래의 프롬프트를 사용하면 됩니다.

프롬프트

모바일에서는 메뉴를 1열로, 주요 메뉴를 2열로 설정합니다.

CSS 결과는 다음과 같습니다.

프롬프트 응답

```
@media (max-width: 768px) {
    .container {
        grid-template-columns: 1fr;
        grid-template-rows: 200px 1fr;
    }
    .menu {
        grid-row: 1;
        grid-column: 1;
    }
    .main {
        grid-row: 2;
```

```
        grid-column: 1;
    }
}
```

보시다시피, Copilot은 이 프롬프트 지시를 받아 CSS를 적절하게 조절할 수 있습니다. 이 코드는 레이아웃을 하나의 열과 두 개의 행으로 변경합니다. 또한, 메뉴가 상단에 배치되고, 주요 영역이 하단에 배치되도록 합니다.

이제 모바일 기기에서 결과 페이지가 다음과 같은 방식으로 렌더링이 됩니다.

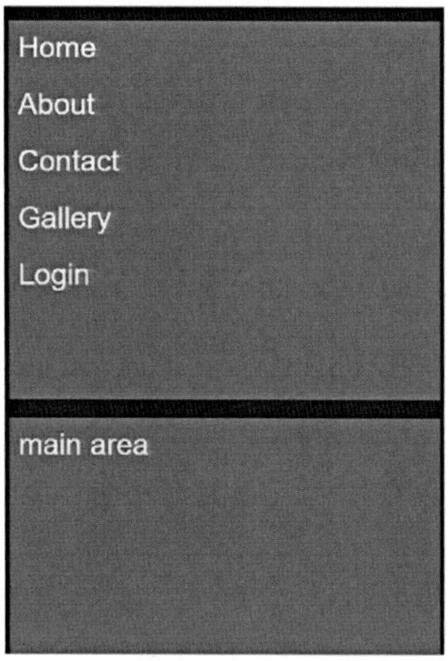

그림 7.3 모바일 뷰포트에서 세로로 렌더링 된 메뉴 및 메인 영역

대부분의 브라우저에는 뷰포트 크기를 조정할 수 있는 기능이 내장되어 있어서, 변경한 CSS를 테스트하는데 도움이 됩니다. 창 크기를 변경할 수도 있습니다.

사용 사례 제품 갤러리를 반응형으로 제작하기

이 사용 사례에서는 데스크톱에서 정상적으로 렌더링 되지만, 모바일 기기에서는 정상적으로 렌더링 되지 않는 전자 상거래 응용 프로그램을 예시로 들어서 문제를 해결해 보겠습니다.

먼저, HTML 코드가 있습니다. 따라 하려면, 다음 코드를 products.html 파일에 저장하면 됩니다.

```
<html>
<head>
    <title>메뉴</title>
    <link rel="stylesheet" href="css/style.css">
    <style>
        /* 컨테이너, 그리드, 왼쪽 열은 메뉴, 오른쪽 열은 주요 영역 */
        .container {
            max-width: 1200px;
            margin: 0 auto;
            display: grid;
            /* 2 열 */
            grid-template-columns: 200px 1fr;
            background-color: #000;
            padding: 10px;
            /* 열 사이에 5px의 간격을 둡니다 */
            grid-gap: 10px;
            /* 높이 100% */
            height: 100%;
        }
        /* 메뉴 항목 */
        .menu {
            /* 배경 검은색 음역 */
            background-color: rgb(25, 41, 41);


            /* 배경 색상: #ddd; */
            padding: 0px;
            /* 열 1 */
            grid-column: 1;

        }
        /* 메뉴 항목 */ .menu-item {
            padding: 5px;
            background-color: rgb(25, 41, 41);
            height: 20px;
        }

        .menu-item a {
            color: white;
            text-decoration: none;
            font-family: sans-serif;
        }


        /* 주요 영역, 패딩 5px, 진한 회색 */
```

```
.main {
    padding: 5px;
    background-color: rgb(25, 41, 41);

    grid-column: 2;
    color: white;
    font-family: sans-serif;
}
/* 만약 모바일인 경우, 매뉴를 행 1과 주요 행 2로 설정합니다 */
@media (max-width: 768px) {
    .container {
        grid-template-columns: 1fr;
        grid-template-rows: 200px 1fr;
    }
    .menu {
        grid-row: 1;
        grid-column: 1;
    }
    .main {
        grid-row: 2;
        grid-column: 1;
    }
}

/* 갤러리, 행당 2열 */ .gallery {
display: grid;
    /* 가로 그리드 */
    grid-template-columns: auto auto auto;
    grid-gap: 20px;
}
/* 갤러리 항목 */
.gallery-item {
    flex: 1 0 24%;
    margin-bottom: 10px;
    /* 패딩 10px */
    padding: 20px;

    /* 마진 5px */
    margin: 5px;
    /* 검정 음영 */
    box-shadow: 0 0 10px 0 black;

}
/* 갤러리 이미지 */
.gallery-image {
```

```
            width: 100%;
            height: auto;

            transition: transform 0.3s ease-in-out;
        }
        /* 갤러리 이미지 호버 */
        .gallery-image:hover {
            transform: scale(1.1);
        }

    </style>
</head>

<body>
    <div class="container">
        <!-- 메뉴 항목 -->
        <div class="menu">
            <div class="menu-item">
                <a href="index.php">Home</a>
            </div>
            <div class="menu-item">
                <a href="about.php">About</a>
            </div>
            <div class="menu-item">
                <a href="contact.php">Contact</a>
            </div>
            <div class="menu-item">
                <a href="gallery.php">갤러리</a>
            </div>
            <div class="menu-item">
                <a href="login.php">로그인</a>
            </div>
    </div>
    <!-- 메인 영역 -->
    <div class="main">
                <div class="gallery">
            <div class="gallery-item">
                <img class="gallery-image" src="https://picsum. photos/300/200/?random">
                <h4>제품 1</h4>
                <p>설명</p>
                <p>가격</p>
                <Button>장바구니에button>장바구니에 추가</button>
            </div>
            <div class="gallery-item">
                <img class="gallery-image" src="https://picsum. photos/300/200/?random">
```

```
            <h4>제품 2</h4>
            <p>설명</p>
            <p>가격</p>
            <Button>장바구니에button>장바구니에 추가</button>
        </div>
        <!-- 코드 단축 -->
    </div>

</div>
</body>
</html>
```

이렇게 하면, 데스크톱에서 다음과 같은 이미지가 렌더링 됩니다. (이 URL은 임의의 이미지를 생성하므로 정확한 이미지는 다를 수 있습니다.

그림 7.4 전자 상거래 제품 목록 페이지

그러나 동일한 페이지를 모바일 디바이스에서 렌더링하려고 하면, 다음과 같이 표시됩니다.

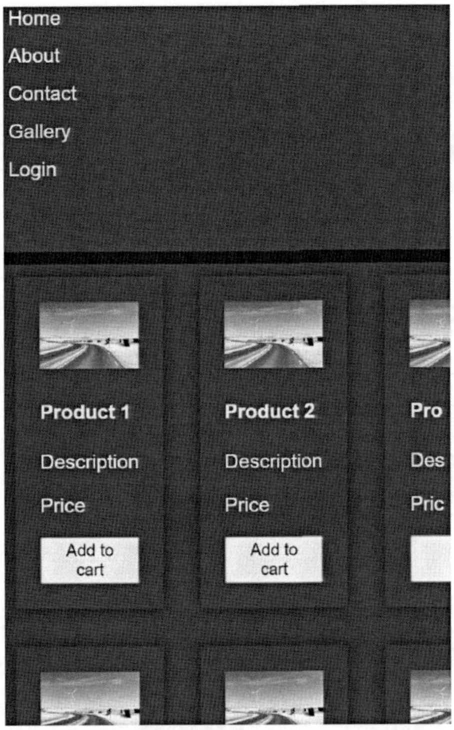

그림 7.5 모바일에서 보기 좋지 않은 전자 상거래 제품 목록

이 문제를 해결하려면 CSS 코드에 직접 입력한 후, AI 어시스턴트에게 어떻게 해야 하는지 물어봐야 합니다.

CSS 하단에 다음과 같이 프롬프트를 배치합니다.

프롬프트

모바일 기기에서 갤러리의 열을 3개에서 1개로 전환합니다.

결과는 다음과 같은 미디어 쿼리로 표시됩니다.

프롬프트 응답

```
@media (max-width: 768px) {
    .gallery {
        grid-template-columns: auto;
    }
}
```

이제 새로운 모바일 렌더링은 아래 이미지와 같이 표시됩니다.

그림 7.6 모바일 기기에서 세로 모드로 렌더링 된 이미지 갤러리를 보여줍니다.

임무

새롭게 채용된 프론트엔드 개발자로서, 기억력 게임을 유지 보수하는 업무를 맡게 되었습니다.

게임은 아래 이미지와 같은 모습입니다.

그림 7.7 기억력 게임에 있는 그리드

회사에서 원하는 것은 다음과 같습니다.

- 데스크톱에서 5 x 5 그리드로 렌더링 되는지 확인합니다. 더 큰 뷰포트에서는 제대로 작동하지 않을 수 있지만, 이 문제를 해결해야 합니다.
- 모바일 기기를 지원하므로, 5 x 5 그리드로 렌더링 하되 타일 크기는 절반으로 줄여야 합니다.
- 모바일 기기에 맞게 수정하는 동안 오른쪽 상단의 점수가 가운데로 이동하여 중앙에 위치하도록 합니다.

이제 개발자는 Github Copilot을 사용하여, 열린 텍스트 파일의 편집기 내부 편집 혹은 Copilot 채팅 기능을 사용하여, 이 게임의 코드를 조정하고 코드가 다양한 기기에서 잘 작동하도록 하는 것이 개발자의 임무입니다.

솔루션

이 임무에 대한 해결방법은 Github 레포지토리에서 찾을 수 있습니다.

`https://github.com/PacktPublishing/AI-Assisted-Software-Development-with-GitHub-Copilot-and-ChatGPT`

도전 과제

과제에 대한 모든 코드가 하나의 파일에 있습니다. 다른 파일로 나눌 수 있는지 살펴보세요. 또한, 일치하는 카드를 실험해 볼 수 있는지, 카드를 제거하거나 더 이상 게임에 포함되지 않는 클래스를 추가해 보세요.

요약

이 장에서는 반응형 웹 디자인의 핵심 개념인 뷰포트에 대해 설명했습니다. 다양한 뷰포트를 다루기 위해, 미디어 쿼리를 사용했습니다.

또한 사용 사례인 전자 상거래 사이트에 대한 작업을 계속하면서, 모바일 기기에서 제품 목록이 멋지게 렌더링 되도록 노력했습니다. 가장 먼저, 문제가 있다는 것을 인식하고 이를 파악하는 것이 중요했습니다. 둘째, 문제를 해결하기 위한 전략으로 미디어쿼리를 사용하기로 결정했습니다. 셋째, 전략을 구현했습니다. 마지막으로, 테스트하여 제대로 작동하는지 확인했습니다.

다음 장에서는 프론트엔드에서 백엔드로 이동하겠습니다. 백엔드는 웹 API로 구성됩니다. 사용 사례인 전자 상거래 사이트를 계속 진행하면서, 주로 제품 목록을 제공하는 웹 API를 구축하겠습니다. 하지만, 웹 API에 다른 자원을 추가하는 방법도 분명해질 것입니다.

Discord에서 우리 커뮤니티에 참여하세요.

저자 및 여러 독자와 함께 토론하려면 Discord 커뮤니티 공간에 참여하세요.

`https://packt.link/aicode`

제8장
Web API로 백엔드 구축

소개

웹 API란, 클라이언트가 사용할 수 있도록 개발한 응용 프로그램 프로그래밍 인터페이스(Application Programming Interface)를 말합니다. 해당 API는 HTTP를 사용하여 통신합니다. 브라우저는 웹 API를 이용하여, 다른 브라우저와 응용 프로그램에 데이터와 기능을 노출할 수 있습니다.

웹 API를 개발할 때는, 원하는 프로그래밍 언어와 프레임워크를 사용할 수 있습니다. 어떠한 기술을 선택하든, 데이터 저장, 보안, 인증, 권한 부여, 문서화, 테스트 등과 같은 사항을 항상 고려해야만 합니다.

고려해야 할 사항에 대해서, 이러한 이해를 바탕으로 AI 어시스턴트를 사용하여 백엔드 구축에 도움을 받을 수 있습니다.

이 장에서 다루는 것은 다음과 같습니다.

- 웹 API에 대하여 배웁니다.
- Python과 Flask로 Web API 생성합니다.
- AI 어시스턴트를 질문에 답하기, 코드 제안하기, 문서를 만들기와 테스트에 사용합니다.

비즈니스 도메인 전자 상거래

이 장에도 전자 상거래 도메인에 대한 작업을 계속 진행하겠습니다. 이번에는, API에 초점을 맞춥니다. API를 사용하면 전자 상거래 영역에서 중요한 데이터를 읽고 쓸 수 있습니다. 이 API를 개발할 때, 염두 해 두어야 할 몇 가지 중요한 측면이 있다는 것입니다.

- 논리 도메인에서 응용 프로그램을 다른 논리 도메인으로 나누는 것이 좋습니다. 전자 상거래의 맥락에서 이는 일반적으로 제품, 주문, 청구 등을 의미합니다.
- 비즈니스에서 각 논리 영역을 처리해야 하는 부분은 어디일까요?
  - **제품** : 전단 팀이 있을 수도 있습니다. 같은 팀이 모든 유형의 할인 및 캠페인도 관리하는 것이 일반적입니다.
  - **청구와 결제** : 일반적으로 신용카드, 송장 및 기타 방법을 통하여 사용자가 결제할 수 있는 방법을 관리하는 전담 팀이 있습니다.
  - **인벤토리** : 일정량의 상품 재고가 있어야 합니다. 얼마나 있는지 어떻게 알 수 있을까요? 정확한 예측을 하려면, 비즈니스 분석가 혹은 데이터 전문가와 협력해야 합니다.

문제 및 데이터 영역

이미 제품, 주문, 청구 등과 관련된 몇 가지 논리 도메인에 대해 언급했습니다. 이 도메인에서 발생하는 문제는 일반적으로 다음과 같습니다.

- 읽기와 쓰기 어떠한 데이터를 읽기 또는 쓰기(아니면 둘 다)를 하고 싶은 가요?
- 사용자가 데이터(전체 데이터 혹은 출력을 제한하는 필터가 적용될 수 있음)에 어떻게 접근하나요?
- 접근과 역할 역할에 따라 시스템에 대한 접근 권한이 다를 것으로 예상할 수 있습니다. 관리자 역할은 대부분의 데이터에 접근할 수 있어야 하는 반면, 로그인한 사용자는 자신에게 속한 데이터의 일부만 볼 수 있어야 합니다. 이 장에서는 다루지 않겠지만, 이 API를 구축할 때 고려해야 할 사항입니다.

특징별 세분화

이제 데이터 문제뿐만이 아니라 비즈니스 문제도 있다는 것을 이해했으므로, 필요한 기능의 파악을 시작해야 합니다. 이 수준의 세부 사항에 도달하면, 구체적인 프롬프트를 만들기 더 쉬워질 것입니다.

이 기능 분류를 수행하는 방법은 다음과 같습니다. 예시는 제품입니다.

- 모든 제품을 확인합니다.
- 필터가 주어진 제품 확인합니다. 보통, 모든 제품을 확인하는 것이 아니라 특정 카테고리의 모든 제품을 확인하거나, 10개 제품 혹은 20개 제품과 같은 특정한 값으로 제한할 수 있습니다.
- 제품을 검색합니다. 일반적으로 카테고리나 이름 혹은 캠페인의 일부를 통해서, 특정 제품을 찾는 사용자를 도와줘야 합니다.
- 특정 제품에 있는 세부 정보를 개선합니다.

제품에는 더 많은 기능이 있을 것으로 예상되지만, 이제 API를 계속 구축하기 전에 어떤 세부 정보를 제공해야 하는지 알 수 있게 되게 합니다.

프롬프트 전략

이 장에서는 Copilot Chat과 편집기 내부 모드를 모두 사용하는 방법을 살펴봅니다. 채팅 모드는 시작 코드를 생성하려는 상황에서 매우 유용하므로, 채팅 모드에서 시작하겠습니다. 또한 특정 코드 줄을 선택하고, 프롬프트에 따라 해당 코드만 업데이트할 수 있다는 점에서 매우 효율적입니다. 후자의 예시로서는 이러한 코드를 개선하고자 할 때를 들 수 있습니다. 이 장의 뒷부분에 목록에서 정적 데이터를 읽는 대신, 데이터베이스에서 읽도록 경로를 개선할 때, 이 사용 사례를 보게 될 것입니다. 이 장에서는 편집기 내부 모드를 사용하는 사례도 있습니다. 이 방법은 코드를 적극적으로 입력하면서, 일부를 수정하고자 할 때 권장되는 접근 방식입니다. 이 장에서는 2장에 기서술된 "탐구 프롬프트 패턴"을 사용합니다.

웹 API

웹 API를 사용하면 프론트엔드 응용 프로그램이 데이터를 읽고 쓰는데, 필요한 데이터와 기능에 접근할 수 있습니다.

웹 API에 대한 기대 값은 다음과 같습니다.

- 웹 API는 웹을 통하여 접근할 수 있습니다.
- 웹 API는 HTTP 프로토콜과 `GET`, `POST`, `PUT`, `DELETE` 등과 같은 HTTPS 동사를 활용하여 의도를 전달합니다.

어떠한 언어와 프레임워크를 선택해야 할까요?

이 장에서는 이미 Python과 Flask를 사용하기로 결정했습니다. 하지만, 왜 그럴까요? 언어와 프레임워크를 선택할 때 어떤 기준을 사용할까요?

원하는 언어와 프레임워크를 사용할 수 있지만, 고려해야 할 몇 가지 기준은 다음과 같습니다.

- 어떤 언어와 프레임워크를 알고 있나요?
- 배우기 쉬운가요?
- 대규모 커뮤니티가 있나요?
- 무료이며, 오픈 소스인가요?
- 얼마나 자주 업데이트되나요?
- 양질의 문서가 있나요?
- 양질의 문서가 있나요?

이것들은 고려해야 할 몇 가지 기준일 뿐입니다.

Python과 Flask를 선택한 이유는 위의 많은 항목(Node.js 용 Express 프레임워크도 마찬가지이지만, 여기서는 AI 어시스턴트를 사용하여 웹 API를 구축하는 방법을 보여주는 것이 목적이므로, 선호되는 웹 프레임워크를 자유롭게 사용해도 됩니다.)을 충족하기 때문입니다. 또한, 이 책의 요점은 AI 어시스턴트가 백엔드 구축에 어떻게 도움이 되는지 보여주는 것이지, 어떠한 프롬프트와 방법으로 프레임워크와 언어가 중요한 것은 아닙니다.

Web API 계획하기

웹 API를 계획할 때는 다음의 사항을 고려해야 합니다.

- 어떤 데이터를 노출하고 싶나요? 예를 들자면 제품과 주문이 있습니다.
- 어떤 특징을 노출하고 싶나요? 예를 들자면 주문 데이터 확인하기 등이 있습니다.
- 웹 API를 어떻게 구성할 것인가요?
- 보안 및 인증 응용 프로그램에서 사용자가 로그인을 해야 하는 도메인뿐만 아니라, 특정 사용자 유형으로 제한해야 하는 부분도 결정해야 합니다.
- 인벤토리와 데이터베이스 : 예를 들자면, MySQL과 Postgres가 일반적으로 선택됩니다.

웹 API를 계획할 때, 위의 사항을 체크 리스트로 활용하세요.

Python과 Flask로 Web API 생성하기

AI 어시스턴트와 함께 작업할 때, 중요한 통찰력은 코드를 생성하는데 사용할 수 있지만, 문제 도메인과 솔루션 도메인을 잘 이해해야 한다는 것입니다. 즉, AI 어시스턴트에게 도움을 요청하기 전에, Python과 Flask를 사용하여 웹 API를 생성하는 방법을 알고 있어야 한다는 뜻입니다. AI 어시스턴트 없이도 만들 수 있을까요? 네, 그렇지만 막혀서 다음에 무엇을 해야 할지 모를 위험이 있습니다.

그렇다면, 어느 정도의 지식이 필요할까요? 일반적으로 Python을 알고 있으며, 어떤 언어로든 웹 API를 구축하는 방법을 알고 있다면 괜찮습니다.

시작하겠습니다.

단계 1 : 새로운 프로젝트 생성

첫 번째로, 새로운 프로젝트를 만들어야 합니다. 만약에 Python을 안다면, 가상 환경을 사용하여 컴퓨터의 다른 Python 여러 프로젝트로부터, 프로젝트를 격리하기 때문에 좋은 아이디어입니다. 가상 환경 사용은 필수가 아니지만, 다른 버전의 Python 및 패키지로 인하여 문제가 발생할 수 있으므로 권장합니다.

좋습니다. 가상 환경이 필요하다는 것을 알고 있습니다. 어떻게 만들까요? 구문Syntax을 기억하는데, 도움을 주는 AI 어시스턴트의 도움을 받아 보겠습니다. 아래의 프롬프트에서 텍스트 파일을 열거나 GitHub Copilot의 채팅 기능을 사용할 수 있습니다.

프롬프트

Python용 가상 환경을 만들려면, 어떻게 해야 할까요?

참고

편집기 내부 경험에 프롬프트를 입력하는 편집기 내부 환경에서는 문장 시작 부분에 q: 를 사용하는 것을 선호합니다. 채팅 기능을 사용하는 경우에는 q: 를 추가할 필요가 없습니다.

프롬프트 응답

정답은 a: 와 같은 행에 있습니다.

```
python -m venv venv
```

프롬프트와 응답이 모두 포함된 app.py 파일에서 출력물은 다음과 같이 표시됩니다.

```
# q: Python용 가상 환경을 만들려면, 어떻게 해야 할까요? a: python m venv venv
```

AI 어시스턴트가 응답한 명령을 사용하려면, 터미널을 열고 명령어를 붙여 넣은 후에 다음을 실행해야 합니다.

이 시점에서는 가상 환경을 사용하려면, 가상 환경을 활성화해야 한다는 것을 알 수 있을 정도의 개념적인 지식이 필요합니다. 그렇지만, 다시 한 번, AI 어시스턴트에게 도움을 요청해봅시다.

프롬프트

Windows에서 Python 용 가상 환경을 활성화하려면, 어떻게 해야 하나요?

프롬프트 응답

```
a: Venv\Scripts\activate
```

참고

Mac 혹은 Linux를 사용하는 경우, 운영 체제를 반영하여 위의 프롬프트를 변경하세요

단계 2 : Flask 설치

개념적 지식이 필요하다면, pip를 사용하여 패키지 (이 경우에는 Flask)를 설치할 수 있다는 것입니다. AI 어시스턴트에게 도움을 요청해봅시다. app.py 파일로 계속 작업하고 프롬프트에 다른 주석으로 추가하세요.

프롬프트

pip로 어떻게 Flask를 설치하나요?

프롬프트 응답

```
pip install Flask
```

app.py는 다음과 같이 보일 것입니다.

```
# q: Python용 가상 환경을 만들려면, 어떻게 해야 할까요? a: python -m venv venv
# q: pip로 어떻게 Flask를 설치하나요? pip install Flask
```

> **참고**
>
> AI 도구를 사용하여, 작업 수행 방법에 대한 빠른 답변을 얻는 경우, 질문과 답변에서 텍스트 파일을 지울지 여부는 사용자가 결정할 수 있습니다.

좋습니다. 이제 Flask를 설치하는 방법을 알았습니다.

단계 3 : 엔트리포인트 생성

웹 API의 엔트리 포인트를 만들어야 합니다. 이 파일은 웹 API를 실행할 때, 실행될 파일입니다. Python에서는 주로 이 파일을 app.py로 명명합니다.

단계 4 : Flask 응용 프로그램 생성

이 시점에서 프로젝트가 있고, Flask를 설치했으며 엔트리포인트 파일이 있지만, 응용 프로그램은 아직 Flask 응용 프로그램이 아니므로, 응용 프로그램을 만들어 보겠습니다.

AI 어시스턴트에게 도움을 요청해봅시다.

프롬프트

Flask 응용 프로그램을 만들려면 어떻게 해야 하나요?

평소와 같이, 열린 텍스트 파일에 질문 앞에 q:를 붙인 주석으로 댓글로 계속 입력하세요. 다음 최신의 프롬프트 답변입니다.

프롬프트 응답

```
from flask import Flask
```

AI 어시스턴트에게 많은 것을 얻지 못했습니다. 그렇지만, Flask를 가져와야 한다는 것을 알고 있습니다. 프롬프트를 개선해 봅시다.

프롬프트

기본 경로와 "hello" 경로가 있는 Flask 응용 프로그램을 생성하려면 어떻게 해야 할까요?

이제 개선된 프롬프트 응답을 볼 수 있습니다. 프롬프트에는 응용 프로그램에 경로 및 논리 영역을 생성하기 위한 것보다 명확한 지침이 포함되어 있습니다.

프롬프트 응답

```
from flask import Flask

# 응용 프로그램을 생성합니다
app = Flask(__name__)

# 기본 경로

@app.route('/')
def index():
    return 'Hello World!'

# hello 경로
@app.route('/hello')
def hello():
    return 'Hello World!'

# 5000 포트에서 응용 프로그램을 시작합니다
if __name__ == '__main__':
    app.run(debug=True, port=5000)
```

이제 Flask 응용 프로그램의 시작 코드가 생겼습니다.

다음으로 웹 API의 사용 사례인 전자 상거래에 대해 집중해 보겠습니다.

사용 사례 전자 상거래 사이트용 웹 API

지금까지 이 책에서는, 전자 상거래 사이트를 위한 프론트엔드 응용 프로그램을 구축하는 과정을 안내해 드렸습니다. 프론트엔드 응용 프로그램을 구축하는데 AI 어시스턴트를 사용했습니다. 이제 전자 상거래 사이트를 위한 웹 API를 구축해 보겠습니다.

이전 부문에서는 Flask 응용 프로그램의 생성을 돕는 AI 어시스턴트를 사용하였습니다. 이제는 전자 상거래 사이트용 웹 API의 생성을 돕도록 AI 어시스턴트를 사용할 것입니다.

단계 1 : 전자 상거래 사이트용 웹 API

먼저, 이 작업을 계획해 보겠습니다. 이전 장에 따르면, 전자 상거래 사이트에는 다음과 같은 기능이 있습니다.

- **제품 카탈로그** : 판매하고자 하는 제품이 포함되어 있습니다.
- **쇼핑 카트** : 쇼핑 카트를 사용하면 카트에 제품을 추가하고, 카트에서 제품을 제거하고, 카트 내 제품 수량을 업데이트할 수 있습니다. 카트에 있는 제품이 마음에 들면 결제하고 제품을 결제 및 배송 받을 수 있습니다.
- **결제 과정** : 결제 과정에서 결제 정보와 배송 정보를 수집해야 합니다.

위의 정보를 염두에 두고, AI 어시스턴트를 위한 프롬프트를 만들어 보겠습니다.

프롬프트

제품 카탈로그, 장바구니 및 결제 과정을 위한 경로를 포함하는 Flask 웹 API를 생성하는 코드를 보여주세요.

프롬프트 응답

```
from flask import Flask

# 응용 프로그램을 생성합니다
app = Flask(__name__)

# 기본 경로
@app.route('/')
def index():

return 'Hello World!'

# 제품 카탈로그
@app.route('/products')
def products():
    return 'Products'

# 쇼핑 카트
@app.route('/cart')
def cart():
    return 'Cart'

# 결제
```

```
@app.route('/checkout')
def checkout():
    return 'Checkout'

# 5000 포트에서 응용 프로그램을 시작합니다
if __name__ == '__main__':
    app.run(debug=True, port=5000)
```

좋습니다. 이제 웹 API의 시작 코드가 완성되었지만, 다음과 같은 방법으로 개선해야 합니다.

- 텍스트 대신에 JSON을 반환해야 합니다.
- 데이터베이스에 읽고 쓰는 코드를 추가하려고 합니다.
- 테스트를 추가하려고 합니다.
- 웹 API를 문서화하려고 합니다.

단계 2 : 텍스트 대신에 JSON 반환

JSON은 데이터의 일반적인 형식입니다. 사람과 기계 모두 쉽게 읽고 쓸 수 있는 형식입니다. Python에서 JSON을 사용하려면, json 패키지를 가져와야 합니다. 우리가 사용할 메서드 Method는 PYTHON 사전을 JSON으로 변환하는 메서드인 JSONIFT()입니다.

웹 API에서 `jsonify()`를 어떻게 사용할 수 있는지 살펴봅시다. 이 작업을 위하여, 코드에서 프롬프트 주석으로 AI 어시스턴트를 계속 사용하거나, Github Copilot의 채팅 기능을 사용할 수 있습니다. (이는 Github Copilot의 별도 확장 기능입니다.)

후자를 사용하겠습니다. Github Copilot의 채팅 기능을 사용하려면(업데이트된 설치 지침은 이 링크를 참고하세요. https://docs.github.com/ko/copilot/using-github-copilot/asking-github-copilot-questions-in-your-ide) 개선하려는 코드를 선택하고 Visual Studio Code의 왼쪽에서 채팅 아이콘을 클릭해야 합니다. (만약, 아이콘이 세로로 배치되는 기본 방향을 사용하는 경우 설치한 다른 확장 프로그램에 따라 다름.) 찾아야 할 아이콘은 다음과 같습니다. Github Copilot Chat 확장 프로그램이 올바르게 설치되었는지 확인합니다.

그림 8.1 Github Copilot용 채팅 아이콘

채팅 아이콘을 한 번 클릭하고 코드를 선택하면, Github Copilot과 채팅을 시작할 수 있습니다. Github Copilot에게 텍스트 대신에 JSON을 반환하도록 도와달라고 요청해 보겠습니다.

채팅 창에 다음 프롬프트를 추가합니다.

프롬프트
모든 경로에 대하여, JSON으로 응답하는 코드를 추가합니다.

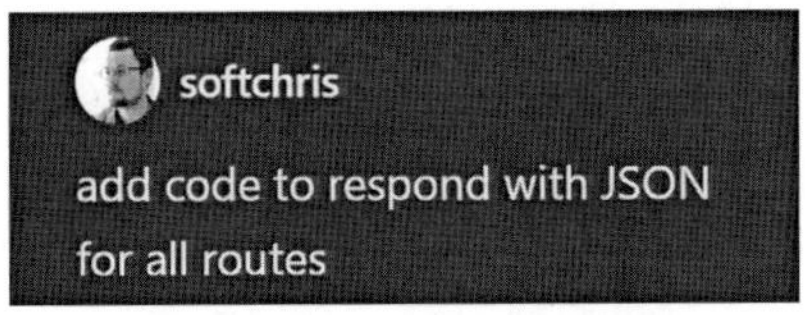

그림 8.2 Copilot 채팅창의 프롬프트

채팅 기능은 `jsonify()` 메서드를 포함한 코드로 구성된 답변을 생성합니다.

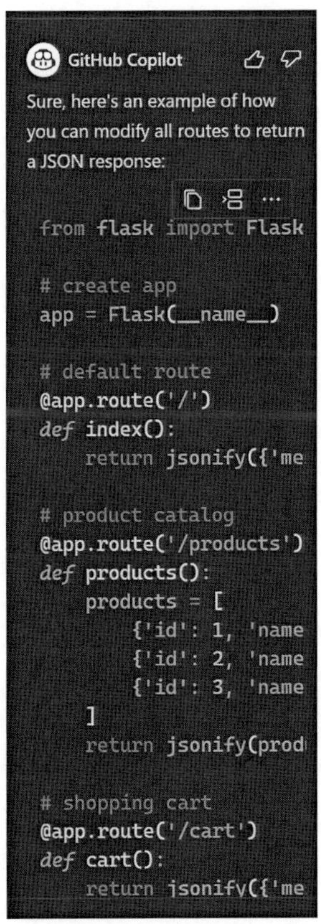

그림 8.3 Copilot 채팅 응답

다음은 Github Copilot에서 생성한 코드입니다.

```
from flask import Flask, jsonify

# 응용 프로그램을 생성합니다
app = Flask(__name__)

# 기본 경로
@app.route('/')
def index():
    return jsonify({'message': 'Hello World!'})

# 제품 카탈로그
@app.route('/products')
def products():
    products = [
        {'id': 1, 'name': 'Product 1', 'price': 10.99},
        {'id': 2, 'name': 'Product 2', 'price': 5.99},
        {'id': 3, 'name': 'Product 3', 'price': 7.99}
    ]
    return jsonify(products)

# 쇼핑 카트 @app.route('/cart')
def cart():
    return jsonify({'message': 'Cart'})

# 결제
@app.route('/checkout')
def checkout():
    return jsonify({'message': 'Checkout'})

# 5000 포트에서 응용 프로그램을 시작합니다
if __name__ == '__main__':
    app.run(debug=True, port=5000)
```

단계 3 : 데이터베이스에 읽고 쓰는 코드 추가

좋습니다. JSON을 반환하는 웹 API가 생겼습니다. 이제 데이터베이스에 읽고 쓸 수 있는 코드를 추가해야 합니다. 이 작업을 돕기 위하여, 채팅 기능을 다시 사용해 보겠습니다.

프롬프트

데이터베이스에 읽고 쓰는 코드를 추가하여 모든 경로에 적용하세요.

이렇게 완성된 코드는 다음과 같습니다.

프롬프트 응답

```
import sqlite3
from flask import Flask, jsonify

# 응용 프로그램을 생성합니다
app = Flask(__name__)

# 데이터베이스에 연결합니다
conn = sqlite3.connect('example.db')

# 테이블을 생성합니다
conn.execute('''CREATE TABLE IF NOT EXISTS products
                (id INTEGER PRIMARY KEY AUTOINCREMENT,
                name TEXT NOT NULL,
                price REAL NOT NULL);''')

# 데이터를 삽입합니다
conn.execute("INSERT INTO products (name, price) VALUES (?, ?)", ('Product 1', 10.99))
conn.execute("INSERT INTO products (name, price) VALUES (?, ?)", ('Product 2', 5.99))
conn.execute("INSERT INTO products (name, price) VALUES (?, ?)", ('Product 3', 7.99))
conn.commit()

# 기본 경로
@app.route('/')
def index():
    return jsonify({'message': 'Hello World!'})

# 제품 카탈로그
@app.route('/products')
def products():
    cursor = conn.execute("SELECT id, name, price FROM products")
    products = []
    for row in cursor:
        product = {'id': row[0], 'name': row[1], 'price': row[2]}
        products.append(product)
    return jsonify(products)

# 쇼핑 카트
@app.route('/cart')
def cart():
    return jsonify({'message': 'Cart'})

# 결제
```

```
@app.route('/checkout')
def checkout():
    return jsonify({'message': 'Checkout'})
# 연결을 끊습니다
conn.close()

# 5000 포트에서 응용 프로그램을 시작합니다
if __name__ == '__main__':
    app.run(debug=True, port=5000)
```

보시다시피, 코드가 꽤 많이 들어옵니다.

- 데이터베이스에 연결하는 코드 : 이 경우에는 일반적으로 SQLite 데이터베이스에 연결합니다.
- 테이블을 생성하고, /products 경로에서 테이블을 읽는 코드가 있지만, 데이터베이스에 쓰는 코드는 없습니다.
- 다른 경로를 읽고, 쓸 수 있는 코드도 없습니다.

위의 코드를 보면 좋은 시작이라고 생각하지만, 개선하고 싶은 부분이 있으므로 단점을 해결하기 위하여 프롬프트를 변경하겠습니다. 한 경로가 아니라, 모든 경로가 데이터베이스에서 데이터를 읽도록 하는 프롬프트가 필요합니다.

그렇기에, 대부분의 코드가 제자리에 있다는 것을 알고 코드를 직접 조정하거나, 프롬프트를 조정할 수 있습니다. 후자를 시도해 보겠습니다.

프롬프트

데이터베이스에 읽고 쓰는 코드를 추가하여 모든 경로에 적용하세요.

프롬프트 응답

```
import sqlite3
from flask import Flask, jsonify

# 응용 프로그램을 생성합니다
app = Flask(__name__)

# 데이터베이스에 연결합니다
conn = sqlite3.connect('example.db')
```

```
# 테이블을 생성합니다
conn.execute('''CREATE TABLE IF NOT EXISTS products
             (id INTEGER PRIMARY KEY AUTOINCREMENT,
             name TEXT NOT NULL,
             price REAL NOT NULL);''')

# 데이터를 삽입합니다
conn.execute("INSERT INTO products (name, price) VALUES (?, ?)", ('Product 1', 10.99))
conn.execute("INSERT INTO products (name, price) VALUES (?, ?)", ('Product 2', 5.99))
conn.execute("INSERT INTO products (name, price) VALUES (?, ?)", ('Product 3', 7.99))
conn.commit()

# 기본 경로
@app.route('/')
def index():
    return jsonify({'message': 'Hello World!'})

# 제품 카탈로그
@app.route('/products')
def products():
    cursor = conn.execute("SELECT id, name, price FROM products")
    products = []
    for row in cursor:
        product = {'id': row[0], 'name': row[1], 'price': row[2]}
        products.append(product)
    return jsonify(products)

# 쇼핑 카트
@app.route('/cart')
def cart():
    cursor = conn.execute("SELECT id, name, price FROM products")
    products = []
    for row in cursor:
        product = {'id': row[0], 'name': row[1], 'price': row[2]}
        products.append(product)
    return jsonify(products)

# 결제
@app.route('/checkout')
def checkout():
    cursor = conn.execute("SELECT id, name, price FROM products")
    products = []
    for row in cursor:
        product = {'id': row[0], 'name': row[1], 'price': row[2]}
        products.append(product)
    return jsonify(products)
```

```
# 연결을 끊습니다
conn.close()

# 5000 포트에서 응용 프로그램을 시작합니다
if __name__ == '__main__':
    app.run(debug=True, port=5000)
```

개선된 프롬프트는 다음과 같이 변경되었습니다.

- /checkout과 /cart 경로에 데이터베이스 코드를 추가했습니다.
- 새로운 경로 모두 제품 테이블에서 읽는데, 이것은 옳지 않은 경로입니다. 이는 다음 프롬프트에서 해결해야 할 문제입니다. 좋은 소식은 Copoilt 채팅에서 프롬프트의 문제를 알려주면, AI 어시스턴트가 그에 따라서 코드를 변경할 것으로 기대할 수 있다는 점입니다.

위의 코드는 첫 번째 프롬프트보다 개선되었지만, 여전히 문제가 있습니다.

Copilot Chat에서 프롬프트를 조정할 수도 있지만, 다른 방법, 즉 코드에 프롬프트를 추가하는 방법을 다시 사용해 보겠습니다. 이러한 프롬프트를 추가하려면, 코드에 커서를 놓고 해당 프롬프트를 주석으로 추가합니다. 다음은 저자들이 추가한 몇 가지 프롬프트입니다.

- *# create tables(테이블을 생성합니다)*: 이미 사용했던 주석을 반복하고 있지만, Copilot은 이제 모든 경로를 인식하고 있기 때문에, 이번에는 더 나은 작업을 수행하여 products 테이블이 아닌 3개의 데이터베이스 테이블을 생성해야 한다고 제안합니다.
- *# add product to cart, productId and quantity in body, create cart if needed, else update(# 장바구니에 제품을 추가하고, 본문에 제품 ID 및 수량을 추가합니다. 필요하다면 장바구니를 생성합니다. 그렇지 않으면 업데이트를 합니다)* : 이 프롬프트는 각 장바구니 항목에 어떠한 정보를 추가해야 하는지 묻는 메시지가 자세히 표시됩니다.
- *#product catalog(#제품 카탈로그)와 #shopping cart(#쇼핑 카트)도 반복되는 프롬프트(이전 프롬프트를 제거하고, 다시 입력하면 새로운 제안으로 전환됩니다.) 입니다.* 이번에는 Copilot이 읽을, 올바른 데이터베이스 테이블을 제안하도록 합니다.

아래에서 코드의 다양한 프롬프트를 주석으로 사용하여, 코드로 재구성하는 방법을 참고하세요.

```
import sqlite3
import json
import flask

# 응용 프로그램을 생성합니다
app = flask.Flask(__name__)

# 데이터베이스에 연결합니다
db = sqlite3.connect('example.db')

# 테이블을 생성합니다
db.execute('''CREATE TABLE IF NOT EXISTS products
               (id INTEGER PRIMARY KEY AUTOINCREMENT,
               name TEXT NOT NULL,
               price REAL NOT NULL);''')

db.execute('''CREATE TABLE IF NOT EXISTS cart
               (id INTEGER PRIMARY KEY AUTOINCREMENT,
               product_id INTEGER NOT NULL,
               quantity INTEGER NOT NULL);''')

db.execute('''CREATE TABLE IF NOT EXISTS checkout
               (id INTEGER PRIMARY KEY AUTOINCREMENT,
               cart_id INTEGER NOT NULL,
               total REAL NOT NULL);''')


db.commit()
db.close()

# 기본 경로
@app.route('/')
def index():
    return flask.jsonify({'message': 'Hello World!'})

# 제품 카탈로그
@app.route('/products')
def products():
    db = sqlite3.connect('example.db')
    cursor = db.execute("SELECT id, name, price FROM products")
    products = []
    for row in cursor:
        product = {'id': row[0], 'name': row[1], 'price': row[2]}
        products.append(product)
    db.close()
    return flask.jsonify(products)
```

```
# 쇼핑 카트
@app.route('/cart')
def cart():
    db = sqlite3.connect('example.db')
    cursor = db.execute("SELECT id, product_id, quantity FROM cart")
    cart = []
    for row in cursor:
        item = {'id': row[0], 'product_id': row[1], 'quantity': row[2]}
        cart.append(item)
    db.close()
    return flask.jsonify(cart)
# 장바구니에 제품을 추가하고, 본문에 제품 ID 및 수량을 추가합니다. 필요하다면 장바구니를 생성
합니다. 그렇지 않으면 업데이트를 합니다
@app.route('/cart/', methods=['POST'])
def add_to_cart():
    db = sqlite3.connect('example.db')
    # 본문에서 제품 ID 및 수량을 가져옵니다
    product_id = flask.request.json['productId']
    quantity = flask.request.json['quantity']

    # 카트가 존재한다면 확인합니다
    cursor = db.execute("SELECT id FROM cart")
    cart_id = None
    for row in cursor:
        cart_id = row[0]

    # 카트가 존재한다면 업데이트 합니다
    if cart_id:
        db.execute("UPDATE cart SET product_id = ?, quantity = ? WHERE id = ?", (product_id,
quantity, cart_id))
    # 그외에는 생성합니다
    else:
        db.execute("INSERT INTO cart (product_id, quantity) VALUES (?, ?)", (product_id,
quantity))

    # 끊습니다
    db.commit()
    db.close()

    return flask.jsonify({'message': 'Added to cart'})

# 본문에 있는 OST, cartId를 확인합니다
@app.route('/checkout', methods=['POST'])
def checkout():
```

```
# 결제에서 카트로 삽입합니다
conn = sqlite3.connect('example.db')
# 본문에서 cart id를 얻습니다
cart_id = flask.request.json['cartId']

# 결제하기 위한 작성을 합니다
conn.execute("INSERT INTO checkout (cart_id, total) VALUES (?, ?)", (cart_ id, 0))
# 끊습니다
conn.commit()
conn.close()
```

이 코드로 충분할까요? 아니면 더 조절해야 할까요?

분명하게 개선의 여지가 있으며, 이곳에 독자가 찾아야 할 점이 있습니다.

- 코드가 중복배제[DRY](Don't Repeat Yourshelf)가 되지 않았으며, 중복된 코드가 많습니다. 쿼리를 받아서 결과를 반환하는 함수를 만들고, 이 문제를 해결할 수 있습니다.
- 인증 및 권한 부여가 누락되었습니다. 이를 코드에 추가해야 합니다.
- 문서화가 누락되었습니다.
- 코드가 안전하지 않습니다. 데이터베이스와 관련하여 몇 가지 보안 조치를 추가해야 합니다. 개발자는 코드 보안 방법에 대하여, 어느 정도 알고 있다면 선처리 방식[Prepared statement]를 사용해서 SQL 인젝션[SQL Injection] 공격을 방지하고, 클라이언트에게 받은 데이터를 검증할 수 있습니다.

단계 4 : 코드 개선

코드를 개선하는 가장 좋은 방법은 현재 가지고 있는 코드를 출발점으로 삼아서, 먼저 실행해 보는 것입니다. 그러면, 어떠한 오류가 발생하고 무엇을 수정해야 하는지 확인할 수 있습니다.

그 후에, 아키텍처와 디자인 작업을 하고 코드를 여러 파일로 분리합니다.

마지막으로, 인증 및 권한 부여와 보안 조치를 추가합니다.

코드 실행

코드를 실행해 보겠습니다. Flask 변수 `FLASK_APP`을 `app.py`로 설정한 다음, 응용 프로그램을 실행해야 합니다.

> **참고**
>
> Windows를 사용한 경우, export(내보내기) 대신에 set(설정하기)를 사용하여, 변수를 설정해야 합니다.

```
# Windows에서 flask 변수
set FLASK_APP=app.py
flask run
```

응용 프로그램이 작동합니다! 이제 `http://localhost:5000`로 이동하면, Hello, World! 라는 메시지를 볼 수 있습니다.

`/products`, `/cart`, 그리고 `/checkout`으로 이동해도 작동하지만, 아직 데이터베이스에 데이터가 없습니다. 데이터베이스에 데이터를 추가해 보겠습니다. 파일 상단에 위의 코드를 삽입하고, 앱을 다시 실행하면 다음을 할 수 있습니다.

```
db.execute("INSERT INTO products (name, price) VALUES (?, ?)", ('Apple', 1.99))

db.execute("INSERT INTO products (name, price) VALUES (?, ?)", ('Banana', 2.99))
```

이제, 응용 프로그램을 다시 실행하고 /products로 이동하면 추가한 제품을 다음과 같은 JSON 출력물로 볼 수 있습니다.

```
[
    {
        "id": 1,
        "name": "Apple",
        "price": 1.99
    },
    {
        "id": 2,
        "name": "Banana",
        "price": 2.99
    }
]
```

코드 리펙토링

아주 좋습니다. 지금까지 많은 진전이 있었습니다! 이제 코드를 리펙토링하여, 더 간결하게 하고, 좀 더 DRY(코드가 너무 반복되지 않도록 보장하는 용어인, 중복배제)를 하겠습니다. 이를 위하여 Copilot을 사용할 수 있습니다.

중복배제가 되도록 다음과 같은 프롬프트를 제공하겠습니다.

프롬프트

데이터베이스 부분을 별도의 모듈인 db.py로 분리하여 코드를 개선하고, 함수를 다음과 같이 노출합니다. get_products, get_cart, add_to_cart, checkout.

db.py 파일과 app.py 파일에 대한 두 가지 응답을 얻습니다. db.py 파일부터 시작하겠습니다.

프롬프트 응답

```
import sqlite3

# 데이터베이스에 연결합니다
conn = sqlite3.connect('example.db')

# 테이블을 생성합니다
conn.execute('''CREATE TABLE IF NOT EXISTS products
             (id INTEGER PRIMARY KEY AUTOINCREMENT,
             name TEXT NOT NULL,
             price REAL NOT NULL);''')

conn.execute('''CREATE TABLE IF NOT EXISTS cart
             (id INTEGER PRIMARY KEY AUTOINCREMENT,
             product_id INTEGER NOT NULL,
             quantity INTEGER NOT NULL);''')

conn.execute('''CREATE TABLE IF NOT EXISTS checkout
             (id INTEGER PRIMARY KEY AUTOINCREMENT,
             cart_id INTEGER NOT NULL,
             total REAL NOT NULL);''')

conn.execute("INSERT INTO products (name, price) VALUES (?, ?)", ('Apple', 1.99))

conn.execute("INSERT INTO products (name, price) VALUES (?, ?)", ('Banana', 2.99))

conn.commit()
```

```
def get_products():
    cursor = conn.execute("SELECT id, name, price FROM products")
    products = []
    for row in cursor:
        product = {'id': row[0], 'name': row[1], 'price': row[2]}
        products.append(product)
    return products

def get_cart():
    cursor = conn.execute("SELECT id, product_id, quantity FROM cart")
    cart = []
    for row in cursor:
        item = {'id': row[0], 'product_id': row[1], 'quantity': row[2]}
        cart.append(item)
    return cart

def add_to_cart(product_id, quantity):
    # 카트가 존재한다면 확인합니다
    cursor = conn.execute("SELECT id FROM cart")
    cart_id = None
    for row in cursor:
        cart_id = row[0]

    # 카트가 존재한다면 업데이트합니다
    if cart_id:
        conn.execute("UPDATE cart SET product_id = ?, quantity = ? WHERE id = ?", (product_id,
quantity, cart_id))
    # 그 외에는 생성합니다
    else:
        conn.execute("INSERT INTO cart (product_id, quantity) VALUES (?, ?)", (product_id,
quantity))

    conn.commit()

def checkout(cart_id):
    # 결제에서 카트로 삽입합니다
    conn.execute("INSERT INTO checkout (cart_id, total) VALUES (?, ?)", (cart_ id, 0))
    conn.commit()
```

참고

위의 코드를 조금 개선할 필요가 있기에, 코드 향상은 데이터베이스에서 열린 연결로써 사용합니다. 코드 개선을 다 한 이후, 연결을 닫아야 합니다. 커밋한 이후에 연결을 닫는 코드를 반드시 추가하도록 하세요. 그리고 연결을 열고 닫는 경로마다 반드시 추가하도록 하세요.

좋습니다. 코드 개선하는 것을 프로젝트에 추가합시다. dp.py라고 불리는 새로운 파일을 만들고 코드 개선하는 코드에 복사할 수 있습니다.

그리고 app.py 파일에 무엇이 제안되는지 봅시다.

```
import flask
import db

# 응용 프로그램을 생성합니다
app = flask.Flask(__name__)

# 기본 경로
@app.route('/')
def index():
    return flask.jsonify({'message': 'Hello World!'})

# 제품 카탈로그
@app.route('/products')
def products():
    products = db.get_products()
    return flask.jsonify(products)

# 쇼핑 카트
@app.route('/cart')
def cart():
    cart = db.get_cart()
    return flask.jsonify(cart)

# 장바구니에 제품을 추가하고, 본문에 제품 ID 및 수량을 추가합니다. 필요하다면 장바구니를 생성합니다. 그렇지 않으면 업데이트를 합니다
@app.route('/cart', methods=['POST'])
def add_to_cart():
    # 본문에서 제품 ID 및 수량을 가져옵니다
    product_id = flask.request.json['productId']
    quantity = flask.request.json['quantity']

    db.add_to_cart(product_id, quantity)

    return flask.jsonify({'message': 'Added to cart'})

# 본문에 있는 OST, cartId를 확인합니다
@app.route('/checkout', methods=['POST'])
def checkout():
    # 본문에서 카트 id를 얻습니다
    cart_id = flask.request.json['cartId']
```

```
    db.checkout(cart_id)

    return flask.jsonify({'message': 'Checkout successful'})

# 5000 포트에서 응용 프로그램을 시작합니다
if __name__ == '__main__':
    app.run(debug=True, port=5000)
```

볼 수 있다시피, 코드 개선은 dp.py 파일 내부 데이터베이스 코드로 분할되었고 또한 dp.py 파일에 불러와졌습니다. app.py 파일로 이 코드를 복사하고 원래 콘텐츠로 대체합시다.

작동되나요? 응용 프로그램을 작동하고 봅시다. 프로젝트는 아무런 에러 없이 작동하고 /products, /cart 및 /checkout에 갈 때 JSON 출력물을 얻습니다. 만약 원한다면 /cart에 POST를 요청하여 카트 콘텐츠를 작성할 수도 있습니다. 좋습니다!

단계 5 : API 문서

Copilot Chat를 사용하여 API를 문서화 하는 데 사용할 수 있습니다. 다음과 같은 프롬프트를 제공하겠습니다.

프롬프트

Swagger를 이용하여 API를 문서화합니다. API는 다음과 같은 엔드포인트가 있어야 합니다. GET /products, GET /cart, POST /cart/add, POST /checkout.

참고

Swagger 혹은 OpenAI 표준은 API 경로를 문서화하는 방법입니다. 그런 다음 이러한 경로 사양을 시각화하여 API가 수행할 수 있는 작업에 대한 간략한 개요를 얻을 수 있습니다. 또한 API에 어떤 경로가 있는지 확인할 수 있을 뿐만 아니라 API가 정상적으로 작동하는지 확인하기 위해 요청 등을 할 수 있는 웹 페이지인 Swagger UI가 있습니다.

코드와 문서가 모두 포함된 결과는 다음과 같습니다.

프롬프트 응답

```
# app.py
import flask
import db
from flasgger import Swagger, swag_from

# 응용 프로그램을 생성합니다
app = flask.Flask(__name__)
swagger = Swagger(app)

# 기본 경로
@app.route('/')
def index():
    return flask.jsonify({'message': 'Hello World!'})

# 제품 카탈로그
@app.route('/products', methods=['GET'])
@swag_from('swagger/products.yml')
def products():
    products = db.get_products()
    return flask.jsonify(products)

# 쇼핑 카트
@app.route('/cart', methods=['GET'])
@swag_from('swagger/cart.yml')
def cart():
    cart = db.get_cart()
    return flask.jsonify(cart)

# 장바구니에 제품을 추가하고, 본문에 제품 ID 및 수량을 추가합니다. 필요하다면 장바구니를 생성합
니다. 그렇지 않으면 업데이트를 합니다
@app.route('/cart/add', methods=['POST'])
@swag_from('swagger/add_to_cart.yml')
def add_to_cart():
    # 본문에서 제품 ID 및 수량을 가져옵니다
    product_id = flask.request.json['productId']
    quantity = flask.request.json['quantity']

    db.add_to_cart(product_id, quantity)

    return flask.jsonify({'message': 'Added to cart'})

# 본문에 있는 POST, cartId를 결제합니다
@app.route('/checkout', methods=['POST'])
@swag_from('swagger/checkout.yml')
```

```
def checkout():
    # 본문에서 카트 id를 얻습니다
    cart_id = flask.request.json['cartId']

    db.checkout(cart_id)

    return flask.jsonify({'message': 'Checkout successful'})

# 5000 포트에서 응용 프로그램을 시작합니다
if __name__ == '__main__':
    app.run(debug=True, port=5000)
```

응답에서 다음과 같은 파일과 폴더를 생성하려면 다음을 말합니다.

```
folder: swagger
products.yml
file: cart.yml
file: add_to_cart.yml

file: checkout.yml file: swagger.yml
```

수동으로 이러한 여러 파일을 만들고 응답에 코드를 붙여 넣습니다.

```
products.yml
---
tags:
  - products responses:
  200:
    description: A list of products
    schema:
      type: array
      items:
        type: object
        properties:
          id:
            type: integer
          name:
            type: string
          price:
            type: number
cart.yml
---
```

```
tags:
  - cart
responses:
  200:
    description: A list of items in the cart
    schema:
      type: array
      items:
        type: object
        properties:
          id:
            type: integer
          product_id:
            type: integer
          quantity:
            type: integer
add_to_cart.yml
---
tags:
  - cart
parameters:
  - in: body
    name: body
    required: true
    schema:
      type: object
      properties:
        productId:
          type: integer
        quantity:
          type: integer
responses:
  200:
    description: Added to cart
checkout.yml
---
tags:
  - checkout
parameters:
  - in: body
    name: body
    required: true
    schema:
      type: object
      properties:
```

```
      cartId:
        type: integer
responses:
  200:
    description: Checkout successful
```

누락 된 것은 Flassger이라는 Swagger 라이브러리를 설치하는 것입니다.

```
pip install flasgger
```

Navigate to http://localhost:5000/apidocs/ and you should see Swagger UI.

그림 8.4 API doc generated by Swagger

생성된 문서와 상호 작용하여 API가 예상대로 작동하는지 확인하고 경로가 예상 결과를 생성하는지 확인해야 합니다.

이 시점에서 계속 개선할 수 있지만, 프롬프트와 몇 줄의 코드만으로 얼마나 많은 것을 만들었는지 잠시 시간을 내어 깨달을 수 있습니다. 데이터베이스 및 문서가 포함된 작동하는 API가 있습니다. 이제 코드를 개선하고 더 많은 기능을 추가하는 데 집중할 수 있습니다.

임무

이 장에서 제안하는 임무입니다. 좋은 제안에 다음과 같은 API에 많은 특징을 추가할 수 있습니다.

- 단일 제품을 얻기 위하여 새로운 엔드포인트를 추가합니다.
- 카트에서 제품을 제거하기 위해 새로운 엔드포인트를 추가합니다.
- 카트에 있는 제품의 수량을 업데이트하기 위해 새로운 엔드포인트를 추가합니다.

> **TIP**
>
> Copilot Chat에 프롬프트로 위에 있는 것을 단순히 추가함으로써 해결하고 무엇이 생성되는 지 볼 수 있습니다. 코드와 설명서가 모두 변경될 것으로 예상합니다.

솔루션

이 임무에 대한 해결방법은 Github 레포지토리에서 찾을 수 있습니다.

`https://github.com/ PacktPublishing/AI-Assisted-Software-Development-with-GitHub-Copilot-and-ChatGPT/tree/ main/08`

도전 과제

더 많은 특징을 추가함으로써 API를 개선합니다. 이를 위하여 Copilot Chat을 사용할 수 있습니다.

요약

이 장에서는, API에 대해서 세심한 계획을 어떻게 세우는 지에 대해서 논의하였습니다. 그러고 나서 Python 및 Flask를 선택하는 방법을 살펴보았지만, 실제로 웹 API를 구축하는 방법에 대한 맥락적 지식을 갖추는 것이 중요하다고 강조했습니다. 일반적으로 최소한 큰 틀에서 Ai 어시스턴트에게 묻기 전에 무엇을 어떻게 하는 방법에 대해서 항상 알아야 합니다.

그러고는 AI 어시스턴트가 웹 API를 도와줄 수 있는 프롬프트를 만들었습니다. 결국에 우리는 전자 상거래 사이트와 협력하여, 이를 서비스하기 위한 웹 API를 만들었습니다.

그 이후에는, 코드를 향상시키는 방법과 API에 더 많은 특징을 추가하는 방법을 논의하였습니다.

다음 장에서는 인공지능을 추가함으로써 응용 프로그램을 개선하는 방법에 대해 논의하겠습니다.

Discord에서 우리 커뮤니티에 참여하세요.

저자 및 여러 독자와 함께 토론하려면 Discord 커뮤니티 공간에 참여하세요.

`https://packt.link/aicode`

제9장

AI 서비스와 Web 응용 프로그램 보강

소개

웹 응용 프로그램을 보강시킬 수 있는 AI 서비스에는 여러 가지 방법이 있습니다. 모델을 노출하는 기존 웹 API를 활용하거나 직접 구축하여 모델이라고 부를 수 있습니다.

애초에 응용 프로그램에 AI를 추가하려는 이유는 AI를 더 스마트하게 만들기 위해서입니다. 그 자체로 응용 프로그램은 더 똑똑하게 하는 것이 아니라, 사용자에게 더 유용하게 사용할 수 있도록 하기 위한 것입니다. 예를 들자면 사용자들이 제품을 검색하도록 하는 웹 응용 프로그램을 가지고 있다면, 사용자의 이전 결제에 기반한 제품 제안 기능을 추가할 수 있습니다. 사실은 왜 이전 구매로 제안할까요? 사용자의 이전 검색을 기반으로 제품을 추천하지 않을까요? 그렇지 않다면 사용자가 제품 사진을 찍을 수 있고 응용 프로그램에서 유사한 제품을 추천한다면 어떨까요?

보다시피, AI를 웹 응용 프로그램에 추가하여 사용자 경험을 개선할 수 있는 많은 가능성이 있습니다.

이 장에서 다루는 것은 다음과 같습니다.

- Pickle 및 ONNX와 같은 다른 모델 포맷을 논의합니다.
- Pickle과 ONNX를 모두 사용하고 JavaScript를 사용하여 모델을 파일로 유지하는 방법을 알아봅니다.
- ONNX 형식으로 저장된 모델을 사용하고 JavaScript를 사용하고 REST API를 통하여 노출합니다.

비즈니스 도메인, 전자 상거래

우리는 전자 상거래 도메인을 계속 개발하고 있지만, 비즈니스 초점은 평점에 맞춰져 있습니다. 좋거나 나쁜 평점은 얼마나 특정한 제품의 한 개가 팔렸는지 영향을 끼칩니다. 논리 도메인은 다음과 같은 것으로 구성됩니다.

- **제품** : 제품은 평점이 매겨집니다.
- **평점** : 실제 평점과 댓글, 날짜 등과 같은 메타 정보입니다.

문제 및 데이터 영역

알아낼 문제는 이 평점 데이터를 어떻게 사용할지와 평점 데이터에서 배울 점입니다.

- **통찰** : 예를 들자면, 특정 제품의 판매를 시작하거나 중단해야 한다는 통찰을 얻을 수 있습니다. 특정 제품이 세계 특정 지역에서 잘 팔리기 때문에, 다른 통찰이 있을 수 있습니다.
- **기술 문제** : 이 기술적 측면은 데이터를 수집하고, 데이터에서 모델을 훈련한 후에 웹 응용 프로그램이 해당 모델의 활용하는 방법을 알아내는 것입니다.

특징별 세분화

특징 관점에서 보자면, 구성되는 세 가지 주요 부분을 살펴봐야 합니다.

- **데이터 수집과 훈련** : 데이터 수집과 훈련은 별도의 인터페이스가 필요하며, 사용자 인터페이스 없이 수행될 수 있고, 정적 데이터가 모델을 훈련할 수 있는 코드에 입력되는 것일 수 있습니다. 이러한 이해와 함께 다음과 같은 단계의 개요를 서술할 수 있습니다.
  - 데이터 적재
  - 데이터 정리
  - 특징 생성
  - 모델 훈련
  - 모델 평가
  - 예측 실행
- **모델 소비** : 모델이 훈련시킨 후에는 가급적이면 웹 엔드포인트를 통하여 노출시켜야 합니다. 이를 달성하려면, 저자들은 다음과 같은 단계가 필요하다고 생각합니다.

- 만약 필요하다면 적절한 포맷으로 모델을 변환합니다.
- 웹 API를 구축합니다.
- 웹 API를 통하여 모델을 노출시킵니다.
- 모델을 배포하며 API를 온라인으로 전환해야 하는 단계가 있습니다.

- **예측** : 예측 부분의 경우, 이 특징은 고객 대면이 아닌 '백오피스'를 위한 기능입니다.
  - 예측을 실행하기 위해 사용자 인터페이스를 구축합니다.
  - 웹 API와 대화하여 예측을 가능하게 하는 기본 코드를 구축합니다.

프롬프트 전략

여기에서 프롬프트 접근 방식을 사용하거나 프롬프트 주석을 제시하여 채팅 인터페이스를 사용할 수 있습니다.

프롬프트 패턴은 2장에 설명된 "탐구 프롬프트 패턴"을 사용합니다.

모델 생성하기

`Sales_rating.csv` 파일에서 매출 데이터가 포함된 두 데이터 세트와 평점 데이터가 포함된 두 데이터 세트를 병합한 결과로 다음과 같은 데이터를 처리하고 있다고 가정해 보겠습니다. 데이터는 다음과 같이 나타납니다.

```
product_id,avg_rating,sold
1,2.5,100
2,3.7,200
3,4.2,300
4,1.3,50
5,4.9,800
6,3.2,150
7,2.1,80
8,4.8,500
9,3.9,400
10,2.4,200
11,4.1,300
12,3.2,100
13,2.9,150
14,4.5,500
15,3.8,400
```

```
16,2.7,200
17,4.3,300
18,3.4,100
19,2.3,150
20,4.7,500
```

예측 데이터는 product_id, avg_rating 및 sold 열에서 데이터 세트를 보여줍니다. 저자들의 이론은 제품의 평균 평점이 매출 수량과 상관관계가 있다는 것입니다. 평점이 높은 제품이, 평점이 낮은 제품보다 더 많이 팔릴 것이라는 가정은 공정해 보입니다. 모델을 생성함으로써, 우리는 저자들의 가정이 사실일 가능성이 있는지의 여부를 판단하는 데 더 가까워질 수 있습니다.

계획 제시하기

모델을 생성하기 위하여 취해야 할 조치에 대해, Copilot에게 물어볼 수 있습니다. 프롬프트를 주석과 같이 기입하겠습니다.

TIP

코드가 아닌 다른 것에 대한 텍스트 응답을 Copilot에게 요청하려면, 코드 파일이나 마크다운 파일 내부에서 텍스트를 코멘트로 입력하면 됩니다. 또한, 주석 뒤의 다음 행에 스스로 배치하고 "a:"로 행을 시작하여 응답을 얻는 데 도움이 됩니다. Copilot Chat을 사용하여 질문을 요청할 수 있습니다.

프롬프트

삶, 우주, 그리고 모든 것에 대한 해답을 알려줘.

프롬프트 응답

```
a: 42
```

위에 있는 참고문헌은 더글러스 애덤스가 쓴 "은하수를 여행하는 히치하이커를 위한 안내서"에서 발췌한 것입니다.

다음으로 모델을 생성하는 단계를 도와달라고 요청해 보겠습니다.

프롬프트

CSV 파일이 주어진 Python에서 모델을 만드는 단계는 무엇인가요?

출력물:

- pandas 및 scikit-learn을 불러옵니다.
- CSV 파일을 읽습니다.
- 테스트 및 훈련 데이트 세트를 생성합니다.
- 모델을 생성합니다.
- 무엇이 좋은 모델일까요?
- 예측
- pkl로 모델을 저장합니다.

좋습니다. 계획이 있으니, Copilot을 사용하여 코드 작성을 도와드리겠습니다.

라이브러리 가져오기

먼저, VS Code에서 새 notebook을 생성하면서 시작합니다. 새 notebook을 `sales.ipynb`이라고 부릅시다.

> **참고**
>
> .Ipynb은 데이터 과학 전문가로서, 가장 친숙한 Jupyter Notebook의 파일 형식입니다. 어떤 셀[cell]이 텍스트 셀이고, 어떤 셀은 코드 셀로써, 실행할 수 있는 셀로 구성된 파일에서 작업하는 것이 좋습니다.

특정한 라이브러리를 사용하기 위해서는 Jupyter Notebook을 설치할 필요가 있습니다. 이를 위하여 Copilot을 사용할 수 있습니다. 우리는 데이터 과학 전문가라는 사실을 활용하여, 필요한 라이브러리를 이해할 수 있습니다. 그렇기에, 이 작업을 돕기 위하여, pandas 및 scikit-learn 라이브러리를 제안합니다.

프롬프트

Notebook에서 pandas 및 scikit-learn을 설치합니다.

프롬프트 응답

```
! pip install pandas scikit-learn
```

다음으로, 필요한 라이브러리를 가져옵니다.

프롬프트

Notebook에서 pandas 및 scikit-learn을 가져옵니다.

프롬프트 응답

```
# Notebook에서 pandas 및 scikit-learn을 가져옵니다.
import pandas as pd
import sklearn.linear_model
```

CSV 파일 읽기

필요한 라이브러리를 얻었으니 CSV 파일을 읽겠습니다.

프롬프트

notebook에서 csv 파일을 읽습니다.

프롬프트 응답

```
# notebook에서 csv 파일을 읽습니다.
df = pd.read_csv("sales_rating.csv")
```

이제 CSV 파일이 열과 행을 고정하는 구조인 Pandas 데이터 프레임에서 불러와집니다. 초반 몇몇 행을 보도록 합시다.

```
df.head()
```

다음과 같은 출력물을 생성합니다.

```
   product_id   avg_rating   sold
0  1            2.5          100
1  2            3.7          200
2  3            4.2          300
3  4            1.3          50
4  5            4.9          800
```

좋습니다. 데이터 프레임 안으로 데이터를 불러왔습니다. 다음으로, 테스트 및 훈련 데이터 세트로 분할할 필요가 있습니다.

테스트와 훈련 데이터 세트 생성하기

기계 학습에서, 저자들은 데이터를 테스트 및 훈련 데이터로 분할합니다. 훈련 데이터 세트는 모델을 훈련시키는 데 사용되며, 테스트 데이터는 모델을 테스트하는 데 사용됩니다. 이를 위하여 Copilot을 사용할 수 있습니다.

프롬프트

Notebook에서 테스트와 훈련 데이터 세트를 생성하며, 0.2인 테스트 데이터를 제안합니다.

프롬프트 응답

```
# 테스트와 훈련 데이터 세트를 생성하며, 0.2인 테스트 데이터를 제안합니다.
test_size = 0.2
test = df.sample(frac=test_size)
training = df.drop(test.index)
```

0.2는 괜찮은 테스트 크기입니다. 즉, 데이터의 20%는 테스트에 80%는 훈련에 사용될 것입니다.

TIP

각 행에 "test_size"와 "training"을 입력하기 시작한 다음, TAB을 눌러서 제안을 수락해야 할 수도 있습니다.

이제 설정이 완료되었으므로, 다음 모델을 생성해 보겠습니다.

모델 생성하기

모델을 만드는 데는 사용할 알고리즘을 선택한 후에, 모델을 훈련하는 것이 포함됩니다. 프롬프트를 제안하겠습니다.

프롬프트

선형 회귀 알고리즘을 사용하여 notebook에 모델을 생성합니다.

프롬프트 응답

```
# 선형 회귀 알고리즘을 사용하여 notebook에 모델을 생성합니다.
model = sklearn.linear_model.LinearRegression()
model.fit(training[["avg_rating"]], training[["sold"]])
```

이전 코드에서는 선형 회귀 알고리즘을 사용하여 모델을 생성한 후에, `fit` 매서드를 가지고 훈련 데이터 세트를 사용하여 모델을 훈련했습니다. 또한, 입력물로 `avg_rating` 행으로, 출력물로 `sold` 행을 어떻게 사용하는지 참조하세요. 이는 평균 평점에 기반한 여러 매출을 예측하기를 원하기 때문입니다.

무엇이 좋은 모델인가?

이 시점에서, 좋은 모델인지 알아내고 싶습니다. 이를 알아내려면, 우리를 돕도록 Copilot에게 요청합니다.

참고

사용자는 주석 스타일 사용 및 제안 인라인 얻기를 사용할 수 있거나, Copilot Chat을 사용할 수 있습니다. 두 가지 경우 모두에서 Copilot은 콘텍스트에서 이해할 수 있을 것입니다.

프롬프트

Notebook에서 어떠한 모델이 좋은 건가요?

코드를 보여주세요.

프롬프트 응답

```
# Notebook에서 어떠한 모델이 좋은 건가요?
코드를 보여주세요. score = model.score(test[["avg_rating"]], test[["sold"]])
```

모델에 대한 score로 이름을 짓고, test 데이터 세트에 합격하는 모델이, 얼마나 좋은지 알아내는 방법인 것 같습니다. 또한 Copilot에게 이를 물을 수 있습니다.

프롬프트

Score은 어떠한 작동을 하나요?

프롬프트 응답

```
Score은 예측 결정 계수 R^2를 반환합니다.
```

원하는 경우, 계속 문의를 하고 아래의 프롬프트와 같이 더 자세하게 설명합니다.

프롬프트

더 간단한 용어로 어떠한 의미를 갖나요?

프롬프트 응답

```
Score은 0과 1을 반환하는데, 1은 완벽예측이며 0은 예측이 아닙니다.
```

예측

점수 값을 참조할 수 있더라도, 예측하기 전에는 모델이 얼마나 좋은지 알 수 없습니다. 이 작업을 위한 프롬프트를 공들여 만듭시다.

프롬프트

Notebook에서 예측합니다. 코드를 보여주세요.

프롬프트 응답

```
# Notebook에서 예측합니다. 코드를 보여주세요.
predictions = model.predict(test[["avg_rating"]])
```

좋습니다. 예측을 포함하는 변수 `predictions`를 얻었지만, 예측이 합당하다면 이해하기 어렵습니다. Copilot에게 물어보고 무엇을 제안하는지 봅시다.

프롬프트

Notebook에서 예측을 어떻게 표시하는 것이 좋을까요?

프롬프트 응답

```
예측을 프린트합니다.
```

프롬프트

프린트를 제외하고 notebook에서 예측을 표시하려면 어떤 다른 방법이 있나요?

프롬프트 응답

```
예측을 표시plot합니다.
```

여러 방법에서 더 많은 방법을 가졌으니, 프롬프트의 해당 지식을 사용합시다.

프롬프트

Notebook에서 예측 vs. 실제 데이터로 어떻게 프린트하거나 표시하는지 보여주세요.

프롬프트 응답

```
# Notebook에서 예측 vs. 실제 데이터로 어떻게 프린트하거나 표시하는지 보여줍니다.
import matplotlib.pyplot as plt
plt.scatter(test[["avg_rating"]], test[["sold"]], color='black')
plt.plot(test[["avg_rating"]], predictions, color='blue', linewidth=3)
```

이 코드를 notebook에서 다음과 같은 플롯을 실행합니다.

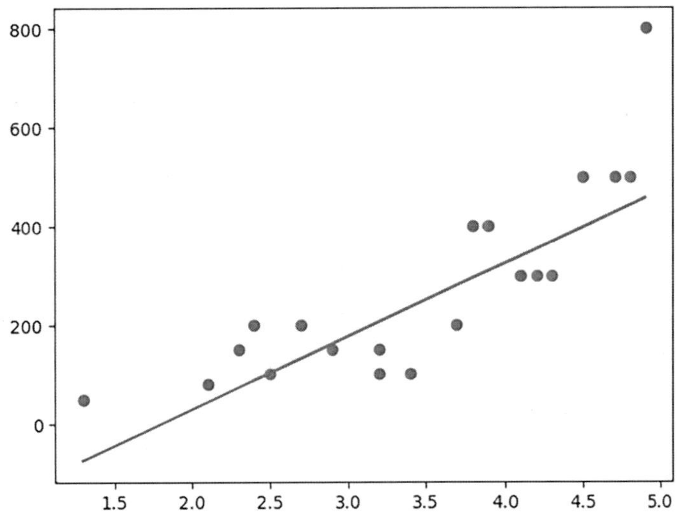

그림 9.1 예측 vs. 실제 데이터를 보여주는 플롯

플롯에서 해당 코드는 데이터에 알맞은 것처럼 보입니다. 실제 값을 보기 위하여 예측을 프린트할 수 있습니다.

```
print(predictions)
```

.pkl 파일로 저장하기

다음의 단계가 남겨져 있습니다. 모델을 파일로 저장할 필요가 있습니다. 모델을 어떻게 저장할지에 대한 몇몇 다른 여러 선택이 있습니다. 예를 들자면, pickle 파일 혹은 ONNX 파일로 모델을 저장할 수 있습니다. 모델을 pickle 파일로 저장하는 것을 시작하겠습니다.

평소와 같이, 이 작업을 위한 프롬프트를 공들여 만듭시다.

프롬프트

Notebook에서 모델을 pkl로 저장합니다.

프롬프트 응답

```
# pkl로 모델을 저장합니다.
import pickle
pickle.dump(model, open("model.pkl", "wb"))
```

TIP

위의 내용을 완료하려면, 제안서를 받고 "가져오기"를 입력해야 할 수도 있습니다. 추가적으로 pickle 라이브러리를 사용할 것이므로, 다음 줄에서 "pickle"을 입력하기 시작하고, TAB을 눌러서 제안을 수락할 수 있습니다.

Python에서 REST API 생성하기

이 시점에서, 모델을 포함한 `model.pkl` 파일을 가지고 있습니다. RESET API를 통하여, 이 파일을 사용하고 모델을 노출할 수 있습니다. 이를 위하여, Copilot에게 묻겠습니다.

프롬프트

Python에서 모델을 pkl 파일로 노출시키는 ReST API 생성합니다.

프롬프트 응답

```
# Python에서 모델을 pkl 파일로 노출시키는 ReST API 생성합니다.
import pickle
import flask

# 모델을 불러옵니다.
model = pickle.load(open("model.pkl", "rb"))

# 응용 프로그램
app = flask.Flask(__name__)

# 경로
@app.route('/', methods=['GET', 'POST'])
def predict():
    if flask.request.method == 'GET':
        return "Please POST a JSON object to this endpoint to get a prediction."
    else:
        data = flask.request.json
        prediction = model.predict([[data["avg_rating"]]])
```

```
    return flask.jsonify({"prediction": prediction[0][0]})
```

> **참고**
>
> 저자들이 위에 있는 여러 프롬프트를 어떻게 사용했는지 참조하세요. 먼저, 맨 위의 파일에서 "Pkl 파일로 노출시키는 ReST API 생성합니다"라는 프롬프트를 추가함으로써, 콘텍스트를 설정합니다. 그러고 나서 "모델을 불러옵니다", "응용 프로그램" 및 "경로"와 같은 여러 도우미 프롬프트를 코드에서 사용합니다. 결국에는, RESET API를 통한 모델 노출을 하는 API가 탄생했습니다.

모델을 ONNX로 변환하기

지금까지, 모델을 저장하기 위하여 Pickle과 pkl을 Python으로 불러오는 방법을 살펴보았습니다. 그렇지만, Pickle은 Python 전용이라는 단점이 있습니다. 반면에 ONNX는 Python 전용이 아니며 다른 언어에서 사용될 수 있는 포맷입니다. 모델이 작동되도록 하는 ONNX 포맷을 어떻게 사용할 수 있는지 살펴봅니다.

작업을 해결하기 위하여 두 단계가 필요합니다.

- 모델을 ONNX 포맷으로 변환합니다.
- 모델을 불러오고, JavaScript에서 RESET API를 생성합니다.

ONNX 포맷으로 모델 생성하기

Notebook을 사용하고 있기 때문에 의존성으로 설치, 필요한 라이브러리 가져오기 및 심지어 모델을 ONNX 포맷으로 변환해야 할 필요가 있습니다.

프롬프트

ONNX를 위하여 어떠한 종속성이 필요한가요? 이러한 여러 종속성을 설치하기 위한 Python 코드를 보여주세요.

프롬프트 응답

```
! pip install skl2onnx
```

프롬프트

ONNX를 위해서 필요한 라이브러리를 어떻게 불러오는지, 그리고 모델을 ONNX 포맷으로 변환하는 방법에 대해 보여주세요.

프롬프트 응답

```
import skl2onnx
#모델을 ONNX로 변환합니다
skl2onnx.to_onnx(model, train[["avg_rating"]].astype("float32"), "model.onnx")
```

ONNX 포맷을 포함한 모델인 model.onnx를 가지고 있을 것입니다. 다음에는 model.onnx를 JavaScript로 불러올 수 있는지 살펴봅니다.

Javascript에서 ONNX 모델 불러오기

다음으로, 백엔드에서 모델을 불러올 동안 JavaScript, 자세히 말하자면 Node.js를 ONNX 모델로 불러올 필요가 있습니다. 이를 하기 위하여 `onnxruntime`을 사용할 수 있습니다. 이를 위하여, Copilot에게 묻겠습니다.

프롬프트

Javascript에서 ONNX 모델 불러오는 지침을 단계별로 보여주세요.

프롬프트 응답

- JavaScript에서 onnxruntime을 설치합니다.
- JavaScript에서 모델을 불러옵니다.
- JavaScript에서 ONNX 모델을 불러옵니다.

이제 계획이 있으니, 실행해 보겠습니다.

JavaScript에서 onnxruntime을 설치하기

Node.js 프로젝트를 구축하고 있기에 ,새로운 폴더에서 app.js 파일을 생성하고, 새로운 Node.js 프로젝트를 생성하기 위하여 `npm init -y` 터미널 명령어를 실행합니다.

계획에서 첫 단계는 JavaScript에서 `onnxruntime`을 설치하는 것입니다. 이 업무를 수행하기 위하여 npm을 사용할 수 있습니다.

프롬프트

JavaScript에서 onnxruntime을 설치합니다.

프롬프트 응답

```
npm install onnxruntime
```

좋습니다. 이 코드는 프로젝트에 있는 onnxruntime 라이브러리를 설치합니다. 다음으로 불러올 ONNX 모델을 불러올 필요가 있습니다.

Javascript에서 ONNX 모델 불러오기

이제 코드에 `onnxruntime`을 설치했고, ONNX 모델을 불러올 수 있습니다.

프롬프트

Javascript에서 ONNX 모델을 불러옵니다.

프롬프트 응답

```
const rt = require("onnxruntime");

# ONNX에서 모델을 불러옵니다
model rt.InferenceSession("model.onnx");

# 예측
model.run(null, {model.get_inputs()[0].name: [[4.5]]});
```

이 전처리 코드에서는 ONNX 파일에서 모델을 불러오고, 그러고 나서 어떤 매출을 예측할 수 있는지 볼 수 있는 평균 평점을 대표하는 4.5를 사용하는 모델에 입력하여 예측을 만들 수 있습니다.

임무 모델을 사로잡는 JavaScript에서 RESET API 구축

1. 이전 부문에서 만든 모델을 가져다가 코드를 notebook에 추가하여 ONNX 파일로 생성합

니다.

2. Repo라고 명명한 새로운 폴더를 만들고, 해당 폴더에 app.js로 명명한 새로운 파일을 만듭니다.
3. /Predict 경로에서 server.js에 POST를 추가하고 server.js가 주어진 입력물을 반드시 예측하는 데 반환되도록 합니다.

이 임무에서 사용자를 도우려고 할 수 있는 몇몇 시작 프롬프트가 있습니다.

- **프롬프트** : Express를 이용하여 JavaScript에 RESET API를 생성합니다.
- **프롬프트** : /predict 경로에 있고, Express를 사용하며 JavaScript에 있는 RESET API POST를 생성합니다.
- **프롬프트** : Express를 사용하고, JavaScript에서의 RESET API 안에 있는 ONNX에서 모델을 불러옵니다.
- **프롬프트** : Express를 사용하고, RESET API 안에 있는 ONNX 모델을 사용하여 예측합니다.

솔루션

이 임무에 대한 해결방법은 Github 레포지토리에서 찾을 수 있습니다.

[https://github.com/PacktPublishing/AI-Assisted-Software-Development-with-GitHub-Copilot-and-ChatGPT/tree/main/09]

문제

다음 중 Pickle과 ONNX 사이의 차이점을 고르시오.

가. Pickle은 Python 전용인데, ONNX는 Python 전용이 아니다.

나. Pickle은 JavaScript에서 사용될 수 있고 ONNX는 JavaScript에서 사용될 수 없다.

다. ONNX는 Pickle보다 효율적이지 않다.

요약

이 장에서는, Pickle 및 ONNX와 같은 다양한 모델 형식과 Python을 사용하여 모델을 파일로 유지하는 방법에 대해 설명했습니다. 모델을 파일로 저장하면, 다른 응용 프로그램과 통합할 수 있으므로 유용합니다.

그러고 나서 모델을 Pickle 및 ONNX와 같은 다른 포맷으로 모델을 저장하는 것의 장점과 단점을 논의했습니다. ONNX가 Python 전용이 아니며, 다른 언어에서도 사용할 수 있기 때문에, 아마도 더 나은 선택일 것이라는 결론에 도달했습니다.

그런 다음, JavaScript를 사용하여 ONNX 형식으로 저장된 모델을 불러오고 RESET API를 생성하여, 다른 응용 프로그램에서 모델을 사용할 수 있도록 하는 방법을 살펴봤습니다.

다음 장에서는 Github Copilot을 사용하여, 최대한 활용하는 방법에 대해서 자세히 설명하겠습니다. 더 빠르고 생산성을 높이는 데 도움이 되는 팁, 요령 및 기능 모두를 다룰 것입니다.

Discord에서 우리 커뮤니티에 참여하세요.

저자 및 여러 독자와 함께 토론하려면 Discord 커뮤니티 공간에 참여하세요.

`https://packt.link/aicode`

제10장

기존 코드베이스 유지 관리

소개

브라운필드는 기존 코드를 작업하는 또 다른 단어입니다. 개발자로써 저자들의 경력에서 수행된 대부분의 작업은 기존 코드에 관한 것이었습니다. 브라운필드의 반대는 기존 코드가 아닌 새로운 프로젝트를 뜻하는 **그린필드**입니다.

이러한 이유로, 기존 코드 베이스로 작업하는 방법을 다루는 것이 중요하며, 브라운필드 상황에서 Github Copilot과 같은 AI 어시스턴트와 함께 작업할 때, 기대할 수 있는 것이 많습니다.

이 장에서 다루는 것은 다음과 같습니다.

- 유지 보수의 다른 종류에 대해서 배웁니다.
- 도입된 변경 사항의 디리스크를 하기(위험을 줄이기) 위하여, 유지 보수와 협력하는 방법을 이해합니다.
- 유지 보수를 돕기 위하여 Github Copilot을 사용합니다.

프롬프트 전략

이 장은 이 책에서의 다른 장과 조금 다릅니다. 기존 코드 베이스 공간에서 발생할 수 있는 다양한 문제를 설명하는 데 중점을 둡니다. 프롬프트 주석이나 채팅 인터페이스 중에서 가장 편안한 제안 접근 방식을 사용하는 것이 좋습니다. 패턴은 2장에서 설명된 대로 소개된 세 가지 주요 패턴, 즉 PIC, TAG 혹은 탐구 패턴을 모두 사용해 보는 것이 좋습니다. 그렇지만, 이 장에서는 "탐구 패턴"의 사용에 초점을 맞추어 보겠습니다.

유지 관리의 여러 가지 유형

유지 관리의 여러 가지 유형이 있으며, 이들 유형들의 차이를 이해하는 것은 중요합니다. 여러분이 접할 수 있는 몇 가지 유형은 다음과 같습니다.

- **수정 유지 관리** : 버그를 고칠 때 입니다.
- **적응 유지 관리** : 이 경우에는 새로운 요구 사항에 조정하기 위하여 코드를 변경합니다.
- **완전 유지 관리** : 기능적으로 바꾸는 것 없고 코드를 개선할 때 입니다. 이를 위한 예시는 리팩토링 혹은 코드의 성능 개선이 될 수 있습니다.
- **예방 유지 관리** : 미래에 일어날 버그 혹은 문제를 예방하기 위하여 코드를 바꿉니다.

유지 관리 과정

매번 코드를 변경하면 위험에 대면하게 됩니다. 예시를 들자면, 버그 고치기는 새로운 버그에 대면하게 됩니다. 위험을 완화시키기 위하여, 다음의 단계를 따를 필요가 있습니다. 제안하는 과정은 다음과 같은 단계입니다.

1. **확인합니다** : 문제 혹은 변경해야 할 사항을 식별합니다.
2. **점검합니다** : 테스트 범위와 코드가 테스트에 얼마나 잘 적용되는지 점검합니다. 더 잘 다룰수록, 유입된 버그나 기타 문제를 감지할 가능성이 높아집니다.
3. **계획합니다** : 계획을 바꿉니다. 어떻게 만들 것인가요? 어떤 테스트를 작성할 건가요? 어떠한 테스트를 실행한 건가요?
4. **시행합니다** : 변경 사항을 시행합니다.
5. **검증합니다** : 변경 사항이 예상대로 작동하는지 확인합니다. 테스트 실행, 응용 프로그램 실행, 로그 확인 등
6. **통합시킵니다** : 이는 브랜치에서 변경한 내용이 주요 브랜치에 병합되도록 하는 것입니다.
7. **변경 사항을 릴리스/디플로이 합니다** : 최종 고객이 이러한 변경 사항의 이점을 활용할 수 있는지 확인해야 합니다. 이렇게 하기 위해서는 변경 사항을 디플로이 합니다.

모든 변경 사항에서 모든 단계들을 다룰 필요가 있을까요? 아니오, 변경 사항에 따라 다릅니다. 일부 변경 사항은 너무 적어서 최종 고객이 원하는 릴리스하기 전에 변경 사항을 번들로 묶어두는 것이 좋습니다. 희소식은 Github Copilot에 이러한 몇 가지 사소한 단계에 도움이 될 수 있

는 훌륭한 도움이 될 수 있는 훌륭한 도구가 있다는 것입니다.

버그 어드레싱

어떠한 버그는 다른 버그보다 더 심각합니다. 최상의 시나리오에서는 버그가 거의 발견되지 않거나 버그가 발생했을 때 큰 문제가 되지 않습니다. 최악의 시나리오에서는 버그가 돈을 잃게 만듭니다. 전자 상거래 사이트를 운영하는 시나리오에서 버그로 인하여 손실이 발생하는 경우에 초점을 맞춰 보겠습니다.

이 코드가 생산 중에 이입된 적이 없기를 바라지만, 이는 전자 상거래 사이트에 치명적일 수 있는 버그의 좋은 예시입니다.

```
def process_cart():
    # 데이터베이스에서 카트를 얻습니다
    cart = get_cart()

    card = cart.get_card()
    process_payment(card, cart)
    ship_order(cart)
```

문제는 process_payment에 실패하더라도, ship_order가 호출되므로 대금을 받지 않고 주문을 배송하여 손해를 볼 수 있다는 것입니다.

이 코드를 보면, process_payment에 오류가 발생하고 ship_order에 도달하지 못해도 문제가 없을 수 있습니다.

그렇지 않는 대신에, 결제 결과에 따라 달라지는 숫자 코드를 반환하면 어떻게 될까요?

```
def process_payment(card, cart):
    if card.is_valid():
        if card.has_funds(cart.total):
            charge_card(card, cart.total)
            return 0
        else:
            return 1
```

만약 에러 코드를 읽지 못한다면 결제 실패를 알아차리지 못하고 주문이 배송되지 않을 것입니다. 그렇다면 여기에서 우리의 접근 방식은 무엇일까요?

1. 문제 확인합니다

먼저, 문제를 확인해야 합니다. 이 경우에는 할 수 있는 두 가지 일이 있습니다. 즉,

- **코드를 읽습니다** : 코드는 어떻게 생겼을까요? 오류가 발생했나요? 코드를 반환하나요? 아니면 완전히 다른 코드를 반환하나요?
- **테스트를 확인합니다** : 이 시나리오를 다루는 테스트가 있나요? 그렇지 않다면, 테스트를 작성해야 합니다. 테스트는 버그가 있다는 것을 보여줘야 합니다.

이를 위하여 Copilot을 사용하여, 다음과 같은 프롬프트를 표시해야 합니다(여기에서는 오류를 던지는 대신에, 오류 코드를 반환하는 `process_payment`를 시뮬레이션 합니다). 기본 창에서 `ship_order` 코드를 선택한 다음, 채팅 창에 다음과 같은 프롬프트를 입력합니다.

프롬프트

코드에서 테스트를 작성합니다. `process_payment`가 1을 반환한다면, `ship_order`를 호출해서는 안됩니다.

참고

Github Copilot Chat을 사용하며, 텍스트 편집기에 `process_cart` 코드를 선택하겠습니다.

아래의 코드와 비슷한 응답을 볼 수 있습니다.

프롬프트 응답

```
```python
import unittest
from unittest.mock import Mock, patch
from your_module import process_cart # 실제 모듈 이름으로 대체됩니다
class TestProcessCart(unittest.TestCase):
    @patch('your_module.get_cart') # 실제 모듈 이름으로 대체됩니다
    @patch('your_module.process_payment')
    @patch('your_module.ship_order')
    def test_order_not_shipped_if_payment_fails(self, mock_ship_order, mock_
process_payment, mock_get_cart):
        # 배열합니다
        mock_cart = Mock()
        mock_cart.get_card.return_value = 'test_card'
        mock_get_cart.return_value = mock_cart
```
```

```
        mock_process_payment.return_value = 1
        # 행동합니다
        process_cart()

        # 확고히 합니다
        mock_ship_order.assert_not_called()

if __name__ == '__main__':
    unittest.main()
```
```

위의 코드는 process_payment에서 에로 코드 1을 얻는다면 생기는 테스트하는 테스트가 포함되어 있습니다. 우리가 원하는 것은 ship_order가 호출되지 않는 것입니다.

코드에 버그가 있기 때문에, 이 테스트는 실패할 것이며, 버그를 식별하고 테스트를 통하여 버그의 존재를 증명할 수 있기 때문에 좋은 일입니다.

## 2. 변경 사항을 시행합니다.

이제 버그가 있음을 보여주는 테스트가 있으므로, 변경 사항을 구현할 수 있습니다. 버그가 있음을 보여주는 테스트가 있으므로, 코드를 변경할 수 있으며, 테스트 범위도 충분히 개선되었기를 바랍니다.

> **참고**
>
> 테스트 범위가 좋거나 변경 사항이 너무 작아서 버그가 발생하지 않을 자신이 없는 한 리팩토링을 시작하지 마세요.

어떻게 코드를 개선할까요? 간단합니다. 시행을 도울 Github Copilot을 사용할 수 있습니다. 우리가 필요한 코드 변경을 도울 다음 프롬프트를 사용합시다.

**프롬프트**

변경 사항을 시행합니다. process_payment가 1을 반환한다면, ship_order를 호출해서는 안 됩니다.

Process_cart을 위한 코드는 다음과 같아야 합니다.
```

프롬프트 응답

```
```python
def process_cart():
    # 데이터베이스에서 카트를 얻습니다
    cart = get_cart()

    card = cart.get_card()
    payment_status = process_payment(card, cart)

    # 결제가 성공한 경우에만 주문을 배송합니다.
    if payment_status != 1:
        ship_order(cart)
```
```

위의 코드는 결제 상태를 확인하는 if문이 포함되어 있으므로, 올바른 방향으로 나아가는 단계입니다.

좀 더 코드를 개선하려면, 코드를 더 탄탄하고 읽기 더 편하도록 만드는 데 도움을 주는 Copilot을 사용할 수 있습니다. 추가적인 개선을 위하여 다음의 프롬프트를 사용하겠습니다.

프롬프트

유지 관리를 더 쉽게 하기 위하여, 코드를 리펙토링을 합니다.

다음과 같은 코드를 제공할 것입니다.

프롬프트 응답

```
def get_payment_status(cart):
    card = cart.get_card()
    return process_payment(card, cart)

def process_cart():
    # 데이터베이스에서 카트를 얻습니다
    cart = get_cart()

    payment_status = get_payment_status(cart)

    #결제가 성공한 경우에만 주문을 배송합니다
    if payment_status != 1:
        ship_order(cart)
```

여기에서 Copilot은 결제 상태를 별도의 기능으로 추출할 것을 제안했습니다. 이 응답은 코드를 더 쉽게 읽고 쉽게 유지 관리할 수 있으므로, 좋은 제안입니다.

새 특징 추가하기

이 예시에서는 기존 코드 베이스를 살펴보고, 새로운 특징을 추가합니다. 코드 베이스는 사용한 이전 예시와 같지만, 조금 더 복잡합니다. 다양한 유형의 결제 수단과 관련된 몇 가지 기능이 더 있기 때문입니다. 다음은 코드 베이스입니다.

````
```python
import re

def validate_card(card):
    # Visa 카드는 4로 시작하고, 13자리 혹은 16자리입니다.
    # MasterCard는 51에서 55로 시작하고, 16 자리입니다.
    visa_pattern = r'^4[0-9]{12}(?:[0-9]{3})?$'
    mastercard_pattern = r'^5[1-5][0-9]{14}$'

    if re.match(visa_pattern, card):
        return 'Visa'
    elif re.match(mastercard_pattern, card):
        return 'MasterCard'
    else:
        return None

def process_payment(card, cart):
    card_type = validate_card(card)
    if card_type is None:
        return 1  # 유효하지 않은 카드
    else:
        # 이 결제를 진행합니다
        # 결제가 성공적이라면 0을, 그렇지 않다면 1을 반환합니다.
    pass

def process_cart():
        # 데이터베이스에서 카트를 얻습니다
        cart = get_cart()

        card = cart.get_card()
    payment_status = process_payment(card, cart)

    # 결제가 성공한 경우에만 주문을 배송합니다
````
````

```
    if payment_status == 0:
        ship_order(cart)
```

위의 코드는 다음을 의미합니다.

- validate_card 카드 번호를 확인하며 유효한 경우 카드 유형을 반환하고 그렇지 않은 경우 None을 반환합니다.
- process_payment 결제를 진행하며 결제가 성공적이면 0을 반환합니다. 그렇지 않은 경우 1을 반환합니다.
- process_cart 결제가 성공적이라면 카트를 진행하고, 카드를 얻으며, 결제를 진행하고, 주문을 배송합니다.

1. 문제를 식별하고 변경할 함수/함수들 찾기

우리의 작업은 American Express 카드 또한 지원하도록 만드는 것입니다. 새로운 카드를 구현한다는 것은 American Express 카드를 지원하기 위하여, validate_card 함수를 업데이트 해야 한다는 것을 의미합니다.

이제 변경하기 위해 어떠한 함수가 필요한지 알았지만, Github Copilot은 알까요?

프롬프트를 가지고 Github Copilot에게 묻겠습니다.

> **참고**
>
> 식별 단계에서 저자들의 노하우를 활용하여 무엇을 변경해야 하는지, 어디서 변경해야 하는지 파악했습니다. 좋은 방법은 자신의 기술과 Copilot 도구를 결합하여, 문제를 분석하고 식별하는 데 도움이 되는 것입니다.

2. 변경 사항 구현, 새로운 기능 및 테스트 추가

이를 위하여, Copilot에게 묻겠습니다. 다음 프롬프트를 사용할 수 있습니다.

프롬프트

American Express 카드를 위한 지원을 추가합니다.

다음과 비슷한 코드를 얻을 수 있습니다.

프롬프트 응답

```
import re

def validate_card(card):
    # Visa 카드는 4로 시작하고, 13자리 혹은 16자리입니다.

    # MasterCard는 51에서 55로 시작하고, 16자리입니다.
    # American Express 카드는 34에서 37로 시작하고, 15 자리입니다.
    visa_pattern = r'^4[0-9]{12}(?:[0-9]{3})?$'
    mastercard_pattern = r'^5[1-5][0-9]{14}$'
    amex_pattern = r'^3[47][0-9]{13}$'

    if re.match(visa_pattern, card):
        return 'Visa'
    elif re.match(mastercard_pattern, card):
        return 'MasterCard'
    elif re.match(amex_pattern, card):
        return 'American Express'
    else:
        return None
```

위에 코드에서 Copilot은 다음의 변경 사항을 만들었습니다.

- American Express 카드를 지원하기 위하여, `validate_card` 함수에서 새로운 정규표현을 생성했습니다.
- 만약 카드가 새로운 정규표현과 맞는다면, American Express를 변환하기 위하여, 새로운 elif 상태를 추가했습니다.

물론이지만, 아직 다 끝나지 않았습니다. 코드가 예상대로 작동이 되도록 검증하기 위한 새로운 테스트를 추가할 필요가 있습니다. 다음 프롬프트를 사용할 수 있습니다.

프롬프트

코드에서 테스트를 작성합니다. Validate_card는 유효한 카드를 받으려면, American Express를 반환해야 합니다.

테스트는 다음과 비슷해야 합니다.

프롬프트 응답

```python
import unittest
from your_module import validate_cart # 실제 모듈 이름으로 대체됩니다

class TestValidateCard(unittest.TestCase):
    def test_validate_card_returns_amex_for_valid_amex_card(self):
        # 배열합니다
        valid_amex_card = '378282246310005'

    # 행동합니다
        result = validate_card(valid_amex_card)

        # 확고히 합니다
        self.assertEqual(result, 'American Express')

if __name__ == '__main__':
    unittest.main()
```

새로운 테스트인 `test_validate_card_returns_amex_for_valid_amex_card`은, Copilot이 추가하여 `validate_card` 함수가 유효하고 `American Express`를 반환하는지 테스트합니다.

이 시점에서는 계속 반복하는 것이 좋습니다. 코드가 유효한 카드뿐만 아니라, 유효하지 않은 카드 등에서도 작동하는지 테스트해야 합니다.

> **TIP**
> Copilot을 더 많은 테스트를 작성하기 위한 도전 과제로써 사용할 수 있습니다.

성능 향상시키기

성능을 향상시키는 것은 보통의 작업이지만, 성취하기 까다로울 수 있습니다. 보통은 성능을 측정하기 위한 특정 도구가 필요하며, 무엇을 측정하는지 알아야 합니다. 이 방법으로 코드를 어떻게 향상시킬지 알아내는 좋은 방법은 데코레이터를 사용하여, 메서드를 실행하는 데 걸리는 시간을 프로파일링 하는 것입니다. 그러고 나서, 특정 매서드를 측정하고 향상시킬 매서드를 찾아낼 수 있습니다.

2초 동안 수면을 취하는 기능에 데코레이터를 사용하는 예시는 다음과 같습니다.

```
import time

def profile(func):
    def wrapper(*args, **kwargs):
        start = time.time()
        result = func(*args, **kwargs)
        end = time.time()
        print(f'{func.__name__} took {end - start} seconds')
        return result
    return wrapper

@profile
def sleep_two_seconds():
    time.sleep(2)

sleep_two_seconds()
```

Profile 함수는 함수를 입력으로 받아서, 입력 함수를 wrap 함수로 변환하는 데코러이터 입니다. Wrapper 함수는 입력 함수를 실행하는 데 걸리는 시간을 측정하고 결과를 프린트합니다.

터미널을 통하여 이 코드를 실행한다면, 다음과 같은 출력물을 볼 수 있을 것입니다.

```
sleep_two_seconds은 2.000000238418579초 걸렸습니다.
```

좋습니다. 그래서 성능을 향상시키기 위해 이것을 어떻게 할 수 있을까요? Github Copilot을 사용하고 코드 조각에 성능을 향상시키는 조언을 어떻게 얻을 수 있는지 보겠습니다.

향상시키기를 원하는 코드가 다음에 있습니다. 이 과정은 측정하고 복사본을 찾습니다.

```
def process_records(records):
    for i in range(len(records)):
        for j in range(len(records)):
        if i != j and records[i] == records[j]:
            print(f'Duplicate record found: {records[i]}')
```

이를 살펴보는 대부분의 개발자는 알고리즘과 데이터 구조 장부를 다시 참조하여 알고리즘의 성능을 측정하는 방법인, 빅 O 표기법과 같은 것에 대해 생각하기 시작합니다. 가장 중점을 두어야 할 사항은 동일한 기능을 유지하면서, 성능을 개선하기 위하여 비용이 많이 드는 작업의 수를 줄이는 것입니다.

그렇기에, Github Copilot에게 물어봐야 할 질문은, 이 코드를 어떻게 향상시키는 것입니다. 다음의 프롬프트를 사용합시다.

프롬프트

코드의 성능을 향상시킵니다.

다음과 같은 응답을 얻습니다.

```
def process_records(records):
    record_set = set()
    for record in records:
        if record in record_set:
            print(f'Duplicate record found: {record}')
        else:
            record_set.add(record)
```

그래서 이 코드가 더 나은 것일까요? 글쎄요, 코드를 증명해봅시다.

1. 먼저 원래 코드에 대한 빅 O 표기법을 계산한 다음, 새로운 코드에 대한 빅 O 표기법을 계산합니다.
2. 두 번째로, 이전에 생성한 데코레이터를 사용합니다.

빅 오 표기법 계산이 프롬프트를 시도합니다.

프롬프트

이 코드에서 빅 O 복잡도는 무엇인가요? 또한, 어떻게 빅 O 복잡도를 계산하는지 보여주세요.

다음과 같은 응답을 얻을 수 있습니다.

프롬프트 응답

주어진 코드의 시간 복잡도는 O(n^2)이며, n은 레코드의 수입니다.

다음은 시간 복잡도를 계산하는 방법입니다.

- 외곽 루프는 n회 작동하는데, n은 레코드의 수입니다. 외곽 루프는 목록에 있는 각 레코드를 넘어서

반복되기 때문입니다.

- 외곽 루프 안에서는 같은 이유로 n회 작동하는 내곽 루프가 있습니다.
- 내곽 루프가 외곽 루프의 각 반복을 위한 n회 작동하기 때문에, 총계 반복 수는 n * n, 즉 n^2.

그렇기에, 시간 복잡도는 O(n^2)입니다.

이것은 만약 레코드의 수를 배로 한다면, 해당 과정이 걸리는 시간을 약 4배 증가시킬 수 있다는 것을 의미합니다. 이것은 2차 시간 복잡도의 특성입니다.

좋습니다. *O(n^2)*은 좋지 않지만, 새로운 코드는 어떨까요?

같은 프롬프트를 새로운 코드에서 실행합니다.

프롬프트 응답

주어진 코드의 시간 복잡도는 O(n)이며, n은 레코드의 수입니다.

다음은 시간 복잡도를 계산하는 방법입니다.

- 외곽 루프는 n회 작동하는데, n은 레코드의 수입니다. 외곽 루프는 목록에 있는 각 레코드를 넘어서 반복되기 때문입니다.
- Python의 집합 연산은 일반적으로, 평균적이며 일정한 시간이 때문에, 루프 내부에서(기록이 집합에 있는지 확인하고 잠재적으로 집합에 추가할 수 있는) 연산은 상수 시간인 O(1)입니다.

그렇기에 시간복잡도는 O(n) * O(1)이며, O(n)로 간소화합니다.

이것은 만약 레코드의 수를 배로 한다면, 해당 과정이 걸리는 시간을 약 2배 증가시키는데, 이는 선형 시간 복잡도의 특성입니다.

*O(n)*은 *O(n^2)*보다 낫지만, 얼마나 더 나을까요? 다음 부문에서 이것을 측정합시다.

성능 계측

좋습니다. 알고리즘적으로 새로운 코드가 더 낫다는 것을 압니다. 그렇지만, 얼마나 더 나은 것일까요? 데코레이터를 사용하고 코드를 불러옴으로써, 계측합시다. 1,000 레코드와 10,000 레코드의 입력을 사용하여 코드를 실행하는 데 걸리는 시간을 비교해 보겠습니다.

좋습니다. 오래된 코드가 새로운 코드보다 더 나은지 봅시다. 10,000 레코드를 시도합시다.

```
# 오래된 코드
@profile
def process_records(records):
    for i in range(len(records)):
        for j in range(len(records)):
```

```
            if i != j and records[i] == records[j]:
                print(f'Duplicate record found: {records[i]}')

records_10000 = [i for i in range(10000)]
process_records(records_10000)
```

이 코드를 실행하면, 다음과 같은 출력물을 볼 수 있습니다.

```
process_records는 5.193912506103516초 걸렸습니다.
```

이제 새로운 코드를 실행합니다.

```
# 새로운 코드
@profile
def process_records(records): record_set = set()
    for record in records:
        if record in record_set:
            print(f'Duplicate record found: {record}')
        else:
            record_set.add(record)

records_10000 = [i for i in range(10000)]
process_records(records_10000)
```

이 코드를 실행하면, 다음과 같은 출력물을 볼 수 있습니다.

```
process_records는 0.0011200904846191406초 걸렸습니다.
```

보시다시피, Github Copilot을 사용자의 지식과 병합하므로써, 코드를 향상시킬 수 있습니다.

참고

코드는 당연하게도 이와 같지는 않을 것이며, 또한 성능을 향상시키기 위하여 많은 작업을 할 수 있습니다. 성능을 계측하기 위하여 프로파일러를 사용하는 것을 추천하며, 그 후에 Github Copilot를 코드 개선에 사용합니다.

유지 관리 용이성 개선하기

여타 흥미로운 사용 사례는 사용자 코드의 유지 관리 용이성을 향상을 도울 수 있는 Github Copilot의 사용입니다. 그래서 사용자의 코드의 유지 관리 용이성을 향상시킬 수 있는 것은 무엇인가요? 여기에 목록이 있습니다.

- 변수, 함수 클래스 등의 **명명을 개선합니다**.
- **염려를 분할합니다** : 예를 들자면, 발표 로직에서 비즈니스 로직을 분할합니다.
- **중복을 제거합니다** : 대규모 코드 베이스에서 중복을 찾을 공산이 있습니다.
- **가독성을 개선합니다** : 예를 들자면, 주석, 독스트링, 이벤트 테스트 등을 사용하므로써, 가독성을 개선할 수 있습니다.

코드 베이스로 시작하고 유지 관리 용이성을 어떻게 개선할 수 있는지 봅시다. 다음은 코드 베이스입니다.

```
def calculate_total(cart, discounts):
    # 할인 함수를 정의합니다
    def three_for_two(items):
        total = 0
        for item in items:
            total += item.price * (item.quantity - item.quantity // 3)
        return total

    def christmas_discount(items):
        total = 0
        for item in items:
            total += item.price * item.quantity * 0.5
        return total

    def cheapest_free(items):
        items_sorted = sorted(items, key=lambda x: x.price)
        total = 0
        for item in items_sorted[1:]:
            total += item.price * item.quantity
        return total

    # 각 할인을 위한 합계를 계산합니다
    totals = []
    for discount in discounts:
        if discount == '3 for 2':
```

```
            totals.append((discount, three_for_two(cart)))
        elif discount == 'Christmas Discount':
            totals.append((discount, christmas_discount(cart)))
        elif discount == 'Cheapest Free':
            totals.append((discount, cheapest_free(cart)))

    # 합계를 분류하고 최저 합계를 반환합니다
    totals_sorted = sorted(totals, key=lambda x: x[1])
    return totals_sorted[0][1] if totals_sorted else sum(item.price * item. quantity for item
in cart)

# 할인을 정의합니다
discounts = ['3 for 2', 'Christmas Discount', 'Cheapest Free']

# 카트를 정의합니다
cart = [
    {'name': 'item1', 'price': 10, 'quantity': 3},
    {'name': 'item2', 'price': 20, 'quantity': 1},
    {'name': 'item3', 'price': 30, 'quantity': 1}
]

# 합계를 계산합니다
total = calculate_total(cart, discounts)
print(f'Total: {total}')
```

위의 코드 베이스는 큰 틀에서 묘사하는 것입니다.

- `calculate_total` 함수는 카트를 위한 합계와 할인 목록을 계산합니다.
- 할인 목록
- 카트

이 코드 베이스에서 볼 수 있는 것은 무슨 일이 일어나고 있는지 이해하기 어렵기 때문에 유지 관리 용이성이 낮다는 것입니다.

1. 문제 확인하기 어떠한 문제가 있나요?

먼저 Github Copilot에게 해당 코드에 대해 어떻게 생각하며 다음으로 무엇을 할지 물어봅시다. 다음 프롬프트를 사용할 수 있습니다.

프롬프트

코드에 대해 어떻게 생각하나요? 코드를 개선할 수 있다고 생각하나요?

지루한 답변 뒤에 •가 붙은 목록과 개선된 코드를 얻습니다. 먼저 •가 붙은 목록을 봅시다.

프롬프트 응답

- **항목 클래스와 할인 클래스를 사용합니다**: 지금 바로, 항목과 할인은 각각 딕셔너리와 문자열에 해당합니다. 이러한 엔티티의 클래스는 가독성이 좋고 플렉시블한 코드를 만들 수 있도록 사용합니다.
- **할인 함수를 분할합니다**: 할인 함수는 현재 calculate_total 안에서 정의되어 있습니다. 가독성과 코드의 테스트 및 유지 관리를 하기 쉽도록 만드는, 이들 함수를 더 나은 방향으로 정의하도록 합니다.
- **할인 적용을 위해서, 더 확장 가능한 접근을 사용합니다**: 할인 적용을 위한 현재 접근 방식은 if-elif 상태를 수반합니다. 이는 딕셔너리 혹은 Discount 객체의 목록에서 할인 함수를 저장함으로써, 더욱 확장 가능하도록 하고, 할인이 적용되도록 하는 콜렉션은 반복합니다.

이 문제들(클래스의 사용, 함수의 분할 및 딕셔너리의 사용)은 위에 보이는 모든 문제를 타당할 수 있도록 확인합니다.

2. 테스트와 디리스크 변화 추가

제안된 코드 변화를 살펴보기 전에, 버그 소개의 리스크를 최소화 할 필요가 있습니다. 해야 할 첫 번째 행동은 테스트 범위를 확인하는 것입니다. 이 경우에는 아무 테스트가 없기에, 무언가 쓸 필요가 있습니다. 다음 프롬프트를 사용할 수 있습니다.

프롬프트

모든 실행 경로의 가능성에 걸친, 이 코드를 테스트를 작성합니다.

프롬프트 응답

```
import unittest

class TestCalculateTotal(unittest.TestCase):
    def test_no_discounts(self):
        cart = [
            {'name': 'item1', 'price': 10, 'quantity': 3},
            {'name': 'item2', 'price': 20, 'quantity': 1},
            {'name': 'item3', 'price': 30, 'quantity': 1}
        ]
        discounts = []
        total = calculate_total(cart, discounts)
        self.assertEqual(total, 80)

    def test_three_for_two_discount(self):
```

```python
        cart = [
            {'name': 'item1', 'price': 10, 'quantity': 3},
            {'name': 'item2', 'price': 20, 'quantity': 1},
            {'name': 'item3', 'price': 30, 'quantity': 1}
        ]
        discounts = ['3 for 2']
        total = calculate_total(cart, discounts)
        self.assertEqual(total, 70)

    def test_christmas_discount(self):
        cart = [
            {'name': 'item1', 'price': 10, 'quantity': 3},
            {'name': 'item2', 'price': 20, 'quantity': 1},
            {'name': 'item3', 'price': 30, 'quantity': 1}
        ]
        discounts = ['Christmas Discount']
        total = calculate_total(cart, discounts)
        self.assertEqual(total, 40)

    def test_cheapest_free_discount(self):
        cart = [
            {'name': 'item1', 'price': 10, 'quantity': 3},
            {'name': 'item2', 'price': 20, 'quantity': 1},
            {'name': 'item3', 'price': 30, 'quantity': 1}
        ]
        discounts = ['Cheapest Free']
        total = calculate_total(cart, discounts)
        self.assertEqual(total, 70)

    def test_multiple_discounts(self):
        cart = [
            {'name': 'item1', 'price': 10, 'quantity': 3},
            {'name': 'item2', 'price': 20, 'quantity': 1},
            {'name': 'item3', 'price': 30, 'quantity': 1}
        ]
        discounts = ['3 for 2', 'Christmas Discount', 'Cheapest Free']
        total = calculate_total(cart, discounts)
        self.assertEqual(total, 40)

if __name__ == '__main__':
    unittest.main()
```

> **참고**
>
> 이제 Ai가 생성하는 것을 절대 신뢰해서는 안 되므로, 코드를 검토하고 테스트 범위 도구를 실행하여, 코드에 만족하는지 확인한 후 다음 단계인 코드 개선을 진행하세요.

Copilot의 첫 번째 제안에서 코드를 개선하기 위해서는, 예를 들자면 항목을 카트에 추가할 때 Item과 같은 클래스를 사용하는지 확인해야 합니다. 아래는 첫 번째 제안의 대체 결과입니다.

```
import unittest
from discount_old import calculate_total, Item
from item import Item


class TestCalculateTotal(unittest.TestCase):
    def test_no_discounts(self):
        cart = [
            Item('item1', 10, 3),
            Item('item2', 20, 1),
            Item('item3', 30, 1)
        ]
        discounts = []
        total = calculate_total(cart, discounts)
        self.assertEqual(total, 80)

    def test_three_for_two_discount(self):
        cart = [
            Item('item1', 10, 3),
            Item('item2', 20, 1),
            Item('item3', 30, 1)
        ]
        discounts = ['3 for 2']
        total = calculate_total(cart, discounts)
        self.assertEqual(total, 70)

    def test_christmas_discount(self):
        cart = [
            Item('item1', 10, 3),
            Item('item2', 20, 1),
            Item('item3', 30, 1)
        ]
        discounts = ['Christmas Discount']
        total = calculate_total(cart, discounts)
        self.assertEqual(total, 40)
```

```python
    def test_cheapest_free_discount(self):
        cart = [
            Item('item1', 10, 3), #30
            Item('item2', 20, 1), # 20
            Item('item3', 30, 1) # 30
        ]
        discounts = ['Cheapest Free']
        total = calculate_total(cart, discounts)
        self.assertEqual(total, 60)

    def test_multiple_discounts(self):
        cart = [
            Item('item1', 10, 3),
            Item('item2', 20, 1),
            Item('item3', 30, 1)
        ]
        discounts = ['3 for 2', 'Christmas Discount', 'Cheapest Free']
        total = calculate_total(cart, discounts)
        self.assertEqual(total, 40)

if __name__ == '__main__':
    unittest.main()
```

그리고 응용 프로그램 코드용 입니다.

```python
from item import Item

def calculate_total(cart, discounts):
    # 할인 함수를 정의합니다
    def three_for_two(items):
        total = 0
        for item in items:
            total += item.price * (item.quantity - item.quantity // 3)
        return total

    def christmas_discount(items):
        total = 0
        for item in items:
            total += item.price * item.quantity * 0.5
        return total

    def cheapest_free(items):
```

```
        if not items:
            return 0

        items_sorted = sorted(items, key=lambda x: x.price * x.quantity)
        cheapest_item = items_sorted[0]
        total = 0
        for item in items:
            total += item.price * item.quantity
        total -= cheapest_item.price * cheapest_item.quantity if cheapest_item. quantity > 
0 else 0
        return total

    # 각 할인을 위한 합계를 계산합니다
    totals = []
    for discount in discounts:
        if discount == '3 for 2':
            totals.append((discount, three_for_two(cart)))
        elif discount == 'Christmas Discount':
            totals.append((discount, christmas_discount(cart)))
        elif discount == 'Cheapest Free':
            totals.append((discount, cheapest_free(cart)))

    # 합계를 분류하고 최저 합계를 반환합니다
    totals_sorted = sorted(totals, key=lambda x: x[1])
    return totals_sorted[0][1] if totals_sorted else sum(item.price * item. quantity for item 
in cart)

# 만약 스크립트로써 실행된다면
if __name__ == '__main__':
    # 할인을 정의합니다
    discounts = ['3 for 2', 'Christmas Discount', 'Cheapest Free']
    # 카트를 정의합니다
    cart = [
        Item('item1', 10, 3),
        Item('item2', 20, 1),
        Item('item3', 30, 1)
    ]

    # 합계를 계산합니다
    total = calculate_total(cart, discounts)
    print(f'Total: {total}')
```

좋습니다. 그래서 만족할 만하고 코드를 통과하는 코드 베이스를 이제 가졌습니다. Github Copilot에게 제안된 코드 변경을 이제 살펴봅니다.

3. 변경 사항 구현 및 유지 관리 용이성 개선

좋습니다. 괜찮은 테스트 범위를 가졌고 코드를 개선할 준비가 되었음을 확신합니다. 다음 프롬프트를 사용할 수 있습니다.

프롬프트
코드의 유지 관리 용이성을 개선시킵니다.

다음과 같은 응답을 얻을 수 있습니다.

프롬프트 응답

코드의 유지 관리 용이성을 개선하기 위해 다음의 변경 사항을 만들 수 있습니다.

- 할인 함수를 calculate_total로 이동하여, 독립형 함수로 만듭니다. 이렇게 하면 가독성을 개선하고 이러한 기능을 개별적으로 더 쉽게 테스트 할 수 있습니다.
- 딕셔너리를 사용하여 할인 이름를 해당 기능에 매핑합니다. 이것은 할인을 적용할 때, 복수의 if/elif 문이 필요하지 않습니다.

```
from item import Item

# 할인 함수를 정의합니다
def three_for_two(items):
    total = 0
    for item in items:
        total += item.price * (item.quantity - item.quantity // 3)
    return total

def christmas_discount(items):
    total = 0
    for item in items:
        total += item.price * item.quantity * 0.5
    return total

def cheapest_free(items):
    if not items:
        return 0

    items_sorted = sorted(items, key=lambda x: x.price * x.quantity)
    cheapest_item = items_sorted[0]
    total = 0
    for item in items:
        total += item.price * item.quantity
    total -= cheapest_item.price * cheapest_item.quantity if cheapest_item. quantity > 0
```

```
else 0
    return total

def calculate_total(cart, discounts):
    # 할인 이름을 함수에 매핑합니다 discount_functions = {
        '3 for 2': three_for_two,
        'Christmas Discount': christmas_discount,
        'Cheapest Free': cheapest_free
    }

    # 각 할인을 위한 합계를 계산합니다
    totals = []
    for discount in discounts:
        if discount in discount_functions:
            totals.append((discount, discount_functions[discount](cart)))

    # 합계를 분류하고 최저 합계를 반환합니다
    totals_sorted = sorted(totals, key=lambda x: x[1])
    return totals_sorted[0][1] if totals_sorted else sum(item.price * item. quantity for item
in cart)

# 만약 스크립트로써 실행된다면
if __name__ == '__main__':
    # 할인을 정의합니다
    discounts = ['3 for 2', 'Christmas Discount', 'Cheapest Free']

    # 카트를 정의합니다
    cart = [
        Item('item1', 10, 3),
        Item('item2', 20, 1),
        Item('item3', 30, 1)
    ]

    # 합계를 계산합니다
    total = calculate_total(cart, discounts)
    print(f'Total: {total}')
```

이제 다음과 같은 변경 사항이 도입되어서, 코드의 유지 관리가 더 쉬워졌습니다.

- calculate_total은 포함되었던 각 기능이 이전보다 더욱 작아진 함수입니다.
- 언급된 같은 메서드는 이름을 함수에 매핑하는 딕셔너리로 사용합니다.

> **TIP**
>
> Copilot을 효과적으로 사용하는 열쇠는 지속적으로 반복하며, 작은 변경 사항을 지속적으로 만들고 Copilot이 어떻게 제안하는지 보는 것입니다. 프롬프트를 약간 바꿔서 무슨 일이 일어나는지 보고 필요에 최적으로 알맞는 출력물과 함께 갑니다.

도전 과제

프롬프트와 Github Copilot을 추가로 사용하여 코드 개선을 시도합니다. 결제에 문제가 생기면 무슨 일이 일어날까요? 로그로 만들어야 할까요? 에러를 키울까요?

존재하는 전자 상거래 사이트 업데이트하기

이전 장에서 존재한 전자 상거래 사이트에서 작업을 지속합시다. 이 장에서는 코드 베이스를 개선하고 새로운 기능을 추가하는 데 초점을 맞추었습니다.

참조 문헌을 들자면, 우리가 만들기 시작한 `basket.html`을 보여드리겠습니다.

```
<!-- 장바구니의 제품 목록을 보여주는 페이지로, 각 제품에는 제품 이름, 가격, 수량, 합계 및 수량을 늘리거나 줄일 수 있는 버튼이 있어야 하며, 페이지 하단에 "결제" 링크가 있어야 합니다.
-->
<html>
<head>
    <title>장바구니</title>
    <link rel="stylesheet" href="css/basket.css">



    <!-- 부트스트랩을 추가합니다 -->
    <link rel="stylesheet" href="https://stackpath.bootstrapcdn.com/
bootstrap/4.5.2/css/bootstrap.min.css">
</head>
<body>

    <!-- 각 항목이 가지고 있는 id, 이름, 가격, 수량, 사용한 카드 css 클래스와 함께 3가지 항목을 추가합니다 -->

<!--
    <div class="container">
        <div id="basket" class="basket">
```

```
        </div>
    </div> -->
    <!-- app.js를 추가합니다 -->
    <!-- app.js를 추가하고, javascript를 입력합니다 -->



    <div id="basket" class="basket">
        <!-- Vue app에서 바구니를 렌더링하고, 부트스트랩을 사용합니다 -->
        <div v-for="(item, index) in basket" class="basket-item">
            <div class="basket-item-text">
                <h2>{{ item.name }}</h2>
                <p>가격: {{ item.price }}</p>
                <p>수량: {{ item.quantity }}</p>
                <p>합계: {{ item.price * item.quantity }}</p>
            </div>
            <div class="basket-item-buttons">
                <button type="submit" class="btn btn-primary btn-block btn-large"
@click="increaseQuantity(index)">+</button>
                <button type="submit" class="btn btn-primary btn-block btn-large"
@click="decreaseQuantity(index)">-</button>
            </div>
        </div>
    </div>

    <!-- Vue 3를 추가합니다 -->
    <script src="https://unpkg.com/vue@next"></script>

    <!-- Vue 3용 부트스트랩 코드를 추가합니다 --> <script>
        let app = Vue.createApp({
            data() {
                return {
                    basket: [
                        {
                            id: 1,
                            name: '제품 1',
                            price: 100,
                            quantity: 1
                        },
                        {
                            id: 2,
                            name: '제품 2',
                            price: 200,
                            quantity: 2
                        },
```

```
                    {
                        id: 3,
                        name: '제품 3',
                        price: 300,
                        quantity: 3
                    },
                    {
                        id: 4,
                        name: '제품 4',
                        price: 400,
                        quantity: 4
                    }
                ]
            }
        },
        methods: {
            increaseQuantity(index) {
                this.basket[index].quantity++;
            },
            decreaseQuantity(index) {
                if (this.basket[index].quantity > 0){
                    this.basket[index].quantity--;
                }
            }
        },
        computed: {
            total() {
                let total = 0;
                    for (let i = 0; i < this.basket.length; i++) {
                        total += this.basket[i].price * this.basket[i].
quantity;
                }

    return total;
            }
        }
    });

    app.mount('#basket');
  </script>

  <!-- <script src="js/app.js"></script> -->
</body>
```

> **참고**
>
> 이것은 프로토타입의 초기 버전입니다. 프로토타입의 초기 버전은 실제 제품 단계 수준의 코드를 의미하지 않습니다. 그렇지만, 개선하는 데 이 코드를 사용하고, 실제 제품 단계 수준이 되도록 만듭니다.

이제는 이 코드가 좋지 않다는 것을 압니다. 프로토타입을 Copilot과 다음의 프롬프트로 개선합시다.

프롬프트

코드를 실제 제품 단계 수준으로 개선합니다.

이 프롬프트는 몇몇 코드의 문제를 강조합니다.

프롬프트 응답

- **JavaScript와 CSS를 외부 파일로 분할합니다.** : 이는 코드를 더욱 유지 관리하기 용이하게 만들며, 이들 자원을 캐싱하도록 합니다.
- **구축 도구 혹은 모듈 번들러를 사용합니다.** : Webpack 혹은 Parcel과 같은 도구는 종속성을 관리하도록 도울 수 있도록 하고 현대의 JavaScript를 더 나은 브라우저 호환성을 위한 오래된 버전으로 트랜스파일 할 수 있도록 하며, 생산을 위한 코드를 축소할 수 있도록 합니다.
- **에러 처리** : 매서드에 오류 처리를 추가하여 응용 프로그램의 예기치 않은 상황을 우아하게 처리할 수 있도록 합니다.
- **Vue 컴포넌트 구조** : 하나의 스크립트에서 Vue 응용 프로그램을 생성하는 것 대신에, 재사용 가능한 컴포넌트로 세분화합니다.
- **접근 가능성** : HTML이 적절한 ARIA 역할과 성질을 사용함으로써, 접근 가능하도록 보장합니다.

다음에 물어볼 수 있는 훌륭한 목록이지만, 어떠한 코드 변경 사항이 있는지 살펴보겠습니다. 코드는 HTML용과 JavaScript용의 두 가지 파일로 분리할 것을 제안합니다.

```
<!-- index.html -->
<html>
<head>
    <title>장바구니</title>
    <link rel="stylesheet" href="css/basket.css">
    <link rel="stylesheet" href="https://stackpath.bootstrapcdn.com/
bootstrap/4.5.2/css/bootstrap.min.css">
</head>
<body>
```

```
    <div id="basket" class="basket"></div>

    <script src="https://unpkg.com/vue@next">
    </script> <script src="js/app.js"></script>
</body>
</html>
```

이제 JavaScript가 어떻게 개선되었는지 살펴봅시다.

```
// app.js
let app = Vue.createApp({
    data() {
        return {
            basket: [
                { id: 1, name: 'Product 1', price: 100, quantity: 1 },
                { id: 2, name: 'Product 2', price: 200, quantity: 2 },
                { id: 3, name: 'Product 3', price: 300, quantity: 3 },
                { id: 4, name: 'Product 4', price: 400, quantity: 4 }
            ]
        }
    },
    methods: {
        increaseQuantity(index) {
            this.basket[index].quantity++;
        },
        decreaseQuantity(index) {
            if (this.basket[index].quantity > 0) {
                this.basket[index].quantity--;
            }
        }
    },
    computed: {
        total() {
            return this.basket.reduce((total, item) => total + item.price *
item.quantity, 0);
        }
    }
});

app.mount('#basket');
```

훌륭한 진전입니다. 개발자로써, JavaScript가 정적 데이터를 사용하는 것을 볼 수 있으며, 다음과 같이 프롬프트를 변경하겠습니다.

프롬프트

코드를 개선하고, API를 호출함으로써 동적 데이터를 사용하고, 또한 /api/basket 경로를 가지며 Flask를 사용하는 별도의 Python API를 Flask로 생성할 수도 있습니다.

이제 API 및 JavaScript로 두 개의 파일을 얻었습니다. 먼저 API를 살펴보겠습니다.

프롬프트 응답

```
# app.py
from flask import Flask, jsonify

app = Flask(__name__)

@app.route('/api/basket')
def get_basket():
    basket = [
        { 'id': 1, 'name': 'Product 1', 'price': 100, 'quantity': 1 },
        { 'id': 2, 'name': 'Product 2', 'price': 200, 'quantity': 2 },
        { 'id': 3, 'name': 'Product 3', 'price': 300, 'quantity': 3 },
        { 'id': 4, 'name': 'Product 4', 'price': 400, 'quantity': 4 }
    ]
    return jsonify(basket)

if __name__ == '__main__':
    app.run(debug=True)
```

위에서 장바구니 데이터를 반환하는 경로 `/api/basket`을 얻습니다. 개선된 JavaScript 코드를 살펴보겠습니다.

```
let app = Vue.createApp({
    data() {
        return {
            basket: []
        }
    },
    methods: {
        increaseQuantity(index) {
            this.basket[index].quantity++;
        },
        decreaseQuantity(index) {
            if (this.basket[index].quantity > 0) {
                this.basket[index].quantity--;
            }
        }
```

```
    },
    computed: {
        total() {
            return this.basket.reduce((total, item) => total + item.price *
item.quantity, 0);
        }
    },
    mounted() {
        fetch('/api/basket')
            .then(response => response.json())
            .then(data => {
                this.basket = data;
            });
    }
});

app.mount('#basket');
```

좋습니다! 이제 API에서 데이터를 얻습니다. 어떻게 코드를 개선할 수 있을까요? 이전에 Vue 응용 프로그램을 구축한 적이 있다면, Vue CLI를 사용하고 구축 단계를 가진다는 점을 동반한다는 것을 알고 있을 것입니다. 다음의 프롬프트를 Github Copilot에게 요청하겠습니다.

프롬프트

코드를 개선하고, Vue CLI를 사용하며, 구축 단계를 추가합니다.

이제 다음과 같이 명령어와 파일 변경 사항을 모두 응답으로 돌려받습니다.

프롬프트 응답

사용자의 기계에 전역적으로 Vue CLI를 설치합니다.

```
npm install -g @vue/cli
```

새로운 Vue 프로젝트를 생성합니다.

```
vue create my-project
cd my-project
```

이제 장바구니용 새로운 Vue 컴포넌트를 생성합시다. 컴포넌트 디렉토리 `src/`에서 새로운 파일 `Basket.vue`를 생성합니다.

```
<!-- src/components/Basket.vue -->
<template>
  <div id="basket">
```

```
    <!-- 사용자의 장바구니 예제가 이곳에 위치합니다 -->
  </div>
</template>

<script>
export default {
  data() {
    return {
      basket: []
    };
  },
  methods: {
    increaseQuantity(index) {
      this.basket[index].quantity++;
    },
    decreaseQuantity(index) {
      if (this.basket[index].quantity > 0) {
        this.basket[index].quantity--;
      }
    }
  },
  computed: {
    total() {
      return this.basket.reduce((total, item) => total + item.price * item.
quantity, 0);
    }
  },
  mounted() {
    fetch('/api/basket')
      .then(response => response.json())
      .then(data => {
        this.basket = data;
      });
  }
};
</script>

<style scoped>
/* 사용자의 CSS는 이곳에 위치합니다 */
</style>
```

그러고 나서 내보내고, App.vue 본문에서 이 컴포넌트를 사용합니다.

```
<!-- src/App.vue -->
<template>
  <div id="app">
    <Basket />
```

```
  </div>
</template>

<script>
import Basket from './components/Basket.vue';

export default {
  name: 'App',
  components: {
    Basket
  }
};
</script>

<style>
/* 사용자의 CSS는 이곳에 위치합니다 */
</style>
```

이제 응용 프로그램의 실제 제품 단계 버전을 생성하기 위하여 Vue CLI이 구축 명령어를 사용할 수 있습니다.

```
npm run build
```

응용 프로그램의 실제 제품 단계 버전을 가지고 dist[3] 디렉토리를 만들 것입니다.

옳은 방향으로 단계로 가는 것 같습니다. 그렇지만, 예상대로 작동되도록 확신하기 위하여 코드를 항상 테스트할 필요가 있습니다.

도전 과제로써, 위의 코드가 작동하고, 더욱 개선될 수 있는지 확인합니다.

> **참고**
>
> 프레임워크의 버전 사이에 코드가 변경하기 위할 가능성이 있습니다. 이 경우에는 Vue.js를 사용하기 위하고 있으므로, 사용 중인 버전에 대한 설명서를 참조하세요.

임무

개선하기 원하는 코드 조각을 찾으세요. 이 장에 요약하여 다음과 같이 수행합니다.

1. 문제를 확인합니다. 어떠한 문제가 있나요?

---

3) **역자주** : Distributable의 줄임말로 "배포 가능한"의 의미임

2. 테스트와 디리스크의 변화를 추가합니다.

3. 변경 사항을 구현하며, 유지 관리 용이성을 개선합니다.

만약 개선을 원하는 코드 조각이 없다면, 이 장에서 사용한 코드를 사용하거나 Kata(Gilded Rose)의 Github 페이지에서 코드를 시도합니다.

https://github.com/emilybache/GildedRose-Refactoring-Kata.

지식 확인

1. 다음 중 그린필드 개발과 브라운필드 개발 사이의 차이점 무엇인가요?

   가: 그린필드 개발은 코딩을 처음부터 시작하는 것이며, 브라운필드 개발은 기존 코드를 업데이트하는 것입니다.

2. 기존 코드를 업데이트하는 가장 좋은 방법은 무엇인가요?

   가: 가장 좋은 방법은 작은 변경 사항과 충분한 테스트를 준비하는 것입니다.

요약

이 장에서는 코드 작성의 매우 중요한 측면이 개발로 알려진 기존 코드를 업데이트하는 것임을 확인했습니다. 이 작업을 어떻게 Copilot이 도울 수 있는지 살펴보았습니다.

이 장에서 삭제해야 할 가장 중요한 메시지는 변경할 내용의 디리스크 하는 코드 업데이트에 대한 접근 방식이 있는지 확인하는 것입니다. 큰 변화보다는 작은 변화를 여러 번 반복하는 것이 좋습니다. 또한 코드 변경을 시작하기 전에 충분한 테스트를 준비하는 것이 좋습니다.

Discord에서 우리 커뮤니티에 참여하세요.

저자 및 여러 독자와 함께 토론하려면 Discord 커뮤니티 공간에 참여하세요.

https://packt.link/aicode

제11장
ChatGPT를 가지고 데이터 탐구

소개

데이터 탐구는 기계 학습에서 필수적인 초기 단계이며, 데이터 세트의 구조를 식별하고, 초기 패턴과 이상 징후를 발견하기 위해서 데이터 세트를 철저히 검사해야 합니다. 이 과정은 더 자세한 통계 분석과 기계 학습 모델 개발을 위한 발판을 마련하는 데 매우 중요합니다.

이 장에서는 데이터 탐구의 과정에 기술하는 데 중점을 두어, 기계 학습 초보자에 대한 이해를 공고히 하는 동시에 숙련자에게 새로운 정보를 제공하는 것을 목표로 합니다. 이 장에서는 기술을 탐구하여, Amazon 책 리뷰로 구성된 데이터 세트를 불러오고, 그 특징을 요약하며, 그 변수를 조사합니다.

Python의 pandas 및 matplotlib 라이브러리의 지원을 받아서, 범주형 데이터 평가, 분포 시각화 및 상관 분석에 대한 실습 과정을 안내받게 됩니다. 이 장은 무료 버전과 향상된 기능을 제공하는 구독 기반의 플러스 버전을 포함하여, 데이터 탐구에 ChatGPT를 효과적으로 사용하는 방법도 자세히 설명합니다.

ChatGPT의 응답이 프롬프트를 통하여 어떻게 사용자의 필요와 상호 작용을 하는지에 달려 있다는 사실을 참조하는 것은 중요합니다. 이 변동성은 학습 곡선의 한 부분이며 데이터 탐구에서 Ai와 함께하는 작업의 자연스러운 상호 작용을 나타냅니다. 우리의 목표는 이들의 도구를 확신을 갖고 탐색하고 데이터 기반 의사 결정을 시작할 수 있는 지식을 제공하는 것입니다.

비즈니스 문제

전자 상거래에서 효과적으로 고객의 피드백을 분석하는 것은 구매 결정에 영향을 끼치는 주요 요소를 식별하기 위해서 중요합니다. 이 분석은 타겟팅 마케팅 전략을 지원하며 사용자 경험과 웹사이트 디자인을 최적화하는 데 돕고, 궁극적으로 서비스와 고객에게 제품 제공을 향상시킵니다.

문제 및 데이터 도메인

이 장에서는 Amazon 제품 리뷰 데이터 세트를 사용한 자세한 데이터 탐구에만 초점을 맞출 것입니다. 우리의 목표는 이 데이터 세트를 심층적으로 탐색하여 통찰력을 발굴하고, 의사 결정을 향상시킬 수 있는 패턴을 식별하는 것입니다. ChatGPT를 활용하여 데이터 조작 및 시각화를 위한 Python 코드를 생성하여, 복잡한 데이터 분석 기술을 이해할 수 있는 실무적 접근 방식을 제공할 것입니다. 추가적으로, ChatGPT가 탐구 작업에 도움이 되는 맞춤형 통찰과 코드 스니펫을 효과적으로 제공하도록 유도하는 방법을 모색할 것입니다.

데이터 세트 개요

고객 피드백 제품 평가를 반영한 광범위한 정보를 포함하는 Amazon 제품 리뷰 데이터 세트와 협력할 것입니다. 이 데이터 세트의 주요 기능에는 마켓플레이스, 고객, 리뷰, 제품 세부 정보와 같은 식별자뿐만이 아니라, 제품 제목, 카테고리, 평점, 리뷰의 텍스트 내용이 포함됩니다. 이 탐구를 위하여, `review_body`와 `review_headline` 필드를 공고히 하는 데, 분석을 위한 풍부한 원문 데이터를 제공합니다. 초점을 간소화하고 연구 결과의 명확성을 높이기 위하여, 중립적인 감정은 생략하고 긍정 피드백과 부정 피드백 분석에만 집중할 것입니다.

데이터 세트의 기능은 다음과 같습니다.

- `marketplace` (string): 제품의 위치입니다.
- `customer_id` (string): 고객을 위한 고유의 별자입니다.
- `review_id` (string): 리뷰를 위한 고유의 식별자입니다.
- `product_id` (string): 제품을 위한 고유의 식별자입니다.
- `product_parent` (string): 부모 제품 식별자.
- `product_title` (string): 리뷰된 제품의 제목입니다.
- `product_category` (string): 제품의 카테고리입니다.
- `star_rating` (integer): 1에서 5의 범위에서 제품의 평점입니다.

- helpful_votes (integer): 리뷰에서 받은 여러 가지의 유익한 의사 표시입니다.
- total_votes (integer): 리뷰에서 받은 전체 수의 유익한 의사 표시입니다.
- review_headline (string): 리뷰의 헤드라인입니다.
- review_body (string): 리뷰의 콘텐츠입니다.
- review_date (string): 리뷰의 날짜입니다.
- sentiments (string): 리뷰의 감정(긍정 혹은 부정)입니다.

이러한 목표 탐색을 통하여 심층적인 감정 분석을 수행하고, 제품 등급의 영향을 평가하며, 고객 피드백 역학을 탐구할 수 있습니다. 이들 요소에 초점을 맞춰 데이터 세트를 최대한 활용하여 전자 상거래 환경에서 전략적 의사 결정을 개선하는 것을 목표로 합니다.

특징별 세분화

Amazon 제품 리뷰 데이터 세트와 자세한 데이터 탐구에 초점을 맞춰, 사용자가 고객 피드백을 효과적으로 이해하고 분석할 수 있도록 다음 기능을 요약합니다.

1. **데이터 세트를 불러옵니다** : 데이터 세트를 pandas 데이터 프레임으로 가져옴으로써 시작합니다. 이는 편리한 데이터 처리를 용이하게 하는 강력한 데이터 분석 구조입니다.
2. **데이터를 점검합니다** : 초기 탐구에는 데이터에 대한 느낌을 얻기 위해, 데이터 프레임의 첫 번째 몇 가지 항목을 표시하는 것이 포함됩니다. 열 이름을 검토하고, 각 열에 포함된 데이터 유형을 이해하며 해결해야 할 누락된 값이 있는지 확인합니다.
3. **통계를 요약합니다** : 수치 데이터의 분포를 파악하기 위하여 평균, 중앙값, 최솟값, 최댓값 및 사분위수를 포함한 통계 요약을 개선합니다. 이 단계는 수치 데이터의 중심 경향과 확산을 이해하는 데 도움이 됩니다.
4. **범주형 변수를 탐색합니다** : 마켓플레이스, 제품 카테고리 및 감정과 같은 범주형 데이터를 위하여, 다른 카테고리를 검토하고 각각의 여러 엔트리를 계산합니다. 막대 차트와 같은 시각적 보조 도구는 각 카테고리의 빈도를 설명하는 데 특히 유용합니다.
5. **평점의 분포** : 히스토그램 혹은 막대 차트를 사용하는 별점 평점의 분포를 시각화 할 것입니다. 이 시각적 표현은 리뷰어의 일반적인 의견과 평점이 왜곡되는 방식을 이해하는 데 도움이 됩니다.
6. **시기 분석** : Review_date 열을 분석함으로써, 데이터에 있는 아무런 트렌드, 계절성 혹은

시기 패턴 확인할 수 있습니다. 이 통계는 얼마나 시간에 따라서 감정 혹은 제품 인기도가 드러날 수 있습니다.

7. **리뷰 기간 분석** : `Review_body`를 검토하여 평균, 중앙값, 최대 길이 등 리뷰 길이에 대한 기술 통계를 계산하여 리뷰에 제공된 정보의 양을 파악합니다. 이 단계는 고객이 제공하는 피드백의 깊이의 통찰력을 제공합니다.
8. **상관 분석** : 마지막으로, 상관 행렬 또는 산포도를 사용하여 별점 평점, 유익한 의사 표시 및 전체 의사 표시와 같은 숫자 변수 사이의 상관관계를 조사할 것이며, 이 분석은 데이터의 다양한 정량적인 측면 간의 잠재적 관계를 식별하는 데 도움이 됩니다. 이 분석은 데이터의 다른 양적 측면 사이에서 잠재적인 관계에서 식별하는 데 도움이 됩니다.

이들 기능을 체계적으로 세분화함으로써, 전자 상거래 콘텍스트에서 의사 결정과 전략 수립을 향상시킬 수 있는 통찰을 발견하고 데이터 세트를 철저히 이해할 수 있을 것입니다.

프롬프트 전략

Amazon 제품 리뷰의 데이터 탐구를 위하여 ChatGPT를 효과적으로 사용하기 위하여, Python 코드와 데이터 통찰을 생성하기 위하여 맞춤화되고 명확한 프롬프트 전략을 수립해야 합니다. 이에 접근하는 방법은 다음과 같습니다.

전략 1 : Task–Actions–Guidelines(과업–행동–지침서) (TAG) 프롬프트 전략

1.1 – 과업 : 구체적인 목표는 다양한 통계 및 시각화 기술을 사용하여 Amazon 제품 리뷰 데이터 세트를 철저히 탐구하는 것입니다.

1.2 – 행동 : 이 데이터 세트를 탐구하는 주요 단계는 다음과 같습니다.

- **데이터 불러오기** : Pandas 데이터 프레임으로 데이터 세트를 불러옵니다.
- **데이터 검사** : 누락된 데이터를 확인하고, 데이터 유형을 이해하며 첫 번째 몇 가지 엔트리를 검사합니다.
- **통계 요약** : 수와 관련된 데이터용 통계 요약을 계산합니다.
- **범주형 분석** : 카운트 및 시각화를 사용하여 범주형 변수를 분석합니다.
- **평점 분석** : 히스토그램 혹은 막대 차트를 생성하여, 별점 평점의 분포를 시각화합니다.
- **시기 경향** : 리뷰 날짜부터 시기 경향에 따른 추세를 살펴봅니다.

- **텍스트 분석 리뷰** : 길이 및 리뷰 텍스트의 감정을 분석합니다.
- **상관 연구** : 수와 관련된 변수들 사이에서 상관성을 평가합니다.

1.3 – **지침** : 우리는 ChatGPT에게 다음과 같은 지침을 안내할 것입니다.

- 코드는 Jupyter Notebook과 호환되어야 합니다.
- 각 코드 줄에 자세한 주석이 있는지 확인합니다.
- 코드에 사용된 각 방법을 다루면서, 각 코드 라인을 자세히 설명해야 합니다.

전략 2 : Persona–Instructions–Context(페르소나–행동–콘텍스트) (PIC) 프롬프트 전략

2.1 – **페르소나** : Amazon 제품 리뷰 데이터 세트에서 실행 가능한 통찰을 발견하려는 데이터 분석가의 모습을 상정해 보겠습니다.

2.2 – **설명** : ChatGPT에 각 특정한 분석에 대한 코드를 생성하도록 요청하고, 순차적으로 진행하며 다음 작업으로 이동하기 전에 사용자 인증을 기다립니다.

2.3 – **콘텍스트** : Amazon 제품 리뷰 데이터 세트를 사용한 감정 분석에 초점을 맞추고 있기 때문에, ChatGPT는 데이터 세트와 그 특성을 알지 못하기 때문에 추가 콘텍스트가 필요합니다.

전략 3 : Learn–Improvise–Feedback–Evaluate (학습–임기응변–피드백–평가) (LIFE) 프롬프트 전략

3.1 – **학습**

- 기본 통계부터 복잡한 상관관계 및 시기 분석에 이르기까지 다양한 분석 기법을 통해 데이터를 이해해야 할 필요성을 강조합니다.

3.2 – **임기응변**

- 초기 결과를 바탕으로 분석을 조정합니다. 예를 들어, 특정 카테고리의 제품이 비정상적인 추세를 보이는 경우 이러한 도메인에서 분석을 심화합니다.

3.3 – **피드백**

- 제안과 비판을 반영하여, 모델과 접근 방식을 개선합니다.
- 오류를 제공하여 문제를 해결합니다.

3.4 – 평가

- ChatGPT에서 제공하는 코드를 실행하여, 정확성과 유효성을 확인합니다. 이 장 전체에서 사용됩니다.

ChatGPT 무료 버전을 사용하여 Amazon 리뷰 데이터 세트 데이터 탐구

ChatGPT 프리미엄 버전은 코드 인터프리터를 가지고 있지만, 먼저 ChatGPT의 무료 버전을 사용할 것입니다. 모든 기능을 포함하도록 초기 프롬프트를 신중하게 작성하되, 각 특징에 대한 코드를 제공한 후, 사용자 피드백을 기다리도록 지시합니다.

특징 1 : 데이터 세트 불러오기

데이터 세트를 불러오기 위하여 최초의 프롬프트를 제작합니다.

프롬프트

다양한 통계 및 시각화 기법(TAG 기법의 1.1임)을 사용하여 Amazon 제품 리뷰 데이터 세트를 철저히 탐색하고 싶은 데, 이는 다음 필드(PIC 기법의 2.3임)로 구성되어 있습니다.

- `marketplace` (string): 제품의 위치입니다.
- `customer_id` (string): 고객을 위한 고유의 식별자입니다.
- `review_id` (string): 리뷰를 위한 고유의 식별자입니다.
- `product_id` (string): 제품을 위한 고유의 식별자입니다.
- `product_parent` (string): 부모 제품 식별자.
- `product_title` (string): 리뷰된 제품의 제목입니다.
- `product_category` (string): 제품의 카테고리입니다.
- `star_rating` (integer): 1에서 5의 범위에서 제품의 평점입니다.
- `helpful_votes` (integer): 리뷰에서 받은 여러 가지의 유익한 의사 표시입니다.
- `total_votes` (integer): 리뷰에서 받은 전체 수의 유익한 의사 표시입니다.
- `review_headline` (string): 리뷰의 헤드라인입니다.
- `review_body` (string): 리뷰의 콘텐츠입니다.
- `review_date` (string): 리뷰의 날짜입니다.
- `sentiments` (string): 리뷰의 감정(긍정 혹은 부정)입니다.

이는 몇 가지 단계(TAG 기법의 1.2임)로 구성되어야 합니다.

1. **데이터 불러오기** : Pandas 데이터 프레임으로 데이터 세트를 불러옵니다.
2. **데이터 검사** : 누락된 데이터를 확인하고, 데이터 유형을 이해하며 첫 번째 몇 가지 엔트리를 검사합니다.
3. **통계 요약** : 수와 관련된 데이터용 통계 요약을 계산합니다.
4. **범주형 분석** : 카운트 및 시각화를 사용하여 범주형 변수를 분석합니다.

5. **평점 분석** : 히스토그램 혹은 막대 차트를 생성하여, 별점 평점의 분포를 시각화합니다.
6. **시기 경향** : 리뷰 날짜부터 시기 경향에 따른 추세를 살펴봅니다.
7. **텍스트 분석** : 리뷰 길이 및 리뷰 텍스트의 감정을 분석합니다.
8. **상관 연구** : 수와 관련된 변수들 사이에서 상관성을 평가합니다.

실행 가능한 통찰(PIC 기법의 2.1임)을 발견하고자 하는 데이터 분석가이므로, 자세한 코드를 제공하고 아래의 지침을 엄격하게 준수(TAG 기법의 1.3임)하시기 바랍니다.

- 코드는 Jupyter Notebook과 호환되어야 합니다.
- 각 코드 줄에 자세한 주석이 있는지 확인합니다.
- 코드를 제공하기 전에, Notebook의 텍스트 블록에 복사될 각각의 코드 줄에 대해서, 코드에 사용된 각각의 메서드에 대해서 자세히 설명해야 합니다. 또한, 이 경로에서 Google Drive에 위치한 데이터 세트를 참조하세요. `../Chapter05/amazon_product_review_data. csv.` 그리고, 드라이브에 마운트하기 위한 코드를 추가하고 데이터 세트를 불러옵니다(PIC 기법의 2.2임).
- 한 번에 한 단계씩 제공하고 사용자의 피드백을 기다립니다(PIC 기법의 2.2임).

다음과 유사한 응답을 받게 되는 데, 여기에는 ChatGPT가 1단계인 데이터 전처리에 대한 코드와 자세한 주석 및 설명이 함께 제공됩니다.

프롬프트 응답

물론입니다. 첫 번째 단계부터 시작하겠습니다. 데이터 세트를 Google Drive에 있는 pandas 데이터 프레임으로 데이터 세트를 불러옵니다. 진행 방법은 다음과 같습니다.

단계 1 데이터 불러오기

Google Drive에서 pandas 데이터 세트를 불러오려면 다음 단계를 따릅니다.

- **Google Drive를 마운트합니다** : 데이터 세트가 위치한 사용자의 Google Drive에 연결합니다.
- **데이터 세트를 불러옵니다** : Pandas 데이터 프레임으로 데이터 세트를 불러옵니다.

상세한 코드 설명

1. **Google Drive를 마운트합니다** : 이 단계를 통하여, Google Colab 혹은 Jupyter Notebook 환경에서 직접 Google Drive에 저장된 파일에 접근할 수 있습니다.
   - `google.colab`에서 드라이브를 불러옵니다. `Google.colab` 패키지에서 드라이브 모듈을 불러옵니다.
   - `drive.mount ("/content/drive")` : 특정 경로(이 경우에는 / `content/drive`)에서 사용자의 Google Drive를 마운트합니다. 지침에 따라서 접근 코드를 승인하고 획득합니다.
2. **데이터 세트를 불러옵니다** :
   - `import pandas as pd` : 데이터 처리를 위하여 pandas 라이브러리를 `pd`로써 가져옵니다.
   - `file_path='/content/drive/My Drive/Chapter05/amazon_product_review_data. csv'` : `Google Drive`에서 사용자의 CSV 파일로 경로를 정의합니다.
   - `df = pd.read_csv(file_path)` : df로 명명된 데이터 프레임 안에 있는 CSV 파일을 읽기 위하여, `pd.read_csv()`를 이용합니다.

완성 코드 스니펫이 있습니다.

```
# 데이터 세트에 접근하기 위하여 Google Drive를 마운트합니다.
from google.colab import drive
drive.mount('/content/drive')

# 데이터 처리를 위하여 pandas를 가져옵니다
import pandas as pd

# 사용자의 Google Drive에서 파일 경로를 정의합니다.
file_path = '/content/drive/My Drive/Chapter05/amazon_product_review_data.csv'

# pandas 데이터 프레임에서 데이터 세트를 불러옵니다.
df = pd.read_csv(file_path)

# 데이터를 인증하기 위하여 데이터 프레임의 첫 번째 몇 줄을 표시합니다
df.head()
```

사용자 피드백 :

file_path를 데이터 세트에 대한 올바른 경로로 바꾼 후에, Jupyter Notebook 환경에서 이 코드를 실행하세요. 문제가 발생하거나 다음 단계로 진행할 준비가 되었는지 알려주세요!

이제 평가 프롬프트 전략(LIFE 기법의 3.4임)을 적용하고 모든 단계에 대해, Google Colab에서 코드를 실행하고 코드를 검증할 것이며, 코드는 Google Drive에서 데이터 세트를 불러옵니다. 또한 Google Drive에 접근하기 위하여 권한을 요청할 것입니다.

실행 가능한 코드 스니펫은 "ChatGPT.ipynb를 사용한 데이터 탐구"를 Notebook을 참조하거나, 프롬프트 응답에서 코드를 복사하세요.

"이 notebook이 Google Drive에 접근할 수 있도록 허용합니다."라는 메시지가 표시됩니다.

코드는 수정이나 오류 없이 완벽하게 실행되며 데이터세트의 첫 번째 몇 줄을 표시합니다.

Notebook의 내용과 고객 리뷰가 표시됩니다.

특징 2 : 데이터를 점검하기

이제 ChatGPT에게 다음 단계로 진행하도록 지시합니다.

프롬프트

다음 단계로 넘어가겠습니다.

다음과 같은 응답을 받아야 합니다.

프롬프트 응답

물론이죠. 다음 단계로 넘어가겠습니다.

단계 2 데이터 검사

이 단계에서 불러온 데이터 세트를 검사합니다.

- **누락된 데이터를 확인합니다.**
- 각 열의 데이터 유형을 이해합니다.
- 처음 몇 개의 항목을 검사하여 데이터 구조를 파악합니다.

상세한 코드 설명

1. 누락된 데이터를 확인합니다.
   - df.info(): 이 메서드는 각 열의 null이 아닌 항목 수를 포함하여 데이터 프레임에 대한 요약을 제공합니다. 또한 각 열의 데이터 유형을 표시하여 데이터를 조작하는 방법을 이해하는 데 도움이 됩니다.
2. **데이터 유형을 이해합니다.**
   - df.info()의 출력물을 검토함으로써, 잘못된 데이터 유형(예: 문자열로 잘못 저장된 숫자열)이 있는지 확인할 수 있습니다.
3. **첫 번째 몇 가지 엔트리를 검사합니다.**
   - df.head(): 이 메서드는 데이터 프레임의 첫 번째 몇 줄을 표시합니다. 이를 통하여, 열과 값을 시각적으로 검사하고 데이터 세트에 포함된 내용을 초기에 이해할 수 있습니다.

다음은 데이터 검사를 위한 코드입니다.

```
# 누락된 데이터와 데이터 유형을 확인합니다.
df.info()
# 데이터 프레임의 첫 번째 몇 줄을 표시합니다.
df.head()
```

사용자 피드백

사용자의 Jupyter Notebook 환경에서 코드를 실행합니다. 이 단계를 실행한 후에, 데이터 세트의 요약을 볼 수 있어야 하며, 첫 번째 몇 줄을 볼 수 있어야 합니다. 모든 것이 괜찮아 보이거나 특별한 질문이 있으면 알려주세요!

ChatGPT의 출력물에서 실행하고 notebook에서 코드(LIFE 기법의 3.4임)를 실행하면, 정보를 표시합니다.

프롬프트 전략을 활용하여 ChatGPT(LIFE 기법의 3.3임)가 해석할 수 있는 결과를 제공할 것입니다.

프롬프트

```
<class 'pandas.core.frame.DataFrame'>
RangeIndex: 500 entries, 0 to 499
Data columns (total 15 columns):
#   Column            Non-Null Count    Dtype
--- ------            --------------    -----
0   market_place      500 non-null      object
1   customer_id       500 non-null      object
2   review_id         500 non-null      object
3   product_id        500 non-null      object
4   product_parent    500 non-null      object
5   product_title     500 non-null      object
6   product_category  500 non-null      object
7   star_rating       500 non-null      int64
8   helpful_votes     500 non-null      int64
9   total_votes       500 non-null      int64
10  verified_purchase 500 non-null      object
11  review_headline   500 non-null      object
12  review_body       500 non-null      object
13  review_date       500 non-null      object
14  sentiments        500 non-null      object
dtypes: int64(3), object(12)
memory usage: 58.7+ KB
market_place customer_id review_id product_id product_parent
product_title product_category star_rating helpful_votes total_
votes verified_purchase review_headline review_body review_date
sentiments
0 "US" "42521656" "R26MV8D0KG6QI6" "B000SAQCWC" "159713740"
"The Cravings Place Chocolate Chunk Cookie Mix... "Grocery" 1 0 0
1 \t(Y) "Using these for years - love them." "As a family allergic to
wheat, dairy, eggs, n... 2015-08-31 positive
1 "US" "12049833" "R1OF8GP57AQ1A0" "B00509LVIQ" "138680402"
"Mauna Loa Macadamias, 11 Ounce Packages" "Grocery" 1 0 0 1
\t(Y) "Wonderful" "My favorite nut. Creamy, crunchy, salty, and ...
2015-08-31 positive
2 "US" "107642" "R3VDC1QB6MC4ZZ" "B00KHXESLC" "252021703"
"Organic Matcha Green Tea Powder - 100% Pure M... "Grocery" 1 0 0
0 \t(N) "Five Stars" "This green tea tastes so good! My girlfriend ...
2015-08-31 positive
3 "US" "6042304" "R12FA3DCF8F9ER" "B000F8JIIC" "752728342"
"15oz Raspberry Lyons Designer Dessert Syrup S... "Grocery" 1 0 0
1 \t(Y) "Five Stars" "I love Melissa's brand but this is a great se...
2015-08-31 positive
"Stride Spark Kinetic Fruit Sugar Free Gum, 14... "Grocery" 1 0 0
1 \t(Y) "Five Stars" "good" 2015-08-31 positive
```

ChatGPT가 설명하는 결과를 제공하는 다음과 같은 응답을 받아야 합니다.

프롬프트 응답

데이터 세트가 성공적으로 불러와진 것으로 보이며, df.info() 및 df.head()의 출력에서 추론할 수 있는 것은 다음과 같습니다.

데이터 검사 결과

1. 기본 정보
    - 데이터 세트는 500 엔트리(열)와 15열을 포함합니다.
    - 두 숫자열 (int64)과 범주형(객체형)의 데이터 유형이 있습니다.
    - 모든 열은 500 non-null 엔트리
2. 상세 열
    - `market_place`, `customer_id`, `review_id`, `product_id`, `product_parent`, `product_title`, `product_category`, `verified_purchase`, `review_headline`, `review_body`, `review_date`, 및 sentiments은 모든 객체(`string`) 유형으로 식별되며, 설명에 따라 예상되는 내용과 일치합니다.
    - `star_rating`, `helpful_votes`, `and total_votes`은 int64(`integer`)으로써, 정확하게 식별했습니다.
3. 최초 데이터 미리보기
    - Df.head() 출력물은 데이터 세트의 첫 번째 몇 줄을 보여주며, 각 열의 구조와 내용을 엿볼 수 있습니다. `market_place`, `customer_id`, `star_rating`, `helpful_votes`, `total_votes`, `review_headline`, `review_body`, `review_date`, 및 `sentiments` 열의 예시를 볼 수 있습니다.

다음 단계

검사에 기반합니다.

- 데이터 세트는 누락된 값이 없이 깨끗해 보입니다.
- 열과 그 데이터 유형에 대해서 명확하게 이해하고 있습니다.

다음으로 3단계를 진행할 수 있습니다. 수치 데이터(`star_rating`, `helpful_votes` 및 `total_votes`)에 대한 요약 통계를 계산하는 통계 요약합니다. 계속하시겠습니까? 더 자세히 살펴보고 싶은 특정 사항이 있거나 다음 단계 진행해야 하는지 알려주세요!

특징 3 : 요약 통계

누락되거나 null 값이 없으므로, 이제 ChatGPT에게 다음 단계로 진행하도록 지시합니다.

프롬프트

다음 단계로 넘어가겠습니다.

요약 통계를 표시하기 위하여 ChatGPT에게 코드를 제공하여, 다음과 같은 응답을 받아야 합니다.

프롬프트 응답

좋습니다. 3단계로 넘어가겠습니다.

단계 3 통계 요약

이 단계에서는 데이터 세트에서 수와 관련된 열을 위한 요약 통계를 계산합니다. 특히 다음에 초점을 맞춥니다.

- star_rating : 1에서 5의 범위에서 제품의 평점입니다.
- helpful_votes : 리뷰에서 받은 여러 가지의 유익한 의사 표시입니다.
- total_votes : 리뷰에서 받은 전체 수의 유익한 의사 표시입니다.

상세한 코드 설명

1. Describe()의 사용
    - df.describe()은 수와 관련된 요약 통계를 계산합니다. 다음을 제공합니다.
        - Count: non-null 값의 수
        - Mean: 평균값
        - Std: 표준 편차
        - Min: 최솟값
        - 25%, 50%, 및 75% 백분율
        - Max: 최댓값
2. 특정 열 선택하기
    - df[['star_rating', 'helpful_votes', 'total_votes']].describe()를 사용하여 출력을 관심이 있는 숫자(star_rating, helpful_votes, 및 total_votes)로만 제한합니다.

요약 통계를 계산하고 표시하는 코드는 다음과 같습니다.

```
# 수와 관련된 열을 위한 요약 통계를 계산합니다
summary_stats = df[['star_rating', 'helpful_votes', 'total_votes']].describe()
# 요약 통계를 표시합니다
print(summary_stats)
```

사용자 피드백

사용자의 Jupyter Notebook 환경에서 코드를 실행합니다. 데이터 세트에서 수와 관련된 변수와 분포와 중심경향치에 대한 통계적 통찰을 제공합니다. 문제가 발생하거나 다음 단계로 진행할 준비가 되었는지 알려주세요!

요약 통계를 보여주는 코드를 실행하고, 해석과 통계 이해를 위해 ChatGPT에 출력을 제공합니다.

프롬프트

```
star_rating    helpful_votes  total_votes
count   500.000000     500.000000     500.000000
mean    0.796000       0.764000       1.068000
std     0.403373       2.843321       3.698477
min     0.000000       0.000000       0.000000
25%     1.000000       0.000000       0.000000
50%     1.000000       0.000000       0.000000
75%     1.000000       1.000000       1.000000
max     1.000000       36.000000      47.000000
```

ChatGPT가 설명하는 결과를 제공하는 다음과 같은 응답을 받아야 합니다.

프롬프트 응답

수와 관련된 열(star_rating, helpful_votes, 및 total_ votes)에 대한 요약 통계에 기반하는 데, 모을 수 있는 통찰은 다음과 같습니다.

요약 통계

1. star_rating(별점 평점) :
   - **평균** : 0.796
   - **표준 편차** : 0.403
   - **최솟값** : 0 (최저 평점 포함)
   - **25번째 백분위수 (Q1)** : 1
   - **중위값 (50번째 백분위수)** : 1
   - **75번째 백분위수 (Q3)** : 1
   - **최댓값** : 1 (최고 평점 포함)
   - **평가** : Star_rating 열은 최초로 1(일반적으로 이진 감정 데이터에서 긍정 데이터를 나타냄)의 값을 가지며, 대부분의 리뷰가 긍정이라는 것을 보여줍니다. 이는 평균이 1에 가깝고, 표준편차가 낮기 때문에, 평점의 변동성이 거의 없음을 시사합니다.
2. Helpful_votes(유익한 의사 표시) :
   - **평균** : 0.764
   - **표준 편차** : 2.843
   - **최솟값** : 0
   - **25번째 백분위수 (Q1)** : 0
   - **중위값 (50번째 백분위수)** : 0
   - **75번째 백분위수 (Q3)** : 1
   - **최댓값** : 36
   - **평가** : Helpful_votes 열은 평균값 0.764를 가지며, 평균이라는 것과, 리뷰는 한 개의 유익한 의사

표시보다 덜 받았다는 것을 시사합니다. 표준 편차 2.843은 유익한 의사 표시의 변동성을 시사하며, 일부 리뷰에는 36개의 유익한 의사 표시를 받았습니다.

3. total_votes(전체 의사 표시) :
   - **평균** : 1.068
   - **표준 편차** : 3.698
   - **최솟값** : 0
   - **25번째 백분위수 (Q1)** : 0
   - **중위값 (50번째 백분위수)** : 0
   - **75번째 백분위수 (Q3)** : 1
   - **최댓값** : 47
   - **해석** : `total_votes` 열은 평균값 1.068을 가지며, 평균이라는 것과, 리뷰는 한 개의 전체 의사 표시(유익하거나 유익하지 않은)보다 덜 받았다는 것을 시사합니다. 표준 편차 3.698은 전체 의사 표시의 변동성을 시사하며, 일부 리뷰는 전체 의사 표시를 47개 받았습니다.

다음 단계

이 통계에 따르면, 데이터 세트는 주로 긍정 리뷰(star_rating 1점)로 구성되어 있음을 알 수 있습니다. `helpful_votes` 및 `total_votes` 메트릭은 리뷰에 대한 다양한 참여도를 나타냅니다.

다음으로 4단계로 넘어가겠습니다. 범주형 분석, 즉 카운트 및 시각화를 사용한 범주형 변수(`market_place`, `product_category`, `verified_purchase` 및 `sentiments`)를 분석합니다. 계속 진행하시겠습니까? 질문이 있거나 다음 단계를 수행할 준비가 되셨다면 알려주세요!

특징 4 : 범주형 변수 탐구

이제 범주형 변수를 탐구하겠습니다.

프롬프트

다음 단계로 넘어가겠습니다.

ChatGPT에게 범주형 변수의 시각화를 위한 코드를 제공받기 위하여, 다음과 같은 응답을 받아야 합니다.

프롬프트 응답

좋습니다. 4단계로 넘어가겠습니다.

단계 4 : 범주형 분석

이 단계에서, 카운트와 시각화를 사용하는 데이터 세트안에서 범주형 변수를 분석합니다. 다음과 같은 범주형 변수에 초점을 맞춥니다.

- market_place : 제품의 위치입니다.
- product_category : 제품의 카테고리입니다.
- verified_purchase : 구매가 확인되었는지의 여부(Y/N)입니다.
- sentiments : 리뷰의 감정(긍정 혹은 부정)입니다.

상세한 코드 설명

1. 고유값 세기
   - df['column_name'].value_counts() : 이 메서드는 범주형 열에서 각 고윳값이 일어나는 일을 셉니다.
2. 범주형 데이터 시각화
   - 범주형 변수의 분포를 시각화하기 위하여, (matplotlib의) 막대 차트를 사용할 것입니다.

다음은 범주형 분석을 수행하기 위한 코드입니다.

```
import matplotlib.pyplot as plt
import seaborn as sns

# matplotlib의 figure와 ax를 설정합니다.
fig, axes = plt.subplots(nrows=2, ncols=2, figsize=(14, 10))
axes = axes.flatten()

# 'market_place'을 위한 plot
sns.countplot(x='market_place', data=df, ax=axes[0])
axes[0].set_title('Distribution of Products by Market Place')

# 'product_category'을 위한 plot
sns.countplot(x='product_category', data=df, ax=axes[1])
axes[1].set_title('Distribution of Products by Category')
axes[1].tick_params(axis='x', rotation=90)

# 'verified_purchase'을 위한 plot
sns.countplot(x='verified_purchase', data=df, ax=axes[2])
axes[2].set_title('Distribution of Verified Purchases')

# 'sentiments'을 위한 plot
sns.countplot(x='sentiments', data=df, ax=axes[3])
axes[3].set_title('Distribution of Sentiments')

# 레이아웃을 정의합니다
plt.tight_layout()
plt.show()
```

시각화의 설명

- **마켓 플레이스** : 여러 마켓플레이스(market_place)에 걸쳐 제품의 분포를 표시합니다.
- **제품 카테고리** : 여러 카테고리(product_catergory)에 걸쳐 제품의 분포를 표시합니다.

- **인증된 구입** : 인증된 구매(verified_ purchase)에서 얼마나 리뷰가 많이 있는지 나타냅니다.
- **감정** : 긍정적이든 부정적이든 리뷰의 감정(sentiemnts)의 분포를 보여줍니다.

사용자 피드백

데이터 세트에서 범주형 변수를 시각화 하기와 분석을 하기 위하여, 사용자의 Jupyter Notebook 환경에서 코드를 실행합니다. 분포에 통찰과 리뷰와 제품에 관련된 다른 측면의 특성을 제공할 것입니다. 문제가 발생하거나 다음 단계로 진행할 준비가 되었는지 알려주세요!

완벽하게 잘 작동하며, 그리고 나서 변수를 시각화 하는 코드를 실행합니다.

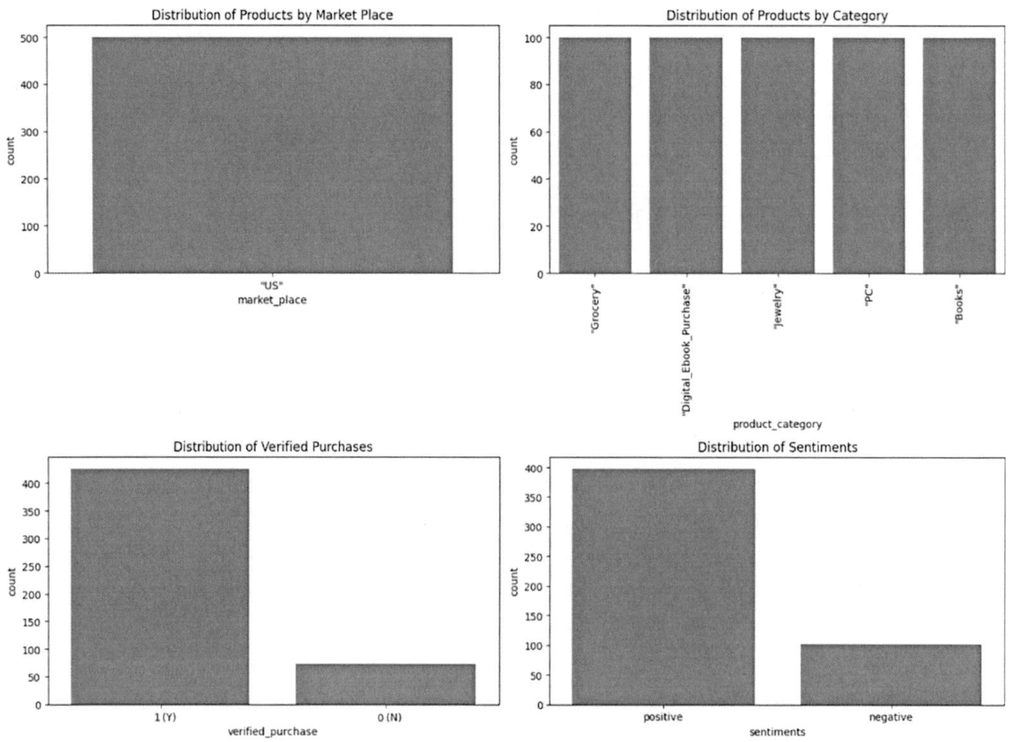

그림 11.1 범주형 변수 – 시각화

리뷰는 모두 하나의 마켓플레이스에서 작성되었으며, 모든 제품 카테고리에 대한 동일한 수의 리뷰를 보유하고 있음을 알 수 있지만, 긍정 리뷰와 부정 리뷰의 불균형, 검증된 구입에 대한 분포가 존재합니다.

특징 5 : 평점 분석

평점 분포 이동하여 ChatGPT에게 다음 단계로 넘어가도록 지시합니다.

프롬프트

다음 단계로 넘어가겠습니다.

다음과 같은 응답을 받아야 합니다.

프롬프트 응답

좋습니다. 5단계로 넘어가겠습니다.

단계 5 : 평점 분포

이 단계에서는, 히스토그램 혹은 막대 차트를 생성하여, 별점 평점(star_rating)의 분포를 시각화합니다. 평점과 리뷰 사이가 어떻게 분포되어 있는지 이해하도록 도와줄 것입니다.

상세한 코드 설명

1. **히스토그램 혹은 막대 차트**
   - 막대 차트를 만들기 위한 Seaborn 라이브러리에서 sns.countplot()을 사용할 것입니다. 각 평점 값(1에서 5)의 카운트를 시각화하는 데 적합합니다.
2. **시각화 모수**
   - 피규어 크기(figsize) 및 제목(set_title) 설정과 같은 조정을 통하여 줄거리의 명확성과 가독성을 높입니다.

다음은 평점 분포를 시각화하기 위한 코드입니다.

```
import matplotlib.pyplot as plt
import seaborn as sns

# matplotlib 피규어를 설정합니다
plt.figure(figsize=(8, 6))

# 별점 평점의 분포를 플로팅합니다
sns.countplot(x='star_rating', data=df)
plt.title('Distribution of Star Ratings')
plt.xlabel('Star Rating')
plt.ylabel('Count')

# 플롯을 보여줍니다
plt.show()
```

시각화의 설명

- sns.countplot() 함수는star_rating 열의 막대 차트를 생성하기 위해 사용되었습니다.
- x축은 별점 평점(1에서 5)을 대표하고, y축은 각 평점에 있는 리뷰의 카운트를 대표합니다.
- 타이틀인 x 레이블(Star Rating), 및 y레이블 (Count)은 콘텐트 제공 및 플롯을 명확하게 하기 위하여 추가됩니다.

사용자 피드백

사용자의 Jupyter Notebook 환경에서 코드를 실행합니다. 데이터 세트의 리뷰에 별점 평점이 어떻게 분포되어 있는지 시각적으로 표시됩니다. 이 단계는 평점을 통해 표현되는 전반적인 감정에 대한 통찰을 제공합니다. 문제가 발생하거나 다음 단계로 진행할 준비가 되었는지 알려주세요!

평점 그래프를 생산하는 코드를 실행할 것입니다.

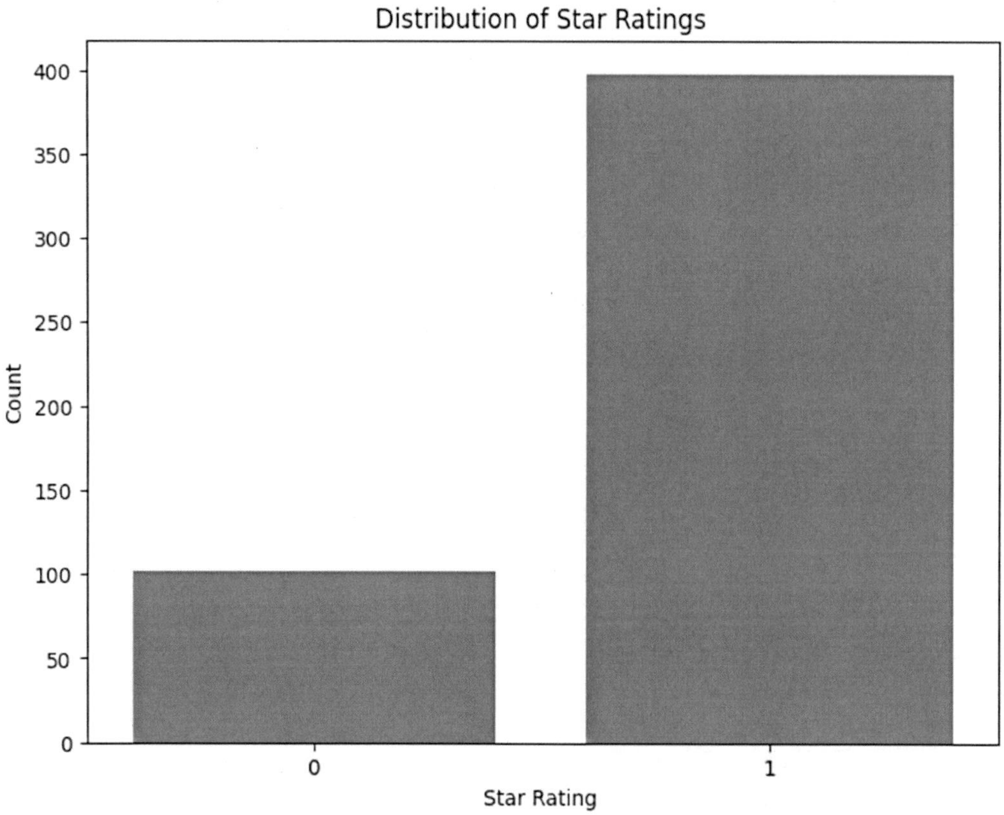

그림 11.2 평점 분석

이들 결과에 기반하면, 주로 긍정 평점이 있습니다. 다음 특징으로 이동하겠습니다.

특징 6 : 시기 경향

이제 리뷰 데이터 열을 위한 데이터 세트에서 시기 경향을 이해하겠습니다. 우리의 데이터는 여러 변화가 많지 않지만, 시기 경향을 위해서 ChatGPT를 어떻게 사용하는지 도울 것입니다.

프롬프트

다음 단계로 넘어가겠습니다.

다음과 같은 응답을 받아야 합니다.

프롬프트 응답

좋습니다. 6단계로 넘어가겠습니다.

단계 6 : 시기 경향

이 단계에서는 review_date 열의 시기 경향을 검토하여 시간에 따라 어떻게 분포하는지 파악합니다. 이렇게 하면 검토 활동의 패턴이나 경향을 파악하는 데 도움이 됩니다.

상세한 코드 설명

1. `review_date`를 `datetime`로 변환합니다
   - 적절한 시기 분석을 위하여, `review_date` 열이 datetime 포맷인지 확인합니다.
2. 시기 경향 플로팅
   - `sns.lineplot()` 혹은 `sns.histplot()`을 사용하여 시간 경과에 따른 리뷰 분포를 시각화합니다.
   - 분석 목표에 따라, 월간 리뷰, 연간 리뷰, 그렇지 않다면 기타 관계되는 시기 간격에서 플롯을 고를 수 있습니다.

다음은 시기 경향을 분석하기 위한 코드입니다.

```
import matplotlib.pyplot as plt
import seaborn as sns

# 'review_date'를 datetime 포맷으로 변환합니다
df['review_date'] = pd.to_datetime(df['review_date'])

# matplotlib 피규어를 설정합니다
plt.figure(figsize=(12, 6))

# 시간 경과에 따른 리뷰 수 플로팅
sns.histplot(df['review_date'], bins=30, kde=False, color='blue')
plt.title('Distribution of Reviews Over Time')
plt.xlabel('Review Date')
```

```
plt.ylabel('Count of Reviews')

# 플롯을 보여줍니다
plt.xticks(rotation=45)
plt.tight_layout()
plt.show()
```

시각화의 설명

- **Datetime 변환** : `pd.to_datetime()` 함수를 사용하여 `review_date` 열을 문자열에서 datetime 형식으로 변환하여 정확한 시간 분석을 보장합니다.
- **히스토그램 플롯** : `Sns.histplot()`은 시간 경과에 따라(`review_date`), 리뷰 카운트의 히스토그램을 생성하는 데 사용합니다. 이는 분포와 다른 날짜에 따른 리뷰의 빈도를 시각화에 도움을 줍니다.
- **정의** : 피규어 크기(`figsize`), 제목(`title`), x 레이블(`xlabel`), y 레이블(`ylable`) 및 회전 x축 눈금(`xticks(rotation=45)`)을 설정하는 등의 조정을 통하여, 피규어의 명확성과 가독성을 개선할 수 있습니다.

사용자 피드백

사용자의 Jupyter Notebook 환경에서 코드를 실행합니다. 시간이 지남에 따라 리뷰가 배포되는 방식에 대한 통찰을 제공하여 리뷰 활동의 추세나 패턴을 관찰할 수 있습니다. 문제가 발생하거나 다음 단계로 진행할 준비가 되었는지 알려주세요!

시간 경과에 따라 리뷰의 분포를 보여주는 플롯을 생산하는 코드를 실행할 것입니다.

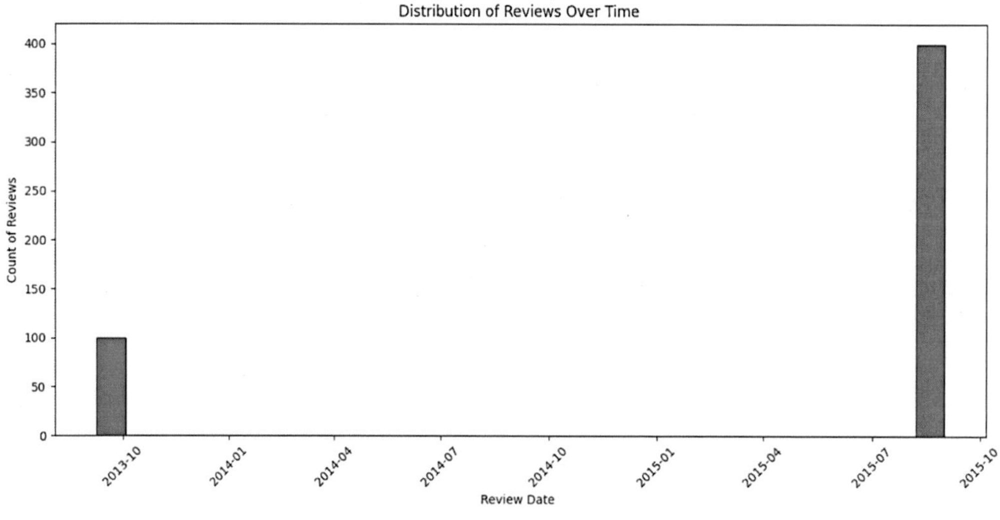

그림 11.3 시기 경향

리뷰가 오직 두 시기만, 보여주고 있다는 것을 볼 수 있기에, 다음 특징으로 이동하겠습니다.

특징 7 : 리뷰 기간 분석

프롬프트

리뷰가 오직 두 시기(2013년 10월과 2015년 8월)만, 보여집니다.

ChatGPT가 코드를 제공하고 검토 날짜의 중요성을 설명하며, 검토 길이 분석의 다음 단계를 진행하는 아래와 같은 응답을 받아야 합니다.

프롬프트 응답

만약 데이터 세트가 오직 두 시기(2013년 10월과 2015년 8월)에만 집중되어 있다면, 이는 데이터 세트에 리뷰가 시기적으로 널리 퍼지지 않을 수있음을 시사합니다. 이 정보는 데이터의 콘텍스트를 이해하는 데 중요하며, 임시 분석에 한정됩니다.

주어진 관찰에서, 리뷰 텍스트 및 7단계에서 계획된 감정을 분석하는 데 계속 진행할 수 있습니다. 이 단계에서 길이와 시기 경향을 지나서 추가적인 통찰을 제공할 수 있는 리뷰 텍스트의 감정을 검토하는 데 집중했습니다.

단계 7 : 텍스트 분석 리뷰

이 단계에서 리뷰 텍스트(review_body)를 분석할 것입니다.

- 각 리뷰의 길이를 계산합니다.
- 주어진 감정 열을 사용하는 각 리뷰의 감정을 정의합니다.

상세한 코드 설명

1. **리뷰 기간 분석**
   - 데이터 프레임에 새로운 열 `review_length`를 추가하여, 각 리뷰(`review_body`)의 문자 카운트를 저장합니다.
2. **감정 분석**
   - `sentiments` 열을, 주어진 레이블에 기반하여 긍정 혹은 부정으로써 리뷰를 범주에 넣기 위하여 사용합니다.

다음은 범주형 분석을 수행하기 위한 코드입니다.

```
# 각 리뷰 텍스트의 길이를 계산합니다
df['review_length'] = df['review_body'].apply(len)

# 긍정과 부정으로서 정의된 리뷰의 수를 셉니다
sentiment_counts = df['sentiments'].value_counts()

# 감정 카운트를 표시합니다
print("Sentiment Counts:")
print(sentiment_counts)
```

```
# 리뷰의 길이 평균을 계산합니다
average_review_length = df['review_length'].mean()
print(f"\nAverage Review Length: {average_review_length:.2f} characters")

# 변경 사항을 확인하기 위하여 첫 번째 몇 줄을 표시합니다
df.head()
```

코드의 설명

- 리뷰 기간 분석 `df['review_body'].apply(len)`는 각 리뷰의 길이를 문자로 계산하여 새로운 열이 `review_length`에 저장합니다.
- 감정 분석 `df['sentiments'].value_counts()`는 감정 열에서, 각 감정 카테고리(긍정 혹은 부정)의 발생을 계산합니다.
- 리뷰 길이 평균 `df['review_length'].mean()`은 데이터 세트에서 리뷰의 평균을 계산합니다.

사용자 피드백

사용자의 Jupyter Notebook 환경에서 코드를 실행합니다. 데이터 세트에서 리뷰 텍스트의 길이와 감정 분포에 대한 통찰을 제공합니다. 문제가 발생하거나 다음 단계로 진행할 준비가 되었는지 알려주세요!

Jupyter Colab에서 코드를 실행하는 데, 이 코드는 잘 작동하므로, 이를 해석하기 위하여 출력물을 ChatGPT에 제공합니다.

프롬프트

```
Sentiment Counts:
sentiments
positive 398
negative 102
Name: count, dtype: int64

Average Review Length: 243.75 characters
market_place customer_id review_id product_id product_parent
product_title product_category star_rating helpful_votes total_
votes verified_purchase review_headline review_body review_date
sentiments review_length
0 "US" "42521656" "R26MV8D0KG6QI6" "B000SAQCWC" "159713740"
"The Cravings Place Chocolate Chunk Cookie Mix... "Grocery" 1 0 0
1 \t(Y) "Using these for years - love them." "As a family allergic to
wheat, dairy, eggs, n... 2015-08-31 positive 470
1 "US" "12049833" "R1OF8GP57AQ1A0" "B00509LVIQ" "138680402"
"Mauna Loa Macadamias, 11 Ounce Packages" "Grocery" 1 0 0 1
\t(Y) "Wonderful" "My favorite nut. Creamy, crunchy, salty, and ...
2015-08-31 positive 92
2 "US" "107642" "R3VDC1QB6MC4ZZ" "B00KHXESLC" "252021703"
```

```
"Organic Matcha Green Tea Powder - 100% Pure M... "Grocery" 1 0 0
0 \t(N) "Five Stars" "This green tea tastes so good! My girlfriend ...
2015-08-31 positive 60
3 "US" "6042304" "R12FA3DCF8F9ER" "B000F8JIIC" "752728342"
"15oz Raspberry Lyons Designer Dessert Syrup S... "Grocery" 1 0 0
1 \t(Y) "Five Stars" "I love Melissa's brand but this is a great se...
2015-08-31 positive 85
4 "US" "18123821" "RTWHVNV6X4CNJ" "B004ZWR9RQ" "552138758"
"Stride Spark Kinetic Fruit Sugar Free Gum, 14... "Grocery" 1 0 0
1 \t(Y) "Five Stars" "good" 2015-08-31 positive 6
```

ChatGPT가 설명하는 결과에서 응답을 받아야 합니다.

프롬프트 응답

감정 분석 및 검토 길이 계산이 성공적으로 수행된 것으로 보입니다. 이는 분석에서의 통찰입니다.

감정 분석

- **감정 카운트**
  - 긍정 리뷰 : 398
  - 부정 리뷰 : 102
  - 리뷰 기간 분석
- **리뷰 길이 평균** : 243.75자

설명

- **감정 카운트** : 데이터 세트에는 주로 긍정 리뷰에 포함되어 있으며, 긍정 리뷰는 398개, 부정 리뷰는 102개입니다.
- **리뷰 길이 평균** : 데이터 세트 안에서 리뷰의 평균 길이는 243.75자 입니다.

예제 데이터 검사

제공한 예제 스니펫은 마켓플레이스, 고객 ID, 리뷰 ID, 제품 세부 정보, 별점, 리뷰 텍스트, 리뷰 날짜, 감정 및 첫 번째 몇 가지의 항목에 대한 리뷰 길이와 같은 세부 정보를 볼 수 있는 데이터 세트 샘플을 보여줍니다.

다음 단계

이 분석에 기반하여, 감정의 분포에 통찰과 리뷰의 길이의 평균을 가집니다. 만약 정확도 연구 혹은 데이터 세트의 다른 측면에 대해서 이후의 분석 혹은 시각화를 탐구하고 싶다면, 알려주세요! 그것에 따라서 진행할 수 있습니다.

특징 8 : 상관 연구

마지막 특징인 상관 연구로 옮기겠습니다.

프롬프트

다음 단계로 넘어가겠습니다.

다음과 같은 응답을 받아야 합니다.

프롬프트 응답

좋습니다. 8단계로 넘어가겠습니다.

단계 8 : 상관 연구

이 단계에서는 데이터 세트에서 수와 관련된 변수 사이에 있는 상관성을 평가합니다. 특히 star_rating, helpful_votes 및 total_votes가 어떻게 서로 관계를 맺는지를 검토합니다. 이 분석은 이들 변수 사이에 어떠한 관계성과 종속성을 이해하는데 도움을 줍니다.

상세한 코드 설명

1. **상관성 계산**
   - Use the .corr() 수와 관련된 열 사이에 상관성 계수를 계산하기 위여, 데이터 프레임에서 .corr() 메서드를 사용합니다.
2. **상관성의 시각화**
   - 명확하고 관계의 직관성이 있는 표현을 제공하기 위하여 히트맵을 사용하여 상관성을 시각화할 수 있습니다.

다음은 범주형 분석을 수행하기 위한 코드입니다.

```
import matplotlib.pyplot as plt
import seaborn as sns

# 상관성 행렬을 계산합니다.
correlation_matrix = df[['star_rating', 'helpful_votes', 'total_votes']].corr()

# 상관성 히트맵을 플로팅합니다
plt.figure(figsize=(8, 6))
sns.heatmap(correlation_matrix, annot=True, cmap='coolwarm', vmin=-1, vmax=1)
plt.title('Correlation Matrix of Numerical Variables')
plt.show()
```

코드의 설명

- **상관 행렬** : df[['star_rating', 'helpful_votes', 'total_votes']].corr()는 star_rating, helpful_votes 및 total_votes 사이에서 상관 계수를 계산합니다.
- **히트맵 시각화** : Seaborn 라이브러리에서 sns.heatmap()는 상관 행렬의 히트맵을 만들기 위하여 사용되어 왔습니다. annot=True 모수는 명료성을 위한 히트맵 셀에서 수와 관련된 어노테이션을 추가합니다. cmap='coolwarm' 모수는 히트맵의 색상 구성표를 구성하는 데, 색상 범위는 파랑(부정 상

관)에서 빨강(긍정 상관) 입니다.

해석

- 히트맵은 -1에서 1로 색상 범위를 표시합니다. 그러면서,
- 1에 가까운 값은 강한 양의 상관관계를 나타냅니다.
- -1에 가까운 값은 강한 음의 상관관계를 나타냅니다.
- 0에 가까운 값은 상관관계가 없음을 나타냅니다.

사용자 피드백

- 사용자의 Jupyter Notebook 환경에서 코드를 실행합니다. 데이터 세트 안에서 `star_rating`, `helpful_votes` 및 `total_votes`가 관련되어 있는지에 대한 통찰력을 제공합니다. 문제가 발생하거나 다음 단계로 진행할 준비가 되었는지 알려주세요!

상관 행렬과 결과를 프린트하는 플롯에 대한 코드를 실행합니다.

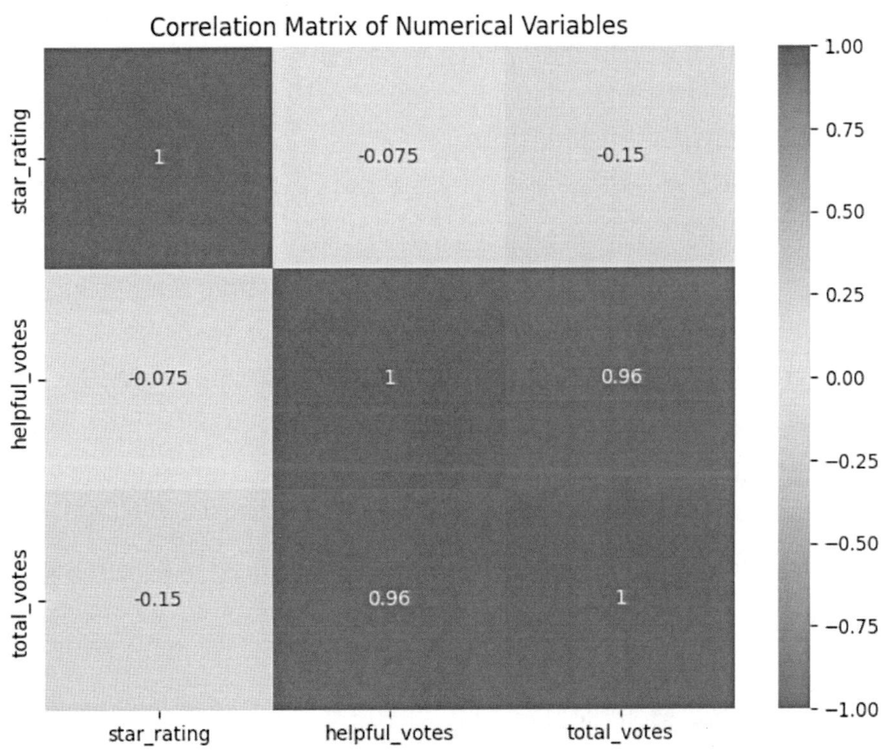

그림 11.4 상관 행렬

유익한 의사 표시와 전체 의사 표시가 강한 상관성이 있지만, 평점은 그렇지 않습니다.

이것으로 ChatGPT-3.5에서 데이터 탐구를 마치겠습니다. 이제 ChatGPT-4o를 어떻게 사용하

는지 보겠습니다.

ChatGPT-4o를 이용해서 Amazon 리뷰 데이터 세트의 데이터 탐구

ChatGPT의 프리미엄 버전은 코드 인터프리터를 가지고 있는데, ChatGPT-4o 및 ChatGPT4 모두의 사용에 접근 가능합니다. 이 부문에서, GPT-4o를 사용할 것이며 이 시간에는 단일 단계에서 코드를 얻을 것입니다.

ChatGPT는 몇 가지 모델에 접근이 가능하며, 집필 당시에는 GPT-3.5, GPT-4 및 GPT-4o를 사용할 수 있습니다.

프롬프트를 생성합시다.

프롬프트

다양한 통계 및 시각화 기법(TAG 기법의 1.1임)을 사용하여 Amazon 제품 리뷰 데이터 세트를 철저히 탐색하고 싶은 데, 이는 다음 필드(PIC 기법의 2.3임)로 구성되어 있습니다. 이는 몇 가지 단계(TAG 기법의 1.2임)로 구성되어야 합니다.

1. **데이터 불러오기** : Pandas 데이터 프레임으로 데이터 세트를 불러옵니다.
2. **데이터 검사** : 누락된 데이터를 확인하고, 데이터 유형을 이해하며 첫 번째 몇 가지 엔트리를 검사합니다.
3. **통계 요약** : 수와 관련된 데이터용 통계 요약을 계산합니다.
4. **범주형 분석** : 카운트 및 시각화를 사용하여 범주형 변수를 분석합니다.
5. **평점 분석** : 히스토그램 혹은 막대 차트를 생성하여, 별점 평점의 분포를 시각화합니다.
6. **시기 경향** : 리뷰 날짜부터 시기 경향에 따른 추세를 살펴봅니다.
7. **텍스트 분석 리뷰** : 길이 및 리뷰 텍스트의 감정을 분석합니다.
8. **상관 연구** : 수와 관련된 변수들 사이에서 상관성을 평가합니다.

실행 가능한 통찰(PIC 기법의 2.1임)을 발견하고자 하는 데이터 분석가이므로, 자세한 코드를 제공해주세요.

ChatGPT가 필요한 모든 단계를 수행하고, 데이터 탐구를 수행하며, 관련 차트를 생성하는 아래와 유사한 답변을 받을 수 있습니다.

프롬프트 응답

Amazon 제품 리뷰 데이터 세트 탐구

설명하신 단계를 따라서 데이터 세트를 철저히 탐색하겠습니다. 단계별로 진행하겠습니다.

단계 1 : 데이터 불러오기

- Pandas 데이터 프레임으로 데이터 세트를 불러옵니다.

단계 2 : 데이터 검사

- 누락된 데이터를 확인하고, 데이터 유형을 이해하며 첫 번째 몇 가지 엔트리를 검사합니다. 데이터 세트는 누락된 데이터가 없는 500개의 엔트리와 15열로 구성됩니다. 첫 번째 몇 가지 엔트리가 있습니다.

```
  market_place customer_id     review_id      product_id      product_parent \
0       "US"     "42521656" "R26MV8D0KG6QI6"  "B000SAQCWC"    "159713740"
1       "US"     "12049833" "R1OF8GP57AQ1A0"  "B00509LVIQ"    "138680402"
2       "US"     "107642"   "R3VDC1QB6MC4ZZ"  "B00KHXESLC"    "252021703"
3       "US"     "6042304"  "R12FA3DCF8F9ER"  "B000F8JIIC"    "752728342"
4       "US"     "18123821" "RTWHVNV6X4CNJ"   "B004ZWR9RQ"    "552138758"

                                                 product_title product_category \
0  "The Cravings Place Chocolate Chunk Cookie Mix...             "Grocery"
1          "Mauna Loa Macadamias, 11 Ounce Packages"             "Grocery"
2  "Organic Matcha Green Tea Powder - 100% Pure M...             "Grocery"
3  "15oz Raspberry Lyons Designer Dessert Syrup S...             "Grocery"
4  "Stride Spark Kinetic Fruit Sugar Free Gum, 14...             "Grocery"

   star_rating    helpful_votes  total_votesverified_purchase \
0         1         0                0     1 \t(Y)
1         1         0                0 1 \t(Y)
2         1         0 0 0 \t(N)
3         1         0 0 1 \t(Y)
4         1         0 0 1 \t(Y)

                       review_headline \
0  "Using these for years - love them."
1                         "Wonderful"
2                         "Five Stars"
3                         "Five Stars"
4                         "Five Stars"

                                                 review_body review_date sentiments
0 "As a family allergic to wheat, dairy, eggs, n... 2015-08-31 positive
1 "My favorite nut. Creamy, crunchy, salty, and ... 2015-08-31 positive
2 "This green tea tastes so good! My girlfriend ... 2015-08-31 positive
3 "I love Melissa's brand but this is a great se... 2015-08-31 positive
4                                                  "good" 2015-08-31 positive
```

단계 3 : 통계요약

- 수와 관련된 데이터를 위한 요약 통계를 계산합니다. 평균, 표준 편차 등에 대한 통계를 포함한 데이터 요약이 표시됩니다.

단계 4 : 범주형 분석

- 카운트 및 시각화를 사용하여 범주형 변수를 분석합니다.

단계 5 : 평점 분포

- 히스토그램 혹은 막대 차트를 생성하여, 별점 평점의 분포를 시각화합니다.

단계 6 : 시기 경향

- 리뷰 날짜부터 시기 경향에 따른 추세를 살펴봅니다.

단계 7 : 텍스트 분석 리뷰

- 길이 및 리뷰 텍스트의 감정을 분석합니다.

단계 8 : 상관 연구

- 수와 관련된 변수들 사이에서 상관성을 평가합니다.

Python 코드로 각 이들의 단계를 시행을 시작하겠습니다.

Amazon 제품 리뷰 데이터 세트의 상세 분석

세부 분석을 개요로서 수행해 왔습니다. 아래는 각 단계에 대한 주요 결과와 시각화입니다.

단계 3 : 통계 요약

수와 관련된 데이터용 통계 요약을 계산합니다. 몇 가지 주요 통계입니다.

- **별점 평점** : 평균 = 0.796, 표준편차 = 0.403, 최솟값 = 0, 및 최댓값 = 1
- **유익한 의사 표시** : 평균 = 0.764, 표준편차 = 2.843, 최솟값 = 0, 및 최댓값 = 36
- **전체 의사 표**시 : 평균 = 1.068, 표준편차 = 3.698, 최솟값 = 0, 및 최댓값 = 47

단계 4 : 범주형 분석

리뷰 카운트에 의한 상위 카테고리는 다음과 같습니다.

- Grocery : 리뷰 100개
- Digital_Ebook_Purchase : 리뷰 100개
- Jewelry : 리뷰 100개
- PC : 리뷰 100개
- Books : 리뷰 100개

단계 5 : 평점 분포

별점 평점의 분포를 시각화했습니다.

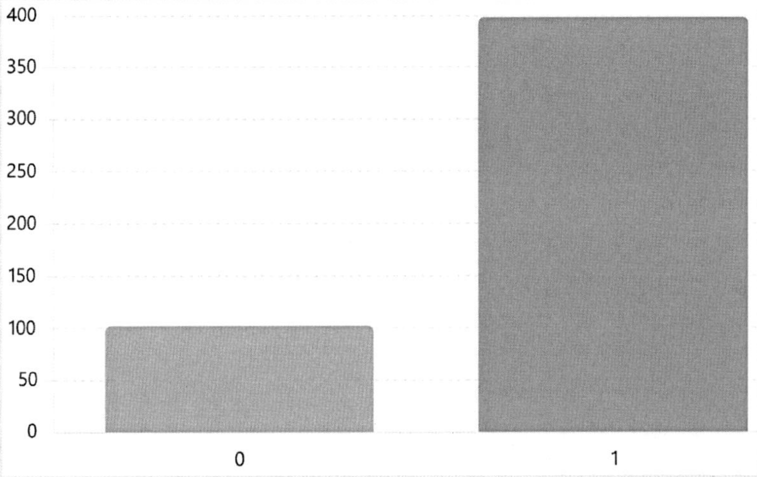

그림 11.5 별점 평점의 분포

단계 6 : 시기 경향

월당 리뷰의 수를 검토했습니다.

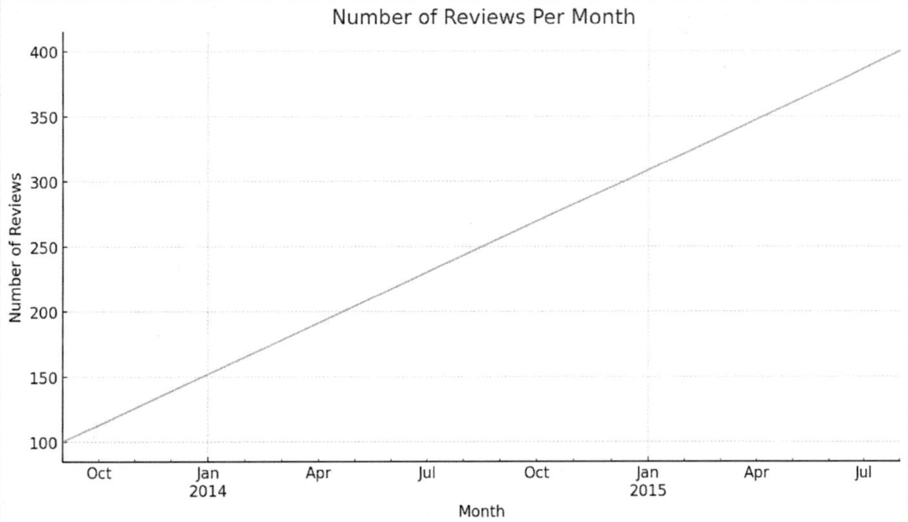

그림 11.6 월당 리뷰의 수

단계 7 : 텍스트 분석 리뷰

길이 및 리뷰 텍스트의 감정을 분석했습니다.

- 리뷰 길이의 분포

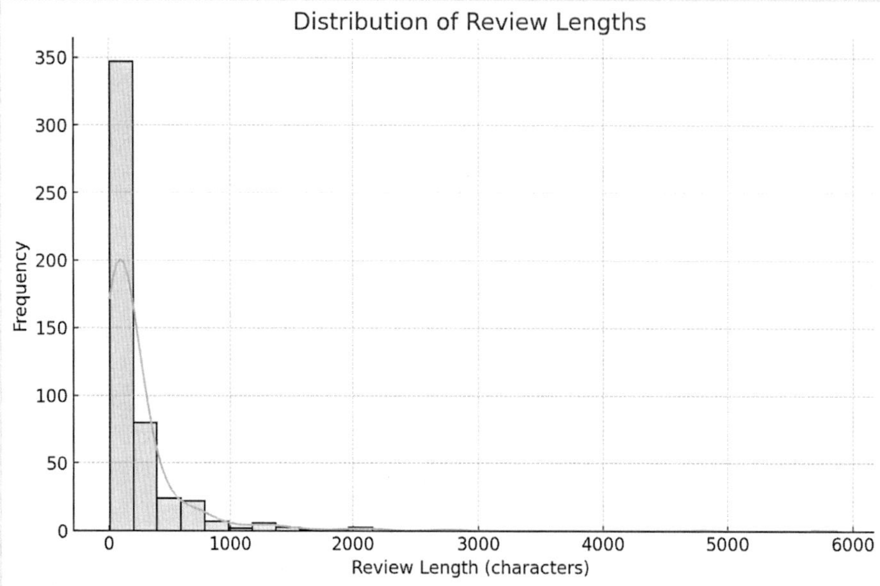

그림 11.7 리뷰 길이의 분포

- 감정의 분포

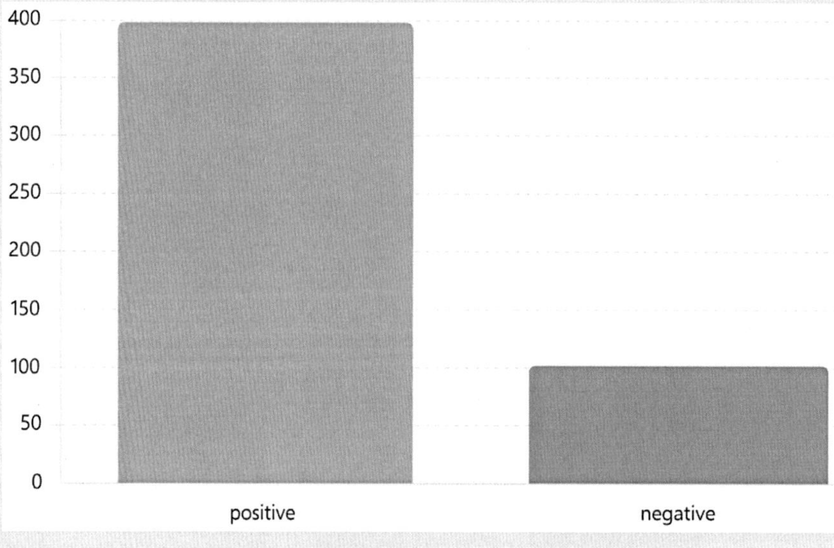

그림 11.8 감정의 분포

- 긍정 리뷰 : 398
- 부정 리뷰 : 102

단계 8 상관 연구

수와 관련된 변수와 상관 행렬을 시각화 사이에서 상관성을 평가했습니다.

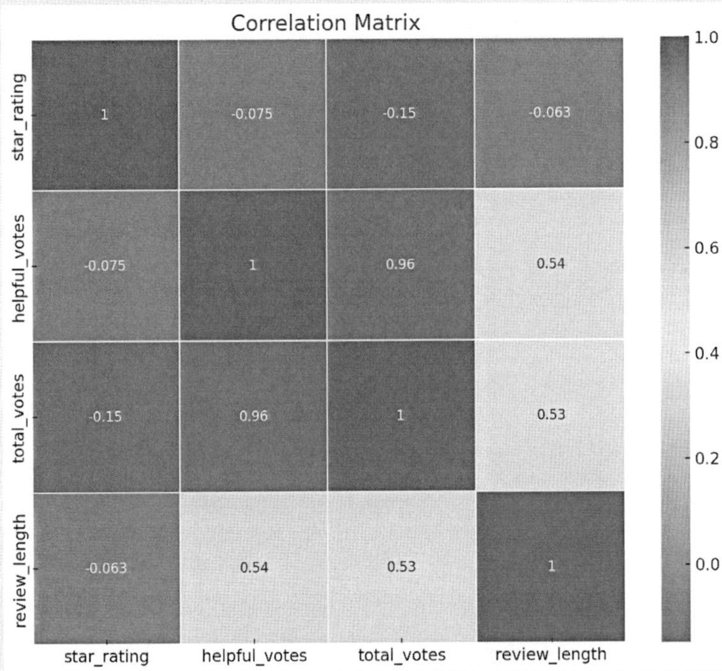

그림 11.9 상관 행렬

결론

이 분석은 별점 평점의 분포, 시기에 따른 경향, 및 리뷰의 감정을 포함하는 데이터 세트에서 데이터 세트에서 귀중한 통찰을 제공했습니다. 또한 수와 관련된 변수 사이에서 상관성을 탐구하였습니다. 이들 통찰은 고객의 피드백과 제품을 개선하는 데 이해를 도왔습니다.

만약 더욱 더 분석이 필요하거나 특정한 질문이 있다면, 자유롭게 물으세요!

보시다시피, CSV를 단지 업로드하고, 단계 혹은 수행하려는 행동을 제공함으로써, GPT-4o는 성공적으로 수행되었습니다.

임무

평점, 유익한 의사 표시, 리뷰 길이 측면에서 다양한 제품 혹은 카테고리가 작동하는지 조사합니다.

도전 과제

자연어 처리(NLP) 기법을 사용하여 리뷰의 내용을 분석합니다. 자주 언급되는 공통 주제, 키워드 및 구문을 추출합니다.

요약

이 장에서는 Amazon 제품 리뷰 데이터 세트를 활용하여, Python과 Panda를 사용한 포괄적인 데이터 분석에 대해 살펴보았습니다. 이 여정은 데이터 불러오기 및 데이터 검사로 시작되어, 데이터 세트의 형식이 적절하고 누락된 값이 없는지 확인했습니다. 데이터 분석가가 실행 가능한 통찰을 효과적으로 발견할 수 있도록 지원하기 위해서 Jupyter Notebook에 적합하고 자세한 설명과 코드 샘플을 각 단계에 걸쳐서 안내받았습니다.

우리는 수치 데이터에 대한 통계 요약을 계산하는 것으로 시작하여, 데이터 세트가 주로 긍정 리뷰로 구성되어 있음을 밝혀냈습니다. 범주형 분석을 통하여 다양한 마켓플레이스, 제품 카테고리, 검증된 구매 및 정서에 대한 분포를 탐색했습니다. 히스토그램 및 막대 차트를 포함한 시각화는 명확한 별점 평점의 분포를 대표성, 긍정 피드백의 우세를 강조를 제공합니다.

시기 경향 분석의 결과, 주로 2013년 10월과 2015년 8월에 리뷰가 집중적으로 확산되어 시기 경과에 따른, 리뷰 활동에 대한 통찰을 제공하는 것으로 나타났습니다. 그런 다음 리뷰 텍스트 분석, 리뷰 길이 계산, 감정 수의 평가를 수행하여 데이터 세트의 내용을 더 깊이 이해했습니다. 마지막으로, 상관 연구에서는 별점 평점과 유익한 의사 표시 및 전체 의사 표시와 같은 리뷰 참여 메트릭스 간의 관계를 조사하여, 이러한 요소를 데이터 세트 내에서 어떻게 상호 작용하는지에 대한 통찰을 제공했습니다.

다음 장에서는 ChatGPT를 사용하여 동일한 데이터 세트를 사용하여 분류 모델을 구축하는 방법에 대해 알아보겠습니다.

Discord에서 우리 커뮤니티에 참여하세요.

저자 및 여러 독자와 함께 토론하려면 Discord 커뮤니티 공간에 참여하세요.

`https://packt.link/aicode`

제12장 ChatGPT로 분류 모델 구축

소개

이전 장에서 Amazon 도서 리뷰를 통한 데이터 탐구에 ChatGPT를 사용한 기반을 바탕으로, 12장에서는 분류에 중점을 두고 학습의 영역에 대해서 자세히 살펴봅니다. 여기에서는 ChatGPT를 계속 활용하여, 고객 리뷰의 맥락에서 지도 학습Supervised Learning 기법에 대한 이해와 적용을 향상시키기 위해, 그 특징을 적용합니다.

전자 상거래 영역에서 고객의 피드백은 비즈니스 전략과 제품 개선에 있어서, 중추적인 역할을 합니다. 빌 게이츠(Bill Gates)는 "가장 불만에 가득 찬 고객은 가장 위대한 배움의 원천이다. (Your most dissatisfied customers are your greatest source of learning.)"라고 적절하게 언급했습니다. 고객의 감정은 방대한 제품 리뷰 풀(pool)에 묻혀버리는 경우가 많습니다. 그러나 제품 ID, 제목, 텍스트, 평점, 유용한 투표 등의 다양한 속성을 포함하는, 이 리뷰의 바다를 손수 면밀히 조사하는 것은 힘들며 종종 관리하기 어려운 작업입니다.

이 장에서는 고객 리뷰를 긍정과 부정의, 두 가지 그룹으로 분류하는 데 중점을 둡니다. 고객 리뷰 데이터를 처리하고, 분석할 때 ChatGPT에서 얻은 통찰력을 활용할 것입니다.

특히 지도 학습에서 분류와 같이 복잡한 주제를 다룰 때, ChatGPT가 어떻게 기계 학습의 여정을 단순화하여 접근성을 높이고 두려움을 줄일 수 있는지를 보여드리는 것이 주요 목표입니다. ChatGPT가 복잡한 개념을 이해하기 쉬운 부분으로 나누고, 설명을 제공하며, 심지어는 코드 스니펫을 생성하여, 초보자 혹은 이 분야를 처음 접하는 사람들의 학습 곡선을 줄이는 방법을 살펴볼 것입니다.

이 장이 끝나면, 지도 학습과 감정 분석에서의 적용을 확실한 이해와 함께 ChatGPT와 같은 AI

도구가, 기계 학습 기술을 효과적으로 학습하고 적용하는 데 어떠한 유력한 어시스턴트가 될 수 있는지에 대해 알게 될 것입니다

비즈니스 문제

전자 상거래 프로젝트에서 고객 피드백을 이해하면, 고객의 구매 결정에 영향을 미치는 주요 요소를 파악하여 표적 마케팅Targeting marketing 전략을 수립하는 데 도움이 됩니다. 또한 사용자 경험과 웹사이트 디자인을 최적화하여 고객에게 더 나은 서비스와 제품을 제공할 수 있는 가능성을 높일 수 있습니다.

문제 및 데이터 도메인

이 부문에서는 Amazon 제품 리뷰 데이터 세트를 사용하여, 고객 리뷰 감정 분석을 위한 분류 모델을 구축하는 것을 목표로 합니다. ChatGPT의 특징을 활용하여 분류 모델을 구축하기 위한 Python 코드를 생성하여, 데이터 세트 작업과 분류 기법을 이해하는 실용적인 접근 방식을 독자들에게 제공할 것입니다. 추가적으로 데이터 분류 작업을 위한 맞춤형 코드 스니펫과 통찰을 제공하는 ChatGPT를 안내하는 효과적인 프롬프트 기법을 살펴볼 것입니다.

데이터 세트 개요

Amazon 제품 리뷰 데이터 세트에서는 다양한 상품과 해당 리뷰에 대한 정보가 포함되어 있습니다. 이 데이터 세트를 활용함으로써, 감정 분석, 고객 피드백의 트렌드 분석, 상품 평점 분석 등 다양한 분석을 수행할 수 있습니다. 궁극적인 목표는 리뷰를 긍정 혹은 부정의 감정으로 정확하게 분류할 수 있는 분류 모델을 학습시켜, 전자 상거래 플랫폼 및 관련 산업에서 의사 결정 과정을 개선하고, 고객 만족도를 향상시키는 것입니다.

데이터 세트의 기능은 다음과 같습니다.

- `marketplace` (string) : 제품의 위치입니다.
- `customer_id` (string) : 고객을 위한 고유의 식별자입니다.
- `review_id` (string) : 리뷰를 위한 고유의 식별자입니다.
- `product_id` (string) : 제품을 위한 고유의 식별자입니다.
- `product_parent` (string) : 부모 제품 식별자.

- product_title (string) : 리뷰된 제품의 제목입니다.
- product_category (string) : 제품의 카테고리입니다.
- star_rating (integer) : 1에서 5의 범위에서 제품의 평점입니다.
- helpful_votes (integer) : 리뷰에서 받은 여러 가지의 유익한 의사 표시입니다.
- total_votes (integer) : 리뷰에서 받은 전체 수의 유익한 의사 표시입니다.
- review_headline (string) : 리뷰의 헤드라인입니다.
- review_body (string) : 리뷰의 콘텐츠입니다.
- review_date (string) : 리뷰의 날짜입니다.
- Sentiments (string) : 리뷰의 감정(긍정 혹은 부정)입니다.

review_body와 review_headline의 텍스트 데이터는 감정 분석을 비롯하여, 자연어 처리 작업에 특히 유용할 수 있습니다. 단순화를 위하여, 분류 모델 구축과 프롬프트 기법에 집중하기 위하여 중립적인 감정 카테고리는 제외했습니다.

특징별로 세분화

Amazon 제품 리뷰 데이터 세트와 감정 분석 위한, 기계 학습 모델의 적용을 고려하여 감정 분류를 위한 모델 구축 및 최적화 과정을 안내하는 다음 특징을 간략하게 설명합니다.

- **데이터 전처리와 특징 엔지니어링** : 사용자는 토큰화Tokenization, 소문자화Lowercasing, 불용어(不用語)Stopword와 문장 부호 제거하기 등의 작업을 포함하여, 텍스트 데이터를 전처리하는 것부터 시작합니다. 또한, 기계 학습 모델에 적합한 형식으로 텍스트 데이터를 표현하기 위하여, 단어빈도-역문서빈도(TF-IDF)TermFrequency-InverseDocumentFrequency 인코딩 혹은 단어 임베딩과 같은 특징 엔지니어링Feature Engineering 기법을 적용합니다.
- **모델 선택과 기준 훈련** : 사용자는 로지스틱 회귀Logistic Regression, 나이브 베이즈Naive Bayes, **서포트 벡터 머신(SVM)**SupportVetorMachine 등의 감정 분류를 위한, 기준 기계 학습 모델을 선택합니다. 선택한 모델은 전처리된 데이터에 대하여, 감정 분석을 위한 기준 성능을 설정합니다.
- **모델 평가 및 해석** : 정확도Accuracy, 정밀도Precision, 재현율Recall, F1 점수F1-score와 같은 계측기를 사용하여, 학습된 기계 학습 모델의 성능을 평가합니다. 또한 특징 중요도 분석이나, 모델 설명 가능성 매서드과 같은 모델 예측을 해석하는 기술을 살펴보고, 감정 분류 결정

에 영향을 미치는 요인에 대한 통찰을 얻게 됩니다.

- **불균형 데이터 처리** : 이 특징은 모델 학습 중에서 오버샘플링, 언더샘플링 혹은 클래스 가중치 사용과 같은 기술을 구현하여, 데이터 세트의 클래스 분포가 불균형한 문제를 해결합니다. 사용자는 클래스 불균형이 모델 성능에 따라 미치는 영향을 완화하고, 소수 집단 클래스의 분류 정확도를 개선하는 방법을 살펴볼 수 있습니다.
- **하이퍼파라미터 튜닝** : 사용자는 규제 강도, 학습률, 커널 모수와 같은 하이퍼파라미터를 튜닝하여, 기계 학습 모델의 성능을 최적화하는 방법을 배웁니다. 그리드 서치 혹은 랜덤 서치와 같은 기술을 통하여, 사용자는 다양한 하이퍼파라미터 구성을 실험하여 검증 세트에서 모델의 성능을 개선할 수 있습니다.
- **특징 표현 실험하기** : 사용자는 텍스트 데이터를 기계 학습 모델의 특징으로 표현하는 다양한 방법을 살펴볼 수 있습니다. 이 특징에서는 단어 주머니(BoW)[Bag-of-Words]기법, TF-IDF 혹은 단어 임베딩과 같은 다양한 특징 표현으로, 훈련된 모델의 성능을 비교하여 감정 분류에 가장 효과적인 접근 방식을 결정하는 데 중점을 둡니다.

이러한 특징을 통하여, 사용자는 Amazon 제품 리뷰 데이터 세트를 사용하여, 감정 분석 작업을 위한 기계 학습을 구축하고, 파인튜닝 및 최적화하는 데 대한 실질적인 통찰을 얻을 수 있습니다. 다양한 전처리 기술, 특징 표현, 하이퍼파라미터 구성, 클래스 불균형 처리 전략을 체계적으로 실험하여, 감정 분류에서 우수한 성능과 정확도를 달성하는 방법을 배우게 됩니다.

프롬프트 전략

감정 분석 기계 학습 작업을 위한 코드 생성에 ChatGPT를 효과적으로 활용하려면, Amazon 제품 리뷰 데이터 세트를 사용하여 감정 분석의 특징 특징과 요구 사항에 맞는 포괄적인 프롬프트 전략을 개발해야 합니다.

전략 1 : Task-Actions-Guidelines(과업-행동-지침서) (TAG) 프롬프트 전략

1.1 – 과업 : 구체적인 과업이나 목표는 Amazon 제품 리뷰 데이터 세트를 사용하여, 분석을 위한 기계 학습 모델을 구축하고 최적화하는 것입니다.

1.2 – 행동 : 감정 분석을 위한 기계 학습 모델을 구축하고, 최적화하는 주요 단계는 다음과 같습니다.

- 데이터 전처리 토큰화, 소문자화, 불용어(不用語) 및 문장 부호 제거, 특징 엔지니어링(예: TF-IDF 인코딩, 단어 임베딩)
- 모델 선택 로지스틱 회귀, 나이브 베이즈 혹은 서포트 벡터 머신(Support Vector Machine)과 같은 기준 기계 학습 모델을 선택합니다.

1.3 - **지침** : 우리는 ChatGPT에게 다음과 같은 지침을 안내할 것입니다.

- 코드는 Jupyter Notebook과 호환되어야 합니다.
- 각 코드 줄에 자세한 주석이 있는지 확인합니다.
- 코드를 제공하기 전에, Notebook의 텍스트 블록에 복사될 각각의 코드 줄에 대해서, 코드에 사용된 각각의 메서드에 대해서 자세히 설명해야 합니다.

전략 2 : Persona-Instructions-Context(페르소나-행동-콘텍스트) (PIC) 프롬프트 전략

2.1 - **페르소나** : Amazon 제품 리뷰 데이터 세트를 사용하여 감정 분석 작업을 위한 기계 학습 모델을 구축하고, 최적화하는 단계별 안내가 필요한 초보자의 페르소나를 채택하세요.

2.2 - **설명** : Amazon 제품 리뷰 데이터 세트를 사용하여 감정 분석 작업을 위한 기계 학습 모델을 구축하고, 최적화하는 단계별 안내가 필요한 초보자의 페르소나를 채택하세요. 또한 데이터 세트를 불러오면 데이터 세트의 경로를 제공하세요.

2.3 - **콘텍스트** : Amazon 제품 리뷰 데이터 세트를 사용한 감정 분석에 초점을 맞추고 있기 때문에, ChatGPT는 데이터 세트와 그 특성을 알지 못하기 때문에 추가 콘텍스트가 필요합니다.

전략 3 : Learn-Improvise-Feedback-Evaluate (학습-임기응변-피드백-평가) (LIFE) 프롬프트 전략

3.1 - **학습**

- 특징 엔지니어링 기법 및 모델 선택 등의 기계 학습 모델과 그 구성 요소를 이해하는 것이 중요하다는 점을 강조하세요.

3.2 - **임기응변**

- 생성된 코드와 모델 결과물을 공유하여, 효과적으로 학습하고, 이해할 수 있도록 피드백을 제공하세요.

3.3 - 피드백

- 제안과 비판을 반영하여, 모델과 접근 방식을 개선하세요.
- 제안과 비판을 반영하여, 모델과 접근 방식을 개선합니다.
- 모델 구현 중에 발생하는 문제를 해결하고, 해결하기 위한 오류 메시지를 제공하세요.

3.4 – 평가

- ChatGPT에서 제공해서 생성된 코드를 실행하여 정확성과 유효성을 검증하고, 모델이 Amazon 제품 리뷰 데이터 세트를 사용한 감정 분석 작업에서 효과적으로 작동하는지 확인합니다.

ChatGPT의 무료 버전을 사용하여 Amazon 리뷰를 정확하게 분류하는 감정 분석 모델 구축하기

기본 모델을 구축하기 위하여, ChatGPT의 무료 버전을 활용할 것입니다.

특징 1 : 데이터 전처리 및 특징

엔지니어링 기준 모델에 대한 초기 프롬프트를 만들어 보겠습니다.

프롬프트

Amazon 리뷰 데이터 세트의 감정 분석을 위해서, 간단한 분류 모델을 만들고 싶은데(TAG 기법의 1.1번임)), 다음 필드로 구성해 줘(PIC 기법의 2.3번임)

- `marketplace` (string): 제품의 위치입니다.
- `customer_id` (string): 고객을 위한 고유의 식별자입니다.
- `review_id` (string): 리뷰를 위한 고유의 식별자입니다.
- `product_id` (string): 제품을 위한 고유의 식별자입니다.
- `product_parent` (string): 부모 제품 식별자.
- `product_title` (string): 리뷰된 제품의 제목입니다.
- `product_category` (string): 제품의 카테고리입니다.
- `star_rating` (integer): 1에서 5의 범위에서 제품의 평점입니다.
- `helpful_votes` (integer): 리뷰에서 받은 여러 가지의 유익한 의사 표시입니다.
- `total_votes` (integer): 리뷰에서 받은 전체 수의 유익한 의사 표시입니다.
- `review_headline` (string): 리뷰의 헤드라인입니다.
- `review_body` (string): 리뷰의 콘텍스트입니다.
- `review_date` (string): 리뷰의 날짜입니다.
- `Sentiments` (string): 리뷰의 감정(긍정 혹은 부정)입니다.

다음 단계로 구성되어야 하며(TAG 기법의 1.2임), 한 번에 한 단계씩 제공하고 사용자의 피드백을 기다려야 합니다.(PIC기법의 2.2임)

- 데이터 전처리 토큰화, 소문자화, 불용어(不用語) 및 문장 부호 제거, 특징 엔지니어링(예: TF-IDF 인코딩, 단어 임베딩)
- 모델 선택 로지스틱 회귀, 나이브 베이즈 혹은 서포트 벡터 머신(Support Vector Machine)과 같은 기준 기계 학습 모델을 선택합니다.

저는 초보 사용자(PIC 기법의 2.1임)이므로, 단계별 코드를 제공하고, 아래의 지침(TAG 기법의 1.3임)을 엄격하게 준수해 주세요.

- 코드는 Jupyter Notebook과 호환되어야 합니다.
- 각 코드 줄에 자세한 주석이 있는지 확인합니다.
- 코드를 제공하기 전에, Notebook의 텍스트 블록에 복사될 각각의 코드 줄에 대해서, 코드에 사용된 각각의 메서드에 대해서 자세히 설명해야 합니다. 또한, 이 경로에서 Google Drive에 위치한 데이터 세트를 참조하세요. /Chapter05/amazon_product_review_data.csv. 그리고 드라이브에 마운트하기 위한 코드를 추가하고 데이터 세트를 불러옵니다(PIC 기법의 2.2임).

ChatGPT에서 자세한 의견과 설명을 제공한 경우, 다음과 유사한 답변을 얻을 수 있습니다.

프롬프트 응답

알겠습니다. 단계별로 나누어 보겠습니다. 먼저 데이터 전처리부터 시작합니다.

단계 1 : 데이터 전처리

데이터 전처리는 감정 분석 모델은 위하여, 텍스트 데이터를 정리하고 준비하기 위하여 필수적입니다. 다음의 단계를 수행할 것입니다.

1. **데이터 세트를 불러옵니다** : 제공된 경로에서 Amazon 리뷰 데이터 집합을 불러옵니다.
2. **토큰화** : 텍스트를 개별 단어 혹은 토큰으로 분할합니다.
3. **소문자화** : 모든 텍스트를 소문자로 변환하여 일관성을 유지합니다.
4. **불용어 제거하기** : 불용어는 큰 의미를 지니지 않는 일반적인 단어입니다.
5. **문장 부호 제거하기** : 텍스트에서 문장 부호를 제거합니다.
6. **특징 엔지니어링** : 기계 학습 모델(예시-TF-IDF 인코딩)을 위한 적합한 포맷에서 텍스트 데이터를 변환합니다.

이제 코드를 작성하기 전에 각 단계에 대하여 알아보겠습니다.

토큰화

- 토큰화는 텍스트를 개별 단어 혹은 토큰을 분할하는 과정입니다. 이는 자연어 처리(NLP) 작업에서 중요한 단계입니다. 토큰은 텍스트 처리의 기본 단위입니다. "The quick brown fox jumps over the lazy dogs. (날쌘 갈색 여우가 게으른 개를 뛰어 넘는다)"라는 문장은 ['The', 'quick', 'brown', 'fox', 'jumps', 'over', 'the', 'lazy', 'dogs']으로 토큰화 할 수 있습니다.

소문자화

- 소문자화는 모든 텍스트를 소문자로 변환하는 작업이 포함됩니다. 텍스트 데이터를 표준화하고 어휘 크기를 줄이는데 도움이 됩니다. 예를 들자면, "Hello"와 "hello"는 소문자로 바꾼 후, 같은 문자로 취급됩니다.

불용어 제거하기

- 불용어는 "the", "is", "and" 등과 같이 큰 의미를 지니지 않는 일반적인 단어입니다. 불용어를 제거하면, 데이터의 노이즈를 줄이고, 모델의 성능을 개선하는 데 도움이 됩니다.

문장 부호 제거하기

- 쉼표(혹은 반점), 마침표(혹은 온점), 마침표와 같은 문장 부호는 감정 분석에 크게 기여하지 않으므로, 텍스트에서 안전하게 제거할 수 있습니다.

특징 엔지니어링(TF-IDF 인코딩)

- TF-IDF(단어빈도-역문서빈도) 인코딩은 텍스트 데이터를 수치로 표현하는 데 사용되는 일반적인 기술입니다. 이는 컬렉션의 문서에서 단어가 얼마나 중요한지를 반영합니다. 이는 용어빈도(TF)와 역문서 빈도(IDF)라는 두 가지 메트릭을 기반으로 계산됩니다. TF는 문서 내 용어의 빈도를 측정하는 반면, IDF는 문서 전체에서 용어의 희귀도를 측정합니다. TF-IDF 인코딩은 문서 내에서는 빈번하지만, 문서 전체에서는 드문 용어에 더 높은 가중치를 부여하며, 일반적으로 더 많은 정보를 제공합니다.

이제 ChatGPT에 코드를 제공하도록 요청하겠습니다.

프롬프트

좋습니다. 진행하겠습니다.

다음과 같은 응답을 받아야 하며, ChatGPT는 문제 해결을 위한 제안을 제공해야 합니다.

프롬프트 응답

좋습니다. Jupyter Notebook가 있는 Google Drive에서 데이터 세트 불러옴으로써 시작하겠습니다. 먼저, Google Drive를 마운트하고 나서 Amazon 리뷰 데이터를 포함하는 CSV 파일을 읽어야 합니다.

단계 1 : 데이터 세트 불러오기

Pandas 라이브러리를 사용하여, CSV 파일에서 데이터 세트를 불러오겠습니다. Pandas는Python을 위한 강력한 데이터 처리 도구를 제공하므로, CSV 파일과 같은 구조화된 데이터를 처리하는 데 적합합니다.

코드 설명 :

- `import pandas as pd` : 라이브러리를 가져오고 편의를 위해 통칭 Alias으로써, pd를 저장합니다.
- `from google.colab import drive` : 라이브러리에서 drive 모듈을 가져와서, Google Drive를 마운트합니다.
- `drive.mount('/content/drive')` : Google Drive를 마운트하여 파일에 접근합니다. 그러면 Google

Drive에 대한 접근 권한을 승인하라는 메시지가 표시됩니다.

- `data_path = '/content/drive/My Drive/Chapter05/amazon_product_review_data.csv'` : 데이터 세트가 포함된 CSV 파일의 경로를 정의합니다.
- `df = pd.read_csv(data_path)` : pandas의 `read_csv()` 함수를 사용하여, CSV 파일을 읽고 `df`라는 데이터 프레임에 저장합니다.

이제, 이러한 단계를 코드로 이행해 보겠습니다.

```
# 필요한 라이브러리를 가져옵니다
import pandas as pd
from google.colab import drive

# Google Drive를 탑재합니다
drive.mount('/content/drive')

# 데이터 세트 경로
data_path = '/content/drive/My Drive/Chapter05/amazon_product_review_data.csv'

# 데이터 프레임에서 데이터 세트를 불러옵니다
df = pd.read_csv(data_path)
```

Jupyter Notebook에서 이 코드를 실행하면 데이터 세트가 데이터프레임 df에 불러옵니다. 다음 단계로 진행하기 전에 궁금한 점이 있으면 알려주세요.

이제 평가 프롬프트 전략(LIFE 기법의 3.4임)을 적용하고 모든 단계에 대해, Google Colab에서 코드를 실행하고 코드를 검증할 것이며, 코드는 Google Drive에서 데이터 세트를 불러옵니다. 코드는 수정이나 오류 없이 완벽하게 실행됩니다. 권한을 요청할 것입니다. 이 코드는 수정이나 오류 없이 완벽하게 실행됩니다.

실행 가능한 코드 스니펫은 ChatGPT.ipynb를 사용하여, 감정 분석을 위한 분류 모델 구축하려면, Notebook을 참조하거나 프롬프트 응답에서 코드를 복사하세요.

```
# Importing necessary libraries
import pandas as pd
from google.colab import drive

# Mount Google Drive
drive.mount('/content/drive')

# Path to the dataset
data_path = '/content/drive/My Drive/Chapter05/amazon_product_review_data.csv'

# Load the dataset into a DataFrame
df = pd.read_csv(data_path)
```

```
Mounted at /content/drive
```

그림 12.1 코드 실행 – 데이터 전처리

이제 ChatGPT에게 다음 단계로 진행하도록 지시합니다.

프롬프트

다음 단계로 넘어가겠습니다.

다음과 같은 응답을 받아야 하며, 여기에서 ChatGPT는 데이터 전처리를 위한 코드를 제공해야 합니다.

프롬프트 응답

좋습니다! 다음 단계에서는 다음과 같은 전처리 작업을 수행합니다.

1. 토큰화
2. 소문자화
3. 불용어 제거하기
4. 문장 부호 제거하기

토큰화 및 불용어 제거하기에는 NLTK 라이브러리를 사용하고, 소문자화와 문장 부호 제거하기 위하여, 문자열 메서드를 활용할 것입니다.

단계 2 : 데이터 전처리

토큰화

- 텍스트를 개별 단어 혹은 토큰으로 분할합니다. NLTK는 이를 위하여 word_tokenize 함수를 제공합니다.

소문자화

- Python 문자열의 lower() 메서드를 사용하여, 모든 텍스트를 문자로 변환합니다.

불용어 제거하기

- NLTK는 다양한 언어에 대한 불용어 목록은 제공합니다. 이 목록을 사용하여 리뷰 텍스트에서 불용어를 걸러냅니다.

문장 부호 제거하기

- 문자열 메서드를 사용하여 리뷰 텍스트에서 문장 부호를 제거합니다.

이제, 이러한 단계를 코드로 시행해 보겠습니다.

```
# 필요한 라이브러리를 가져옵니다
import nltk
import string

# NLTK 리소스를 다운로드합니다 (이 작업은 한 번만 수행하면 됩니다.)
nltk.download('punkt')
nltk.download('stopwords')
```

```
# 불용어 목록을 가져옵니다
stopwords = nltk.corpus.stopwords.words('english')

# 텍스트를 전처리하기 위한 함수
def preprocess_text(text):
    # 토큰화
    tokens = nltk.word_tokenize(text)

    # 소문자화
    tokens = [token.lower() for token in tokens]

    # 불용어 및 문장 부호를 제거합니다
    tokens = [token for token in tokens if token not in stopwords and token not in
string.punctuation]

    # 토큰을 다시 텍스트로 결합합니다
    preprocessed_text = ' '.join(tokens)

    return preprocessed_text

# 리뷰 본문을 전처리합니다
df['Cleaned_Review'] = df['review_body'].apply(preprocess_text)

# 전처리된 데이터를 표시합니다
df.head()
```

코드에 대한 설명은 다음과 같습니다.

- 자연어 처리 작업을 위한 NLTK와 문장 부호 처리를 위한 문자열 모듈 등, 필요한 라이브러리를 가져옵니다.
- 토큰화 및 불용어 제거를 위한 NLTK 리소스는 `nltk.download()` 함수를 사용하여 다운로드합니다.
- 각 리뷰 텍스트를 전처리하는 `preprocess_text()` 함수를 정의합니다. 이 함수는 토큰화, 소문자화, 불용어 제거하기, 문장 부호 제거하기를 수행합니다.
- 함수 내부에는 `nltk.word_tokenize()`를 사용하여 텍스트를 토큰화 하고, 토큰을 소문자로 변환하며, 명단 파악List Comprehension을 사용하여 불용어와 문장 부호를 제거한 다음, 토큰을 다시 텍스트로 결합 합니다.
- 마지막으로, 데이터 프레임의 '`review_body`' 열에 `preprocess_text()` 함수를 적용하고, '`Cleaned_Review`'라는 새로운 열에 전처리된 텍스트를 저장합니다.

Jupyter Notebook에서 이 코드를 실행하면 데이터 프레임에 리뷰 텍스트를 전처리합니다. 문제가 발생하거나 다음 단계로 진행할 준비가 되었는지 알려주세요!

Notebook에서 코드를 실행하면, 완벽하게 실행되고 데이터 세트 요약이 Cleaned_Review라는 새로운 열과 함께 프린트됩니다.

product_title	product_category	star_rating	helpful_votes	total_votes	verified_purchase	review_headline	review_body	review_date	sentiments	Cleaned_Review
"The Cravings Place Chocolate Chunk Cookie Mix...	"Grocery"	1	0	0	1 \t(Y)	"Using these for years - love them."	"As a family allergic to wheat, dairy, eggs, n...	2015-08-31	positive	`` family allergic wheat dairy eggs nuts sever...
"Mauna Loa Macadamias, 11 Ounce Packages"	"Grocery"	1	0	0	1 \t(Y)	"Wonderful"	"My favorite nut. Creamy, crunchy, salty, and ...	2015-08-31	positive	`` favorite nut creamy crunchy salty slightly ...
"Organic Matcha Green Tea Powder - 100% Pure M...	"Grocery"	1	0	0	0 \t(N)	"Five Stars"	"This green tea tastes so good! My girlfriend ...	2015-08-31	positive	`` green tea tastes good girlfriend loves ''
"15oz Raspberry Lyons Designer Dessert Syrup S...	"Grocery"	1	0	0	1 \t(Y)	"Five Stars"	"I love Melissa's brand but this is a great se...	2015-08-31	positive	`` love melissa 's brand great second ca n't g...
"Stride Spark Kinetic Fruit Sugar Free Gum, 14...	"Grocery"	1	0	0	1 \t(Y)	"Five Stars"	"good"	2015-08-31	positive	`` good ''

그림 12.2 코드 실행 – 데이터 세트 요약

특징 2 : 모델 선택과 기준 훈련

이제 데이터 전처리가 완료되었으므로, 다음 특징인 모델 선택으로 넘어가겠습니다.

이제 ChatGPT에 다음 단계로 진행하여, 이전 단계의 결과를 제공하도록 지시합니다.

프롬프트

```
market_place customer_id review_id product_id product_parent product_title product_category star_rating helpful_votes total_votes vine verified_purchase review_headline review_body review_date sentiments Cleaned_Review 0 "US" "42521656" "R26MV8D0KG6QI6" "B000SAQCWC" "159713740" "The Cravings Place Chocolate Chunk Cookie Mix... "Grocery" 1 0 0 0 \t(N) 1 \t(Y) "Using these for years - love them." "As a family allergic to wheat, dairy, eggs, n... 2015-08-31 positive `` family allergic wheat dairy eggs nuts sever... 1 "US" "12049833" "R1OF8GP57AQ1A0" "B00509LVIQ" "138680402" "Mauna Loa Macadamias, 11 Ounce Packages" "Grocery" 1 0 0 0 \t(N) 1 \t(Y) "Wonderful" "My favorite nut. Creamy, crunchy, salty, and ... 2015-08-31 positive `` favorite nut creamy crunchy salty slightly ... 2 "US" "107642" "R3VDC1QB6MC4ZZ" "B00KHXESLC" "252021703" "Organic Matcha Green Tea Powder - 100% Pure M... "Grocery" 1 0
0 0 \t(N) 0 \t(N) "Five Stars" "This green tea tastes so good! My girlfriend ... 2015-08-31 positive `` green tea tastes good girlfriend loves '' 3 "US" "6042304" "R12FA3DCF8F9ER" "B000F8JIIC" "752728342" "15oz Raspberry Lyons Designer Dessert Syrup S... "Grocery" 1 0 0 0 \t(N) 1 \t(Y) "Five Stars" "I love Melissa's brand but this is a great se... 2015-08-31 positive `` love melissa 's brand great second ca n't g... 4 "US" "18123821" "RTWHVNV6X4CNJ" "B004ZWR9RQ" "552138758" "Stride Spark Kinetic Fruit Sugar Free Gum, 14... "Grocery" 1 0 0 0 \t(N) 1 \t(Y) "Five Stars" "good" 2015-08-31 positive `` good ''
```

다음과 같은 응답을 받아야 하며, 여기에서 ChatGPT는 다음 단계를 위한 코드를 제공해야 합니다.

프롬프트 응답

이제 데이터 프레임이 전처리된 텍스트 데이터를 포함하는 'Cleaned_Review'라는 새로운 열이 포함된 것으로 보입니다. 데이터 전처리 단계를 성공적으로 완료했습니다.

물론이죠. 다음 단계로 넘어가겠습니다.

단계 3 : 모델 선택하기

이 단계에서는 감정 분석을 위한 기준 기계 학습 모델을 선택할 것입니다. 이 단계에서는 감정 분석을 위한, 기본 감정 분석과 같은 텍스트 분류 작업에서 일반적으로 사용되는 모델에는, 로지스틱 회귀, 나이브 베이즈, 서포트 벡터 머신(SVM)이 있습니다. 이러한 모델 중 하나를 기준으로 삼아서 그 성능을 평가해보겠습니다.

로지스틱 회귀

- 로지스틱 회귀는 감정 분석과 같은 이진 분류Binary Classification 작업에 널리 사용되는 선형 분류Linear Classification 알고리즘입니다. 로지스틱 함수를 사용하여, 주어진 입력이 특정 클래스에 속할 확률을 모델링하는 방식으로 작동합니다.
- Python의 강력한 기계 학습 라이브러리인 scikit-learn을 사용하여, 감정 분석을 위한 로지스틱 회귀를 구현해 보겠습니다.

전처리된 데이터를 사용하여, 감정 분석을 위한 로지스틱 회귀를 구현해 보겠습니다. 코드는 다음과 같습니다.

```
# 필요한 라이브러리를 가져옵니다
from sklearn.model_selection import train_test_split
from sklearn.feature_extraction.text import TfidfVectorizer
from sklearn.linear_model import LogisticRegression
from sklearn.metrics import accuracy_score, classification_report

# 데이터를 훈련 세트 및 데이터 세트로 분할하기
X = df['Cleaned_Review']
y = df['sentiments']
X_train, X_test, y_train, y_test = train_test_split(X, y, test_size=0.2, random_state=42)

# TF-IDF 벡터화
tfidf_vectorizer = TfidfVectorizer(max_features=5000) # 필요에 따라서, max_features를 튜닝할 수 있습니다
X_train_tfidf = tfidf_vectorizer.fit_transform(X_train)
X_test_tfidf = tfidf_vectorizer.transform(X_test)

# 로지스틱 회귀 모델 초기화하기 및 훈련하기
lr_model = LogisticRegression()
lr_model.fit(X_train_tfidf, y_train)

# 예측
y_pred = lr_model.predict(X_test_tfidf)
```

```
# 모델을 평가합니다
accuracy = accuracy_score(y_test, y_pred)
print("Accuracy:", accuracy)
print("\nClassification Report:")
print(classification_report(y_test, y_pred))
```

코드에 대한 설명은 다음과 같습니다.

- 데이터 분할을 위한, train_test_split, TF-IDF 벡터화를 위한 TfidVectorizer, 로지스틱 회귀를 위한 LogisticRegression, 모델 평가를 위한 accuracy_score과 classification_report 등, 모델 선택 및 모델 평가를 위하여 필요한 라이브러리를 scikit-learn에서 가져옵니다.
- train_test_split을 사용하여 데이터를 학습 및 테스트 세트로 분할합니다.
- TfidVectorizer를 사용하여, 훈련 및 테스트 데이터에 TF-IDF 벡터화를 수행합니다.
- 훈련 데이터를 사용하여, 로지스틱 회귀 모델을 초기화하고 학습합니다.
- 테스트 데이터에 대한 예측을 수행합니다.
- 마지막으로, 정확도 및 분류 보고서를 사용하여, 모델의 성능을 평가합니다.

Jupyter Notebook에서 이 코드를 실행하여, 로지스틱 회귀 모델을 훈련하고 감정 분석 작업에서 그 성능을 평가할 수 있습니다. 궁금한 점이 있거나, 다른 모델 옵션을 살펴보고 싶으시면 알려주세요!

코드를 실행하면 오류가 없이 실행되고, 모델을 학습시키며, 모델 성능을 평가합니다.

정밀도, 재현율 등이 있는 테이블을 볼 수 있을 것입니다.

모델 평가 및 해석의 다음 특징으로 넘어갈 것입니다.

특징 3 : 모델 평가 및 해석

이제 로지스틱 회귀 모델을 선택하고 기준 성능을 평가했으므로, 결과를 해석할 수 있습니다.

이제 ChatGPT에 출력물을 제공하고, 특징 중요도 분석 및 모델 설명 가능성과 가은 추가 기술을 요청할 것입니다.

프롬프트

정확도, 정밀도, 재현율 및 F1점수와 같은 메트릭에 대해 알아보고 싶습니다. 또한 특징 중요도 분석이나, 모델 설명 가능성 매서드와 같은 모델 예측을 해석하는 기술을 살펴보고, 감정 분류 결정에 영향을 미치는 요인에 대한 인사이트를 얻고 싶습니다. 다음은 모델 평가의 결과물입니다.

```
Accuracy: 0.86
Classification Report:
                precision  recall     f1-score   support
   negative     0.00       0.00       0.00       14
```

```
positive       0.86      1.00      0.92      86

accuracy                           0.86      100
macro avg      0.43      0.50      0.46      100
weighted avg   0.74      0.86      0.80      100
```

ChatGPT가 메트릭을 설명하고, 모델 설명 가능성 등에 대한 몇 가지 옵션을 제안하는 다음과 같은 응답을 받아야 합니다.

프롬프트 응답

물론이죠! 모델 평가 결과에 언급된 행렬을 세분화하고, 모델 예측을 해석하는 기술에 대해 논의해 보겠습니다.

메트릭 설명 :

- **정확도 :**
  정확도는 전체 인스턴스 중 올바르게 분류된 인스턴스의 비율을 측정합니다. 정확도는, 전체 예측 숫자에 대한 정확한 예측의 숫자 비율로 계산됩니다. 그렇지만 정확도만으로, 특히 클래스가 불균형한 경우에는 모델 성능을 완전하게 파악하지 못할 수 있습니다.
- **정밀도 :**
  정밀도는 전체 긍정 예측 중 진양성 예측의 비율을 측정합니다. 이는 위양성을 피하는 모델의 능력을 나타냅니다. 진양성과 위양성의 합에 대한 진양성의 비율로 계산됩니다.
- **재현율 :**
  민감도 혹은 진양성으로 알려진, 재현율은 모든 실제 양성 인스턴스 중, 진양성 예측의 비율을 측정합니다. 이는 모든 양성 사례를 식별하는 모델의 능력을 나타냅니다. 진양성과 위양성의 합에 대한 진양성의 비율로 계산됩니다.
- **F1 점수 :**
  F1 점수는 정확도와 재현율의 조화 평균[Harmonic mean]입니다. 정밀도와 재현율을 모두 고려한 균형이 잡힌 측정값을 제공합니다. 2 * (정밀도 * 재현율) / (정밀도 + 재현율)로 계산됩니다.

해석 :

- **정확도 :**
  정확도 0.86은 모델이 테스트 세트의 인스턴스 중 86%를 정확하게 분류했음을 의미합니다. 그렇지만, 정확도 만으로는 클래스 별 성능에 대한 통찰을 얻을 수 없습니다.
- **정밀도 :**
  긍정 클래스에 대한 정밀도는 1.00으로, 모델이 긍정 리뷰를 올바르게 식별했음을 나타냅니다. 그러나 부정 클래스에 대한 정밀도는 0.00으로, 모델이 부정 리뷰를 식별하지 못했음을 나타냅니다.
- **재현율 :**
  긍정 리뷰의 F1 점수는 0.92, 긍정 리뷰에 대한 정확도와 정밀도의 조화 평균입니다. 그러나 부정 클래스에 대한 정밀도는 0.00으로, 모델이 부정 리뷰를 식별하지 못했음을 나타냅니다.

- **F1 점수 :**
  긍정 리뷰의 F1 점수는 0.92, 긍정 리뷰에 대한 정확도와 정밀도의 조화 평균입니다. 이는 긍정 리뷰에 대한, 모델 성능의 균형이 잡힌 척도를 제공합니다.

모델 예측을 해석하는 기법 :

- **특징 중요도 분석 :**
  로지스틱 회귀 모델의 경우, 각 특징과 관련된 계수를 조사하여, 특징의 중요성을 해석할 수 있습니다. 계수가 클수록, 예측된 클래스에 대한 영향력이 크다는 것을 나타냅니다. 이를 통하여, 긍정이거나 부정적인 감정에 기여하는 중요한 단어나 특징을 식별할 수 있습니다.
- **모델 설명 가능성의 메서드 :**
  쉐플리 가법 설명SHaplet Additive exPlanations(SHAP) 값, 로컬 해석이 가능한 진단 설명 모델형Local Interpretable Model-agnositc Explanation(LIME) 혹은 ELI5(Explain Like I'm 5)와 같은 기법은, 개별 특징이 모델 예측에 어떻게 기여하는지에 대한 통찰을 제공할 수 있습니다. 이러한 방법은 로지스틱 회귀와 같은 복잡한 모델의 의사 결정 과정을 이해하는 데 도움이 됩니다.

이러한 기법에 대해서 더 자세하게 알아보고 싶거나, 구체적인 질문이 있으신가요? 어떻게 도와드릴 수 있을지 알려주세요!

ChatGPT에게 **SHAP(쉐플리 가법 설명) 기법**을 적용하도록 요청하겠습니다.

프롬프트

SHAP을 먼저 시도합니다.

ChatGPT가 요청을 이해하고, SHAP용 코드를 제공하고 다음과 같은 응답을 받아야 합니다.

프롬프트 응답

물론입니다! SHAP(쉐플리 가법 설명)은 기계 학습 모델의 개별 예측을 설명하는 방법입니다. 특정한 인스턴스에 대한 모델 출력에 대한, 각 특징의 기여도를 이해할 수 있는 방법을 제공합니다.

다음은 SHAP을 사용하여, 감정 분석을 위한 로지스틱 회귀 모델의 예측을 해석하는 방법입니다.

모델 해석에 SHAP 사용하기 :

1. SHAP을 설치합니다 :
   먼저 SHAP이 설치되어 있는지 확인합니다. 설치되어 있지 않다면, pip를 사용하여 설치할 수 있습니다.
   ```
   !pip install shap
   ```
2. 데이터를 준비합니다 :
   SHAP 분석을 위하여, 데이터를 준비해야 합니다. 여기에는 텍스트 데이터를 로지스틱 회귀 모델에 적합한 형식으로 변환하는 작업이 포함됩니다.
3. 모델 예측을 설명합니다 :

SHAP을 사용하여 테스트 세트의 개별 인스턴스에 대한, 로지스틱 회귀 모델의 예측을 설명하겠습니다. 이를 통하여 각 특징이 모델의 결정에 어떻게 기여하는지에 대한 통찰을 얻을 수 있습니다.

이제, 이러한 단계를 코드로 이행해 보겠습니다.

```
# 필요한 라이브러리를 가져옵니다import shap

# 로지스틱 회귀 모델과 학습데이터로 SHAP 설명자를 초기화합니다
explainer = shap.Explainer(lr_model, X_train_tfidf)

# 특정 인스턴스(예시: 테스트 세트의 첫 번째 인스턴스)에 대한 모델의 예측을 설명합니다
instance_index = 0

# 테스트 세트에서 원하는 인스턴스 인덱스를 선택할 수 있습니다
shap_values = explainer.shap_values(X_test_tfidf[instance_index])

# SHAP 값을 시각화합니다
shap.summary_plot(shap_values, features=X_test_tfidf[instance_index], feature_
names=tfidf_vectorizer.get_feature_names())
```

코드의 설명 :

- SHAP 라이브러리를 가져옵니다.
- 로지스틱 회귀 모델(`lr_model`)과 TF-IDF 변환 훈련 데이터(`X_train_tfidf`)로 SHAP 설명자를 초기화합니다.
- 설명자를 사용하여 테스트 세트(`X_test_tfidf[instance_index]`)에서 특정 인스턴스에 대한 SHAP 값을 계산합니다.
- 마지막으로 `shap.summary_plot()`을 사용하여, SHAP 값을 시각화합니다.

이 시각화는 선택한 인스턴스에 대한, 모델의 예측에 가장 많이 기여한 특징(단어)에 대한 통찰을 제공합니다.

Jupyter Notebook에서, 이 코드를 실행하여 개별 예측에 대한 SHAP 값을 시각화할 수 있습니다. 궁금한 질문이나 추가 지원이 필요하다면 알려주세요!

코드를 실행하면 오류가 발생합니다. `AttributeError: 'TfidfVectorizer' object has no attribute 'get_feature_names'.`

```
[ ]  !pip install shap

[6]  # Importing necessary libraries
     import shap

     # Initialize the SHAP explainer with the logistic regression model and training data
     explainer = shap.Explainer(lr_model, X_train_tfidf)

     # Explain the model's predictions for a specific instance (e.g., the first instance in the test set)
     instance_index = 0  # You can choose any instance index from the test set
     shap_values = explainer.shap_values(X_test_tfidf[instance_index])

     # Visualize the SHAP values
     shap.summary_plot(shap_values, features=X_test_tfidf[instance_index], feature_names=tfidf_vectorizer.get_feature_names())

---------------------------------------------------------------------------
AttributeError                            Traceback (most recent call last)
<ipython-input-6-673ab3e1b84b> in <cell line: 12>()
     10
     11 # Visualize the SHAP values
---> 12 shap.summary_plot(shap_values, features=X_test_tfidf[instance_index], feature_names=tfidf_vectorizer.get_feature_names())

AttributeError: 'TfidfVectorizer' object has no attribute 'get_feature_names'
```

그림 12.3 SHAP에서 속성 오류

피드백 프롬프트 전략(LIFE 기법의 3.3절)을 사용하여, ChatGPT에 오류를 제공할 것입니다.

프롬프트

```
AttributeError: 'TfidfVectorizer' object has no attribute 'get_feature_names'
```

제안된 올바른 코드가 포함된 응답을 받아야 합니다.

프롬프트 응답

TfidVectorizer 객체에 get_feature_name() 메서드가 없기 때문에, 속성 오류가 발생한 거 같습니다. 간과해서 죄송합니다. 벡터화의 어휘 속성에서 직접 특징 이름에 접속할 수 있습니다.

TfidfVectorizer 어휘에서 특징 이름을 검색하기 위해 코드를 올바르게 고칩니다.

```
# TfidVectorizer 어휘에서 특징 이름 가져오기
feature_names = tfidf_vectorizer.get_feature_names_out()

# SHAP 값을 시각화합니다
shap.summary_plot(shap_values, features=X_test_tfidf[instance_index], feature_
names=feature_names)
```

`get_feature_names_out()`를 사용하면, `TfidVectoizer`의 단어에서 특징 이름에 접근할 수 있습니다. 그에 따라 코드를 업데이트하고, Jupyter Notebook에서 다시 실행해 보세요. 문제가 더 발생하면 알려주세요!

수정된 코드를 실행하면, 정상적으로 작동하며 출력 플롯을 생성합니다.

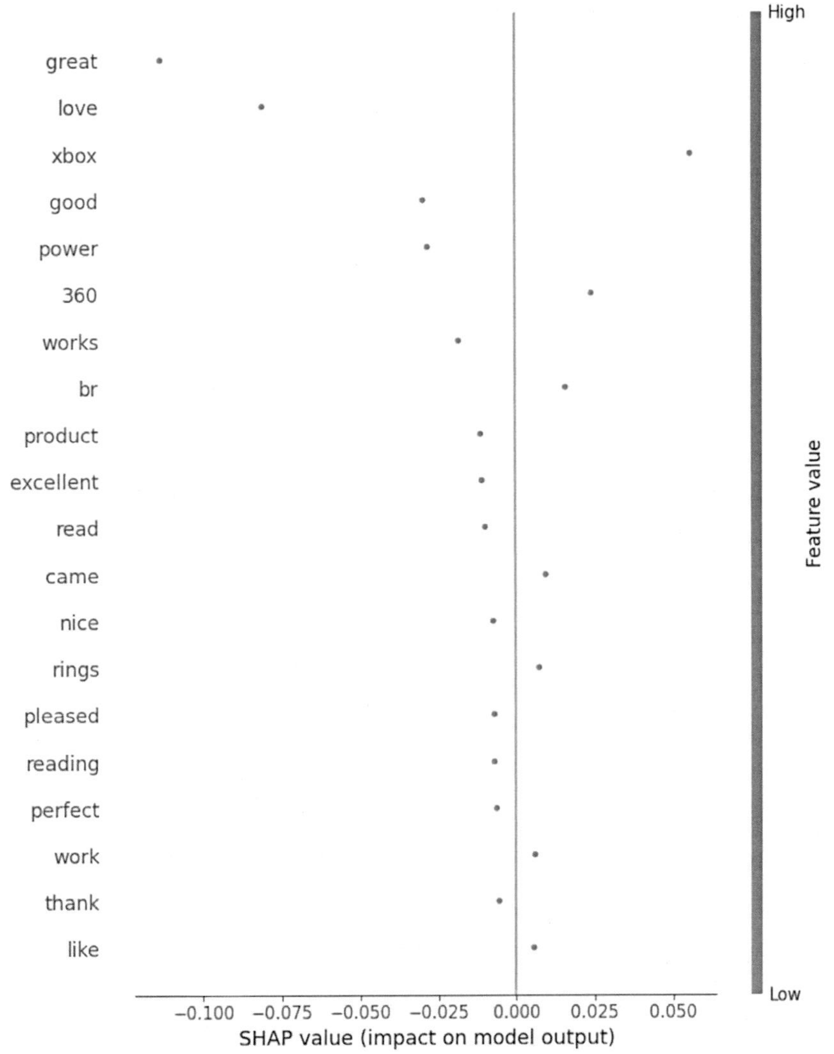

그림 12.4 코드 실행 – SHAP 모델 출력에 미치는 영향

- "great"과 "love"와 같은 단어는 양수 SHAP 값을 가지므로, 데이터에서 이러한 단어가 있으면 예측이 긍정적인 결과를 향해 나아갈 가능성이 높으며, 이는 감정 분석 모델에서 긍정적인 감정을 나타낼 수 있음을 의미합니다.
- 단어는 SHAP 값의 절대크기에 따라 순위가 매겨지며, "great"이 가장 큰 긍정적인 영향을 미칩니다.
- 이 목록에서 대부분의 단어는 0에 가까운 매우 미미한 영향을 미치므로, 해당 단어의 존재 여부가 기준선에 비해 예측에 큰 영향을 미치지 않습니다.

- "360"과 "xbox"와 같은 일부- 단어는 게임과 같은 특정 주제와 관련이 있을 수 있으며, SHAP 값이 살짝 음수이므로 이 모델이 예측하는 긍정적인 결과의 가능성을 낮출 수 있음을 시사합니다.

이제 ChatGPT에 ELI5(Explain Like I'm 5) 코드를 제공해 달라고 요청하겠습니다.

프롬프트

다음으로, ELI5를 사용해서 코드가 정확하고, 우리가 적용한 SHAP 기법으로 인해서 영향을 받지 않는지 확인하고자 합니다.

프롬프트 응답

물론입니다! 모델 해석과 기계 학습 모델 설명에 널리 사용되는 또 다른 라이브러리는 ELI5(Explain Like I'm 5) 입니다. ELI5를 사용하면, 로지스틱 회귀 모델이 어떻게 예측을 내리는지 이해하고 특징의 중요성을 검사할 수 있습니다.

ELI5를 코드에 통합하여, 로지스틱 회귀 모델의 예측을 설명해 보겠습니다.

모델 해석에 ELI5 사용하기 :

1. **ELI5를 설치합니다 :**
   아직 ELI5를 설치하지 않았다면, pip을 사용하여 설치할 수 있습니다.
   ```
   !pip install eli5
   ```
2. **모델 예측을 설명합니다 :**
   ELI5를 사용하여 테스트 세트의 개별 인스턴스에 대한, 로지스틱 회귀 모델의 예측을 설명하겠습니다. ELI5는 특징 중요도 및 텍스트 설명을 포함하여, 모델 예측을 설명하는 다양한 방법을 제공합니다.

모델 해석을 위하여, ELI5를 포함하는 코드를 업데이트 해봅시다.

```
# 필요한 라이브러리를 가져옵니다
import eli5

# ELI5를 사용하여 로지스틱 회귀 모델을 설명합니다
eli5.show_weights(lr_model, vec=tfidf_vectorizer, top=20) # 가장 중요한 상위 20개 특징을 표시합니다
```

코드의 설명 :

- ELI5 라이브러리를 가져옵니다.
- 로지스틱 회귀 모델의 예측을 설명하기 위하여, ELI5의 show_weight 함수를 사용합니다. 이 함수는 각 특징과 관련된 가중치(계수)를 표시하여, 모델의 의사 결정 과정에서 해당 특징의 중요성을 나타냅니다.
- 벡터화(vec) 모수를 지정하여, ELI5가 TD-IDF 벡터화를 기반으로 특징을 올바르게 해석하도록 합

니다.

Jupyter Notebook에서 이 업데이트된 코드를 실행하여, 모델의 예측에 기여하는 주요 특징을 확인할 수 있습니다. ELI5는 특징의 중요도를 명확하게 시각화하여 모델의 동작에 대한 통찰을 얻을 수 있도록 합니다.

궁금한 질문이나 추가 지원이 필요하다면 알려주세요!

ChatGPT에서 제공하는 코드를 실행하면, eli5 라이브러리가 설치되고 다음과 같은 출력물이 생성됩니다.

출력물이 초보자가 이해할 수 있는 수준이기에, 역설적이게도 전혀 이해할 수 없는 결과물입니다.

ChaGPT에게 최소한의 특징 이름이 알기 쉬운 언어로 된 코드를 제공하도록 요청해 보겠습니다.

프롬프트

저도 특징을 사용할 수 있을까요? X 숫자는 의미가 없으며, 초보자는 절대 이해할 수 없습니다.

다음과 유사한 응답을 볼 수 있습니다.

프롬프트 응답

물론입니다! 특징 인덱스(x 숫자)를 TF-IDF 벡터화의 단어에서 해당 단어 혹은 용어[Term]에 매핑하여, 더 쉽게 해석할 수 있도록 만들 수 있습니다. 가중치와 함께, 특징 이름을 포함하도록 코드를 업데이트 해 보겠습니다.

```
# ELI5를 사용하여 로지스틱 회귀 모델을 특징 이름과 함께 설명합니다eli5.show_weights(lr_model,
vec=tfidf_vectorizer, top=20, feature_names=tfidf_vectorizer.get_feature_names_out())
```

모수를 포함하면, ELI5는 특징 인덱스 대신에 실제 어휘 또는 용어를 표시합니다.

Jupyter Notebook에서 이 업데이트 된 코드를 실행하면, 긍정 클래스 예측에 기여하는 주요 특징과 해당 가중치를 확인할 수 있습니다. 궁금한 질문이나 추가 지원이 필요하다면 알려주세요!

제공된 코드를 실행하면, 이제 특징 이름이 영문으로 표시됩니다.

이것으로 특징 3을 마칩니다만, 데이터의 불균형이 불분명하므로 다음 특징으로 넘어가겠습니다.

특징 4 : 불균형 데이터 처리

이제 기준 모델을 확보하고 모델 설명 가능성 기법을 사용하는 방법을 배웠으므로, 이제 데이터 불균형을 처리하는 방법을 살펴보겠습니다.

프롬프트

모델 성능을 통하여 데이터 불균형을 완화하기 위한 몇 가지 기술을 적용하고 싶습니다.

```
Accuracy: 0.86
Classification Report:
              precision      recall     f1-score      support
   negative   0.00           0.00       0.00          14
   positive   0.86           1.00       0.92          86.
```

ChatGPT가 요청을 이해하고, 데이터 불균형을 완화하기 위한 제안과 코드를 제공하는, 다음과 같은 답변을 받아야 합니다.

프롬프트 응답

데이터 불균형을 해결하는 것은 모델의 성능을 개선하는 데 매우 중요하며, 특히 한 클래스가 다른 클래스에 비해 현저하고 불충분하게 표시된 경우에는 더욱 그렇습니다. 다음은 데이터 불균형을 완화하기 위해 적용할 수 있는 몇 가지 기술입니다.

리샘플링 기법 :

- **오버샘플링** : 합성 샘플을 생성하여 소수 클래스Minority class에서 인스턴스 수를 늘립니다. (예시: SMOTE(Synthetic Minority Over-sampling Technique)를 사용하기)
- **언더샘플링** : 샘플을 무작위로 제거하여, 다수 클래스Major class의 인스턴스 수를 줄입니다.

알고리즘 기법 :

- **클래스 가중치** : 모델 학습 중 소수 클래스의 인스턴스에 더 높은 가중치를 할당하여 잘못된 분류에 불이익을 줍니다.
- **앙상블 매서드** : 균형 랜덤 포레스트 혹은 이지 앙상블과 같이, 클래스 불균형을 잘 처리하는 앙상블 매서드를 활용하세요.

데이터 증강 :

- 기존 데이터 포인트에 변환Transformation 또는 섭동Perturbation을 적용하여, 소수 클래스에 대한 새로운 샘플을 생성합니다.

비용 민감 학습 :

- 모델 학습 프로세스에 오분류 비용을 명시적으로 통합하여, 소스 클래스의 정확한 분류를 우선시합니다.

클래스 가중치 튜닝과 같은 기법 중 하나를 구형하여, 로지스틱 회귀 모델의 데이터 불균형을 해결해 보겠습니다.

```
import numpy as np
# 클래스 가중치를 계산합니다
from sklearn.utils.class_weight import compute_class_weight

class_weights = compute_class_weight('balanced', classes=np.unique(y_train), y=y_train)
```

```
# 클래스 가중치로 로지스틱 회귀 모델을 초기화하고 훈련합니다
lr_model_balanced = LogisticRegression(class_weight=dict(zip(np.unique(y_ train),
class_weights)))
lr_model_balanced.fit(X_train_tfidf, y_train)

# 예측
y_pred_balanced = lr_model_balanced.predict(X_test_tfidf)

# 균형 잡힌 클래스 가중치로 모델을 평가합니다
accuracy_balanced = accuracy_score(y_test, y_pred_balanced)
print("Accuracy with balanced class weights:", accuracy_balanced)
print("\nClassification Report with balanced class weights:")
print(classification_report(y_test, y_pred_balanced))
```

설명:

- scikit-learn의 유틸리티에서 `compute_class_weight`를 사용하여, 클래스 가중치를 계산합니다. 균형 모드를 설정하면, 입력 데이터의 클래스 빈도에 반비례하여 가중치가 자동으로 튜닝합니다.
- 계산된 클래스 가중치로 새로운 로지스틱 회귀 모델(`lr_model_balanced`)을 초기화하고 훈련합니다.
- 균형 잡힌 모델을 사용하여 예측하고, 정확도 및 분류 보고서를 사용하여 성능을 평가합니다.

이 코드를 실행하면, 균형 잡힌 클래스 가중치로 로지스틱 회귀 모델을 훈련하고, 테스트 세트에서 그 성능을 평가합니다. 불균형 데이터의 처리를 개선하고, 잠재적으로 모델의 성능을 향상시키는 데 도움이 될 것입니다. 궁금한 질문이나 추가 지원이 필요하다면 알려주세요!

계산된 클래스 가중치를 사용하는 코드를 실행하여 어떠한 영향을 미치는지 살펴보겠습니다.

균형 잡힌 가중치가 있는 분류 보고서가 표시되어야 합니다.

ChatGPT가 설명을 제공할 수 있도록 출력을 제공할 것입니다.

프롬프트

균형 클래스 가중치 포함 정확도: 0.81

균형 클래스 가중치 포함 분류 보고서

```
              precision    recall    f1-score    support
negative      0.27         0.21      0.24        14
positive      0.88         0.91      0.89        86

accuracy                             0.81        100
macro avg     0.57         0.56      0.57        100
weighted avg  0.79         0.81      0.80        100
```

다음과 같은 응답을 받아야 하며, 여기에서 ChatGPT는 다음 단계를 위한 코드를 제공해야 합니다.

프롬프트 응답

균형 클래스 가중치를 적용하면 정확도는 약간 떨어지지만, 모델의 성능이 개선된 것으로 보입니다. 결과를 해석해 보겠습니다.

- **정확도** : 정확도 0.81은 모델이 테스트 세트의 인스턴스 중 81%를 정확하게 분류했음을 의미합니다.
- **정밀도 및 재현율** : 부정 클래스의 경우, 정확도가 0.27로 크게 향상되어, 모델이 리뷰를 부정적이라고 예측할 때 27%의 경우 정확하다는 것을 나타냅니다. 그러나 재현율은 0.21로 상대적으로 낮아서, 모델이 부정적인 사례를 많이 포착하지 못했음을 나타냅니다.
  긍정 클래스의 경우, 정확도와 정밀도가 모두 높은데 정확도는 0.88, 정밀도는 0.91입니다. 이는 모델이 긍정 사례를 잘 식별한다는 것을 나타냅니다.
- **F1 점수** : 부정 클래스의 F1 점수는 0.24로 소폭 개선되었지만, 긍정 클래스의 F1 점수는 0.89로 여전히 높습니다.
- **서포트** : 서포트는 각 클래스의 인스턴스 수를 나타냅니다. 테스트 세트에는 부정 클래스의 인스턴스가 14개, 긍정 클래스의 인스턴스가 86개 있습니다.

전반적으로 정확도는 낮아졌지만, 균형 클래스 가중치를 통해 소수 클래스(부정 리뷰)를 정확하게 분류하는 모델의 능력이 크게 향상되었습니다. 이는 두 클래스 모두에 대한 정확도와 정밀도 사이의 균형이 더 잘 맞아서 모델이 더 견고해졌음을 나타냅니다.

만약 더욱 더 분석이 필요하거나 특정한 질문이 있다면, 자유롭게 물으세요!

불균형을 줄였으며, 이제 하이퍼파라미터 튜닝하기의 다음 특징으로 넘어가겠습니다.

특징 5 : 하이퍼파라미터 튜닝

이제 불균형 데이터를 처리하는 방법을 배웠으므로, 일반화 강도, 학습 강도, 커널 모수와 같은 하이퍼파라미터를 튜닝하여 성능을 최적화하고 그리드 서치나 랜덤 서치와 같은 기술을 적용할 수도 있습니다.

프롬프트

성능을 최적화하기 위하여, 일반화 강도, 학습 강도, 커널 모수와 같은 하이퍼파라미터를 튜닝하여 성능을 최적화하고 그리드 서치나 랜덤 서치와 같은 기술을 적용합니다.

다음과 같은 응답을 받아야 합니다.

✓ **프롬프트 응답**

물론입니다! 하이퍼파라미터 튜닝은 모델 성능을 최적화하는 데 매우 중요합니다. 그리드 서치 혹은 랜덤 서치와 같은 기술을 사용하여, 다양한 하이퍼파라미터 값을 검색하고 최적의 성능을 내는 조합을 찾을 수 있습니다.

먼저 로지스틱 회귀를 예로 들어 그리드 검색을 사용하여 하이퍼파라미터 튜닝을 구현합니다.

```
# 필요한 라이브러리를 가져옵니다
from sklearn.model_selection import GridSearchCV

# 하이퍼파라미터 그리드를 정의합니다
param_grid = {
    'C': [0.01, 0.1, 1.0, 10.0],  # 일반화 강도 (작은 값은 큰 일반화를 나타냅니다)
    'solver': ['liblinear', 'lbfgs'],  # 최적화 알고리즘
}

# 로지스틱 회귀 모델을 초기화합니다
lr_model_tuned = LogisticRegression()

# 로지스틱 회귀 모델 및 하이퍼파라미터 그리드를 사용하여 GridSearchCV를 초기합니다
grid_search = GridSearchCV(lr_model_tuned, param_grid, cv=5, scoring='accuracy')

# 그리드 서치를 수행합니다
grid_search.fit(X_train_tfidf, y_train)

# 최적의 하이퍼파라미터를 얻습니다
best_params = grid_search.best_params_

print("Best Hyperparameters:", best_params)

# 그리드 서치에서 최적의 모델을 사용합니다
best_lr_model = grid_search.best_estimator_

# 예측
y_pred_tuned = best_lr_model.predict(X_test_tfidf)

# 튜닝된 모델을 평가합니다
accuracy_tuned = accuracy_score(y_test, y_pred_tuned)
print("Accuracy with tuned model:", accuracy_tuned)
print("\nClassification Report with tuned model:")
print(classification_report(y_test, y_pred_tuned))
```

설명 :

- 검색할 하이퍼파라미터 그리드(param_grid)를 정의합니다. 이 예시에서는 Regularzation Strength (C)와 Solver 알고리즘을 변경합니다.

- 로지스틱 회귀 모델(`lr_model_tuned`)를 초기화하고, GridSearchCV를 사용하여, 그리드 서칭을 수행합니다.
- 그리드 서칭은 교차 검증(cv=5)를 사용하여, 다양한 하이퍼파라미터의 조합으로 모델 성능을 평가합니다.
- 그리드 서칭 후, 최적의 하이퍼파라미터(`best_params`)와 최적의 모델(`best_lr_model`)을 검색합니다.
- 마지막으로 최적의 모델로 예측을 수행하고 성능을 평가합니다.

학습률 및 커널 모수와 같은, 다른 하이퍼파라미터를 다른 모델에 포함하도록 하이퍼파라미트 그리드(param_grid)를 튜닝할 수 있습니다. 또한 하이퍼파라미터 튜닝을 위해, 랜덤 서칭 또는 기타 최적화 기법을 탐색할 수 있습니다.

하이퍼파라미터 튜닝을 통하여 로지스틱 회귀 모델의 성능을 최적화하려면, Jupyter Notebook에서 이 코드를 자유롭게 실행해 보세요. 궁금한 질문이나 추가 지원이 필요하다면 알려주세요!

코드를 실행하면 정상적으로 작동하며, GridSearchCV를 사용하여 최적의 모수를 찾습니다.

튜닝된 모델이 있는 분류 보고서가 표시되어야 합니다.

하이퍼파라미터 튜닝은 정확도 및 클래스별 메트릭스 측면에서 모델의 성능을 크게 향상시키지 못했습니다. 결과를 해석해 보겠습니다.

- **최적의 하이퍼파라미터** : 그리드 서칭에서 최적의 하이퍼파라미터는 C = 0.01, solver='liblin er'으로 확인되었습니다. 이 하이퍼파라미터는 낮은 regularization strength (C = 0.01)와 li blinear solver 알고리즘을 사용했음을 나타냅니다.
- **정확도** : 튜닝된 모델의 정확도는 0.86으로 기준 모델과 동일하게 유지되었습니다. 이는 하이퍼파라미터 튜닝이 전반적인 정확도를 크게 향상시키지 못했음을 나타냅니다.
- **정밀도 및 재현율** : 긍정 클래스와 부정 클래스 모두에 대한 정밀도, 회수율, F1 점수는 기준 모델에서 변경되지 않았습니다. 이는 하이퍼파라미터 튜닝 후에도 각 클래스의 인스턴스를 정확하게 분류하는 모델의 능력이 향상되지 않았음을 시사합니다.
- **서포트** : 서포트 값은 테스트 세트의 각 클래스에 있는 인스턴스 수를 나타내며, 이전과 동일하게 유지됩니다.

마지막으로 특징으로 넘어가서 특징 표현Feature Representation에 대해 실험해 보겠습니다.

특징 6 특징 표현 실험하기

ChatGPT에 다양한 특징 표현을 위한, 코드를 제공하도록 지시해 보겠습니다.

프롬프트

이 특징에서는 단어 주머니(BoW) 기법, TF-IDF 혹은 단어 임베딩과 같은 다양한 특징 표현으로, 훈련된 모델의 성능을 비교하여 감정 분류에 가장 효과적인 접근 방식을 결정하고자 합니다.

프롬프트 응답

서로 다른 특징 표현으로 훈련된 모델의 성능을 비교하는 것은 감정 분류에 가장 효과적인 방법을 결정하는 데 유용한 접근 방식입니다. 단어 주머니, TF-IDF 및 단어 임베딩 표현을 사용하여, 모델을 훈련하고 동일 평가 메트릭스를 사용하여 성능을 평가할 수 있습니다. 이 과정을 단계별로 살펴보겠습니다.

1. **단어 주머니 표현 :**
   각 문서에 어휘에서 각 단어의 빈도를 나타내고 벡터로 표현되는 단어 주머니 접근 방식을 사용하여, 텍스트 데이터를 표현할 수 있습니다.
2. **TF-IDF 표현 :**
   TF-IDF(용어빈도-역문서빈도, Term Frequenct-Inverse Document Frequency) 표현은 문서 내 용어뿐만이 아니라, 전체 말뭉치에서 해당 용어의 중요도도 고려합니다.
3. **단어 임베딩 표현 :**
   단어 임베딩은 단어를 연속 벡터 공간에서 밀도가 높은 벡터로 표현하여, 단어 사이의 의미 관계를 포착합니다.

이렇게 다양한 특징 표현으로 훈련된 모델의 성능을 비교하는 방법은 다음과 같습니다.

- **데이터 전처리** : 토큰화, 소문자화, 불용어 제거, 각 특징 표현 방식에 필요한 텍스트 전처리 단계를 수행합니다.
- **모델 훈련** : 각 특징 표현 방법(단어 주머니, TF-IDF, 단어 임베딩)을 사용하여 로지스틱 회귀 모델을 훈련합니다.
- **성능 평가** : 동일한 평가 메트릭스(정확도, 정밀도, 재현율, F1 점수)를 사용하여 각 모델의 성능을 평가합니다.
- **결과 비교** : 서로 다른 특징 표현으로 훈련된 모델의 성능을 비교하여, 감정 분류에 가장 효과적인 접근 방식을 결정합니다.

먼저 단어 주머니, TF-IDF, 단어 임베딩 표현을 사용하여 로지스틱 표현 모델을 구현해 보겠습니다.

단어 주머니 표현 :

```
from sklearn.feature_extraction.text import CountVectorizer

# CountVectorizer를 초기화합니다
bow_vectorizer = CountVectorizer(max_features=5000) # 필요에 따라서, max_features를 조정할 수 있습니다

# 텍스트 데이터에서 단어 주머니 표현으로 변환합니다
X_train_bow = bow_vectorizer.fit_transform(X_train)
X_test_bow = bow_vectorizer.transform(X_test)
```

```
# 로지스틱 회귀 모델을 단어 주머니 표현으로 훈련합니다
lr_model_bow = LogisticRegression()
lr_model_bow.fit(X_train_bow, y_train)

# 모델 성능을 평가합니다
y_pred_bow = lr_model_bow.predict(X_test_bow)
accuracy_bow = accuracy_score(y_test, y_pred_bow)
print("Accuracy with bag-of-words representation:", accuracy_bow)
# 필요한 경우에 다른 평가 메트릭을 추가합니다
```

TF-IDF 표현 :

```
from sklearn.feature_extraction.text import TfidfVectorizer

# TfidfVectorizer를 초기화합니다
tfidf_vectorizer = TfidfVectorizer(max_features=5000)# 필요에 따라서, max_features를 조정할 수 있습니다

# 텍스트 데이터를 TF-IDF 표현으로 변환합니다
X_train_tfidf = tfidf_vectorizer.fit_transform(X_train)
X_test_tfidf = tfidf_vectorizer.transform(X_test)

# TF-IDF 표현으로 로지스틱 회귀 모델을 훈련합니다
lr_model_tfidf = LogisticRegression()
lr_model_tfidf.fit(X_train_tfidf, y_train)

# 모델 성능을 평가합니다
y_pred_tfidf = lr_model_tfidf.predict(X_test_tfidf)
accuracy_tfidf = accuracy_score(y_test, y_pred_tfidf)
print("Accuracy with TF-IDF representation:", accuracy_tfidf)
# 필요한 경우에 다른 평가 메트릭을 추가합니다
```

단어 임베딩 표현 :

단어 임베딩 표현을 위해서는 먼저 Word2Vec, GloVe 또는 fastText와 같은 기술을 사용하여, 텍스트 데이터를 단어 임베딩으로 변환해야 합니다. 이를 위해 사전 학습된 단어 임베딩을 사용합니다.

```
# 사전 학습된 단어 임베딩이 불러와 있다고 가정합니다 (예시, GloVe)
# 텍스트 데이터를 단어 임베딩 표현으로 변환합니다
# 단어 임베딩을 적용하기 전에 토큰화 및 패드 시퀀스를 해야 할 수 있습니다

# 단어 임베딩 표현으로 로지스틱 회귀 모델을 훈련합니다
lr_model_word_embeddings = LogisticRegression()
lr_model_word_embeddings.fit(X_train_word_embeddings, y_train)

# 모델 성능을 평가합니다
y_pred_word_embeddings = lr_model_word_embeddings.predict(X_test_word_ embeddings)
```

```
accuracy_word_embeddings = accuracy_score(y_test, y_pred_word_embeddings)
print("Accuracy with word embeddings representation:", accuracy_word_ embeddings)
# 필요한 경우에 다른 평가 메트릭을 추가합니다
```

서로 다른 특징 표현으로 모델을 훈련하고, 평가한 후 정확도 혹은 기타 평가 메트릭스를 사용하여 성능을 비교할 수 있습니다. 결과를 바탕으로 감정 분류에 가장 효과적인 특징 표현 방법을 결정할 수 있습니다.

Jupyter Notebook에서 이 코드를 실행해보고, 추가 지원이 필요하거나 궁금한 점이 있으면 알려주세요!

코드를 실행하여 단어 주머니, TF-IDF 및 단어 임베딩에 대한 정확도를 비교해 보겠습니다. 코드는 처음 두 가지에 대해서는 완벽하게 작동하지만, 단어 임베딩에 대해서는 오류가 발생합니다.

```
from sklearn.feature_extraction.text import CountVectorizer

# Initialize CountVectorizer
bow_vectorizer = CountVectorizer(max_features=5000)  # You can adjust max_features as needed

# Transform text data into bag-of-words representation
X_train_bow = bow_vectorizer.fit_transform(X_train)
X_test_bow = bow_vectorizer.transform(X_test)

# Train logistic regression model with bag-of-words representation
lr_model_bow = LogisticRegression()
lr_model_bow.fit(X_train_bow, y_train)

# Evaluate model performance
y_pred_bow = lr_model_bow.predict(X_test_bow)
accuracy_bow = accuracy_score(y_test, y_pred_bow)
print("Accuracy with bag-of-words representation:", accuracy_bow)
# Add other evaluation metrics if needed

```

```
Accuracy with bag-of-words representation: 0.85
```

그림 12.5 단어 주머니

```
from sklearn.feature_extraction.text import TfidfVectorizer

# Initialize TfidfVectorizer
tfidf_vectorizer = TfidfVectorizer(max_features=5000)  # You can adjust max_features as needed

# Transform text data into TF-IDF representation
X_train_tfidf = tfidf_vectorizer.fit_transform(X_train)
X_test_tfidf = tfidf_vectorizer.transform(X_test)

# Train logistic regression model with TF-IDF representation
lr_model_tfidf = LogisticRegression()
lr_model_tfidf.fit(X_train_tfidf, y_train)

# Evaluate model performance
y_pred_tfidf = lr_model_tfidf.predict(X_test_tfidf)
accuracy_tfidf = accuracy_score(y_test, y_pred_tfidf)
print("Accuracy with TF-IDF representation:", accuracy_tfidf)
# Add other evaluation metrics if needed
```

```
Accuracy with TF-IDF representation: 0.86
```

그림 12.6 TF-IDF

```
# Assuming you have pre-trained word embeddings loaded (e.g., GloVe)
# Convert text data into word embeddings representation
# You may need to tokenize and pad sequences before applying word embeddings

# Train logistic regression model with word embeddings representation
lr_model_word_embeddings = LogisticRegression()
lr_model_word_embeddings.fit(X_train_word_embeddings, y_train)

# Evaluate model performance
y_pred_word_embeddings = lr_model_word_embeddings.predict(X_test_word_embeddings)
accuracy_word_embeddings = accuracy_score(y_test, y_pred_word_embeddings)
print("Accuracy with word embeddings representation:", accuracy_word_embeddings)
# Add other evaluation metrics if needed
```

```
---------------------------------------------------------------------------
NameError                                 Traceback (most recent call last)
<ipython-input-20-8a483831a6f9> in <cell line: 7>()
      5 # Train logistic regression model with word embeddings representation
      6 lr_model_word_embeddings = LogisticRegression()
----> 7 lr_model_word_embeddings.fit(X_train_word_embeddings, y_train)
      8 
      9 # Evaluate model performance

NameError: name 'X_train_word_embeddings' is not defined
```

그림 12.7 단어 임베딩 - 오류

따라서, ChatGPT에 단어 임베딩에 대한 수정된 코드르 제공하도록 지시하고, 이전에 토큰화를 수행했지만 임베딩이 없는 통찰도 제공할 것입니다.

프롬프트

NameError Traceback (most recent call last) <ipython-input-20-8a483831a6f9> in <cell line: 7>() 5 # Train logistic regression model with word embeddings representation 6 lr_model_word_embeddings = LogisticRegression() ----> 7 lr_model_word_embeddings.fit(X_train_word_embeddings, y_train) 8 9 # Evaluate model performance NameError: name 'X_train_word_embeddings' is not defined. 단어 임베딩을 사전 학습하지는 않았지만 이전에 토큰화했습니다. 함수 내부에는 nltk.word_tokenize()를 사용하여 텍스트를 토큰화하고, 토큰을 소문자로 변환하며, 명단 파악List Comprehension을 사용하여 불용어와 문장 부호를 제거한 다음, 토큰을 다시 텍스트로 결합합니다. 마지막으로, 데이터 프레임의 'review_body' 열에 preprocess_text() 함수를 적용하고, 'Cleaned_Review'라는 새로운 열에 전처리된 텍스트를 저장합니다.

다음과 유사하게 수정된 코드가 포함된 응답을 받아야 합니다.

프롬프트 응답

명확하게 설명해 주셔서 감사합니다. 텍스트 데이터를 전처리하고 토큰화했기 때문에, 사전 학습된 단어 임베딩 없이도 단어 임베딩을 사용하여 텍스트를 표현할 수 있습니다. 토큰화된 텍스트에서 단어 임베딩을 생성하기 위해, Word2Vec 또는 Doc2Vec과 같은 기술을 사용할 것입니다.

Word2Vec을 사용하여 텍스트 데이터를 표현한 다음, 로지스틱 회귀 모델을 훈련해 보겠습니다.

Word2Vec을 사용한 단어 임베딩 표현 :

```
from gensim.models import Word2Vec
from sklearn.feature_extraction.text import CountVectorizer
from sklearn.base import BaseEstimator, TransformerMixin

# 텍스트 데이터를 토큰화하기 위한 사용자 정의 트랜스포머를 정의합니다
class TokenizerTransformer(BaseEstimator, TransformerMixin):
    def fit(self, X, y=None):
        return self

    def transform(self, X):
        return [text.split() for text in X]

# 토큰화된 텍스트 데이터에 Word2Vec 모델 초기화하고 맞춥니다
w2v_model = Word2Vec(sentences=TokenizerTransformer().fit_transform(X_train), min_count=1)

# 각 문서에 대한 단어 벡터의 평균을 구하는 함수를 정의합니다
def average_word_vectors(words, model, vocabulary, num_features):
    feature_vector = np.zeros((num_features,), dtype="float64")
    nwords = 0.

    for word in words:
```

```
        if word in vocabulary:
            nwords = nwords + 1.
            feature_vector = np.add(feature_vector, model.wv[word])

    if nwords:
        feature_vector = np.divide(feature_vector, nwords)

return feature_vector

# 토큰화된 텍스트 데이터를 단어 임베딩 표현으로 변환하는 사용자 정의 트랜스포머를 정의합니다
class WordEmbeddingsTransformer(BaseEstimator, TransformerMixin):
    def __init__(self, model):
        self.model = model
        self.num_features = model.vector_size
        self.vocabulary = set(model.wv.index_to_key)

    def fit(self, X, y=None):
        return self

    def transform(self, X):
        return np.array([average_word_vectors(words, self.model, self. vocabulary,
self.num_features) for words in X])

# 토큰화된 텍스트 데이터를 단어 임베딩 표현으로 변환합니다
X_train_word_embeddings = WordEmbeddingsTransformer(w2v_model).fit_
transform(TokenizerTransformer().fit_transform(X_train))
X_test_word_embeddings = WordEmbeddingsTransformer(w2v_model).
transform(TokenizerTransformer().transform(X_test))

# 단어 임베딩 표현으로 로지스틱 회귀 모델을 훈련합니다
lr_model_word_embeddings = LogisticRegression()
lr_model_word_embeddings.fit(X_train_word_embeddings, y_train)

# 모델 성능을 평가합니다
y_pred_word_embeddings = lr_model_word_embeddings.predict(X_test_word_ embeddings)
accuracy_word_embeddings = accuracy_score(y_test, y_pred_word_embeddings)
print("Accuracy with word embeddings representation (Word2Vec):", accuracy_ word_embeddings)
# 필요한 경우에 다른 평가 메트릭을 추가합니다
```

설명 :

- 텍스트 데이터를 토큰화하기 위해, 사용자 정의 트랜스포머인 TokenizerTransformer를 정의합니다.
- 토큰화된 텍스트 데이터에서 단어 임베딩을 생성하기 위해, Word2Vec 모델을 사용합니다.
- 각 문서의 단어 벡터 평균화하는 함수인 average_word_vectors를 정의합니다.
- 토큰화된 텍스트 데이터를 단어 임베딩 표현으로 변환하는, 또 다른 사용자 정의 트랜스포머인 WordEmbeddingsTransformer를 정의합니다.

- Word2Vec에서 얻은 단어 임베딩 표현을 사용하여, 로지스틱 회귀 모델을 훈련합니다.
- 마지막으로, 모델의 성능을 평가하고 정확도를 프린트합니다.

Jupyter Notebook에서 이 코드를 실행하고, Word2Vec 단어 임베딩을 사용하여 텍스트 데이터를 표현하고, 로지스틱 회귀 모델을 훈련할 수 있습니다. 도움이 더 발생하면 알려주세요!

이번에는 코드가 작동합니다.

```
# Convert tokenized text data into word embeddings representation
X_train_word_embeddings = WordEmbeddingsTransformer(w2v_model).fit_transform(TokenizerTransformer().fit_transform(X_train))
X_test_word_embeddings = WordEmbeddingsTransformer(w2v_model).transform(TokenizerTransformer().transform(X_test))

# Train logistic regression model with word embeddings representation
lr_model_word_embeddings = LogisticRegression()
lr_model_word_embeddings.fit(X_train_word_embeddings, y_train)

# Evaluate model performance
y_pred_word_embeddings = lr_model_word_embeddings.predict(X_test_word_embeddings)
accuracy_word_embeddings = accuracy_score(y_test, y_pred_word_embeddings)
print("Accuracy with word embeddings representation (Word2Vec):", accuracy_word_embeddings)
# Add other evaluation metrics if needed
```

```
Accuracy with word embeddings representation (Word2Vec): 0.86
```

그림 12.8 단어 임베딩의 정확성

이것으로 ChatGPT의 무료 버전에 대한 마지막 특징을 마칩니다.

이제 ChatGPT-4 또는 ChatGPT Plus를 사용하여, 이러한 기능 중 일부를 사용해 보겠습니다.

ChatGPT-4 혹은 ChatGPT Plus를 사용하여, Amazon 리뷰를 정확하게 분류하는 감정 분석 모델을 구축하기

ChatGPT Plus 혹은 GPT-4에는 데이터 세트를 업로드하고, 데이터 세트를 분석하며, Python 및 matplotlib과 같은 간단한 라이브러리를 사용하는 경우, 결과를 생성하는 기능이 포함되어 있습니다. 이 장을 작성할 당시에는 모바일 응용 프로그램을 사용하는 경우나 브라우저 버전을 사용하는 경우, GPT-4를 선택할 때에 OpenAI에서 제공하는 **데이터 분석**이라는 이름의 AI 어시스턴트가 있습니다.

무료 버전과 어떻게 다른지 특징별로 살펴보겠습니다.

특징 1 : 데이터 전처리 및 특징 엔지니어링

기준 모델에 대한 초기 프롬프트를 만들어 보겠습니다.

프롬프트

Amazon 리뷰 데이터 세트(TAG 기법의 1.1번임)의 감정 분석을 위한 간단한 분류 모델을 만들고 싶습니다. <데이터 세트는 여기에 CSV 형식으로 업로드합니다.> (PIC 기법의 2.3번임)

다음 단계로 구성되어야 하며(TAG 기법의 1.2임), 저는 초보자이므로(PIC 기법의 2.1임).한 번에 한 단계씩 제공하고 사용자의 피드백을 기다려야 합니다.(PIC기법의 2.2임)

- 데이터 전처리 토큰화, 소문자화, 불용어(不用語) 및 문장 부호 제거, 특징 엔지니어링(예: TF-IDF 인코딩, 단어 임베딩)
- 모델 선택 로지스틱 회귀, 나이브 베이즈 혹은 서포트 벡터 머신(Support Vector Machine)과 같은 기준 기계 학습 모델을 선택합니다.
- 모델 평가 및 해석
- 불균형 데이터 처리
- 하이퍼파라미터 튜닝
- 특징 표현 실험하기

ChatGPT-4가 데이터 세트를 불러온 경우, 다음과 유사한 응답을 받을 수 있습니다.

프롬프트 응답

좋습니다! Amazon 리뷰 데이터 세트의 데이터를 전처리하는 것부터 시작하겠습니다. 전처리 단계에 접근하는 방법은 다음과 같습니다.

- **데이터 불러오기 :** 먼저 데이터 세트의 구조를 이해하기 위하여, 데이터 세트를 불러옵니다.
- **토큰화 :** 여기에는 텍스트를 개별 단어 혹은 용어로 분해하는 작업이 포함됩니다.
- **소문자화 :** 모든 텍스트를 소문자로 변환하여 일관성을 유지합니다.
- **불용어 제거하기 :** 불용어는 "and", "the" 등과 같은 일반적인 단어로, 의미 있는 정보가 적기 때문에, 자연어 데이터를 처리하기 전에 필터링되는 경우가 많습니다.
- **문장 부호 제거하기 :** 문장 부호는 텍스트를 처리하는 동안, 추가 정보를 많이 추가하지 않으므로 일반적으로 제거됩니다.
- **특징 엔지니어링 :** 말뭉치에 대비하여 문서에서 단어의 중요성을 파악하는 데 도움이 되는 TF-IDF 인코딩을 적용합니다.

데이터를 불러오고, 그 구조를 살펴보는 것부터 시작하겠습니다. 데이터를 불러오고 열과 내용을 더 잘 이해하기 위해, 처음 몇 개의 항목을 표시하는 Python 스크립트를 작성하겠습니다. 이 단계를 계속 진행하여 데이터를 확인한 후, 다음 전처리 작업으로 넘어갈 수 있습니다. 다음은 스크립트입니다.

데이터 요소를 성공적으로 불러왔으며, 그 구조를 간단하게 살펴보겠습니다.

- `market_place`, `customer_id`, `review_id`, `product_id`, `product_parent` : 이 열은 리뷰와 제품에 대한 식별자 및 메타데이터입니다.
- `product_title`, `product_category` : 제품에 대한 정보입니다.
- `star_rating`, `helpful_votes`, `total_votes` : 평점 및 의사 표시입니다.
- `verified_purchase` : 구매가 확인되었는지 여부입니다.

- review_headline, review_body : 리뷰의 실제 텍스트입니다.
- review_date : 리뷰의 날짜입니다.
- sentiments : 감정 분석(긍정, 부정)을 위한 레이블인 것 같습니다.

감정 분석에 중점을 둔 경우, 주요 관심 열은 review_body와 sentiments 가 될 것입니다.

이제 전처리 단계를 진행하겠습니다.

- 토큰화
- 소문자화
- 불용어 제거하기
- 문장 부호 제거하기

이 단계에서는 Python에서 텍스트 처리에 일반적으로 사용되는, nltk 라이브러리를 사용하여 처리할 것입니다. 준비가 된 것을 알려주시면, 전처리 단계의 코딩을 시작하겠습니다.

데이터 세트가 성공적으로 불러왔으며, ChatGPT-4가 다음 단계인 사용자의 피드백(LIFE 기법의 3.3번임)을 기다리고 있음을 알 수 있습니다. 이제 ChatGPT에게 다음 단계로 진행하도록 지시합니다.

프롬프트

데이터 전처리를 진행하겠습니다.

프롬프트 응답

좋습니다. 데이터 전처리 작업부터 하나씩 시작해 보겠습니다. 이렇게 하겠습니다.

- **토큰화** : review_body 텍스트를 개별 단어 또는 토큰으로 분할합니다.
- **소문자화** : 모든 토큰을 소문자로 변환하여 텍스트를 표준화합니다.
- **불용어** : 제거하기 감정 분석에 유용하지 않을 수 있는 일반적인 단어를 제거합니다.
- **문장 부호 제거하기** : 텍스트 기반 모델에서는 일반적으로 문장 부호가 필요하지 않으므로 문장 부호를 제거합니다.

이 단계에서는 자연어 툴키트(nltk)를 사용하겠습니다. 필요한 라이브러리를 설치하고, 초기 전처리 기능을 설정하는 것부터 시작하겠습니다. 시작하기 위한 코드는 다음과 같습니다.

이 환경의 네트워크 제한으로 인해 NLTK 라이브러리에서 필요한 리소스를 다운로드 하는 데 문제가 있었던 거 같습니다. 데모 용으로 몇 가지 일반적인 불용어를 수동으로 정의하도록 접근 방식을 수정하겠습니다. 텍스트 전처리의 단순화된 버전을 진행하겠습니다.

- 토큰화
- 소문자화
- 단순화된 불용어 세트 제거하기
- 문장 부호 제거하기

다음은 추가 리소스를 다운로드할 필요가 없이 이러한 단계를 수동으로 처리하는 각색된 스크립트입니다.

텍스트 전처리는 단순화된 접근 방식을 사용하여 성공적으로 적용되었습니다. 다음은 원본 텍스트와 처리된 텍스트를 비교한 것입니다.

- **원본** : "As a family allergic to wheat, dairy, eggs, nuts..."
- **처리됨** : ['a', 'family', 'allergic', 'wheat', 'dairy', 'eggs', 'nuts']

보시다시피, 중지어와 문장부호를 제거하고, 텍스트를 토큰화 및 소문자화를 했습니다. 이렇게 처리된 데이터는 이제 감정 분석을 위한 기계 학습 모델에 입력하기에 더 적합합니다.

다음 단계는 이러한 토큰을 기계 학습 알고리즘에서 사용할 수 있는 수치적 특징으로 변환하는 것입니다. 이를 위해 TF-IDF 인코딩이나 단어 임베딩과 같은 방법을 사용할 수 있습니다. 특징 엔지니어링 단계로 진행할 준비가 되셨거나, 전처리 과정에서 조정하고 싶은 사항이 있으면 알려주세요!

응답에서 ChatGPT-4는 처음에 NLTK 라이브러리로 시도했지만, 한계로 인하여 몇 가지 일반적인 단어 세트를 사용하여, 접근 방식을 단순화했음을 알 수 있습니다. 또한 처리 방법에 대한 예시도 제공합니다. 이제 ChatGPT-4에 계속 진행하도록 지시하겠습니다.

프롬프트

진행하겠습니다.

ChatGPT-4가 TF-IDF를 구현한 경우, 다음과 같은 응답을 받아야 합니다.

프롬프트 응답

물론이죠. 다음 특징 엔지니어링 단계로 넘어가겠습니다. 감정 분석에서 텍스트 데이터를 기계 학습 알고리즘이 이해할 수 있는 숫자 형태로 변환하는 일반적인 기술 중 하나는 Term Frequency-Inverse Document Frequency(TF-IDF) 접근 방식입니다. 간단한 분석은 다음과 같습니다.

- **용어 빈도 (TF)** : 문서에서 용어가 얼마나 자주 나타나는지 측정합니다. 문서의 길이가 다양할 수 있으므로, 문서 길이(문서 내 총 용어 수)로 나누는 경우가 많습니다.
- **역문서 빈도 (IDF)** : 말뭉치(모든 문서의 모음) 내에서 용어가 얼마나 중요한지를 측정합니다. 문서 전체에서 매우 자주 등장하지만, 정보가 적은 용어의 가중치를 정하는 데 도움이 됩니다.

TF-IDF를 구현하는 단계 :

- **토큰 목록을 문자열로 변환합니다** : 기계 학습 알고리즘은 일반적으로 문자열이나 숫자로 입력 기능을 필요로 합니다. 토큰 목록을 문자열 형식으로 다시 변환해 보겠습니다.
- **TF-IDF 벡터화** : 텍스트 문서를 TF-IDF 특징의 메트릭으로 변환하려면, scikit-learn의 TfidVectorizer를 사용합니다.

이제 토큰 목록을 문자열로 다시 변환한 다음, TF-IDF 벡터화를 적용하는 것으로 시작하여, 이러한 단계를 코딩하겠습니다. 해봅시다.

처리된 텍스트를 TF-IDF 특징의 메트릭스로 변환하는 데 성공했습니다. 자세한 내용은 다음과 같습니다.

- **메트릭스 모양 :** TF-IDF 메트릭스에는 500개의 문서와 3778개의 기능이 있습니다. 즉, 전처리 및 벡터화 단계를 적용한 후, 문서 전체에 3778개의 고유 용어가 있다는 뜻입니다.
- **특징 예시 :** 특징 세트의 처음 몇 가지 용어에는 'ability', 'able', 'about', 'above' 등이 있습니다.

이제 이 TF-IDF 메트릭스를 다양한 기계 학습 모델의 입력으로 사용하여, 감성 분석을 수행할 수 있습니다.

다음으로, 이 특징 표현을 사용하여 기준 모델을 선택하고 훈련하는 단계로 넘어갈 수 있습니다. 감정 분석에서 초기 모델로, 일반적으로 선택하는 것은 로지스틱 회귀, 나이브 베이즈, 서포트 벡터 머신(SVM) 등입니다. 어떠한 모델로 시작하고 싶은지 아니면, 선호하는 모델이 있으면 알려주세요!

ChatGPT-4가 TF-IDF를 구현했으며, 500개의 문서와 3778개의 기능을 가지고 있음을 알 수 있습니다. 이제 기준 모델 생성으로 넘어가겠습니다.

특징 2 : 모델 선택과 기반 교육

이제 ChatGPT-4에 모델 선택을 계속 진행하도록 지시하겠습니다.

프롬프트

데이터 전처리를 진행하겠습니다.

ChatGPT가 요청을 이해하고, 데이터 전처리를 위한 코드를 실행하는 다음과 같은 응답을 받아야 합니다.

프롬프트 응답

완벽합니다! 로지스틱 회귀는 간단하고, 종종 성능 비교를 위한 좋은 기준을 제공하기에, 감정 분석과 같은 분류 작업에 좋은 출발점이 됩니다.

로지스틱 회귀를 구현하는 단계 :

- **데이터를 준비합니다 :** 모델의 성능을 평가하기 위해, 데이터 학습 및 테스트 세트를 분할합니다.
- **모델을 훈련합니다 :** 훈련 세트에서 모델을 테스트하여, 감정을 테스트하여 감정을 얼마나 잘 예측하는지 확인합니다.
- **모델을 평가합니다 :** 테스트 세트에서 모델을 테스트하여, 감성을 얼마나 잘 예측하는지 확인합니다.

먼저, 데이터를 준비한 다음 로지스틱 회귀 모델을 훈련해 보겠습니다. 이를 위한 코드는 다음과 같습니다.

로지스틱 회귀 모델을 학습하고 평가했습니다. 다음은 그 성능을 요약한 것입니다.

- **정확도 :** 86%
- **정밀도, 재현율, 및 F1 점수 :** 이러한 메트릭은, 보다 자세한 정보를 제공합니다. '긍정' 클래스의 경우. 정밀도와 재현율이 각각 86%와 100%로, F1 점수가 92%입니다. 그러나 '부정' 클래스의 경우 정밀

도, 재현율 및 F1 점수가 모두 0 입니다. 이는 모델이 '부정' 클래스 인스턴스를 정확하게 예측하지 못했음을 나타냅니다.

이러한 불일치는 종종 클래스 불균형으로 인해 발생하는 데, 한 클래스(이 경우에는 '긍정')가 다른 클래스('부정')보다 훨씬 더 자주 발생하여, 모델이 다수 클래스(Major class)에 편향되는 경우가 있습니다.

다음 단계 :

- **불균형 데이터 처리 :** 소수 클래스의 오버샘플링, 다수 클래스의 언더샘플링 혹은 결정 임계값 조정과 같은 기법을 살펴볼 수 있습니다.
- **하이퍼파라미터 튜닝 :** 로지스틱 회귀 모델의 모수를 조정하여, 잠재적으로 성능을 개선할 수 있습니다.
- **특징 표현 실험하기 :** TF-IDF에서 다양한 설정을 시도하거나, 단어 임베딩과 같은 다른 유형의 텍스트 표현을 사용해 보세요.

데이터 세트의 불균형을 해결하는 등, 이러한 다음 단계를 더 살펴보고 싶으신가요? 아니면 다른 것을 튜닝하고 싶으신가요?

특징 3 : 모델 평가 및 해석

이제 로지스틱 회귀 모델을 선택하고 기준 성능을 평가했으므로, 결과를 해석할 수 있습니다.

ChatGPT-4에서 메트릭에 대한 설명을 요청하고, 특징 중요도 분석 및 모델 설명 가능성과 같은 기술을 사용하여, 결과 해석을 제공합니다.

프롬프트

특징 중요도 분석 및 모델 설명 가능성 등의 기법을 사용하여, 메트릭을 설명하고 결과 해석을 제공하세요.

ChatGPT가 요청을 이해하고 설명과 기능 중요도 분석을 제공하는 다음과 같은 응답을 받아야 합니다.

프롬프트 응답

평가 메트릭스에 대해 자세히 알아보고, 로지스틱 회귀 모델을 해석하는 몇 가지 기법을 살펴보겠습니다.

평가 메트릭 설명 :

- **정밀도 :** 긍정 예측의 정밀도를 측정합니다. 공식적으로는, 예측된 전체 긍정 예측에 대한 실제 긍정 예측의 비율입니다. 정밀도가 높을수록 위양성 비율이 낮습니다.
- **재현율 (민감도) :** 이는 모델이 모든 관련 사례(모든 진양성)를 찾아내는 능력입니다. 실제의 전체 긍정 사례에 대한 진양성 사례의 비율입니다.
- **F1 점수 :** F1 점수는 정확도와 재현율의 조화 평균입니다. 정밀도와 재현율의 균형으로, 클래스가 불균형 할 때 유용한 척도입니다.
- **정확도 :** 전체 관측 값 대비에서 정확하게 예측된 관측 값의 비율입니다. 일반적으로 불균형한 클래

스에 대해서는, 오해의 소지가 있으므로 좋은 척도가 아닙니다.

결과의 해석 :

- **정확도 86%**는 괜찮게 들리지만, 모델의 소수 클래스('부정')에서 성능이 좋지 않기 때문에 오해의 소지가 있습니다.
- 이 모델에서 '긍정' 클래스에 대해서 높은 재현율 (100%)을 보여, 대부분의 긍정 인스턴스를 식별하지만 '부정' 클래스 인스턴스(0%의 재현율)를 완전히 식별하지 못합니다.

기능 중요도 분석 :

- 로지스틱 회귀에서 모델의 계수는 특징(이 경우에는 단어들)의 중요도에 대한, 통찰을 제공할 수 있습니다. 계수의 절댓값이 높을수록, 모델이 내리는 결정에 있어서 해당 특징이 더 중요하다는 것을 나타냅니다.

모델의 계수를 추출하여, 어떤 단어들(특징)이 예측에 큰 영향을 미치는지 확인해 보겠습니다.

다음은 감정 분류에 영향을 미치는 상위 10가지 특징(단어들)과 해당 계수입니다.

- **"not"** : 계수가 -1.87로, 감정 예측에 강한 부정적인 영향을 미칩니다. 이는 리뷰에 "not"이 있다면, 부정적인 감정을 예측하는 데 크게 영향을 미친다는 것을 의미합니다.
- **"great"** : 계수가 1.65로, 강한 긍정적 영향력을 나타내며, 이 단어가 포함된 리뷰가 긍정적인 것으로 분류될 가능성이 높음을 의미합니다.
- **"love"** : 계수가 1.54로, 또 다른 강력한 긍정적인 메트릭스입니다.
- **"good"** : 계수가 0.99로, 감정에 긍정적인 영향을 끼칩니다.
- **"but"** : 계수가 -0.95로, 감정에 부정적인 영향을 끼칩니다.
- **"very"** : 계수가 0.88로, 일반적으로 긍정적인 맥락에서 사용됩니다.
- **"was"** : 계수가 -0.86로, 부정적인 영향을 나타내며, 실망스러운 상황에서 사용될 수 있습니다.
- **"cheap"** : 계수가 -0.81로, 일반적으로 부정적인 감정과 관련이 없습니다.
- **"there"** : 계수가 -0.81로, 이 단어가 사용될 때 부정적인 맥락을 암시합니다.
- **"dont"** : ("don't"를 의미할 가능성이 높음): 계수가 -0.79로, 또 다른 강력한 긍정적인 메트릭스입니다.

모델 설명 가능성 :

이러한 계수는 모델이 텍스트에 특정 단어가 있는지 여부에 따라서, 어떻게 결정을 내리는지에 대한 직접적인 통찰력을 제공합니다. 계수가 양수인 단어는 리뷰가 긍정적인 것으로 분류될 가능성을 높이고, 계수가 음수인 단어는 부정적인 것으로 분류될 가능성을 높입니다.

추가 해석이 필요한 경우, LIME(로컬 해석이 가능한 진단 설명 모델형[Local Interpretable Model-agnositc Explanation]) 또는 SHAP(쉐플리 가법 설명[SHaplet Additive exPlanations])과 같은 기술을 적용하여, 특정 예측에 대한 것보다 미묘한 통찰을 제공할 수 있습니다.

데이터 불균형을 처리하거나, 특정 예측에 대한 LIME 혹은 SHAP과 같은 모델 설명 기법을 탐색하는 등, 특정 영역에 대해서 더 자세히 알아보고 싶은가요?

ChatGPT-4는 SHAP과 같은 새로운 라이브러리를 설치할 수 없으므로, 여기에서 특징 분석을 마치고, 데이터 불균형을 처리하는 다음 단계로 넘어가겠습니다.

특징 4 : 데이터 불균형 처리

이제 ChatGPT-4에 데이터 불균형을 처리하도록 지시하겠습니다.

프롬프트

데이터 불균형을 처리하도록 지시하겠습니다.

다음과 같은 응답을 받아야 합니다.

프롬프트 응답

데이터 불균형을 처리하는 것은 모델 학습에서 매우 중요하며, 특히 데이터 세트가 한 클래스에 심하게 치우쳐 있는 경우 더욱 그렇습니다. 로지스틱 회귀 모델에서 보았듯이 이러한 왜곡은 모델이 주로 다수 클래스를 예측하도록 유도할 수 있습니다.

데이터 불균형에 대처하는 전략 :

1. **리샘플링 기법 :**
    - **소수 클래스 오버샘플링 :** 소수 클래스에서 예제를 무작위로 복제하는 것입니다.
    - **다수 클래스 언더샘플링 :** 소수 클래스에서 균형을 맞추기 위하여, 다수 클래스 예제 수를 줄입니다.
2. **합성 데이터 생성 :**
    - SMOTE (Synthetic Minority Over-sampling Technique) : 이 기법은 복사본을 생성하는 대신에, 소수 클래스에서 합성 샘플을 생성합니다.
3. **알고리즘 수정 :**
    - **결정 임계값을 조정합니다 :** 결정 임계 값을 조정하면, 소수 클래스의 재현율을 높이는데 도움이 될 수 있습니다.
    - 의사결정 트리 혹은 랜덤 포리스트와 같이, 본질적으로 불균형 데이터를 처리하는 데 더 효과적인 알고리즘을 사용합니다.
4. **비용 민감 학습 :**
    - 소수 클래스의 잘못된 분류에서 더 높은 비용을 할당하여, 모델이 더 많은 주의를 기울이도록 합니다.

로지스틱 회귀를 사용한다는 점을 고려했을 때, 먼저 SMOTE를 적용하여, 소수 집단에 대한 합성 샘플을 생성하고, 모델 성능이 향상되는지 확인하는 것이 좋은 접근 방식이 될 수 있습니다. 또한, 결정 임계 값이 소수 집단에 더 민감하도록 정할 수 있습니다.

학습 데이터에서 SMOTE를 적용한 다음, 로지스틱 회귀 모델을 다시 학습하는 것으로 시작하겠습니다. 이 방법으로 진행하겠습니다.

이 환경에서는 SMOTE가 포함된 imblearn 라이브러리를 사용할 수 없는 것 같습니다. 이 제한을 감안하여, 다른 옵션을 살펴볼 수 있습니다.

- **다수 클래스 언더샘플링 :** 이렇게 하면, '긍정' 클래스의 크기를 '부정' 클래스와 일치할 수 있도록 줄일

수 있지만, 잠재적으로 유용한 데이터가 손실될 수 있습니다.

- **결정 임계값을 조정합니다 :** 리샘플링 대신에 리뷰를 긍정 혹은 부정으로 분류하는 임계 값을 조정하여, 모델이 소수 클래스에 더 민감하게 반응하도록 만들 수 있습니다.

결정 임계값을 조정해 보겠습니다. 이 방법에는 모델이 샘플을 '긍정'으로 분류하는 확률 임계 값을 수정하는 것이 포함됩니다. 기본적으로 이 임계 값은 0.5로 설정되어 있습니다. 이 임계 값을 낮추면, 더 많은 샘플을 '부정'으로 식별하는 데 도움이 될 수 있으며, 잠재적으로 소수 클래스에 대한 재현율을 향상시킬 수 있습니다.

클래스 예측의 확률을 계산한 다음, 임계 값을 조정하여, 분류 메트릭에 미치는 영향을 확인하였습니다. 이 접근 방식을 계속 진행하겠습니다.

결정 임계 값을 0.4로 조정해도, 분류 결과는 달라지지 않습니다. 이 모델은 여전히 이전과 동일한 메트릭스를 사용하여, 모든 리뷰를 '긍정'으로 예측하므로, '긍정' 클래스에 대한 편향성이 강하기 때문에, 임계 값을 크게 낮추거나 다른 방법을 고려해야 할 수도 있음을 시사합니다.

대안 및 고려 사항 :

- **임계값을 더 낮춥니다 :** 임계값을 더 낮추는 실험을 계속할 수 있지만, 결국 오탐률이 높아질 수 있습니다.
- **모델 혹은 특징을 변경합니다 :** 로지스틱 회귀는 본질적으로 이러한 불균형을 처리하는 데 한계가 있을 수 있으므로, 다른 모델이나 특징 세트로 실험해 보는 것이 도움이 될 수 있습니다.
- **수동으로 데이터 리샘플링 :** imblearn과 같은 자동화된 리샘플링 라이브러리를 사용할 수 없는 경우, 수동으로 '긍정' 클래스를 언더샘플링 하거나, '부정' 클래스를 오버샘플링 할 수 있지만, 후자의 경우 SMOTE에서처럼, 합성 샘플 생성의 정교함이 필요하지는 않습니다.

임계값을 더 낮춰보시겠습니까? 아니면 수동 샘플링이나 다른 모델링 접근 방식을 살펴봐야 할까요?

결정 임계 값을 조정하여도 별 효과가 없음을 확인했으므로, ChatGPT-4에 하이퍼파라미터 튜닝의 다음 특징으로 넘어가도록 요청하겠습니다.

특징 5 : 하이퍼파라미터 튜닝

ChatGPT-4에 하이퍼파라미터 튜닝을 진행하도록 요청합니다.

프롬프트

하이퍼파라미터 튜닝을 진행하겠습니다.

다음과 같은 응답을 받아야 합니다.

프롬프트 응답

하이퍼파라미터 튜닝은 기계 학습 모델의 성능을 개선하기 위한 중요한 단계입니다. 로지스틱 회귀의 경우, 조정할 수 있는 몇 가지 주요 하이퍼파라미터는 다음과 같습니다.

- **C (정규화 강도의 역수) :** 값이 작을수록, 더 강한 정규화를 지정합니다.
- **솔버 :** 최적화 문제에 사용한 알고리즘(예: `liblinear, sag, sag, newton-cg` 등) 입니다.
- **벌칙 :** 벌칙에 사용되는 규범을 지정합니다. (예: l1, l2)

교차 유효성 검사와 함께 그리드 서칭을 사용하여, 모수 값의 여러 조합을 체계적으로 탐색할 수 있습니다. 이 접근 방식은 이러한 하이퍼파라미터에 대한 최적의 설정을 식별하는 데 도움이 될 수 있습니다.

하이퍼파라미터 튜닝 구현하기

하이퍼파라미터 튜닝을 수행하기 위하여, `scikit-learn`의 `GridSearchCV`를 사용하겠습니다. C와 벌칙에 대한 잠재적인 값을 그리드에 정의한 다음, 이러한 값의 다양한 세트를 사용하여 모델을 학습시켜 최적의 값을 찾습니다.

그리드 서칭을 설정하고 실행해 보겠습니다.

그리드 서칭을 통한 하이퍼파라미터 튜닝을 통해, 로지스틱 회귀 모델에서 가장 적합한 모수를 찾았습니다.

- **C (정규화 강도의 역수) :** 100으로, 정규화 강도가 낮음을 나타냅니다.
- **벌칙 :** 정규화에 사용되는 L2 규범인 'l2'입니다.
- **솔버 :** 대규모 데이터 세트에 적합한 최적화 알고리즘인 'sag'입니다.

이 설정으로 얻은 최적의 교차 검증 정확도는 80.5%입니다. 이 정규화를 줄이면(C 값이 높을수록) 모델이 데이터에 더 잘 맞추는데 도움이 된다는 것을 시사합니다.

다음 단계 :

- **최적의 모수 모델로 평가합니다 :** 이제 테스트 세트에서 이 최적화된 모델을 평가하여, 이전 구성과 비교하여, 어떤 성능을 보이는지 확인할 수 있습니다.
- **추가 실험 :** 결과에 따라서 추가 튜닝을 고려하거나, 다른 모델링 기법을 시도해 볼 수 있습니다.

테스트 세트에서 최적화된 파라미터로 모델을 평가하는 것으로 진행할까요? 아니면 더 구체적으로 살펴보고 싶은 것이 있나요?

테스트 세트에서 최적화된 파라미터로 모델을 평가하도록 ChatGPT-4에 지시합니다.

프롬프트

물론이죠. 평가하세요.

ChatGPT-4에게 다음과 유사한 응답을 받아야 합니다.

프롬프트 응답

최적의 파라미터를 사용하여, 최적화된 로지스틱 회귀 모델을 평가한 결과, 다음과 같은 결과가 나옵니다.

- **전체 정확도 :** 84%
- **'부정' 클래스에 대한 정밀도 및 재현율 :** 정밀도 33% 및 재현율 14%
- **'긍정' 클래스에 대한 정밀도 및 재현율 :** 정밀도 87% 및 재현율 95%

해석 :

- 전체 정확도는 초기 모델(정확도 86%)에 비해 약간 떨어졌지만, '부정' 클래스를 처리하는 데 있어서는 개선된 결과를 확인할 수 있습니다.
- 이 모델은 이제 일부 부정 리뷰를 정확하게 식별하지만, 성능(14%의 재현율)은 여전하게 상당히 낮아서 부정적인 사례를 놓치고 있음을 나타냅니다.
- 부정적인 리뷰의 정확도는 33%이며, 이는 모델이 리뷰를 부정적인 것으로 예측할 때, 약 3분의 1이 정확하다는 의미입니다.

핵심 포인트 :

- **부정 리뷰에 대한 모델의 민감도 :** 부정적인 리뷰를 식별하는 데 약간의 개선이 있었는데, 이는 정규화가 덜 되어서(C 값이 높아짐) 모델이 소수 클래스에 더 가깝게 맞출 수 있기 때문입니다.
- **클래스 사이 균형 :** 두 클래스에 대한 민감도(매크로 평균 점수) 사이의 균형이 여전히 이상적이지 않아서 소수 클래스의 특징을 적절하게 포착하기 위하여, 추가 튜닝 혹은 다른 모델링 접근 방식이 필요할 수 있음을 나타냅니다.

추가 작업 :

- **다른 모델로 실험합니다 :** 데이터 세트가 불균형한 로지스틱 회귀의 내재적인 한계를 고려할 때, 의사 결정 트리, 랜덤 포레스트 혹은 앙상블 방법과 같은 다른 모델을 고려하면 더 나은 결과를 얻을 수 있습니다.
- **임계값 조정 혹은 데이터 리샘플링 :** 이러한 작업은 재검토하거나, 다른 모델링 기법과 결합하여 클래스 불균형을 더욱 잘 처리할 수 있습니다.

다른 모델이나 기술을 탐색하고 싶거나, 프로젝트에서 집중하고 싶은 다른 측면이 있나요?

지금까지 ChatGPT-4의 성능을 평가하고, 그 결과를 설명했습니다. 이제 특징 표현으로 넘어가겠습니다.

특징 6 : 특징 표현 실험하기

ChatGPT에 다양한 특징 표현을 위한, 코드를 제공하도록 지시해 보겠습니다.

프롬프트

이 특징에서는 단어 주머니(BoW) 기법, TF-IDF 혹은 단어 임베딩과 같은 다양한 특징 표현으로, 훈련된 모델의 성능을 비교하여 감정 분류에 가장 효과적인 접근 방식을 결정하고자 합니다.

다음과 같은 응답을 받아야 하며, 여기에서 ChatGPT는 단어 주머니, TF-IDF 및 단어 임베딩에 대한 코드를 제공합니다.

프롬프트 응답

다양한 특징 표현을 비교하는 것은 감정 분류에 가장 효과적인 방법을 파악하기 위한 훌륭한 접근 방식입니다. 평가할 특징 표현에 대해 간략하게 설명하겠습니다.

- **단어 주머니 (Bag-of-Words, BoW) :** 문서 내 단어의 빈도를 계산합니다.
- **TF-IDF :** 이미 구현했습니다. 빈도 뿐만이 아니라, 문서에서 단어가 얼마나 고유한지도 고려해야 합니다.
- **단어 임베딩 :** 텍스트 문서를 토큰 개수의 메트릭으로 변환하기 위하여, scikit-learn의 CountVectorizer를 사용합니다.

단계별 접근 방식 :

- **단어 주머니를 구현합니다 :** 텍스트 문서를 토큰 개수의 메트릭으로 변환하기 위하여, scikit-learn의 CountVectorizer를 사용합니다.
- **단어 임베딩을 사용합니다 :** Gensim을 사용하여, 간단한 Word2Vec 모델을 적용하거나, 사전 학습된 GloVe 임베딩을 사용하여 보다 간단하게 구현할 수 있습니다.
- **각 표현에 대해서 로지스틱 회귀를 훈련합니다 :** 일관성을 위하여, 각 특징 세트에서 로지스틱 회귀를 사용합니다.
- **성능을 비교합니다 :** 정확도, 정밀도, 재현율 및 F1 점수를 사용하여, 각 모델을 평가합니다.

단어 주머니 모델을 구현하는 것부터 시작하겠습니다. 그런 다음 단어 임베딩을 진행하겠습니다. 다음은 단어 주머니 모델의 코드입니다.

단어 주머니(BoW, Bag-of-Words) 특징 표현으로 학습된 로지스틱 회귀 모델의 성능 메트릭스는 다음과 같습니다.

- **전체 정확도 :** 86%
- **'부정' 클래스에 대한 정밀도 및 재현율 :** 정밀도 50% 및 재현율 21%
- **'긍정' 클래스에 대한 정밀도 및 재현율 :** 정밀도 88% 및 재현율 97%
- **단어 주머니 성능 해석**

단어 주머니 모델은 초기 TF-IDF 모델에 비하여, 부정적인 분류를 처리하는 데 있어서 약간의 개선이 있었으며, 정밀도는 여전히 낮지만 더 높은 회수율을 보여주었습니다. 이는 이 모델이 이전보다 부정적인 리뷰를 더 정확하게 식별할 수 있지만, 여전히 많은 부정적인 사례를 놓치고 있음을 나타냅니다.

다음으로, 간단하게 하기 위하여 사전 학습된 GloVe 임베딩을 사용하여, 단어 임베딩 기능 표현을 구현해 보겠습니다. 이렇게 하면, 의미론적 의미를 포착하는 밀도 높은 표현을 얻을 수 있으며, 특히 부정적인 리뷰의 경우 분류를 개선할 수 있습니다.

단어 임베딩 구현하기 :

- **사전 학습된 GloVe 임베딩을 불러옵니다 :** 임베딩을 사용하여, 텍스트 데이터를 밀도가 높은 벡터 형태로 변환합니다.
- **평균 단어 임베딩 :** 각 리뷰에 대해서 포함된 단어의 평균을 계산하여, 전체 리뷰를 나타내는 단일 벡터를 형성합니다.

감정 분류를 위한, GloVe 임베딩을 불러오고 적용하는 과정을 진행하겠습니다.

인터넷에 접근할 수 없는 환경으로 인하여, 사전 학습된 GloVe 임베딩을 불러오는데 사용되는 Gensim 다운로더에 접근하는 데 제한이 발생한 것 같습니다.

대처 접근 방식 :

사전 학습된 GloVe 임베딩을 사용할 수 없으므로, 데이터 세트에서 직접 Word2Vec 모델을 사용하여, 단어 임베딩을 더 간단하게 구현하는 방법을 고려해 보겠습니다. 이렇게 하면, 리뷰에 존재하는 단어를 기반으로 자체 임베딩을 만들 수 있습니다.

처리된 리뷰에 대해서, Word2Vec 모델을 학습시킨 다음, 임베딩을 사용하여 각 문서를 표현하는 방식으로 진행하겠습니다. 방법은 다음과 같습니다.

Word2Vec 임베딩으로 학습된 로지스틱 회귀 모델은 다음과 같은 결과를 생성했습니다.

- **전체 정확도 :** 86%
- **'부정' 클래스에 대한 정밀도 및 재현율 :** 정밀도와 재현율 모두 0%입니다. 모델이 부정 클래스 인스턴스를 올바르게 식별하지 못하였습니다.
- **'긍정' 클래스에 대한 정밀도 및 재현율 :** 정밀도 86% 및 재현율 100%

Word2Vec 모델의 해석 :

Word2Vec 모델의 성능은 정밀도 및 클래스별 메트릭 측면에서 기존 TF-IDF 모델과 유사합니다. \이러한 유사성은 이 모델이 여전히 다수 클래스('긍정')를 크게 선호한다는 것을 나타냅니다.

부정 클래스에 대한 0의 재현율과 재현율은 의미가 풍부한 단어 임베딩을 사용했음에도 불구하고, 데이터 세트의 불균형이 여전히 모델의 예측에 큰 영향을 미치고 있음을 시사합니다.

요약 및 권장 사항 :

- **단어 주머니 vs. TF-IDF vs. Word2Vec :** 단어 주머니 모델은 부정 클래스에 대한 정밀도 측면에서 TF-IDF와 Word2Vec 보다 약간 더 나은 것으로 나타났습니다. 그러나 모든 모델이 부정 클래스에 대한 재현율에 어려움을 겪어서, 클래스 불균형의 영향을 강조했습니다.
- **추가 개선 사항들 :** 앙상블 방법, 더 정교한 신경망(LSTM, 텍스트 용 CNN) 또는 추가 밸런싱 기법을 실험하여, 부정 클래스에 대한 재현율을 개선해야 할 수도 있습니다.
- **대체 특징 엔지니어링 :** 더 많은 맥락을 포착하기 위하여, n-grams와 같은 추가적인 특징 엔지니어링 방법을 탐색하여, 부정적인 감정을 더 정확하게 식별하는 데 도움이 될 수 있습니다.

다른 기계 학습 모델이나 추가 밸런싱 기법 등, 추가적인 조정이 필요하신가요? 아니면 프로젝트의 다른 측면에 집중하고 싶으신가요?

이것으로 ChatGPT-4 또는 ChatGPT Plus를 사용하여, Amazon 제품 리뷰 데이터 세트에 대한 감정 분석을 구현하고, 실행하는 방법에 대한 부분을 마칩니다.

임무

데이터 불균형을 처리하기 위한 합성 데이터를 생성합니다.

도전 과제

모델 성능을 86% 이상으로 향상시키고, 어떤 기법이라도 자유롭게 사용하세요.

요약

설명된 전략은 Amazon 제품 리뷰 데이터 세트를 사용하여, 감정 분석 모델을 구축하고 훈련하기 위한 다양한 기법을 실험하는 체계적인 접근 방식을 제공했습니다. 각 단계는 초보자 친화적인 환경에 맞춘 코드 생성 및 사용자 상호작용을 통하여, 세심하고 상세하게 설명되어 있어서 포괄적인 학습 여정을 보장합니다.

이 작업은 기본 감정 분석 모델을 구축하는 것으로 시작되었습니다. 초기 단계에서는 토큰화, 소문자화, 불용어 제거하기 및 문장 부호 제거하기를 통하여, 텍스트 데이터를 전처리한 다음, TF-IDF 인코딩을 사용한 특징 엔지니어링이 포함되었습니다.

각 작업에 대한 설명과 함께, 상세한 Python 코드가 Jupyter Notebook 형식으로 제공되어 초보자도 편안하게 따라할 수 있었습니다.

로지스틱 회귀부터 시작하여, 기본 기계 학습 모델을 살펴보았습니다. 모델을 학습하고 평가한 결과, 다수 클래스에 대한 예측이 왜곡되는 심각한 클래스 불균형이 발견되었습니다. 이 단계에서는 정확도, 정밀도, 회수율, F1 점수 등의 세부 메트릭 분석이 포함되어, 단순한 정확도를 넘어서 모델 성능에 대한 이해를 높였습니다.

데이터 불균형을 해결하기 위해, 결정 임계 값을 조정하고 SMOTE와 같은 합성 데이터 생성 방법을 실험하는 등의 기법이 논의되었습니다. 그러나 환경의 한계로 인하여 언더샘플링 및 임계값 조정과 같은 수동적인 접근 방식으로 전환하여, 소수 클래스에 대한 모델 민감도를 개선하기 위한 구현 및 테스트를 진행했습니다.

학습 과정은 정규화 강도 및 솔버 유형과 같은 파라미터를 최적화하는 데, 초점을 맞춘 GridSearchCV를 사용한 하이퍼파라미터 튜닝을 통해 개선되었습니다. 이 단계를 통해서 모델 성능을 개선하고 모델 구성이 감정 분류에 미치는 영향에 대한 통찰을 얻을 수 있었습니다.

이 실험은 감정 분석에서의 효과를 확인하기 위하여 단어 주머니, TF-IDF, 단어 임베딩과 같은 다양한 특징 표현을 비교하는 것으로 확장되었습니다. 각 기법을 구현하고 모델 성능에 미치는 영향을 비판적으로 평가하여, 서로 다른 텍스트 표현이 감정을 식별하는 능력에 미치는 미묘한 차이를 밝혀냈습니다.

과정 전반에 걸쳐서 사용자 피드백을 기다렸다가 진행하는 전략을 통하여, 학습의 속도를 적절히 조절하고 각 단계를 명확히 할 수 있었습니다. 이러한 접근 방식은 기본적인 전처리부터 복잡한 모델 튜닝에 이르기까지, 감정 분석 기술을 구조적으로 탐색하는 데 도움이 되었습니다.

이 여정은 감정 분석 모델 구축 및 최적화에 대한 포괄적인 이해로 마무리되었습니다. 지속적인 사용자 참여와 피드백으로 향상된 구조화된 반복적 접근 방식을 통해 이론적 개념부터 실제 구현에 이르기까지 기계 학습 모델 개발에 깊이 파고들 수 있었습니다.

이러한 경험은 사용자에게 텍스트 데이터와 모델 학습을 처리할 수 있는 지식을 제공했을 뿐만 아니라 불균형한 데이터 세트를 처리하고 감정 분석에 적합한 모델과 기능을 선택할 때의 과제와 고려 사항을 강조했습니다.

다음 장에서는 ChatGPT을 사용하여 선형 회귀를 위한 코드를 생성하는 방법에 대해 알아보겠습니다.

Discord에서 우리 커뮤니티에 참여하세요.

저자 및 여러 독자와 함께 토론하려면 Discord 커뮤니티 공간에 참여하세요.

https://packt.link/aicode

제13장
ChatGPT로 고객 지출에 대한 회귀 모델 구축하기

소개

데이터가 주어진 의사 결정의 범위에 있어서, 고객의 행동을 이해하는 것은 비즈니스 전략을 최적화하기 위하여 중심축이 됩니다. 분류 기법에 대한 탐구를 바탕으로, 이 장에서는 고객의 연간 지출과 같은 수치를 예측하기 위하여 회귀 분석, 특히 선형 회귀에 초점을 맞춥니다. 선형 회귀는 데이터 안에서 관계성을 드러내는 데 도움을 주며, 패턴을 관찰에 기반한 예측을 할 수 있게 합니다.

이 장에서는 디지털 플랫폼에서 고객의 상호 작용에 기반하여 고객에 의한, 연간 지출 예측을 예측하는 모델을 구축하는 과정을 안내할 것입니다. 선형 회귀의 이해를 심화하여, 정확하고 신뢰할 수 있는 모델 구축하기 위하여 데이터 세트를 준비, 처리 및 활용 방법을 시연하는 것을 목표로 합니다.

진행됨에 따라서, 모델 정확도를 향상시키며, 복잡한 데이터 시나리오를 다루는 여러가지 기법을 탐구합니다.

- **고급 정규화 기술을 활용**하여 모델 안정성과 성능을 개선합니다
- 다른 데이터 상태 하에서 더 나은 모델 행동을 이해하기 위한 **합성 데이터 세트를 생성**합니다.
- 포괄적이며 엔드 투 엔드 코딩 예제와 함께 **모델 개발을 간소화**합니다.

이 장이 끝날 때까지, 비즈니스를 위하여, 데이터가 주어진 의사 결정을 위한 선형 회귀를 활용하기 위한 지식과 기술을 갖추게 됩니다. 고객 참여도와 응용 프로그램 혹은 웹사이트에서 수익 생성을 최적화하기 위하여 회귀 분석에 착수합니다.

이 장에서 다루는 것은 다음과 같습니다.

- **ChatGPT로 회귀 모델 구축** : 독자들은 ChatGPT가 데이터 세트를 사용하여, 응용 프로그램이나 웹사이트에서 고객이 연간 지출하는 금액을 예측하고, 데이터 세트를 이해하며, 상호 작용할 수 있는 실습 접근 방식을 제공하는 회귀 모델을 구축하기 위하여 Python 코드를 생성하는 데, 어떻게 도움을 줄 수 있는지 배울 수 있습니다.
- **프롬프트 기술을 적용합니다** : 효과적인 기법은 ChatGPT에서 가장 유용한 코드 스니펫과 회귀 과업을 위한 통찰을 제공하는 지침인 프롬프트 제작을 소개할 것입니다.

비즈니스 문제

한 전자 상거래 상점은 고객 행동과 선호도에 대한 심층적인 통찰을 확보함으로써, 고객 참여를 최적화하고 매출을 증대하고자 합니다. 다양한 고객 속성과 구매 패턴을 분석하여 마케팅 전략을 맞춤화하고 고객 유지율을 개선하여 전반적인 쇼핑 경험을 향상시키는 것을 목표로 합니다.

문제 및 데이터 도메인

연간 소비와 다른 모수 사시에 관계를 이해하기 위한 회귀 기법을 이용할 것입니다. **회귀 분석**은 응용 프로그램 혹은 웹사이트에서 소비한 시간과 같은 다양한 요인이 온라인 상점에서 고객이 지출하는 금액과 관련이 있는지 여부와 어떻게 관련이 있는지 확인하는 방법입니다. 회귀 분석은 고객의 행동의 이해와 예측을 돕습니다. 전자 상거래 상점은 매출을 높이는 데 가장 큰 영향을 미치는 요인을 파악하여, 이러한 영역을 개선하고 잠재적으로 수익을 높일 수 있도록 전략을 조정할 수 있습니다.

데이터 세트 개요

전자 상거래 상점은 고객으로부터 다음 정보를 수집합니다.

- **이메일** : 이것은 고객들의 이메일 주소입니다. 이메일은 각 고객 고유의 식별자이며, 주문 확인 전송, 뉴스레터, 혹은 개인화된 마케팅 제안과 같이 상호 작용에 사용될 수 있습니다.
- **주소** : 고객의 물리적 주소를 나타냅니다. 고객이 구입한 물건을 배송하는 데 중요합니다. 또한 주소 데이터는 대체적으로 매출과 선호도에서 지리학적으로 제공할 수 있습니다.

- **아바타** : 디지털에 해당하거나 유저에게 선택된 이미지일 수 있습니다. 매출 혹은 고객의 행동에 직접적으로 영향을 끼치지 않을 수 있지만, 사용자 프로필에 개인적 접촉을 추가하면서, 고객 업무 전략의 일부가 될 수 있습니다.
- **평균 세션 기간** : 분 단위로 갖추어진 모든 세션의 평균 기간입니다. 이는 매번 고객이 방문할 때마다 상점에 머무는 시간을 측정하는 것과 같습니다. 누군가가 주변을 걷고, 예를 들어서 평균으로 33분 동안 제품을 찾아본다고 생각해보세요.
- **응용 프로그램에서의 시간** : 분 단위로 상점의 응용 프로그램에서 나타낸 시간입니다. 버스를 타거나 커피숍에서 줄을 서서 기다리는 동안 응용 프로그램을 검색하는 시간을 생각해 보세요.
- **웹사이트에서의 시간** : 이것은 응용 프로그램에서의 시간과 비슷하지만, 웹사이트용 입니다. 만약 집 혹은 직장에서 상점을 둘러본다면, 얼마나 길게 머물까요?
- **멤버십의 기간** : 상점에서 이들 고객들이 얼마나의 기간에 방문한지 나타냅니다. 몇몇은 새로운 고객일 수 있는 반면, 다른 고객은 몇 년 동안 쇼핑을 했을 수 있습니다.
- **연간 지출액** : 연간, 달러로 상점에서 각 고객이 소비한 돈의 총 액수입니다.

데이터 세트 콘텍스트에서

- **이메일과 주소** : 고객이 마케팅 커뮤니케이션을 받기로 동의하지 않는 한 주로 거래 목적으로 사용해야 합니다. 분석을 위하여 이메일과 주소는 사용하지 않을 예정입니다.
- **아바타** : 사용자 경험을 개인화 하는 데 사용될 수 있지만, 매출 예측을 위한 특정적인 분석 값을 가지지 않습니다.
- **기타 데이터** : "응용 프로그램에서의 시간"과 "웹사이트에서의 시간"과 같은 변수는 사용자 경험을 개선하고 개인 프라이버시를 침해하지 않는 비즈니스 전략을 분석할 수 있습니다.

요약하자면, 이메일, 주소 및 아바타와 같은 데이터는 비즈니스 운영과 고객 업무에서는 가치가 있는 반면, 이 데이터들은 높은 등급의 책임감과 함께 다뤄져야 하며, 고객의 프라이버시와 선호도를 우선시해야 합니다.

사용된 데이터는 실제 데이터 세트가 아니므로 이메일, 주소 등이 모두 구성되어 있습니다.

특징별로 세분화

독립 변수를 모두 포함하는 데이터 세트(예 - "평균 세션 기간", "응용 프로그램에서의 시간", "웹사이트에서의 시간", "멤버십의 기간")와 독립 변수("연간 지출액")의 특성을 고려할 때,

ChatGPT와 ChatGPT Plus 혹은 GPT-4를 모두 사용하는 간단한 회귀 기법부터 시작하겠습니다. 여기에는 다음과 같은 높은 수준의 단계가 포함됩니다.

1. **단계별로 모델 구축하기** : 사용자는 데이터 세트 불러오기, 훈련 세트와 테스트 세트로 분할하기, 모델 훈련하기, 예측 만들기 및 성능 평가하기를 포함하여, 단계별로 기계 학습 모델의 과정을 이해할 것입니다.
2. **정규화 기법을 적용합니다** : 선형 회귀 모델의 성능을 개선하기 위하여, 교차 검증과 함께 릿지 회귀와 라쏘 회귀와 같은 정규화 기법을 어떻게 적용하는지 배울 것입니다. 이는 모델을 초기화하기, 훈련 데이터를 사용하기 위한 훈련하기 및 성능 평가를 포함합니다.
3. **복잡도를 추가하기 위한 합성 데이터 세트 생성하기** : `Sklearn.datasets` 모듈에서 `make_regression` 함수를 사용하여 복잡도를 추가하기 위하여 합성 데이터 세트를 어떻게 생성하는지 살펴볼 것입니다. 실제 세상의 데이터를 흉내내기 위하여 특정한 예제, 특징 및 노이즈 레벨의 수를 명시를 포함합니다.
4. **합성 데이터 세트를 위한 단일 단계에서 모델을 개발하기 위한 코드를 생성합니다** : 어떻게 합성 데이터 세트를 불러오기 위한 단일 단계에서 엔드 투 엔드 코드를 작성하는지, 훈련 세트와 테스트 세트로 분할하는지, 선형 회귀 모델을 훈련하는지, 성능을 평가하는지 및 평가 메트릭스를 프린트하는지 알아볼 것입니다. 이는 모델 개발과 평가를 위한 간소화 접근을 허용합니다.

프롬프트 전략

기계 학습에 ChatGPT를 활용하려면, 기계 학습용 코드 생성을 위한 프롬프트 전략을 구체적으로 구현하는 방법을 명확하게 이해해야 합니다.

이 작업에서 무엇을 달성하고 싶은 지, 브레인스토밍 하여 프롬프트에 어떠한 내용을 넣어야 하는 지 더 잘 파악해 보겠습니다.

전략 1: Task-Actions-Guidelines(과업-행동-지침서) (TAG) 프롬프트 전략

1.1 – 과업 : 특정한 과업과 목표는 데이터 세트에서 여러 가지 속성에 기반한 데이터 세트에 의해 **"연간 지출액"**을 예측하기 위한 간단한 선형 회귀 모델을 생성하는 것입니다.

1.2 – 행동 : 이 경우 전략은 ChatGPT가 단계를 결정하도록 하는 것이므로 구체적인 단계는 제공되지 않습니다.

1.3 – 지침 : 우리는 ChatGPT에게 다음과 같은 지침을 안내할 것입니다.

- 코드는 Jupyter Notebook과 호환되어야 합니다.
- 각 코드 줄에 자세한 주석이 있는지 확인합니다.
- 코드를 제공하기 전에, Notebook의 텍스트 블록에 복사될 각각의 코드 줄에 대해서, 코드에 사용된 각각의 메서드에 대해서 자세히 설명해야 합니다.

전략 2 : Persona-Instructions-Context(페르소나-행동-콘텍스트) (PIC) 프롬프트 전략

2.1 – 페르소나 : 모델 생성의 다른 단계를 배우기 위하여 필요한 초보자의 페르소나를 채택할 것입니다. 따라서 코드는 단계적으로 생성되어야 합니다.

2.2 – 설명 : 일반적인 감독 사항이기 때문에, Google Drive를 명시적으로 마운트하는 단계를 포함했습니다.

2.3 – 콘텍스트 : 가장 중요한 부분은 데이터 세트의 콘텍스트와 정확한 필드 이름을 제공하여, 직접 실행할 수 있는 코드를 생성하거나 ChatGPT Plus의 경우 데이터 세트 자체를 제공하는 것입니다.

전략 3 : Learn-Improvise-Feedback-Evaluate (학습-임기응변-피드백-평가) (LIFE) 프롬프트 전략

3.1 – 학습 :

- 선형 회귀와 그 작동 방식에 대하여 알아보고자 합니다.
- 특징 엔지니어링 기법과 모델 평가 메트릭스를 이해합니다.
- 합성 데이터 세트가 어떻게 생성되는지 배우기를 원합니다.

3.2 – **임기응변** :

- 나중에 정규화 기법을 적용하면서 사용할 예정입니다.

3.3 – **피드백** :

- 제공된 코드에서 오류가 발생하면 ChatGPT에 피드백을 다시 제공해야 합니다. ChatGPT Plus를 사용하여 라쏘 코드와 릿지 코드 실행을 적용합니다.

3.4 – **평가** :

- ChatGPT에서 제공하는 코드를 실행하여, 정확성과 유효성을 확인합니다. 이 장 전체에서 사용됩니다.

ChatGPT 무료 버전을 사용하는 고객의 "연간 지출액"을 예측하기 위한 간단한 선형 회귀 모델 구축하기

무료 버전을 사용할 때, ChatGPT에게 데이터 세트의 명확한 서술을 제공하는 것은 중요한데, 이는 코드를 생성하는 데 효과적인 접근 방식으로 사용되며, 그 다음에는 사용자 평가가 뒤따릅니다. ChatGPT는 이미 Python 및 기계 학습 알고리즘을 철저히 훈련했습니다. 이러한 이유로, 이곳에 구체적인 단계를 제공할 필요가 없습니다. 명확하게 생성된 코드 함수를 확실히 하기 위하여, Google Colab을 사용할 것입니다.

특징 1 : 단계별로 모델 구축하기

기준 모델에 대한 초기 프롬프트를 만들어 보겠습니다.

프롬프트

다음 열(PIC 기법의 2.3임)로 구성된 전자 상거래 고객 데이터 세트에 대한 고객의 "연간 지출액(TAG 기법의 1.1임)"을 예측하기 위한 간단한 선형 회귀 모델을 만들고 싶습니다.

1. **이메일** : 전자 메일은 각 고객에게 고유하며 이곳에서는 식별에 사용됩니다.
2. **주소** : 각 고객의 물리적 지리학 위치입니다.
3. **아바타** : 데이터베이스에 있는 고객의 시각적 익명성 표현입니다.
4. **평균 세션 기간** : 분 단위로 갖추어진 모든 세션의 평균 기간입니다.
5. **응용 프로그램에서의 시간** : 분 단위로 상점의 응용 프로그램에서 나타낸 시간입니다.
6. **웹사이트에서의 시간** : 분 단위로 상점의 웹사이트에서 나타낸 시간입니다.
7. **멤버십 기간** : 이는 고객이 상점의 온라인 리소스에 등록된 사용자로 남아있는 시간입니다.

8. **연간 지출액** : 이는 고객이 지불하는 상점의 온라인 리소스에 접근할 때 발생하는 달러 비용의 의미입니다.

저는 초보 사용자(PIC 기법의 2.1임)이므로, 단계별 코드를 제공하고, 아래의 지침(PIC 기법의 2.2임)을 엄격하게 준수해 주세요.

- 코드는 Jupyter Notebook과 호환되어야 합니다.
- 각 코드 열에 자세한 주석이 있는지 확인합니다.
- 코드를 제공하기 전에, Notebook의 텍스트 블록에 복사될 각각의 코드 열에 대해서, 코드에 사용된 각각의 메서드에 대해서 자세히 설명해야 합니다.
- 이 경로에서 `'/content/drive/My Drive/ Chapter05/Ecommerce Customers.csv '` Google Drive에 위치한 데이터 세트를 참조하세요. (TAG 기법의 1.2임).
- 그렇기에, 드라이브에서 마운트하기 위하여 코드를 추가하고, 따로따로 단일 단계를 제공하며, 사용자 피드백을 위하여 대기합니다.

다음과 유사한 응답을 볼 수 있습니다.

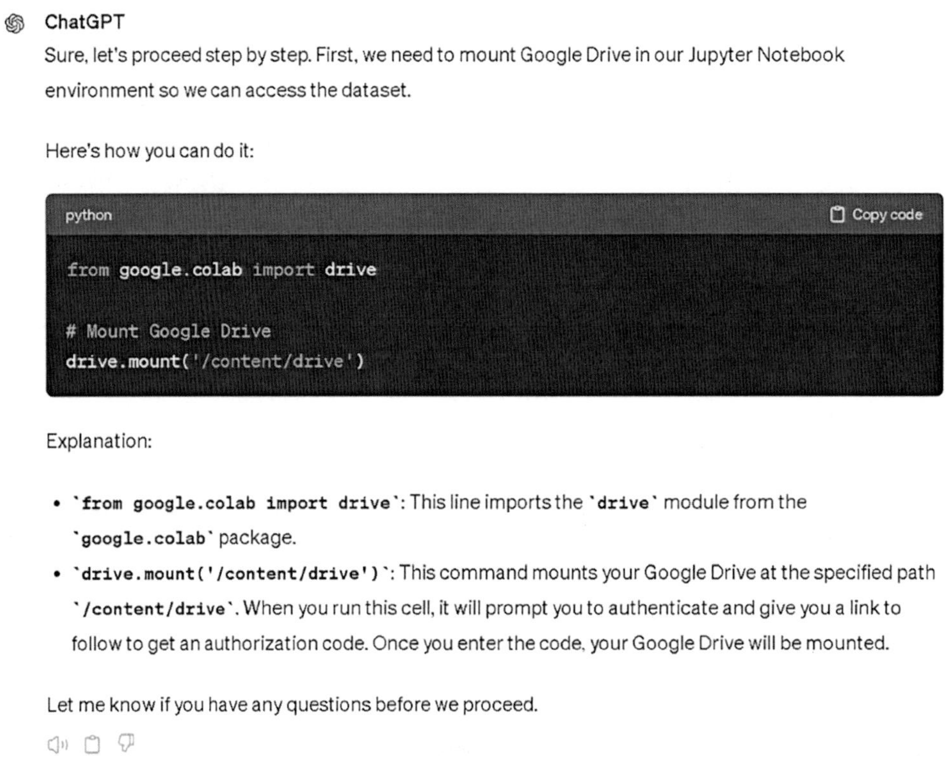

그림 13.1 ChatGPT의 최초 응답

프롬프트 응답

좋습니다. 단계별로 진행하겠습니다. 먼저, 데이터 세트에 접근하려면 Jupyter Notebook에서 Google Drive를 마운트를 해야 합니다.

좋습니다. Google Drive를 마운트 하였고, notebook 안으로 데이터 세트를 불러올 수 있습니다.

이 방법은 다음과 같습니다.

```
from google.colab import drive

# Google Drive를 마운트합니다
drive.mount('/content/drive')
```

설명 :

- `from google.colab import drive` : 이 열은 Google.colab 패키지에서 drive 모듈을 불러옵니다.
- `drive.mount('/content/drive')` : 특정 경로(/ content/drive)에서 사용자의 Google Drive를 마운트합니다. 이 셀을 실행하면 인증하라는 메시지가 표시되고 인증 코드를 얻기 위하여, 따라갈 링크가 표시됩니다. 코드에 들어갔다면, Google Drive는 마운트 될 것입니다.

다음 단계로 진행하기 전에 궁금한 점이 있으면 알려주세요.

이제 평가 프롬프트 전략을 적용하고 모든 단계에 대해, Google Colab에서 코드를 실행하고 코드를 검증할 것이며, 코드는 Google Drive에서 데이터 세트를 불러옵니다. 코드는 완벽하고 만족할 만 하게 실행되며, Google Drive를 마운트합니다.

드라이브에 접근하려면 권한이 필요하며, 사용자에게 메시지가 표시된다는 점에 유의하세요.

실행 가능한 코드 스니펫은 "ChatGPT.ipynb를 학습하기"를 Notebook을 참조하거나, 프롬프트 응답에서 코드를 복사하세요.

셀을 실행하면 "drive.mount를 호출한 결과 /content/drive에 마운트되었습니다"라는 메시지를 볼 수 있을 것입니다.

이제 ChatGPT에게 다음 단계로 진행하도록 지시합니다.

프롬프트

진행하겠습니다.

Notebook에서 데이터 세트를 불러오기 위하여 다음과 유사한 응답을 볼 수 있습니다.

프롬프트 응답

좋습니다. Google Drive를 마운트 하였고, notebook 안으로 데이터 세트를 불러올 수 있습니다.

데이터 세트를 불러 올 수 있는 방법은 다음과 같습니다.

```
import pandas as pd

# 파일 경로를 정의합니다
file_path = '/content/drive/My Drive/Chapter05/Ecommerce Customers.csv'

# 데이터 프레임에서 데이터 세트를 불러옵니다
ecommerce_data = pd.read_csv(file_path)

# 데이터 프레임의 첫 번째 몇 줄을 표시합니다.
print(ecommerce_data.head())
```

설명 :

- `import pandas as pd`: 이 열은 pd라 불리우는 pandas 라이브러리를 불러오는 데, 이는 일반적인 관례입니다.
- `file_path = '/content/drive/My Drive/Chapter05/Ecommerce Customers.csv'` : 이 열은 파일 경로를 정의하는 데, 데이터 세트가 Google Drive에 위치합니다.
- `pd.read_csv(file_path)` : 이 함수는 특정한 경로에 위치한 CSV 파일을 읽으며 CSV 파일에서 데이터 프레임을 생성합니다.
- `print(ecommerce_data.head())` : 이 열은 데이터프레임의 첫 번째 몇 줄을 프린트하여 데이터 세트가 올바르게 불러와졌는지 확인합니다.

문제가 발생하거나 다음 단계로 진행할 준비가 되었는지 알려주세요!

Notebook에 있는 ChatGPT이 제공한 코드를 실행한 결과, 정의된 경로에서 데이터 세트를 불러오고 첫 번째 몇 줄을 프린트합니다. 최초의 프롬프트에서 파일의 주어진 경로를 가짐으로써, 코드에서 아무것도 바꿀 필요가 없으며, 완벽하고 만족할 만 하게 실행됩니다. 요점은 필요한 경우, 파일 경로와 위치를 구체적으로 파악해야 한다는 것입니다.

```
[2]
import pandas as pd

# Define the file path
file_path = '/content/drive/My Drive/Chapter05/Ecommerce Customers.csv'

# Load the dataset into a DataFrame
ecommerce_data = pd.read_csv(file_path)

# Display the first few rows of the DataFrame
print(ecommerce_data.head())

                        Email  \
0      mstephenson@fernandez.com
1              hduke@hotmail.com
2               pallen@yahoo.com
3        riverarebecca@gmail.com
4  mstephens@davidson-herman.com

                                             Address            Avatar  \
0       835 Frank Tunnel\nWrightmouth, MI 82180-9605            Violet
1     4547 Archer Common\nDiazchester, CA 06566-8576         DarkGreen
2  24645 Valerie Unions Suite 582\nCobbborough, D...            Bisque
3   1414 David Throughway\nPort Jason, OH 22070-1220       SaddleBrown
4  14023 Rodriguez Passage\nPort Jacobville, PR 3...  MediumAquaMarine

   Avg. Session Length  Time on App  Time on Website  Length of Membership  \
0            34.497268    12.655651        39.577668              4.082621
1            31.926272    11.109461        37.268959              2.664034
2            33.000915    11.330278        37.110597              4.104543
3            34.305557    13.717514        36.721283              3.120179
4            33.330673    12.795189        37.536653              4.446308

   Yearly Amount Spent
0           587.951054
1           392.204933
2           487.547505
3           581.852344
4           599.406092
```

그림 13.2 데이터 세트 불러오기

다음으로 ChatGPT에서 출력물을 제공할 것이며, 그 후에 단계 1로 진행합니다. 이 경우, 우리는 출력물을 텍스트로 제시하여, ChatGPT에 추가 콘텍스트를 제공하는 전략을 사용했습니다.

GPT-3.5를 활용하고 있으므로 유의해야 하는 데, GPT-3.5는 코드 실행이나 이미지 처리 능력이 부족하며, notebook에서 텍스트 출력을 제공하는 것으로 제한됩니다.

프롬프트

```
Here is the output - Email \
0       mstephenson@fernandez.com
1       hduke@hotmail.com
2       pallen@yahoo.com
```

```
3      riverarebecca@gmail.com
4      mstephens@davidson-herman.com
                                        Address          Avatar \
0      835 Frank Tunnel\nWrightmouth, MI 82180-9605      Violet
1      4547 Archer Common\nDiazchester, CA 06566-8576    DarkGreen
2      24645 Valerie Unions Suite 582\nCobbborough, D... Bisque
3      1414 David Throughway\nPort Jason, OH 22070-1220  SaddleBrown
4      14023 Rodriguez Passage\nPort Jacobville, PR 3... MediumAquaMarine

   Avg. Session Length Time on App Time on Website Length of Membership \
0        34.497268  12.655651      39.577668             4.082621
1        31.926272  11.109461      37.268959             2.664034
2        33.000915  11.330278      37.110597             4.104543
3        34.305557  13.717514      36.721283             3.120179
4        33.330673  12.795189      37.536653             4.446308

   Yearly Amount Spent
0        587.951054
1        392.204933
2        487.547505
3        581.852344
4        599.406092
```

다음과 비슷한 응답을 받는 것을 예측하며, 그 점에서 ChatGPT는 차후 단계에서 지침을 제공할 것입니다. 처음에, 초기 프롬프트에서 특정 단계를 지정하지 않는 대신에 ChatGPT가 후속 조치를 결정할 수 있도록 허용할 수 있습니다.

프롬프트 응답

좋습니다! 데이터 세트는 성공적으로 불러와졌습니다. 이제 고객에 의한 "연간 지출액"을 예측하기 위한 선형 회귀 모델의 구축을 진행할 수 있습니다.

간단한 선형 회귀 모델을 구축하는 데 필요한 단계는 다음과 같습니다.

- **데이터 준비** : 데이터 세트를 입력 특징(X)과 목표 변수(y)로 분할합니다.
- **데이터 분할** : 데이터를 훈련 세트 및 데이터 세트로 분할합니다.
- **모델 초기화** : 선형 회귀 모델 객체를 생성합니다.
- **모델 훈련** : 훈련 데이터를 모델에 맞춥니다.
- **모델 평가** : 테스트 데이터를 사용하여 모델의 성능을 평가합니다.

단계 1로 시작합시다.

단계 1 : 데이터 준비

```
# 입력 특징(X) 및 목표 변수(y)로 추출합니다
```

```
X = ecommerce_data[['Avg. Session Length', 'Time on App', 'Time on Website', 'Length of
Membership']]
y = ecommerce_data['Yearly Amount Spent']
```

설명:

- X = ecommerce_data[['Avg. Session Length', 'Time on App', 'Time on Website', 'Length of Membership']] : 이 열은 데이터 세트에서 입력 특징('Avg. Session Length', 'Time on App', 'Time on Website', 'Length of Membership')을 선택하고 할당합니다.
- y = ecommerce_data['Yearly Amount Spent'] : 이 열은 데이터 세트에서 목표 변수 "연간 지출액"을 선택하고 변수 y에 할당합니다.

문제가 발생하거나 다음 단계로 진행할 준비가 되었는지 알려주세요!

ChatGPT는 코드 생성을 위하여 고수할 단계를 요약했습니다. 게다가 데이터 세트를 특징과 대상 변수로 나누는 초기 단계인 데이터 준비를 위한 코드를 제공했습니다. 특히 이메일 주소, 아바타, 주소를 제외하여 기능을 능숙하게 식별했습니다. 또한 초기 프롬프트에 제공된 설명에 명시된 열 이름을 정확하게 사용했습니다. 여기에서 사용된 전략은 생성된 코드와의 호환성을 보장하기 위하여 프롬프트에 데이터 세트의 열을 포함하는 것입니다. 따라서 코드는 수정이나 오류가 없이 실행됩니다.

```
[ ]
# Extract input features (X) and target variable (y)
X = ecommerce_data[['Avg. Session Length', 'Time on App', 'Time on Website', 'Length of Membership']]
y = ecommerce_data['Yearly Amount Spent']
```

그림 13.3 단계 1 - 데이터 준비

다음으로 ChatGPT에게 계속 진행하도록 지시합니다.

프롬프트

다음 단계로 넘어가겠습니다.

설명과 함께 데이터 세트를 분할하기 위한 다음과 유사한 응답을 볼 수 있습니다.

프롬프트 응답

좋습니다! 이제 입력 특징(X)과 목표 변수(y)를 분할하여 데이터를 준비하였으니, 데이터를 훈련 및 테스트 세트로 분할하는 다음 단계로 진행할 수 있습니다.

단계 2 데이터 분할

```
from sklearn.model_selection import train_test_split
```

```
# 데이터를 훈련 세트 및 데이터 세트(훈련 80%, 테스트 20%)로 분할합니다X_train, X_test, y_train,
y_test = train_test_split(X, y, test_size=0.2, random_state=42)

# 훈련과 데이터 세트의 모양을 표시합니다
print("Training set shape - X_train:", X_train.shape, "y_train:", y_train. shape)
print("Testing set shape - X_test:", X_test.shape, "y_test:", y_test.shape)
```

설명 :

- from sklearn.model_selection import train_test_split : 이 열은 sklearn.model_selection 모듈에서 train_ test_split 함수를 불러오는 데, 이는 데이터 세트를 훈련 세트 및 데이터 세트로 분할하는 데 사용됩니다.
- train_test_split(X, y, test_size=0.2, random_state=42) : 이 함수는 입력 함수(X)와 목표 변수(y)를 훈련 및 테스트 세트로 분할합니다. Test_size 모수는 테스트 세트에 포함될 데이터 세트의 비율(이 경우에는 20%)을 지정합니다. Random_state 모수는 재현 가능성을 위하여 사용되며, 코드가 실행될 때마다 동일한 무작위 분할이 생성됩니다.
- X_train, X_test, y_train, y_test : 이 변수들은 각각의 입력 특징(X)과 목표 변수(y)에 대한 훈련 및 테스트 세트를 가집니다.
- print("Training set shape - X_train:", X_train.shape, "y_train:", y_train.shape) : 이 열은 훈련 세트 입력 특징(X_train)과 목표 변수(y_train)의 모양을 프린트합니다.
- print("Testing set shape - X_test:", X_test.shape, "y_test:", y_test.shape) : 이 열은 테스트 세트 입력 특징(X_train)과 목표 변수(y_train)의 모양을 프린트합니다.

문제가 발생하거나 다음 단계로 진행할 준비가 되었는지 알려주세요!

코드는 성공적으로 실행되었으며, 데이터는 예상한 대로 80-20 비율로 훈련 및 테스트 세트로 분할되었습니다. 특히 비율을 명시적으로 명시하지 않았지만, ChatGPT는 표준 80-20 분할을 이행하지 않았습니다.

```
[ ]
from sklearn.model_selection import train_test_split

# Split the data into training and testing sets (80% train, 20% test)
X_train, X_test, y_train, y_test = train_test_split(X, y, test_size=0.2, random_state=42)

# Display the shapes of the training and testing sets
print("Training set shape - X_train:", X_train.shape, "y_train:", y_train.shape)
print("Testing set shape - X_test:", X_test.shape, "y_test:", y_test.shape)

Training set shape - X_train: (400, 4) y_train: (400,)
Testing set shape - X_test: (100, 4) y_test: (100,)
```

그림 13.4 단계 2 - 데이터를 분할합니다

다음으로 이전 단계의 출력을 ChatGPT에 제공하여, ChatGPT에 모양을 알리고 다음 단계의 코드도 제공할 할 것입니다.

프롬프트

```
Training set shape - X_train: (400, 4) y_train: (400,)
Testing set shape - X_test: (100, 4) y_test: (100,)
```

모델이 초기화되는 경우 다음과 유사한 응답을 볼 수 있습니다.

프롬프트 응답

완벽해요! 훈련과 데이터 세트로 데이터를 성공적으로 분할했습니다. 훈련 세트는 400개의 예제를 포함하였는데, 이는 테스트 세트 100개의 예제가 포함되어 있습니다. 각 예제는 네 개의 입력 특징과 한 개의 목표 변수로 구성됩니다.

이제 다음 단계로 넘어가는 데, 선형 회귀 모델을 초기화합니다.

단계 3 : 모델 초기화

```
from sklearn.linear_model import LinearRegression

# 선형 회귀 모델을 초기화합니다
model = LinearRegression()
```

설명 :

- `from sklearn.linear_model import LinearRegression` : 이 열은 `sklearn.linear_model` 모듈에서 LinearRegression 클래스를 가져오는 데, 이는 선형 회귀 모델을 생성하는 데 사용됩니다.
- `model = LinearRegression()` : 이 열은 선형 회귀 모델 객체를 초기화하고 변수 모델을 배치합니다.

문제가 발생하거나 다음 단계로 진행할 준비가 되었는지 알려주세요!

코드는 어떠한 오류가 없이 완벽하고 만족할 만 하게 실행됩니다. 또한 필요한 가져오기는 ChatGPT에게 의해 제공됩니다.

```
[ ]
from sklearn.linear_model import LinearRegression

# Initialize the linear regression model
model = LinearRegression()
```

그림 13.5 단계 3 - 모델 초기화

간단하기 ChatGPT로 곧장 이어 나가겠습니다. 초기 프롬프트에는 단계별 코드를 제공하라는 지침이 포함되어 있기 때문에, 후속 프롬프트를 각 개별 단계나 작업에 맞게 조정할 필요가 없다는 점에 유의할 필요가 있습니다. 대신 ChatGPT가 우리를 이끌도록 할 것이며, 필요하다면 전처리 단계에서 출력물을 제공합니다.

프롬프트

진행하겠습니다.

훈련 모델에서 다음과 유사한 응답을 볼 수 있습니다.

프롬프트 응답

좋습니다! 선형 회귀 모델을 초기화 했으며, 다음 단계로 넘어갈 수 있는 데, 이는 훈련 데이터를 사용하여 모델을 훈련합니다.

단계 4 : 모델 훈련하기:

```
# 훈련 데이터를 이용하여 선형 회귀 모델을 훈련합니다
model.fit(X_train, y_train)
```

설명 :

- model.fit(X_train, y_train) : 이 열은 훈련 데이터를 이용하여 선형 회귀 모델을 맞추거나 훈련시킵니다. Fit 메서드는 입력 특징(X_train)과 해당 목표 변수(y_train)를 인수로 삼고, 실제 값과 예측 값의 차이를 최소화하기 위하여 모델 모수를 조정합니다.

이제 모델이 훈련되었으며, 마지막 단계인 테스트 데이터를 사용하여 모델의 성능 평가를 진행합니다.

궁금한 점이 있거나 진행할 준비가 되었는지 알려주세요!

모델을 훈련이 되어있는 코드를 실행할 것입니다.

```
[ ]  # Train the linear regression model using the training data
     model.fit(X_train, y_train)

▾ LinearRegression
LinearRegression()
```

그림 13.6 단계 4 - 모델 훈련

ChatGPT에게 계속 진행하도록 지시합니다.

프롬프트

진행하겠습니다.

테스트 데이터를 사용한 모델의 성능을 실행하기 위하여 다음과 유사한 응답을 볼 수 있습니다.

프롬프트 응답

좋습니다! 선형 회귀 모델이 훈련되었으며, 테스트 데이터를 이용하여 모델의 성능을 평가할 수 있습니다,

단계 5 : 모델 평가하기:

```
# 테스트 데이터에서 예측을 만듭니다
y_pred = model.predict(X_test)

# 모델의 성능을 평가합니다
from sklearn.metrics import mean_squared_error, r2_score

# 평균 제곱 오차(MSE)를 계산합니다
mse = mean_squared_error(y_test, y_pred)

# R의 제곱(결정계수)을 계산합니다
r_squared = r2_score(y_test, y_pred)

# 평가 메트릭을 프린트합니다
print("Mean Squared Error (MSE):", mse)
print("R-squared (Coefficient of Determination):", r_squared)
```

설명 :

- `model.predict(X_test)` : 이 열은 입력 특징(X_test)에서 예측을 만들기 위하여 훈련 모델을 사용하는 데, 이는 목표 변수의 예측값을 생성합니다.
- `from sklearn.metrics import mean_squared_error, r2_score` : 이 열은 sklearn.mertics 모듈에서 mean_squared_error 및 r2_score 함수를 불러오는 데, 이는 모델 성능을 평가하기 위하여 사용됩니다.
- `mean_squared_error(y_test, y_pred)` : 이 함수는 실제 목표 변수(y_test) 및 예측값(y_pred) 사이에서 평균 제곱 오차를 계산합니다.
- `r2_score(y_test, y_pred)` : 이 함수는 목표 변수(y_test) 및 예측값(y_pred) 사이에서 R의 제곱(결정 계수)을 계산합니다.
- `print("Mean Squared Error (MSE):", mse)` : 이 열은 평균 제곱 오차(MSE)를 프린트하는 데, 이는 실제값과 예측값 사이에서 평균의 제곱을 측정합니다. 낮은 평균 제곱 오차는 최적의 모델 성능을 나타냅니다.
- `print("R-squared (Coefficient of Determination) :", r_squared)` : 이 열은 R의 제곱 값을 프린트하는 데, 이는 모델에 의해 설명되는 목표 변수의 분산 비율을 나타냅니다. 높은 R의 제곱값(1에 가까움)은 최적의 알맞음을 나타냅니다.

이러한 평가 메트릭스는 선형 회귀 모델이 고객의 "연간 지출액"을 예측하는 데 얼마나 잘 수행되고 있는지 평가하는 데 도움이 됩니다.

궁금한 점이 있거나, 다른 모델 옵션을 살펴보고 싶으시면 알려주세요!

코드를 실행했으며, 아무런 오류 없이 완벽하고 만족할 만 하게 실행되며, 평균 제곱 오차

(MSE) 및 결정 계수(R의 제곱)를 프린트합니다.

```
[ ]
# Make predictions on the testing data
y_pred = model.predict(X_test)

# Evaluate the model's performance
from sklearn.metrics import mean_squared_error, r2_score

# Calculate Mean Squared Error (MSE)
mse = mean_squared_error(y_test, y_pred)

# Calculate R-squared (coefficient of determination)
r_squared = r2_score(y_test, y_pred)

# Print the evaluation metrics
print("Mean Squared Error (MSE):", mse)
print("R-squared (Coefficient of Determination):", r_squared)

Mean Squared Error (MSE): 109.8637411839399
R-squared (Coefficient of Determination): 0.9778130629184127
```

그림 13.7 모델 평가 출력물

기계 학습이 처음 접하는 분들은 모델 성능이 허용 가능한 표준을 충족하는지 평가하는 것이 중요합니다. 하나 더 나아가자면, ChatGPT에 도움을 요청하고 평가를 위한 결과를 제공할 것입니다.

프롬프트

```
Mean Squared Error (MSE): 109.8637411839399
R-squared (Coefficient of Determination): 0.9778130629184127
```

ChatGPT가 설명하는 결과에서 응답을 받아야 하는 데, 이는 R의 제곱이 1에 매우 근접하다는 점을 고려할 때, 모델이 실제로 매우 우수한 성능을 발휘하고 있음을 시사합니다.

프롬프트 응답

평가 메트릭스는 선형 회귀 모델링 테스트 데이터에서 꽤나 잘 작동한다는 것을 나타냅니다.

- **평균 제곱 오차 (MSE)** : 평균 제곱 오차의 값은 거의 109.86입니다. 이는 평균적으로 "연간 지출액"의 실제값과 예측값 차이가 109.86이라는 것을 나타냅니다. 낮은 평균 제곱 오차 값은 가치가 있으며, 최적의 모델 성능을 나타냅니다.
- **R의 제곱 (결정 계수)** : 평균 제곱 오차의 값은 거의 0.978입니다. 이는 "연간 지출액"에서 분산의 97.8%는 선형 회귀 모델에 의해 설명될 수 있음을 나타냅니다. 높은 R의 제곱 값이 1에 근접하다는 것은

모델이 데이터에서 최적으로 알맞다는 것을 시사합니다.

전반적으로, 이러한 평가 메트릭스는 선형 회귀 모델이 제공된 입력 기능을 기반으로, 고객의 "연간 지출액"을 사전 예측하는 데 좋은 성과를 거두고 있음을 시사합니다.

만약 더욱 더 분석이 필요하거나 특정한 질문이 있다면, 자유롭게 물으세요!

이제 ChatGPT를 활용하여 선형 회귀 모델을 점진적으로 구성하는 데 능숙해진 우리는 두 번째 기능으로 전환하여 정규화 기술의 적용을 자세히 살펴볼 것입니다. 현재 모델은 만족스러운 성능을 보여주지만, 특히 모델이 과소 또는 과적합된 시나리오에서는 정규화가 매우 유용할 수 있습니다.

특징 2 : 정규화 기법을 적용합니다

ChatGPT와 함께 학습 및 임기응변 프롬프트 전략(LIFE 기법의 3.1 및 3.2임)을 사용하여, 모델이 과적합될 수 있는지 여부와 이러한 경우 무엇을 수행해야 하는지 이해할 것입니다.

프롬프트

모델이 과적합될 수 있나요?

ChatGPT에서 답변을 받았는데, 이는 우리 모델이 과적합되었을 가능성은 낮지만, 정규화 기술 및 교차 검증과 같은 몇 가지 고려해야 할 사항을 제안합니다.

프롬프트 응답

모델의 성능을 해석할 때, 과적합의 가능성을 고려하는 것은 필수적입니다. 과적합은 모델이 입력 특징과 목표 변수 사이의 기본 관계가 아닌 훈련 데이터의 노이즈 및 무작위 변동을 캡처하는 방법을 학습할 때 발생합니다. 이로 인하여 훈련 데이터에서는 잘 작동하지만 보이지 않는 데이터에는 정규화가 제대로 되지 않는 모델이 탄생할 수 있습니다.

과적합이 일어날 수 있는 제안을 가진 몇 가지 메트릭스가 있습니다.

- **훈련 및 테스트 성능 사이에 큰 차이** : 모델이 테스트 데이터에 비하여, 훈련 데이터에서 훨씬 더 나은 성능을 보인다면 과적합일 수도 있습니다. 이 경우에서 만약 평균 제곱 오차와 R의 제곱 값이 테스트 세트보다 훈련 세트가 낮은 경우, 이는 과적합을 시사합니다.
- **모델의 복잡도** : 훈련 데이터의 크기에 관계되어 많은 수의 파라미터를 가지고 과도하게 복잡한 모델은 과적합이 되기 쉽습니다. 선형 회귀는 상대적으로 쉽지만, 만약 더 복잡한 모델(예- 고차 다항식을 포함한 다항 회귀를 사용한다면, 과적합의 위험을 증가시킬 수 있습니다.
- **정규화 기법** : 라쏘 및 릿지 회귀와 같은 정규화 기법은 대형 계수에 불이익을 주어서, 과적합을 완화하는 데 적용됩니다. 만약 과적합이 의심되는 경우, 일반화를 적용하면 모델의 정규화 성능을 향상시키는 데 도움이 될 수 있습니다.

- **교차 검증** : K-폴드 교차 검증과 같은 교차 검증 기법의 사용은 데이터의 여러 훈련-테스트 분할 데이터에서 모델의 성능을 평가하여, 보다 강력한 추정치를 제공할 수 있습니다. 만약 모델 성능이 분할마다 크게 달라지는 경우, 과적합을 나타낼 수 있습니다.

높은 R의 제곱 값과 테스트 데이터에서 상대적으로 낮은 평균 제곱 오차를 가진 경우, 해당 모델은 과적합이 될 가능성이 낮습니다. 그러나 이러한 메트릭스를 탐색하고 모델의 일반화 성능을 보장하기 위하여, 추가 단계를 고려하는 것이 항상 좋은 방법입니다. 과적합이 의심되는 경우, 모델을 단순화하거나 정규화 기법을 적용하거나, 교차 검증을 사용하여 성능을 추가로 평가할 수 있습니다.

정규화와 교차 검증 기법을 적용하기 위하여 ChatGPT에게 요청하겠습니다.

프롬프트

먼저 정규화 기법을 적용하고 그 후에 교차 검증을 시도합시다.

ChatGPT는 교차 값과 함께 라쏘 혹은 릿지를 적용할 수 있는 코드와 설명을 제공해야 합니다.

프롬프트 응답

좋습니다. 선형 회귀 모델에서 회귀 기법의 적용을 시작합시다. 일반적으로 두 가지 기법은 라쏘 회귀(L1 정규화)와 릿지 회귀(L2 정규화)가 있습니다. 이러한 기법은 손실 함수에 패널티 항을 추가하여 큰 계수에 페널티를 주어서, 과적합을 방지하는 데 도움이 됩니다.

릿지 회귀를 시도하면서 시작할 것인 데, 이는 손실 함수에 계수(L2 norm)의 제곱합을 더합니다.

다음은 교차 검증을 위한 릿지 회귀를 이행시킬 수 있는 방법입니다.

```
from sklearn.linear_model import RidgeCV

# 교차 검증에서 릿지 회귀 모델을 초기화합니다.
ridge_model = RidgeCV(alphas=[0.1, 1.0, 10.0], cv=5)

# 릿지 회귀 모델을 훈련합니다
ridge_model.fit(X_train, y_train)

# 테스트 데이터에서 예측을 만듭니다
ridge_y_pred = ridge_model.predict(X_test)

# 모델의 성능을 평가합니다
ridge_mse = mean_squared_error(y_test, ridge_y_pred)
ridge_r_squared = ridge_model.score(X_test, y_test)

# 평가 메트릭을 프린트합니다
print("Ridge Regression - Mean Squared Error (MSE):", ridge_mse)
print("Ridge Regression - R-squared (Coefficient of Determination):", ridge_r_ squared)
```

```
print("Ridge Regression - Best Alpha:", ridge_model.alpha_)
```

설명 :

- `RidgeCV(alphas=[0.1, 1.0, 10.0], cv=5)` : 교차 검증에서 릿지 회귀 모델을 초기화합니다. Alphas 모수는 테스트할 정규화 강도(alpha 값)를 지정하고, cv는 교차 검증을 위한 접힘 횟수를 지정합니다.
- `ridge_model.fit(X_train, y_train)` : 훈련 데이터를 사용하여 릿지 회귀 모델을 훈련합니다.
- `ridge_model.predict(X_test)` : 릿지 회귀 모델을 사용하여, 테스트 데이터에 대한 예측을 수행합니다.
- `ridge_mse = mean_squared_error(y_test, ridge_y_pred)` : 이는 릿지 회귀를 사용하여, 실제 값과 예측 값 사이의 평균 제곱 오차를 계산합니다.
- `ridge_model.score(X_test, y_test)` : 이는 릿지 회귀를 사용하여 R의 제곱 값(결정 계수)를 계산합니다.
- `ridge_model.alpha_` : 이 속성은 교차 검증에 의해 선택된 최적의 알파(정규화 강도)를 반환합니다.

릿지 회귀를 진행하고 싶거나 어떠한 질문이 있다면 알려주세요!

코드 실행을 시도하고 작동하고 어떠한 개선점을 보여주는 관찰합니다.

```
[ ]
from sklearn.linear_model import RidgeCV

# Initialize the Ridge regression model with cross-validation
ridge_model = RidgeCV(alphas=[0.1, 1.0, 10.0], cv=5)

# Train the Ridge regression model
ridge_model.fit(X_train, y_train)

# Make predictions on the testing data
ridge_y_pred = ridge_model.predict(X_test)

# Evaluate the model's performance
ridge_mse = mean_squared_error(y_test, ridge_y_pred)
ridge_r_squared = ridge_model.score(X_test, y_test)

# Print the evaluation metrics
print("Ridge Regression - Mean Squared Error (MSE):", ridge_mse)
print("Ridge Regression - R-squared (Coefficient of Determination):", ridge_r_squared)
print("Ridge Regression - Best Alpha:", ridge_model.alpha_)

Ridge Regression - Mean Squared Error (MSE): 109.82024999312038
Ridge Regression - R-squared (Coefficient of Determination): 0.9778218459464064
Ridge Regression - Best Alpha: 0.1
```

그림 13.8 릿지 회귀

코드는 이전에 제공된 코드와 호환되며, 출력물은 선형 회귀 코드와 매우 유사합니다. 그렇지만 ChatGPT는 특정한 지침이 필요하지 않으며, 완벽하고 만족할 만 하게 코드를 실행합니다.

다음으로 ChatGPT에게 출력물을 제공하고 무엇을 제안하는지 관찰하겠습니다.

프롬프트

```
Ridge Regression - Mean Squared Error (MSE): 109.82024999312038
Ridge Regression - R-squared (Coefficient of Determination): 0.9778218459464064
Ridge Regression - Best Alpha: 0.1
```

이 경우에는, ChatGPT가 결과를 해석했고, 또한 라쏘 회귀를 비롯한 교차 검증으로 코드를 제공했습니다. 이전 상호 작용에서 ChatGPT가 제공한 제안에 따라 달라질 수 있습니다.

프롬프트 응답

교차 검증을 통한 릿지 회귀 모델은 표준 선형 회귀 모델과 매우 유사하게 수행된 것으로 보입니다. **평균 제곱 오차**(MSE)와 R의 제곱 값은 표준 선형 회귀 모델에서 포함된 것과 매우 가깝습니다.

릿지 회귀 모델에서 교차 검증에 의해 선택된 최적의 alpha는 0.1인 데, 이는 모델에서 작은 양의 정규화가 적용되었다는 것을 시사합니다.

교차 검증을 통한 릿지 회귀의 성능은 표준 선형 모델의 성능과 비슷하기 때문에, 이 경우 정규화가 모델의 성능을 크게 향상시키지 못했다고 결론지을 수 있습니다.

다음으로 교차 검증에 라쏘 회귀(L1 정규화)의 사용을 시도해보겠습니다.

```
from sklearn.linear_model import LassoCV

# 교차 검증에서 라쏘 회귀 모델을 초기화합니다
lasso_model = LassoCV(alphas=[0.1, 1.0, 10.0], cv=5)

# 라쏘 회귀 모델을 훈련합니다
lasso_model.fit(X_train, y_train)

# 테스트 데이터에서 예측을 만듭니다
lasso_y_pred = lasso_model.predict(X_test)

# 모델의 성능을 평가합니다
lasso_mse = mean_squared_error(y_test, lasso_y_pred)
lasso_r_squared = lasso_model.score(X_test, y_test)

# 평가 메트릭을 프린트합니다
print("Lasso Regression - Mean Squared Error (MSE):", lasso_mse)
print("Lasso Regression - R-squared (Coefficient of Determination):", lasso_r_ squared)
print("Lasso Regression - Best Alpha:", lasso_model.alpha_)
```

라쏘 회귀를 진행하고 싶거나 어떠한 질문이 있다면 알려주세요!

코드를 실행하여 코드가 작동하는지 확인하고 릿지 회귀와 다른 결과를 생성하는지 확인합니다.

```
[ ]
from sklearn.linear_model import LassoCV

# Initialize the Lasso regression model with cross-validation
lasso_model = LassoCV(alphas=[0.1, 1.0, 10.0], cv=5)

# Train the Lasso regression model
lasso_model.fit(X_train, y_train)

# Make predictions on the testing data
lasso_y_pred = lasso_model.predict(X_test)

# Evaluate the model's performance
lasso_mse = mean_squared_error(y_test, lasso_y_pred)
lasso_r_squared = lasso_model.score(X_test, y_test)

# Print the evaluation metrics
print("Lasso Regression - Mean Squared Error (MSE):", lasso_mse)
print("Lasso Regression - R-squared (Coefficient of Determination):", lasso_r_squared)
print("Lasso Regression - Best Alpha:", lasso_model.alpha_)
```

```
Lasso Regression - Mean Squared Error (MSE): 109.77575439252612
Lasso Regression - R-squared (Coefficient of Determination): 0.9778308318145387
Lasso Regression - Best Alpha: 0.1
```

그림 13.9 라쏘 회귀

교차 검증을 포함한 라쏘 회귀는 표준 선형 회귀와 릿지 회귀 모델에서 비슷한 값을 생성합니다. 평균 제곱 오차와 R의 제곱 값은 이전에 얻은 것에 매우 가깝습니다.

그러나 여기에 사용된 데이터 세트는 정규화 기술의 이점을 크게 누릴 수 있을 만큼 충분히 복잡하지 않을 수 있다는 점에 유의하는 것이 중요합니다. 데이터 세트가 더 크거나 복잡한 경우, 일반화는 과적합을 방지하고 모델 정규화를 개선하는 데에 더 중요한 역할을 할 수 있습니다.

복잡도를 추가하여 우리 문제를 위한 합성 데이터 세트를 생성하기 위한 다음 특징으로 넘어가겠습니다.

특징 3 : 복잡도를 추가하기 위한 합성 데이터 세트 생성하기

ChatGPT와 대화 스타일을 사용하여 합성 데이터 세트를 생성하기 위한 코드를 제공하도록 요청할 것입니다.

프롬프트

복잡도를 추가하기 위하여 합성 데이터 세트를 생성하기 위한 코드를 제공해줄 수 있나요?

다음과 같은 응답의 변동을 받을 수 있을 것입니다. 그렇지만 이 코드는 일반 코드이며, 데이터 세트에 특정한 코드를 생성하는 데, 적합하지 않다는 점을 알 수 있습니다. 그렇기에 ChatGPT에게 피드백을 제공함으로써 프롬프트를 정제하겠습니다.

프롬프트 응답

좋습니다! Sklearn.datasets 모듈에서 make_regression 함수를 사용하여 추가적인 복잡도를 가진 합성 데이터를 생성할 수 있습니다. 이 함수는 예제 개수, 특징 개수 및 노이즈 레벨과 같은 특정한 특징에서 무작위 회귀 문제를 생성합니다.

다음은 복잡도의 추가와 함께 하는 합성 데이터를 생성할 수 있는 방법입니다.

```
from sklearn.datasets import make_regression
import pandas as pd

# 500개의 예제, 10개의 특징 및 노이즈 상승을 포함하여 합성 데이터 세트를 생성합니다X_synthetic,
y_synthetic = make_regression(n_samples=500, n_features=10, noise=50, random_state=42)

# 정적 데이터 세트에서 데어터프레임을 생성합니다
synthetic_data = pd.DataFrame(X_synthetic, columns=[f'Feature_{i}' for i in range(1, 11)])
synthetic_data['Target'] = y_synthetic

# 정적 데이터 세트의 첫 번째 몇 줄을 표시합니다
print(synthetic_data.head())

# 합성 데이터 세트를 CSV 파일로 저장합니다
synthetic_data.to_csv('synthetic_dataset.csv', index=False)
```

설명 :

- make_regression(n_samples=500, n_features=10, noise=50, random_state=42) : 이 함수는 500개의 예제, 10개의 특징 및 노이즈 레벨(노이즈 모수에 의해 명시됨) 상승을 포함한 합성 회귀 데이터 세트를 생성합니다. Random_state 모수는 재현 가능성을 보장합니다.
- pd.DataFrame(X_synthetic, columns=[f'Feature_{i}' for i in range(1, 11)]) : 이것은 합성 입력 기능(X_synthetic)에서 데이터 프레임을 생성하고 열의 이름을 'Feature_1'에서 'Feature_10'으로 배정합니다.
- synthetic_data['Target'] = y_synthetic : 이는 'Targe' 열 이름을 가진 데이터 프레임에 합성 목표 변수(y_synthetic)를 추가합니다.
- synthetic_data.to_csv('synthetic_dataset.csv', index=False) : 이는 Index 열의 포함 없이 'synthetic_dataset.csv'로 명명된 CSV 파일에서 합성 데이터 세트를 저장합니다.

예제의 개수, 특징의 개수 및 노이즈 수준과 같은 합성 데이터의 복잡도를 통제하는 make_regression 함수의 모수를 조정할 수 있습니다.

도움이 더 발생하면 알려주세요!

ChatGPT에게 데이터 세트에 코드가 필요하다고 간단히 지시합니다.

프롬프트

아니요, 우리 문제를 의미한 거였습니다.

ChatGPT가 제안하는 내용과 실제로 작동하는지 확인해 보겠습니다.

프롬프트 응답

알겠습니다! 원본 데이터 세트와 동일한 입력 기능을 사용하되, 복잡도를 추가하여 문제에 대한 합성 데이터 세트를 만들 수 있습니다. 본래 특징의 비선형 조합이자 실제 세상 데이터를 흉내내기 위한 노이즈 추가하는 추가적인 특징을 생성할 것입니다.

다음은 복잡도의 추가와 함께 하는 합성 데이터를 생성할 수 있는 방법입니다.

```
import numpy as np
import pandas as pd

# 재현 가능성을 위한 무작위 시드
np.random.seed(42)

# 예제의 수
n_samples = 500

# 합성 입력 기능을 생성합니다
avg_session_length = np.random.normal(loc=30, scale=5, size=n_samples)
time_on_app = np.random.normal(loc=15, scale=5, size=n_samples)
time_on_website = np.random.normal(loc=20, scale=7, size=n_samples)
length_of_membership = np.random.normal(loc=3, scale=1, size=n_samples)

# 합성 목표 변수(노이즈를 가진 입력 기능의 선형 조합)를 생성합니다
yearly_amount_spent = 100 + (avg_session_length * 10) + (time_on_app * 20) + (time_on_website
* 15) + (length_of_membership * 30) + np.random.normal(loc=0, scale=50, size=n_samples)

# 합성 데이터 세트에서 데이터프레임을 생성합니다
synthetic_data = pd.DataFrame({
    'Avg. Session Length': avg_session_length,
    'Time on App': time_on_app,
    'Time on Website': time_on_website,
    'Length of Membership': length_of_membership,
    'Yearly Amount Spent': yearly_amount_spent
})

# 데이터 프레임의 첫 번째 몇 줄을 표시합니다
print(synthetic_data.head())
```

```
# 합성 데이터 세트를 CSV 파일로 저장합니다
synthetic_data.to_csv('synthetic_ecommerce_data.csv', index=False)
```

설명:

- 본래 데이터 세트의 특성을 모방하기 위하여 지정된 평균과 표준 편차를 가진 정규 분포를 사용하여, 합성 입력 기능(avg_session_length, time_on_app, time_on_website, length_of_membership)을 생성합니다.
- 추가된 노이즈를 가진 입력 기능의 선형 집합으로서, 합성 목표 변수(yearly_amount_spent)를 생성합니다.
- 마지막으로, 합성 데이터 세트에서 데이터 프레임을 생성하고 CSV 파일로 저장합니다.

이 합성 데이터 세트는 본래 데이터 세트와 유사한 특징을 가질 것이나, 복잡도가 추가되어 더 어려운 시나리오에서 모델을 테스트하고 성능을 이해하는 데 유용할 수 있습니다.

도움이 더 발생하면 알려주세요!

코드는 인상적이며 데이터 세트에 적용되었습니다. 실행에서 아무런 오류 없이 실행되고, synthetic_ecommerce_data.csv로 명명된 CSV 파일을 생성하고, notebook의 런타임 환경에서 저장합니다. 또한 첫 번째 몇 줄을 프린트합니다. 미래의 사용을 위해 코드를 다운로드할 수 있습니다.

다음으로 ChatGPT에게 합성 데이터 세트에서 추가된 노이즈를 가진 완성 코드를 생성하고 모델 성능을 평가하기 위하여 요청할 것입니다. 다음 특징으로 넘어가겠습니다.

특징 4 : 합성 데이터 세트를 위한 단일 단계에서 모델을 개발하기 위한 코드를 생성합니다.

이전 특징에서 단계별로 회귀 모델을 어떻게 생성하는지 배웠습니다. 그렇기에 ChatGPT에게 합성 데이터 세트를 위한 단일 단계에서 전체 코드를 제공하기 위한 요청을 할 것입니다.

프롬프트

이제 생성된 합성 데이터 세트에서 사용을 실행하기 위한 단일 단계에서 엔드 투 엔드 코드를 제공해주세요

완성된 코드가 제공되며, 데이터 세트 불러오기를 포함하고, 데이터 분할하기, 모델 학습 및 모델 실행을 포함하는 다음과 유사한 응답을 볼 수 있습니다.

프롬프트 응답

당연하죠! 다음은 어떻게 엔드 투 엔드 코드를 작성하는지, 훈련 세트와 테스트 세트로 분할하는지, 선형 회귀 모델을 훈련하는지, 성능을 평가하는지 및 평가 메트릭스를 프린트하는 합성 데이터 세트를 불러오겠습니다.

```
import pandas as pd
from sklearn.model_selection import train_test_split
from sklearn.linear_model import LinearRegression
from sklearn.metrics import mean_squared_error, r2_score

# 합성 데이터 세트를 불러옵니다
synthetic_data = pd.read_csv('synthetic_ecommerce_data.csv')

# 입력 특징(X) 및 목표 변수(y)로 추출합니다
X = synthetic_data[['Avg. Session Length', 'Time on App', 'Time on Website', 'Length of Membership']]
y = synthetic_data['Yearly Amount Spent']

# 데이터를 훈련 세트 및 데이터 세트(훈련 80%, 테스트 20%)로 분할합니다
X_train, X_test, y_train, y_test = train_test_split(X, y, test_size=0.2, random_state=42)

# 선형 회귀 모델로 초기화합니다
model = LinearRegression()

# 훈련 데이터를 이용하여 선형 회귀 모델을 훈련합니다
model.fit(X_train, y_train)

# 테스트 데이터에서 예측을 만듭니다
y_pred = model.predict(X_test)

# 모델의 성능을 평가합니다
mse = mean_squared_error(y_test, y_pred)
r_squared = r2_score(y_test, y_pred)

# 평가 메트릭스를 프린트합니다
print("Mean Squared Error (MSE):", mse)
print("R-squared (Coefficient of Determination):", r_squared)
```

이 코드는 CSV 파일에서 합성 데이터 세트를 불러오고, 훈련 및 테스트 세트로 분할하고, 훈련 데이터를 사용하고, 테스트 데이터에 대한 예측을 수행하며, 평균 제곱 오차(MSE) 및 R의 제곱 (결정 계수)을 사용하여 모델의 성능을 평가하고, 평가 메트릭스를 프린트합니다.

데이터 프레임과 함께 작동하도록 설치된 pandas 라이브러리와 기계 학습 기능을 위한 scikit-learn 라이브러리가 설치되어 있다고 가정할 때, Python 환경에서 이 코드를 실행하기만 하면 됩니다.

어떤 질문이 있거나 도울 수 있는 다른 게 있다면 알려 주세요!

코드를 실행하면, 아주 매끄럽게 실행됩니다.

합성 데이터 세트에서 훈련된 선형 회귀 모델을 위한 평가 메트릭스는 다음과 같습니다.

- **평균 제곱 오차** : 대략 2103.19
- **R의 제곱 (결정 계수)** : 대략 0.9197

이들 메트릭스는 모델의 성능 안에서 통찰을 제공합니다.

- **평균 제곱 오차** : 평균 제곱 오차는 실제 값과 예측 값 사이에 평균 제곱 차이를 측정합니다. 이 경우에는 평균 제곱 오차는 평균적으로 "연간 지출액"의 실제 값과 예측 값 차이가 2103.19이라는 것을 나타냅니다. 낮은 평균 제곱 오차 값은 가치가 있으며, 최적의 모델 성능을 나타냅니다.
- **R의 제곱 (결정 계수)** : R의 제곱 값은 모델에 의해 설명되는 목표 변수(연간 지출액)의 분산 비율을 나타냅니다. 이 경우에서 거의 0.9196인 R의 제곱 값은 91.97%를 선형 회귀 모델로 설명할 수 있음을 시사합니다. 높은 R의 제곱값 (1에 가까움)은 최적의 알맞음을 나타냅니다.

따라서 이 평가 메트릭스는 선형 회귀 모델이 합성 데이터 세트에서 상당히 잘 수행된다는 것을 시사합니다.

전자 상거래 상점의 콘텍스트에서, 이들 모델에서의 통찰은 여러 가지 목적으로 사용될 수 있습니다.

- **고객 세분화** : 이 모델은 예상 연간 지출액을 기반으로 고가 고객을 식별하는 데 도움이 될 수 있으므로 타겟팅된 마케팅 노력이 가능합니다.
- **추천 시스템** : 소비에 영향을 끼치는 요인을 파악하여 제품 추천을 개선하고 고객 쇼핑 경험을 향상시키는 데 사용할 수 있습니다.
- **유지 전략** : 멤버십 기간(`Length of Membership`)은 중요한 요인으로 보입니다. 이러한 통찰을 바탕으로 고객 유지율과 충성도를 높이기 위한 전략을 수립할 수 있습니다.
- **웹사이트와 응용 프로그램 최적화하기** : `Average Session Length`(평균 세션 기간), `Time on App`(응용 프로그램에서의 시간), 및 `Time on Website`(웹사이트에서의 시간)의 영향에 대한 통찰을 통하여, 웹사이트 및 응용 프로그램 최적화에 대한 결정을 내릴 수 있습니다.

이는 ChatGPT3.5에서 결론을 짓습니다. 이제 ChatGPT Plus에서 프롬프트 및 학습 차이가 어떠한지 볼 것입니다.

ChatGPT Plus를 사용하여 간단한 선형 회귀 학습하기

이제 ChatGPT를 사용하는 동안 간단한 선형 회귀에 대해 배웠으니 ,ChatGPT Plus를 사용하면서 선형 회귀에 대해 알아보겠습니다. ChatGPT Plus 혹은 GPT-4에는 데이터 세트를 업로드하고, 데이터 세트를 분석하며, Python 및 matplotlib과 같은 간단한 라이브러리를 사용하는 경우, 결과를 생성하는 기능이 포함되어 있습니다. 이 장을 작성할 당시에는 모바일 응용 프로그램을 사용하는 경우, OpenAI에서 제공하는 **데이터 분석**이라는 이름의 GPT 어시스턴트가 있습니다. 만약 브라우저 번역을 사용한다면 GPT-4를 선택할 수 있습니다.

무료 버전을 사용하여 동일한 기능을 구현할 수도 있지만 직접 코드를 실행하고 프롬프트를 수정해야 합니다.

특징 1 : 단계별로 간단한 선형 회귀 모델 구축하기 특징

데이터 세트의 설명, 불러오기 위치에 대한 지침, Jupyter Notebook과 호환되는 코드를 제공해야 하는 무료 버전의 ChatGPT를 사용하여 회귀 모델을 단계별로 생성하는 방법을 배웠습니다. ChatGPT Plus의 경우, 이 모든 것을 ChatGPT Plus에서 처리하여 코드를 실행할 수 있는 런타임 환경도 제공합니다.

TensorFlow, Keras 혹은 심층 학습 라이브러리를 실행할 수 없다는 것을 참조하세요.

프롬프트

다음 열(PIC 기법의 2.3임)로 구성된 전자 상거래 고객 데이터 세트에 대한 고객의 "연간 지출액(TAG 기법의 1.1임)을 예측하기 위한 간단한 선형 회귀 모델을 만들고 싶습니다.

저는 초보 사용자(PIC 기법의 2.1임)이므로, 단계별 코드를 제공하고, 아래의 지침(PIC 기법의 2.2임)을 엄격하게 준수해 주세요.

각 코드 열에 자세한 주석이 있는지 확인합니다.

- 각 코드의 열을 설명하고 한 번에 한 단계로 제공하며, 사용자 피드백을 기다려야 합니다.

완성된 코드가 제공되며, 데이터 세트 불러오기를 포함하고, 데이터 분할하기, 모델 학습 및 모델 실행을 포함하는 다음과 유사한 응답을 볼 수 있습니다.

프롬프트 응답

좋습니다! Python을 사용하여 간단한 선형 회귀 모델의 구축을 시작합시다. 데이터를 다루기 위해, 그리고 회귀 모델을 생성하기 위해 pandas와 같은 라이브러리를 사용할 것입니다.

단계 1 : 라이브러리를 가져오고 데이터를 불러옵니다.

먼저 필요한 라이브러리를 가져오고 데이터 세트를 불러옵니다. 구조를 이해하기 위하여 데이터 세트의 첫 번째 몇 줄을 살펴 볼 것입니다.

이 단계를 위한 코드입니다.

```
# 필요한 라이브러리를 가져옵니다
import pandas as pd# pandas는 처리와 분석을 위해 사용됩니다.

from sklearn.model_selection import train_test_split # 이 함수는 데이터를 훈련 및 테스트 세트
로 분할하는 데 사용됩니다
from sklearn.linear_model import LinearRegression # 이 클래스는 선형 회귀를 수행하기 위하여
사용됩니다
from sklearn.metrics import mean_absolute_error, mean_squared_error # 이 함수들은 모델을 평가
하기 위해 사용됩니다

# 데이터 세트를 불러옵니다
data = pd.read_csv('/mnt/data/Ecommerce Customers (1).csv') # pandas 데이터를 프레임으로 CSV
파일을 읽습니다.

# 구조를 이해하기 위하여 데이터 세트의 첫 번째 몇 줄을 표시합니다
print(data.head())
```

이 코드 블록은 다음의 행동을 합니다.

- **라이브러리를 불러옵니다** : 데이터 처리를 위하여 pandas를 불러오고, 데이터 분할과 선형 회귀 수행을 위하여 sklearn에서 몇 가지 모듈을 불러옵니다.
- **데이터를 불러옵니다** : Pd.read_csv 함수는 CSV 파일을 잠재적으로 다른 유형의 열이 있는 2차원 레이블로 지정된 데이터 구조인 데이터 프레임으로 읽습니다.
- **첫 번째 몇 줄을 프린트합니다** : 이를 통하여 데이터 세트의 초기 행을 확인하여 사용 가능한 데이터와 그 형식을 이해하는 데 도움이 됩니다.

이 단계를 실행하고 모든 것이 정확하게 불러와졌는지 보장하며, 데이터가 어떻게 나타나는지 이해하기 위하여 출력물을 확인합니다. 이렇게 진행할까요?

ChatGPT에게 계속 진행하도록 지시합니다.

프롬프트

네, 그래주세요.

다음과 유사한 응답을 볼 수 있어야 하는 데, 이는 ChatGPT가 코드를 실행하고 첫 번째 몇 줄을 프린트합니다.

ChatGPT의 런타임 환경에 파일이 불러와졌다는 것을 참고하세요. 만약 로컬 환경이나 Jupyter Colab에서 코드를 실행하는 게 필요하다면, CSV를 읽어내기 위한 단계를 수정하는 것이 필요로 합니다.

프롬프트 응답

데이터 세트의 첫 번째 몇 줄의 스냅숏입니다.

Email	Address	Avatar	Avg. Session Length	Time on App	Time on Website	Length of Member-ship	Yearly Amount Spent
mste-phen-son@fernandez.com	835 Frank Tunnel Wrightmouth, MI 82180-9605	Violet	34.497268	12.655651	39.577668	4.082621	587.951054
hduke@hotmail.com	4547 Archer Common Di-azchester, CA 06566-8576	Dark-Green	31.926272	11.109461	37.268959	2.664034	392.204933
pallen@yahoo.com	24645 Valerie Unions Suite 582 Cobbbor-ough, ...	Bisque	33.000915	11.330278	37.110597	4.104543	487.547505
river-arebec-ca@gmail.com	1414 David Throughway Port Jason, OH 22070-1220	Saddle-Brown	34.305557	13.717514	36.721283	3.120179	581.852344
mste-phens@david-son-her-man.com	14023 Rodri-guez Passage Port Jacob-ville, PR 3...	Mediu-mAqua-Marine	33.330673	12.795189	37.536653	4.446308	599.406092

데이터 세트에는 고객 연락처 정보 (예: Email 및 Address)와 전자 상거래 플랫폼과의 상화 작용과 관련된 수치 데이터 (예: Avg. Session Length", "Time on App",

"Time on Website", 및 "Length of Membership")가 모두 포함됩니다.

단계 2 : 데이터 준비

다음 단계는 선형 회귀 모델을 위한 데이터의 준비가 포함될 것입니다. 다음이 포함됩니다.

- 관계가 있는 수와 관련 열(numerical column)을 위한 예측을 선택합니다.

- 데이터를 훈련 세트와 테스트 세트로 분할합니다.

"연간 지출액" 예측을 위해 사용되기를 원하는 특정 열이 있나요? 그렇지 않다면 모든 수와 관련 열을 사용하는 일반적인 접근으로 진행할까요?

수와 관련 열의 이용을 진행하기 위하여 ChatGPT에게 지시할 것입니다.

프롬프트

수와 관련 열 만을 사용해주세요.

다음과 유사한 응답을 볼 수 있어야 하는 데, 이는 ChatGPT가 특징을 선택하고, 데이터 세트를 분할 및 모양을 프린트하기 위하여 코드를 제공합니다.

프롬프트 응답

단계 2 : 데이터 준비

데이터 준비에서 다음 단계를 진행할 것입니다.

- **관계되는 열 선택하기** : 수와 관련되거나 고객의 행동에 직접적으로 관계되는 열을 포함할 것입니다.
- **데이터를 훈련 세트 및 데이터 세트로 분할하기** : 이를 통하여 보이지 않는 데이터에 대한 모델을 평가하여 일반적으로 잘 수행되는지 확인하는 데 도움이 됩니다.

다음은 이 단계들을 수행하기 위한 코드입니다.

```
# 특징을 위하여 수와 관련 열만을 선택하기
features = data[['Avg. Session Length', 'Time on App', 'Time on Website', 'Length of Membership']]

# '연간 지출액'인 목표 열을 선택하기
target = data['Yearly Amount Spent']

# 데이터 세트를 훈련 세트 및 데이터 세트로 분할하기
# 데이터의 80%를 훈련 데이터로, 20%를 테스트 데이터로 할당합니다
X_train, X_test, y_train, y_test = train_test_split(features, target, test_ size=0.2, random_state=42)

# 훈련 및 테스트 세트의 모양을 프린트해서 분할을 확인합니다
print(f'Training features shape: {X_train.shape}')
print(f'Testing features shape: {X_test.shape}')
print(f'Training labels shape: {y_train.shape}')
print(f'Testing labels shape: {y_test.shape}')
```

이 코드 블록에서,

- **특징과 목표를 선택합니다** : 예측을 겨냥하는 특징과 목표 변수를 위한 열을 분할합니다.
- **데이터를 분할합니다** : `Train_test_split`를 사용하여, 데이터를 훈련과 테스트 세트로 분할했습니다. `Test_size=0.2`는 데이터의 20%가 테스트용으로 예약되어 있음을 의미합니다. `Random_state`는 재현 가능성의 결과를 위해 설정합니다.
- **모양 프린트** : 훈련 및 테스트 세트의 모양을 프린트해서 분할이 확실한지 확인합니다.

데이터를 준비하고 분할을 확인하기 위하여 코드의 이 부분을 실행할까요?

코드 실행을 위하여 ChatGPT에게 지시할 것입니다.

프롬프트

네, 그래주세요.

다음과 유사한 응답을 볼 수 있어야 하는 데, 이는 ChatGPT가 코드를 실행하고 특징과 레이블을 프린트합니다.

프롬프트 응답

데이터는 성공적으로 훈련 및 테스트 세트로 분할되었습니다. 세부사항은 다음과 같습니다.

- **훈련 특징 모양** : 400 행 및 4 열
- **테스트 특징 모양** : 100 행 및 4 열
- **훈련 레이블 모양** : 400 값
- **훈련 레이블 모양** : 100 값

이는 데이터의 80%가 모델 학습에 사용되고 20%가 모델의 성능을 테스트하는 데 사용되는 것을 나타냅니다.

단계 3 : 선형 회귀 모델 구축하기

이제 훈련 데이터를 이용하여 선형 회귀 모델을 생성하고 훈련할 것입니다. 계획은 다음과 같습니다.

- **선형 회귀 모델로 초기화합니다** : 여기에는 데이터에 맞게 모델을 설정할 준비가 되어 있어야 합니다.
- **훈련 데이터를 모델에 맞춥니다** : 여기서 모델은 훈련 데이터에서 특징과 대상 사이의 관계를 학습합니다.
- **훈련 데이터를 모델에서 실행합니다** : 이 단계는 훈련 데이터에서 모델이 얼마나 훌륭한지 빠르게 확인하는 단계입니다.

이 다음 단계를 진행하고 훈련 데이터에 모델을 구축하고 평가할 코드를 보여드리면 될까요?

이제 ChatGPT에게 다음 단계로 진행하도록 지시합니다.

프롬프트

네, 부탁합니다.

ChatGPT가 데이터 세트를 제공한 경우, 다음과 유사한 응답을 받을 수 있습니다.

프롬프트 응답

선형 회귀 모델을 구축하기 및 훈련하기로 넘어가겠습니다.

단계 3 : 선형 회귀 모델 구축하기

다음은 선형 회귀 모델을 생성하고, 훈련하며 최초로 평가하는 코드입니다.

```
# 선형회귀 모델을 초기화합니다
model = LinearRegression()

# 훈련 데이터를 모델에 맞춥니다
# 여기에는 제공된 데이터 포인트에 가장 적합한 라인을 찾는 것이 포함됩니다
model.fit(X_train, y_train)

# 훈련 세트에서 예측함으로써, 모델을 평가합니다
train_predictions = model.predict(X_train)

# 훈련 세트에서 평균 절대 오차(MAE)를 계산합니다
# 평균 절대 오차는 방향을 고려하지 않고 예측 세트에서 오류의 평균 크기를 측정합니다
train_mae = mean_absolute_error(y_train, train_predictions)

# 훈련 세트에서 평균 제곱 오차(MSE)를 계산합니다
# 평균 제곱 오차는 오차 제곱의 평균, 즉 추정 값과 실제 값 사이의 평균 제곱 차이를 측정합니다
train_mse = mean_squared_error(y_train, train_predictions)

# 훈련 데이터에서 모델 성능을 이해하기 위하여 오류를 프린트합니다
print(f'Mean Absolute Error on training data: {train_mae}')
print(f'Mean Squared Error on training data: {train_mse}')
```

이 코드는 다음과 같습니다.

- **모델을 초기화합니다** : 선형 회귀 모델을 생성하기 위하여 `LinearRegression()`을 호출합니다.
- **모델을 맞춥니다** : `model.fit(X_train, y_train)`은 입력 특징과 목표 출력에 맞게 회귀선의 가중치를 조정합니다.
- **예측을 만듭니다** : `model.predict(X_train)`은 어떻게 훈련 데이터를 예측하는지 모델을 훈련하는지 보여주는 데 사용됩니다.
- **계산 오류** : `mean_absolute_error` 및 `mean_squared_error`는 예측 값을 실제 값과 비교하여, 모델의 정확도와 성능을 측정하는 지표를 제공합니다.

지금 이 코드를 실행하여 모델이 훈련 데이터에서 어떻게 수행하는지 확인하시겠습니까?

ChatGPT에게 계속 진행하도록 지시합니다.

프롬프트

네, 부탁합니다.

다음과 유사한 응답을 볼 수 있어야 하는 데, 이는 ChatGPT가 코드를 실행하고 결과를 프린트합니다.

프롬프트 응답

선형 회귀 모델은 데이터 세트에서 성공적으로 훈련되었으며, 다음은 훈련 데이터에서 성능 메트릭스입니다.

- **훈련 데이터에서 평균 절대 오차(MAE) :** 7.727
- **훈련 데이터에서 평균 제곱 오차(MSE) :** 95.823

이 메트릭스는 예측에서 모델에 의한 평균 오차를 이해하는 데 도움을 줍니다.

- **평균 절대 오차**는 평균적으로 모델의 예측이 실제 값에서 약 7.73 단위 떨어져 있다는 것을 말해줍니다.
- **평균 제곱 오차**는 오차를 제곱하여 더 큰 불일치를 강조하는 고려할 때, 예측에서 약간 더 큰 오차를 나타냅니다.

다음 단계 :

이제 모델이 훈련 세트에서 훈련되었고, 예비 평가되었습니다. 이제 보이지 않는 테스트 세트에서 해당 성능을 테스트하여 그 효과를 진정으로 평가해야 합니다.

테스트 세트에서 모델을 테스트하고 새로운 데이터로 어떻게 작동하는지 확인하시겠습니까?

테스트 세트에서 모델 성능을 훈련을 진행하도록 ChatGPT에게 지시합니다.

프롬프트

네, 그래주세요.

다음과 유사한 응답을 볼 수 있어야 하는 데, 이는 ChatGPT가 코드를 실행하고 결과를 프린트합니다.

프롬프트 응답

테스트 세트에서 산출된 모델의 평가는 다음과 같습니다.

- **훈련 데이터에서 평균 절대 오차(MAE) :** 8.558

- **훈련 데이터에서 평균 제곱 오차(MSE) :** 109.864

이 결과는 다음을 말해줍니다.

- **평균 절대 오차**가 8.558이라는 것은 테스트 데이터에 대한 모델의 예측이 실제 값에서 평균적으로 약 8.56 단위 떨어져 있음을 시사합니다. 이는 이전에 볼 수 없었던 데이터를 예측하는 모델이기 때문에 예상되는 훈련 평균 절대 오차보다 살짝 나쁜 결과입니다.
- 109.864의 **평균 제곱 오차**는 훈련 평균 제곱 오차보다 높은데, 이는 일부 예측에 더 큰 오류가 있음을 나타냅니다.

요약 :

이 모델은 상당히 좋은 성능을 발휘하지만, 훈련 데이터에 비해 테스트 데이터에서 약간 감소한 일반적인 동작을 보여줍니다. 이는 정상이며 모델이 크게 과적합되거나 과소적합되지 않고 예상대로 정규화되고 있음을 나타냅니다.

마지막 단계 :

이제 고객 행동 메트릭스에 기반한 "연간 지출액"을 예측할 수 있으며, 작동하는 선형 회귀 모델을 가졌습니다. 독자의 목표에 따라 더 이상의 탐구를 원할 수 있습니다.

- **모델 개선하기** : 보다 정교한 모델링 기법이나 특징 엔지니어링을 살펴볼 수 있습니다.
- **모델 해석** : 각 특징의 영향을 이해하기 위해 모델의 계수를 분석합니다.

이 추가 단계들을 탐구하기 원하거나 다른 추가 도움이 필요할까요?

무료 버전과 유사하게 ChatGPT Plus는 코드를 제공하고 실행함으로써 간단한 선형 회귀 모델을 단계별로 생성하는 데 꽤 능숙하다는 것을 확인합니다. 다음으로 Plus 버전이 정규화 기법을 적용할 수 있는지 살펴볼 것입니다.

특징 2 : 정규화 기법을 적용하기

정규화 기법을 적용하기 위하여 ChatGPT Plus에게 요청할 것입니다.

프롬프트

다른 개선점으로 이끌 수 있는지 확인하기 위하여 라쏘, 릿지, 교차 검증을 적용해 주실 수 있나요?

ChatGPT가 교차 검증과 함께 라쏘와 릿지의 코드를 제공한 다음과 유사한 응답을 받아야 합니다.

프롬프트 응답

단계 5 : 교차 검증과 함께 라쏘 회귀 및 릿지 회귀를 적용합니다.

라쏘 회귀 :

- 라쏘 회귀는 과적합을 줄이는 데 도움을 줄뿐 만이 아니라, 덜 중요한 기능의 계수를 0으로 축소할 수

있으므로, 특징 선택에 사용할 수도 있습니다.

릿지 회귀 :

- 릿지 회귀는 계수의 크기에 패널티를 부과하여 모델 복잡도를 줄입니다.

Scikit-learn 라이브러리를 사용할 것인 데, 이는 분석 수행을 위한 편리한 특징을 제공합니다.

다음은 교차 검증을 포함한 라쏘와 릿지를 적용하기 위한 코드입니다.

```
from sklearn.linear_model import LassoCV, RidgeCV
from sklearn.model_selection import cross_val_score

# 교차 검증을 포함한 라쏘 회귀
lasso_cv = LassoCV(alphas=[0.1, 1.0, 10.0], cv=5)  # cv=5는 다섯 번의 교차 검증을 의미합니다
lasso_cv.fit(X_train, y_train)
lasso_cv_score = lasso_cv.score(X_test, y_test)
lasso_cv_mae = mean_absolute_error(y_test, lasso_cv.predict(X_test))

# 교차 검증을 포함한 릿지 회귀
ridge_cv = RidgeCV(alphas=[0.1, 1.0, 10.0], cv=5)
ridge_cv.fit(X_train, y_train)
ridge_cv_score = ridge_cv.score(X_test, y_test)
ridge_cv_mae = mean_absolute_error(y_test, ridge_cv.predict(X_test))

# 결과 프린트하기
print(f'Lasso CV Score: {lasso_cv_score}, MAE: {lasso_cv_mae}')
print(f'Ridge CV Score: {ridge_cv_score}, MAE: {ridge_cv_mae}')
```

이 코드는 다음과 같이 수행합니다.

- **LassoCV 및 RidgeCV** : 이는 알파 모수의 탑재된 교차 검증이 있는 라쏘 회귀 및 릿지 회귀입니다.
- **교차 검증 점수** : `.score()` 매서드는 독립 변수에서 예측할 수 있는 종속 변수의 분산 비율을 나타내는 R^2 점수를 반환합니다.
- **평균 절대 오차** : 평균 절대 오차는 테스트 세트에서 알맞은 품질의 절대 값을 제공합니다.

정규화와 교차 검증이 모델 성능을 높일 수 있는지 보기 위하여 이 코드를 실행합니다. 이렇게 진행할까요?

코드를 평가하기 위하여 ChatGPT에게 지시할 것입니다.

프롬프트

네, 그래주세요.

프롬프트 응답

이 시나리오에서 ChatGPT에서 내부 오류가 발생하여 코드를 실행할 수 없었습니다. 이러한 오류는 실행할 때 서비스를 이용할 수 없거나, 메모리 문제, 런타인 환경에 필요한 라이브러리나 종속성이 없는 등의 다양한 이유로 인해 발생할 수 있습니다. 이러한 오류는 산발적으로 발생하기 때문에, 코드를 완벽하게 실행하는 다른 응답을 받을 수 있다는 점에 유의하는 것이 중요합니다. 그러나 이러한 경우 문제를 해결하고 진행하는 방법을 설명하기 위하여 이 시나리오를 포함했습니다. 여기서는 AI 어시스턴트에서 피드백을 받기 위해 프롬프트 전략(LIFE 기법의 3.3임)을 적용했습니다.

이제 ChatGPT의 제안을 받아서 Jupyter Colab을 사용하여, 로컬에서 코드를 실행하며 Google Drive에서 데이터 세트를 불러오므로 프롬프트에서 지침을 제공합니다.

프롬프트

좋습니다. 로컬에서 실행하려면 전체 코드를 입력하고, Jupyter Notebook의 경로 '/contet/drive/My Drive/Chapter05/Ecommerce Customers.csv'에서 Google Drive로 파일을 탑재해야 한다는 것을 유의하세요.

ChatGPT가 완성 코드를 제공한 경우, 다음과 유사한 응답을 받을 수 있습니다.

프롬프트 응답

당연하죠! 아래는 Jupyter Notebook에서 로컬로 실행할 수 있는 완성 코드입니다. 이 스크립트는 Google Drive에서 직접적으로 데이터 세트를 가져오거나, 데이터를 전처리하며, 교차 검증과 함께 라쏘 회귀 및 릿지 회귀를 맞추며, 그것들을 평가하는 단계가 포함됩니다.

```
# 필요한 라이브러리를 가져옵니다
import pandas as pd
from sklearn.model_selection import train_test_split
from sklearn.linear_model import LinearRegression, LassoCV, RidgeCV
from sklearn.metrics import mean_absolute_error, mean_squared_error
from sklearn.preprocessing import StandardScaler

# Google Drive (특히 to Google Colab)에 탑재합니다
from google.colab import drive
drive.mount('/content/drive')

# Google Drive에서 데이터 세트를 불러옵니다
file_path = '/content/drive/My Drive/Chapter05/Ecommerce Customers.csv'
data = pd.read_csv(file_path)

# 특징과 목표 열에서 수와 관련 열만을 선택합니다
features = data[['Avg. Session Length', 'Time on App', 'Time on Website', 'Length of
```

```
Membership']]
target = data['Yearly Amount Spent']

# 데이터를 훈련 세트 및 데이터 세트(훈련 80%, 테스트 20%)로 분할합니다
X_train, X_test, y_train, y_test = train_test_split(features, target, test_size=0.2,
random_state=42)

# 데이터를 표준화합니다
scaler = StandardScaler()
X_train_scaled = scaler.fit_transform(X_train)
X_test_scaled = scaler.transform(X_test)

# 선형 회귀 모델에 초기화하고 맞춥니다
model = LinearRegression()
model.fit(X_train_scaled, y_train)

# 교차 검증을 포함한 라쏘 회귀
lasso_cv = LassoCV(alphas=[0.01, 0.1, 1.0, 10.0], cv=5)
lasso_cv.fit(X_train_scaled, y_train)
lasso_cv_score = lasso_cv.score(X_test_scaled, y_test)
lasso_cv_mae = mean_absolute_error(y_test, lasso_cv.predict(X_test_scaled))

# 교차 검증을 포함한 릿지 회귀
ridge_cv = RidgeCV(alphas=[0.01, 0.1, 1.0, 10.0], cv=5)
ridge_cv.fit(X_train_scaled, y_train)
ridge_cv_score = ridge_cv.score(X_test_scaled, y_test)
ridge_cv_mae = mean_absolute_error(y_test, ridge_cv.predict(X_test_scaled))

# 결과를 프린트합니다
print(f'Linear Regression Test MAE: {mean_absolute_error(y_test, model.
predict(X_test_scaled))}')
print(f'Lasso CV Score: {lasso_cv_score}, MAE: {lasso_cv_mae}')
print(f'Ridge CV Score: {ridge_cv_score}, MAE: {ridge_cv_mae}')
```

코드 실행을 위한 지침입니다.

- **Google Colab 특화** : `drive.mount()` 함수는 Google Colab에 특화되었으며, Google Drive에서 파일을 접근하도록 허락합니다. 만약 Google Colab을 사용하지 않는다면, 독자의 개발 환경에 따라 파일을 불러오는 매서드를 조정할 필요가 있습니다.
- **종속성** : 모든 라이브러리가 설치되었다는 것을 보장합니다. Pip를 사용하여 (`e.g., pip install pandas scikit-learn google-colab`) 설치할 수 있습니다.
- **데이터 경로** : 만약 Google Drive에 다른 경로에서 위치하고 있다면, `file_path`를 조정합니다.

데이터로 모델이 어떻게 수행되는지 보기 위하여 Jupyter Notebook 환경에서 이 코드를 실행합니다. 오류가 발생하거나 추가 지원이 필요한 경우 언제든지 연락하세요.

코드를 실행하면, 다른 수정이나 오류가 없이 실행됩니다. 여기서는 ChatGPT Plus 내에서 코드를 실행하는 하이브리드 접근 방식을 사용하거나 문제가 발생할 경우, 로컬에서 실행할 코드를 요청할 수 있다는 사실을 배웠습니다.

다음으로 ChatGPT Plus를 사용하여 합성 데이터 세트를 생성하는 특징 3으로 이동할 것입니다.

특징 3 : 복잡도를 추가하기 위한 합성 데이터 세트 생성하기

이제 가능하다면 데이터 세트에 ChatGPT Plus를 사용하여 합성 데이터 세트를 생성해 보겠습니다. 이 목적을 위해 데이터 분석 GPT(Data Analyst GPT)를 사용할 것이며, 새로운 대화를 시작할 것입니다.

메시지 프롬프트에서 @<GPT Name>을 입력하면 특정 GPT를 호출할 수 있습니다.

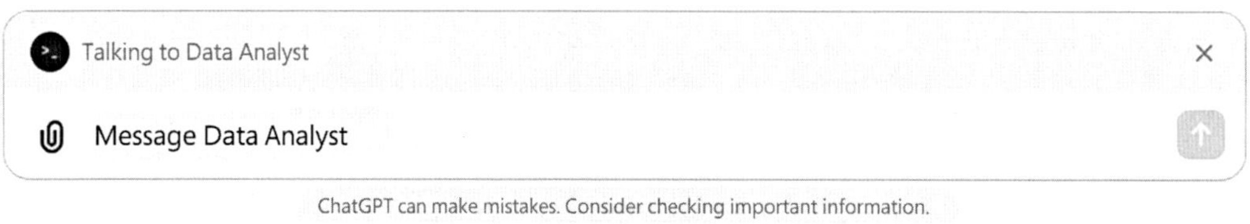

그림 13.10 데이터 분석 GPT 부르기

프롬프트

> @Data Analyst – 연간 지출액을 예측하는 관점에서 다음의 데이터 세트에 대한 합성 데이터 세트를 생성할 코드와 함께 생성할 코드를 제공합니다. <이곳에 데이터 세트 파일을 첨부하세요>

다음과 유사한 응답을 볼 수 있어야 하는 데, 이는 ChatGPT가 코드를 실행하고 첫 번째 몇 줄을 프린트합니다.

프롬프트 응답

> 연간 지출액을 예측하기 위한 합성 데이터 세트를 생성하는 데 도움이 되려면 먼저 제공된 데이터 세트의 구조와 내용을 살펴봐야 합ㄴ다. 파일에서 데이터를 불러오고 검토함으로써 시작합니다. 우리가 다룰 특징의 종류가 무엇인지 이해하기 위하여 첫 번째 몇 줄과 요약 통계를 표시할 것입니다. 그러고 나서 이 구조에 기반한 합성 데이터 세트를 생성하는 것을 도울 것입니다. 데이터를 불러와서 시작합시다.
>
> 데이터 세트는 다음 특징의 500개의 엔트리로 구성됩니다.
>
> - Email : 고객의 이메일 주소(string)입니다.

- Address : 고객의 주소(string)입니다.
- Avatar : 아바타 색(string)입니다.
- Avg. Session Length : 분으로 나타낸 평균 세션 기간(numeric)입니다.
- Time on App : 분으로 나타낸 응용 프로그램에서 소비한 시간(numeric)입니다.
- Time on Website : 분으로 나타낸 웹사이트에서 소비한 시간(numeric)입니다.
- Length of Membership : 연간 멤버십의 기간(numeric)입니다.
- Yearly Amount Spent : 달러로 연간 소비한 것(numeric)입니다.

"연간 지출액"을 모델링하고 예측하기 위한 합성 데이터 세트를 만들려면, **부트스트래핑**Bootstrapping이라는 기술을 사용하여 기존 데이터 세트를 대체하여 샘플링하고 유사한 분포를 가진 새로운 합성 데이터 세트를 생성할 수 있습니다. 그렇지만 약간의 변동성을 추가하고 실제 데이터 세트를 시뮬레이션하기 위하여 수와 관련된 필드에 무작위 노이즈를 접하게 합니다.

수와 관련된 열에 부트스트래핑 사용과 노이즈를 추가하여 합성 데이터 세트를 생성하기 위한 Python 코드 스니펫입니다.

```
import numpy as np

# 합성 데이터 세트를 위한 예제의 수
num_samples = 500

# 원본 데이터 세트를 부트스트래핑합니다
synthetic_data = data.sample(n=num_samples, replace=True)

# 수와 관련된 열에 무작위 노이즈를 추가합니다
numeric_columns = ['Avg. Session Length', 'Time on App', 'Time on Website',
'Length of Membership', 'Yearly Amount Spent']
noise_factor = 0.05# 5% 노이즈

for column in numeric_columns:
    noise = np.random.normal(loc=0.0, scale=noise_factor * synthetic_
data[column].std(), size=num_samples)
    synthetic_data[column] += noise

# 선택적으로 합성 데이터 세트를 새로운 CSV 파일에 저장합니다
synthetic_data.to_csv('/mnt/data/Synthetic_Ecommerce_Customers.csv', index=False)

synthetic_data.head()
```

이 코드는 다음과 같습니다.

- 원본 데이터 세트에서 예제 500개의 엔트리는 대체품(부트스트래핑)을 허용합니다.
- 해당 열의 표준 편차의 5%에 기반한 각 수와 관련된 열에게 가우시안 노이즈를 추가합니다.
- 선택적으로 새로운 합성 데이터 세트는 CSV 파일로 저장될 수 있습니다

이 합성 데이터 세트를 생성하시겠습니까? 아니면 합성 프로세스에 포함해야 할 수정 사항이나 특정 요구 사항이 있습니까?

다음으로 ChatGPT가 코드를 생성하고 데이터 세트를 다운로드할 수 있는 파일을 제공하도록 지시합니다.

프롬프트

데이터 세트를 생성하고 다운로드 가능하도록 만들어 주세요.

다음과 유사한 응답을 볼 수 있어야 하는 데, 이는 ChatGPT가 코드를 실행하고 특징과 합성 데이터를 다운로드할 링크를 제공해야 합니다.

프롬프트 응답

합성 데이터 세트는 생성되었고 저장되었습니다. 아래의 링크를 사용하여 다운로드할 수 있습니다.

```
[Download Synthetic Ecommerce Customers Dataset](sandbox:/mnt/data/Synthetic_
Ecommerce_Customers.csv)
```

여기에서 ChatGPT Plus는 코드를 제공하고, 코드를 실행하고 다운로드 가능한 CSV 파일을 생성할 수 있음을 알 수 있습니다.

다음으로 ChatGPT에게 합성 데이터 세트에서 추가된 노이즈를 가진 완성 코드를 생성하고 모델 성능을 평가하기 위하여 요청할 것입니다. 다음 특징으로 넘어가겠습니다.

특징 4 : 합성 데이터 세트를 위한 단일 단계에서 모델을 개발하기 위한 코드를 생성합니다.

프롬프트

선형 회귀를 수행하기 위한 완성 코드를 생성하고, 합성 데이터 세트에서 라쏘 회귀 기법 및 릿지 회귀 기법 적용하며, 모델 성능을 평가해주실 수 있나요?

ChatGPT가 완성 코드를 제공한 경우, 다음과 유사한 응답을 받을 수 있습니다.

프롬프트 응답

물론입니다. 방금 만든 합성 데이터 세트에서 선형 회귀뿐만 아니라 라쏘 회귀 및 릿지 회귀를 수행하는 Python 스크립트를 제공할 수 있습니다. 또한 R의 제곱 점수, 평균 제곱 오차(MSE), 평균 절대 오차(MAE)와 같은 메트릭스를 사용하여 모델 성능을 평가할 것입니다.

전체 과정을 위한 완성된 Python 코드 스니펫입니다.

```
import pandas as pd
import numpy as np
```

```
from sklearn.model_selection import train_test_split
from sklearn.linear_model import LinearRegression, Lasso, Ridge
from sklearn.metrics import mean_squared_error, mean_absolute_error, r2_score # 합성 데이터
세트를 불러옵니다
data = pd.read_csv('/path/to/your/Synthetic_Ecommerce_Customers.csv')

# 특징 선택 수와 관련 열을 특징으로서 사용
features = data[['Avg. Session Length', 'Time on App', 'Time on Website', 'Length of
Membership']]
target = data['Yearly Amount Spent']

# 데이터를 훈련 세트 및 데이터 세트로 분할합니다
X_train, X_test, y_train, y_test = train_test_split(features, target, test_ size=0.2,
random_state=42)

# 모델을 초기화합니다
linear_model = LinearRegression()
lasso_model = Lasso(alpha=0.1) # alpha는 정규화 강도입니다
ridge_model = Ridge(alpha=1.0) # alpha는 정규화 강도입니다

# 모델을 훈련합니다
linear_model.fit(X_train, y_train)
lasso_model.fit(X_train, y_train)
ridge_model.fit(X_train, y_train)

# 예측
linear_predictions = linear_model.predict(X_test)
lasso_predictions = lasso_model.predict(X_test)
ridge_predictions = ridge_model.predict(X_test)

# 평가
def evaluate_model(predictions, actual):
    mse = mean_squared_error(actual, predictions)
    mae = mean_absolute_error(actual, predictions)
    r2 = r2_score(actual, predictions)
    return mse, mae, r2

linear_mse, linear_mae, linear_r2 = evaluate_model(linear_predictions, y_test)
lasso_mse, lasso_mae, lasso_r2 = evaluate_model(lasso_predictions, y_test)
ridge_mse, ridge_mae, ridge_r2 = evaluate_model(ridge_predictions, y_test)

# 메트릭을 프린트합니다
print("Linear Regression - MSE: {:.2f}, MAE: {:.2f}, R2: {:.2f}".format(linear_ mse,
linear_mae, linear_r2))
print("Lasso Regression - MSE: {:.2f}, MAE: {:.2f}, R2: {:.2f}".format(lasso_ mse, lasso_mae,
lasso_r2))
```

```
print("Ridge Regression - MSE: {:.2f}, MAE: {:.2f}, R2: {:.2f}".format(ridge_ mse, ridge_mae,
ridge_r2))
```

로컬 환경에서 스크리브를 실행할 때, '/path/to/your/Synthetic_Ecommerce_Customers.csv'를 합성 데이터 세트가 저장된 실제 경로로 대체해야 합니다.

스크립트는 다음과 같습니다.

- 합성 데이터 세트를 불러옵니다.
- 적절한 특징을 선택하고 데이터를 훈련 세트 및 데이터 세트로 분할합니다.
- 선형 회귀 모델, 라쏘 회귀 모델, 릿지 회귀 모델을 초기화하고 훈련합니다.
- 각 모델에서 평가 메트릭스를 평가하고 프린트합니다.

이는 예측 모델에서 정규화의 성능 차이와 영향을 이해하는 데 도움이 될 것입니다.

코드를 평가하기 위하여 ChatGPT Plus에게 지시할 것입니다.

프롬프트

코드를 실행해 주세요.

ChatGPT Plus는 코드를 실행하고 다음과 유사한 응답을 볼 수 있습니다.

프롬프트 응답

모델은 훈련되었고 실행되었습니다. 다음은 각 평가 메트릭스입니다.

선형 회귀 :

- **평균 제곱 오차** (MSE) : 133.01
- **평균 절대 오차** (MAE) : 8.79
- **R의 제곱** (R2) : 0.977

라쏘 회귀 :

- **평균제곱오차** (MSE) : 133.04
- **평균절대오차** (MAE) : 8.79
- **R의 제곱** (R2) : 0.977

릿지 회귀 :

- **평균 제곱 오차** (MSE) : 133.08
- **평균 절대 오차** (MAE) : 8.79
- **R의 제곱** (R2) : 0.977

세 가지 모델 모두 매우 유사한 성능 메트릭스를 보여주며, 높은 R2 점수는 0.977에 가깝기에, 각 모델이 연간 지출액 변동의 약 97.7%를 설명하는 것으로 나타났습니다. 모델별 평균 제곱 오차와 평균 절대 오차에서 약간의 차이는 미미하며, 이는 정규화(라쏘 정규화와 릿지 정규화 모두)가 이러한 특정한 경우에는 다중 공선성이나, 이러한 기술을 해결하는 데 도움이 되는 다른 문제의 부재로 인하여 성능이 크게 변경되지 않았음을 시사합니다.

이 연습을 통해 ChatGPT의 무료 버전 및 ChatGPT Plus를 사용하여 회귀 분석을 수행하는 방법뿐만 아니라 자체 데이터 세트를 사용하여, 선형 회귀 모델을 단계별로 생성하고 정규화 기법을 적용하며 합성 데이터 세트를 생성하는 방법도 배웠습니다.

임무

데이터 세트에서 단일 단계 코드를 생성하고, 랜덤 포레스트 알고리즘을 위해서 Google Colab에서 실행합니다.

도전 과제

특정 데이터 세트가 존재하지 않거나 경로가 올바르지 않을 수 있는 무작위 데이터 세트가 아닌 특정 데이터 세트를 검색하여, 의도한 용도에 적합한지 확인하는 프롬프트 전략을 통합하여 다음 프롬프트를 개선할 수 있습니까?

현재 프롬프트에 더하여 개선된 프롬프트에서 출력 값을 제공합니다.

프롬프트

Jupyter Notebook과 호환 가능한 자세한 설명과 함께 공개적으로 사용 가능한 광고 데이터 세트에 대한 전체 엔드 투 엔드 사이의 Python 코드를 알려주실 수 있나요?

요약

회귀 모델 생성에서 TAG, PIC, LIFE 기법의 적용을 ChatGPT와 빠른 분석과 예측 업무를 위하여 탐구했습니다. 이 접근 방식은 기계 학습의 초기 단계에서 특히 유용하며, 실행 환경이나 프로그래밍 인스턴스를 관리하는 부담 없이 다양한 모델이나 알고리즘으로 실험할 수 있는 프롬프트의 통찰과 유연성을 제공합니다. 추가적으로, 포괄적인 코드 생성을 위해서 단일 프롬프트를 효과적으로 사용하는 방법을 배웠습니다. 개별 작업이나 단계에 대한 프롬프트를 만들 수는 있지만, 이 중 상당수는 간단한 코드 라인만 있으면 되며, 여기서는 초점을 맞추지 못했습니다. 이 과정에서 피드백을 제공하는 것은 매우 중요하며, 코드의 특징을 보장하기 위해서는 출력물을 검증하는 것이 매우 중요합니다.

다음 장에서는 패션-MNIST 데이터 세트의 도움을 받아 다계층 퍼셉트론 (MLP) 모델용 코드를 생성하기 위하여 ChatGPT를 어떻게 사용하는지 배울 것입니다.

Discord에서 우리 커뮤니티에 참여하세요.

저자 및 여러 독자와 함께 토론하려면 Discord 커뮤니티 공간에 참여하세요.

https://packt.link/aicode

제14장
ChatGPT로 Fashion-MNIST를 위한 MLP 모델 구축하기

소개

예측 모델링에 대한 기초적인 이해를 바탕으로, 이제 다계층 퍼셉트론(MLP) 모델의 역동적인 세계를 살펴봅니다. 이 장에서는 예측 분석을 위한 신경망의 다양성과 강력한 기능을 활용하여 처음부터 MLP 모델을 구축하는 여정을 시작합니다.

MLP에 대한 우리의 탐구는 복잡한 모델링 기법 도메인으로의 중요한 도약을 의미합니다. 선형 회귀가 데이터 내 모델링 관계에 대한 귀중한 통찰을 제공했다면, MLP는 복잡한 패턴과 비선형 의존성을 포착할 수 있는 풍부한 프레임워크를 제공하므로, 광범위한 예측 작업에 매우 적합합니다.

실습 실험과 반복적인 개선을 통하여, MLP 아키텍처와 최적화의 복잡성을 풀어드립니다. 초기 네트워크 구조 설계부터 하이퍼파라미터 파인 튜닝, 배치 정규화 및 드롭아웃과 같은 고급 기술 통합에 이르기까지, 예측 모델링에서 신경망의 잠재력을 최대한 활용할 수 있는 지식과 기술을 갖추게 하는 것이 목표입니다.

MLP 모델의 구축과 최적화를 살펴보면서 신경망 역학의 기본 원리를 살펴보고, 다양한 아키텍처 선택과 최적화 전략이 모델 성능과 일반화 기능에 어떠한 영향을 미치는지 살펴볼 것입니다.

비즈니스 문제

한 패션 전자 상거래 스토어는 기계 학습 기술을 활용하여, 고객 행동과 선호도에 대한 심층적인 통찰을 확보함으로써, 고객 참여를 최적화하고 매출을 증대하고자 합니다. 고객이 구매한 다양한 패션 제품을 대표하는 이미지 데이터를 분석하여 맞춤형 상품 추천, 고객 만족도 향상,

전반적인 쇼핑 경험 개선을 목표로 하고 있습니다.

문제 및 데이터 도메인

이 장에서는 패션-MNIST 데이터 세트로 사용하여 고객의 선호도와 구매 패턴 사이의 관계를 이해하기 위하여, 다계층 퍼셉트론(MLP) 모델을 사용합니다. MLP 모델은 이미지 분류 작업을 위한 강력한 프레임워크를 제공하여, 고객이 온라인 상점과의 상호 작용을 기반으로 구매할 가능성이 높은 의류 또는 장신구 유형을 예측할 수 있습니다. 고객 선호도의 패턴을 발견함으로써, 전자 상거래 스토어는 고객 층의 다양한 요구를 충족하기 위하여 추천을 개인화하고, 인벤토리 관리를 최적화 할 수 있습니다.

데이터 세트 개요

패션 전자 상거래 스토어는 고객으로부터 다양한 패션 아이템을 여러 클래스들로 분류한 이미지 데이터를 수집합니다. 패션-MNIST 데이터 세트는 의류 및 장신구의 70,000 개의 흑백 이미지로 구성되어 있으며, 각각의 이미지에는 카테고리를 나타내는 특정 레이블과 28x28 크기의 특정 레이블이 지정되어 있습니다.

데이터 세트의 기능은 다음과 같습니다.

- **이미지 데이터** : 패션 아이템의 회색조 이미지로, 각각의 픽셀 강도의 메트릭스로 표현됩니다. 이러한 이미지들은 MLP 모델 학습을 위한 입력 데이터로 사용됩니다.
- **레이블** : 각각의 이미지에 할당된 카테고리 레이블로, 묘사된 의류 혹은 장신구의 유형을 나타냅니다. 레이블은 티셔츠/상의, 바지, 풀오버, 드레스, 코트, 샌들, 셔츠, 운동화, 가방 및 앵클 부츠 등의 클래스에 해당하는 0부터 9까지의 범위로 지정할 수 있습니다.

이 이미지 데이터와 해당 레이블을 분석하여, 시각적 특징을 기반으로 패션 제품을 정확하게 분류할 수 있는 MLP 모델을 학습시키는 것을 목표로 합니다. 이 예측 모델을 통하여, 전자 상거래 상점은 개인 맞춤형 제품을 추천하고 고객 참여를 강화하며, 궁극적으로는 개인 선호도에 맞춘 원활한 장보기 경험을 제공함으로써, 매출을 증대할 수 있습니다.

그림 14.1 패션-MNIST 데이터 세트

특징별로 세분화

다양한 클래스로 분류된 패션 아이템의 회색조 이미지로 구성된 패션-MNIST 데이터 세트의 특성을 고려할 때, 먼저 기본 MLP 모델을 구축하는 것부터 시작합니다. 여기에는 다음과 같은 높은 수준의 단계가 포함됩니다.

1. **기준 모델 구축하기** : 사용자는 ChatGPT를 사용하여 이미지 분류를 위한 간단한 MLP 모델을 구축하는 과정을 이해하게 됩니다. 패션-MNIST 데이터 세트 불러오기, 이미지 데이터 전처리, 훈련 및 테스트 세트로 분할하기, 모델 아키텍처 정의하기, 모델 훈련하기, 예측하기, 성능 평가하기 등의 과정을 안내합니다.
2. **모델에 계층 추가하기** : 기준 모델이 설정되면, 사용자는 MLP 아키텍처에 계층을 추가하는 실험 방법을 배웁니다. 모델의 깊이 혹은 폭을 늘리면, 이미지 데이터의 복잡한 패턴을 포착하는 성능과 용량에 어떠한 영향을 미치는 지 살펴봅니다.
3. **배치 크기 실험하기** : 사용자는 모델 훈련 중에 다양한 배치 크기를 실험하여. 훈련 속도, 수렴 및 일반화 성능에 미치는 영향을 관찰할 수 있습니다. 다양한 배치 크기가 계산 효율성과 모델 안정성 사이의 트레이드오프에 어떠한 영향을 미치는 지 살펴 볼 것입니다.
4. **뉴런 수 조정하기** : 사용자는 MLP 모델의 각 계층에서 뉴런 수 조정하기가 미치는 영향을 살펴봅니다. 뉴런 수를 늘리거나 줄임으로써. 사용자는 모델 용량과 이미지 데이터에서

복잡한 특징을 학습하는 능력의 변화를 관찰할 수 있습니다. 이미지 데이터에서 복잡한 특징을 학습하는 능력의 변화를 관찰할 수 있습니다.

5. **다양한 옵티마이저 사용해보기** : 마지막으로, 사용자는 SGD, Adam, RMSprop과 같은 다양한 최적화 알고리즘을 실험하여, MLP 모델의 학습 과정을 최적화합니다. 다양한 최적화 알고리즘이 학습 역학, 수렴 속도, 최종 모델 성능에 어떠한 영향을 미치는 지 관찰할 것입니다.

이 단계를 따라가다 보면, 사용자는 패션-MNIST 데이터 세트를 사용하여, 이미지 분류 작업을 위한 MLP 모델을 구축하고, 최적화 하는 방법을 포괄적으로 이해할 수 있습니다. 모델 아키텍처와 훈련 과정을 반복적으로 개선하여, 패션 제품을 분류할 때 최적의 성능과 정확도를 달성하는 방법을 배우게 됩니다.

프롬프트 전략

기계 학습에 ChatGPT를 활용하려면, 기계 학습용 코드 생성을 위한 프롬프트 전략을 구체적으로 구현하는 방법을 명확하게 이해해야 합니다.

이 작업에서 무엇을 달성하고 싶은 지, 브레인스토밍 하여 프롬프트에 어떠한 내용을 넣어야 하는 지 더 잘 파악해 보겠습니다.

전략 1 : Task-Actions-Guidelines(과업-행동-지침서) (TAG) 프롬프트 전략

1.1 – 과업 : 구체적인 과업 혹은 목표는 패션-MNIST 데이터 세트에 대한 분류 모델을 만드는 것입니다.

- 오류를 제공하여 문제를 해결합니다.

1.2 – 행동 : 패션-MNIST 데이터 세트에 MLP를 사용하여 분류 모델을 만드는 데 관련된 주요 단계는 다음과 같습니다.

- 데이터 전처리 픽셀 값을 정규화하고, 이미지를 벡터로 평평하게 만들고, 범주형 레이블을 인코딩합니다.
- 데이터 분할 데이터 세트를 훈련하기, 유효성 검사하기 및 테스트 세트로 분할합니다.
- 모델 선택 분류 모델로 MLP를 선택합니다.
- 모델 훈련 데이터로 MLP를 훈련시킵니다.
- 모델 평가 정확도, 정밀도, 재현율, 혼동 메트릭 등의 메트릭을 사용하여 모델의 성능을

평가하세요.

1.3 – **지침** : 우리는 ChatGPT에게 다음과 같은 지침을 안내할 것입니다.

- 코드는 Jupyter Notebook과 호환되어야 합니다.
- 각 코드 열에 자세한 주석이 있는지 확인합니다.
- 코드를 제공하기 전에, Notebook의 텍스트 블록에 복사될 각각의 코드 줄에 대해서, 코드에 사용된 각각의 메서드에 대해서 자세히 설명해야 합니다.

전략 2 : Persona–Instructions–Context(페르소나–행동–콘텍스트) (PIC) 프롬프트 전략

2.1 – **페르소나** : 우리는 모델 생성의 여러 단계를 배워야 하는 초보자의 페르소나를 채택할 것이므로, 코드는 단계별로 생성되어야 합니다.

2.2 – **설명** : 우리는 단일 계층으로 MLP 모델에 대해 생성된 코드를 원한다고 명시했으며, ChatGPT에게 한 번에 한 단계씩 제공하고 사용자의 피드백을 기다리라고 지시했습니다.

2.3 – **콘텍스트** : 이 경우, ChatGPT는 이미 널리 알려진 패션-MNIST 데이터 세트를 인식하고 있으므로, 추가 콘텍스트를 제공할 필요가 없습니다.

전략 3 : Learn–Improvise–Feedback–Evaluate (학습–임기응변–피드백–평가) (LIFE) 프롬프트 전략

3.1 – **학습**

- MLP 모델과 그 작동 방식에 대하여 알아보고자 합니다.

3.2 – **임기응변**

- 나중에 계층을 더 추가하거나, 배치 크기 또는 활성화 특징을 변경할 때, 이 지식을 이용할 것입니다.

3.3 – **피드백**

- 제안과 비판을 반영하여, 모델과 접근 방식을 개선하세요.
- 제안과 비판을 반영하여, 모델과 접근 방식을 개선합니다.

3.4 – **평가**

ChatGPT에서 제공하는 코드를 실행하여, 정확성과 유효성을 확인합니다. 이 장 전체에서 사용됩니다.

ChatGPT 무료 버전을 사용하여 패션-MNIST 이미지 정의를 정확하게 하기 위한 MLP 모델 구축하기

ChatGPT의 프리미엄 버전에는 코드 인터프리터가 있지만, 코드를 실행하는 데 필요한 Keras 및 Tensorflow와 같은 심층 학습 라이브러리는 지원하지 않습니다. 따라서 이 장에서는 무료 버전의 ChatGPT를 사용하겠습니다.

특징 1 : 기준 모델 구축하기기준 모델에 대한 초기 프롬프트를 만들어 보겠습니다.

프롬프트

단일 계층 MLP 모델(PIC 기법의 2.2임)로 구성된 패션-MNIST 데이터 세트(TAG 기법의 1.1임)에 대한 간단한 분류 모델을 만들고 싶습니다. 다 다음 단계로 구성되어야 하며(TAG 기법의 1.2임), 한 번에 한 단계씩 제공하고 사용자의 피드백(PIC기법의 2.2임)을 기다려야 합니다.

- 데이터 전처리 픽셀 값을 정규화하고, 이미지를 벡터로 평평하게 만들고, 범주형 레이블을 인코딩합니다.
- 데이터 분할 데이터 세트를 훈련하기, 유효성 검사하기 및 테스트 세트로 분할합니다.
- 모델 선택 분류 모델로 다계층 퍼셉트론(MLP)을 선택합니다.
- 모델 훈련 훈련 데이터로 MLP를 훈련시킵니다.
- 모델 평가 정확도, 정밀도, 재현율, 혼동 메트릭 등의 메트릭을 사용하여 모델의 성능을 평가하세요.

저는 초보 사용자(PIC 기법의 2.1임)이므로, 단계별 코드를 제공하고, 아래의 지침(TAG 기법의 1.3임)을 엄격하게 준수해 주세요.

코드는 Jupyter Notebook과 호환되어야 합니다.

각 코드 줄에 자세한 주석이 있는 지 확인합니다.

코드를 제공하기 전에, Notebook의 텍스트 블록에 복사될 각각의 코드 줄에 대해서, 코드에 사용된 각각의 메서드에 대해서 자세히 설명해야 합니다.

다음과 유사한 응답을 받게 되는 데, 여기에는 ChatGPT가 1단계인 데이터 전처리에 대한 코드와 자세한 의견 및 설명이 함께 제공됩니다.

프롬프트 응답

물론입니다. 첫 번째 단계부터 시작하겠습니다. 데이터 전처리

데이터 전처리 :

- 데이터 전처리는 기계 학습에서 중요한 단계로, 다양한 변환과 정규화 기법을 적용해, 훈련을 위한

데이터를 준비합니다. 이 단계에서는 픽셀 값을 정규화하고, 이미지를 벡터로 평평하게 만들고, 범주형 레이블을 인코딩합니다.

픽셀 값 정규화 :

- 픽셀 값을 정규화하면, 각 픽셀의 값이 0과 1 사이의 범위로 조정됩니다. 이는 신경망이 학습 중에 더 빨리 수렴하고, 특정 특징이 학습과정에서 지배하는 것을 방지하는 데 중요합니다.

이미지를 벡터로 평면화합니다 :

- MLP 모델은 이미지와 같은 다차원 데이터에는 직접 작업할 수 없습니다. 그렇기에, 이미지를 각 픽셀 값이 특징이 되는 1차원 벡터로 평평하게 만들어야 합니다.

범주형 레이블을 인코딩합니다 :

- 레이블은 범주형 (예: 다양한 유형의 의류 제품들)이므로, 모델이 이해하고 학습할 수 있도록 숫자 값으로 인코딩해야 합니다.

이제, 이러한 단계를 코드로 이행해 보겠습니다.

```
import numpy as np
from tensorflow.keras.datasets import fashion_mnist
from sklearn.preprocessing import StandardScaler, LabelEncoder
from sklearn.model_selection import train_test_split

# 단계 1 패션-MNIST 데이터 세트를 불러옵니다
(x_train, y_train), (x_test, y_test) = fashion_mnist.load_data()

# 단계 2 픽셀 값을 정규화합니다
def normalize_images(train_data, test_data):
    # float32에서 변환하여 float로 분할 결과를 보장합니다
    train_data = train_data.astype('float32')
    test_data = test_data.astype('float32')
    # 픽셀 값을 0-1 범위로 정규화합니다train_data /= 255.0
    test_data /= 255.0
    return train_data, test_data

# 단계 3 이미지를 벡터로 평면화합니다
def flatten_images(train_data, test_data):
    # 이미지를 벡터로 모양을 고칩니다
    train_data = train_data.reshape(train_data.shape[0], -1)
    test_data = test_data.reshape(test_data.shape[0], -1)
    return train_data, test_data

# 단계 4 범주형 레이블을 인코딩합니다
    def encode_labels(train_labels, test_labels):
    # LabelEncoder를 초기화합니다
    label_encoder = LabelEncoder()
    # 훈련 레이블에 LabelEncoder를 맞추고 훈련 및 테스트 레이블을 모두 전환합니다
    train_labels = label_encoder.fit_transform(train_labels)
```

```
    test_labels = label_encoder.transform(test_labels)
    return train_labels, test_labels

# 데이터 전처리 단계를 적용합니다
x_train, x_test = normalize_images(x_train, x_test)
x_train, x_test = flatten_images(x_train, x_test)
y_train, y_test = encode_labels(y_train, y_test)

# 전처리 데이터의 모양을 프린트합니다
print("x_train shape:", x_train.shape)
print("y_train shape:", y_train.shape)
print("x_test shape:", x_test.shape)
print("y_test shape:", y_test.shape)
```

설명 :

- 숫자 연산을 위한 Numpy, 패션-MNIST 데이터 세트를 불러오기 위한 Tensorflow, 데이터 전처리를 위한 scikit-learn과 같이, 필요한 라이브러리를 가져옵니다.
- fashion_mnist.load_data() 메서드를 사용하여, 패션-MNIST 데이터 세트를 불러오고, 이를 훈련 세트와 테스트 세트로 분할합니다.
- 각 데이터 전처리 단계를 수행하기 위한, 세 가지 함수인 normalize_images, flatten_images, 및 encode_labels,가 정의되어 있습니다.

각 함수 내부 :

- normalize_images는 픽셀 값을 255로 나누어서, 0과 1 사이의 배율을 변환합니다.
- flatten_images는 이미지를 1D 벡터로 변환합니다.
- Encode_labels는 LabelEncoder를 사용하여, 범주형 레이블을 숫자 값으로 변환합니다.

마지막으로, 이러한 전처리 단계를 훈련 및 학습 데이터에 적용하고, 모양을 프린트하여 모든 것이 올바르게 처리되었는지 확인합니다.

이제 프롬프트 평가 전략(LIFE 기법의 3.4임)을 적용하고, Google Colab 환경에서 모든 단계에 대한 코드를 실행하여 코드를 검증합니다. 코드는 Keras에서 모델을 불러오고 이미지를 정규화하여 벡터로 평탄화한 다음, LabelEncoder를 사용하여 레이블을 인코딩한 후, 전처리를 적용하고, 모양을 프린트하며, 코드는 수정이나 오류 없이 완벽하잘 실행됩니다.

실행 가능한 코드 스니펫은 “ChatGPT.ipynb를 사용하여서, 패션-MNIST 데이터 세트를 이용한 MLP 학습하기” Notebook을 참조하거나, 프롬프트 응답에서 코드를 복사해주세요.

```
# Step 3: Flatten images into vectors
def flatten_images(train_data, test_data):
    # Reshape images to vectors
    train_data = train_data.reshape(train_data.shape[0], -1)
    test_data = test_data.reshape(test_data.shape[0], -1)
    return train_data, test_data

# Step 4: Encode categorical labels
def encode_labels(train_labels, test_labels):
    # Initialize LabelEncoder
    label_encoder = LabelEncoder()
    # Fit LabelEncoder on training labels and transform both training and testing labels
    train_labels = label_encoder.fit_transform(train_labels)
    test_labels = label_encoder.transform(test_labels)
    return train_labels, test_labels

# Apply data pre-processing steps
x_train, x_test = normalize_images(x_train, x_test)
x_train, x_test = flatten_images(x_train, x_test)
y_train, y_test = encode_labels(y_train, y_test)

# Print the shapes of pre-processed data
print("x_train shape:", x_train.shape)
print("y_train shape:", y_train.shape)
print("x_test shape:", x_test.shape)
print("y_test shape:", y_test.shape)
```

```
Downloading data from https://storage.googleapis.com/tensorflow/tf-keras-datasets/train-labels-idx1-ubyte.gz
29515/29515 [==============================] - 0s 0us/step
Downloading data from https://storage.googleapis.com/tensorflow/tf-keras-datasets/train-images-idx3-ubyte.gz
26421880/26421880 [==============================] - 1s 0us/step
Downloading data from https://storage.googleapis.com/tensorflow/tf-keras-datasets/t10k-labels-idx1-ubyte.gz
5148/5148 [==============================] - 0s 0us/step
Downloading data from https://storage.googleapis.com/tensorflow/tf-keras-datasets/t10k-images-idx3-ubyte.gz
4422102/4422102 [==============================] - 0s 0us/step
x_train shape: (60000, 784)
y_train shape: (60000,)
x_test shape: (10000, 784)
y_test shape: (10000,)
```

그림 14.2 코드 실행 – 데이터 전처리

이제 ChatGPT에게 다음 단계로 진행하도록 지시합니다.

프롬프트

다음 단계로 넘어가겠습니다.

다음과 같은 응답을 받아야 하며, 여기에서 ChatGPT는 단계 2 - 데이터 분할하기를 위한 코드를 제공해야 합니다.

프롬프트 응답

물론이죠. 다음 단계로 넘어가겠습니다.

데이터 분할 :

- 이 단계에서는, 데이터 세트를 훈련하기, 유효성 검사하기 및 테스트 세트로 분할합니다. 훈련 세트는 모델을 훈련하는 데, 유효성 검사 세트는 하이퍼파라미터를 조정하고 오버피팅을 방지하는 데, 테스트 세트는 보이지 않는 데이터에 대한 모델의 성능을 평가하는 데 사용됩니다.

훈련 세트 :

- 훈련 세트는 경사하강법과 같은 최적화 알고리즘을 사용하여, 모델의 모수(가중치 및 편향)를 학습하는 데 사용됩니다.

유효성 검사 세트 :

- 유효성 검사 세트는 훈련 중에 성능을 평가하고, 학습 속도, 배치 크기, 에포크 수치와 같은 하이퍼파라미터를 조정하여, 모델의 성능을 최적화하는 데 사용됩니다.

테스트 세트 :

- 테스트 세트는 보이지 않는 데이터에 대한, 훈련된 모델의 최종 성능을 평가하고, 일반화 기능을 평가하는 데 사용됩니다.

이제 데이터 세트를 분할하여 보겠습니다.

```
# 단계 5 데이터 세트를 훈련, 확인, 테스트 세트로 분할합니다
def split_dataset(train_data, train_labels, test_data, test_labels, validation_
size=0.1, test_size=0.1, random_state=42):
    # 데이터를 훈련 세트 및 확인 세트로 분할합니다
    x_train, x_val, y_train, y_val = train_test_split(train_data, train_labels,
test_size=validation_size, random_state=random_state)
    # 데이터를 훈련 세트 및 확인 세트로 분할합니다
    x_test, x_val, y_test, y_val = train_test_split(test_data, test_labels,
test_size=test_size, random_state=random_state)
    return x_train, y_train, x_val, y_val, x_test, y_test

# 데이터 분할을 적용합니다
x_train, y_train, x_val, y_val, x_test, y_test = split_dataset(x_train, y_train,
x_test, y_test)

# 전처리 데이터의 모양을 프린트합니다
print("Training set:")
print("x_train shape:", x_train.shape)
print("y_train shape:", y_train.shape)
print("\nValidation set:")
print("x_val shape:", x_val.shape)
print("y_val shape:", y_val.shape)
print("\nTesting set:")
print("x_test shape:", x_test.shape)
print("y_test shape:", y_test.shape)
```

설명:

- scikit-learn의 `train_test_split` 함수를 사용하여, 데이터 세트를 훈련 검증 및 테스트 세트로 분할

하는 split_dataset 함수로 정의합니다.

- 이 함수는 훈련 데이터, 훈련 레이블, 테스트 데이터, 테스트 레이블, 유효성 검사 크기, 테스트 크기, 무작위 상태와 같은 선택적 모수를 사용합니다.
- 지정된 유효성 검사 크기를 사용하여, 훈련 세트를 훈련 및 유효성 검사 세트로 분할합니다.
- 그런 다음, 지정된 테스트 크기를 사용하여. 테스트 및 유효성 검사 세트로 분할합니다.
- 마지막으로 분할된 데이터 세트를 모양으로 프린트하여 분할을 확인합니다.

Notebook에서 코드를 실행하면 성공적으로 실행되며, 데이터는 지정된 크기의 교육, 확인 및 테스트 세트로 분할합니다.

```
# Step 5: Split dataset into training, validation, and testing sets
def split_dataset(train_data, train_labels, test_data, test_labels, validation_size=0.1, test_size=0.1, random_state=42):
    # Split training set into training and validation sets
    x_train, x_val, y_train, y_val = train_test_split(train_data, train_labels, test_size=validation_size, random_state=random_state)
    # Split testing set into testing and validation sets
    x_test, x_val, y_test, y_val = train_test_split(test_data, test_labels, test_size=test_size, random_state=random_state)
    return x_train, y_train, x_val, y_val, x_test, y_test

# Apply data splitting
x_train, y_train, x_val, y_val, x_test, y_test = split_dataset(x_train, y_train, x_test, y_test)

# Print the shapes of split datasets
print("Training set:")
print("x_train shape:", x_train.shape)
print("y_train shape:", y_train.shape)
print("\nValidation set:")
print("x_val shape:", x_val.shape)
print("y_val shape:", y_val.shape)
print("\nTesting set:")
print("x_test shape:", x_test.shape)
print("y_test shape:", y_test.shape)
```

```
Training set:
x_train shape: (54000, 784)
y_train shape: (54000,)

Validation set:
x_val shape: (1000, 784)
y_val shape: (1000,)

Testing set:
x_test shape: (9000, 784)
y_test shape: (9000,)
```

그림 14.3 코드 실행 – 데이터 분할하기

이제 ChatGPT에게 다음 단계로 진행하도록 지시합니다.

프롬프트

다음 단계로 진행하여, 단일 계층을 기준으로 MLP 모델을 정의해 보겠습니다.

ChatGPT가 입력 계층, 숨겨진 계층, 출력 계층이 있는 단일 계층 MLP 모델의 코드를 제공해야 하는 다음과 같은 응답을 받아야 합니다.

프롬프트 응답

물론이죠. 다음 단계로 넘어가겠습니다.

모델 선택 :

- 이 단계에서는 분류 모델로 다계층 퍼셉트론(MLP)을 선택합니다.
- MLP는 하나 이상의 뉴런 계층으로 구성되며, 각각의 계층은 다음 계층으로 완전하게 연결됩니다. 간단하게 하기 위하여, 단일 계층 MLP를 기준 모델로 시작하겠습니다.

단일 계층 MLP :

- 단일 계층 MLP는 입력 계층, 숨겨진 계층, 출력 계층으로 구성됩니다. 그러나, 숨겨진 계층이 하나뿐이기 때문에, 단일 계층 퍼셉트론이라고도 합니다. 숨겨진 계층의 각 뉴런은 입력 계층의 모든 뉴런으로부터 입력을 받아서, 출력을 생성한 다음 활성화 함수를 통과하여 비선형성을 도입합니다. 마지막으로, 출력 계층이 최종 예측을 생성합니다.

이제 기준이 되는 단일 계층 MLP를 정의해 보겠습니다.

```
from tensorflow.keras.models import Sequential
from tensorflow.keras.layers import Dense

# 단계 6 단일 계층 MLP을 정의합니다
def create_single_layer_mlp(input_shape, num_classes):
    model = Sequential()
    # Relu 활성화와 함께 단일 은닉 계층을 추가합니다
    model.add(Dense(128, activation='relu', input_shape=input_shape))
    # 다계층 분류를 위한 소프트맥스 활성화를 가진 출력 계층을 추가합니다.
    model.add(Dense(num_classes, activation='softmax'))
    return model

# 클래스의 입력 모양과 수를 정의합니다
input_shape = x_train.shape[1:]
num_classes = len(np.unique(y_train))

# 단일 계층 MLP 모델을 생성합니다
model = create_single_layer_mlp(input_shape, num_classes)

# 모델 요약을 프린트합니다
model.summary()
```

설명:

- MLP 모델을 정의하기 위하여, `Tensorflow.keras`에서 필요한 모듈을 가져옵니다.
- 단일 계층 MLP 모델을 생성하기 위하여, `create_single_layer_mlp` 함수를 정의합니다.
- 함수 내부
  - 순차 모델을 초기화합니다.
  - 128개의 뉴런과 ReLU 활성화 함수를 갖춘 숨겨진 단일 레이를 추가합니다.
  - 다중 클래스 분류를 위하여, softmax 활성화 함수가 있는 출력 계층을 추가합니다.

- 훈련 데이터의 모양과 출력 클래스의 수에 따라서, 입력 모양을 생성합니다.
- 정의된 함수를 사용하여, 단일 계층 MLP 모델을 생성합니다.

• 마지막으로, 모델 아키텍처의 요약을 프린트합니다.

코드를 실행하면 오류 없이 실행되고, 계층 유형, 출력 모양 및 모수가 포함된 모델 요약이 프린트됩니다. 또한 전체 모수, 학습 가능한 모수 및 학습 불가능한 모수도 제공합니다. 우리의 경우에서는 모든 모수는 훈련 가능한 모수입니다.

```
from tensorflow.keras.models import Sequential
from tensorflow.keras.layers import Dense

# Step 6: Define a single-layer MLP model
def create_single_layer_mlp(input_shape, num_classes):
    model = Sequential()
    # Add a single hidden layer with ReLU activation
    model.add(Dense(128, activation='relu', input_shape=input_shape))
    # Add output layer with softmax activation for multi-class classification
    model.add(Dense(num_classes, activation='softmax'))
    return model

# Define input shape and number of classes
input_shape = x_train.shape[1:]
num_classes = len(np.unique(y_train))

# Create the single-layer MLP model
model = create_single_layer_mlp(input_shape, num_classes)

# Print model summary
model.summary()
```

```
Model: "sequential"
_________________________________________________________________
 Layer (type)                Output Shape              Param #
=================================================================
 dense (Dense)               (None, 128)               100480

 dense_1 (Dense)             (None, 10)                1290

=================================================================
Total params: 101770 (397.54 KB)
Trainable params: 101770 (397.54 KB)
Non-trainable params: 0 (0.00 Byte)
_________________________________________________________________
```

그림 14.4 코드 실행 – 기준 모델 아키텍처

이제 ChatGPT가 모델 훈련을 위한 다음 단계로 진행하도록 지시합니다.

프롬프트

다음 단계로 넘어가겠습니다.

다음과 같은 응답을 받아야 하며, ChatGPT는 손실 함수 및 최적화 알고리즘과 같은 주요 개념에 대한 설명과 함께, 모델 학습용 코드를 주석과 함께 제공해야 합니다.

프롬프트 응답

물론이죠. 다음 단계로 넘어가겠습니다.

모델 훈련하기 :

- 이 단계에서는 훈련 데이터에 MLP 모델을 훈련합니다. 훈련에는 훈련 데이터를 모델에 공급하고, 확률적 경사하강법과 같은 최적화 알고리즘을 사용하여, 모수(가중치 및 편향)를 조정하고, 손실 함수를 최소화하여 실제 레이블에 최대한 가깝게 예측하는 것이 포함됩니다.

손실 함수 :

- 손실 함수는 예측된 레이블과 실제 레이블 사이의 차이를 측정합니다. 패션-MNIST와 같은 다계층 검증 문제에서는, 일반적으로 손실 함수를 범주형 교차 엔트로피를 사용합니다.

최적화 알고리즘 :

- 최적화 알고리즘은 손실 함수를 최소화하기 위하여, 훈련 중에 모델의 모수를 업데이트 하는 역할을 합니다. 여기서는 확률적 경사하강법을 확장한 것으로 기계 학습에서 널리 사용되는 아담 옵티마이저를 사용하겠습니다.

훈련 모수 :

- 배치 크기와 에포크 수와 같은 훈련 모수를 지정합니다. 배치 크기는 모델의 모수를 업데이트하기 전에 처리되는 샘플 수를 결정하며, 에포크 수는 전체 훈련 데이터 세트가 모델을 통하여, 앞뒤로 전달되는 횟수를 지정합니다.

이제 모델을 훈련시켜 보겠습니다.

```
from tensorflow.keras.utils import to_categorical

# 단계 7 : 모델 훈련하기
def train_model(model, x_train, y_train, x_val, y_val, batch_size=32, epochs=10):
    # 클래스 벡터를 이진 클래스 메트릭스(원 샷 인코딩)로 변환합니다
    y_train = to_categorical(y_train)
    y_val = to_categorical(y_val)
    # 범주형 교차 엔트로피 손실과 아담 옵티마이저로 모델을 컴파일합니다
    model.compile(loss='categorical_crossentropy', optimizer='adam', metrics=['accuracy'])
    # 훈련 데이터를 모델에 훈련합니다
    history = model.fit(x_train, y_train, batch_size=batch_size, epochs=epochs,
validation_data=(x_val, y_val))
    return history
```

```
# 모델을 훈련합니다
history = train_model(model, x_train, y_train, x_val, y_val, batch_size=32, epochs=10)
```

설명:

- 모델을 컴파일하고 학습시키기 위하여, Tensorflow.keras에서 필요한 모듈을 가져옵니다.
- 훈련 데이터에 대해서 모델을 훈련하는 train_model 함수를 정의합니다.
- 함수 내부 :
  - 원 핫 인코딩을 사용하여, 클래스 레이블을 바이너리 클래스 메트릭스로 변환합니다.
  - 범주형 교차 엔트로피 손실 함수와 아담 옵티마이저를 사용하여, 모델을 컴파일합니다.
  - 지정된 배치 크기와 에포크 수로 훈련 데이터에 대하여, 모델을 훈련시킵니다.
- 마지막으로, 정의된 함수를 사용하여 모델을 학습시키고, 시각화 및 분석을 위해 학습 이력을 저장합니다.
- 이 단계에서는 다양한 메트릭을 사용하여, 테스트 데이터에 대해서 훈련된 MLP 모델의 성능을 평가합니다. 분류작업에 일반적으로 사용되는 메트릭에는 정확도, 정밀도, 재현율, 혼동 메트릭 등이 있습니다.

코드를 실행하면, 오류가 없이 실행됩니다. 범주형 교차 엔트로피 손실 함수 및 아담 옵티마이저 도구로 모델을 준수하며, 배치 크기를 10 에포크 당 32로 모델을 훈련시킵니다. 이렇게 하면, 88%의 검증 정확도를 달성할 수 있습니다.

```
[4]
from tensorflow.keras.utils import to_categorical

# Step 7: Model Training
def train_model(model, x_train, y_train, x_val, y_val, batch_size=32, epochs=10):
    # Convert class vectors to binary class matrices (one-hot encoding)
    y_train = to_categorical(y_train)
    y_val = to_categorical(y_val)
    # Compile the model with categorical cross-entropy loss and Adam optimizer
    model.compile(loss='categorical_crossentropy', optimizer='adam', metrics=['accuracy'])
    # Train the model on the training data
    history = model.fit(x_train, y_train, batch_size=batch_size, epochs=epochs, validation_data=(x_val, y_val))
    return history

# Train the model
history = train_model(model, x_train, y_train, x_val, y_val, batch_size=32, epochs=10)

Epoch 1/10
1688/1688 [==============================] - 6s 3ms/step - loss: 0.5038 - accuracy: 0.8231 - val_loss: 0.4535 - val_accuracy: 0.8210
Epoch 2/10
1688/1688 [==============================] - 5s 3ms/step - loss: 0.3781 - accuracy: 0.8646 - val_loss: 0.3870 - val_accuracy: 0.8550
Epoch 3/10
1688/1688 [==============================] - 6s 3ms/step - loss: 0.3392 - accuracy: 0.8765 - val_loss: 0.3674 - val_accuracy: 0.8690
Epoch 4/10
1688/1688 [==============================] - 5s 3ms/step - loss: 0.3127 - accuracy: 0.8854 - val_loss: 0.3454 - val_accuracy: 0.8780
Epoch 5/10
1688/1688 [==============================] - 5s 3ms/step - loss: 0.2960 - accuracy: 0.8910 - val_loss: 0.3372 - val_accuracy: 0.8680
Epoch 6/10
1688/1688 [==============================] - 5s 3ms/step - loss: 0.2803 - accuracy: 0.8958 - val_loss: 0.3497 - val_accuracy: 0.8720
Epoch 7/10
1688/1688 [==============================] - 5s 3ms/step - loss: 0.2666 - accuracy: 0.8997 - val_loss: 0.3657 - val_accuracy: 0.8650
Epoch 8/10
1688/1688 [==============================] - 6s 3ms/step - loss: 0.2554 - accuracy: 0.9039 - val_loss: 0.3464 - val_accuracy: 0.8700
Epoch 9/10
1688/1688 [==============================] - 5s 3ms/step - loss: 0.2459 - accuracy: 0.9079 - val_loss: 0.3492 - val_accuracy: 0.8700
Epoch 10/10
1688/1688 [==============================] - 5s 3ms/step - loss: 0.2382 - accuracy: 0.9106 - val_loss: 0.3363 - val_accuracy: 0.8800
```

그림 14.5 코드 실행 – 모델 훈련하기

이제 ChatGPT가 모델 평가를 위한 다음 단계로 진행하도록 지시합니다.

프롬프트

다음 단계로 넘어가겠습니다.

정확도, 정밀도, 재현율 및 혼동 매트리스와 같은 개념에 대한 설명과 함께, 테스트 세트에 대해서 모델을 평가하기 위한 코드를 제공하는 다음과 같은 응답을 받아야 합니다.

프롬프트 응답

모델 평가하기 :

- 이 단계에서는 다양한 메트릭을 사용하여, 테스트 데이터에 대해서 훈련된 MLP 모델의 성능을 평가합니다. 분류작업에 일반적으로 사용되는 메트릭에는 정확도, 정밀도, 재현율, 혼동 메트릭 등이 있습니다.

정확도 :

- 정확도는 전체 인스터스 중 올바르게 분류된 인스터스의 비율을 측정합니다.

정밀도 :

- 정밀도는 전체 긍정 예측 중 긍정 예측의 비율을 측정합니다. 이는 위양성을 피하는 모델의 능력을 나타냅니다.

재현율 :

- 재현율은 모든 진양성 예측의 비율을 측정합니다. 이는 모든 양성 사례를 식별하는 모델의 능력을 나타냅니다.

혼동 메트릭스 :

- 혼동 메트릭스는 진양성, 진음성, 위양성 및 위음성의 수를 표시하여, 모델의 성능을 요약한 것입니다.

이제 모델을 평가해 보겠습니다.

```
import matplotlib.pyplot as plt
from sklearn.metrics import accuracy_score, precision_score, recall_score, confusion_matrix

# 단계 8 : 모델 평가하기
def evaluate_model(model, x_test, y_test):
    # 테스트 데이터를 위한 레이블을 예측합니다
    y_pred = model.predict(x_test)
    # 예측 레이블을 클래스 레이블로 변환합니다
    y_pred_classes = np.argmax(y_pred, axis=1)
    # 참 레이블을 클래스 레이블로 변환합니다
    y_true_classes = np.argmax(y_test, axis=1)
    # 정확도를 계산합니다
```

```
    accuracy = accuracy_score(y_true_classes, y_pred_classes)
    # 정밀도를 계산합니다
    precision = precision_score(y_true_classes, y_pred_classes, average='weighted')
    # 재현율을 계산합니다
    recall = recall_score(y_true_classes, y_pred_classes, average='weighted')
    # 혼동 메트릭스를 계산합니다
    cm = confusion_matrix(y_true_classes, y_pred_classes)
    return accuracy, precision, recall, cm

# 모델을 평가합니다
accuracy, precision, recall, cm = evaluate_model(model, x_test, y_test)

# 평가 메트릭스를 프린트합니다
print("Accuracy:", accuracy)
print("Precision:", precision)
print("Recall:", recall)
print("Confusion Matrix:\n", cm)

# 혼동 메트릭스를 시각화합니다
plt.imshow(cm, cmap=plt.cm.Blues)
plt.title('Confusion Matrix')
plt.colorbar()
plt.xlabel('Predicted Labels')
plt.ylabel('True Labels')
plt.show()
```

설명 :

- 혼동 메트릭스를 시각화하고, 평가 메트릭스를 계산하기 위하여, matplotib.pyplot 및 scikit-learn에서 필요한 모듈을 가져옵니다.
- 테스트 데이터에 대한 모델의 성능을 evaluate_model로 정의합니다.
- 함수 내부 :
  - 훈련된 모델을 사용하여, 테스트 데이터에 대한 예측을 수행합니다.
  - 예측된 레이블과 참 레이블을 클래스 레이블로 변환합니다.
  - 정확도, 정밀도, 재현율, 혼동 메트릭스를 계산하기 위하여 scikit-learn 메트릭 함수를 사용합니다.
- 마지막으로, 정의된 함수를 사용하여 모델을 평가하고, 평가 메트릭스를 프린트하고, 혼동 메트릭스를 사용합니다.

코드를 실행한 결과, 테스트 레이블이 인코딩되지 않아서 오류가 발생했지만, 오류 자체는 명확하지 않습니다. ChatGPT 오류를 제공하는 프롬프트 전략(LIFE 기법의 3.3임)을 적용하여, 오류를 해결하기 위한 ChatGPT이 도움을 받을 수 있습니다.

```
282/282 [==============================] - 2s 5ms/step
---------------------------------------------------------------------------
AxisError                                 Traceback (most recent call last)
<ipython-input-5-02193580c831> in <cell line: 23>()
     21
     22 # Evaluate the model
---> 23 accuracy, precision, recall, cm = evaluate_model(model, x_test, y_test)
     24
     25 # Print evaluation metrics

                              2 frames
/usr/local/lib/python3.10/dist-packages/numpy/core/fromnumeric.py in _wrapfunc(obj, method, *args, **kwds)
     57
     58     try:
---> 59         return bound(*args, **kwds)
     60     except TypeError:
     61         # A TypeError occurs if the object does have such a method in its

AxisError: axis 1 is out of bounds for array of dimension 1
```

그림 14.6 코드 실행 – 모델 평가 오류

ChatGPT에게 오류 정보를 제공하여 도움을 받았습니다.

프롬프트

테스트 레이블에 문제가 있는 거 같습니다. 아래와 같은 오류가 발생 했습니다:

------282/282 [==============================] - 2s 5ms/step------------------------------ -- AxisError Traceback (most recent call last) <ipython-input-5-02193580c831> in <cell line: 23>() 21 22 # Evaluate the model ---> 23 accuracy, precision, recall, cm = evaluate_ model(model, x_test, y_test) 24 25 # Print evaluation metrics 2 frames /usr/ local/lib/python3.10/dist-packages/numpy/core/fromnumeric.py in _wrapfunc (obj,method, *args, **kwds) 57 58 try: ---> 59 return bound(*args, **kwds) 60 except TypeError: 61 # A TypeError occurs if the object does have such a method in its AxisError: axis 1 is out of bounds for array of dimension 1

다음과 같은 응답을 받아야 하며, ChatGPT는 문제 해결을 위한 제안을 제공해야 합니다.

프롬프트 응답

레이블 모양에 문제가 있는 것 같습니다. 이 오류는 argmax 함수에 지정된 축이 범위를 벗어났음을 시사합니다. 일반적으로 레이블이 예상되는 형식이나 모양이 아닐 때에 발생합니다.

레이블의 모양을 다시 한 번 확인하고, 평가에 적합한 형식인지 확인해 보겠습니다.

```
print("Shape of y_test:", y_test.shape)
```

이렇게 하면 레이블의 모양을 이해하고, 불일치하는 부분을 파악하는 데 도움이 됩니다. 문제를 파악하면 그에 따라 수정할 수 있습니다.

y_test의 모양을 프린트합니다.

```
print("Shape of y_test:", y_test.shape)

Shape of y_test: (9000,)
```

그림 14.7 코드 실행 – 테스트 레이블의 모양

이제 ChatGPT에게 코드 출력을 제공합니다.

프롬프트

y_test의 모양: (9000,)

ChatGPT가 문제를 이해하고 수정된 코드를 제공하여, 다음과 같은 응답을 받아야 합니다.

프롬프트 응답

y_test의 모양을 제공해 주셔서 감사합니다. 레이블이 1D 형식이므로 원 핫 인코딩이 아닌 것 같습니다. 평가 함수에서 레이블이 원 하 인코딩된 것으로 가정하여, 오류가 발생하였습니다.

이 문제를 해결하려면, 원 핫 인코딩 레이블 대신에, 1D 레이블을 처리하도록 평가 함수를 수정해야 합니다. 레이블을 원 핫 인코딩으로 변환하는 과정을 제거하고, 예측된 레이블과 참 레이블을 직접 비교함으로써, 이를 달성할 수 있습니다.

이에 따라서, 평가 함수를 업데이트해 보겠습니다.

```
# 단계 8 : 모델 평가하기
def evaluate_model(model, x_test, y_test):
    # 테스트 데이터를 위한 레이블을 예측합니다
    y_pred = model.predict(x_test)
    # 예측 레이블을 클래스 레이블로 변환합니다
    y_pred_classes = np.argmax(y_pred, axis=1)
    # 정확도를 계산합니다
    accuracy = accuracy_score(y_test, y_pred_classes)
    # 정밀도를 계산합니다
    precision = precision_score(y_test, y_pred_classes, average='weighted')
    # 재현율을 계산합니다
    recall = recall_score(y_test, y_pred_classes, average='weighted')
    # 혼동 메트릭스를 계산합니다
    cm = confusion_matrix(y_test, y_pred_classes)
    return accuracy, precision, recall, cm

# 모델을 평가합니다
accuracy, precision, recall, cm = evaluate_model(model, x_test, y_test)
```

```
# 평가 메트릭스를 프린트합니다
print("Accuracy:", accuracy)
print("Precision:", precision)
print("Recall:", recall)
print("Confusion Matrix:\n", cm)

# 혼동 메트릭스를 시각화합니다
plt.imshow(cm, cmap=plt.cm.Blues)
plt.title('Confusion Matrix')
plt.colorbar()
plt.xlabel('Predicted Labels')
plt.ylabel('True Labels')
plt.show()
```

설명 :

레이블을 원 핫 인코딩으로 변환하는 작업을 제거하고, 평가 함수에서 y_test 참 레이블을 직접 사용했습니다.

정확도, 정밀도 및 재현율 계산 기능을 업데이트하여, 원 핫 인코딩된 레이블 대신에 1D 레이블을 사용하도록 했습니다.

이제 평가 함수가 제공된 1D 레이블을 사용하여, 올바르게 작동하고 평가 메트릭스가 정확하게 계산되어야 합니다.

코드를 실행해 보니, 제공된 1D 레이블에서 작동하도록 수정되었으므로 이제 정상적으로 작동합니다. 혼동 메트릭스 또한 게제합니다.

```
282/282 [==============================] - 1s 3ms/step
Accuracy: 0.8795555555555555
Precision: 0.8817019102604995
Recall: 0.8795555555555555
Confusion Matrix:
 [[683   2  15  25   5   3 175   0   8   0]
 [  0 881   1  12   3   0   3   0   1   0]
 [  7   1 707   9 103   1  60   0   1   0]
 [ 15  15  10 804  28   1  27   0   6   0]
 [  0   3  72  37 753   0  40   0   1   0]
 [  0   0   0   0   0 866   0  11   0  17]
 [ 63   1  79  29  83   0 646   0   6   0]
 [  0   0   0   0   0  20   0 850   0  25]
 [  3   0   2   3   5   3   8   3 877   0]
 [  0   0   0   0   0   5   1  27   0 849]]
```

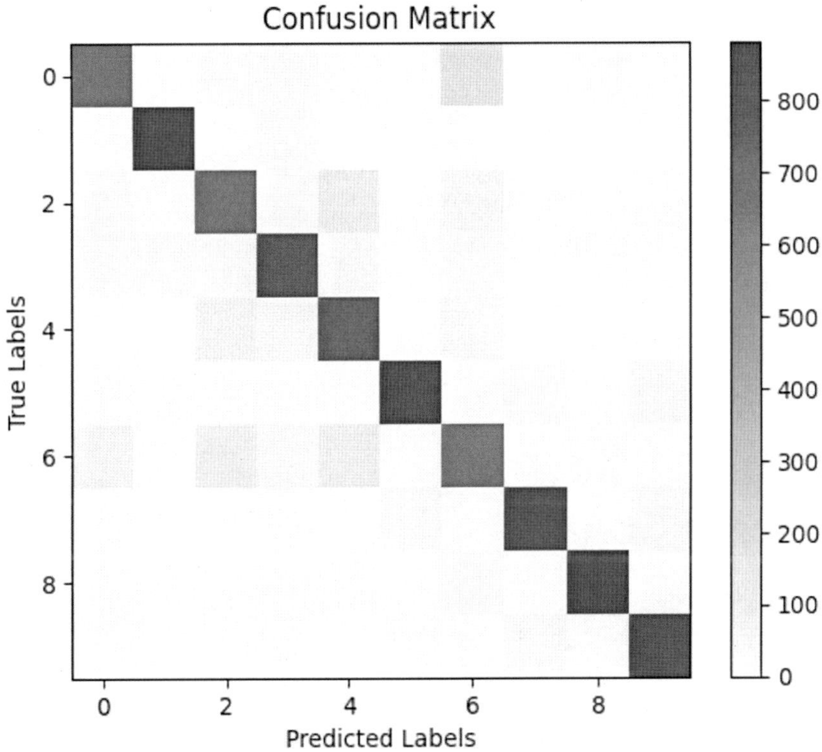

그림 14.8 코드 실행 – 혼동 메트릭스

이것으로 특징 1이 완성되었습니다. 단일 계층 MLP 모델로 정확도 0.8796(87.96%), 정밀도 0.8817(88.17%), 재현율 0.8796(87.96%)을 달성했습니다. 다음으로 모델에 더 많은 계층을 추가하는 두 번째 특징으로 이동하겠습니다. 또한 이를 위하여 ChatGPT가 어떻게 도움이 되는지 알아 보겠습니다.

특징 2 : 모델에 계층 추가하기

이제 기준 모델 아키텍처가 생겼으니, 계층을 추가해 보겠습니다. 프롬프트 전략으로 즉석에서 모델(LIFE 기법의 3.4임)을 적용하고, ChatGPT에 해당 코드를 제공해 달라고 요청하겠습니다.

프롬프트

이제 단일 계층이 있는 기준 모델이 생겼으니, 계층 2개와 3개가 있는 코드를 제공하고, 계층 추가에 따른 모델 성능을 계산하여 비교해 주시겠어요?

ChatGPT가 요청을 이해하고 비교 결과와 함께, 2계층과 3계층에 대한 코드를 제공하는 다음과 같은 응답을 받아야 합니다.

프롬프트 응답

물론입니다! 2계층 및 3계층으로 구성된 다계층 퍼셉트론(MLP) 모델을 정의하고 훈련한 다음, 기본 단일 계층 모델과 성능을 비교해 보겠습니다.

2계층 및 3계층으로 MLP 모델을 정의합니다.:

- 숨겨진 계층이 추가된 MLP 모델을 정의하여 계층 수가 증가함에 따라서 성능이 어떻게 변화하는 지 살펴보겠습니다.

2계층 MLP :

- 2계층 MLP는 입력 계층, 2층의 은닉 계층, 출력 계층으로 구성됩니다.

3계층 MLP :

- 3계층 MLP는 입력 계층, 3층의 은닉 계층, 출력 계층으로 구성됩니다.

이제 이러한 모델을 정의하고 훈련해 보겠습니다.

```
# 2계층 MLP 모델을 정의합니다
def create_two_layer_mlp(input_shape, num_classes):
    model = Sequential()
    # ReLU 활성화로 첫 번째 은닉 계층을 추가합니다
    model.add(Dense(128, activation='relu', input_shape=input_shape))
    # ReLU 활성화로 두 번째 은닉 계층을 추가합니다
    model.add(Dense(64, activation='relu'))
    # 다계층 정의를 위한 소프트맥스 활성화가 가진 출력 계층을 추가합니다
    model.add(Dense(num_classes, activation='softmax'))
    return model

# 3계층 MLP 모델을 정의합니다
def create_three_layer_mlp(input_shape, num_classes):
    model = Sequential()
```

```
    # ReLU 활성화로 첫 번째 은닉 계층을 추가합니다
    model.add(Dense(128, activation='relu', input_shape=input_shape))
    # ReLU 활성화로 두 번째 은닉 계층을 추가합니다
    model.add(Dense(64, activation='relu'))
    # ReLU 활성화로 세 번째 은닉 계층을 추가합니다
    model.add(Dense(32, activation='relu'))
    # 다계층 정의를 위한 소프트맥스 활성화가 가진 출력 계층을 추가합니다
    model.add(Dense(num_classes, activation='softmax'))
    return model

# 2계층 MLP 모델을 생성합니다
two_layer_model = create_two_layer_mlp(input_shape, num_classes)

# 3계층 MLP 모델을 생성합니다
three_layer_model = create_three_layer_mlp(input_shape, num_classes)

# 2계층 MLP 모델을 훈련합니다
two_layer_history = train_model(two_layer_model, x_train, y_train, x_val, y_ val)

# 3계층 MLP 모델을 훈련합니다
three_layer_history = train_model(three_layer_model, x_train, y_train, x_val, y_val)
```

모델 비교 :

모델이 학습되면 정확도, 정밀도, 재현율, 혼동 메트릭스와 같은 평가 메트릭스를 기반으로 성능을 비교할 수 있습니다.

```
# 2계층 MLP 모델을 평가합니다
two_layer_accuracy, _, _, _ = evaluate_model(two_layer_model, x_test, y_test)

# 3계층 MLP 모델을 훈련합니다
three_layer_accuracy, _, _, _ = evaluate_model(three_layer_model, x_test, y_ test)

# 모델 비교를 프린트합니다
print("Single-layer MLP Accuracy:", accuracy)
print("Two-layer MLP Accuracy:", two_layer_accuracy)
print("Three-layer MLP Accuracy:", three_layer_accuracy)
```

설명 :

- 이전에 정의한 함수를 사용하여 2계층 은닉 계층과 3계층 은닉 계층이 있는 두 개의 MLP 모델을 추가로 정의합니다.
- 훈련 데이터와 검증 데이터를 사용하여, 두 모델을 모두 학습합니다.
- 훈련 후에 테스트 데이터를 사용하여, 각 모델의 성능을 평가하고 정확도를 비교합니다.

이 비교를 통하여, 계층의 추가가 모델의 성능에 어떠한 영향을 미치는 지 이해할 수 있습니다.

은닉 계층이 2계층과 3계층인 두 개의 추가 모델을 정의하는 코드를 실행합니다. 또한 모델을 훈련시키고, 두 모델의 성능을 평가한 후, 결과를 프린트합니다.

```
# Evaluate two-layer MLP model
two_layer_accuracy, _, _, _ = evaluate_model(two_layer_model, x_test, y_test)

# Evaluate three-layer MLP model
three_layer_accuracy, _, _, _ = evaluate_model(three_layer_model, x_test, y_test)

# Print model comparison
print("Single-layer MLP Accuracy:", accuracy)
print("Two-layer MLP Accuracy:", two_layer_accuracy)
print("Three-layer MLP Accuracy:", three_layer_accuracy)
```

```
282/282 [==============================] - 2s 7ms/step
282/282 [==============================] - 1s 4ms/step
Single-layer MLP Accuracy: 0.8795555555555555
Two-layer MLP Accuracy: 0.8806666666666667
Three-layer MLP Accuracy: 0.8785555555555555
```

그림 14.9 특징 2 – 모델에 계층 추가하기

이러한 결과를 바탕으로 2계층 MLP 모델이 단일 계층 및 3계층 MLP 모델에 비하여 약간 더 높은 정확도를 달성한 것을 관찰할 수 있습니다. 그러나, 정확도의 차이는 상대적으로 작아서, 이 경우에는 계층을 추가해도 모델의 성능이 크게 향상되지 않았음을 나타냅니다. 다음 기능으로 넘어가서 기준 모델을 사용하여, 배치 크기를 실험해 보겠습니다.

특징 3 : 배치 크기 실험하기

어떻게 더 계층을 추가하는 지 배웠고, 우리의 경우에는 데이터 세트를 간단하게 해야 하기 때문에, 큰 인상은 없었습니다. 이제 다른 배치 크기를 가지고 실험을 할 예정입니다. 프롬프트 전략으로 즉석에서 모델을 적용하고, ChatGPT에 해당 코드를 제공해 달라고 요청하겠습니다.

프롬프트

세 가지 배치 크기 조합의 코드를 제공하고 이러한 조합에 대한 기준 단인 계층 모델 성능을 비교해 주시겠습니까?

ChatGPT가 요청을 이해하고 다양한 배치 크기에 대한 코드를 제공하는 다음과 같은 응답을 받아야 합니다.

프롬프트 응답

다양한 배치 크기로 모델을 정의하고 훈련합니다.

- 배치 크기의 세 가지 조합으로, 기준 단일 계층 MLP 모델을 정의하고 학습합니다.
- 조합 1 배치 크기(Batch Size) = 32
- 조합 2 배치 크기(Batch Size) = 64
- 조합 3 배치 크기(Batch Size) = 128

이제 이러한 모델을 정의하고 훈련해 보겠습니다.

```
# batch size = 32로 모델을 정의하고 훈련합니다
model_batch_32 = create_single_layer_mlp(input_shape, num_classes)
history_batch_32 = train_model(model_batch_32, x_train, y_train, x_val, y_val,
batch_size=32)

# batch size = 64로 모델을 정의하고 훈련합니다
model_batch_64 = create_single_layer_mlp(input_shape, num_classes)
history_batch_64 = train_model(model_batch_64, x_train, y_train, x_val, y_val,
batch_size=64)

# batch size = 128로 모델을 정의하고 훈련합니다
model_batch_128 = create_single_layer_mlp(input_shape, num_classes)
history_batch_128 = train_model(model_batch_128, x_train, y_train, x_val, y_ val,
batch_size=128)
```

모델 비교 :

모델이 학습되면 정확도와 같은 평가 메트릭스를 기반으로 성능을 비교할 수 있습니다.

```
# 다른 배치 크기로 모델을 평가합니다
accuracy_batch_32, _, _, _ = evaluate_model(model_batch_32, x_test, y_test)
accuracy_batch_64, _, _, _ = evaluate_model(model_batch_64, x_test, y_test)
accuracy_batch_128, _, _, _ = evaluate_model(model_batch_128, x_test, y_test)

# 모델 비교를 프린트합니다
print("Single-layer MLP Accuracy (Batch Size = 32):", accuracy_batch_32)
print("Single-layer MLP Accuracy (Batch Size = 64):", accuracy_batch_64)
print("Single-layer MLP Accuracy (Batch Size = 128):", accuracy_batch_128)
```

설명 :

- 다양한 배치 크기(32, 64, 128)의 조합으로 세 가지 기준 단일 계층 MLP 모델을 정의하고 훈련합니다.
- 훈련 후에 테스트 데이터를 사용하여, 각 모델의 성능을 평가하고 정확도를 비교합니다.

이 비교를 통하여, 배치 크기가 모델의 성능에 어떠한 영향을 미치는 지 이해할 수 있습니다.

배치 크기가 32, 64, 128인 모델을 정의하는 코드를 실행해 보겠습니다. 또한 모델을 학습시키고, 성능을 평가하고, 이 성능을 비교한 결과를 출력합니다.

```
# Evaluate models with different batch sizes
accuracy_batch_32, _, _, _ = evaluate_model(model_batch_32, x_test, y_test)
accuracy_batch_64, _, _, _ = evaluate_model(model_batch_64, x_test, y_test)
accuracy_batch_128, _, _, _ = evaluate_model(model_batch_128, x_test, y_test)

# Print model comparison
print("Single-layer MLP Accuracy (Batch Size = 32):", accuracy_batch_32)
print("Single-layer MLP Accuracy (Batch Size = 64):", accuracy_batch_64)
print("Single-layer MLP Accuracy (Batch Size = 128):", accuracy_batch_128)
```

```
282/282 [==============================] - 1s 3ms/step
282/282 [==============================] - 1s 4ms/step
282/282 [==============================] - 1s 3ms/step
Single-layer MLP Accuracy (Batch Size = 32): 0.88
Single-layer MLP Accuracy (Batch Size = 64): 0.8723333333333333
Single-layer MLP Accuracy (Batch Size = 128): 0.8797777777777778
```

그림 14.10 코드 실행 – 배치 크기 비교

모델의 정확도에 큰 차이가 없음을 알 수 있음으로, '학습 프롬프트 전략(LIFE 기법의 3.1임)을 적용하고, 그 이유에 대해서 가능한 이유를 ChatGPT에게 물어보겠습니다.

프롬프트

282/282 [==============================] - 1s 3ms/step 282/282 [==============================] - 1s 4ms/step 282/282 [==============================] - 1s 3ms/step Single-layer MLP Accuracy (Batch Size = 32): 0.88 Single-layer MLP Accuracy (Batch Size = 64): 0.8723333333333333 Single-layer MLP Accuracy (Batch Size = 128): 0.8797777777777778

정확도에 큰 차이가 없는 이유는 무엇인가요?

다음과 같은 응답을 받으면, ChatGPT가 가능한 이유를 설명합니다.

프롬프트 응답

다양한 배치 크기로 훈련된 모델 사이의 정확도 차이는 상대적으로 작습니다. 여기에는 몇 가지 이유가 있을 수 있습니다.

- **데이터 세트 크기** : 패션-MNIST 데이터 세트는 심층 학습에 일반적으로 사용되는 다른 데이터 세트에 비해서 상대적으로 작습니다. 데이터 세트가 작을수록 배치 크기가 모델 성능에 미치는 영향은 덜 두드러질 수 있습니다.
- **모델 복잡성** : 기준 단일 계층 MLP 모델은 다양한 배치 크기의 이점을 충분하게 활용하기에 충분히 복잡하지 않을 수 있습니다. 여러 계층으로 구성된 심층 신경망과 같이 더 복잡한 모델에서는 배치

크기가 훈련 역학에 미치는 영향이 더 클 수 있습니다.

- **최적화 알고리즘** : 모델 훈련에 사용되는 아담 옵티마이저는 기울기의 첫 번째와 두 번째 모먼트에 따라서 각각의 모수에 대한 학습 속도를 조정합니다. 이 적응형 학습 속도는 배치 크기의 영향을 어느 정도 완화할 수 있습니다.
- **집합점** : 사용된 배치 크기에 관계없이 모델이 이미 비슷한 수준의 성능으로 수렴되었을 수도 있습니다. 모델이 수렴되면 다른 배치 크기로 추가 학습을 해도 정확도가 크게 향상되지 않을 수 있습니다.

전반적으로 배치 크기는 학습 역학 및 수렴 속도에 영향을 줄 수 있지만, 특정한 시나리오, 특히 비교적으로 단순한 모델과 데이터 세트에서는 모델 성능에 미치는 영향이 덜 두드러질 수 있습니다. 더 크고 복잡한 모델과 다양한 최적화 알고리즘으로 실험해 보면, 배치 크기에 따라 성능에 더 큰 차이가 있을 수 있음을 알 수 있습니다.

배치 크기를 변경하는 방법과 배치 크기가 모델에 큰 영향을 미치지 않는 이유에 대해서 알아봤으니, 이제 다음 특징으로 넘어가서 기준 모델의 은닉 계층에 있는 뉴런 수를 실험해 보겠습니다.

특징 4 : 뉴런 수 실험하기

모델(LIFE 기법의 3.4임)을 처리하기 위하여, 프롬프트 전략을 적용하고 ChatGPT에게 은닉 계층에서 많은 수의 뉴런을 실험할 수 있는 코드를 제공하도록 요청합니다.

프롬프트

뉴런 수의 세 가지 조합이 포함된 코드를 제공하고, 다양한 조합에 대한 기본 단일 계층 모델 성능을 비교해 줄래요?

ChatGPT가 요청을 이해하고 은닉 계층의 다양한 뉴런 수에 대한 코드를 제공하는 다음과 같은 응답을 받아야 합니다.

프롬프트 응답

은닉 계층의 뉴런 수를 세 가지로 조합하여, 기준 단일 계층 MLP 모델을 정의하고 훈련한 다음, 성능을 비교해 보겠습니다.

뉴런 수가 다른 모델을 정의하고 훈련합니다.

- 은닉 계층의 뉴런 수를 세 가지로 조합하여, 기준 단일 계층 MLP 모델을 정의하고 훈련합니다.
  - 조합 1 뉴런 수(Number of Neurons) = 64
  - 조합 2 뉴런 수(Number of Neurons) = 128
  - 조합 3 뉴런 수(Number of Neurons) = 256

이제 이러한 모델을 정의하고 훈련해 보겠습니다.

```
# 은닉 계층에서 64개의 뉴런으로 모델을 정의하고 훈련합니다
model_neurons_64 = create_single_layer_mlp(input_shape, num_classes)
history_neurons_64 = train_model(model_neurons_64, x_train, y_train, x_val, y_val)

# 은닉 계층에서 128개의 뉴런으로 모델을 정의하고 훈련합니다
model_neurons_128 = create_single_layer_mlp(input_shape, num_classes)
history_neurons_128 = train_model(model_neurons_128, x_train, y_train, x_val, y_val)

# 은닉 계층에서 256개의 뉴런으로 모델을 정의하고 훈련합니다
model_neurons_256 = create_single_layer_mlp(input_shape, num_classes)
history_neurons_256 = train_model(model_neurons_256, x_train, y_train, x_val, y_val)
```

모델 비교 :

모델이 학습되면 정확도와 같은 평가 메트릭스를 기반으로 성능을 비교할 수 있습니다.

```
# 다른 수의 뉴런으로 모델을 평가합니다
accuracy_neurons_64,  _,  _,  _  =  evaluate_model(model_neurons_64,  x_test,  y_test)
accuracy_neurons_128, _, _, _ = evaluate_model(model_neurons_128, x_test, y_ test)
accuracy_neurons_256, _, _, _ = evaluate_model(model_neurons_256, x_test, y_ test)

# 모델 비교를 프린트합니다
print("Single-layer MLP Accuracy (Neurons = 64):", accuracy_neurons_64)
print("Single-layer MLP Accuracy (Neurons = 128):", accuracy_neurons_128)
print("Single-layer MLP Accuracy (Neurons = 256):", accuracy_neurons_256)
```

설명 :

- 은닉 계층의 뉴런 수를 서로 다른 조합(64개. 128개, 256개)으로 세 가지, 기준 단일 계층 MLP 모델을 정의하고 훈련합니다.
- 훈련 후에 테스트 데이터를 사용하여, 각 모델의 성능을 평가하고 정확도를 비교합니다.

이 비교를 통하여 은닉 계층의 뉴런 수가 모델 성능에 미치는 영향을 이해할 수 있습니다.

64개, 128개, 256개의 뉴런으로 모델을 정의하는 코드를 실행해 보겠습니다. 또한 모델을 훈련시키고, 모든 모델 변형에 대한 성능을 평가하며, 성능 비교 결과를 출력합니다.

```
# Evaluate models with different number of neurons
accuracy_neurons_64, _, _, _ = evaluate_model(model_neurons_64, x_test, y_test)
accuracy_neurons_128, _, _, _ = evaluate_model(model_neurons_128, x_test, y_test)
accuracy_neurons_256, _, _, _ = evaluate_model(model_neurons_256, x_test, y_test)

# Print model comparison
print("Single-layer MLP Accuracy (Neurons = 64):", accuracy_neurons_64)
print("Single-layer MLP Accuracy (Neurons = 128):", accuracy_neurons_128)
print("Single-layer MLP Accuracy (Neurons = 256):", accuracy_neurons_256)
```

```
282/282 [==============================] - 0s 2ms/step
282/282 [==============================] - 0s 2ms/step
282/282 [==============================] - 0s 1ms/step
Single-layer MLP Accuracy (Neurons = 64): 0.8773333333333333
Single-layer MLP Accuracy (Neurons = 128): 0.8754444444444445
Single-layer MLP Accuracy (Neurons = 256): 0.8813333333333333
```

그림 14.11 코드 실행 – 뉴런 비교

큰 차이가 없다는 것을 알 수 있으므로, 마지막 특징인 옵티마이저로 실험해 보겠습니다.

특징 5 : 다양한 옵티마이저 사용해보기

모델(LIFE 기법의 3.4임)을 처리하기 위하여 프롬프트 전략을 적용하고, ChatGPT에게 SGD, Adam 및 RMSProp 등과 같은 다양한 옵티마이저를 실험할 수 있는 코드를 제공해달라고 ChatGPT에게 요청할 것입니다. 또한, 프롬프트 전략의 일환으로 구체적으로PIC 기법의 2.2임 명시하고, 컴파일 시에 옵티마이저를 전달해야 하며, 이러한 단계는 일반적으로 ChatGPT에게 무시되므로, 레이블을 원 핫 인코딩해야 한다고 명시적으로 언급할 것입니다.

프롬프트

SGD, Adam, RMSprop의 다양한 옵티마이저를 사용한 코드를 제공하고, 다양한 조합에 대한 기본 단일 계층 모델 성능을 비교해주시겠습니까?

ChatGPT가 요청을 이해하고 다양한 비교 결과에 대한 코드를 제공하는 다음과 같은 응답을 받아야 합니다.

프롬프트 응답

물론이죠! 세 가지 옵티마이저(SGD, Adam, RMSprop)를 사용하여, 기준 단일 계층 MLP 모델을 정의하고 훈련한 다음 성능을 비교해 보겠습니다.

다른 옵티마이저로 모델을 정의하고 훈련합니다.

다음의 세 가지 옵티마이저를 사용하여, 기준 단일 계층 MLP 모델을 정의하고 학습합니다. SGD, Adam, and RMSprop.

이제 이러한 모델을 정의하고 훈련해 보겠습니다.

```
from tensorflow.keras.optimizers import SGD, Adam, RMSprop

# SGD 옵티마이저로 모델을 정의하고 훈련합니다
def train_model_sgd(model, x_train, y_train, x_val, y_val, batch_size=32, epochs=10):
    # 원 핫을 클래스 레이블로 인코딩합니다
    y_train_encoded = to_categorical(y_train)
    y_val_encoded = to_categorical(y_val)
    # SGD 옵티마이저로 모델을 컴파일합니다
    model.compile(loss='categorical_crossentropy', optimizer=SGD(), metrics=['accuracy'])
    # 훈련 데이터를 모델에 훈련합니다
    history = model.fit(x_train, y_train_encoded, batch_size=batch_size, epochs=epochs,
validation_data=(x_val, y_val_encoded))
    return history

# Adam 옵티마이저로 모델을 정의하고 훈련합니다
def train_model_adam(model, x_train, y_train, x_val, y_val, batch_size=32, epochs=10):
    # 원 핫을 클래스 레이블로 인코딩합니다
    y_train_encoded = to_categorical(y_train) \
    y_val_encoded = to_categorical(y_val)
    # Adam 옵티마이저로 모델을 컴파일합니다
    model.compile(loss='categorical_crossentropy', optimizer=Adam(), metrics=['accuracy'])
    # 훈련 데이터를 모델에 훈련합니다
    history = model.fit(x_train, y_train_encoded, batch_size=batch_size, epochs=epochs,
validation_data=(x_val, y_val_encoded))
    return history

# RMSprop 옵티마이저로 모델을 정의하고 훈련합니다
def train_model_rmsprop(model, x_train, y_train, x_val, y_val, batch_size=32, epochs=10):
    # 원 핫을 클래스 레이블로 인코딩합니다
    y_train_encoded = to_categorical(y_train)
    y_val_encoded = to_categorical(y_val)
    # RMSprop 옵티마이로 모델을 컴파일합니다
    model.compile(loss='categorical_crossentropy', optimizer=RMSprop(), metrics=['accuracy'])
    # 훈련 데이터로 모델에 훈련합니다
    history = model.fit(x_train, y_train_encoded, batch_size=batch_size, epochs=epochs,
validation_data=(x_val, y_val_encoded))
    return history

# SGD 옵티마이저로 모델을 훈련합니다
model_sgd = create_single_layer_mlp(input_shape, num_classes)
history_sgd = train_model_sgd(model_sgd, x_train, y_train, x_val, y_val)

# Adam 옵티마이저로 모델을 훈련합니다
model_adam = create_single_layer_mlp(input_shape, num_classes)
history_adam = train_model_adam(model_adam, x_train, y_train, x_val, y_val)
```

```
# RMSprop 옵티마이저로 모델을 훈련합니다
model_rmsprop = create_single_layer_mlp(input_shape, num_classes)
history_rmsprop = train_model_rmsprop(model_rmsprop, x_train, y_train, x_val, y_val)
```

모델 비교 :

모델이 학습되면 정확도와 같은 평가 메트릭스를 기반으로 성능을 비교할 수 있습니다.

```
# 다른 옵티마이저로 모델을 평가합니다
accuracy_sgd, _, _, _ = evaluate_model(model_sgd, x_test, y_test)
accuracy_adam, _, _, _ = evaluate_model(model_adam, x_test, y_test)
accuracy_rmsprop, _, _, _ = evaluate_model(model_rmsprop, x_test, y_test)

# 모델 비교를 프린트합니다
print("Single-layer MLP Accuracy (SGD):", accuracy_sgd)
print("Single-layer MLP Accuracy (Adam):", accuracy_adam)
print("Single-layer MLP Accuracy (RMSprop):", accuracy_rmsprop)
```

설명 :

- 서로 다른 옵티마이저(SGD, Adam, 및 RMSprop)를 사용하여 세 가지 기준 단일 계층 MLP 모델을 정의하고 훈련합니다.
- 훈련 후에 테스트 데이터를 사용하여, 각 모델의 성능을 평가하고 정확도를 비교합니다.

이 비교를 통하여, 옵티마이저가 모델의 성능에 어떠한 영향을 미치는 지 이해할 수 있습니다.

다양한 옵티마이저로 모델을 정의하는 코드를 실행합니다. 또한 모델을 훈련시키고, 모든 모델 변형에 대한 성능을 평가하며, 결과를 출력합니다.

```
# Evaluate models with different optimizers
accuracy_sgd, _, _, _ = evaluate_model(model_sgd, x_test, y_test)
accuracy_adam, _, _, _ = evaluate_model(model_adam, x_test, y_test)
accuracy_rmsprop, _, _, _ = evaluate_model(model_rmsprop, x_test, y_test)

# Print model comparison
print("Single-layer MLP Accuracy (SGD):", accuracy_sgd)
print("Single-layer MLP Accuracy (Adam):", accuracy_adam)
print("Single-layer MLP Accuracy (RMSprop):", accuracy_rmsprop)
```

```
282/282 [==============================] - 1s 2ms/step
282/282 [==============================] - 1s 3ms/step
282/282 [==============================] - 0s 1ms/step
Single-layer MLP Accuracy (SGD): 0.8492222222222222
Single-layer MLP Accuracy (Adam): 0.8816666666666667
Single-layer MLP Accuracy (RMSprop): 0.8663333333333333
```

그림 14.12 코드 실행 – 다른 옵티마이저

이러한 결과를 바탕으로 Adam 옵티마이저가 가장 높은 정확도를 달성했고, 그 다음으로 RMSprop와 SGD가 그 뒤를 이었다는 것을 알 수 있었습니다. 이는 Adam이 모델의 모수를 최적화하고 테스트 데이터에 대한 성능을 개선하는 데 더 나은 성능을 보였다는 것을 의미합니다.

임무

단일 계층과 2계층 은닉 계층의 모델 성능을 20개와 50개의 에포크로 비교합니다.

도전 과제

ChatGPT의 도움으로 드롭아웃 계층을 추가하여 즉석에서 만들고 모델 성능에 미치는 영향을 분석하세요. 모델에 더 많은 은닉 계층을 자유롭게 추가하세요.

요약

이 장에서 사용된 프롬프트 전략은 다계층 퍼셉트론(MLP)을 사용하여 분류 모델을 학습하고 구축하는 구조화된 접근 방식을 제공했으며, ChatGPT는 코드 생성을 지원했습니다. 사용자는 Colab notebook을 사용하여 코드를 검증하고, ChatGPT에 피드백을 제공했습니다. 자료를 적극적으로 활용함으로써, 다양한 기법을 실험하고 반복적으로 이해를 다듬어서 궁극적으로 MLP를 사용한 분류 모델 생성에 대해 보다 포괄적으로 이해할 수 있게 되었습니다.

다음 장에서는 ChatGPT를 사용하여, CIFAR-10 데이터 세트의 도움으로 **합성곱 신경망(CNN)**용 코드를 생성하는 방법에 대해 알아보겠습니다.

Discord에서 우리 커뮤니티에 참여하세요.

저자 및 여러 독자와 함께 토론하려면 Discord 커뮤니티 공간에 참여하세요.

`https://packt.link/aicode`

제15장

ChatGPT로 CIFAR을 위한 CNN 모델 구축하기

소개

이전 장에는 패션-MNIST 데이터 세트로 **다계층 퍼셉트론(MLP)**의 깊이를 탐구했었고, 이제 더 복잡하고 시각적인 과제를 탐구합니다. 이 장에서는 주로 표 형식인 회색조 세계인 패션-MNIST에서 화려하고 다양한 CIFAR-10 데이터 세트의 영약으로 전환을 합니다. 여기에서, 이미지 분류 작업에 접근하는 방식에 혁명을 일으키고 있으며 심층 신경망의 한 종류의 **합성곱 신경망**Convolutional Neural Network**(CNN)**으로 초점을 맞춥니다.

MLP 장을 통한 여정은 신경망의 기본과 더 단순한 회색조 이미지 분에서 응용을 이해하는 데 단단한 기반을 제공했습니다. 이제 CNN이 최고의 자리를 차지하고 더욱 발전된 영역으로 나아갑니다. 10개의 다른 계층에서 32x32 컬러 이미지가 배열된 CIFAR-10 데이터 세트는 MLP가 해결하기에 가장 적합하지 않은 고유한 과제 세트를 제시합니다. 이미지에서 공간 및 텍스처 패턴을 캡처할 수 있는 CNN이 등장하는 곳입니다.

MLP에서 CNN으로 전환하면서 얻은 통찰과 지식을 실제 시나리오에서 밀접하게 모방하고 복잡한 데이터세트에 적용하여 전환합니다. CIFAR-10 데이터 세트는 이미지 부류 모델의 한계를 테스트할 뿐만이 아니라, CNN의 고급 기능을 탐색할 수 있는 훌륭한 플랫폼 역할을 합니다.

이 장은 신경망에 대해 배운 내용을 기반으로, CNN의 뉘앙스를 안내하는 것을 목표로 합니다. CNN이 이미지 데이터에서 선호되는 이유, 색상 및 텍스처를 처리하는 데에 있어서. MLP와 어떻게 다르며 CIFAR-10 데이터 세트에서 이미지를 분류하는 데 효과적인 이유에 대해 자세히 알아보겠습니다. CNN의 기본에서 보다 정교한 측면으로 안내하는 여정을 착수할 준비를 하세요.

비즈니스 문제

CIFAR-10 데이터 세트는 다양한 객체에 대한, 이미지 인식 기능을 향상시키며 시각적 데이터를 기반으로 한 의사 결정 프로세스를 최적화하려는 기업에게 비즈니스 문제를 제시합니다. 전자 상거래 , 자율 주행, 감시 등의 다양한 산업 분야에서 정확한 객체 분류 및 탐지의 이점을 누릴 수 있습니다. 기계 학습 알고리즘을 활용하여 기업의 효율성을 개선하고 사용자 경험을 개선하며, 운영을 간소화하는 것을 목표로 합니다.

문제 및 데이터 도메인

이 콘텍스트에서 CNN을 활용하고 CIFAR-10 데이터 세트를 사용하여, 객체 인식 작업을 처리할 것입니다. CNN은 원시 픽셀 데이터에서 계층적 특징을 자동으로 학습할 수 있기에, 이미지 관련 문제에 특히 효과적입니다. CIFAR-10 데이터 세트에서 CNN 모델을 훈련함으로써, 객체를 미리 정의된 10가지 범주 중 하나로 정확하게 분류할 수 있는 강력한 시스템의 개발을 목표로 합니다. 이 모델은 이미지 기반 검색 엔진, 자동화된 감시 시스템, 제조 품질의 관리 등 다양한 도메인에서 적용할 수 있습니다.

데이터 세트 개요

CIFAR-10 데이터 세트는 클래스당 6,000개의 이미지로 구성된 60,000개의 컬러 이미지로 구성되며 10개의 클래스로 나뉩니다. 각 이미지의 크기는 32x32 픽셀이며, RGB 형식으로 표시됩니다. 데이터 세트는 50,000개의 이미지로 구성된 훈련 세트와 10,000개의 이미지로 구성된 테스트 세트로 나뉩니다.

데이터 세트의 기능은 다음과 같습니다.

- **이미지 데이터** : 다양한 객체의 컬러 이미지로, 각각 빨간색, 초록색, 파란색 채널에 대한 픽셀 강도를 포함하는 3차원 배열로 표시됩니다. 이러한 이미지들은 CNN 모델 학습을 위한 입력 데이터로 사용됩니다.
- **레이블** : 각 이미지에 할당된 클래스 레이블로, 묘사된 개체의 범주를 나타냅니다. 레이블의 범위는 0에서 9까지이며, 비행기, 자동차, 새, 고양이, 사슴, 개, 개구리, 말, 배, 트럭과 같은 클래스에 해당합니다.

CIFAR-10 데이터 세트와 관련 레이블을 분석하여 이미지에 묘사된 객체를 정확하게 식별하는

CNN 모델을 훈련하는 것이 목표입니다. 그런 후에, 이 예측 모델을 실제 응용 프로그램에 배포하여, 객체 인식 작업을 자동화하고, 의사 결정 과정을 개선하며, 다양한 산업 분야에서 전반적인 효율성을 향상시킬 수 있습니다.

그림 15.1 CIFAR-10 데이터 세트

특징별로 세분화

CIFAR-10 데이터 세트와 이미지 인식을 위한 CNN의 적용을 고려할 때, 사용자가 CNN 모델을 구축하고 최적화하는 데 도움이 되는 다음 특징의 개요를 설명합니다.

- **단일 합성곱 계층에서 기본 CNN 모델을 구축하기** : 사용자는 이미지 분류를 위한 단일 합성곱 계층으로 간단한 CNN 모델을 구성하는 것부터 시작합니다. 이 특징은 합성곱 필터, 활성화 함수, 풀링 계층을 포함한 기본 구조를 정의하여, CNN에 대한 기본적인 이해를 확립하는 데 중점을 둡니다.
- **합성곱 계층의 추가 실험하기** : 사용자는 기본 모델 아키텍처에 합성곱 계층을 추가하면 어떠한 영향을 받을지 살펴볼 수 있습니다. 네트워크의 깊이를 점진적으로 증가시킴으로써, 사용자는 계층적 특징을 캡처하는 모델의 용량이 어떻게 진화하고, 복잡한 패턴을 학

습하는 능력이 향상되는지 관찰할 수 있습니다.

- **드롭아웃 정규화 포함하기** : 사용자는 드롭아웃 정규화를 CNN 모델에 통합하여, 과적합을 완화하며 일반화 성능을 개선하는 방법을 배우게 됩니다. 학습 중에 무작위로 유닛을 드롭아웃하면, 네트워크가 특정 특징에 너무 많이 의존하는 것을 방지하며 강력한 특징 학습을 장려할 수 있습니다.
- **배치 정규화 구현하기** : 사용자는 배치 정규화가 훈련 역학을 안정화하고 수렴을 가속화하는 데 어떠한 이점이 있는지 살펴볼 수 있습니다. 이 특징은 배치 정규화 계층을 CNN 구조에 통합하여 활성화를 정규화하고, 내부 공변량 변화[Internal covariate shift]를 줄여서 더 빠르고 안정적인 훈련을 유도하는 데 중점을 둡니다.
- **다른 옵티마이저 최적화하기** : 이 특징은 CNN 모델을 훈련하기 위하여 SGD, Adam, and RMSpro를 포함한, 다양한 최적화 알고리즘을 사용하는 것의 효과를 살펴봅니다. 사용자는 다양한 옵티마이저를 사용하여 달성한 훈련 역학, 수렴 속도 및 최종 모델 성능을 비교하여 특정 작업에 가장 적합한 최적화 전략을 선택할 수 있습니다.
- **데이터 증강 수행하기** : 사용자는 훈련 데이터 세트의 다양성과 크기를 늘리기 위한 회전, 뒤집기, 확대, 쉬프팅과 같은 데이터 증강 기술을 실험하게 됩니다. 훈련 중에 프롬프트에서 증강 샘플을 생성함으로써, 사용자는 보이지 않는 데이터로 정규화하는 모델의 능력을 향상시키고 입력 이미지의 변화에 대한 견고성을 향상시킬 수 있습니다.

이러한 특징을 통하여, 사용자는 CIFAR-10 데이터 세트를 사용하여, 감정 분석 작업을 위한 CNN 최적화 모델을 구축하고, 파인튜닝 및 최적화하는 데 대한 실질적인 통찰을 얻을 수 있습니다. 다양한 구조 구성 요소, 정규화 기법, 최적화 전략을 체계적으로 실험하여, 객체 인식의 우수한 성능과 정확성을 달성하는 방법을 배웁니다.

프롬프트 전략

기계 학습에 ChatGPT를 활용하려면, 기계 학습용 코드 생성을 위한 프롬프트 전략을 구체적으로 구현하는 방법을 명확하게 이해해야 합니다.

이 작업에서 무엇을 달성하고 싶은 지, 브레인스토밍 하여 프롬프트에 어떠한 내용을 넣어야 하는 지 더 잘 파악해 보겠습니다.

전략 1 : Task-Actions-Guidelines(과업-행동-지침서) (TAG) 프롬프트 전략

1.1 - 과업 : 구체적인 과업 혹은 목표는 CNN 모델에 대한 분류 모델을 구축하고 최적화하는 것입니다.

1.2 - 행동 : CIFAR-10 데이터 세트를 위한 CNN 모델을 구축하고, 최적화하는 주요 단계는 다음과 같습니다.

- **이미지 데이터를 전처리하기** : 픽셀 값을 정규화하고 이미지 크기를 표준화된 크기로 조정합니다.
- **모델 구성** : 단일 합성곱 계층에서 기본 CNN 모델을 정의합니다.

1.3 - 지침 : 우리는 ChatGPT에게 다음과 같은 지침을 안내할 것입니다.

- 코드는 Jupyter Notebook과 호환되어야 합니다.
- 각 코드 열에 자세한 주석이 있는지 확인합니다.
- 코드에 사용된 각 방법을 다루면서, 각 코드 라인을 자세히 설명해야 합니다.

전략 2 : Persona-Instructions-Context(페르소나-행동-콘텍스트) (PIC) 프롬프트 전략

2.1 - 페르소나 : 이미지 분류 작업을 위한 CNN 모델 구축 및 최적화에 대한 단계별 지침이 필요한 초보자의 페르소나를 적용합니다.

2.2 - 설명 : ChatGPT의 각 특징에 대한 코드를 한 번에 한 단계씩을 생성하도록 요청하고, 다음 단계로 진행하기 전에 사용자의 피드백을 기다립니다.

2.3 - 콘텍스트 : CIFAR-10 데이터 세트를 사용하여 이미지 분류 작업을 위한 CNN 모델을 구축하는 데 초점을 맞추고 있기 때문에 ChatGPT는 이미 데이터 세트와 그 특성을 인식하고 있으므로, 추가 콘텍스트가 필요하지 않을 수 있습니다.

전략 3 : Learn-Improvise-Feedback-Evaluate (학습-임기응변-피드백-평가) (LIFE) 프롬프트 전략

3.1 - 학습

- 합성곱 계층, 풀링 계층, 드롭아웃 정규화, 배치 정규화, 데이터 증강 및 최적화 알고리즘을 포함한 CNN 모델과 그 구성 요소에 대한 학습의 중요성을 강조합니다.

3.2 - 임기응변

- 더 많은 계층, 드롭아웃 계층, 풀링, 데이터 증강 등을 추가하여, 후에 임기응변으로 작업할 예정입니다.

3.3 - 피드백

- 효과적인 학습과 이해를 보장하기 위하여 피드백을 위한 코드와 모델 출력 값을 공유합니다.
- 제안과 비판을 반영하여, 모델과 접근 방식을 개선합니다.
- 오류를 제공하여 문제를 해결합니다.

3.4 – 평가

ChatGPT에서 제공하는 코드를 실행하여, 정확성과 유효성을 확인합니다. 이 장 전체에서 사용됩니다.

ChatGPT 무료 버전을 사용하여 CIFAR-10 이미지 정의를 정확하게 하기 위한 CNN 모델 구축하기

ChatGPT의 프리미엄 버전에는 코드 인터프리터가 있지만, 기계 학습 코드를 구축하는 데 필요한 Keras 및 Tensorflow와 같은 심층 학습 라이브러리는 지원하지 않습니다. 따라서 이 장에서는 무료 버전의 ChatGPT를 사용하겠습니다.

특징 1 : 단일 합성곱 계층에서 기본 CNN 모델을 구축하기

기준 모델에 대한 초기 프롬프트를 만들어 보겠습니다.

프롬프트

단일 계층 CNN 모델(PIC 기법의 2.2임)로 구성된 CiFAR-10 데이터 세트(TAG 기법의 1.1임)에 대한 간단한 분류 모델을 만들고 싶습니다. 다음 단계로 구성되어야 하며(TAG 기법의 1.2임), 한 번에 한 단계씩 제공하고 사용자의 피드백을 기다려야 합니다.(PIC기법의 2.2임)

- 이미지 데이터를 전처리하기 픽셀 값을 정규화하고 이미지 크기를 표준화된 크기로 조정합니다.
- 모델 구성 : 단일 합성곱 계층에서 기본 CNN 모델을 정의합니다.

저는 초보 사용자(PIC 기법의 2.1임)이므로, 단계별 코드를 제공하고, 아래의 지침(TAG 기법의 1.3임)을 엄격하게 준수해 주세요.

- 코드는 Jupyter Notebook과 호환되어야 합니다.

• 각 코드 열에 자세한 주석이 있는지 확인합니다.

코드에 사용된 각 방법을 다루면서, 각 코드 라인을 자세히 설명해야 합니다.

다음과 유사한 응답을 받게 되는 데, 여기에는 ChatGPT가 데이터 전처리 단계에 대한 코드와 자세한 의견 및 설명이 함께 제공됩니다.

프롬프트 응답

물론입니다. 첫 번째 단계부터 시작하겠습니다. 이미지 데이터를 전처리합니다. 이 단계에서, 픽셀 값을 정규화하고 이미지 크기를 표준화된 크기로 조정합니다.

```
# 단계 1 : 이미지 데이터를 전처리합니다

# 필요한 라이브러리를 가져옵니다
import numpy as np
import tensorflow as tf
from tensorflow.keras.datasets import cifar10
from tensorflow.keras.utils import to_categorical
from skimage.transform import resize

# CIFAR-10 데이터 세트를 불러옵니다
(x_train, y_train), (x_test, y_test) = cifar10.load_data()

# 픽셀 값을 [0, 1] 범위로 정규화합니다
x_train = x_train.astype('float32') / 255.0
x_test = x_test.astype('float32') / 255.0

# 이미지를 표준화된 사이즈 (예, 32x32 픽셀)로 이미지 크기를 조정합니다
standardized_size = (32, 32)
x_train_resized = np.array([resize(image, standardized_size) for image in x_ train])
x_test_resized = np.array([resize(image, standardized_size) for image in x_ test])

# 전처리 후에 데이터 세트의 모양을 표시합니다
print("Shape of x_train:", x_train_resized.shape)
print("Shape of x_test:", x_test_resized.shape)
```

코드의 각 열별로 세분화하겠습니다.

필요한 라이브러리를 가져옵니다.

- numpy는 숫자 연산을 위한 것입니다.
- tensorflow는 모델을 구축하고 훈련하기 위한 것입니다.
- tensorflow.keras.datasets에서의 cifar10은 CIFAR-10 데이터 세트를 불러오기 위한 것입니다.
- tensorflow.keras.utils에서의 to_categorical 함수는 원 샷 인코딩 레이블을 위한 것입니다.

- skimage.transform에서의 resize 함수는 이미지 리사이징을 위한 것입니다.
- 훈련 및 테스트 데이터 분할을 반환하는 cifat10.load_data() 함수를 사용하여 CIFAR-10 데이터 세트를 불러옵니다.
- 이미지의 픽셀 값을 255.0으로 나누어, [0, 1] 범위로 정규화합니다.
- 이미지 크기 조정을 위한 표준화된 크기 (예, 32x32 픽셀)를 정의합니다.
- 리스트 이해와 크기 조정을 함수를 이용하여, 훈련 및 테스트 세트의 모양을 프린트하여 변경 사항을 확인합니다.
- 마지막으로 전처리 후에, 훈련 및 테스트 데이터 세트의 모양을 프린트하여 변경 사항을 확인합니다.

문제가 발생하거나 다음 단계로 진행할 준비가 되었는지 알려주세요!

이제 평가 프롬프트 전략(LIFE 기법의 3.4임)을 적용하고 모든 단계에 대해, Google Colab에서 코드를 실행하고 코드를 검증할 것이며, 코드는 Keras에서 모델을 불러오고 이미지를 정규화합니다. 이 코드는 수정이나 오류 없이 완벽하게 실행됩니다.

실행 가능한 코드 스니펫은 "ChatGPT.ipynb를 사용하여서, CIFAR-10으로 CNN 모델 구축하기 Notebook을 참조하거나, 프롬프트 응답에서 코드를 복사해주세요.

```
# Step 1: Preprocessing the image data

# Import necessary libraries
import numpy as np
import tensorflow as tf
from tensorflow.keras.datasets import cifar10
from tensorflow.keras.utils import to_categorical
from skimage.transform import resize

# Load CIFAR-10 dataset
(x_train, y_train), (x_test, y_test) = cifar10.load_data()

# Normalize pixel values to range [0, 1]
x_train = x_train.astype('float32') / 255.0
x_test = x_test.astype('float32') / 255.0

# Resize images to a standardized size (e.g., 32x32 pixels)
standardized_size = (32, 32)
x_train_resized = np.array([resize(image, standardized_size) for image in x_train])
x_test_resized = np.array([resize(image, standardized_size) for image in x_test])

# Display shape of datasets after preprocessing
print("Shape of x_train:", x_train_resized.shape)
print("Shape of x_test:", x_test_resized.shape)
```

```
Downloading data from https://www.cs.toronto.edu/~kriz/cifar-10-python.tar.gz
170498071/170498071 [==============================] - 3s 0us/step
Shape of x_train: (50000, 32, 32, 3)
Shape of x_test: (10000, 32, 32, 3)
```

그림 15.2 코드 실행 – 데이터 전처리

이제 ChatGPT에게 다음 단계로 진행하도록 지시합니다.

프롬프트

다음 단계로 넘어가겠습니다.

다음과 같은 응답을 받아야 하며, 여기에서 ChatGPT는 기준 모델을 생성하기 코드를 제공해야 합니다.

프롬프트 응답

좋습니다! 다음 단계는 단일 합성곱 계층으로 기본 CNN 모델 아키텍처를 구성하는 것입니다.

```
# 단계 2 : 모델 구성

# 필요한 라이브러리를 가져옵니다
from tensorflow.keras.models import Sequential

from tensorflow.keras.layers import Conv2D, MaxPooling2D, Flatten, Dense

# 기본 CNN 모델 아키텍처를 정의합니다
model = Sequential([
    # 32개의 필터, (3,3)의 커널 크기, ReLU 활성화 함수가 포함된 합성곱 계층을 추가합니다.
    Conv2D(32, (3, 3), activation='relu', input_shape=(32, 32, 3)),
    # (2, 2)의 풀 크기로 하는 최대 풀링 계층을 추가합니다
    MaxPooling2D((2, 2)),
    # 합성곱 계층의 출력 값을 평탄화합니다
    Flatten(),
    # 64개의 뉴런과 ReLU 활성화 함수를 완전 연결 계층에 추가합니다
    Dense(64, activation='relu'),
    # 출력 계층에 10개의 뉴런(클래스별로 하나씩)과 소프트맥스 활성화 기능을 추가합니다
    Dense(10, activation='softmax')
])

# 모델을 컴파일합니다
model.compile(optimizer='adam',
              loss='sparse_categorical_crossentropy', metrics=['accuracy'])

# 모델 요약을 표시합니다
model.summary()
```

코드의 각 열별로 세분화하겠습니다.

- 필요한 라이브러리를 가져옵니다.
- 순차 모델을 생성하기 위하여 `tensorflow.keras.model`에서 순차적으로 제공합니다.

- CNN 모델에서 다른 유형의 계층을 정의하기 위하여 `tensorflow.keras.layers`에서 `Conv2D`, `MaxPooling2D`, `Flatten` 및 `Dense` 계층을 생성합니다.
- 선형 계층 스택을 생성할 수 있는 Sequential API를 사용하여 기본 CNN 모델 아키텍처를 정의합니다.

순차 모델 내부에서,

- 32개의 필터, `(3, 3)` 크기의 커널 및 ReLU 활성 함수를 갖춘, 합성곱 계층 (`Conv2D`)을 추가합니다. `Input_shape` 모수는 입력 이미지의 모양을 정의합니다.
- 특징 맵을 다운샘플링 하기 위하여 풀 크기가 `(2, 2)`인 최대 풀링 계층 (`MaxPooling2D`)을 추가합니다.
- `Flatten` 계층을 사용하여 합성곱 계층의 출력을 평탄화하여, 완전 연결 계층에 대비합니다.
- 64개의 뉴런과 ReLU 활성화 함수를 갖춘 완전 연결 계층을 추가합니다.
- 마지막으로, 10개의 뉴런(CIFAR-10의 각 클래스에 하나씩)과 `softmax` 활성화 함수로 출력 계층을 추가합니다.

`Model.compile()`을 사용하여, 다음과 같이 모델을 컴파일합니다.

- `Adam` 옵티마이저를 사용하기 위한 `optimizer='adam'`입니다.
- `loss='sparse_categorical_crossentropy'`를 손실 함수로 사용하여, 정수integer 레이블이 있는 분류 작업에 적합합니다.
- 훈련 동안 정확도를 확인하기 위한 `metrics=['accuracy']` 입니다.
- `model.summary()`을 사용하여 모델 아키텍처의 요약을 표시합니다.

궁금한 점이 있거나 조정할 것이 있다면 알려주세요!

Notebook에서 코드를 실행하면, 성공적으로 실행됩니다. 32개의 필터와 896개의 모수로 구성된 Conv2d계층, 모수가 없는 평탄flatten 계층, 64개의 뉴런과 ReLU 활성화 특징으로 구성된 조밀dense 계층, 마지막으로, 10개의 뉴런과 소프트맥스 활성화 특징으로 구성된 조밀 계층이 포함된 모델 요약이 프린트됩니다.

```
[2]

# Import necessary libraries
from tensorflow.keras.models import Sequential
from tensorflow.keras.layers import Conv2D, MaxPooling2D, Flatten, Dense

# Define the baseline CNN model architecture
model = Sequential([
    # Add a convolutional layer with 32 filters, kernel size of (3, 3), and ReLU activation function
    Conv2D(32, (3, 3), activation='relu', input_shape=(32, 32, 3)),
    # Add a max pooling layer with pool size of (2, 2)
    MaxPooling2D((2, 2)),
    # Flatten the output of the convolutional layer
    Flatten(),
    # Add a fully connected layer with 64 neurons and ReLU activation function
    Dense(64, activation='relu'),
    # Add the output layer with 10 neurons (one for each class) and softmax activation function
    Dense(10, activation='softmax')
])

# Compile the model
model.compile(optimizer='adam',
              loss='sparse_categorical_crossentropy',
              metrics=['accuracy'])

# Display model summary
model.summary()
```

```
Model: "sequential"
_________________________________________________________________
 Layer (type)                Output Shape              Param #
=================================================================
 conv2d (Conv2D)             (None, 30, 30, 32)        896

 max_pooling2d (MaxPooling2  (None, 15, 15, 32)        0
 D)

 flatten (Flatten)           (None, 7200)              0

 dense (Dense)               (None, 64)                460864

 dense_1 (Dense)             (None, 10)                650

=================================================================
Total params: 462410 (1.76 MB)
Trainable params: 462410 (1.76 MB)
Non-trainable params: 0 (0.00 Byte)
```

그림 15.3 코드 실행 – 기준 모델 요약

이제 ChatGPT에게 다음 단계로 진행하도록 지시합니다.

프롬프트

다음 단계로 넘어가겠습니다.

다음과 같은 응답을 받아야 하며, ChatGPT는 문제 해결을 위한 훈련 모델용 코드를 제공해야 합니다.

프롬프트 응답

좋습니다! 다음 단계는 전처리된 CIFAR-10 데이터 세트에서 모델을 훈련하는 것입니다.

```
# 단계 3 : 모델 훈련하기

# 모델을 훈련합니다
history = model.fit(x_train_resized, y_train,
                    epochs=10,
                    batch_size=32,
                    validation_data=(x_test_resized, y_test)
```

코드에 대한 설명은 다음과 같습니다.

- 전처리된 학습 데이터 (x_train_resized) 및 해당 레이블 (y_train) 에 대한 적합한 메서드를 사용하여 모델을 훈련합니다.
- 전체 데이터 세트에 대해 10회 반복하여 훈련 에포크 (epoch=10) 의 수를 지정합니다.
- 배치 크기 (batch_size=32) 를 설정하여 기울기 업데이트당 샘플 수를 지정합니다. 하이퍼파라미터는 모델의 모수를 업데이트 하기 전에 처리되는 샘플 수를 결정하는 하이퍼파라미터입니다.
- 각 에포크 이후 테스트 데이터에 대한 모델의 성능을 평가하기 위하여 검증 데이터 (validation_data=(x_test_resized, y_test)) 를 제공합니다.
- Fit 메서드는 분석 및 시각화에 사용할 수 있는 각 에포크에 대한 학습 메트릭스(예: 손실 및 정확도가 포함된 이력 개체를 반환합니다.

궁금한 점이 있거나 모델 평가를 진행 및 수정할 점이 있다면 알려주세요!

코드를 실행하면, 오류가 없이 실행됩니다. 이 모델은 10개의 에포크 동안, 훈련된 후 62.6% 검증 정확도를 얻었으며, 이는 기준 모델로는 나쁘지 않은 수치입니다.

```
[ ]
# Step 3: Model Training

# Train the model
history = model.fit(x_train_resized, y_train,
                    epochs=10,
                    batch_size=32,
                    validation_data=(x_test_resized, y_test))

Epoch 1/10
1563/1563 [==============================] - 40s 25ms/step - loss: 1.5051 - accuracy: 0.4653 - val_loss: 1.2554 - val_accuracy: 0.5600
Epoch 2/10
1563/1563 [==============================] - 39s 25ms/step - loss: 1.2019 - accuracy: 0.5802 - val_loss: 1.1988 - val_accuracy: 0.5805
Epoch 3/10
1563/1563 [==============================] - 39s 25ms/step - loss: 1.0894 - accuracy: 0.6228 - val_loss: 1.1065 - val_accuracy: 0.6151
Epoch 4/10
1563/1563 [==============================] - 41s 26ms/step - loss: 1.0049 - accuracy: 0.6533 - val_loss: 1.1028 - val_accuracy: 0.6219
Epoch 5/10
1563/1563 [==============================] - 38s 24ms/step - loss: 0.9461 - accuracy: 0.6722 - val_loss: 1.0833 - val_accuracy: 0.6299
Epoch 6/10
1563/1563 [==============================] - 41s 26ms/step - loss: 0.8892 - accuracy: 0.6917 - val_loss: 1.0305 - val_accuracy: 0.6434
Epoch 7/10
1563/1563 [==============================] - 40s 25ms/step - loss: 0.8401 - accuracy: 0.7076 - val_loss: 1.0453 - val_accuracy: 0.6430
Epoch 8/10
1563/1563 [==============================] - 39s 25ms/step - loss: 0.7990 - accuracy: 0.7217 - val_loss: 1.0580 - val_accuracy: 0.6409
Epoch 9/10
1563/1563 [==============================] - 40s 26ms/step - loss: 0.7597 - accuracy: 0.7352 - val_loss: 1.0681 - val_accuracy: 0.6424
Epoch 10/10
1563/1563 [==============================] - 39s 25ms/step - loss: 0.7248 - accuracy: 0.7474 - val_loss: 1.1223 - val_accuracy: 0.6260
```

그림 15.4 코드 실행 – 모델 훈련하기

이제 ChatGPT가 모델 성능의 평가를 위한 다음 단계로 진행하도록 지시합니다.

프롬프트

다음 단계로 넘어가겠습니다.

다음과 같은 응답을 받아야 하며, 여기에서 ChatGPT는 테스트 데이터 세트에서 훈련된 모델을 평가하고 그 성능을 시각화하는 코드를 제공해야 합니다.

프롬프트 응답

좋습니다! 다음 단계는 테스트 데이터 세트에서 훈련 모델을 평가하는 것과 성능을 시각화하는 것입니다.

```
# 단계 4 : 모델 평가 및 시각화

import matplotlib.pyplot as plt

# 테스트 데이터 세트에서 모델을 평가합니다
test_loss, test_accuracy = model.evaluate(x_test_resized, y_test, verbose=0)

print("Test Loss:", test_loss)
print("Test Accuracy:", test_accuracy)

# 훈련 이력을 구성합니다
plt.plot(history.history['accuracy'], label='Training Accuracy')
plt.plot(history.history['val_accuracy'], label='Validation Accuracy')
plt.title('Training and Validation Accuracy')
plt.xlabel('Epoch')
plt.ylabel('Accuracy'
plt.legend()
plt.show()
```

이 코드의 기능은 다음과 같습니다.

- 훈련 이력을 시각화하기 위하여 `matplotlib.pyplot`를 가져옵니다.
- 테스트 손실과 저오학도를 반환하는 평가 방법을 사용하여 테스트 데이터 세트에서 훈련된 모델을 평가합니다.
- 보이지 않는 데이터에 대한 모델의 성능을 평가하기 위한 테스트 손실과 테스트 정확도를 프린트합니다.
- `matplotlib.pyplot`를 사용하여 에포크에 대한 훈련 및 검증 정확도를 구성합니다. `Fit` 메서드로 반환되는 이력 객체에는 여러 에포크에 걸친 훈련 및 검증 데이터 세트에 대한 정확도 값이 포함되어 있습니다.
- `history.history['accuracy']`은 훈련 정확도 값을 포함되어 있습니다.
- `history.history['accuracy']`은 활성화 정확도 값을 포함되어 있습니다.

- 이 플롯은 시간이 지남에 따라, 모델이 얼마나 잘 학습하고 있는지, 과적합인지 혹은 과소적합인지 시각화하는 데 도움이 됩니다.

문제가 발생하거나 다음 결과를 분석할 준비가 되었는지 알려주세요!

코드를 실행하면, 오류가 없이 실행됩니다. 테스트 손실과 테스트 정확도(62.5%%)를 평가하고, 학습 정확도 vs. 검증 정확도 그래프를 그려서 모델이 검증 세트에서 잘 수행되지 않음을 보여줍니다.

```
# Step 4: Model Evaluation and Visualization

import matplotlib.pyplot as plt

# Evaluate the model on the testing dataset
test_loss, test_accuracy = model.evaluate(x_test_resized, y_test, verbose=0)

print("Test Loss:", test_loss)
print("Test Accuracy:", test_accuracy)

# Plot training history
plt.plot(history.history['accuracy'], label='Training Accuracy')
plt.plot(history.history['val_accuracy'], label='Validation Accuracy')
plt.title('Training and Validation Accuracy')
plt.xlabel('Epoch')
plt.ylabel('Accuracy')
plt.legend()
plt.show()
```

```
Test Loss: 1.1222519874572754
Test Accuracy: 0.6259999871253967
```

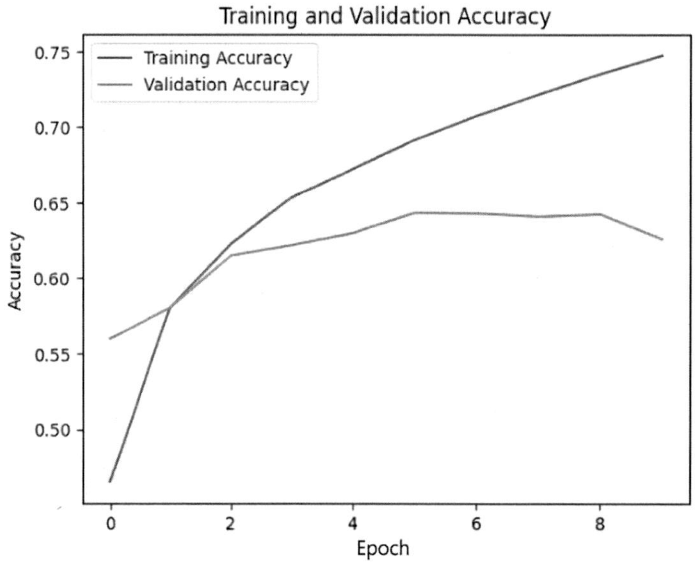

그림 15.5 코드 실행 – 모델 평가

기본 CNN 모델로 0.6259(62.59%)의 정확도를 달성한 특징 1이 완성되었습니다. (정확히 동일한 코드를 실행한 후에도 다른 정확도 점수를 받을 수 있습니다.) 다음으로 모델에 계층을 더 추가하는 두 번째 특징으로 이동하여, ChatGPT가 이를 어떻게 지원할 수 있는지 알아보겠습니다.

특징 2 : 합성곱 계층의 추가 실험하기

이제 기준 모델 아키텍처가 생겼으니, 계층을 추가해 보겠습니다. 이제 기본 모델 아키텍처가 있으므로, 계층을 추가해 보겠습니다. 프롬프트 전략을 적용하여 모델(LIFE 기법의 3.4임)을 임기응변으로 구성하고, ChatGPT에 코드를 제공하도록 요청할 것이며, 또한 기준 모델 위에 문구(PIC 기법의 2.2임) 키워드(PIC 기법의 2.2임)를 점진적으로 사용하여 구체적 지침을 제공하다는 것이 중요하다는 점에 주목합니다. 이를 제외한다면, 응답이 기대와 완전히 일치하지 않을 것입니다.

프롬프트

기준 모델에서 62.59의 정확도를 얻었기 때문에, 이제 기준 모델 위에서 64개의 필터에 2연속 계층을 먼저 추가한 다음, 128개 필터의 2연속 계층을 추가하는 실험을 하고 싶습니다. 그런 후에, 이 두 가지 증분 Incremental 변화 결과를 기준 모델과 비교해 보겠습니다.

ChatGPT가 요청을 이해하고 64개의 필터가 연속적으로 계층을 이루고 있고, 128개의 필터가 연속적으로 계층을 이러고 있는 수정된 모델의 코드를 제공하는 경우, 다음과 같은 답변을 받을 수 있습니다.

프롬프트 응답

좋습니다! 먼저 64개의 필터가 있는 2연속 계층을 기준 모델에 추가하고, 다시 훈련시킵니다. 그 후에, 128개의 필터를 2연속 계층을 추가하고 모델을 다시 훈련할 것입니다. 마지막으로, 이 두 가지 변경 사항의 결과를 기준 모델과 비교할 것입니다.

기본 모델을 추가 계층을 포함하도록 수정하는 방법은 다음과 같습니다.

```
# 64개의 필터가 있는 2연속 계층으로 수정된 모델을 정의합니다
modified_model_64 = Sequential([
    Conv2D(32, (3, 3), activation='relu', input_shape=(32, 32, 3)),
    MaxPooling2D((2, 2)),
    Conv2D(64, (3, 3), activation='relu'),
    MaxPooling2D((2, 2)),
    Conv2D(64, (3, 3), activation='relu'),
    MaxPooling2D((2, 2)),
```

```
    Flatten(),
    Dense(64, activation='relu'),
    Dense(10, activation='softmax')
])

# 수정된 모델을 컴파일합니다
modified_model_64.compile(optimizer='adam',
                          loss='sparse_categorical_crossentropy',
                          metrics=['accuracy'])

# 모델 요약을 표시합니다
modified_model_64.summary()

# 64개의 필터가 있는 2연속 계층으로 수정된 모델을 훈련합니다
history_64 = modified_model_64.fit(x_train_resized, y_train,
                                   epochs=10,
                                   batch_size=32,
                                   validation_data=(x_test_resized, y_test))

# 테스트 데이터 세트에서 수정된 모델을 평가합니다
test_loss_64, test_accuracy_64 = modified_model_64.evaluate(x_test_resized, y_test,
verbose=0)

print("Test Loss (Modified Model with 64 Filters):", test_loss_64)
print("Test Accuracy (Modified Model with 64 Filters):", test_accuracy_64)
```

이제 수정 사항을 설명해 보겠습니다.

- 기준 모델의 아키텍처 뒤에 각각 64개의 필터가 있는 2연속 합성곱 계층을 추가하여 수정된 모델(modified_model_64)을 정의합니다.
- 기본 모델과 동일한 설정으로 수정된 모델을 컴파일합니다.
- 전처리된 훈련 데이터(x_train_resized)를 기반으로 수정된 모델(modified_model_64)을 훈련시킵니다.
- 테스트 데이터 세트(x_test_resized)에서 수정된 모델의 성능을 평가하고 테스트 손실과 정확도를 프린트합니다.

다음으로 128개 필터에서 2연속 계층을 추가하는 과정을 반복합니다.

```
# 128개의 필터가 있는 2연속 계층으로 수정된 모델을 정의합니다
modified_model_128 = Sequential([
    Conv2D(32, (3, 3), activation='relu', input_shape=(32, 32, 3)),
    MaxPooling2D((2, 2)),
    Conv2D(64, (3, 3), activation='relu'),
    MaxPooling2D((2, 2)),
    Conv2D(64, (3, 3), activation='relu'),
    MaxPooling2D((2, 2)),
    Conv2D(128, (3, 3), activation='relu'),
```

```
    MaxPooling2D((2, 2)),
    Conv2D(128, (3, 3), activation='relu'),
    MaxPooling2D((2, 2)),
    Flatten(),
    Dense(64, activation='relu'),
    Dense(10, activation='softmax')
])

# 수정된 모델을 컴파일합니다
modified_model_128.compile(optimizer='adam',
                           loss='sparse_categorical_crossentropy',
                           metrics=['accuracy'])

# 모델 요약을 표시합니다
modified_model_128.summary()

# 128개의 필터가 있는 2연속 계층으로 수정된 모델을 훈련합니다
history_128 = modified_model_128.fit(x_train_resized, y_train,
                                     epochs=10,
                                     batch_size=32,
                                     validation_data=(x_test_resized, y_test))

# 테스트 데이터 세트에서 수정된 모델을 평가합니다
test_loss_128, test_accuracy_128 = modified_model_128.evaluate(x_test_resized,
y_test, verbose=0)

print("Test Loss (Modified Model with 128 Filters):", test_loss_128)
print("Test Accuracy (Modified Model with 128 Filters):", test_accuracy_128)
```

이 코드는 이전 수정 사항과 동일한 구조를 따르지만, 각 128개의 필터로 2연속 합성곱 계층을 추가합니다. 그에 따라 모델을 훈련하고 평가합니다.

문제가 발생하거나 수정을 진행할 준비가 되었는지 알려주세요!

먼저 64개의 필터로 두 개의 추가 계층을 정의하는 코드를 실행합니다. 완벽하게 잘 실행되어 모델을 훈련시키고 71%의 향상된 정확도를 달성합니다.

```
Model: "sequential_1"
_________________________________________________________________
 Layer (type)                Output Shape              Param #
=================================================================
 conv2d_2 (Conv2D)           (None, 30, 30, 32)        896

 max_pooling2d_1 (MaxPoolin  (None, 15, 15, 32)        0
 g2D)

 conv2d_3 (Conv2D)           (None, 13, 13, 64)        18496

 max_pooling2d_2 (MaxPoolin  (None, 6, 6, 64)          0
 g2D)

 conv2d_4 (Conv2D)           (None, 4, 4, 64)          36928

 max_pooling2d_3 (MaxPoolin  (None, 2, 2, 64)          0
 g2D)

 flatten_1 (Flatten)         (None, 256)               0

 dense_2 (Dense)             (None, 64)                16448

 dense_3 (Dense)             (None, 10)                650

=================================================================
Total params: 73418 (286.79 KB)
Trainable params: 73418 (286.79 KB)
Non-trainable params: 0 (0.00 Byte)
_________________________________________________________________
Epoch 1/10
1563/1563 [==============================] - 10s 5ms/step - loss: 1.5440 - accuracy: 0.4342 - val_loss: 1.2825 - val_accuracy: 0.5462
Epoch 2/10
1563/1563 [==============================] - 10s 6ms/step - loss: 1.1861 - accuracy: 0.5767 - val_loss: 1.0853 - val_accuracy: 0.6187
Epoch 3/10
1563/1563 [==============================] - 11s 7ms/step - loss: 1.0438 - accuracy: 0.6310 - val_loss: 0.9983 - val_accuracy: 0.6543
Epoch 4/10
1563/1563 [==============================] - 9s 6ms/step - loss: 0.9431 - accuracy: 0.6677 - val_loss: 0.9449 - val_accuracy: 0.6732
Epoch 5/10
1563/1563 [==============================] - 9s 5ms/step - loss: 0.8770 - accuracy: 0.6923 - val_loss: 0.9397 - val_accuracy: 0.6711
Epoch 6/10
1563/1563 [==============================] - 8s 5ms/step - loss: 0.8180 - accuracy: 0.7140 - val_loss: 0.8753 - val_accuracy: 0.6972
Epoch 7/10
1563/1563 [==============================] - 8s 5ms/step - loss: 0.7749 - accuracy: 0.7282 - val_loss: 0.8775 - val_accuracy: 0.6969
Epoch 8/10
1563/1563 [==============================] - 8s 5ms/step - loss: 0.7288 - accuracy: 0.7435 - val_loss: 0.9046 - val_accuracy: 0.6924
Epoch 9/10
1563/1563 [==============================] - 8s 5ms/step - loss: 0.6930 - accuracy: 0.7582 - val_loss: 0.8837 - val_accuracy: 0.6962
Epoch 10/10
1563/1563 [==============================] - 8s 5ms/step - loss: 0.6588 - accuracy: 0.7706 - val_loss: 0.8475 - val_accuracy: 0.7174
Test Loss (Modified Model with 64 Filters): 0.8474552035331726
Test Accuracy (Modified Model with 64 Filters): 0.7174000144004822
```

그림 15.6 모델에 64개의 필터가 포함된 2연속 계층의 추가

다음으로 128개의 필터가 있는 레이어를 두 개 더 추가하여 모델에 깊이를 더하기 위하여, 코드를 실행합니다. 이 경우에는 코드에 오류가 발생하므로, 프롬프트 전략을 사용하여 ChatGPT에 오류를 다시 제공합니다.

코드를 실행하면 ValueError가 표시됩니다.

프롬프트

아래와 같은 오류가 발생 했습니다: 또한 최대 풀링으로 128개 필터의 치수가 너무 줄어들지 않도록 주의하세요. 에러는 아래와 같습니다.

```
ValueError: Exception encountered when calling layer "conv2d_38" (type Conv2D).

Negative dimension size caused by subtracting 3 from 2 for '{{node conv2d_38/
Conv2D}} = Conv2D[T=DT_FLOAT, data_format="NHWC", dilations=[1, 1, 1, 1],
explicit_paddings=[], padding="VALID", strides=[1, 1, 1, 1], use_cudnn_on_
gpu=true](Placeholder, conv2d_38/Conv2D/ReadVariableOp)' with input shapes:
[?,2,2,64], [3,3,64,128].

Call arguments received by layer "conv2d_38" (type Conv2D):
  inputs=tf.Tensor(shape=(None, 2, 2, 64), dtype=float32).
```

ChatGPT가 요청을 이해하고, 문제를 해결하기 위한 제안과 코드를 제공하는 다음과 같은 답변을 받아야 합니다.

프롬프트 응답

마자막 최대 풀링 계층 이후의 차원이 128개의 필터가 있는 후속 합성곱 계층에 비해 너무 작은 문제에 직면한 것 같습니다. 이 문제를 해결하기 위하여 계층 간 호환성을 보장하기 위하여 아키텍처를 조정합니다.

코드는 다음과 같습니다.

```
# 64 계층 모델에 128개의 필터가 2연속 계층에 추가되어 수정된 모델을 정의합니다
modified_model_64_to_128 = Sequential([
    Conv2D(32, (3, 3), activation='relu', input_shape=(32, 32, 3)),
    MaxPooling2D((2, 2)),
    Conv2D(64, (3, 3), activation='relu'),
    MaxPooling2D((2, 2)),
    Conv2D(64, (3, 3), activation='relu'),
    Conv2D(128, (3, 3), activation='relu', padding='same'), # Add padding
    Conv2D(128, (3, 3), activation='relu', padding='same'), # Add padding
    MaxPooling2D((2, 2)),
    Flatten(),
    Dense(64, activation='relu'),
    Dense(10, activation='softmax')
])

# 수정된 모델을 컴파일합니다
modified_model_64_to_128.compile(optimizer='adam',
                                 loss='sparse_categorical_crossentropy',
```

```
                            metrics=['accuracy'])

# 모델 요약을 표시합니다
modified_model_64_to_128.summary()

# 64 계층 모델에 128개의 필터가 2연속 계층에 추가되어 수정된 모델을 정의합니다
history_64_to_128 = modified_model_64_to_128.fit(x_train_resized, y_train,
                                                  epochs=10,
                                                  batch_size=32,
                                                  validation_data=(x_test_
resized, y_test))

# 테스트 데이터 세트에서 수정된 모델을 평가합니다
test_loss_64_to_128, test_accuracy_64_to_128 = modified_model_64_to_128.
evaluate(x_test_resized, y_test, verbose=0)

print("Test Loss (Modified Model with 64 to 128 Filters):", test_loss_64_
to_128)
print("Test Accuracy (Modified Model with 64 to 128 Filters):", test_
accuracy_64_to_128)
```

이 수정 사항에서,

- 128개의 필터가 있는 후속 합성곱 계층을 적용하기 전에 특징 맵 차원이 너무 많이 줄어들지 않도록 64개의 필터가 있는 마지막 합성곱 계층 뒤에 최대 풀링 레이어를 제거했습니다.
- 입력 차원과의 호환성을 보장하기 위하여, 128개의 필터가 있는 합성곱 계층에 동일한 패딩을 추가했습니다.
- 나머지 아키텍처는 동일하게 유지됩니다.

이 조정을 통해 문제가 해결되고 모델이 적절하게 컴파일 및 훈련될 수 있습니다. 궁금한 질문이나 추가 지원이 필요하다면 알려주세요!

일부 최대 풀링 레이어를 제거하고 차원이 호환되는지 확인하기 위해 `padding = 'same'`이 추가된 코드를 실행해 보겠습니다. 성공적으로 실행되며, 모델을 훈련시키지만 정확도는 69%로 떨어집니다.

```
Model: "sequential_9"
_________________________________________________________________
 Layer (type)                Output Shape              Param #
=================================================================
 conv2d_40 (Conv2D)          (None, 30, 30, 32)        896

 max_pooling2d_34 (MaxPooli  (None, 15, 15, 32)        0
 ng2D)

 conv2d_41 (Conv2D)          (None, 13, 13, 64)        18496

 max_pooling2d_35 (MaxPooli  (None, 6, 6, 64)          0
 ng2D)

 conv2d_42 (Conv2D)          (None, 4, 4, 64)          36928

 conv2d_43 (Conv2D)          (None, 4, 4, 128)         73856

 conv2d_44 (Conv2D)          (None, 4, 4, 128)         147584

 max_pooling2d_36 (MaxPooli  (None, 2, 2, 128)         0
 ng2D)

 flatten_9 (Flatten)         (None, 512)               0

 dense_18 (Dense)            (None, 64)                32832

 dense_19 (Dense)            (None, 10)                650

=================================================================
Total params: 311242 (1.19 MB)
Trainable params: 311242 (1.19 MB)
Non-trainable params: 0 (0.00 Byte)
_________________________________________________________________
Epoch 1/10
1563/1563 [==============================] - 12s 7ms/step - loss: 1.5531 - accuracy: 0.4194 - val_loss: 1.3012 - val_accuracy: 0.5338
Epoch 2/10
1563/1563 [==============================] - 10s 6ms/step - loss: 1.1590 - accuracy: 0.5874 - val_loss: 1.1143 - val_accuracy: 0.5969
Epoch 3/10
1563/1563 [==============================] - 9s 6ms/step - loss: 0.9821 - accuracy: 0.6528 - val_loss: 0.9471 - val_accuracy: 0.6691
Epoch 4/10
1563/1563 [==============================] - 10s 6ms/step - loss: 0.8647 - accuracy: 0.6960 - val_loss: 0.9182 - val_accuracy: 0.6881
Epoch 5/10
1563/1563 [==============================] - 10s 6ms/step - loss: 0.7730 - accuracy: 0.7271 - val_loss: 0.9124 - val_accuracy: 0.6931
Epoch 6/10
1563/1563 [==============================] - 10s 6ms/step - loss: 0.6967 - accuracy: 0.7541 - val_loss: 0.8611 - val_accuracy: 0.7045
Epoch 7/10
1563/1563 [==============================] - 9s 6ms/step - loss: 0.6228 - accuracy: 0.7804 - val_loss: 1.0315 - val_accuracy: 0.6705
Epoch 8/10
1563/1563 [==============================] - 10s 6ms/step - loss: 0.5574 - accuracy: 0.8050 - val_loss: 0.9043 - val_accuracy: 0.7114
Epoch 9/10
1563/1563 [==============================] - 10s 7ms/step - loss: 0.4964 - accuracy: 0.8224 - val_loss: 0.9639 - val_accuracy: 0.6958
Epoch 10/10
1563/1563 [==============================] - 9s 6ms/step - loss: 0.4393 - accuracy: 0.8438 - val_loss: 1.0033 - val_accuracy: 0.6993
Test Loss (Modified Model with 64 to 128 Filters): 1.0032662153244019
Test Accuracy (Modified Model with 64 to 128 Filters): 0.6992999911308289
```

그림 15.7 128개의 필터로 계층 추가

이러한 결과를 바탕으로 더 많은 계층을 추가하면, 기준 모델에 비해 약간 더 높은 정확도를 달성할 수 있음을 관측할 수 있습니다. 그러나 정확도 차이는 상대적으로 작으며, 이는 계층을 추가해도 모델 성능이 크게 향상되지 않았으며, 모델도 여전히 정규화되지 않았음을 나타냅니다. 마지막으로 특징으로 넘어가서 드롭아웃 정규화에 대해 실험해 보겠습니다.

특징 3 : 드롭아웃 정규화 포함하기

이제 계층을 더 추가하는 방법을 배웠으니 이제 드롭아웃 계층을 실험해 보겠습니다. 프롬프트 전략으로 즉석에서 모델(LIFE 기법의 3.4임)을 적용하고, ChatGPT에 해당 코드를 제공해 달라고 요청하겠습니다.

또한 이전에 제공된 코드 위에 드롭아웃을 추가하도록 요청하여 특정 지침(PIC 기법의 2.2임)을 사용하는 프롬프트 전략을 적용했다는 것에 유의하세요.

프롬프트

기준 모델의 모델 정확도는 62.5%였으며, 64개의 필터의 계층을 추가하면 71%였으며, 128개의 필터 계층을 추가하면 69%로 감소했습니다. 이전 메시지에서 제공한 모델 코드에 드롭아웃 정규화를 적용할 수 있을까요?

ChatGPT가 요청을 이해하고 드롭아웃 레이어 추가를 위한 코드를 제공하는 다음과 같은 응답을 받아야 합니다.

프롬프트 응답

좋습니다. 128개의 필터를 2연속 계층으로 수정된 모델에 드롭아웃 정규화를 추가합니다. 드롭아웃 정규화는 훈련 중에 단위(뉴런)의 일부를 무작위로 드롭 아웃시켜, 과적합을 방지하는 데 도움이 됩니다. 드롭아웃 계층을 포함하도록 하는 모델을 수정하는 방법은 다음과 같습니다.

```
from tensorflow.keras.layers import Dropout

# 드롭아웃 정규화로 수정된 모델을 정의합니다
modified_model_64_to_128_with_dropout = Sequential([
    Conv2D(32, (3, 3), activation='relu', input_shape=(32, 32, 3)),
    MaxPooling2D((2, 2)),
    Conv2D(64, (3, 3), activation='relu'),
    MaxPooling2D((2, 2)),
    Conv2D(64, (3, 3), activation='relu'),
    Conv2D(128, (3, 3), activation='relu', padding='same'),
    Dropout(0.25), # Add dropout regularization with a dropout rate of 25%
    Conv2D(128, (3, 3), activation='relu', padding='same'),
    Dropout(0.25), # Add dropout regularization with a dropout rate of 25%
    MaxPooling2D((2, 2)),
    Flatten(),
    Dense(64, activation='relu'),
    Dropout(0.5), # Add dropout regularization with a dropout rate of 50%
    Dense(10, activation='softmax')
])

# 드롭아웃 정규화로 수정된 모델을 컴파일합니다
modified_model_64_to_128_with_dropout.compile(optimizer='adam',
                                               loss='sparse_categorical_
crossentropy',
                                               metrics=['accuracy'])
```

```
# 모델 요약을 표시합니다
modified_model_64_to_128_with_dropout.summary()

# 드롭아웃 정규화로 수정도 모델을 훈련합니다
history_64_to_128_with_dropout = modified_model_64_to_128_with_dropout.fit(x_
train_resized, y_train,

epochs=10,

batch_size=32,

validation_data=(x_test_resized, y_test))

# 테스트 데이터 세트에서 드롭아웃 정규화로 수정된 모델을 평가합니다
test_loss_64_to_128_with_dropout, test_accuracy_64_to_128_with_dropout =
modified_model_64_to_128_with_dropout.evaluate(x_test_resized, y_test,
verbose=0)

print("Test Loss (Modified Model with Dropout):", test_loss_64_to_128_with_ dropout)
print("Test Accuracy (Modified Model with Dropout):", test_accuracy_64_to_128_ with_dropout)
```

이 수정 사항에서,

- 128개의 필터가 있는 합성곱 계층 뒤에 드롭아웃 계층을 추가합니다. 첫 번째 및 마지막 드롭아웃 레이어에 대하여, 드롭아웃 비율은 각각 25%와 50%로 설정했습니다.
- 이전과 같은 동일한 설정을 사용하여 드롭아웃 정규화를 통해, 수정된 모델을 컴파일하고 훈련합니다.
- 드롭아웃 정규화를 포함한 테스트 데이터 세트에서 수정된 모델의 성능을 평가하고 테스트 손실과 정확도를 프린트합니다.

드롭아웃 일반화를 추가하면 모델의 정규화 성능을 개선하고 과적합을 줄이는 데 도움이 될 수 있습니다. 궁금한 점이 있거나 더 알고 싶은 점이 있다면 알려주세요!

드롭아웃 계층이 있는 모델의 정의하는 코드를 실행합니다. 또한 모델의 성능을 훈련하고 평가하며 손실과 정확도를 다루는 모델 요약을 프린트합니다. 드롭아웃 레이어는 모델에 모수를 추가하지 않다는 것을 참조하세요.

```
Model: "sequential_10"
_________________________________________________________________
 Layer (type)                Output Shape              Param #
=================================================================
 conv2d_45 (Conv2D)          (None, 30, 30, 32)        896

 max_pooling2d_37 (MaxPooli  (None, 15, 15, 32)        0
 ng2D)

 conv2d_46 (Conv2D)          (None, 13, 13, 64)        18496

 max_pooling2d_38 (MaxPooli  (None, 6, 6, 64)          0
 ng2D)

 conv2d_47 (Conv2D)          (None, 4, 4, 64)          36928

 conv2d_48 (Conv2D)          (None, 4, 4, 128)         73856

 dropout (Dropout)           (None, 4, 4, 128)         0

 conv2d_49 (Conv2D)          (None, 4, 4, 128)         147584

 dropout_1 (Dropout)         (None, 4, 4, 128)         0

 max_pooling2d_39 (MaxPooli  (None, 2, 2, 128)         0
 ng2D)

 flatten_10 (Flatten)        (None, 512)               0

 dense_20 (Dense)            (None, 64)                32832

 dropout_2 (Dropout)         (None, 64)                0

 dense_21 (Dense)            (None, 10)                650

=================================================================
Total params: 311242 (1.19 MB)
Trainable params: 311242 (1.19 MB)
Non-trainable params: 0 (0.00 Byte)
_________________________________________________________________
Epoch 1/10
1563/1563 [==============================] - 15s 7ms/step - loss: 1.7530 - accuracy: 0.3412 - val_loss: 1.3975 - val_accuracy: 0.4846
Epoch 2/10
1563/1563 [==============================] - 11s 7ms/step - loss: 1.3638 - accuracy: 0.5163 - val_loss: 1.2464 - val_accuracy: 0.5531
Epoch 3/10
1563/1563 [==============================] - 12s 7ms/step - loss: 1.2159 - accuracy: 0.5788 - val_loss: 1.1147 - val_accuracy: 0.6142
Epoch 4/10
1563/1563 [==============================] - 11s 7ms/step - loss: 1.1127 - accuracy: 0.6176 - val_loss: 1.0766 - val_accuracy: 0.6181
Epoch 5/10
1563/1563 [==============================] - 11s 7ms/step - loss: 1.0457 - accuracy: 0.6420 - val_loss: 1.0325 - val_accuracy: 0.6341
Epoch 6/10
1563/1563 [==============================] - 10s 7ms/step - loss: 0.9839 - accuracy: 0.6662 - val_loss: 0.9573 - val_accuracy: 0.6701
Epoch 7/10
1563/1563 [==============================] - 11s 7ms/step - loss: 0.9283 - accuracy: 0.6829 - val_loss: 0.9381 - val_accuracy: 0.6795
Epoch 8/10
1563/1563 [==============================] - 11s 7ms/step - loss: 0.8872 - accuracy: 0.6990 - val_loss: 0.9123 - val_accuracy: 0.6870
Epoch 9/10
1563/1563 [==============================] - 11s 7ms/step - loss: 0.8503 - accuracy: 0.7111 - val_loss: 0.8838 - val_accuracy: 0.6975
Epoch 10/10
1563/1563 [==============================] - 12s 8ms/step - loss: 0.8220 - accuracy: 0.7194 - val_loss: 0.8761 - val_accuracy: 0.7015
Test Loss (Modified Model with Dropout): 0.876133382320404
Test Accuracy (Modified Model with Dropout): 0.7014999985694885
```

그림 15.8 코드 실행 – 드롭아웃 계층

정확도 사이에 큰 차이가 없음을 알 수 있으므로, 학습 프롬프트 전략(LIFE 기법의 3.1임)을 적용하고 ChatGPT에게 손실 플롯과 정확도를 제공하여, 정규화의 영향을 확인하도록 요청할 것입니다.

프롬프트

```
Test Loss (Modified Model with Dropout): 0.876133382320404
Test Accuracy (Modified Model with Dropout): 0.7014999985694885
```

손실과 정확도에 대한 플롯을 제공하여 정규화가 이루어졌는지 확인하고 설명해 주실 수 있나요?

다음과 같은 응답을 받아야 하며, 여기에서 ChatGPT는 코드를 제공해야하고, 플롯의 중요성을 설명해야 합니다.

프롬프트 응답

물론입니다! 드롭아웃 정규화를 통해 수정된 모델에 대한 훈련 및 검증 손실과 정확도 곡선을 그려보겠습니다. 이는 드롭아웃 정규화가 학습 과정과 모델의 성능에 어떤 영향을 미치는지 시각화하는 데 도움이 됩니다.

```
import matplotlib.pyplot as plt

# 손실을 위한 훈련 이력을 구성합니다
plt.plot(history_64_to_128_with_dropout.history['loss'], label='Training Loss')
plt.plot(history_64_to_128_with_dropout.history['val_loss'], label='Validation
Loss')
plt.title('Training and Validation Loss')
plt.xlabel('Epoch')
plt.ylabel('Loss')
plt.legend()
plt.show()

# 정확도를 위한 훈련 이력을 구성합니다
plt.plot(history_64_to_128_with_dropout.history['accuracy'], label='Training
Accuracy')
plt.plot(history_64_to_128_with_dropout.history['val_accuracy'],
label='Validation Accuracy')
plt.title('Training and Validation Accuracy')
plt.xlabel('Epoch')
plt.ylabel('Accuracy')
plt.legend()
plt.show()
```

설명 :

- **훈련 손실 vs. 검증 손실** : 이 플롯은 시간에 따른 훈련 및 검증 손실의 추세를 보여줍니다. 훈련과 검증 손실 사이에 큰 격차가 있다면, 과적합을 나타냅니다. 드롭아웃 정규화는 모델이 특정 특징에 지나치게 의존하는 것을 방지하여, 과적합을 줄이고 훈련과 검증 손실 사이의 간격을 줄이는 것을 목표로 합니다.
- **훈련 정확도 vs. 검증 정확도** : 이 플롯은 시간에 따른 훈련 및 검증 정확도의 추세를 보여줍니다. 드롭아웃 정규화 또는 일반화 성능을 개선하여, 특히 모델에 과적합이 있는 경우 검증 정확도를 향상시키는 데 도움이 될 수 있습니다.

이러한 플롯을 관찰함으로써 드롭아웃 일반화가 과적합을 효과적으로 완화하고 모델의 정규화 성능을 개선했는지 평가할 수 있습니다. 궁금한 질문이나 추가 지원이 필요하다면 알려주세요!

코드를 실행하고 그래프를 구성하여 드롭아웃의 영향을 파악합니다.

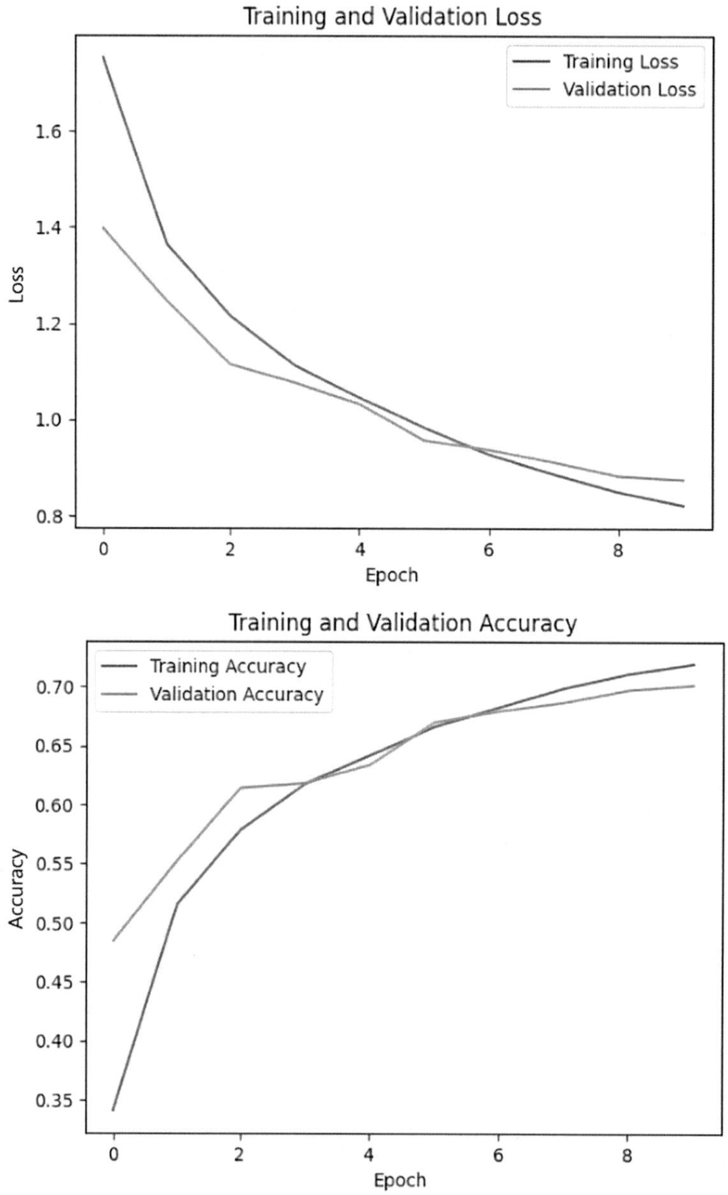

그림 15.9 드롭아웃 계층의 영향

출력 그래프는 드롭아웃 계층이 있는 CIFAR-10 데이터 세트에서 훈련된 모델에 대한 훈련 및 검증 손실 정확도를 보여줍니다. 두 손실 모두 에포크에 따라 감소하는 반면, 정확도는 향상되어 효과적인 학습을 보여줍니다. 학습 메트릭스와 검증 메트릭스 사이의 작은 간격은 드롭아웃 계층의 도움을 받아 최소한의 과적합을 나타냅니다. 전반적으로, 이 모델은 새로운 데이터에 잘 정규화되어 좋은 성능을 보여줍니다.

특징 4 : 배치 정규화 구현하기

프롬프트 전략으로 즉석에서 모델(LIFE 기법의 3.4임)을 적용하고, ChatGPT에 이전 제공된 코드로 배치 정규화를 추가하기 위한 코드를 제공해 달라고 요청하겠습니다.

프롬프트

이전에 제공한 코드에 배치 정규화를 적용하고 싶습니다.

ChatGPT가 요청을 이해하고 기존 모델의 배치 정규화 코드 제공하는 다음과 같은 응답을 받아야 합니다.

프롬프트 응답

물론입니다! 모델의 합성곱 계층에 배치 정규화를 적용하여 안전성과 수렴 속도를 개선할 수 있습니다. 배치 정규화 계층을 포함하도록 하는 모델을 수정하는 방법은 다음과 같습니다.

```
from tensorflow.keras.layers import BatchNormalization

# 배치 정규화로 수정된 모델을 정의합니다
modified_model_64_to_128_with_batchnorm = Sequential([
    Conv2D(32, (3, 3), activation='relu', input_shape=(32, 32, 3)),
    BatchNormalization(), # 배치 정규화를 추가합니다
    MaxPooling2D((2, 2)),
    Conv2D(64, (3, 3), activation='relu'),
    BatchNormalization(), # 배치 정규화를 추가합니다
    MaxPooling2D((2, 2)),
    Conv2D(64, (3, 3), activation='relu'),
    Conv2D(128, (3, 3), activation='relu', padding='same'),
    BatchNormalization(), # 배치 정규화를 추가합니다
    MaxPooling2D((2, 2)),
    Conv2D(128, (3, 3), activation='relu', padding='same'),
    BatchNormalization(), # 배치 정규화를 추가합니다
    MaxPooling2D((2, 2)),
    Flatten(),
    Dense(64, activation='relu'),
    BatchNormalization(), # 배치 정규화를 추가합니다
    Dense(10, activation='softmax')
])

# 배치 정규화로 수정된 모델을 컴파일합니다
```

```
modified_model_64_to_128_with_batchnorm.compile(optimizer='adam',
                                                loss='sparse_categorical_
crossentropy',
                                                metrics=['accuracy'])

# 모델 요약을 표시합니다
modified_model_64_to_128_with_batchnorm.summary()

# 배치 정규화로 수정된 모델을 훈련합니다
history_64_to_128_with_batchnorm = modified_model_64_to_128_with_batchnorm.
fit(x_train_resized, y_train,

epochs=10,

batch_size=32,

validation_data=(x_test_resized, y_test))

# 테스트 데이터 세트에서 배치 정규화로 수정된 모델을 평가합니다
test_loss_64_to_128_with_batchnorm, test_accuracy_64_to_128_with_batchnorm
= modified_model_64_to_128_with_batchnorm.evaluate(x_test_resized, y_test,
verbose=0)

print("Test Loss (Modified Model with Batch Normalization):", test_loss_64_
to_128_with_batchnorm)
print("Test Accuracy (Modified Model with Batch Normalization):", test_
accuracy_64_to_128_with_batchnorm)
```

이 수정 사항에서,

- 각 합성곱 계층 뒤에 BatchNormalization 계층을 추가합니다. 배치 정규화는 각 배치에서 이전 계층의 활성화를 정규화하여, 훈련을 보다 안정적으로 만들고 수렴을 가속화합니다.
- 이전과 같은 동일한 설정을 사용하여 배치 정규화를 통해, 수정된 모델을 컴파일하고 훈련합니다.
- 배치 정규화를 포함한 테스트 데이터 세트에서 수정된 모델의 성능을 평가하고 테스트 손실과 정확도를 프린트합니다.

배치 정규화를 추가하면 훈련 중에 모델의 성능과 안정성을 향상시킬 수 있습니다. 궁금한 질문이나 추가 지원이 필요하다면 알려주세요!

코드를 실행하고 모델의 성능을 평가한 후에 결과를 프린트합니다. 배치 정규화는 드롭아웃이나 맥스풀링과 달리, 소수의 모수를 추가한다는 점에 유의하세요.

```
batch_normalization (Batch  (None, 30, 30, 32)        128
Normalization)

max_pooling2d_3 (MaxPoolin  (None, 15, 15, 32)        0
g2D)

conv2d_6 (Conv2D)           (None, 13, 13, 64)        18496

batch_normalization_1 (Bat  (None, 13, 13, 64)        256
chNormalization)

max_pooling2d_4 (MaxPoolin  (None, 6, 6, 64)          0
g2D)

conv2d_7 (Conv2D)           (None, 4, 4, 64)          36928

conv2d_8 (Conv2D)           (None, 4, 4, 128)         73856

batch_normalization_2 (Bat  (None, 4, 4, 128)         512
chNormalization)

max_pooling2d_5 (MaxPoolin  (None, 2, 2, 128)         0
g2D)

conv2d_9 (Conv2D)           (None, 2, 2, 128)         147584

batch_normalization_3 (Bat  (None, 2, 2, 128)         512
chNormalization)

max_pooling2d_6 (MaxPoolin  (None, 1, 1, 128)         0
g2D)

flatten_1 (Flatten)         (None, 128)               0

dense_2 (Dense)             (None, 64)                8256

batch_normalization_4 (Bat  (None, 64)                256
chNormalization)

dense_3 (Dense)             (None, 10)                650

=================================================================
Total params: 288330 (1.10 MB)
Trainable params: 287498 (1.10 MB)
Non-trainable params: 832 (3.25 KB)
_________________________________________________________________
Epoch 1/10
1563/1563 [==============================] - 21s 8ms/step - loss: 1.3927 - accuracy: 0.5045 - val_loss: 1.4828 - val_accuracy: 0.5232
Epoch 2/10
1563/1563 [==============================] - 11s 7ms/step - loss: 1.0016 - accuracy: 0.6489 - val_loss: 0.9775 - val_accuracy: 0.6596
Epoch 3/10
1563/1563 [==============================] - 12s 7ms/step - loss: 0.8231 - accuracy: 0.7152 - val_loss: 1.0615 - val_accuracy: 0.6423
Epoch 4/10
1563/1563 [==============================] - 12s 8ms/step - loss: 0.7145 - accuracy: 0.7522 - val_loss: 0.9972 - val_accuracy: 0.6483
Epoch 5/10
1563/1563 [==============================] - 12s 7ms/step - loss: 0.6202 - accuracy: 0.7861 - val_loss: 0.8076 - val_accuracy: 0.7213
Epoch 6/10
1563/1563 [==============================] - 12s 7ms/step - loss: 0.5490 - accuracy: 0.8106 - val_loss: 1.0868 - val_accuracy: 0.6462
Epoch 7/10
1563/1563 [==============================] - 12s 8ms/step - loss: 0.4774 - accuracy: 0.8349 - val_loss: 0.7828 - val_accuracy: 0.7444
Epoch 8/10
1563/1563 [==============================] - 12s 7ms/step - loss: 0.4215 - accuracy: 0.8518 - val_loss: 0.9065 - val_accuracy: 0.7209
Epoch 9/10
1563/1563 [==============================] - 12s 8ms/step - loss: 0.3664 - accuracy: 0.8712 - val_loss: 0.9365 - val_accuracy: 0.7152
Epoch 10/10
1563/1563 [==============================] - 12s 8ms/step - loss: 0.3223 - accuracy: 0.8865 - val_loss: 0.9293 - val_accuracy: 0.7268
Test Loss (Modified Model with Batch Normalization): 0.9293251037597656
Test Accuracy (Modified Model with Batch Normalization): 0.7268000245094299
```

그림 15.10 배치 정규화

훈련할 수 없는 모수가 몇 가지 있음을 알 수 있습니다. 학습 프롬프트 전략(LIFE 기법의 3.1임)을 활용하여 훈련 불가능한 모수의 계산을 이해해 보겠습니다.

프롬프트

모델 요약에서 832의 계산을 설명해 주시겠어요?

"sequential_1“

```
_________________________________________________________________
Layer (type)                 Output Shape              Param #
=================================================================
conv2d_5 (Conv2D)            (None, 30, 30, 32)        896
batch_normalization (Batch   (None, 30, 30, 32)        128
Normalization)

max_pooling2d_3 (MaxPoolin   (None, 15, 15, 32)        0
g2D)

conv2d_6 (Conv2D)            (None, 13, 13, 64)        18496

batch_normalization_1 (Bat   (None, 13, 13, 64)        256
chNormalization)

max_pooling2d_4 (MaxPoolin   (None, 6, 6, 64)          0
g2D)

conv2d_7 (Conv2D)            (None, 4, 4, 64)          36928

conv2d_8 (Conv2D)            (None, 4, 4, 128)         73856

batch_normalization_2 (Bat   (None, 4, 4, 128)         512
chNormalization)

max_pooling2d_5 (MaxPoolin   (None, 2, 2, 128)         0
g2D)

conv2d_9 (Conv2D)            (None, 2, 2, 128)         147584

batch_normalization_3 (Bat   (None, 2, 2, 128)         512
chNormalization)

max_pooling2d_6 (MaxPoolin   (None, 1, 1, 128)         0
g2D)

flatten_1 (Flatten)          (None, 128)               0

dense_2 (Dense)              (None, 64)                8256

batch_normalization_4 (Bat   (None, 64)                256
chNormalization)

dense_3 (Dense)              (None, 10)                650
```

```
=================================================================
Total params: 288330 (1.10 MB)
Trainable params: 287498 (1.10 MB)
Non-trainable params: 832 (3.25 KB)
```

ChatGPT가 요청을 이해하고 훈련 불가능한 모수 계산에 대한 설명을 제공하는 경우, 다음과 같은 응답을 받아야 합니다.

프롬프트 응답

묘사한 모델에서 훈련 불가능한 모수는 832개이며, 이는 구체적으로 배치 정규화 계층에서 가져온 것입니다. 이 숫자는 다음과 같이 계산됩니다.

배치 정규화의 구성 요소

각 배치 일반화 계층은 이전 계층의 출력을 정규화 하는 데 사용되는 모수를 도입합니다. 특히 다음과 같은 모수가 그렇습니다.

- Gamma (크기 요인)
- Beta (이동 요인)
- **평균의 이동 평균**
- **분산의 이동 평균**

감마 및 베타 모수는 훈련 가능한 반면, 이동 수단과 분산은 훈련이 불가합니다. 이러한 각 그룹(감마/베타 및 이동 평균/분산)에는 배치 일반화 계층에 대한 입력에서, 채널이 있는 만큼의 요소가 있습니다.

모델 구성에

따른 계산

첫 번째 Cov2D 계층(32채널) 이후의 배치 정규화

- 이동 평균 : 32
- 이동 분산 : 32

두 번째 Cov2D 계층(64채널) 이후의 배치 정규화

- : 이동 평균 : 64
- : 이동 분산 : 64

세 번째 Cov2D 계층(128채널) 이후의 배치 정규화

- : 이동 평균 : 128
- : 이동 분산 : 128

네 번째 Cov2D 계층(128채널) 이후의 배치 정규화

- 이동 평균 : 128
- 이동 분산 : 128

조밀 계층(64유닛) 이후의 배치 정규화

- 이동 평균 : 64
- 이동 분산 : 64

훈련 불가능한 모수의 합계

이 값을 합산하면 훈련 불가능한 모수의 총 개수가 표시됩니다. [(32 + 32) + (64 + 64) + (128 + 128) + (128 + 128) + (64 + 64) = 832]

각 배치 정규화 계층은 입력 채널 수의 두 배를, 훈련 불가능한 모수 카운트에 기여합니다.(한 번의 이동은 한 번의 이동 분산을 의미합니다.) 그 결과로 모델에 대한 총 832개의 훈련 불능한 모수가 생성됩니다.

이제 배치 정규화 훈련 불가능한 모수의 계산을 추가하는 방법을 배웠으니 다음 특징으로 이동하여 다양한 옵티마이저를 사용해 보겠습니다.

특징 5 : 다른 옵티마이저 최적화하기

모델LIFE 기법의 3.4임 을 처리하기 위하여 프롬프트 전략을 적용하고, ChatGPT에게 SGD, Adam 및 RMSProp 등과 같은 다양한 옵티마이저를 실험할 수 있는 코드를 제공해달라고 ChatGPT에게 요청할 것입니다.

프롬프트

SGD, Adam, 및 RMSprop 옵티마이저에 대한 코드를 제공하고 이전에 제공한 모델 코드와 다양한 옵티마이저 조합에 대한 성능을 비교해 주실 수 있나요?

ChatGPT가 요청을 이해하고 다양한 비교 결과에 대한 코드를 제공하는 다음과 같은 응답을 받아야 합니다.

프롬프트 응답

당연하죠! 모델의 성능을 SGD, Adam, 및 RMSprop와 같은 다양한 옵티마이저와 비교할 수 있습니다. 모델을 수정하고 다양한 옵티마이저로 학습시키는 방법은 다음과 같습니다.

```
# 옵티마이저를 가져옵니다
from tensorflow.keras.optimizers import SGD, Adam, RMSprop

# 옵티마이저를 정의합니다
optimizers = [SGD(), Adam(), RMSprop()]

# 각 옵티마이저를 위한 테스트 정확도를 저장하기 위한 목록을 정의합니다
test_accuracies = []

# 각 옵티마이저를 반복합니다
```

```
for optimizer in optimizers:
    # 배치 정규화와 현재 옵티마이저로 수정된 모델을 정의합니다
    modified_model = Sequential([
        Conv2D(32, (3, 3), activation='relu', input_shape=(32, 32, 3)),
        BatchNormalization(),
        MaxPooling2D((2, 2)),
        Conv2D(64, (3, 3), activation='relu'),
        BatchNormalization(),
        MaxPooling2D((2, 2)),
        Conv2D(64, (3, 3), activation='relu'),
        Conv2D(128, (3, 3), activation='relu', padding='same'),
        BatchNormalization(),
        MaxPooling2D((2, 2)),
        Conv2D(128, (3, 3), activation='relu', padding='same'),
        BatchNormalization(),
        MaxPooling2D((2, 2)),
        Flatten(),
        Dense(64, activation='relu'),
        BatchNormalization(),
        Dense(10, activation='softmax')
    ])

    # 현재 옵티마이저로 모델을 컴파일합니다
    modified_model.compile(optimizer=optimizer,
                           loss='sparse_categorical_crossentropy',
                           metrics=['accuracy'])

    # 현재 옵티마이저로 모델을 훈련합니다
    history = modified_model.fit(x_train_resized, y_train,
                                 epochs=10,
                                 batch_size=32,
                                 validation_data=(x_test_resized, y_test),
                                 verbose=0)

    # 테스트 데이터 세트에서 현재 옵티마이저로 모델을 평가합니다
    test_loss, test_accuracy = modified_model.evaluate(x_test_resized, y_test,
verbose=0)

    # 목록에 테스트 정확도를 첨부합니다
    test_accuracies.append(test_accuracy)

    # 현재 옴티바이저를 위한 테스트 정확도를 프린트합니다
    print(f"Test Accuracy (Optimizer: {optimizer.__class__.__name__}): {test_ accuracy}")

    # 각 옵티마이저를 위한 테스트 정확도를 구성합니다
    plt.bar(['SGD', 'Adam', 'RMSprop'], test_accuracies)
```

```
plt.title('Test Accuracy Comparison for Different Optimizers')
plt.xlabel('Optimizer')
plt.ylabel('Test Accuracy')
plt.show()
```

이 코드에서 나타나는 것은 다음과 같습니다.

- tensorflow.keras.optimizers에서 SGD, Adam, 및 RMSprop 옵티마이저를 가져옵니다.
- 반복할 옵티마이저 목록을 정의합니다.
- 각 옵티마이저에 대한 배치 정규화와 현재 옵티마이저로 모델을 정의합니다.
- 현재 옵티마이저로 모델을 컴파일하고 훈련합니다.
- 현재 옵티마이저를 사용하여 테스트 데이터 세트에서 모델의 성능을 평가합니다.
- 각 옵티마이저에 대한 테스트 정확도를 프린트하고 테스트 정확도를 모록에 저장합니다.
- 마지막으로, 각 옵티마이저를 위한 성능을 비교하기 위해 각 옵티마이저의 테스트 정확도를 구성합니다.

이 코드를 사용하면 다양한 옵티마이저로 훈련된 모델의 성능을 비교할 수 있습니다. 궁금한 질문이나 추가 지원이 필요하다면 알려주세요!

다양한 옵티마이저로 모델을 정의하는 코드를 실행합니다. 또한 모델을 학습시키고, 성능을 평가하고, 이 성능을 비교한 결과를 프린트합니다.

```
Test Accuracy (Optimizer: SGD): 0.6955999732017517
Test Accuracy (Optimizer: Adam): 0.7224000096321106
Test Accuracy (Optimizer: RMSprop): 0.7318999767303467
```

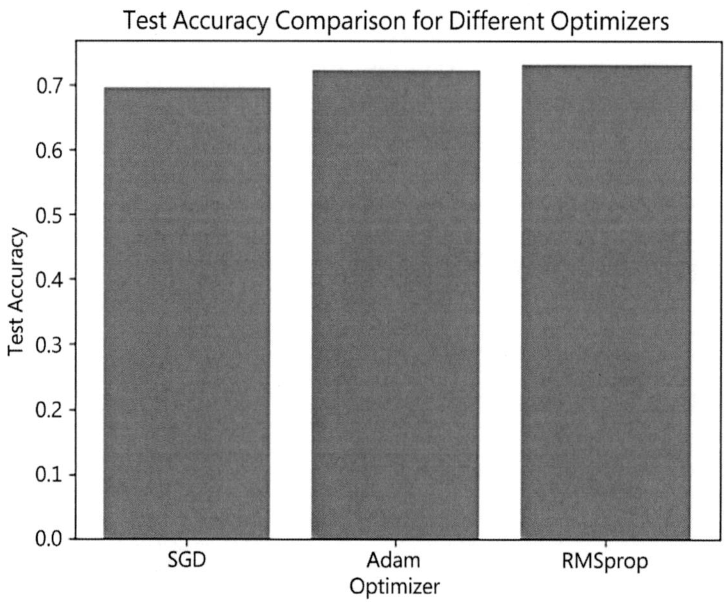

그림 15.11 코드 실행 – 다른 옵티마이저

이러한 결과를 바탕으로 RMSprop 옵티마이저가 가장 높은 정확도를 달성했으며, Adam과 SGD가 그 뒤를 이었습니다. 이는 RMSprop이 모델의 모수를 최적화하고 테스트 데이터의 성능을 개선하는 데 더 나은 성과를 거두었음을 나타냅니다.

마지막 특징으로 이동하여, DavidNet 아키텍처를 적용해 보겠습니다.

특징 6 : DavidNet 아키텍처를 적용하기

프롬프트 전략을 적용하여 모델을 임기응변으로 개선(LIFE 기법의 3.4임)하고, ChatGPT에게 DavidNet 코드를 제공하며, 학습 프롬프트 전략(LIFE 3.1임)을 사용하여, 이에 대해 알아보도록 요청할 것입니다.

프롬프트

DavidNet 아키텍처의 특별한 점을 말해주실래요?

다음과 같은 응답을 받아야 하며, 여기에서 ChatGPT는 DavidNet에 대한 설명을 제공해야 합니다.

프롬프트 응답

DavidNet 아키텍처는 이미지 분류 작업, 특히 CIFAR-10 데이터 세트에서 높은 정확도를 달성하는 데 있어, 단순화고 효과적인 것으로 유명합니다. DavidNet을 특별하게 만드는 몇 가지 주요 측면은 다음과 같습니다.

- **잔차Residual 블록** : DavidNet은 잔차 블록을 활용하여 심층 신경망을 더 쉽게 훈련할 수 있습니다. 잔차 연결을 통해 네트워크는 잔차 매핑을 학습할 수 있으므로, 기울기가 사라지거나 폭발하지 않고도 심층 네트워크를 더 쉽게 훈련할 수 있습니다.
- **배치 정규화** : 배치 정규화는 각 합성곱 계층 이후에 적용되며, 각 계층의 활성화를 정규화하여 훈련 과정을 안정화하고 속도를 높이는 데 도움이 됩니다. 이는 훈련 중 모델의 수렴을 개선하고 과적합을 방지하는 데 도움이 됩니다.
- **스킵 커넥션Skip connection** : 스킵 커넥션(아이덴티티 쇼트컷Identity shortcut으로도 알려짐)은 잔차 블록 내에서 사용됩니다. 이러한 커넥션은 기울기가 네트워클 통해 직접 흐르도록 하고, 기울기 소실 문제를 완화하고 매우 심층적인 네트워크 훈련을 용이하게 합니다.
- **최대 풀링** : 최대 풀링 계층은 특징 맵의 공간 차원을 줄이는 데 사용되며, 계산 복잡성을 줄이면서 중요한 특징을 추출하는 데 도움이 됩니다.
- **밀집 계층** : 네트워크 끝에 완전 연결 계층 (밀집 계층)을 사용하여 합성곱 계층에서 학습한 특징을 기반으로 분류를 수행합니다.
- **학습률 스케줄링** : DavidNet은 워밍업 에포크와 감쇠 요인이 포함된 학습률 스케줄링을 사용하여, 훈련 중에 학습률을 점진적으로 조정합니다. 이는 훈련을 안정화하고 수렴을 개선하는 데 도움이 됩니다.
- **정규화** : 아키텍처에서 명시적으로 언급되지 않았지만, 과적합을 방지하고 정규화 성능을 개선하기 위하여 가중치 감소와 같은 정규화 기법을 적용할 수 있습니다.

전반적으로 DavidNet은 모델 복잡도와 효율성 사이에 균형을 맞추며, 비교적으로 간단한 아키텍처라도 적절한 아키텍처 선택과 훈련 전략으로 인상적인 결과를 얻을 수 있음을 보여줍니다.

잔차 블록에 대해 알아보고 ChatGPT에게 후속 질문을 하도록 해보겠습니다.

프롬프트

잔차 블록은 무엇인가요?

다음과 같은 응답을 받아야 하며, 여기에서 ChatGPT는 잔차 블록에 대한 설명을 제공해야 합니다.

프롬프트 응답

잔차 블록은 특히 ResNet 및 Resnet에 변화를 준 아키텍처에서 심층 신경망의 기본 구성 요소입니다. 매우 심층적인 네트워크 훈련 중에 발생하는 기울기 소실 문제를 해결하도록 설계되었습니다.

잔차 블록은 아이덴티티 경로와 쇼트컷 경로, 두 가지 주요 경로로 구성됩니다. 아이덴티티 경로는 블록을 통과하는 주요 경로이며, 쇼트컷 경로는 입력이 하나 또는 하나 이상의 계층을 스킵할 수 있는 직접 연결을 제공합니다.

잔차 블록의 작동 방식에 대한 기본 개요는 다음과 같습니다.

- **아이덴티티 경로** : 잔차 블록에 대한 입력은 일련의 합성곱 계층, 배치 정규화 및 활성화 함수를 통과합니다. 이 일련의 연산을 통하여 네트워크는 입력 데이터의 표현을 학습할 수 있습니다.
- **쇼트컷 경로** : 잔차 블록(아이덴티티)로의 본래 입력은 일부 합성곱 계층을 우회하여 별도의 경로를 통과합니다. 이 경로는 "쇼트컷" 혹은 "스킵" 커넥션으로 알려져 있습니다.
- **병합 작업** : 아이덴티티 경로와 쇼트컷 경로의 출력 값은 요소별element-wise 덧셈을 사용하여 합칩니다. 이 병합 작업은 합성곱 계층의 출력에서 원래 입력 값을 추가합니다.
- **활성화 함수** : 마지막으로 결합된 출력 값은 비선형성을 도입하기 위하여 활성화 함수, 일반적으로 ReLU(정류 선형 유닛Rectified Linear Unit) 활성화를 거칩니다.

잔차 블록의 핵심 아이디어는 쇼트컷 커넥션을 통해, 역전파Backpropagation 중에서 기울기가 네트워크를 통해 더 쉽게 흐르게 할 수 있다는 것입니다. 만약 아이덴티티 경로(합성곱 계층)가 아이덴티 함수를 근사화하는 방법을 학습한다면, 잔차 블록은 작은 잔차 매핑으로 출력을 조정하는 방법을 학습할 수 있으므로, "잔차 블록"이라는 이름이 붙습니다.

단축 연결을 통해 입력 신호를 직접 전파할 수 있도록 함으로써, 잔차 블록은 기울기 소실 문제를 완화하고 매우 심층적인 신경망의 훈련을 용이하게 만듭니다. 이 아키텍처는 다양한 작업에서 큰 성공을 거두며, 더 깊고 정확한 모델을 개발했습니다.

이제 ChatGPT에게 DavidNet의 코드를 제공하도록 요청하고, 여기에서는 CIFAR-10을 사용하여, 더 나은 정확도를 달성하기 위하여, 인터넷 검색을 통해 얻은 몇 가지 정보를 ChatGPT에게 제공할 것입니다.

프롬프트

더 나은 정확도를 제공하는 DavidNet의 코드를 알려주실래요? DavidNet에서 사용되는 하이퍼파라미터는 다음과 같습니다.

- 배치 크기 : 512
- 모멘텀 : 0.9
- 가중치 손실 : 0.000125
- 학습률 : 0.4
- 에포크의 수 : 24
- 워밍업 에포크 : 5

ChatGPT가 요청을 이해하고, DavidNet용 코드를 제공하고 다음과 같은 응답을 받아야 합니다.

프롬프트 응답

물론이죠! 다음은 지정된 하이퍼파림터를 사용하여 DavidNet을 구성한 것입니다.

```
from tensorflow.keras.models import Model
from tensorflow.keras.layers import Input, Conv2D, MaxPooling2D, Flatten,
Dense, BatchNormalization, Activation, Add
from tensorflow.keras.optimizers import SGD
from tensorflow.keras.callbacks import LearningRateScheduler
import numpy as np
def davidnet():
    input_layer = Input(shape=(32, 32, 3))

    # 최초의 합성곱 계층
    x = Conv2D(64, kernel_size=3, padding='same')(input_layer)
    x = BatchNormalization()(x)
    x = Activation('relu')(x)

    # 잔차 블록의 더미
    num_residual_blocks = 4
    for _ in range(num_residual_blocks):
        y = x
        x = Conv2D(64, kernel_size=3, padding='same')(x)
        x = BatchNormalization()(x)
        x = Activation('relu')(x)
        x = Conv2D(64, kernel_size=3, padding='same')(x)
        x = BatchNormalization()(x)
        x = Add()([x, y]) # Skip connection
        x = Activation('relu')(x)
```

```
    # 맥스 풀링 계층
    x = MaxPooling2D(pool_size=(2, 2))(x)

    # 평탄 계층
    x = Flatten()(x)
    # 밀집 계층
    x = Dense(512)(x)
    x = BatchNormalization()(x)
    x = Activation('relu')(x)
    x = Dense(10, activation='softmax')(x)

    # 모델을 생성합니다
    model = Model(inputs=input_layer, outputs=x)

    return model

# 워밍업을 가진 학습률 스케줄링
def learning_rate_scheduler(epoch):
    if epoch < 5:
        return 0.4 * (epoch + 1) / 5
    else:
        return 0.4 * np.exp(0.1 * (5 - epoch))

# DavidNet 모델을 생성합니다
model_davidnet = davidnet()

# 모델을 컴파일합니다
optimizer = SGD(momentum=0.9, decay=0.000125)
model_davidnet.compile(optimizer=optimizer,
                       loss='sparse_categorical_crossentropy',
                       metrics=['accuracy'])

# 모델 요약을 프린트합니다
model_davidnet.summary()

# CIFAR-10 데이터 세트를 불러오고 만약 필요하다면 전처리합니다
# x_train, y_train, x_test, y_test가 불러와졌고 전처리됐다고 상정합니다

# 배치 크기와 에포크의 수를 정의합니다
batch_size = 512
num_epochs = 24

# 학습률 스케줄링으로 모델을 훈련합니다
history_davidnet = model_davidnet.fit(x_train, y_train,
                                      batch_size=batch_size,
```

```
                                  epochs=num_epochs,
                                  validation_data=(x_test, y_test),
                                  callbacks=[LearningRateScheduler(learning_
rate_scheduler)],
                                  verbose=1)
```

이 코드에서 나타는 것은 다음과 같습니다.

- 합성곱 계층, 잔차 블록, 최대 풀링, 밀도 계층으로 구성된 DavidNet 아키텍처를 정의합니다.
- 학습률 스케줄링 함수를 정의하여 훈련 중에 학습률을 조정하고 지정된 대로 워밍업과 지수 감쇠를 모두 정의합니다.
- 특정 하이퍼파라미터인 **확률적 경사 하강**Stochastic Gradient Descent(SGD)으로 모델을 컴파일합니다. momentum=0.9 and decay=0.000125.
- 지정된 배치 크기, 에포크의 수 및 학습률 스케줄링을 사용하여 CIFAR-10 데이터 세트를 사용하여 모델을 훈련합니다.

이 구현은 DavidNet의 설명된 아키텍처와 하이퍼파라미터를 따릅니다. 궁금한 질문이나 추가 지원이 필요하다면 알려주세요!

ChatGPT가 제공한 코드를 실행하면 오류가 발생하는 데, 이는 ChatGPT가 이전 버전의 기계 학습 코드에 대해 학습되었기 때문에, 사용되지 않는 감쇠 메서드를 제공했기 때문입니다.

코드를 실행하면 ValueError가 표시됩니다.

오류를 ChatGPT에게 제공하고 ChatGPT에서 제공하고 수정된 코드를 제공하는 경우, 다음과 같은 답변을 받을 수 있습니다.

프롬프트

ValueError : 새로운 Keras 옵티마이저에서 감쇠가 사용되지 않았습니다. 유효한 인수가 있는지 문서 문자열을 확인하거나 기존 옵티마이저(예, tf.keras.optimizers.legacy.SGD)를 사용하세요.

ChatGPT가 요청을 이해하고, 감쇠 문제를 해결하기 위한 제안과 코드를 제공하는 다음과 같은 답변을 받아야 합니다.

프롬프트 응답

업데이트 해주셔서 감사합니다. 새로운 Keras 옵티마이저에서 감쇠 모수가 사용되지 않은 것으로 보입니다. 사용자 지정 콜백callback을 사용하는 등, 가중치 감쇠를 구현하는 다른 메서드를 사용할 수 있습니다. 그에 따라 코드를 수정합니다.

```
from tensorflow.keras.models import Model
from tensorflow.keras.layers import Input, Conv2D, MaxPooling2D, Flatten,
```

```
Dense, BatchNormalization, Activation, Add
from tensorflow.keras.optimizers import SGD
from tensorflow.keras.callbacks import LearningRateScheduler, Callback
import numpy as np

class SGDLearningRateDecay(Callback):
def __init__(self, initial_lr, warmup_epochs, decay_factor):
super(SGDLearningRateDecay, self).__init__()
self.initial_lr = initial_lr
self.warmup_epochs = warmup_epochs
self.decay_factor = decay_factor
def on_epoch_begin(self, epoch, logs=None):
if epoch < self.warmup_epochs:
lr = (self.initial_lr * (epoch + 1)) / self.warmup_epochs
else:
lr = self.initial_lr * self.decay_factor**(epoch - self.warmup_
epochs)
self.model.optimizer.lr = lr
print(f'Learning rate for epoch {epoch + 1} is {lr}')
def davidnet():
input_layer = Input(shape=(32, 32, 3))

# 최초의 합성곱 계층
x = Conv2D(64, kernel_size=3, padding='same')(input_layer)
x = BatchNormalization()(x)
x = Activation('relu')(x)

# 잔차 블록의 더미num_residual_blocks = 4
num_residual_blocks = 4
for _ in range(num_residual_blocks):
y = x
x = Conv2D(64, kernel_size=3, padding='same')(x)
x = BatchNormalization()(x)
x = Activation('relu')(x)
x = Conv2D(64, kernel_size=3, padding='same')(x)
x = BatchNormalization()(x)
x = Add()([x, y]) # Skip connection
x = Activation('relu')(x)

# 맥스 풀링 계층
x = MaxPooling2D(pool_size=(2, 2))(x)

# 평탄 계층
x = Flatten()(x)

# 밀집 계층
```

```
x = Dense(512)(x)
x = BatchNormalization()(x)
x = Activation('relu')(x)
x = Dense(10, activation='softmax')(x)

# 모델을 생성합니다
model = Model(inputs=input_layer, outputs=x)

return model

# DavidNet 모델을 생성합니다
model_davidnet = davidnet()

# 하이퍼파라미터를 정의합니다
batch_size = 512
initial_lr = 0.4
num_epochs = 24
warmup_epochs = 5
decay_factor = 0.4

# 모델을 컴파일합니다
optimizer = SGD(momentum=0.9)
model_davidnet.compile(optimizer=optimizer,
loss='sparse_categorical_crossentropy',
metrics=['accuracy'])

# 모델 요약을 프린트합니다
model_davidnet.summary()

# 학습률 스케줄링 콜백을 정의합니다
lr_decay_callback = SGDLearningRateDecay(initial_lr, warmup_epochs, decay_ factor)

# CIFAR-10 데이터 세트를 불러오고 만약 필요하다면 전처리합니다
# x_train, y_train, x_test, y_test가 불러와졌고 전처리됐다고 상정합니다

# 학습률 스케줄링으로 모델을 훈련합니다
history_davidnet = model_davidnet.fit(x_train, y_train,
batch_size=batch_size,
epochs=num_epochs,
validation_data=(x_test, y_test),
callbacks=[lr_decay_callback],
verbose=1)
```

수정된 코드에서는,

- 학습률 감쇠 전략을 구현하기 위하여 사용자 지정 콜백 SGDLearningRateDecay를 정의합니다. 이

콜백은 현재 에포크와 지정된 워밍업 에포크 및 감쇠 계수를 기반으로 학습률을 조정합니다.

- 옵티마이저 초기화에서 감쇠 모수를 제거하고 기본 값인 0으로 설정합니다.
- 모델 학습 중에 사용자 지정 학습률 감쇠 콜백을 사용합니다.

이 접근은 옵티마이저에서 감쇠 모수의 사용 없이 가중치 감쇠 전략을 이행하도록 합니다. 궁금한 질문이나 추가 지원이 필요하다면 알려주세요!

ChatGPT에서 제공한 코드를 실행하면, 성공적으로 실행됩니다. 모델 요약을 제공하며 정확도 점수는 77%로 향상되었습니다.

```
Model Summary:
Model: "model_1"
__________________________________________________________________________________________________
Layer (type)                Output              Shape Param #  Connected
to
==================================================================================================
input_2 (InputLayer)        [(None, 32, 32, 3)]  0             []

conv2d_20 (Conv2D)          (None, 32, 32, 64)   1792
['input_2[0][0]']

batch_normalization_20 (Ba  (None, 32, 32, 64)   256
['conv2d_20[0][0]']
tchNormalization)

activation_10 (Activation)  (None, 32, 32, 64)   0             ['batch_
normalization_20[0][0]
                                                               ']

conv2d_21 (Conv2D)          (None, 32, 32, 64)   36928
['activation_10[0][0]']

batch_normalization_21 (Ba  (None, 32, 32, 64)   256
['conv2d_21[0][0]']
tchNormalization)

activation_11 (Activation)  (None, 32, 32, 64)   0             ['batch_
normalization_21[0][0]
                                                               ']

conv2d_22 (Conv2D)          (None, 32, 32, 64)   36928
```

```
['activation_11[0][0]']

batch_normalization_22 (Ba    (None, 32, 32, 64)    256
['conv2d_22[0][0]']
tchNormalization)

add_4 (Add)                   (None, 32, 32, 64)    0             ['batch_
normalization_22[0][0]
                                                                   ',

'activation_10[0][0]']
activation_12 (Activation)    (None, 32, 32, 64)    0             ['add_4[0]
[0]']

conv2d_23 (Conv2D)            (None, 32, 32, 64)    36928
['activation_12[0][0]']

batch_normalization_23 (Ba    (None, 32, 32, 64) 2  56
['conv2d_23[0][0]']
tchNormalization)

activation_13 (Activation)    (None, 32, 32, 64)    0             ['batch_
normalization_23[0][0]
                                                                   ']

conv2d_24 (Conv2D)            (None, 32, 32, 64)    36928
['activation_13[0][0]']

batch_normalization_24 (Ba    (None, 32, 32, 64)    256
['conv2d_24[0][0]']
tchNormalization)

add_5 (Add)                   (None, 32, 32, 64)    0             ['batch_
normalization_24[0][0]
                                                                   ',
'activation_12[0][0]']

activation_14 (Activation)    (None, 32, 32, 64)    0 ['add_5[0]
[0]']

conv2d_25 (Conv2D)            (None, 32, 32, 64)    36928
['activation_14[0][0]']

batch_normalization_25 (Ba    (None, 32, 32, 64)    256
['conv2d_25[0][0]']
```

```
tchNormalization)

activation_15 (Activation)    (None, 32, 32, 64)    0              ['batch_
normalization_25[0][0]
                                                                   ']

conv2d_26 (Conv2D)            (None, 32, 32, 64)    36928
['activation_15[0][0]']

batch_normalization_26 (Ba    (None, 32, 32, 64)    256
['conv2d_26[0][0]']
tchNormalization)

add_6 (Add)                   (None, 32, 32, 64)    0              ['batch_
normalization_26[0][0]
                                                                   ',

'activation_14[0][0]']
activation_16 (Activation)    (None, 32, 32, 64)    0              ['add_6[0]
[0]']

conv2d_27 (Conv2D)            (None, 32, 32, 64)    36928
['activation_16[0][0]']

batch_normalization_27 (Ba    (None, 32, 32, 64)    256
['conv2d_27[0][0]']
tchNormalization)

activation_17 (Activation)    (None, 32, 32, 64)    0              ['batch_
normalization_27[0][0]
                                                                   ']

conv2d_28 (Conv2D)            (None, 32, 32, 64)    36928
['activation_17[0][0]']

batch_normalization_28 (Ba    (None, 32, 32, 64)    256
['conv2d_28[0][0]']
tchNormalization)

add_7 (Add)                   (None, 32, 32, 64)    0              ['batch_
normalization_28[0][0]
                                                                   ',
'activation_16[0][0]']

activation_18 (Activation)    (None, 32, 32, 64)    0              ['add_7[0]
```

```
[0]']

max_pooling2d_9 (MaxPoolin    (None, 16, 16, 64)    0
['activation_18[0][0]']
g2D)

flatten_3 (Flatten)           (None, 16384)         0              ['max_
pooling2d_9[0][0]']

dense_6 (Dense)               (None, 512)           8389120
['flatten_3[0][0]']

batch_normalization_29 (Ba    (None, 512)           2048
['dense_6[0][0]']
tchNormalization)

activation_19 (Activation)    (None, 512)           0 ['batch_
normalization_29[0][0]
                                                                   ']

dense_7 (Dense)               (None, 10)            5130
['activation_19[0][0]']
==================================================================================
===================
Total params: 8695818 (33.17 MB)
Trainable params: 8693642 (33.16 MB)
Non-trainable params: 2176 (8.50 KB)
```

```
Epoch 13/24
98/98 [==============================] - 31s 318ms/step - loss: 0.0035 - accuracy: 0.9999 - val_loss: 0.9439 - val_accuracy: 0.7734
Learning rate for epoch 14 is 0.0002621440000000001
Epoch 14/24
98/98 [==============================] - 31s 319ms/step - loss: 0.0035 - accuracy: 0.9999 - val_loss: 0.9443 - val_accuracy: 0.7731
Learning rate for epoch 15 is 0.00010485760000000006
Epoch 15/24
98/98 [==============================] - 31s 318ms/step - loss: 0.0035 - accuracy: 0.9999 - val_loss: 0.9443 - val_accuracy: 0.7733
Learning rate for epoch 16 is 4.194304000000025e-05
Epoch 16/24
98/98 [==============================] - 32s 326ms/step - loss: 0.0035 - accuracy: 0.9999 - val_loss: 0.9442 - val_accuracy: 0.7733
Learning rate for epoch 17 is 1.677721600000001e-05
Epoch 17/24
98/98 [==============================] - 32s 326ms/step - loss: 0.0035 - accuracy: 0.9999 - val_loss: 0.9443 - val_accuracy: 0.7731
Learning rate for epoch 18 is 6.7108864000000044e-06
Epoch 18/24
98/98 [==============================] - 31s 318ms/step - loss: 0.0035 - accuracy: 0.9999 - val_loss: 0.9443 - val_accuracy: 0.7733
Learning rate for epoch 19 is 2.684354560000002e-06
Epoch 19/24
98/98 [==============================] - 31s 318ms/step - loss: 0.0035 - accuracy: 1.0000 - val_loss: 0.9444 - val_accuracy: 0.7734
Learning rate for epoch 20 is 1.073741824000001e-06
Epoch 20/24
98/98 [==============================] - 31s 319ms/step - loss: 0.0034 - accuracy: 0.9999 - val_loss: 0.9441 - val_accuracy: 0.7732
Learning rate for epoch 21 is 4.294967296000004e-07
Epoch 21/24
98/98 [==============================] - 31s 318ms/step - loss: 0.0035 - accuracy: 1.0000 - val_loss: 0.9442 - val_accuracy: 0.7733
Learning rate for epoch 22 is 1.7179869184000014e-07
Epoch 22/24
98/98 [==============================] - 31s 318ms/step - loss: 0.0035 - accuracy: 0.9999 - val_loss: 0.9443 - val_accuracy: 0.7733
Learning rate for epoch 23 is 6.871947673600007e-08
Epoch 23/24
98/98 [==============================] - 32s 326ms/step - loss: 0.0035 - accuracy: 0.9999 - val_loss: 0.9442 - val_accuracy: 0.7732
Learning rate for epoch 24 is 2.748779069440003e-08
Epoch 24/24
98/98 [==============================] - 32s 326ms/step - loss: 0.0035 - accuracy: 1.0000 - val_loss: 0.9443 - val_accuracy: 0.7734
```

그림 15.12 DavidNet – 개선된 정확도

임무

드롭아웃 계층을 추가하면서 피처 3을 위한 에포크의 수를 늘립니다.

도전 과제

모델 성능을 80% 이상으로 개선해 보세요. 모든 아키텍처를 자유롭게 사용하세요.

요약

이 장에서는 ChatGPT와 같은 AI 어시스턴트를 효과적으로 사용하여 **합성곱 계층(CNN)** 모델을 학습하고 실험하는 방법을 탐구했습니다. 이 전략은 CIFAR-10 데이터 세트를 사용하여 CNN 모델을 구축하고 훈련하는 다양한 기술을 실험할 수 있는 명확한 단계별 접근 방식을 제공했습니다.

각 단계에는 자세한 지침, 코드 생성 및 사용자 검증이 수반되어 체계적인 학습 경험을 보장했습니다. 기본 CNN 모델을 구축하여 픽셀 값을 정규화 및 이미지 크기 조정을 포함한 필수 전처리 단계를 학습하는 것으로 시작했습니다. Jupyter Notebook과 호환되는 초보자 친화적 코드를

생성하는 과정을 안내하여 이 분야에 처음 입문하는 사람들도 CNN 구축의 기초를 쉽게 파악할 수 있도록 했습니다.

진행 과정에서 AI 어시스턴트는 학습 과정의 필수적인 부분이 되었으며, 계층 추가, 드롭아웃 및 배치 정규화 구현, 다양한 최적화 알고리즘 실험과 같은, 보다 복잡한 영역을 탐구하는 데 도움이 되었습니다. 이러한 각 단계에는 점진적 코드 업데이트가 수반되었으며, 피드백을 검토하기 위하여 정기적으로 잠시 멈추어 학습이 독자의 요구에 적절하게 대응할 수 있도록 했습니다. 우리의 여정은 DavidNet 아키텍처를 구현하는 것으로 정점을 찍었으며, 우리가 배운 모든 전략과 기법을 적용했습니다.

다음 장에서는 ChatGPT을 사용하여 클러스팅 및 PCA 코드를 위한 코드를 생성하는 방법에 대해 알아보겠습니다.

Discord에서 우리 커뮤니티에 참여하세요.

저자 및 여러 독자와 함께 토론하려면 Discord 커뮤니티 공간에 참여하세요.

`https://packt.link/aicode`

제16장
비지도 학습 클러스터링과 PCA

소개

비지도 학습 모델은 레이블이 지정되지 않은 데이터에서 패턴을 찾습니다. 클러스터링은 그룹의 객체가 서로 비슷하지만 서로 다른 그룹의 객체가 서로 비슷하지 않도록, 객체 그룹을 찾는 기술입니다. **주성분 분석**Principal component analysis(PCA)는 데이터의 차원을 줄이기 위한 기술입니다. 텍스트 제품 설명을 사용하여 유사한 제품을 함께 그룹화하는 제품 클러스터링의 콘텍스트에서 두 가지 기술을 모두 논의할 것입니다.

이 장에서 다루는 것은 다음과 같습니다.

- 클러스터링과 주성분 분석이라는 두 가지 비지도 학습에 대해 논의합니다.
- K-평균 클러스터링 알고리즘을 사용합니다.

특징별로 세분화

특징별로 세분화하려면, 다음을 고려해야 합니다.

1. **데이터 준비** : 데이터 세트를 불러오고 데이터를 검사하여 데이터의 구조, 누락된 값 및 전반적인 특성을 파악합니다. 누락된 값 처리, 데이터 유형 변환 및 데이터 정리가 포함될 수 있는 데이터를 전처리합니다.
2. **특징 엔지니어링** : 관련 기능을 선택하고 텍스트에서 특징에 추출한 다음 새로운 특징을 도출합니다.
3. **텍스트 데이터 전처리하기** : 텍스트를 토큰화하고, 문장 부호 및 불용어를 제거합니다. **단어 빈도-역문서빈도**Term Frequency-Inverse Document Frequency(TF-IDF) 기법을 사용하여 텍스트를 숫자

형식으로 변환합니다.

4. **클러스터링 알고리즘을 적용합니다** : K-평균 클러스터링 모델을 만들고 엘보우Elbow 메서드 및 실루엣Silhouette 점수와 같은 적절한 기법을 사용하여 최적의 클러스터 수를 결정합니다.
5. **클러스터링 결과를 평가하고 시각화합니다** : 감소된 차원 공간에서 PCA를 사용하여 클러스터링 성능을 평가하고 결과를 시각화합니다.

2장에 설명한 TAG 프롬프트 패턴, 즉 필요한 작업, 조치 및 지침을 지정합니다.

프롬프트 전략

이 장에서는 2장에 기서술된 TAG(Task-Acrtion-Guidance) 패턴을 사용합니다. 해결해야 할 문제는 다음과 같습니다.

- **Task(과업)** : 고객 세분화 클러스터링 모델을 생성합니다.
- **Action(행동)** : 취해야 할 조치와 사용할 기술을 요청해야 합니다.
- **Guidance(지침)** : 단계별 학습을 요청합니다.

고객 세분화

클러스터링은 구매 행동, 선호도 혹은 데모 그래픽 정보를 기반으로 고객을 세분화하는 데 도움이 될 수 있습니다. 검색 기록, 구매 기록, 위치 및 인구 통계학적 세부 정보와 같은 고객 데이터를 분석하여 클러스터링 알고리즘을 적용하여 개별 고객 세그먼트를 식별할 수 있습니다. 그런 다음 이 정보를 사용하여 마케팅 캠페인을 개인화하거나, 관련 제품을 추천하거나, 다양한 고객 그룹에 맞게 사용자 경험을 맞춤화할 수 있습니다.

데이터 세트

UCL 기계 학습 저장소에서 CSV 파일로 다운로드할 수 있는 전자 상거래 데이터 세트를 사용할 것입니다. `https://archive.ics.uci.edu/dataset/352/online+retail`. 여기에는 영국에 본사를 두고 등록된 비점포 온라인 소매 업체 의 2010년 1월 12일부터 2011년 9월 12일 사이에 발생한 모든 거래에 대한 데이터가 포함되어 있습니다.

데이터 세트에는 다음 열이 포함되어 있습니다.

- `InvoiceNo` : 각 거래에 고유하게 할당된 6자리 정수 숫자입니다.

- `StockCode` : 각 개별 제품에 고유하게 할당된 5자리 정수 숫자입니다.
- `Description` : 각 제품 이름에 대한 텍스트 설명: 텍스트입니다.
- `Quantity` : 거래당 각 제품(항목)의 수량입니다.
- `InvoiceDate` : 각 거래가 생성된 날짜와 시간입니다.
- `UnitPrice` : 단위 스털링 수당 제품 가격입니다.
- `CustomerID` : 각 고객에게 고유하게 할당된 5자리 정수 숫자입니다.
- `Country` : 각 고객이 살고 있는 국가의 이름입니다.

비지도 학습 모델 개발 과정을 AI 어시스턴트에게 추가하기

ChatGPT를 활용하여 비지도 학습 모델의 개발 과정에서 AI 어시스턴트를 추가합니다.

먼저 ChatGPT에 대한 작업 개요부터 설명하겠습니다. TAG 패턴을 사용하는 방법을 살펴보겠습니다.

- **Task(과업)** : 과업은 세분화 클러스터링 모델을 만드는 것입니다.
- **Action(행동)** : AI 어시스턴트에서 어떤 조치를 취해야 하는지 알기를 원합니다.
- **Guidance(지침)** : 효율성을 높이기 위해서는 AI 어시스턴트가 필요합니다.

이를 바탕으로 프롬프트를 작성해 보겠습니다.

프롬프트

Data.csv 파일의 데이터를 사용하여 고객 세분화 클러스터링 모델을 생성하기 위한 데이터 세트를 불러오고 이해하는 방법에 대한 지침을 제공할 수 있습니까? 데이터 세트에는 다음 열이 포함되어 있습니다. `InvoiceNo` (integer), `StockCode` (string), `Description` (string), `Quantity` (integer), `InvoiceDate` (date), `UnitPrice` (decimal), `CustomerID` (integer), `Country` (string).

Python을 사용하여 이 작업을 효과적으로 수행하는 데 필요한 단계와 기술을 알고 싶습니다. Jupyter Notebook을 사용할 것입니다. Github 레포지토리에 있으며, latin1 인코딩을 사용합니다. 단계별로 차근차근 배우고 싶다는 것을 기억하세요.

1. **데이터 세트를 불러옵니다** : 데이터 세트를 pandas 데이터프레임에서 읽어서 데이터를 효과적으로 처리합니다.
2. **데이터를 점검합니다** : 데이터프레임의 첫 번째 몇 줄을 표시하여 데이터를 표시할 수 있습니다. 열 이름 데이터 유형 및 누락된 값을 확인합니다.
3. **통계를 요약합니다** : 숫자 열에 대한 평균, 중앙값, 최솟값, 최댓값 및 사분위수와 같은 통계를 계산합니다. 이는 값의 분포와 범위를 이해하는 데 도움이 됩니다.

프롬프트 응답

물론입니다! Jupyter Notebook에서 Python을 사용하는 고객 세분화 클러스터링 모델에 대한 데이터 세트 불러오기, 데이터 검사, 계산 요약 통계의 단계별 과정을 살펴보겠습니다. 데이터 세트가 "latin1" 인코딩인 Github 레포지토리에 있는 "data.csv"라는 이름을 가진 파일이 있다고 가정합니다.

먼저, 필요한 라이브러리가 설치되어 있는지 확인합니다.

```
pip install pandas matplotlib
```

이제 요청하신 대로 세 가지 코드 블록을 구현해 보겠습니다.

1. 데이터 세트를 불러옵니다.

```
# 필요한 라이브러리를 가져옵니다
import pandas as pd

# Github에서 원본 CSV의 URL입니다
data_url = "https://raw.githubusercontent.com/yourusername/
yourrepository/master/data.csv"

# pandas 데이터프레임에서 데이터 세트를 읽습니다
df = pd.read_csv(data_url, encoding='latin1')

# 데이터프레임(열, 행)의 모양을 표시합니다
print("Shape of the DataFrame:", df.shape)

# 데이터프레임의 첫 번째 몇 줄을 표시합니다
print("First few rows of the DataFrame:")
print(df.head())
```

2. 데이터를 점검합니다.

```
# 열 이름과 데이터 유형을 표시합니다
print("Column names and data types:")
print(df.dtypes)

# 각 행에서 누락된 값이 있는지 확인합니다
print("\nMissing values per column:")
print(df.isnull().sum())
```

3. 요약 통계

```
# 모든 열에서 요약 통계를 계산합니다
summary_stats = df.describe(include='all')

# 더 나은 가독성을 위해 요약을 트랜스파일합니다
summary_stats = summary_stats.transpose()

# 요약 통계를 표시합니다
```

```
print("\nSummary Statistics:")
print(summary_stats)
```

코드에 대한 설명은 다음과 같습니다.

1. 데이터 세트를 불러옵니다.
    - 데이터 처리 및 분석을 위해 주로 pandas를 중심으로 필요한 라이브러리를 가져옵니다.
    - Github에 있는 원본 CSV 파일을 주목하기 위하여 `data_url` 변수를 정의합니다.
    - `pd.read_csv`를 사용하여 CSV 파일에서 df라고 불리우는 pandas 데이터프레임을 읽습니다. 데이터 세트의 행과 열 수에 대한 아이디어를 얻기 위하여, `df.shape`를 사용하여 데이터프레임의 모양을 표시합니다.
    - `df.head()`를 사용하여 데이터 프레임의 첫 번째 몇 줄을 표시하여 데이터를 간략하게 살펴봅니다.
2. 데이터를 점검합니다.
    - `df.dtype`을 사용하여 열 이름과 해당 데이터 유형을 표시하여 데이터 유형을 파악합니다.
    - `df.isnull().sum()`을 사용하여 각 열의 누락된 값을 확인합니다. 이렇게 하면 각 속성에 대한 누락된 값의 개수가 표시됩니다.
3. 요약 통계
    - 요약 통계는 `df.describe(include = 'all')`을 사용하여 계산합니다. `Include= 'all'` 인수를 사용하면 수와 관련된 열과 그렇지 않은 열 모두에 대한 통계가 계산됩니다.
    - `summary_stats.transpose()`를 사용하여 요약 통계를 이동시켜, 열이 속성에 해당하고 좀 더 가독성이 있는 형식을 얻습니다.
    - 마지막으로 `print(summary_stats)`를 사용하여 요약 통계를 표시합니다.

Data_url 변수에서 `"yourusername/yourrepository"`를 실제 사용자 이름 및 레포지토리 이름으로 대체하는 것을 잊지 마세요. 이제 Jupter Notebook에서 코드 블록을 순차적으로 실행하여 고객 세분화 클러스터링 모델의 데이터 세트를 불러오고, 검사 및 이해할 수 있습니다.

데이터 세트 불러오기

데이터 세트를 불러오고 `df.head()`를 실행한 후에는 아래의 텍스트와 유사한 출력물이 나옵니다.

```
Shape of the DataFrame: (541909, 8)
First few rows of the DataFrame:
InvoiceNo StockCode                          Description Quantity \

536365     85123A  WHITE   HANGING HEART T-LIGHT HOLDER         6
536365     71053              WHITE METAL LANTERN               6
536365     84406B     CREAM CUPID HEARTS COAT HANGER            8
536365     84029G     KNITTED UNION FLAG HOT WATER BOTTLE       6
536365     84029E     RED WOOLLY HOTTIE WHITE HEART.            6
InvoiceDate     UnitPrice      CustomerID     Country
12/1/2010 8:26         2.55    17850.0     United Kingdom
12/1/2010 8:26         3.39    17850.0     United Kingdom
12/1/2010 8:26         2.75    17850.0     United Kingdom
```

데이터 점검

코드를 실행하여 `df.info()`를 사용하고, 데이터를 검사하면 열, 데이터 유형 및 누락 값에 대한 몇 가지 초기 정보를 얻을 수 있습니다.

```
Column names and data types:
InvoiceNo       object
StockCode       object
Description     object
Quantity         int64
InvoiceDate     object
UnitPrice      float64
CustomerID     float64
Country         object
dtype: object

Missing values per column:
InvoiceNo          0
StockCode          0
Description     1454
Quantity           0
InvoiceDate        0
UnitPrice          0
CustomerID    135080
Country            0
dtype: int64
```

그림 16.1 Df.info() 실행 후, 데이터프레임의 출력

요약 통계

summary을 실행하여 데이터에 대한 추가 정보를 얻을 수 있습니다. `Statistics script, df.describe():`

```
Summary Statistics:
              count unique                              top    freq  \
InvoiceNo    541909  25900                           573585    1114
StockCode    541909   4070                           85123A    2313
Description  540455   4223  WHITE HANGING HEART T-LIGHT HOLDER    2369
Quantity   541909.0    NaN                              NaN     NaN
InvoiceDate  541909  23260                 10/31/2011 14:41    1114
UnitPrice  541909.0    NaN                              NaN     NaN
CustomerID 406829.0    NaN                              NaN     NaN
Country      541909     38                   United Kingdom  495478

                  mean          std       min      25%      50%      75%  \
InvoiceNo          NaN          NaN       NaN      NaN      NaN      NaN
StockCode          NaN          NaN       NaN      NaN      NaN      NaN
Description        NaN          NaN       NaN      NaN      NaN      NaN
Quantity       9.55225   218.081158  -80995.0      1.0      3.0     10.0
InvoiceDate        NaN          NaN       NaN      NaN      NaN      NaN
UnitPrice     4.611114    96.759853 -11062.06     1.25     2.08     4.13
CustomerID 15287.69057  1713.600303   12346.0  13953.0  15152.0  16791.0
Country            NaN          NaN       NaN      NaN      NaN      NaN
                max   InvoiceNo
NaN
StockCode       NaN
Description     NaN
Quantity    80995.0
InvoiceDate     NaN
UnitPrice   38970.0
CustomerID  18287.0
Country         NaN
```

그림 16.2 Df.describe()를 실행하는 통계의 요약

고객 세분화 클러스터링 모델에 데이터를 사용하려면 먼저 데이터를 전처리해야 합니다.

전처리는 다음 하위분류에서 다룰 것입니다.

데이터 전처리하기

데이터를 검사한 결과, `CustomerID` 열에서 몇 가지 누락된 값이 있음을 볼 수 있습니다. 고객 세분화 클러스터링 모델에 데이터를 사용하려면 먼저 이러한 누락된 값을 제거해야 합니다. `Quantity` 및 `UnitPrice`와 같은 정량적인 열에도 몇 가지 음의 값이 있으므로 이를 제거해야 합

니다. 고객 세분화 클러스터링 모델에 사용하지 않을 몇 가지 열 StockCode, InvoiceDate, Description, 및 Country를 삭제합니다.

다음 각 단계에 대한 ChatGPT 프롬프트를 생성합니다.

프롬프트

Jupyter Notebook에서 Python을 사용하여 고객 세분화 클러스터링 모델의 데이터를 전처리하기 위하여 다음 단계를 구현하는 데 도움을 주셨으면 합니다.

- **누락된 값을 제거합니다** : `CustomerID` 열에서 누락된 값을 가진 열을 제거합니다.
- **음수 값을 제거합니다** : `Quantity` 및 `UnitPrice` 열에서 음수 값을 가진 열을 제거합니다.
- **사용되지 않은 열을 제거합니다** : `StockCode`, `InvoiceDate`, `Description`, `Country` 열을 제거합니다.

프롬프트 응답

물론입니다! Jupyter Notebook에서 Python을 사용하고 고객 세분화 클러스터링 모델의 데이터를 전처리하는 단계를 안내해 드리겠습니다. 전처리 단계를 안내해 드리겠습니다.

```
# 단계 4 : 데이터 전처리

# 1. CustomerID 열에서 누락된 값을 제거합니다
df_cleaned = df.dropna(subset=['CustomerID'])

# 2. Quantity 및 UnitPrice 열에서 음수 값을 제거합니다
df_cleaned = df_cleaned[(df_cleaned['Quantity'] >= 0) & (df_
cleaned['UnitPrice'] >= 0)]

# 3. 사용되지 않은 열('StockCode', 'InvoiceDate', 'Description', 'Country')을 제거합니다
columns_to_drop = ['StockCode', 'InvoiceDate', 'Description', 'Country']
df_cleaned = df_cleaned.drop(columns=columns_to_drop)

# 정리된 데이터프레임에서 모양을 표시합니다
print("Shape of the cleaned DataFrame:", df_cleaned.shape)

# 정리된 데이터프레임에서 첫 번째 몇 줄을 표시합니다
print("\nFirst few rows of the cleaned DataFrame:")
print(df_cleaned.head())
```

위의 코드에서,

1. `CustomerID` 열에서 누락된 값을 포함한 열을 제거하기 위해 `dropna()` 함수를 사용합니다. 이 단계를 통해 고객 세분화에 적합한 고객 Id를 확보할 수 있습니다.
2. Boolean 인덱싱을 사용하여 `Quantity` 및 `UnitPrice` 열을 제거합니다. `Quantity` 및 `UnitPrice` 모

두 음수가 아닌 열만 유지합니다.

3. 이 경우 고객 세분화에 사용되지 않으므로 drop() 함수를 사용하여 'StockCode, InvoiceDate, Description, 및 Country 열을 제거합니다.

> **참고**
>
> 이전 블록을 실행한 후 이 코드 블록을 실행하여 사전 처리된 데이터 프레임 df_cleaned에서 계속 진행합니다. 또한 데일 전처리는 클러스터링에 사용되는 데이터 품질을 보장하기 위한 필수 단계라는 점을 명심하세요. 이러한 단계는 고객 세분화를 위해 클러스터링 알고리즘을 적용하기 전에 유효하지 않거나 관련성이 없는 데이터를 제거하는 데 도움이 됩니다.

전처리 코드를 실행하여 출력 값을 확인하겠습니다.

```
Shape of the cleaned DataFrame: (397924, 4)

First few rows of the cleaned DataFrame:
  InvoiceNo  Quantity  UnitPrice  CustomerID
0    536365         6       2.55     17850.0
1    536365         6       3.39     17850.0
2    536365         8       2.75     17850.0
3    536365         6       3.39     17850.0
4    536365         6       3.39     17850.0
```

그림 16.3 정리된 데이터프레임의 출력값

특징 엔지니어링

고객 세분화 클러스터링 모델에 도움이 될 새로운 특징을 만들기 위하여 몇 가지 특징 엔지니어링을 수행해야 합니다. Quantity 및 UnitPrice 열에 곱셈을 함으로써 Amount라고 불리는 새로운 열을 새롭게 생성할 것입니다. 그런 다음, 각 CustomerID를 위하여 Amount를 덧셈을 함으로써, TotalAmount 열을 생성할 것입니다. 또한 해당 고객의 송장 수를 계산하여 각 고객에 대한 TotalTransactions 열을 생성할 것입니다. 고객 세분화에 사용할 새로운 데이터 세트에는 두 개의 열(TotalAmount 및 TotalTransactions)이 있습니다.

다음 각 단계에 대한 ChatGPT 프롬프트를 생성합니다.

프롬프트

1. **Amount 열을 생성합니다** : `Quantity` 및 `UnitPrice` 열에 곱셈을 함으로써 Amount라고 불리는 새로운 열을 새롭게 생성합니다.
2. **TotalAmount 열을 생성합니다** : 각 `CustomerID`를 위하여 `Amount`을 덧셈함으로써, `TotalAmount`이라고 불리는 새로운 열을 생성합니다. `Amount` 열을 드롭합니다.
3. **TotalTransactions 열을 생성합니다** : 각 `CustomerID`의 송장 수를 세어서, `TotalTransactions`이라고 불리는 새로운 열을 생성합니다.
4. **고객 세분화 데이터 세트를 생성합니다** : `TotalAmount` 및 `TotalTransactions`, 이 두 개의 열로 `df_segmentation`이라는 새로운 데이터 세트를 생성합니다.

프롬프트 응답

물론입니다! 특징 엔지니어링을 통하여 Jupyter Notebook에서 Python을 사용하고 고객 세분화 클러스터링 모델의 새로운 특징을 생성하는 단계를 안내해 드리겠습니다. 특징 엔지니어링을 진행하겠습니다.

```
# 단계 5 : 특징 엔지니어링

# 1. Amount 열을 생성합니다 : Multiply Quantity and UnitPrice columns df_
cleaned['Amount'] = df_cleaned['Quantity'] * df_cleaned['UnitPrice']
# 2. TotalAmount 열을 생성합니다 : Sum up Amount for each CustomerID df_total_ amount =
df_cleaned.groupby('CustomerID')['Amount'].sum().reset_index() df_
total_amount.rename(columns={'Amount': 'TotalAmount'}, inplace=True)
# 3. TotalTransactions 열을 생성합니다 : Count the number of invoices for each CustomerID
df_total_transactions = df_cleaned.groupby('CustomerID')
['InvoiceNo'].nunique().reset_index() df_total_transactions. rename(columns={'InvoiceNo':
'TotalTransactions'}, inplace=True)

# 4. 고객 세분화 데이터 세트를 생성합니다 : Merge TotalAmount and TotalTransactions
df_segmentation = pd.merge(df_total_amount, df_total_ transactions, on='CustomerID')

# Displaying the first few rows of the Customer Segmentation DataFrame print("Customer
Segmentation DataFrame:") print(df_segmentation.head())
```

위의 코드에서,

1. `Quantity` 및 `UnitPrice`열에 곱함으로써 새로운 `Amount` 열을 생성하여 각 거래에 지출된 총 금액을 캡처합니다.
2. 모든 총 거래를 통해 `Amount`를 덧셈함으로써 각 고객을 위한 `CustomerID`로 데이터를 그룹화하며 `TotalAmount`를 계산합니다. 이 단계에서는 `Groupby()` 및 `sum()` 함수를 사용합니다.
3. 또한 `groupby()` 및 `nunique` 함수를 사용하는 `TotalTransactions`을 생성하기 위하여 `CustomerID`로 데이터를 그룹화하고 각 고객을 위한 고유의 송장(거래)의 수를 계산합니다.
4. `CustomerID`로부터 `df_total_amount` 및 `df_total_transactions`을 병합하여 최종 데이터프레임 `df_segementation`를 생성합니다.

Df_segmentation 데이터프레임의 결과는 TotalAmount 및 TotalTransactions 이, 두 가지 열을 가지게 되는데, 이는 고객 세분화를 위한 특징으로써 사용될 것입니다. 이러한 새로운 특징은 지출 행동과 거래 빈도를 기반으로 고객을 클러스터링하는 데 유용한 통찰을 제공할 수 있습니다.

코드를 실행한 후에는 다음과 같은 출력 값을 볼 수 있을 것입니다.

```
Customer Segmentation DataFrame:
   CustomerID  TotalAmount  TotalTransactions
0     12346.0     77183.60                  1
1     12347.0      4310.00                  7
2     12348.0      1797.24                  4
3     12349.0      1757.55                  1
4     12350.0       334.40                  1
```

그림 16.4 df.segmentation, TotalAmount, 및 TotalTransactions의 결과

이상치 확인하기

다음으로, 데이터세트의 다른 관측치와 크게 다른 데이터포인트인 이상치를 확인할 것입니다.

프롬프트

TotalAmount 및 TotalTransactions 특징을 기반으로 분할을 수행할 것입니다. 클러스터링 알고리즘은 이상치에 민감합니다. 따라서 데이터에 이상치가 있는 지 확인해주세요. CustomerID 열을 삭제하고, Customer 세분화에 사용될 데이터세트로 생긴 많은 이상치가 있다면 체크하는 것을 도와주세요.

프롬프트 응답

물론입니다! Df_segmentation 데이터프레임에서 CustomerID 열의 제거하기와 데이터세트로 생긴 이상치를 확인하는 과정을 진행합니다.

```
# 단계 6 : 이상치를 확인합니다

# df_segmentation에서 CustomerID 열을 제거합니다
df_segmentation.drop('CustomerID', axis=1, inplace=True)

# 상자 그림을 사용하는 이상치를 확인합니다
import matplotlib.pyplot as plt

plt.figure(figsize=(8, 5))
plt.boxplot([df_segmentation['TotalAmount'], df_
segmentation['TotalTransactions']], labels=['TotalAmount',
'TotalTransactions'])
```

```
plt.title('Box Plot of TotalAmount and TotalTransactions')
plt.ylabel('Values')
plt.show()
```

위의 코드에서,

1. 열을 삭제하는 것을 특정하기 위하여 axis=1인 drop() 함수를 사용하는 df_segmentation 데이터 프레임으로부터 CustomerID 열을 삭제합니다.
2. TotalAmount 및 TotalTransactions의 분포의 시각화와 잠재적인 이상치를 식별하기 위하여 박스 플롯을 사용합니다. 상자 그림Box plot은 잠재적인 이상치로 고려될 수 있는 중앙값, 사분위수 및 수염Whisker 너머의 데이터 포인트를 보여줄 것입니다.

상자 그림을 검사하여 중앙 분포에서 상당히 멀리 떨어진 지점이 있는지 확인합니다. 이상치가 있는 경우 상자 그림의 수염 외부에 있는 개별 데이터 포인트로 표시합니다. 시각화에 따라 '이상치'를 캡핑capping, 제거하거나 이상치에 덜 민감하고 강력한 클러스터링 알고리즘과 같은 기법을 사용하여 처리의 여부를 결정할 수 있습니다.

이상치의 정의는 데이터의 콘텍스트와 고객 세분화 요구 사항에 따라 달라진다는 점을 명심하세요. 이상치는 중요하거나 드문 고객 행동을 나타낼 수 있으며, 이상치를 제거하는 데는 신중을 기하고, 도메인 지식을 기반으로 해야 합니다.

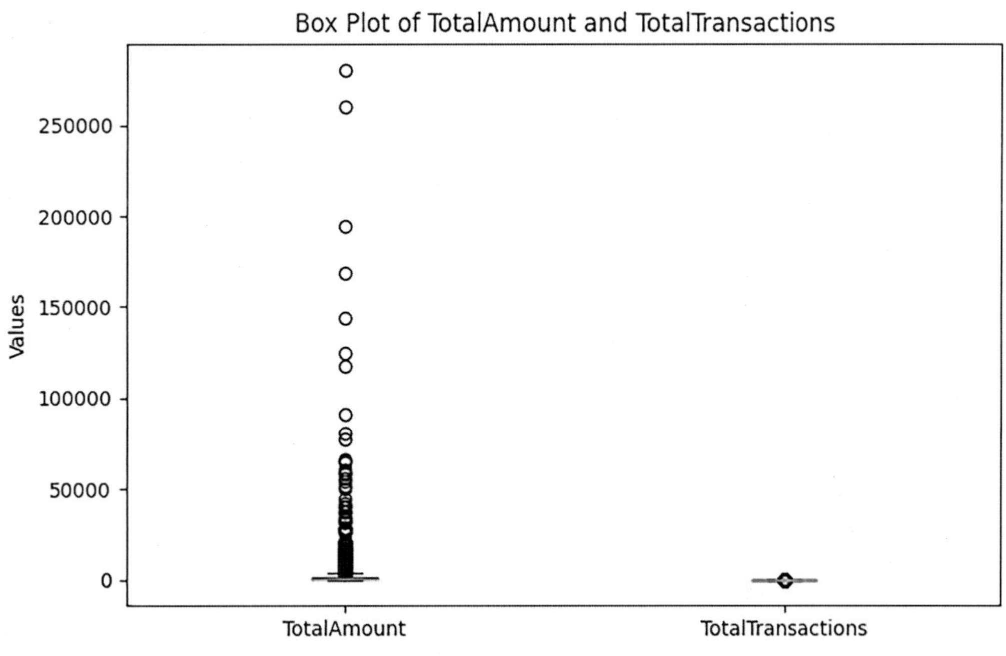

그림 16.5 TotalAmount 및 TotalTransactions 열의 상자 그림

이상치 제거하기

다음으로 데이터세트의 이상치를 제거하겠습니다.

프롬프트

'TotalAmount 및 ToatalTransactions의 상자 그림은 데이터세트의 TotalAmount열에 이상치가 있다는 것을 보여줍니다. 데이터 세트에서 이상치를 제거하고 싶습니다.

프롬프트 응답

물론입니다! TotalAmount 열을 기반으로 한 df_segmentation 데이터프레임에서 이상치를 제거하려면 다양한 방법을 사용할 수 있습니다. 일반적인 접근 방식 중 하나는 사분범위[Interquartile Range](IQR) 메서드를 사용하여 이상치를 감지하고 제거하는 것입니다. 이 방법은 다음과 같습니다.

```
# 단계 7 : TotalAmount 열에서 이상치를 제거하기

# TotalAmount 열을 위한 사분범위를 계산합니다
Q1 = df_segmentation['TotalAmount'].quantile(0.25)
Q3 = df_segmentation['TotalAmount'].quantile(0.75)
IQR = Q3 - Q1

# 이상치 감지에서 하한 및 상한을 정의합니다
lower_bound = Q1 - 1.5 * IQR
upper_bound = Q3 + 1.5 * IQR

# TotalAmount 열에서 이상치를 제거합니다
df_segmentation = df_segmentation[(df_segmentation['TotalAmount'] >= lower_
bound) & (df_segmentation['TotalAmount'] <= upper_bound)]

# 이상치 제거 후에 업데이트된 모양을 표시합니다
print("Shape of DataFrame after removing outliers:", df_segmentation.shape)
```

위의 코드에서,

1. 우리는 quantile() 함수를 사용하여 TotalAmount 열에서 사분범위(IQR)를 계산합니다.
2. 이상치 탐지의 상한 및 하한을 각각의 제일사분위수(Q1)와 제삼사분위수(Q3) 이상의 사분위수를 1.5배로 정의합니다.
3. 부울 인덱싱을 사용하여 TotalAmount가 정의된 범위 내에 있는 행만 유지하여 이상치를 효과적으로 제거합니다.
4. 마지막으로 이상치를 제거한 후 업데이트된 데이터프레임의 모양을 표시합니다.

이상치를 제거하면 데이터의 대표성과 클러스터링 결가에 영향을 미칠 수 있다는 점을 기억하세요. 이상치를 제거하기 전에 이상치가 고객 세분화에 미칠 수 있는 영향을 파악하고 데이터에 이상치가 존재하는 근본적인 이유를 고려하는 것이 필수적입니다. 콘텍스트와 특정 사용 사례에 따라 이상치를 캡핑하거나, 데이터 변환 혹은 강력한 클러스터링 알고리즘을 사용하는 등 이상치를 다르게 처리할 수 있습니다.

7단계 코드를 실행하여 출력을 확인합니다.

```
Shape of DataFrame before removing outliers: (4339, 2)
Shape of DataFrame after removing outliers: (3912, 2)
```

그림 16.6 이상치를 제거한 후 데이터프레임의 차이 표시

표준화를 사용한 데이터 확장

다음으로 "표준화를 사용한 데이터 확장"이라고 불리는 전처리 단계를 수행합니다. 여기에는 데이터의 평균이 0이고 표준 편차가 1이 되도록 데이터를 변환하는 것이 포함됩니다. 데이터의 단위나 척도가 다르며 각 특징이 수행중인 분석에 동일하게 기여할 때 유용합니다.

프롬프트

클러스터링 메서드는 데이터 확장에 민감합니다. 데이터 세트를 확장하고 싶습니다.

프롬프트 응답

맞습니다! 클러스터링 메서드, 특히 K-평균과 같은 거리 기반 방법은 특징의 규모에 민감합니다. 모든 특징의 규모가 동일하고 클러스터링 과정에 동일하게 기여하려면 데이터 확장을 수행해야 합니다. 일반적인 접근 방식은 표준화(z-점수 확장으로도 알려짐)나 정규화를 사용하는 것입니다. 여기에서는 표준화를 사용하여 데이터 세트를 확장하는 방법을 보여드리겠습니다.

```
# 단계 8 : 표준화를 사용한 데이터 확장

from sklearn.preprocessing import StandardScaler

# StandardScaler를 초기화합니다
scaler = StandardScaler()

# 데이터 세트(TotalAmount 및 TotalTransactions)를 확장합니다
df_scaled = scaler.fit_transform(df_segmentation)

# 확장된 배열을 데이터프레임으로 다시 변환합니다
df_scaled = pd.DataFrame(df_scaled, columns=df_segmentation.columns)

# 확장된 데이터프레임의 첫 번째 몇 줄을 표시합니다
print("Scaled DataFrame:")
```

```
print(df_scaled.head())
```

위의 코드에서,

1. 표준화를 수행하는 데 도움이 될 Sklearn.preprocessing 모듈에서 StandardScaler을 가져옵니다.
2. StandardScaler를 scaler로써 초기화합니다.
3. Df_segmentaiton 데이터프레임에서 표준화를 수행하기 위해 scaler.fit_transform()를 수행하는 데, 이는 TotalAmount 및 TotalTransaction 열을 포함합니다.
4. Fit_trasform() 작동의 결과는 배열로, 원본 열 이름을 가진 pd.DataFrame()을 사용하여 데이터프레임으로 다시 변환합니다.

확장 후에, TotalAmount 및 TotalTransactions 둘 다는 평균 0이고 표준 편차는 1이므로, 더 큰 규모로 인하여 단인 특징이 클러스터링 알고리즘이 클러스터링 과정에 도움이 됩니다.

이제 클러스터링 메서드를 사용하여 고객 세분화에 사용할 수 있는 확장된 데이터프레임인 df_scaled가 있습니다.

8단계에 대한 코드를 실행하면 이 출력 값이 나타납니다.

```
       Scaled DataFrame:
       TotalAmount    TotalTransactions
1.099421              0.425738
1.051512              -0.745491
-0.666340             -0.745491
1.954997              1.987377
-0.962557             -0.745491
```

클러스터 수 결정하기

K-평균은 데이터 세트를 k개의 클러스터로 분할하는 데 사용되고 인기 있는 클러스터링 알고리즘으로, 각 데이터 포인트는 가장 가까운 평균 클러스터에 속합니다. K-평균을 사용하는 목표는 유사한 데이터 포인트를 함께 그룹화하여 패턴을 식별하는 것이다. 또한 데이터 세트의 복잡도를 줄이는 것도 좋습니다. 다른 이점으로는 개선된 분석이 포함되었습니다.

K-평균과 같은 클러스터링 방법을 적용하려면 클러스터 수를 경정해야 합니다. 해당 숫자를 찾는 데 사용할 수 있는 몇 가지 방법이 있습니다. ChatGPT에게 요청하겠습니다.

프롬프트

데이터 세트에 대한 최적의 클러스터 수를 결정하려면 어떻게 해야 하나요?

프롬프트 응답

K-평균과 같은 클러스터링 메서드를 적용할 때에는 종종 '엘보우' 포인트라고 불리우는 최적의 클러스터 수를 경정하는 것이 중요한 단계입니다. 데이터 세트에 적합한 클러스터 수를 찾는 데 사용할 수 있는 몇 가지 방법이 잇습니다. 가장 일반적인 접근 방식은 "엘보우 메서드"이지만, "실루엣 점수" 및 "갭 통계"와 같은 다른 방법도 도움이 될 수 있습니다. 이러한 메서드를 사용하는 방법은 다음과 같습니다.

1. **엘보우 메서드** : 엘보우 메서드는 클러스터 수에 대한 **군집내 총 제곱합**Within-cluster sum of squares(WCSS)을 구성하는 것이 포함됩니다. WCSS는 각 점과 할당된 클러스터의 중심 사이의 거래 제곱의 합을 나타냅니다. 이 아이디어는 플롯에서 WCSS의 감소가 느려지기 시작하여 '엘보우' 모양을 형성하는 지점을 찾는 것이다.

```
from sklearn.cluster import KMeans import matplotlib.pyplot as plt

# 클러스터 wcss = []의 여러 가지 수를 위한 WCSS 값을 저장할 목록을 생성합니다

# 범위 (1,11)에서 k에 대한 1에서 합리적 최댓값까지 여러 클러스터의 수 k의 값을 시도해보세요.
kmeans = KMeans(n_clusters=k, random_ state=42) kmeans.fit(df_scaled)
wcss.append(kmeans.inertia_) # inertia_은 WCSS 값을 포함합니다
# 엘보우 메서드 그래프
plt.figure(figsize=(8, 5))를 구성합니다
plt.plot(range(1, 11), wcss, marker='o')
plt.xlabel('Number of Clusters (K)')
plt.ylabel('Within-Cluster Sum of Squares (WCSS)')
plt.title('Elbow Method')
plt.grid(True) plt.show()
```

엘보우 메서드 그래프에서 곡선이 평평해지기 시작하는 지점인 "엘보우" 지점을 찾습니다. 이 지점은 데이터 세트에 대한 최적의 클러스터 수를 나타냅니다. 그렇지만 엘보우 메서드가 항상 확실한 것은 아니며, 경우에 따라서 엘보우 지점이 그다지 뚜렷하지 않을 수 있다는 점을 명심하세요.

2. **실루엣 점수** : 실루엣 점수는 각 데이터 포인트가 할당된 클러스터에 얼마나 잘 맞는지 측정하며 범위는 -1에서 1입니다. 실루엣 점수가 높을수록 클러스터가 더 잘 정의되었음을 나타냅니다. 실루엣 점수를 사용하려면 K의 여러 값을 반복하여 각 값의 평균 실루엣 점수를 계산합니다.

```
from sklearn.metrics import silhouette_score

# 클러스터의 여러 가지 수를 위한 실루엣 점수를 저장할 목록을 생성합니다
silhouette_scores = []

# 클러스터의 수 K의 다른 값을 2에서 합리적인 최댓값까지 시도합니다
for k in range(2, 11):
    kmeans = KMeans(n_clusters=k, random_state=42)
    kmeans.fit(df_scaled)
    silhouette_scores.append(silhouette_score(df_scaled, kmeans.labels_))

# 실루엣 점수를 구성합니다
```

```
plt.figure(figsize=(8, 5))
plt.plot(range(2, 11), silhouette_scores, marker='o')
plt.xlabel('Number of Clusters (K)')
plt.ylabel('Average Silhouette Score')
plt.title('Silhouette Score')
plt.grid(True) plt.show()
```

최적의 클러스터 수는 종종 가장 높은 실루엣 점수와 연관됩니다.

3. **갭 통계**: 갭 통계는 클러스터링 알고리즘의 WCSS와 무작위로 생성된 데이터의 WCSS를 비교합니다. 데이터의 클러스터링 구조가 무작위 데이터와 비교했을 때 유의미한지 확인하는 데 도움이 됩니다.

   갭 통계 구현이 더 많이 관여하지만 scikit-learn-extra와 같은 라이브러리는 갭 통계를 계산할 수 있는 특징을 제공합니다.

```
from sklearn_extra.cluster import KMeansExtra

# 갭 통계를 계산합니다
from sklearn_extra.cluster import KMeansExtra

kmeans_gap = KMeansExtra(
  n_clusters_max=10,
  random_state=42,
  n_init=10,
  max_iter=300, metric="gap"
)
kmeans_gap.fit(df_scaled)

# 갭 통계를 구성합니다
plt.figure(figsize=(8, 5))
plt.plot(range(1, 11), kmeans_gap.gap_values_, marker='o')
plt.xlabel('Number of Clusters (K)')
plt.ylabel('Gap Value')
plt.title('Gap Statistics')
plt.grid(True)
plt.show()
```

다시 말하지만, 최적의 클러스터 수를 나타내는 갭 값이 평평해지기 시작하는 지점을 찾습니다.

최적의 클러스터 수를 선택하는 것은 종종 원하는 통찰과 특정 문제 매각에 따라서 주관적으로 결정된다는 점을 기억하세요. 이러한 방법은 시작점을 제공할 수 있지만, 도메인 지식과 비즈니스 요구 사항을 기반으로 클러스터링 결과를 실험하고 검증해야 할 수 있습니다.

엘보우 메서드와 실루엣 점수에 대한 코드를 실행하고 출력 값을 검사합니다.

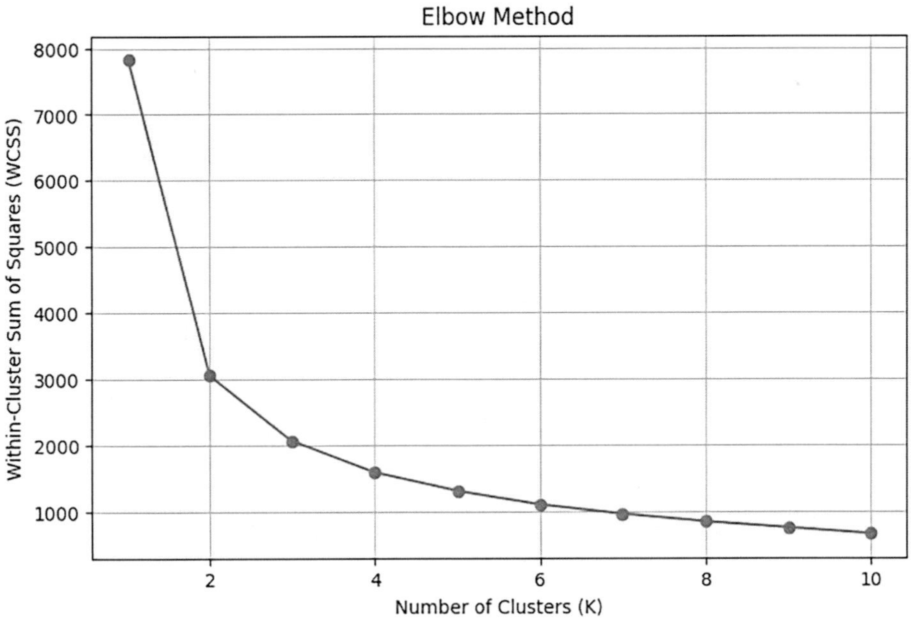

그림 16.7 엘보우 메서드를 사용한 클러스터 수

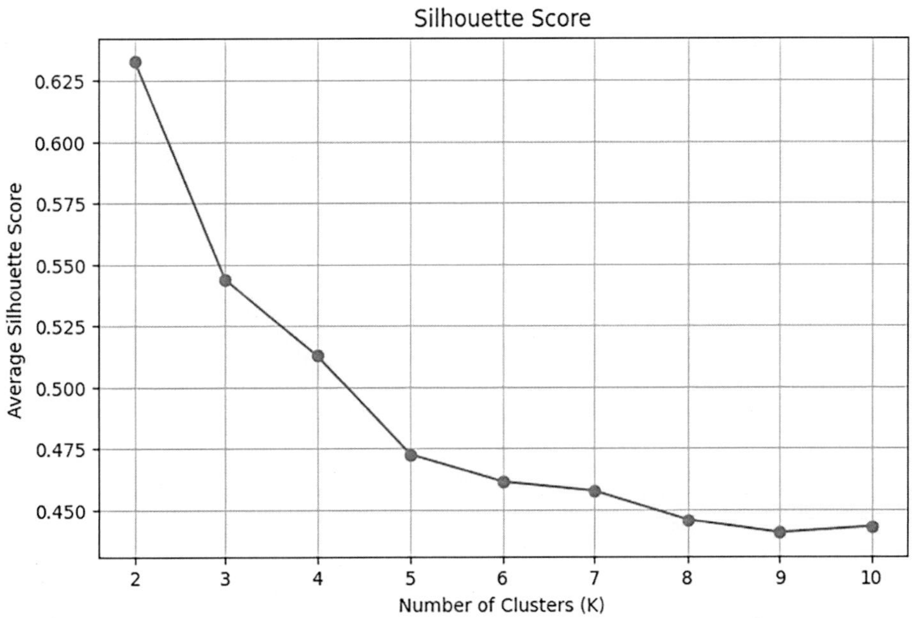

그림 16.8 실루엣 점수 메서드를 사용한 클러스터 수

최적의 클러스터 수를 결정하는 데 사용한 엘보우 메서드와 실루엣 점수 메서드는 6개의 클러스터를 제안했습니다. K-평균 모델에는 6개의 클러스터를 사용할 것입니다. ChatGPT 프롬프트를 생성하여 6개의 클러스터로 구성된 고객 세분화 K-평균 클러스터링 모델을 만들어 보겠습니다.

클러스터링 모델 생성하기

이제 사용할 클러스터 수를 결정했으니 다음으로 클러스터 모델을 만들어 보겠습니다.

프롬프트

6개의 클러스터로 구성된 고객 세분화 K-평균 클러스터링 모델을 만드는 데 도움을 주세요.

프롬프트 응답

물론이죠! 확장된 데이터 df_scaled를 사용하여 6개의 클러스터로 구성된 고객 세분화 K-평균 클러스터링 모델을 생성합니다. Scikit-learn의 Kmeans 클래스를 사용하여 클러스터링을 수행합니다.

```
from sklearn.cluster import KMeans

# 클러스터의 수
num_clusters = 6

# Kmeans 클러스터링 모델을 생성합니다
kmeans_model = KMeans(n_clusters=num_clusters, random_state=42)

# 모델을 확장된 데이터로 맞춥니다
kmeans_model.fit(df_scaled)

# 클러스터 레이블을 데이터프레임으로 추가합니다
df_segmentation['Cluster'] = kmeans_model.labels_

# 클러스터 할당이 있는 데이터프레임의 첫 번째 몇 줄을 표시합니다
print("Customer Segmentation DataFrame with Cluster Assignments:")
print(df_segmentation.head())
```

위의 코드에서,

1. Num_cluster를 6으로 지정하면 고객 세분화를 위한 6개의 클러스터를 생성합니다.
2. 원하는 클러스터의 수를 가진 Kmeans를 사용하여 K-평균 클러스터링 모델을 생성하고 재현 가능성을 위하여 random_state를 설정합니다.
3. 이 모델은 fit()을 사용하여 확장된 데이터 df_scale에 맞춥니다.
4. Kmeans_model.labels_ 을 사용한 원본 데이터프레임 df_segmentation에서 클러스 레이블을 추가하고 'Cluster'라고 부르는 새로운 열을 저장합니다.

이제 결과 df_segmentation 데이터프레임에는 'TotalAmount' 및 'TotalTransactions'을 기준으로 각 고객에 대한 클러스터 할당을 나타내는 'Cluster' 열이 포함됩니다. 각 고객은 6개의 클러스터 중 하나와 연결됩니다.

클러스터의 해석은 데이터의 콘텍스트와 도메인 지식에 따라 달라집니다. 각 클러스터의 특성을 분석하여 다양한 고객 세분화에 대한 통찰을 얻고, 그에 따라 마케팅 또는 비즈니스 전략을 조정할 수 있습니다. 산포도 혹은 클러스터 프로파일과 같은 시각화 기법은 고객 세분화 결과를 이해하고 해석하는 데 도움이 될 수 있습니다.

```
Customer Segmentation DataFrame with Cluster Assignments:
   TotalAmount  TotalTransactions  Cluster
2      1797.24                  4        3
3      1757.55                  1        3
4       334.40                  1        5
5      2506.04                  8        2
6        89.00                  1        5


C:\Users\marin\AppData\Local\Packages\PythonSoftwareFoundation.Python.3.9_qbz5n2kf
```

그림 16.9 실행 중인 df.segmentation()의 출력 값

클러스터링 결과 시각화하기

이제 클러스터링 결과를 시각화할 수 있습니다. 다음 프롬프트를 생성합니다.

프롬프트

클러스터링 결과를 시각화하고 싶습니다. 다음 사양으로 산포도를 작성하고 가로축은 "Total Amount", 세로축은 "Total Transactions"이어야 하며, 점의 색상은 클러스터 번호로 결정해야 합니다. 플롯에 범례도 추가해 주세요.

프롬프트 응답

물론입니다! 클러스터링 결과를 시각화하기 위하여 산포도를 생성합니다. 구성을 위한 Matplotlib 라이브러리를, 컬러 매핑을 위해서 seaborn 라이브러리를, 좀 더 시각적으로 매력적인 플롯을 사용합니다. 만약 seaborn 라이브러리가 설치되어 있지 않을 경우, pip install seaborn을 사용하여 설치할 수 있습니다.

```
import seaborn as sns
import matplotlib.pyplot as plt

# 클러스터 할당이 있는 산포도
plt.figure(figsize=(10, 6))
```

```
sns.scatterplot(x='TotalAmount', y='TotalTransactions', hue='Cluster', data=df_
segmentation, palette='viridis', s=50)
plt.xlabel('Total Amount')
plt.ylabel('Total Transactions')
plt.title('Customer Segmentation by K-Means Clustering')
plt.legend(title='Cluster', bbox_to_anchor=(1.05, 1), loc='upper left') plt.grid(True)
plt.show()
```

위의 코드에서,

1. 우리는 산포도를 생성하기 위하여 `seaborn.scatterplot()`을 사용합니다. `'TotalAmount'`는 가로 축(x)에 구성되어 있으며, 'TotalTransactions'는 세로 축(y)에, 'Cluster' 열은 hue 모수를 사용하여 컬러 매핑에 사용됩니다.
2. Palette 모수를 사용하여 색상 팔레트를 'viridis'fmf 설정하는 데, 이는 각 클러스터를 위하여 고유한 색상을 제공합니다. s=50 모수는 가시성을 높이기 위하여 산포도의 점 크기를 50으로 설정합니다.
3. 플롯의 가독성을 향상시키기 위하여 축 레이블, 플롯 제목, 범례 및 격자선을 추가합니다.

결과 산포는 'TotalAmount' 및 'TotalTransactions'으로 정의된 2차원 공간에 각 고객을 점으로 표시합니다. 클러스터 할당에 따라서 점이 색상으로 표시되므로, 다양한 고객 세분화를 시각적으로 식별할 수 있습니다. 범례는 어떤 색상이 어떤 클러스터 번호에 해당하는지 확인하는 데 도움이 됩니다.

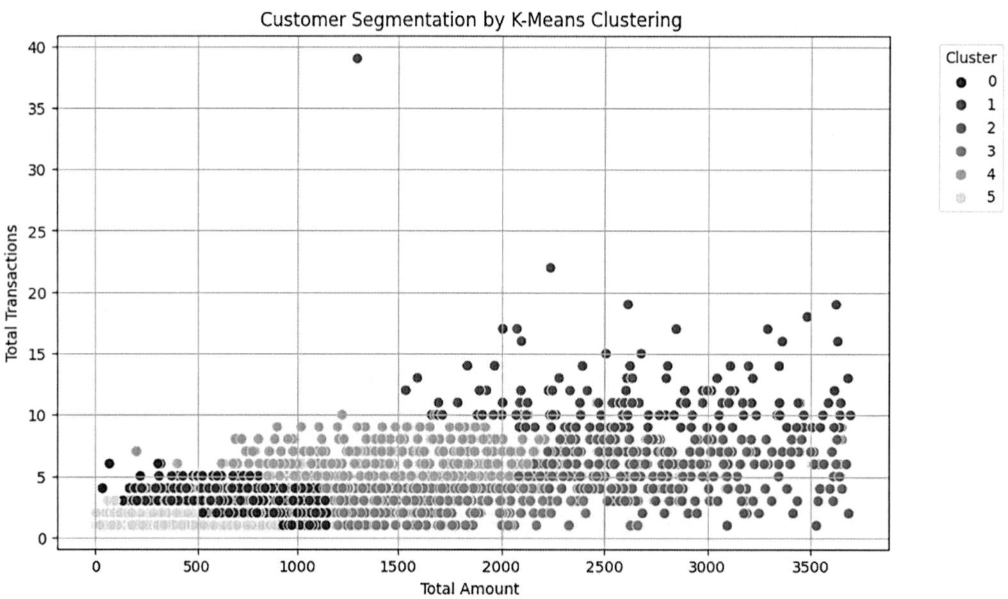

그림 16.10 6개의 클러스터로 분할된 데이터 포인트

클러스터링 및 프롬프트 과정에 대한 최종 생각

ChatGPT의 도움을 받아 고객 세분화 클러스터링을 완료했습니다. 목표를 달성하기 위하여 몇 가지 유형의 프롬프트를 사용했습니다.

프롬프트는 종종 상위 수준의 콘텍스트에서 설정하는 소스, 열 및 해당 유형과 같이 사용할 데이터 세트를 설명하는 것으로 시작됩니다. 그런 다음 ChatGPT는 특정 알고리즘(이 경우에는 K-평균 클러스터링)을 사용하여 고객 세분화 클러스터링 모델을 구현하는 데 도움을 요청합니다. 사용된 프롬프트를 요약하면, AI 어시스턴트 없이도 데이터 과학을 수행할 수 있는 일련의 다양한 기법을 혼합된 것을 볼 수 있습니다. 아래에서 다양한 유형의 프롬프트 유형과 해당 프롬프트가 클러스터링 과정에 어떻게 도움이 되었는지 확인할 수 있습니다.

- **단계별 지침** : 여기에는 데이터 세트 불러오기 및 이해, 데이터 전처리(누락된 값, 음수 값 및 사용되지 않은 열 제거), 특징 엔지니어링(Amount, TotalAmoun 및 TotalTransactions과 같은 새로운 특징) 등이 포함된 문제에 접근하는 방법에 대한 단계별 지침이 제공되었습니다.
- **클러스터링 알고리즘 선택** : 여기에는 분할에 사용할 클러스터 수와 함께 K-평균 클러스터링인 클러스터링 알고리즘의 선택이 명시되어 있습니다.
- **이상치 처리** : **사분범위(IQR)** 메서드의 데이터사용에서 이상치에 대한 클러스터링 알고리즘의 민감도와 데이터에서의 이상치를 제거하라는 요청을 해결했습니다.
- **데이터 확장** : 이는 클러스터링 정확도를 보장하기 위해 데이터를 확장하는 것이 중요하다는 점을 강조하고 표준화를 사용하여 특징을 확장하도록 지시합니다.
- **클러스터 시각화** : 이를 위하여 일반적으로 산포도를 통해 클러스터 모델의 결과를 표시하는 시각화 기법이 필요했으며, x축에는 TotalAmount, y축에는 TotalTransactions, 서로 다른 클러스터를 나타내는 색상 코드 포인트가 있습니다.
- **최적의 클러스터 수** : 이 프롬프트는 엘보우 메서드와 실루엣 점수를 사용하여 최적의 클럿터 수를 결정하는 데 도움이 되며, 이는 데이터를 가장 잘 나타내는 적절한 클러스터 수를 찾는 데 도움이 됩니다.
- **결합된 스크립트 요청** : 프롬프트는 생성된 모든 코드를 주석으로, 자세한 설명을 포함하여 하나의 스크립트로 결합하고 고객 세분화 클러스터링 모델을 구현하기 위한 포괄적인 솔루션을 제공하도록 요청합니다.

전자 상거래를 위한 제품 클러스터링

이 작업에서는 동일한 전자 상거래 데이터 세트를 사용하여 제품 클러스터링을 수행합니다. 목표는 Python과 일반 라이브러리를 사용하여 텍스트 설명을 기반으로 제품을 클러스터링하는 비지도 학습 모델을 만드는 것입니다.

최초의 프롬프트 콘텍스트 설정

평소와 마찬가지로 ChatGPT를 사용할 때는 상위 수준의 콘텍스트를 설정하는 것이 중요합니다. 데이터 과학에서 상위 수준의 콘텍스트는 사용된 데이터(전자 상거래 데이터), 달상하고자 하는 목표(데이터의 통찰 획득), 달성하고자 하는 목표(클러스터링)와 같은 것의 설명을 의미합니다.

다음은 이전 단락에서 방금 설명한, 제안된 모든 콘텍스트를 제공하는 프롬프트 예제입니다.

프롬프트

경험이 풍부한 데이터 과학자로서, 클러스터링을 사용하여 제품 분류 모델을 구현하는 데 도움을 주셨으면 합니다. 이 데이터 세트는 UCI 기계 학습 레포지토리의 전자 상거래 데이터입니다. 이 데이터 세트는 영국에 본사를 두고, 등록된 비점포 온라인 소매 업체의 2010년 1월 12일 부터 2011년 9월 12일 사이에 발생한 모든 거래를 포함하는 초국가적인 데이터 세트입니다. 데이터 세트에는 다음 열이 포함되어 있습니다. `InvoiceNo` (integer), `StockCode` (string), `Description` (string), `Quantity` (integer), `InvoiceDate` (date), `UnitPrice` (decimal), `CustomerID` (integer), `Country` (string). Csv 파일의 데이터를 사용하여 제품 분류를 수행하는 데 필요한 단계를 제안할 수 있을까요?

다음과 같은 응답을 받아야 합니다.

프롬프트 응답

물론입니다! 클러스터링을 사용한 제품 분류는 속성에 따라 유사한 제품을 그룹화하는 훌륭한 접근 방식입니다. 주어진 전자 상거래 데이터 세트를 사용하여 제품 분류를 수행하는 단계별 지침은 다음과 같습니다.

단계 1 : 데이터를 불러오고 전처리합니다.

1. CSV 파일에서 데이터 세트를 Python의 Pandas 데이터프레임과 같은 적절한 데이터 구조로 불러옵니다.
2. 데이터의 구조, 누락된 값 및 전반적인 특성을 파악하기 위하여 데이터를 검사합니다.
3. 누락된 값 처리, 데이터 유형 변환 및 데이터 정리가 포함될 수 있는 데이터를 전처리합니다.

단계 2 : 특징 엔지니어링

1. 클러스터링을 할 관련 특징을 선택합니다. 이 경우에는 'StockCode', 'Description', 'Quantity', 'UnitPr

ice' 등의 특징을 고려할 수 있으며, 'CustomerID'와 같은 고객 관련 특징은 그렇지 않을 수 있습니다.
2. 각 행은 제품에 해당하고 각 열은 특징에 해당하는 특징 메트릭스를 생성합니다.

단계 3 : 텍스트 데이터 전처리하기

1. 'Description'과 같은 텍스트 기반의 특징의 경우 소문자화, 토큰화, 문장 부호 제거, 불용어와 같은 텍스트 전처리 단계를 수행합니다.
2. 단어-역문서 빈도Term Frequency-Inverse Document Frequency(TF-IDF) 혹은 단어 임베딩과 같은 기법을 사용하여 텍스트 데이터를 숫자 형식으로 변환합니다.

단계 4 : 클러스터링 알고리즘을 선택합니다.

1. 적절한 클러스터링 알고리즘을 선택합니다. 일반적으로 K-평균, 계층적 클러스터링과 DBSCAN을 선택할 수 있습니다.
2. 필요한 경우 하이퍼파라미터를 조정합니다.

단계 5 : 특징 확장

1. 수와 관련된 특징을 비슷한 범위로 조정합니다. 이는 거리 기반의 K-평균과 같은 알고리즘에서 중요합니다.

단계 6 : 클러스터링 알고리즘을 적용합니다

1. 선택한 클러스터링 알고리즘을 전처리된 데이터에 적용합니다.
2. 최적의 클러스터 수를 결정합니다. 엘보우 메서드, 실루엣 점수 혹은 갭 통계와 같은 기법을 사용할 수 있습니다.

단계 7 : 클러스터를 해석합니다.

1. 클러스터가 생기면 각 클러스터 내부의 제품을 분석히여 공통적인 특성을 이해합니다.
2. 분석에 따라 클러스터에 의미가 있는 레이블을 할당합니다. 이러한 레이블은 제품 카테고리를 나타냅니다.

단계 8 : 클러스터를 시각화합니다(선택 사항임)

1. 산포도, t-SNE 및 PCA와 같은 시각화 기술을 사용하면 축소된 차원 공간에서 클러스터를 시각화합니다.

단계 9 : 제품에 카테고리를 할당합니다.

1. 각 제품이 속한 클러스터를 기준으로 각 카테고리에 할당합니다.

단계 10 : 평가하기 및 계선하기

1. 클러스터링 결과의 품질을 평가합니다. 만약 가능한 경우, 도메인 지식 혹은 외부 검증 메트릭을 사용할 수 있습니다.
2. 필요에 따라 전처리 단계, 알고리즘 모수 혹은 특징을 조정하여 과정을 개선합니다.

클러스터링은 반복적인 과정이며 결과의 품질은 데이터 품질, 특징 선택, 알고리즘 선택 등 다양한 요인에 따라 달라질 수 있다는 점을 기억하세요. 클러스터를 해석하고 레이블링할 때는 비즈니스 콘텍스트와 도메인 지식을 고려하는 것도 중요합니다.

응답의 단계를 검토한 후 이제 다음 프롬프트를 진행할 수 있습니다.

데이터를 불러오고 전처리

이제 클러스터링을 수행하는 일련의 단계를 설명했으니, 응답의 첫 단계인 데이터 불러오기 및 전처리를 수행하고자 합니다.

프롬프트

단계적으로 하고 싶습니다. 다음과 같은 지침을 따라주세요. 단계 1 데이터를 불러오고 전처리합니다. 데이터 URL은 "../Datasets/data.csv" 이며 CSV 파일은 latin1 인코딩을 사용하고 있습니다. 열을 사용합니다.

제품 카테고리를 식별하기 위한 클러스터링의 'Description(설명)'입니다.

다음과 같은 텍스트 응답을 받아야 합니다.

프롬프트 응답

당연합니다. 단계 1로 시작합시다. 데이터를 불러오고 전처리합니다.

```
import pandas as pd

# Latin1 인코딩을 사용하여 CSV 파일에서 데이터를 불러옵니다
data_url = "../Datasets/data.csv"
df = pd.read_csv(data_url, encoding='latin1')

# 데이터 세트에 대한 기본 정보를 표시합니다
print(df.info())

# 데이터 세트의 첫 번째 몇 줄을 표시합니다
print(df.head())
```

이 코드는 latin1 인코딩을 사용하여 제공된 CSV 파일에서 데이터 세트를 불러옵니다. 그런 다음 각 열의 데이터 유형 및 null이 아닌 값의 수와 같은 데이터 세트에 대한 기본 정보를 표시합니다.

추가적으로, 데이터 세트의 첫 번째 몇 줄을 표시하여 데이터 구조를 파악할 수 있습니다.

```
Data columns (total 8 columns):
 #   Column       Non-Null Count   Dtype
---  ------       --------------   -----
 0   InvoiceNo    541909 non-null  object
 1   StockCode    541909 non-null  object
 2   Description  540455 non-null  object
 3   Quantity     541909 non-null  int64
 4   InvoiceDate  541909 non-null  object
 5   UnitPrice    541909 non-null  float64
 6   CustomerID   406829 non-null  float64
 7   Country      541909 non-null  object
dtypes: float64(2), int64(1), object(5)
memory usage: 33.1+ MB
None
  InvoiceNo StockCode                          Description  Quantity  \
0    536365    85123A   WHITE HANGING HEART T-LIGHT HOLDER         6
1    536365     71053                  WHITE METAL LANTERN         6
2    536365    84406B       CREAM CUPID HEARTS COAT HANGER         8
3    536365    84029G  KNITTED UNION FLAG HOT WATER BOTTLE         6
4    536365    84029E       RED WOOLLY HOTTIE WHITE HEART.         6

      InvoiceDate  UnitPrice  CustomerID         Country
0  12/1/2010 8:26       2.55     17850.0  United Kingdom
1  12/1/2010 8:26       3.39     17850.0  United Kingdom
2  12/1/2010 8:26       2.75     17850.0  United Kingdom
3  12/1/2010 8:26       3.39     17850.0  United Kingdom
4  12/1/2010 8:26       3.39     17850.0  United Kingdom
```

그림 16.11 데이터 세트의 첫 번째 몇 줄

이제 데이터를 전처리하고 클러스터링을 위한 'Description' 열에 집중하겠습니다.

```
# 누락된 'Description' 값으로 열을 제거합니다
df = df.dropna(subset=['Description'])

# 수와 관련 열의 기본 통계를 표시합니다
print(df.describe())

# 'Description' 열에서 고유의 값을 표시합니다
print(df['Description'].nunique())

# 상위 10가지 공통 설명을 표시합니다
print(df['Description'].value_counts().head(10))
```

이 코드 스니펫에서는 이 열을 클러스터링에 사용할 것이므로, 먼저 'description' 값으로 열을 제거합니다. 다음으로 수와 관련 열의 기본 통계를 표시하여 데이터 분포에 대한 개요를 얻습니다. 그런 다음, 고유 설명의 수를 세어 다양한 제품을 계산합니다. 마지막으로, 데이터 세트에서 가장 자주 사용되는 제품을 확인할 수 있는 가장 공통되는 설명의 상위 10개를 표시합니다.

이 시점에서 데이터를 불러오고 'Description' 열에 누락된 값을 삭제하였으며, 데이터의 특성에 대한 통찰을 얻었습니다. 다음 단계에서는 'Description' 열에 대한 텍스트의 데이터 전처리를 수행합니다. 단계 3으로 넘어갈 준비가 되었거나 현재 단계에 대한 궁금한 점이 있다면 알려주세요!

코드를 Jupyter Notebook에 복사한 결과, 코드가 완벽하게 잘 작동한다는 것을 알게 되었고, 541,909개의 데이터 세트 기록에 4,223개의 고유한 제품 설명이 포함되어 있다는 것을 알게 되었습니다. 다음 단계에서는 'Description' 열에 대한 텍스트의 데이터 전처리를 수행합니다. 다음 단계로 넘어가겠습니다.

특징 엔지니어링 및 텍스트 데이터 전처리

이 시점에서 데이터를 읽었으며, 데이터 세트의 크기도 알고 있습니다. 다음 두 단계(특징 엔지니어링 및 텍스트 데이터 전처리)를 수행하고자 합니다.

프롬프트

데이터 세트에는 541909개의 엔트리가 포함되어 있으며 4223개의 고유 제품 설명이 포함되어 있습니다. 중복된 'Description'을 삭제하고, 다른 텍스트 데이터 전처리 및 특징 엔지니어링을 수행하고자 합니다. 주석이 달린 스크립트를 생성하고 다운로드할 라이브러리와 nltk 리소스를 포함시킵니다.

프롬프트 응답

물론입니다. 텍스트 데이터 전처리 및 특징 엔지니어링의 단계를 다루는 스크립트를 제공하겠습니다. 시작하겠습니다.

```
import pandas as pd
import nltk
from nltk.corpus import stopwords
from nltk.tokenize import word_tokenize
from sklearn.feature_extraction.text import TfidfVectorizer

# NLTK 리소스 (한 번만 필요합니다)를 다운로드합니다
nltk.download('punkt')
nltk.download('stopwords')

# Latin1 인코딩을 사용하여 CSV 파일에서 데이터를 불러옵니다
data_url = "../Datasets/data.csv"
df = pd.read_csv(data_url, encoding='latin1')

# 'Description' 값의 열을 제거합니다
df = df.dropna(subset=['Description'])
```

```
# 'Description' 엔트리의 중복을 제거합니다
df = df.drop_duplicates(subset=['Description'])

# 텍스트 전처리 및 특징 엔지니어링
# 설명을 소문자로 변환합니다
df['Description'] = df['Description'].str.lower()

# 토큰화 및 문장 부호를 제거합니다
df['Description'] = df['Description'].apply(word_tokenize)

# 불용어를 제거합니다
stop_words = set(stopwords.words('english'))
df['Description'] = df['Description'].apply(lambda x: [word for word in x
if word not in stop_words])

# 토큰화된 설명을 문자열을 다시 변환합니다
df['Description'] = df['Description'].apply(' '.join)

# TF-IDF 벡터화
tfidf_vectorizer = TfidfVectorizer(max_features=1000) # 특징 수를 조정할 수 있습니다
tfidf_matrix = tfidf_vectorizer.fit_transform(df['Description'])

# TF-IDF 메트릭스에서 데이터프레임으로 변환합니다
tfidf_df = pd.DataFrame(tfidf_matrix.toarray(), columns=tfidf_vectorizer.get_
 feature_names_out())

# TF-IDF 데이터프레임을 표시합니다
print(tfidf_df.head())
```

이 스크립트에서

1. `Sklearn.feature_extraction.text`에서 pandas, `nltk`, 및 `TfidfVectorizer`를 포함하고 필요한 라이브러리를 가져옵니다
2. NLTK 리소스(토큰화를 위한 punkt 및 불용어 제거를 위한 `stopword`)가 아직 다운로드되지 않는 경우에 다운로드합니다.
3. 데이터 세트를 불러오고, 'Description' 값이 누락된 행과 중복된 설명을 제거합니다.
4. 'Description'열에서 소문자로 변환, 토큰화, 문장 부호 및 불용어를 제거하는 텍스트 전처리 단계를 수행합니다.
5. 토큰화된 설명을 문자열을 다시 변환합니다
6. TF-IDF 벡터화를 사용하여 전처리된 텍스트 데이터를 수와 관련된 특징으로 변환합니다. `Max_features` 모수를 조정하여 특징 수를 조정할 수 있습니다.
7. TF-IDF 메트릭스는 추가 분석을 위하여 데이터프레임을 변환됩니다.

이 스크립트는 텍스트 데이터를 전처리하고 TF-IDF 벡터화를 사용하여 특징 엔지니어링을 수행합니다. TF-IDF 메트릭스 결과는 후속 단계에서 클러스터링 알고리즘을 위한 입력 값으로 사용할 수 있습니다.

Jupyter Notebook에 스크립트를 붙여 넣은 후 완벽히 잘 작동한다는 것을 알게 되었고, TF-IDF 메트릭스에는 4,223개의 행(고유 제품 설명마다 하나씩)과 1,000개의 열(각 특징마다 하나씩) 있다는 것을 알게 되었습니다.

```
[nltk_data] Downloading package punkt to /root/nltk_data...
[nltk_data]   Unzipping tokenizers/punkt.zip.
[nltk_data] Downloading package stopwords to /root/nltk_data...
[nltk_data]   Unzipping corpora/stopwords.zip.
<ipython-input-4-e54dfbc360ba>:24: SettingWithCopyWarning:
A value is trying to be set on a copy of a slice from a DataFrame.
Try using .loc[row_indexer,col_indexer] = value instead

See the caveats in the documentation: https://pandas.pydata.org/pandas-docs/stable/
  df['Description'] = df['Description'].str.lower()
    00   10   12   16   20  20713  23343   24  30cm   36  ...  world  woven  \
0  0.0  0.0  0.0  0.0  0.0    0.0    0.0  0.0   0.0  0.0  ...    0.0    0.0
1  0.0  0.0  0.0  0.0  0.0    0.0    0.0  0.0   0.0  0.0  ...    0.0    0.0
2  0.0  0.0  0.0  0.0  0.0    0.0    0.0  0.0   0.0  0.0  ...    0.0    0.0
3  0.0  0.0  0.0  0.0  0.0    0.0    0.0  0.0   0.0  0.0  ...    0.0    0.0
4  0.0  0.0  0.0  0.0  0.0    0.0    0.0  0.0   0.0  0.0  ...    0.0    0.0

   wrap  wreath  writing  wrong  wrongly  xmas  yellow  zinc
0   0.0     0.0      0.0    0.0      0.0   0.0     0.0   0.0
1   0.0     0.0      0.0    0.0      0.0   0.0     0.0   0.0
2   0.0     0.0      0.0    0.0      0.0   0.0     0.0   0.0
3   0.0     0.0      0.0    0.0      0.0   0.0     0.0   0.0
4   0.0     0.0      0.0    0.0      0.0   0.0     0.0   0.0

[5 rows x 1000 columns]
```

그림 16.12 TF-IDF 메트릭스

특징 엔지니어링

특징 엔지니어링을 계속해서 진행하겠습니다. TF-IDF 메트릭스에서 가장 빈번한 특징을 시각화해 보겠습니다.

프롬프트

TF-IDF 메트릭스에서 가장 빈번하게 사용되는 상위 100개의 특징을 시각화하고 싶습니다. 세로축에 단어가 있는 막대 차트를 작성하세요.

프롬프트 응답

물론입니다! TF-IDF 메트릭스에서 가장 빈번하게 사용되는 상위 100개 특징을 시각화하려면 matplotlib과 같은 라이브러리를 사용하여 막대 차트를 만들 수 있습니다. 이 방법은 다음과 같습니다.

```
import matplotlib.pyplot as plt
```

```
# 각 특징을 위한 TF-IDF 점수의 합계를 계산합니다
feature_sum = tfidf_df.sum()

# 빈도에 따른 상위 100개의 특징을 얻습니다
top_features = feature_sum.nlargest(100)

# 막대 차트를 생성합니다
plt.figure(figsize=(10, 12)) top_features.plot(kind='barh')
plt.xlabel('TF-IDF Score Sum')
plt.ylabel('Words')
plt.title('Top 100 Most Frequent Features from TF-IDF Matrix')
plt.tight_layout()
plt.show()
```

이 스크립트는 각 특징을 위한 TF-IDF 점수의 합계를 계산하고 빈도에 따른 상위 100개의 기능을 선택합니다. 그런 다음 `matplotlib`을 사용하여 수평 막대 차트를 생성하여 주요 특징을 시각화합니다. 필요에 따라 그림 크기, 레이블 및 기타 모수를 조정하여 원하는 대로 시각화를 사용자 지정합니다.

이 코드를 Jupyter Notebook에서 다음과 같이 막대 차트가 생성됩니다.

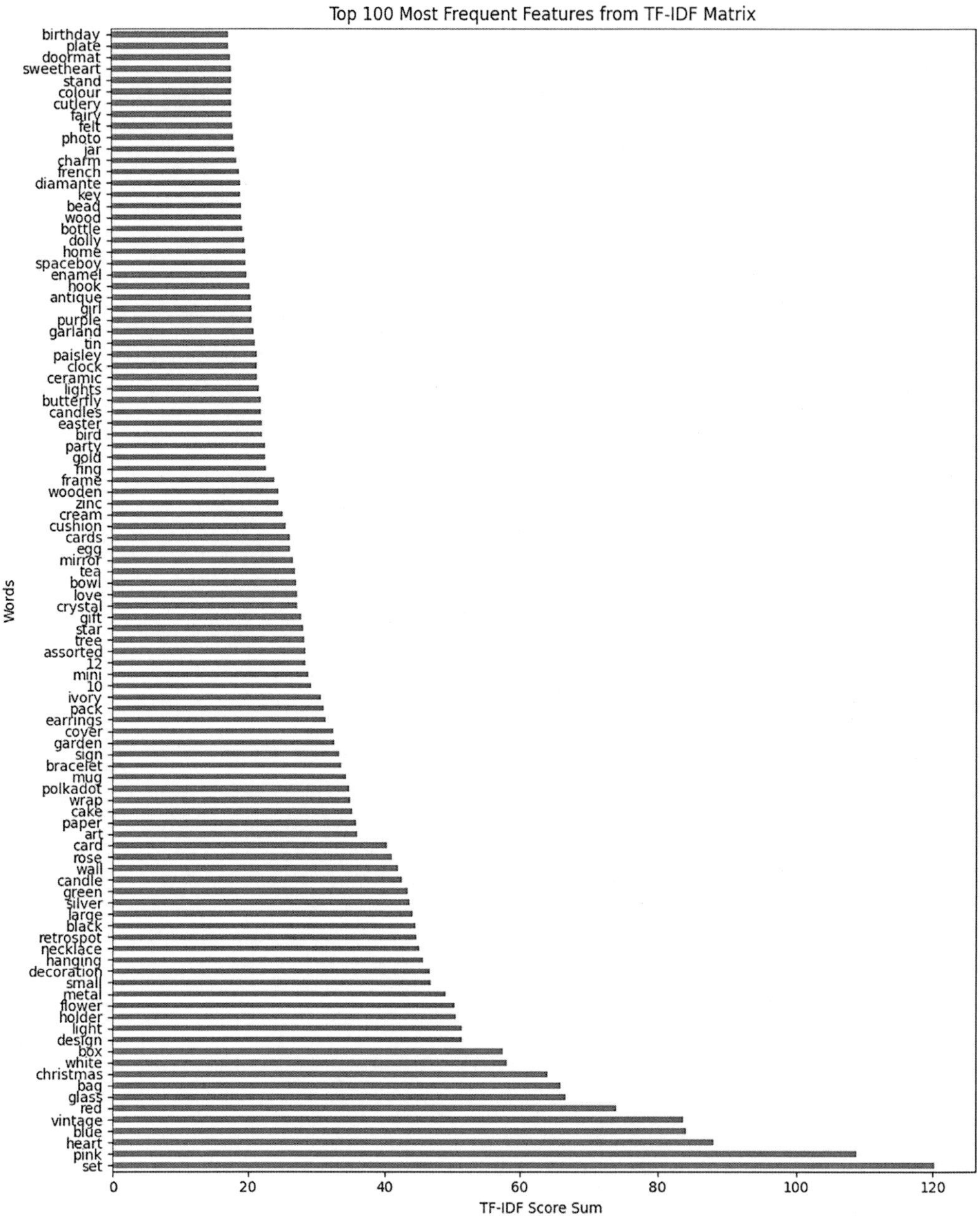

그림 16.13 가장 빈번한 특징

이 차트를 분석하고 다음 프롬프트를 진행하겠습니다.

프롬프트

특징에는 빨간색, 파란색 및 기타 색상과 같은 색상을 나타내는 숫자와 단어가 포함되어 있음을 알 수 있습니다. 이 단어는 제품 분류에 유용하지 않습니다. 이 목록을 사용하여 제품 분류를 수행하기 전에 특징에서 색상 혹은 관련 단어를 필터링할 수 있습니다.

프롬프트 응답

물론입니다! 색상을 나타내는 일반적인 단어 목록은 다음과 같습니다. 이 목록을 사용하여 제품 분류를 수행하기 전에 특징에서 색상 혹은 관련 단어를 필터링할 수 있습니다.

```
color_words = [
    'black', 'white', 'grey', 'gray', 'red', 'blue', 'green', 'yellow', 'orange', 'purple',
    'pink', 'brown', 'beige', 'gold', 'silver', 'indigo', 'violet', 'turquoise', 'teal',
    'aqua', 'navy', 'olive', 'maroon', 'coral', 'plum', 'salmon', 'magenta', 'cyan', 'khaki',
    'ivory', 'chartreuse', 'crimson', 'fuchsia', 'lavender', 'lime', 'tan', 'sienna',
    'orchid', 'periwinkle', 'peach', 'thistle'
]
```

이 목록을 사용하여 텍스트 전처리 단계를 통한 특징에서 색상 혹은 관련 단어를 필터링할 수 있습니다.
예시 :

```
# descriptions에서 색상 관련 단어를 제거합니다
df['Description'] = df['Description'].apply(lambda x: [word for word in x if
word not in color_words])
```

색상 관련 단어를 제거하면 더 의미 있는 특징에 집중하여 제품 분류 품질을 향상시킬 수 있습니다.

프롬프트

스크립트를 수정하여 color_word와 세 글자 미만의 단어를 제거합니다. 리팩터 코드를 사용하여 데이터 전처리 및 벡터화를 함수 preprocess_and_vectorize_data로 압축합니다.

프롬프트 응답

물론입니다! 다음은 데이터 전처리 및 벡터화 단계를 함수로 캡슐화하는 것을 포함하여 요청된 변경 사항이 포함된 수정 스크립트입니다.

```
import pandas as pd import nltk
from nltk.corpus import stopwords
from nltk.tokenize import word_tokenize
from sklearn.feature_extraction.text
```

```
import TfidfVectorizer
import matplotlib.pyplot as plt

# NLTK 리소스 (한 번만 필요합니다)를 다운로드합니다
nltk.download('punkt')
nltk.download('stopwords')

# 색상과 관련된 단어의 목록
color_words = [
    'black', 'white', 'grey', 'gray', 'red', 'blue', 'green', 'yellow', 'orange', 'purple',
    'pink', 'brown', 'beige', 'gold', 'silver', 'indigo', 'violet', 'turquoise', 'teal',
    'aqua', 'navy', 'olive', 'maroon', 'coral', 'plum', 'salmon', 'magenta', 'cyan', 'khaki',
    'ivory', 'chartreuse', 'crimson', 'fuchsia', 'lavender', 'lime', 'tan', 'sienna',
    'orchid', 'periwinkle', 'peach', 'thistle'
]

def preprocess_and_vectorize_data(data):
    # 누락된 'Description' 값을 가진 열을 제거합니다
    data = data.dropna(subset=['Description'])

    # 'Description' 엔트리의 중복을 제거합니다
    data = data.drop_duplicates(subset=['Description'])

    # descriptions를 소문자로 변환합니다
    data['Description'] = data['Description'].str.lower()

    # 토큰화 및 문장 부호를 제거합니다
    data['Description'] = data['Description'].apply(word_tokenize)

    # 불용어 및 색상 관련된 단어를 제거합니다
    stop_words = set(stopwords.words('english'))
    data['Description'] = data['Description'].apply(lambda x: [word for word in x if word not
in stop_words and len(word) > 2 and word not in color_words])

    # 토큰화된 설명을 문자열을 다시 변환합니다
    data['Description'] = data['Description'].apply(' '.join)

    # TF-IDF 벡터화
    tfidf_vectorizer = TfidfVectorizer(max_features=1000) # 특징 수를 조정할 수 있습니다
    tfidf_matrix = tfidf_vectorizer.fit_transform(data['Description'])

    # TF-IDF 메트릭스를 데이터프레임으로 변환합니다
    tfidf_df = pd.DataFrame(tfidf_matrix.toarray(), columns=tfidf_vectorizer.
get_feature_names_out())

    return tfidf_df
```

```
# Latin1 인코딩을 사용하여 CSV 파일에서 데이터를 불러옵니다
data_url = "../Datasets/data.csv"
df = pd.read_csv(data_url, encoding='latin1')

# 데이터를 전처리하고 벡터화합니다
tfidf_df = preprocess_and_vectorize_data(df)

# 각 특징을 위한 TF-IDF의 합계를 계산합니다
feature_sum = tfidf_df.sum()

# 빈도에 따른 상위 100개의 특징을 얻습니다
top_features = feature_sum.nlargest(100)

# 막대 차트를 생성합니다
plt.figure(figsize=(10, 12))
top_features.plot(kind='barh')
plt.xlabel('TF-IDF Score Sum')
plt.ylabel('Words')
plt.title('Top 100 Most Frequent Features from TF-IDF Matrix')
plt.tight_layout()
plt.show()
```

이 스크립트는 데이터 전처리 및 벡터화 단계를 `preprocess_and_vectorize_data` 함수로 압축합니다. 이 함수는 원본 데이터를 입력 값으로 받아, 필요한 전처리를 수행한 다음, TF-IDF 메트릭스를 반환합니다. 나머지 스크립트는 이전과 유사하게 유지됩니다.

스크립트를 실행한 후 TF-IDF 메트릭스 출력 값에서 가장 빈번한 단어 세트를 시각화할 수 있습니다.

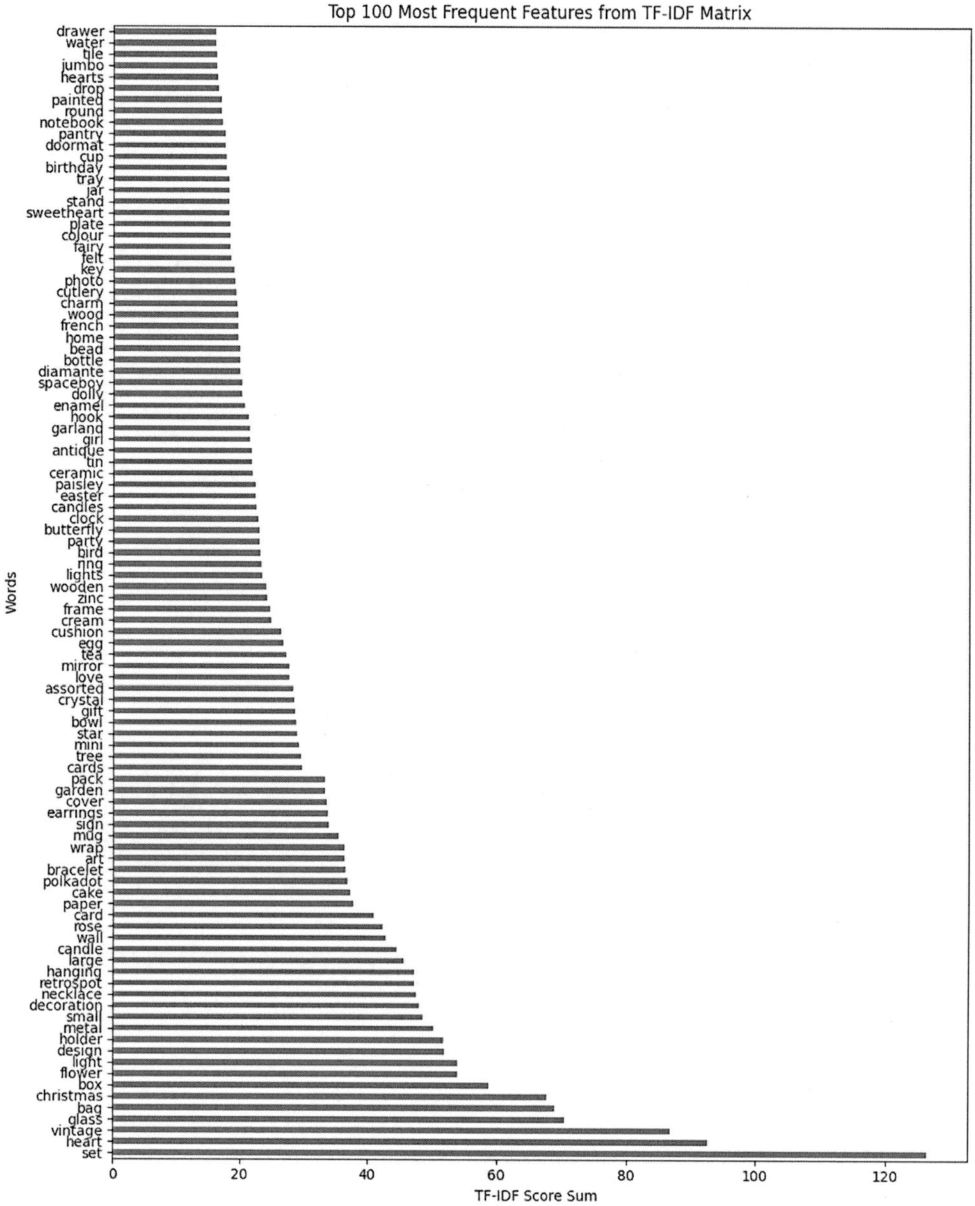

그림 16.14 색상이 아닌 가장 빈번한 특징

특징 엔지니어링을 진행하겠습니다. ChatGPT를 사용하여 TF-IDF 벡터화로 탐색할 수 있는 옵션을 제안합니다.

프롬프트

TF-IDF 벡터화는 `max_feature` 모수로 초기화됩니다. 다른 초기화 옵션에는 어떤 것이 있나요?

✓ **프롬프트 응답**

Scikit-learn에서 Tf-IDF 벡터라이저를 초기화할 때 여러 모수를 설정하여 동작을 사용자 지정할 수 있습니다.

`Max_feature` 모수 외에도 고려할 수 있는 몇 가지 중요한 모수가 있습니다.

1. `max_df` 및 `min_df` 이러한 모수는 용어의 문서 빈도를 위한 임계값을 제어합니다. 예를 들자면, `max_df`는 높은 비율로 문서에 표시되는 용어를 무시하도록 설정하고, `min_df`는 낮은 비율로 문서에 표시되는 용어를 무시하도록 설정할 수 있습니다.
2. `ngram_range` 이 모수는 토큰화 시 고려해야 할 `n-gram`의 범위를 지정합니다. 예를 들자면, `ngram_range=(1, 2)`를 설정하면 개별 단어와 연속된 단어의 쌍(bigrams)이 모두 고려됩니다.
3. `stop_words` 토큰화하는 동안 무시할 불용어 목록을 제공할 수 있습니다. 사용자 지정 목록 혹은 `'english'`와 같은 기본 제공 목록 중의 하나일 수 있습니다..
4. `tokenizer` 추가 텍스트 전처리 혹은 토큰화를 수행하려면 사용자 지정 토큰화 특징을 지정할 수 있습니다.
5. `use_idf` 이 모수는 용어 빈도의 역문서 빈도[inverse-document-frequency] (IDF) 재가중치[re-weighting]를 사용할지 여부를 제어합니다.
6. `smooth_idf` 이 모수는 IDF에 평활화[Smoothing] 용어를 추가하여 오류가 없는 분할을 방지할지 여부를 제어합니다.
7. `sublinear_tf True`로 설정하면, 용어 빈도에 하위 선형 스케일링이 적용되므로 매우 빈번한 용어가 계산을 지배하는 것을 방지하는 데 도움이 될 수 있습니다.

다음은 다음 모수 중 일부를 사용하여 TF-IDF 벡터라이저를 초기화하는 방법의 예시입니다.

```
from sklearn.feature_extraction.text import TfidfVectorizer

tfidf_vectorizer = TfidfVectorizer(
    max_features=1000,
    max_df=0.8,
    min_df=0.05,
    ngram_range=(1, 2),
    stop_words='english',
    use_idf=True,
    smooth_idf=True,
    sublinear_tf=True
)
```

특징 데이터 세트와 목표에 따라 이러한 모수를 자유롭게 실험해 보세요. 모수의 선택은 텍스트 데이터의 특성과 클러스터링 혹은 분류 작업의 원하는 결과에 따라 달라질 수 있습니다.

클러스터링 알고리즘 선택

선택할 수 있는 클러스터링 알고리즘은 꽤 많습니다. 예를 들어, 다른 사용 사례에 사용한 K-평균이 있으며, 다음의 사용 사례가 있습니다. 계층적 클러스터링Hierarchical Clustering, 밀도 기반 클러스터링Density-based clustering algorithm(DBSCAN), 가우시안 혼합 모델Gaussian mixture model(GMM) 및 병합 군집Agglomerative Clustering도 있습니다. 왜 K-평균으로 진행하려는 걸까요? 그 이유는 고객과 협력하고 있으며 구매 행동, 인구 통계학적 속성 등에 따라서 그룹을 나누고 싶기 때문입니다. K-평균을 선택하는 또 다른 이유는 단순성과 대규모 데이터 세트로 작업할 수 있기 때문입니다.

전자 상거래의 맥락에서 언급된 다른 클러스터링 알고리즘을 언제 적용해야 할지 궁금할 수 있습니다. 이 도메인의 몇 가지 흥미로운 영역을 살펴봅니다.

- **제품 추천** : 여기서는 일반적으로 제품이 계층 구조로 제공되므로 계층적 클러스터리을 사용하는 것이 더 적절할 것이며, 제품 간의 관계를 이해하고자 합니다.
- **이상 징후 탐지** : 또 다른 중요 영역은 이상 징후 탐지, 특히 사기성 거래입니다. 여기서는 비정상적인 고객 행동을 이해하여 이상치를 식별하고자 합니다. 이 경우에는 DBSCAN이 가장 적합한 알고리즘입니다.
- **개인화** : 고객이 웹사이트에서 자신의 행동에 고유하게 맞는 경험을 하고 있다고 느끼도록 해야 합니다. 고객 행동이 조금 더 복잡할 때, GMM은 이 사용 사례에 적합한 훌륭한 선택입니다.

특징 확장

특징 확장과 TF-IDF는 모두 전처리 기법이며, 그 중 하나를 선택하는 것이 합리적입니다. 어떤 용도로 사용할지에 따라 선택할 수 있습니다. 전자 상거래의 콘텍스트에서 추론할 수 있는 방법은 다음과 같습니다.

- 고객 연령, 구매 금액, 구매 빈도와 같은 수와 관련된 특징(예: 구매 행동에 따른 고객 그룹화)을 처리하는 경우 특징 확장을 선택합니다.
- 고객 리뷰, 제품 설명, 검색 쿼리 등 전자 상거래의 다른 측면을 살펴보는 경우, TF-IDF 메트릭스를 선택합니다.

이미 확장된 TF-IDF 메트릭스를 사용하고 있으므로 이 단계를 건너뛸 수 있습니다.

클러스터링 알고리즘 적용

다음으로 선택한 클러스터링 알고리즘을 적용해 보겠습니다.

프롬프트

Max_feature가 없는 영어의 stop_words를 사용하고, min_df를 통과하여 preprocess_and_vetorize_data 함수를 전처리하고 해당 특징이 표시되는 최소 문서 수를 설정하고 싶습니다. min_df: 5, 10, 20, 30의 다양한 값을 시도하고 K-평균 출력물의 실루엣 점수를 비교하고 싶습니다. 결과를 시각화하고 싶습니다.

프롬프트 응답

물론입니다! Min_df에 대한 요구 사항과 kmeans 클러스터링을 사용하여 min_df의 다양한 값에 대한 실루엣 점수를 비교하도록 스크립트를 수정합니다. 다음은 업데이트된 스크립트입니다.

```
def preprocess_and_vectorize_data(data, min_df):
    # 누락된 'Description' 값으로 열을 제거합니다
    data = data.dropna(subset=['Description'])

    # 'Description' 엔트리의 중복을 제거합니다
    data = data.drop_duplicates(subset=['Description'])

    # descriptions를 소문자로 변환합니다
    data['Description'] = data['Description'].str.lower()

    # 토큰화 및 문장 부호를 제거합니다
    data['Description'] = data['Description'].apply(word_tokenize)

    # 불용어 및 색상 관련된 단어를 제거합니다
    stop_words = set(stopwords.words('english'))
    data['Description'] = data['Description'].apply(lambda x: [word for word in x if word not
in stop_words and len(word) > 2 and word not in color_words])

    # 토큰화된 설명을 문자열로 다시 변환합니다
    data['Description'] = data['Description'].apply(' '.join)

    # TF-IDF 벡터화
    tfidf_vectorizer = TfidfVectorizer(min_df=min_df)
    tfidf_matrix = tfidf_vectorizer.fit_transform(data['Description'])

    # TF-IDF 메트릭스에서 데이터프레임으로 변환합니다
    tfidf_df = pd.DataFrame(tfidf_matrix.toarray(), columns=tfidf_vectorizer.
get_feature_names_out())

    return tfidf_df

# Latin1 인코딩을 사용하여 CSV 파일에서 데이터를 불러옵니다
data_url = "../Datasets/data.csv"
```

```
df = pd.read_csv(data_url, encoding='latin1')

# min_df용 다른 값
min_df_values = [5, 10, 20, 30]

# 실루엣 점수를 저장합니다
silhouette_scores = []

# 다른 min_df 값을 위하여 클러스터링을 수행하고 실루엣 점수를 계산합니다
for min_df in min_df_values:
    # 데이터를 전처리하고 벡터화합니다
    tfidf_df = preprocess_and_vectorize_data(df, min_df)

    # KMeans 클러스터링을 수행합니다
    kmeans = KMeans(n_clusters=10, random_state=42)
    cluster_labels = kmeans.fit_predict(tfidf_df)

    # 실루엣 점수를 계산합니다
    silhouette_scores.append(silhouette_score(tfidf_df, cluster_labels))

# 실루엣 점수를 시각화합니다
plt.plot(min_df_values, silhouette_scores, marker='o')
plt.xlabel('min_df')
plt.ylabel('Silhouette Score')
plt.title('Silhouette Score vs. min_df')
plt.xticks(min_df_values)
plt.grid()
plt.show()
```

이 스크립트에서는 `min_df` (5, 10, 20, 및 30)의 다양한 값을 루프하고 각 값에 대해서 다음 단계를 수행합니다.

1. 지정된 `min_df` 값을 가진 `preprocess_and_vectorize_data` 함수를 사용하여 데이터를 전처리하고 벡터화합니다.
2. 10개의 클러스터로 K-평균 클러스터링을 수행합니다(필요에 따라 클러스터의 수를 조정할 수 있습니다).
3. 클러스터링 결과에 대한 실루엣 점수를 계산하여 `silhouette_scores` 목록에 저장합니다.

마지막으로 라인 플롯을 사용하여 다양한 `min_df` 값에 대한 실루엣 점수를 시각화합니다. 이렇게 하면 `min_df`의 다양한 값이 클러스터링 결과 품질에 미치는 영향을 비교하는 데 도움이 됩니다.

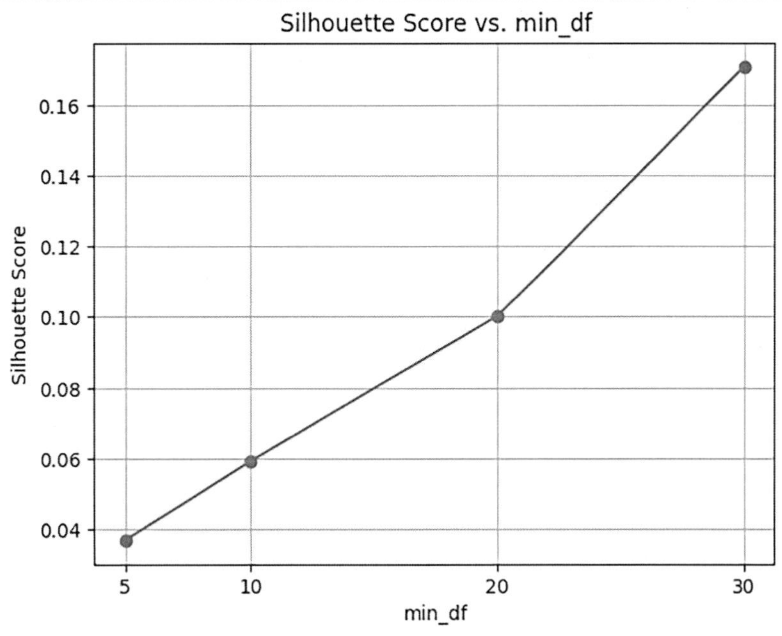

그림 16.15 실루엣 점수 vs. min_df

다음으로 클러스터의 수가 클러스터링 결과 품질에 미치는 영향을 조사할 것입니다. 다음 프롬프트로 넘어가겠습니다.

프롬프트

또한 다양한 수의 클러스터 `num_clusters = [3,4, 5,6,7]`를 시도하고, `min_df, num_clusters` 조합에 대한 실루엣 점수 출력을 시각적으로 비교하고 싶습니다. `Num_cluster`의 각 값에 대한 클러스터 및 실루엣 점수 값 플롯을 생성하는 스크립트를 추가해 주세요.

프롬프트 응답

물론입니다! `Min_df`와 `num_cluster`의 다양한 조합에 대한 실루엣 점수 플롯을 생성하는 업데이트된 스크립트는 다음과 같습니다.

```
# min_df 및 num_cluster용 다른 값
min_df_values = [5, 10, 20, 30]
num_clusters = [3, 4, 5, 6, 7]

# 각 조합용 실루엣 점수를 저장합니다
silhouette_scores = []

# 클러스터링을 수행하고 다양한 min_df 및 num_clusters 조합에 대한 실루엣 점수를 계산합니다
```

```
for min_df, n_clusters in itertools.product(min_df_values, num_clusters):
    # 데이터를 전처리하고 벡터화합니다
    tfidf_df = preprocess_and_vectorize_data(df, min_df)

    # KMeans 클러스터링을 수행합니다
    kmeans = KMeans(n_clusters=n_clusters, random_state=42)
    cluster_labels = kmeans.fit_predict(tfidf_df)

    # 실루엣 점수를 계산합니다
    silhouette_scores.append((min_df, n_clusters, silhouette_score(tfidf_df,
cluster_labels)))

# 더 쉬운 시각화를 위하여 실루엣 점수를 데이터프레임으로 변환합니다
silhouette_scores_df = pd.DataFrame(silhouette_scores, columns=['min_df', 'num_
clusters', 'silhouette_score'])

# 실루엣 점수를 구성합니다
plt.figure(figsize=(10, 6)) f
or min_df in min_df_values:
    subset_df = silhouette_scores_df[silhouette_scores_df['min_df'] == min_df]
    plt.plot(subset_df['num_clusters'], subset_df['silhouette_score'],
marker='o', label=f'min_df = {min_df}')

plt.xlabel('Number of Clusters')
plt.ylabel('Silhouette Score')
plt.title('Silhouette Score vs. Number of Clusters for Different min_df Values')
plt.legend()
plt.grid()
plt.show()
```

이 스크립트에서는 itertools.product 함수를 사용하여 min_df 및 num_cluster 값의 조합을 생성합니다. 각 조합에 대한 실루엣 점수를 계산하여 silhouette_scores 목록에 저장합니다. 그런 다음, 실루엣 점수를 데이터프레임으로 변환하여 더 쉽게 시각화할 수 있습니다. 결과 플롯은 다양한 min_df 값을 고려하면서 num_cluster 값에 따라 실루엣 점수가 어떻게 달라지는지 보여줍니다.

스크립트의 출력은 다음과 같습니다.

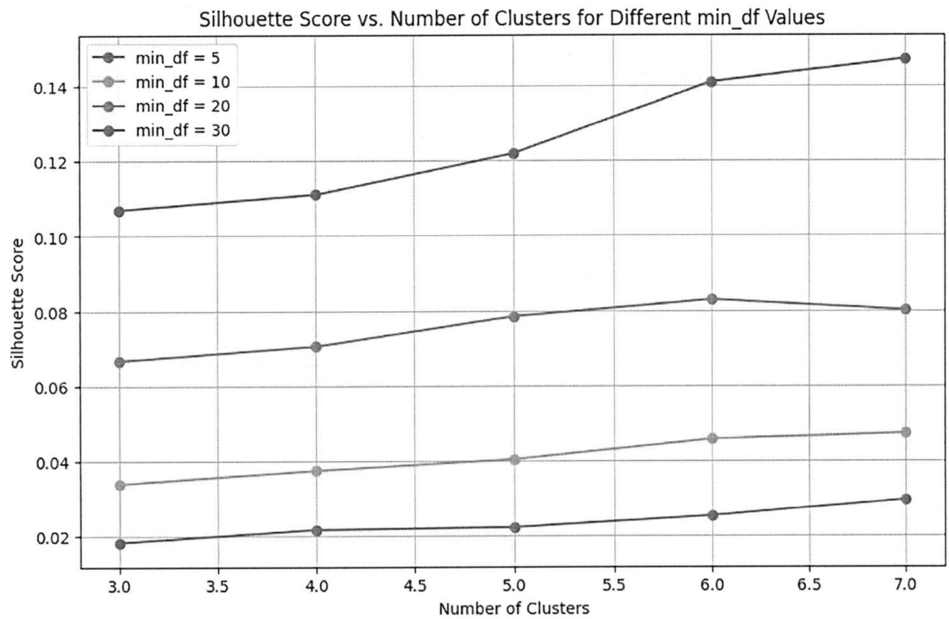

그림 16.16 실루엣 점수 vs. 다른 min_df 값

`Min_fd` 모수 값에 해당하는 특징의 수를 표시하도록 플롯을 개선합니다.

프롬프트

플롯은 좋습니다. `Label_f'min_df = {min_df}`에 `min_df` 값의 각각에 대한 특징 수를 추가하여 약간의 변경을 원합니다.

프롬프트 응답

물론입니다! 각 `min_df` 값에 해당하는 특징 수를 범례 레이블에 추가할 수 있습니다.

변경된 코드는 다음과 같습니다.

```
# ...

# 각 조합에 대한 실루엣 점수를 저장합니다
silhouette_scores = []

# 클러스터링을 수행하고 다양한 min_df 및 num_cluster 조합에 대한 실루엣 점수를 계산합니다
for min_df, n_clusters in itertools.product(min_df_values, num_clusters):
    # 데이터를 전처리하고 벡터화합니다
    tfidf_df = preprocess_and_vectorize_data(df, min_df)
```

```
    # KMeans 클러스터링을 수행합니다
    kmeans = KMeans(n_clusters=n_clusters, random_state=42)
    cluster_labels = kmeans.fit_predict(tfidf_df)

    # 실루엣 점수를 계산합니다
    silhouette_scores.append((min_df, n_clusters, silhouette_score(tfidf_df,
cluster_labels)))

# 더 쉬운 시각화를 위하여 실루엣 점수를 데이터프레임으로 변환합니다
silhouette_scores_df = pd.DataFrame(silhouette_scores, columns=['min_df', 'num_
clusters', 'silhouette_score'])

# 실루엣 점수를 구성합니다
plt.figure(figsize=(10, 6))
for min_df in min_df_values:
    subset_df = silhouette_scores_df[silhouette_scores_df['min_df'] == min_df]

    # 현재 min_df 값을 위한 특징 수를 얻습니다
    num_features = preprocess_and_vectorize_data(df, min_df).shape[1]

    plt.plot(subset_df['num_clusters'], subset_df['silhouette_score'],
marker='o', label=f'min_df = {min_df}, num_features = {num_features}')

plt.xlabel('Number of Clusters')
plt.ylabel('Silhouette Score')
plt.title('Silhouette Score vs. Number of Clusters for Different min_df Values')
plt.legend()
plt.grid()
plt.show()
```

이 수정된 스크립트에서는 TF-IDF 데이터프레임의 `shape[1]` 속성을 사용하여, 각 `min_df` 값에 대한 특징 수를 계산합니다. 그런 다음 플롯의 각 라인에 대한 범례 레이블에 이 정보를 포함시킵니다. 이 변경사항은 `min_df`와 특징 수가 실루엣 점수에 미치는 영향을 시각화하는 데 도움이 됩니다.

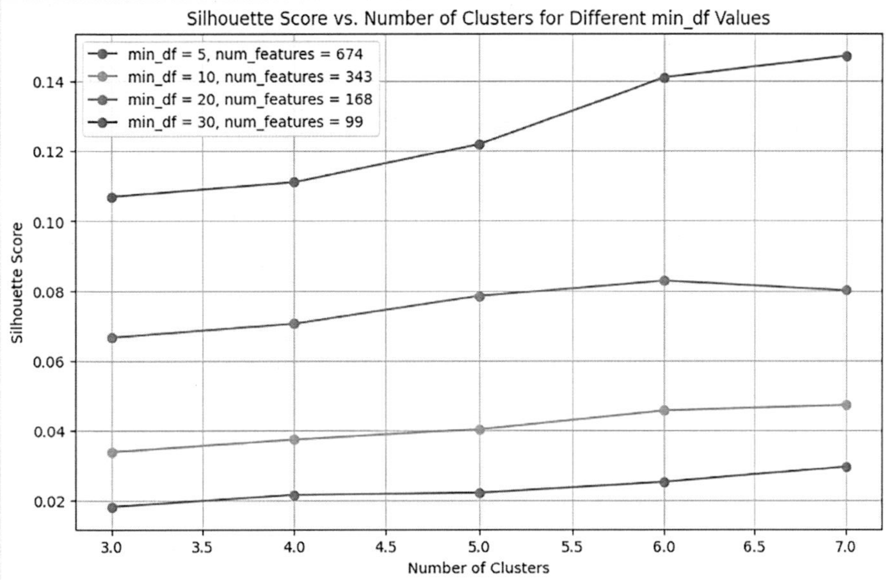

그림 16.17 실루엣 점수와 다양한 특징이 있는 다양한 min_df 값의 비교

다음 프롬프트로 넘어가겠습니다.

프롬프트

min_df_value = 20, num_clusters= [3, 4, 5, 6]의 값을 사용합니다. 각 클러스터의 제품 수를 알고 싶습니다. 이전 코드에 클러스터당 제품 수 플롯을 추가하여 num_clusters_values의 [3, 4, 5, 6]에 대한 클러스터링 제품 수를 표시할 수 있습니까?

프롬프트 응답

물론입니다. 플롯을 추가하여 다양한 num_cluster 값에 대한 각 클러스터의 제품 수를 시각화할 수 있습니다. 요청한 변경 사항이 포함되고 수정된 스크립트는 다음과 같습니다.

```
# ...

# 선택된 min_df 및 num_clusters 값
min_df_value = 20
num_clusters_values = [3, 4, 5, 6]

# 클러스터당 실루엣 점수 및 제품 수를 저장합니다
results = []

# 선택된 min_df 및 num_cluster 값을 위하여 클러스터링을 수행하고 실루엣 점수를 계산합니다
for n_clusters in num_clusters_values:
```

```
    # 데이터를 전처리하고 벡터화합니다
    tfidf_df = preprocess_and_vectorize_data(df, min_df_value)

    # KMeans 클러스터링을 수행합니다
    kmeans = KMeans(n_clusters=n_clusters, random_state=42)
    cluster_labels = kmeans.fit_predict(tfidf_df)

    # 실루엣 점수를 계산합니다
    silhouette = silhouette_score(tfidf_df, cluster_labels)

    # 각 클러스터에서 제품 수를 계산합니다
    cluster_counts = pd.Series(cluster_labels).value_counts().sort_index()

    results.append((n_clusters, silhouette, cluster_counts))

# 각 클러스터를 위한 데이터프레임에 결과를 변환합니다
results_df = pd.DataFrame(results, columns=['num_clusters', 'silhouette_score',
'cluster_counts'])

# 실루엣 점수를 구성합니다
plt.figure(figsize=(15, 6))

# 실루엣 점수 플롯
plt.subplot(1, 2, 1)
plt.plot(results_df['num_clusters'], results_df['silhouette_score'],
marker='o')
plt.xlabel('Number of Clusters')
plt.ylabel('Silhouette Score')
plt.title('Silhouette Score vs. Number of Clusters')
plt.grid()

# 클러스터 플롯 당 제품
plt.subplot(1, 2, 2)
for n_clusters, cluster_counts in results_df[['num_clusters', 'cluster_
counts']].values:
    plt.plot(range(1, n_clusters + 1), cluster_counts, marker='o', label=f'num_
clusters = {n_clusters}')

plt.xlabel('Cluster')
plt.ylabel('Number of Products')
plt.title('Number of Products per Cluster')
plt.legend()
plt.grid()

plt.tight_layout()
plt.show()
```

이 수정된 스크립트에서는 pd.Series(cluster_labels).value_counts().sort_index()를 사용하여 각 클러스터의 제품수를 계산하고 결과를 실루엣 점수와 함께 results 목록에 저장합니다. 그런 다음 결과를 바탕으로 데이터프레임을 생성하여 더 쉽게 시각화할 수 있습니다.

스크립트는 두 개의 플롯이 나란히 포함되어 있습니다. 첫 번째 플롯은 서로 다른 num_cluster 값에 대한 실루엣 점수를 표시하고, 두 번째 플롯은 동일한 num_cluster 값에 대해서 각 클러스터의 제품 수를 표시합니다. 이렇게 하면 클러스터 수, 실루엣 점수 및 클러스터 간 제품 분포 사이 관계를 이해하는 데 도움이 됩니다.

이 코드를 실행한 후, 다음과 같은 출력물을 볼 수 있습니다.

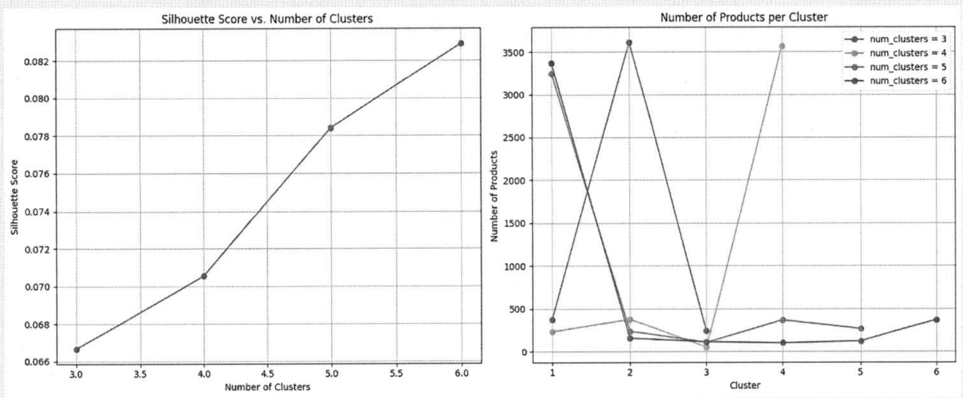

그림 16.18 추가된 클러스터당 제품 플롯

이제 클러스터 수와 min_df 값을 선택하고 다음 프롬프트를 진행합니다.

클러스터 해석하고 결과 시각화

클러스터를 해석하고 결과를 시각화하는 방법을 살펴볼 것입니다. 염두에 두어야 할 사항은 무엇일까요?

클러스터를 해석하기

클러스터 해석을 위해 다음과 같은 사항을 고려해야 합니다.

- 응집도 데이터 포인트가 서로 비슷한지 확인합니다. 각 클러스터에서 가장 대표적인 용어를 살펴보면 이를 알 수 있습니다.
- 분리도 클러스터는 명확하고 의미 있는 클러스터인지 확인하기 위하여 잘 분리되어야 합니다.
- 레이블 클러스터에는 설명 레이블도 있어야 합니다.

- 이상치 클러스터에 잘 맞지 않는 이상치를 식별하는 것은 중요합니다.

클러스터 시각화

클러스터를 시각화하기 위하여 고려해야 할 사항은 다음과 같습니다.

- 차원 축소 시각화하기 쉽게 고차원의 TF-IDF 메트릭스를 2D 혹은 3D로 축소할 수 있습니다. 이를 위하여 PCA와 같은 기술이 유용합니다.
- 산포도는 데이터 포인트를 시각화하는 데 좋습니다. 예를 들어, 포인트는 문서가 될 수 있고, 색상이나 도형은 서로 다른 클러스터를 나타낼 수 있습니다.
- 워드 클라우드 텍스트를 볼 때 워드 클라우드를 사용하여 가장 많이 사용되는 단어가 무엇인지 확인할 수도 있습니다.
- 히트 맵 히트 맵은 빈도를 시각화하는 다른 좋은 방법이며 클러스터당 가장 중요한 용어를 강조하는 데 도움이 됩니다.
- 상호 작용성 예를 들어서 Plotly를 사용하여 특정 데이터 포인트를 더 자세히 조사하는 데 도움이 되는 탐색을 허용해야 합니다.

다음으로 시각화 프롬프트를 만들어 보겠습니다.

프롬프트

`min_df_value = 20`, 및 5개 클러스터의 값을 사용합니다. 3가지 구성 요소가 포함된 PCA를 사용하여 3D 그래프에서 제품 클러스터를 시각화하고 싶습니다. 클러스터의 색상은 `Seaborn color_palette`에서 매핑해야 합니다.

프롬프트 응답

물론입니다! 3가지 구성 요소가 포함된 PCA를 사용하여, 제품 클러스터를 3D 그래프로 시각화 하고, seaborn 팔레트에서 클러스터 색상을 매핑하려면 다음 단계를 수행할 수 있습니다.

1. 필요한 라이브러리를 가져옵니다.
2. 데이터를 전처리하고 클러스터링을 수행합니다.
3. PCA를 적용하여 차원을 3가지 구성 요소로 줄입니다.
4. Seaborn 컬러 팔레트로 3D 산포도에 클러스터를 표시합니다.

이를 달성하기 위한 코드는 다음과 같습니다.

```
from sklearn.decomposition
import PCA import seaborn as sns
import matplotlib.pyplot as plt
```

```
from mpl_toolkits.mplot3d import Axes3D # 3D 플로팅을 위해 필요함

# 선택된 min_df 및 num_cluster 값을 선택합니다
min_df_value = 20
num_clusters = 5

# 데이터 전처리 및 클러스터링을 수행합니다
tfidf_matrix, tfidf_vectorizer = preprocess_and_vectorize_
data(df['Description'], min_df_value)
kmeans = KMeans(n_clusters=num_clusters, random_state=42)
cluster_labels = kmeans.fit_predict(tfidf_matrix)

# 3가지 구성 요소로 PCA를 적용합니다
pca = PCA(n_components=3)
pca_result = pca.fit_transform(tfidf_matrix.toarray())

# PCA 결과를 위한 데이터프레임을 생성합니다
pca_df = pd.DataFrame(data=pca_result, columns=['PC1', 'PC2', 'PC3'])
pca_df['Cluster'] = cluster_labels

# 컬러 클러스터를 위한 Seaborn 컬러 팔레트
color_palette = sns.color_palette("Set1", n_colors=num_clusters)

# 3D 산포도를 구성합니다
fig = plt.figure(figsize=(10, 8))
ax = fig.add_subplot(111, projection='3d')

for cluster_id in range(num_clusters):
    cluster_points = pca_df[pca_df['Cluster'] == cluster_id]
    ax.scatter(cluster_points['PC1'], cluster_points['PC2'], cluster_
points['PC3'], color=color_palette[cluster_id], label=f'Cluster {cluster_id}')

ax.set_xlabel('PC1')
ax.set_ylabel('PC2')
ax.set_zlabel('PC3')
ax.set_title('Product Clusters in 3D')
ax.legend()
plt.show()
```

이 코드는 데이터를 전처리하고, 클러스터링을 수행하며, PCA를 적용하여 3차원의 컴포넌트로 줄인 다음, seaborn 컬러 팔레트에서 매핑된 클러스터 색상으로 제품 클러스터를 3D 산포도에 표시합니다. 필요에 따라 그림 크기, 레이블 및 기타 모수를 조정하여 원하는 대로 시각화를 사용자 지정합니다.

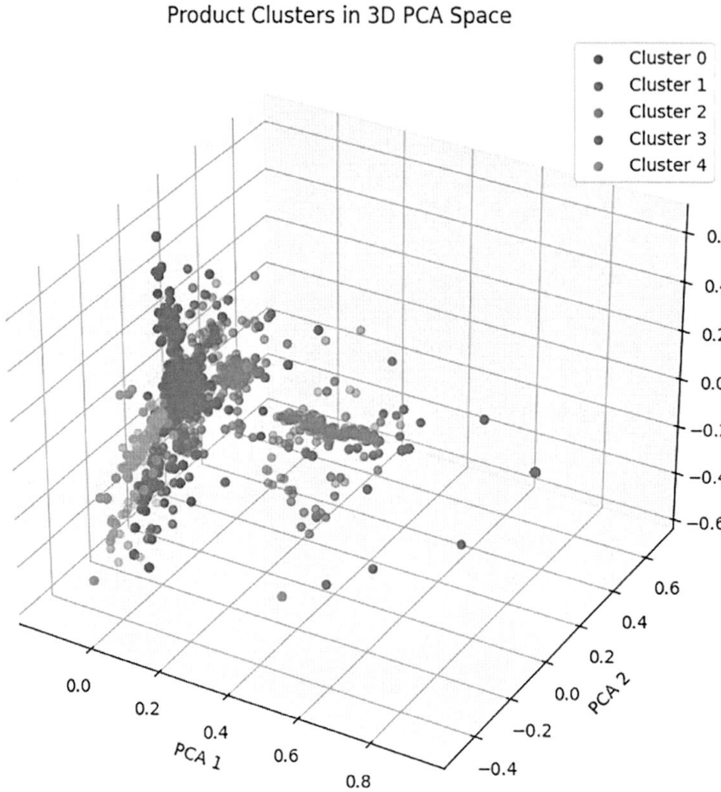

그림 16.19 3D 공간에서 시각된 제품 클러스터

워드 클라우드 생성하기

이제 각 클러스터에서 가장 빈번하게 사용되는 단어를 살펴봅니다. 다음 프롬프트로 넘어가겠습니다.

프롬프트

클러스터에 할당된 제품 설명에서 가장 빈번한 단어를 시각화하고 싶습니다. 워드 클라우드 라이브러리를 사용하여 각 클러스터에 대한 워드 클라우를 출력하는 함수를 생성했으면 합니다.

프롬프트 응답

물론입니다! 클러스터에 할당된 제품 설명에서 가장 빈번한 단어를 시각화하려면 WordCloud 라이브러리를 사용할 수 있습니다. 각 클러스터에 대한 워드 클라우드를 생성하는 함수를 만드는 방법은 다음과 같습니다.

```
from wordcloud import WordCloud

# 클러스터링 결과를 위한 데이터프레임을 생성합니다
clustering_results = pd.DataFrame(data={'Description': df['Description'],
'Cluster': cluster_labels})

# 각 클러스터를 위한 워드 클라우드를 생성하기 위한 함수
def generate_wordclouds(dataframe, num_clusters):
    for cluster_id in range(num_clusters):
        cluster_data = dataframe[dataframe['Cluster'] == cluster_id]
        cluster_text = ' '.join(cluster_data['Description'])

        # WordCloud 객체를 생성합니다
        wordcloud = WordCloud(width=800, height=400, background_color='white',
max_words=100).generate(cluster_text)

        # WordCloud를 구성합니다
        plt.figure(figsize=(10, 6))
        plt.imshow(wordcloud, interpolation='bilinear')
        plt.title(f'Cluster {cluster_id} - Most Frequent Words')
        plt.axis('off')
        plt.show()

# 각 클러스터를 위한 워드 클라우드를 생성합니다
generate_wordclouds(clustering_results, num_clusters)
```

이 코드는 해당 클러스터에 할당된 제품 설명을 기반으로 각 클러스터를 위한 워드 클라우드를 생성하는 함수 generate_wordclouds를 정의합니다. 시각화 환경 설정에 따라 WordCloud 객체 (예: width, height, background_color, max_words)의 모수를 조정합니다.

이 함수는 각 클러스터에 대한 워드 클라우드를 구성합니다.

그림 16.20 첫 번째 클러스터에 대한 워드 클라우드

그림 16.21 두 번째 클러스터에 대한 워드 클라우드

그림 16.22 세 번째 클러스터에 대한 워드 클라우드

그림 16.23 네 번째 클러스터에 대한 워드 클라우드

제품에 카테고리 할당 및 평가하기와 개선하기 평가와 개선

제품에 카테고리를 할당이나 평가 및 개선 단계는, 이 장에서 해결할 수 있는 범위가 아니었지만, 이를 어떻게 탐색할 수 있는지에 대한 아이디어를 제공하기 위한 카테고리가 무엇인지 설명하겠습니다.

데이터 세트에는 송장이 포함되어 있으며, 제품을 분류하려면 먼저 어떤 사용 사례가 있는지 파악해야 합니다. 예를 들자면 다음과 같은 것이 있을 수 있습니다.

- 인벤토리 정리하기
- 검색 기능 개선하기
- 사용자 경험 향상시키기

볼 수 있다시피 이 데이터는 제품 데이터에 주된 중점을 두고 있으므로, 제품 제목, 설명 등이 포함되어서 완전히 다른 데이터 세트가 필요할 수 있습니다. ChatGPT를 사용하여 접근 방식이 무엇인지 높은 수준에서 설명하겠습니다.

프롬프트

전자 상거래 데이터 세트를 살펴보고 있습니다. 제품에 카테고리를 할당하는 과정에 대해 무엇을 알려주실 수 있나요?

프롬프트 응답

전자 상거래 데이터 세트의 제품에 카테고리를 할당하는 것은 인벤토리를 구성하고 검색 기능을 개선하며 사용자 경험을 향상시키는 데 중요한 작업입니다. 과정 진행에 도움이 되는 단계별 지침은 다음과 같습니다.

제품에 카테고리를 할당하는 단계 :

데이터를 이해합니다 :

- **제품의 설명을 검토합니다** : 제품 제목, 설명 및 기타 관련 속성을 검토합니다.
- **기존 카테고리를 식별합니다** : 기존 카테고리가 있는 경우, 검토하여 현재 분류 시스템을 이해합니다.

카테고리를 정의합니다 :

- **카테고리 계층 구조를 생성합니다** : 제품에 적합한 카테고리와 하위 카테고리의 계층 구조를 개발합니다.
- **완전성을 보장합니다** : 카테고리가 데이터 세트가 모든 유형의 제품을 포함하는지 확인합니다.

특징 추출 :

- **텍스트 특징** : TF-IDF 혹은 단어 임베딩과 같은 기법을 사용하여, 제품 제목 및 설명에서 관련 텍스트

특징을 추출합니다.

- **기타 특징** : 분류에 도움이 될 수 있는 가격, 브랜드, 사양과 같은 다른 속성을 고려합니다.

수동 레이블링 :

- **샘플 레이블링** : 제품 샘플에 훈련 데이터 세트를 생성하기 위하여 수동으로 레이블을 지정합니다. 이는 각 카테고리의 뉘앙스를 이해하는 데 도움이 됩니다.

모델 선택 :

- **분류 모델을 선택합니다** : 나이브 베이즈s, SVM 혹은 LSTM과 BERT같은 심층 학습 모델과 같이 텍스트 분류에 적합한 기계 학습 모델을 선택합니다.

모델 훈련하기 :

- **모델을 훈련합니다** : 레이블이 지정된 데이터를 사용하여 분류 모델을 훈련합니다.
- **성능 평가** : 정확도, 정밀도, 재현율, F1 점수와 같은 메트릭스를 사용하여 모델의 성능을 평가합니다.

카테고리 할당 :

- **카테고리를 예측합니다** : 훈련된 모델을 사용하여 레이블이 부착되지 않은 제품의 카테고리를 예측합니다.
- **예측을 검토합니다** : 정확도를 보장하기 위하여, 예측의 하위 집합을 수동을 검토합니다.

반복하기 및 개선하기 :

- **카테고리를 정제합니다** : 결과를 바탕으로 카테고리 정의와 모델을 개선합니다.
- **지속적인 학습** : 새로운 데이터로 모델을 지속적으로 업데이트하여 시간이 지남에 따라 정확도를 향상시킵니다.

Python에서의 예시 :

텍스트 분류를 위하여 나이브 베이즈 분류기를 사용하여 간소화된 예시를 소개합니다.

```
    import pandas as pd
    from sklearn.feature_extraction.text import TfidfVectorizer
    from sklearn.model_selection import train_test_split
    from sklearn.naive_bayes import MultinomialNB
    from sklearn.metrics import accuracy_score

# 샘플 데이터
data = {
'Product': ['Red Shirt', 'Blue Jeans', 'Green Hat', 'Black Shoes'],
'Category': ['Clothing', 'Clothing', 'Accessories', 'Footwear']
}

df = pd.DataFrame(data)

# 특징 추출 :
vectorizer = TfidfVectorizer()
X = vectorizer.fit_transform(df['Product'])
y = df['Category']
```

```
# 훈련-테스트 분할 :
X_train, X_test, y_train, y_test = train_test_split(X, y, test_size=0.2,
random_state=42)

# 모델을 훈련합니다
model = MultinomialNB()
model.fit(X_train, y_train)

# 예측하고 평가합니다
y_pred = model.predict(X_test)
print(f'Accuracy: {accuracy_score(y_test, y_pred)}')
```

이 코드는 제품 이름을 제품을 분류하는 기본 프레임워크를 제공합니다. 실생활에서 응용 프로그램을 사용하려면, 더 큰 데이터 세트와 더 정교한 전처리 및 모델링 기술이 필요합니다.

만약 더욱 더 분석이 필요하거나 특정한 질문이 있다면, 자유롭게 물으세요!

이 문제를 더 진행하는 것은 독자에게 맡기겠습니다. 이 장에서 이미 보았기를 바라며, 어떤 데이터 세트가 있는지(위 문제에 대한 데이터 세트를 찾아야 합니다)와 무엇을 목표로 하는지에 대해 설명하는 고급 프롬프트부터 시작하세요. 후자의 경우 이미 단계가 있으므로, 각 단계에 대해 수행할 작업과 실행할 코드를 설명하는 프롬프트를 작성하는 것이 좋습니다.

평가하기 및 개선하기

이 역시 범위를 벗어난 것이지만, 계속 작업할 수 있는 ChatGPT 프롬프트를 시작해 보겠습니다.

프롬프트

송장에 대한 전자 상거래 데이터의 콘텍스트에서 평가하고 개선하는 단계를 설명합니다.

프롬프트 응답

물론입니다! 송장에 대한 전자 상거래 데이터의 콘텍스트에서 평가 단계를 세분화하고 개선해 보겠습니다.

평가 단계 :

1. 모델 성능 메트릭스 :
   - **정확도** : 모델이 송장 카테고리를 올바르게 예측하는 빈도를 측정합니다.
   - **정밀도 및 재현율** : 각 카테고리에 대한 정밀도(옳은 긍정 예측) 및 재현율(모든 관련 인스턴스를 찾을 수 있는 능력)을 평가합니다.
   - **F1 점수** : 정밀도와 재현율을 하나의 메트릭스로 결합하여 두 가지 측면에 균형을 맞출 수 있습니다.

2. 혼동 메트릭스

- **예측을 시각화합니다** 혼동 메트릭스를 사용하여 모델이 정확하고 잘못된 예측을 하는 위치를 확인합니다. 이를 통해 모델이 어려움을 겪을 수 있는 특정 카테고리를 식별하는 데 도움이 됩니다.

3. 교차 검증

- **강력한 평가** : 교차 검증을 수행하여 데이터의 여러 하위 집합에서 모델이 성능이 일관되게 유지되도록 합니다.

4. 오류 분석

- **오류 분석** : 오분류된 송장을 조사하여 모델이 오류를 만든 이유를 이해합니다. 패턴이나 일반적인 문제를 찾습니다.

단계를 개선합니다 :

잘못된 분류를 분석합니다 : 잘못 분류된 송장을 검토하여 모델에

오류가 발생한 이유를 이해합니다. 패턴 혹은 공통된 문제를 찾습니다.

1. 특징 엔지니어링 :

- **특징을 향상시킵니다** : 새로운 특징을 만들거나 기존 특징을 개선하여 모델에 더 관련성이 있는 정보를 제공합니다. 예를 들자면, 송장 설명에서 키워드를 추출하거나 송장 날짜 및 금액과 같은 메타데이터를 추가하는 것입니다.

2. 하이퍼파라미터 튜닝 :

- **모델 모수를 최적화합니다** : 그리드 서치 혹은 랜덤 서치와 같은 기법을 사용하여 모델에 가장 적합한 하이퍼파라미터를 찾아 성능을 개선할 수 있습니다.

3. 모델 선택 :

- **다른 모델을 시도합니다** : 다른 모델이 더 나은 성능을 보이는지 보기 위하여 다른 알고리즘(의사결정 트리, 랜덤 포레스트, 신경망 등)으로 실험합니다.

4. 데이터 증강 :

- **데이터 다양성을 증가시킵니다** : 합성 데이터를 생성하거나 과소 표현된 카테고리에 대해서, 오버샘플링과 같은 기법을 사용하여 데이터 세트를 보강합니다.

5. 정기 업데이트 :

- **지속적인 학습** : 모델을 정기적으로 새로운 송장 데이터로 업데이트하여 최신 상태로 유지하고 시간이 지남에 따라 정확도를 향상시킵니다.

Python에서의 예시 :

교차 검증과 하이퍼파라미터 튜닝을 사용하여 모델을 평가하고 개선하는 간소화된 예시는 다음과 같습니다.

```
import pandas as pd
from sklearn.feature_extraction.text import TfidfVectorizer
from sklearn.model_selection import train_test_split, GridSearchCV
from sklearn.naive_bayes import MultinomialNB
from sklearn.metrics import classification_report, confusion_matrix
import seaborn as sns
```

```
import matplotlib.pyplot as plt

# 샘플 데이터
data = {
    'Invoice': ['Invoice for Red Shirt', 'Invoice for Blue Jeans', 'Invoice for Green Hat',
'Invoice for Black Shoes'],
    'Category': ['Clothing', 'Clothing', 'Accessories', 'Footwear']
}

df = pd.DataFrame(data)

# 특징 추출
vectorizer = TfidfVectorizer()
X = vectorizer.fit_transform(df['Invoice'])
y = df['Category']

# 훈련-테스트 분할
X_train, X_test, y_train, y_test = train_test_split(X, y, test_size=0.2,
random_state=42)

# 모델 훈련
model = MultinomialNB()
model.fit(X_train, y_train)

# 모델 평가
y_pred = model.predict(X_test)
print(classification_report(y_test, y_pred))

# 혼동 메트릭스
conf_matrix = confusion_matrix(y_test, y_pred)
sns.heatmap(conf_matrix, annot=True, fmt='d', cmap='Blues')
plt.xlabel('Predicted')
plt.ylabel('Actual')
plt.title('Confusion Matrix')
plt.show()

# 하이퍼파라미터 튜닝
param_grid = {'alpha': [0.1, 0.5, 1.0]}
grid_search = GridSearchCV(MultinomialNB(), param_grid, cv=5)
grid_search.fit(X_train, y_train)
print(f'Best parameters: {grid_search.best_params_}')
```

이 코드는 교차 검증 및 하이퍼파라미터 튜닝을 사용하여 모델을 평가하고 개선하기 위한 프레임워크를 제공합니다.

만약 더욱 더 분석이 필요하거나 특정한 질문이 있다면, 자유롭게 물으세요!

이 사용 사례를 위한 프롬프트 반영

이 장의 첫 번째 사용 사례와 마찬가지로 역할, 데이터 세트의 모양, 하고자 하는 일을 설명하고, 상위 수준의 콘텍스트를 먼저 설정하는 특정 방법을 따랐습니다. 그런 다음 아래 과정에 따라, 먼저 단계별로 문제를 분석하고 코드를 얻었으며 어떻게 하면 계속 개선하고 개선하여 최종적으로 결과를 시각과할 수 있었습니다.

1. **단계별 지침** : 요청은 일련의 단계별 작업으로 구성되어 더 큰 문제를 관리 가능한 구성 요소로 세분화합니다. 따라서 솔루션을 더 쉽게 팔로우하고 점진적으로 구현할 수 있습니다.
2. **입력 및 요구 사항을 지정합니다** : 데이터 세트, 열, 전처리, 클러스터링 및 시각화에 대한 요구 사항에 대한 명확하고 구체적인 정보를 제공합니다. 이렇게 하면 접수된 지원이 특정 요구 사항에 맞게 조정될 수 있습니다.
3. **주석이 달린 코드 요청** : 코드 스니펫은 각 단계를 설명하고 코드의 목적을 명확히 하기 위한 주석을 포함하도록 요청합니다. 이는 코드와 코드 검증을 이해하는 데 도움이 되고 학습을 촉진합니다.
4. **반복 및 개선** : 초기 지침 이후 추가 수정 및 시각화를 요청하는 프롬프트가 반복됩니다. 이러한 반복적인 접근 방식을 통해 솔루션을 점진적으로 개선하고 개선할 수 있습니다.
5. **시각화 및 해석** : 결과를 시각화하고 해석하면 데이터에서 의미 있는 인사이트를 도출하는 데 집중할 수 있습니다.

임무

이전 세션에서는 TF-IDF를 사용한 기존 임베딩을 사용하여 텍스트 데이터를 숫자 표현으로 변환한 다음, 클러스터링과 같은 다양한 **자연어 처리**[Natural Language Processing](NLP) 작업에 사용할 수 있습니다. 이제 더 발전된 임베딩 기술을 사용하여 클러스터링 결과를 개선해 보겠습니다. 허깅 페이스 트랜스포머(Hugging Face Transformer) 라이브러리를 사용하여 제품 설명을 위한, 사전 학습된 임베딩을 가져 올 것입니다.

1. ChatGPT에게 클러스터링 사용 사례에 대한 TF-IDF 벡터화에 비해 허깅 페이스 트랜스포머의 장범을 설명하도록 요청합니다.
2. ChatGPT를 사용하여 허깅 페이스 트랜스포머 임베딩을 사용하여 제품 클러스터를 생성하고 만듭니다.

3. TF-IDF 벡터화를 사용하여 결과를 이전 클러스터링 결과와 비교합니다.

솔루션

레포지토리에서 솔루션을 봅니다.

https://github.com/PacktPublishing/AI-Assisted-Software-Development-with-GitHub-Copilot-and-ChatGPT

요약

이 장에서는 클러스팅과 데이터를 별도의 영역으로 그룹화하는 데 사용할 수 있는 방법에 대해 설명했습니다. 이러한 영역을 생성하면 데이터 포인트를 더 쉽게 이해할 수 있습니다. 히트 맵, 워드 클라우드 등의 시각화를 통해 데이터가 다양한 방식으로 표시되면 이점을 얻을 수 있다는 통찰을 얻었습니다. 또한 클러스터링 과정을 통해 이상치, 즉 매우 다양하고 한 클러스터에 쉽게 할당할 수 없는 데이터를 식별하는 데 어떻게 도움이 되었는지 확인할 수 있었습니다. ChatGPT 및 프롬프트 부분의 경우, 데이터 세트를 설명하는 고급 콘텍스트를 설정하면 위에서 아래로 따라갈 수 있는 저적할 단계 세트를 생성하는 데, 어떻게 도움이 되는지 확인할 수 있었습니다. 동일할 상위 수준의 콘텍스트는 ChatGPT가 클러스터링 알고리즘을 추천하는 데 도움이 되었습니다.

Discord에서 우리 커뮤니티에 참여하세요.

저자 및 여러 독자와 함께 토론하려면 Discord 커뮤니티 공간에 참여하세요.

https://packt.link/aicode

제17장
Copilot으로 기계 학습

소개

기계 학습Machine learning, 혹은 ML은 해당 데이터에서의, 데이터와 학습 페턴을 이러한 패턴을 사용하여 예측이나 결정을 내리는 데 사용합니다. 기계 학습은 데이터를 불러오고 청소하는 것부터 궁극적으로 해당 모델에서 필요한 인사이트를 얻기 위하여 모델을 훈련하는 일련의 단계를 구성됩니다. 이 모든 단계는 이 문제 영역에서 필요한 인사이트를 얻기 위한 모델을 훈련하는 일련의 단계로 구성됩니다. 그러나 전처리 단계 선택, 알고리즘 선택 등 세분 사항은 다를 수 있습니다. Github Copilot과 같은 AI 도구는 몇 가지 각도에서 기계 학습에 적용됩니다.

- **작업 흐름 제안하기** : 기계 학습의 작업 흐름에 대한 교육을 받은 Copilot 덕분에 문제에 맞는 작업 흐름을 제안할 수 있습니다.
- **도구 및 알고리즘 추천** : AI 도구에 문제와 데이터 모양에 대한 충분한 콘텍스트를 제공하면 Copilot과 같은 AI 도구가 특정 문제에 맞는 도구와 알고리즘을 제안할 수 있습니다.
- **코딩 보조** : Copilot이 큰 도움이 되는 또 다른 방법은 기계 학습 과정의 다양한 단계에 대한 코드를 생성할 수 있다는 점입니다.

이 장에서는 전자 상거래 데이터 세트를 살펴보고, 이 장은 기계 학습 문제를 해결하기 위하여 ChatGPT를 사용했던 다른 장과 흥미로운 비교 연습의 역할을 할 것입니다.

Github Copilot의 제안에 대해 자세히 알아보겠습니다.

IDE에서 Github Copilot Chat

Github Copilot 채팅은 특정 통합 개발 환경Integrated Development Environment (IDE) 내부에서 코딩 질문

에 답하는 도구입니다. 코드를 제안하고, 코드 특징을 설명하며, 단위 테스트를 생성하고, 버그를 수정하는 데 도움이 됩니다.

어떻게 작동하는가

Github Copilot에 프롬프트를 제공하는 두 가지 방법이 있습니다.

- 편집기 내부 이 모드에서는 텍스트 코멘트르 제공하고 *Tab* 혹은 *Return* 키를 통해 Copilot이 출력을 생성할 수 있습니다.
- 채팅 모드 채팅 모드에서 텍스트 상자에 프롬프트를 입력하면 Github Copilot이 열린 파일 / 파일들을 콘텍스트로 처리합니다(`@workspace`를 사용하면 디렉토리의 모든 파일이 표시됩니다).

예를 들어 텍스트 파일은 `app.py` 혹은 Jupyter Notebook과 같은 코드 파일일 수 있습니다. Copilot은 입력한 프롬프트와 함께 이 두 파일은 콘텍스트로 처리할 수 있습니다.

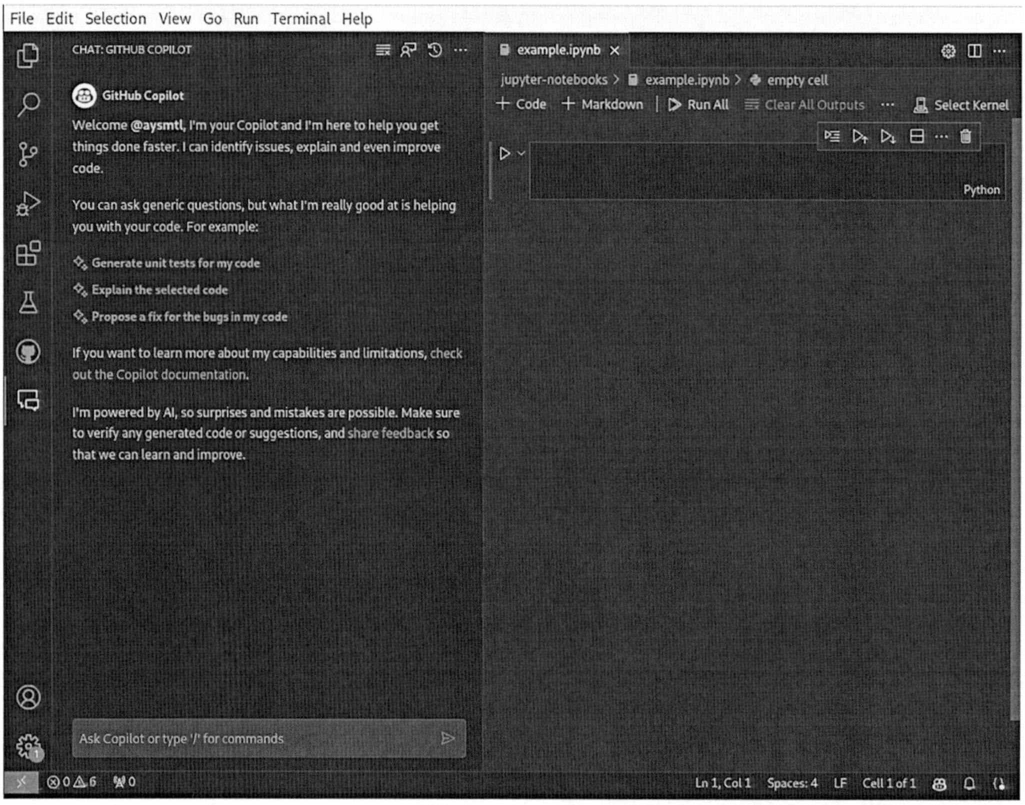

그림 17.1 왼쪽에는 Github Copilot 채팅이 오른쪽에는 열린 Jupyter Notebook이 있습니다.

데이터 세트 개요

이제 곧 사용할 데이터 세트를 살펴보겠습니다. 기계 학습에 관한 다른 장에서와 마찬가지로 데이터 세트로 시작하며, 이 테이터 세트는 Amazon 도서 리뷰의 데이터 세트입니다.

데이터 세트에는 다양한 제품과 리뷰에 대한 정보가 포함되어 있습니다. 여기에는 다음 열이 포함됩니다.

- (string)`marketplace`: 제품의 위치입니다.
- (string)`customer_id`: 고객의 고유 ID입니다.
- (string)`review_id`: 리뷰 ID
- (string)`product_id`: 제품의 고유 ID입니다.
- (string)`product_parent`: 부모 제품입니다.
- (string)`product_title`: 제품 리뷰의 제목입니다.
- (string)`product_category`: 다른 제품 카테고리입니다.
- (integer)`star_rating`: 5까지의 범위에서 제품의 평점입니다.
- (integer)`helpful_votes`: 리뷰에서 받은 여러 가지의 유익한 의사 표시입니다.
- (integer)`total_votes`: 리뷰에서 받은 전체 수의 유익한 의사 표시입니다.
- (integer)`review_headline`: 리뷰의 본문입니다.
- (integer)`review_body`: 리뷰의 콘텍스트입니다.
- (integer)`review_date`: 제품이 리뷰된 날짜입니다.
- (integer)`Sentiments`: 리뷰의 감정(긍정 혹은 부정)입니다.

데이터 탐구를 위한 단계

데이터 탐구를 수행하면 데이터 세트와 그 특성을 이해하는 데 도움이 됩니다. 여기에는 데이터를 검토하고 패턴을 식별하며 주요 인사이트를 요약하는 작업이 포함됩니다. 다음과 같은 단계를 따릅니다.

1. **데이터 세트를 불러옵니다**: 데이터 세트를 pandas 데이터프레임에서 읽어서 데이터를 효과적으로 처리합니다.
2. **데이터를 점검합니다**: 데이터프레임의 첫 번째 몇 줄을 표시하여 데이터를 표시할 수 있습

니다. 열 이름 데이터 유형 및 누락된 값을 확인합니다.

3. **요약 통계** : 숫자 열에 대한 평균, 중앙값, 최솟값, 최댓값 및 사분위수와 같은 통계를 계산합니다. 이는 값의 분포와 범위를 이해하는 데 도움이 됩니다.
4. **범주형 변수를 탐색합니다** : `marketplace`, `product_category`, 및 sentiment와 같은 범주형 변수에 대한 고유 값과 빈도를 분석합니다. 막대 그림과 같은 시각화는 이 분석에 도움이 될 수 있습니다.
5. **평점의 분포** : `Star_ratings`의 분포를 시각화하기 위하여 히스토그램 혹은 막대 그림을 표시합니다. 이는 리뷰의 전반적인 감정을 이해하는 데 도움이 됩니다.
6. **시기 분석** : `Review_data` 열을 검사하여 데이터의 시간적 측면을 분석합니다. 시기 경과에 따른 추세, 계절적 변동 혹은 패턴을 살펴보세요.
7. **기간 분석 리뷰** : `review_body` 기간을 분석하여 리뷰에 제공된 정보의 양을 파악합니다. 평균, 중앙값, 최대 기간과 같은 기술 통계를 계산합니다.
8. **상관 분석** : 상관 행렬 혹은 산포도를 사용하여 숫자 변수 간의 상관 관계를 조사합니다. 이는 변수 간의 관계를 식별하는 데 도움이 됩니다.
9. **추가 탐색 분석** : 탐사 과정에서 관찰된 특정 프로젝트 요구사항이나 흥미로운 패턴을 기반으로 추가 분석을 수행합니다.

기계 학습을 수행할 때 따라야 할 단계를 Github Copilot에 문의할 수도 있습니다.

프롬프트 전략

곧 사용할 프롬프트는 Copilot에 대해서 높은 수준의 지침을 제공하여 출력물/결과물을 통해 특정 데이터 세트 및 분석 요구 사항에 맞게 Copilot의 응답을 추가로 사용자 지정할 수 있습니다.

프롬프트 접근 방식의 주요 측면은 다음과 같습니다.

- 과업을 정의합니다. AI 어시스턴트에게 해결하고 있는 과업을 명확하게 지시합니다.
- 단계별로 세분화합니다. 데이터 탐구를 논리적 단계(예: 데이터 불러오기, 검사, 요약 통계 등)로 세분화합니다.
- 숫자 요약 통계의 요청과 같이 Copilot을 안내하는 각 프롬프트에 대한 콘텍스트/의도를 제공합니다.
- 이전 결과를 입력으로 공유합니다. 요약 통계 프린트와 같이 대화를 안내하기 위한 Copil

ot의 코드 스니펫에서 출력과 결과를 공유합니다.

- 프롬프트를 개선하고 반복적으로 개선하며 Copilot과 사방으로 대화합니다.

따라서 2장에서 설명된 TAG(과업-행동-자침) 프롬프트 패턴을 사용합니다. 이 패턴에 맞게 이 프로젝트를 설명하여 초기 프롬프트를 작성하는 방법을 파악해 보겠습니다.

- **Task(과업)** : 전자 상거래 프로젝트에서 데이터 탐구, 패턴 찾기 및 고객 리뷰 인사이트 찾기
- **Action(행동)** : 이전 절에서 취해야 할 단계를 설명했으며, 이는 프롬프트 작성에 반영되어야 합니다.
- **Guidance(지침)** : 추가 지침은 코드 스니펫뿐만이 아니라 제안된 탐구 기술을 원한다는 것입니다.

최초의 데이터 탐구 프롬프트: 프롬프트 1, 고위 콘텍스트 설정하기

ChatGPT를 사용했던 다른 장과 마찬가지로, 초기 프롬프트는 도메인과 데이터 모양을 포함하여 해결하고자 하는 문제에 대한 높은 수준의 콘텍스트를 설정합니다. 이 모든 콘텍스트는 AI 도구가 텍스트와 코드 모두에서 올바른 단계를 제공하는 데 도움이 됩니다.

아래는 시도해 볼 수 있는 초기 프롬프트입니다.

프롬프트

AwesomeShop 전자 상거래 프로젝트를 위한 데이터 탐구를 수행하고 있습니다. 데이터 세트에는 다양한 제품과 리뷰에 대한 정보가 포함되어 있습니다. 데이터 세트에는 다양한 제품과 리뷰에 대한 정보가 포함되어 있습니다. 데이터 세트에서 흥미로운 인사이트를 발견하는 데 도움이 되는 탐구적 분석 기술과 코드 스니펫을 제공해 주실 수 있나요? AwesomeShop 전자 상거래 프로젝트를 위한 데이터 세트 프로젝트에는 다양한 제품과 리뷰에 대한 정보가 포함되어 있습니다. 여기에는 다음 열이 포함됩니다.

- (`string`)`marketplace` : 제품의 위치입니다.
- (`string`)`customer_id` : 고객의 고유 ID입니다.
- (`string`)`review_id` : 리뷰 ID
- (`string`)`product_id` : 제품의 고유 ID입니다.
- (`string`)`product_parent` : 부모 제품입니다.
- (`string`)`product_title` : 제품 리뷰의 제목입니다.
- (`string`)`product_category` : 다른 제품 카테고리입니다.
- (`integer`)`star_rating` : 5까지의 범위에서 제품의 평점입니다.
- (`integer`)`helpful_votes` : 제품에서 유익한 의사 표시의 수입니다.
- (`integer`)`total_votes` : 리뷰에서 받은 전체 수의 유익한 의사 표시입니다.

- (string)review_headline : 리뷰의 본문입니다.
- (string)review_body : 리뷰의 콘텍스트입니다.
- (string)review_date : 제품이 리뷰된 날짜입니다.
- (string)Sentiments : 리뷰의 감정(긍정 혹은 부정)입니다.

하지만 저는 다음과 같이 단계별로 배우고 싶다는 것을 기억하세요.

1. **데이터 세트를 불러옵니다** : 데이터 세트를 pandas 데이터프레임에서 읽어서 데이터를 효과적으로 처리합니다.
2. **데이터를 점검합니다** : 데이터프레임의 첫 번째 몇 줄을 표시하여 데이터를 표시할 수 있습니다. 열 이름 데이터 유형 및 누락된 값을 확인합니다.
3. **통계를 요약합니다** : 숫자 열에 대한 평균, 중앙값, 최솟값, 최댓값 및 사분위수와 같은 통계를 계산합니다. 이는 값의 분포와 범위를 이해하는 데 도움이 됩니다.
4. **범주형 변수를 탐색합니다** : marketplace, product_category, 및 sentiment와 같은 범주형 변수에 대한 고유 값과 빈도를 분석합니다. 막대 그림과 같은 시각화는 이 분석에 도움이 될 수 있습니다.
5. **평점의 분포** : Star_ratings의 분포를 시각화하기 위하여 히스토그램 혹은 막대 그림을 표시합니다. 이는 리뷰의 전반적인 감정을 이해하는 데 도움이 됩니다.
6. **시기 분석** : Review_data 열을 검사하여 데이터의 시간적 측면을 분석합니다. 시기 경과에 따른 추세, 계절적 변동 혹은 패턴을 살펴보세요.
7. **리뷰 기간 분석** : review_body 기간을 분석하여 리뷰에 제공된 정보의 양을 파악합니다. 평균, 중앙값, 최대 기간과 같은 기술 통계를 계산합니다.
8. **상관 분석** : 상관 행렬 혹은 산포도를 사용하여 숫자 변수 간의 상관 관계를 조사합니다. 이는 변수 간의 관계를 식별하는 데 도움이 됩니다.
9. **추가 탐색 분석** : 탐사 과정에서 관찰된 특정 프로젝트 요구사항이나 흥미로운 패턴을 기반으로 추가 분석을 수행합니다. 각 단계 후에 사용자의 피드백을 구합니다.

단계 1 : 데이터 세트 불러오기

Copilot에게 꽤 많은 답변을 받았으니, 그 답변을 부분적으로 세분화하여 어떤 답변을 받았는지 설명해 보겠습니다.

다음과 유사한 응답을 볼 수 있습니다.

프롬프트 응답

물론입니다. 단계 1: 데이터 세트 불러오기를 시작합시다.

```
# 단계 1 : 데이터 세트를 불러옵니다
import pandas as pd
```

```
# 파일 경로를 정의합니다
file_path = '/path/to/your/file.csv'# 파일 경로를 대체시킵니다

# 데이터 세트를 불러옵니다
df = pd.read_csv(file_path)

# 데이터 프레임의 첫 번째 몇 줄을 표시합니다
print(df.head())
```

`'/path/to/your/file.csv'`를 실제 파일 이름 혹은 파일 경로로 대체하세요. 이 작업을 완료한 코드를 실행하여 데이터 세트를 불러올 수 있습니다.

데이터를 성공적으로 불러온 후 알려주시면 다음 단계로 진행할 수 있습니다.

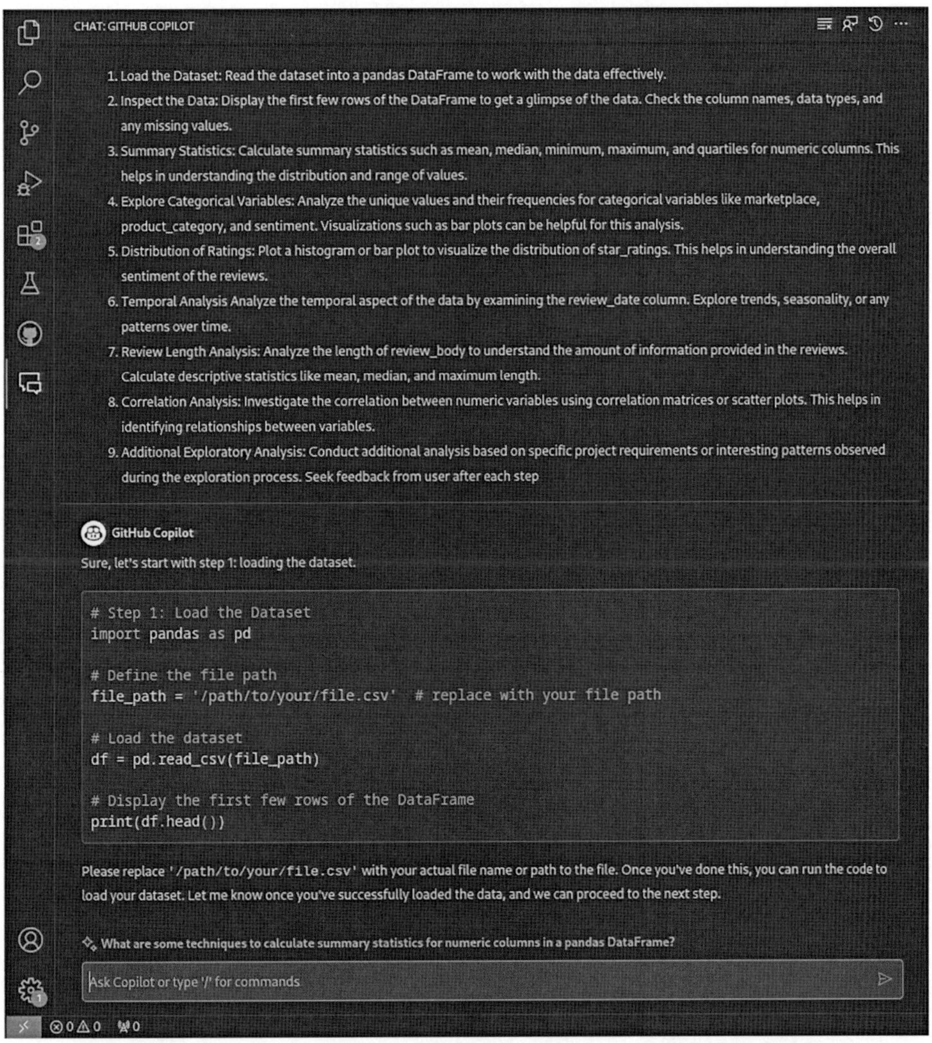

그림 17.2 데이터를 불러올 때 Copilot 프롬프트의 일부와 Copilot 시작 결과를 표시합니다

Copilot에서 생성한 출력물인 코드가 작동하는지 확인합니다. `File_path` 변수를 수정하여 데이터 세트의 위치를 가리킨 다음의 코드를 실행합니다. 아래에서 실제 경로를 시스템에 반영하도록, 파일 경로를 편집하는 방법을 참조하세요.

```
import pandas as pd

# 파일 경로를 정의합니다
file_path = '../Datasets/amazon_books_Data.csv'

# 데이터 세트를 불러옵니다
df = pd.read_csv(file_path)
```

로딩 데이터를 위한 코드 실행

Copilot에서 제공하는 코드를 실행해 보겠습니다. Jupyter Notebook에서 아래의 출력물을 확인하세요.

```
# 데이터프레임에서 첫 번째 몇 줄을 표시합니다
print(df.head())
   Unnamed:  0  market_place  customer_id       review_id        product_id \
0           0           "US"  "25933450"    "RJOVP071AVAJO"    "0439873800"
1           1           "US"  "1801372"     "R1ORGBETCDW3AI"   "1623953553"
2           2           "US"  "5782091"     "R7TNRFQAOUTX5"    "142151981X"
3           3           "US"  "32715830"    "R2GANXKDIFZ6OI"   "014241543X"
4           4           "US"  "14005703"    "R2NYB6C3R8LVN6"   "1604600527"

   product_parent                                     product_title \
0  "84656342"        "There Was an Old Lady Who Swallowed a Shell!"
1  "729938122"                                        "I Saw a Friend"
2  "678139048"                                "Black Lagoon, Vol. 6"
3  "712432151"                                            "If I Stay"
4  "800572372"                             "Stars 'N Strips Forever"

   product_category  star_rating   helpful_votes  total_votes    vine \
0         "Books"        1              0              0         0 \t(N)
1         "Books"        1              0              0         0 \t(N)
2         "Books"        1              0              0         0 \t(N)
3         "Books"        1              0              0         0 \t(N)
4         "Books"        1              2              2         0 \t(N)

   verified_purchase                                  review_headline \
```

```
0          1 \t(Y)                                        "Five Stars"
1          1 \t(Y)     "Please buy "I Saw a Friend"! Your children wi...
2          1 \t(Y)                                        "Shipped fast.“
3          0 \t(N)                                        "Five Stars"
4          1 \t(Y)                                        "Five Stars“

                                                review_body review_date \
0           "I love it and so does my students!" 2015-08-31
1  "My wife and I ordered 2 books and gave them a... 2015-08-31
2  "Great book just like all the others in the se... 2015-08-31
3                                     "So beautiful" 2015-08-31
4  "Enjoyed the author's story and his quilts are... 2015-08-31

   Sentiment_books   review_month   review_day  review_year
0  positive          August         Monday      2015
1  positive          August         Monday      2015
2  positive          August         Monday      2015
3  positive          August         Monday      2015
4  positive          August         Monday      2015
```

단계 2 : 데이터 점검

다음으로 데이터를 점검합니다. 검사 프롬프트의 경우 코드 실행 결과를 사용하여 Copiloit이 다음 단계에 대해 알려줄 수 있는지 확인합니다.

프롬프트

정상적으로 실행되며, 아래는 출력입니다.

```
Unnamed: 0 market_place customer_id review_id product_id 0 0 "US" "25933450"
"RJOVP071AVAJO" "0439873800"
1 1 "US" "1801372" "R1ORGBETCDW3AI" "1623953553"
2 2 "US" "5782091" "R7TNRFQAOUTX5" "142151981X"
3 3 "US" "32715830" "R2GANXKDIFZ6OI" "014241543X"
4 4 "US" "14005703" "R2NYB6C3R8LVN6" "1604600527"
product_parent product_title 0 "84656342" "There Was an Old Lady Who Swallowed
a Shell!"
1 "729938122" "I Saw a Friend"
2 "678139048" "Black Lagoon, Vol. 6"
3 "712432151" "If I Stay"
4 "800572372" "Stars 'N Strips Forever"
product_category star_rating helpful_votes total_votes vine 0 "Books" 1 0 0 0
\t(N)
```

```
1 "Books" 1 0 0 0 \t(N)
2 "Books" 1 0 0 0 \t(N)
3 "Books" 1 0 0 0 \t(N)
4 "Books" 1 2 2 0 \t(N)
verified_purchase review_headline 0 1 \t(Y) "Five Stars"
1 1 \t(Y) "Please buy "I Saw a Friend"! Your children wi...
2 1 \t(Y) "Shipped fast."
... 1 positive August Monday 2015
2 positive August Monday 2015
3 positive August Monday 2015
4 positive August Monday 2015
```

출력물은 절단되어 있습니다. 스크롤 가능한 요소로 보거나 텍스트 편집기 내부에서 엽니다 출력 셀 설정을 조절합니다.

다음과 유사한 응답을 볼 수 있습니다.

프롬프트 응답

좋습니다! 이제 데이터 세트를 성공적으로 불러왔으니 "데이터 검사"로 넘어가겠습니다.

```
# 단계 2 : 데이터를 점검합니다

# 열 이름을 확인합니다
print("Column Names:")
print(df.columns)

# 각 열의 데이터 유형을 확인합니다
print("\nData Types:")
print(df.dtypes)

# 누락된 값을 확인합니다
print("\nMissing Values:")
print(df.isnull().sum())
```

이 코드는 열의 이름, 각 열의 데이터 유형, 각 열의 누락된 값의 수를 포함하여 데이터 세트에 대한 개요를 제공합니다. 이 코드를 실행하고 무엇을 찾는지 알려주세요.

위의 코드를 사용하여 데이터를 검사하고 작동하는지 확인해 보겠습니다. Jupyter Notebook의 코드 셀에서 아래의 코드를 실행합니다.

```
# Display the first few rows of the DataFrame
df.head()
```

```
# Check the column names
column_names = df.columns
print(column_names)
# Check the data types of the columns
data_types = df.dtypes
print(data_types)
# Check for missing values
missing_values = df.isnull().sum()
print(missing_values)
You should see an output similar to below:
Index(['Unnamed: 0', 'market_place', 'customer_id', 'review_id', 'product_id',
       'product_parent', 'product_title', 'product_category', 'star_rating',
       'helpful_votes', 'total_votes', 'vine', 'verified_purchase',
       'review_headline', 'review_body', 'review_date', 'Sentiment_books',
       'review_month', 'review_day', 'review_year'],
       dtype='object')
Unnamed: 0            int64
market_place          object
customer_id           object
review_id             object
product_id            object
product_parent        object
product_title         object
product_category      object
star_rating           int64
helpful_votes         int64
total_votes           int64
vine                  object
verified_purchase     object
review_headline       object
review_body           object
review_date           object
Sentiment_books       object
review_month          object
review_day            object
review_year           int64
dtype: object
Unnamed: 0            0
market_place          0
customer_id           0
review_id             0
product_id            0
product_parent        0
product_title         0
```

```
product_category      0
star_rating           0
helpful_votes         0
total_votes           0
vine                  0
verified_purchase     0
review_headline       0
review_body           0
review_date           0
Sentiment_books       0
review_month          0
review_day            0
review_year           0
dtype: int64
```

좋습니다! 지금까지는 Copilot이 어디로 가고 있는지 상태를 파악하고 다음 단계를 제안할 때 도움이 되었습니다. 계속 해당 형식을 따르도록 하겠습니다.

단계 3 : 요약 통계

다음으로 요약을 하고자 하므로 Copilot이 다음 단계가 무엇인지 알려주기를 바라며 다시 한 번 데이터를 제공합니다.

프롬프트

누락된 값은 없으며, 아래는 출력입니다.

```
Index(['Unnamed: 0', 'market_place', 'customer_id', 'review_id', 'product_id',
'product_parent', 'product_title', 'product_category', 'star_rating', 'helpful_
votes', 'total_votes', 'vine', 'verified_purchase', 'review_headline', 'review_
body', 'review_date', 'Sentiment_books', 'review_month', 'review_day', 'review_
year'], dtype='object') Unnamed: 0 int64 market_place object customer_id object
review_id object product_id object product_parent object product_title object
product_category object star_rating int64 helpful_votes int64 total_votes int64
vine object verified_purchase object review_headline object review_body object
review_date object Sentiment_books object review_month object review_day object
... review_month 0 review_day 0 review_year 0 dtype: int64
```

다음과 유사한 응답을 볼 수 있습니다.

프롬프트 응답

좋습니다! 이제 데이터를 점검했으니 숫자와 관련된 열에 대한 요약통계를 제공하는 3단계로 넘어가겠습니다. 이는 값의 분포와 범위를 이해하는 데 도움이 됩니다.

```
# 단계 3 : 통계를 요약합니다

# 수와 관련된 열을 위하여 요약 통계를 계산합니다
numeric_columns = ['star_rating', 'helpful_votes', 'total_votes']
print(df[numeric_columns].describe())
```

이 코드는 데이터 세트에 있는 숫자와 관련된 열의 수, 평균, 표준 편차, 최솟값, 25번째 백분위수, 중앙값(50번째 백분위수), 75번째 백분위수 및 최댓값을 제공합니다. 이 코드를 실행하고 무엇을 찾는지 알려주세요.

이것을 사용해보고 작동하는지 확인해 보겠습니다. 아래의 코드를 실행하고 `df.descript`를 호출합니다.

```
# 요약 통계를 계산합니다
summary_stats = df.describe()
print(summary_stats)
```

다음과 같은 출력이 표시됩니다.

```
       Unnamed: 0   star_rating  helpful_votes  total_votes   review_year
count  100.000000   100.000000   100.000000     100.000000    100.0
mean   49.500000    0.840000     0.540000       0.960000      2015.0
std    29.011492    0.368453     1.298173       2.420118      0.0
min    0.000000     0.000000     0.000000       0.000000      2015.0
25%    24.750000    1.000000     0.000000       0.000000      2015.0
50%    49.500000    1.000000     0.000000       0.000000      2015.0
75%    74.250000    1.000000     1.000000       1.000000      2015.0
max    99.000000    1.000000     9.000000       14.000000     2015.0
```

좋습니다! 평균값과 표준 편차 등을 확인하고 계산할 수 있습니다.코드 출력물을 Copilot에게 공급하는 아이디어를 계속 사용해 왔으며, 기계 학습 과정의 어느 시점에서 코드가 무엇인지, 다음에 무엇을 해야 하는지 이해할 수 있습니다.

단계 4 : 범주형 변수를 탐색

이전과 마찬가지로 방금 실행한 코드의 출력으로 구성된 프롬프트를 구성하여 Copilot은 어떤 일을 일으키는지 알려드리겠습니다.

프롬프트

아래는 출력입니다.

```
Unnamed: 0 star_rating helpful_votes total_votes review_year count 100.000000
100.000000 100.000000 100.000000 100.0 mean 49.500000 0.840000 0.540000
0.960000 2015.0 std 29.011492 0.368453 1.298173 2.420118 0.0 min 0.000000
0.000000 0.000000 0.000000 2015.0 25% 24.750000 1.000000 0.000000 0.000000
2015.0 50% 49.500000 1.000000 0.000000 0.000000 2015.0 75% 74.250000 1.000000
1.000000 1.000000 2015.0 max 99.000000 1.000000 9.000000 14.000000 2015.0
```

다음과 유사한 응답을 볼 수 있습니다.

프롬프트 응답

좋습니다! 이제 데이터를 점검했으니 범주형 변수를 살펴보는 4단계로 넘어가겠습니다. `marketplace`, `product_category`, 및 `sentiment`와 같은 범주형 변수에 대한 고유 값과 빈도를 분석합니다.

```
# 단계 4 : 범주형 변수를 탐색합니다.
# 범주형 변수를 위하여 고유 값과 해당 빈도를 분석합니다
categorical_columns = ['market_place', 'product_category', 'Sentiment_books']

for column in categorical_columns:
    print("\n" + column)
    print(df[column].value_counts())
```

이 코드는 지정된 각 항목에 대한 고유 값과 빈도를 프린트합니다. 이 코드를 실행하고 무엇을 찾는지 알려주세요.

이것을 사용해보고 작동하는지 확인해 보겠습니다. 범주형 변수를 분석하기 위하여 아래의 코드를 실행합니다.

```
# Analyze categorical variables
categorical_cols = ['market_place', 'product_category', 'Sentiment_books']

for col in categorical_cols:
    unique_values = df[col].unique()
    value_counts = df[col].value_counts()
    print(f"\n{col} unique values:\n{unique_values}\n")
    print(f"{col} value counts:\n{value_counts}")
```

다음과 같은 출력이 표시됩니다.

```
market_place unique values:
['"US"']

market_place value counts:
market_place

"US" 100
Name: count, dtype: int64

product_category unique values:
['"Books"']

product_category value counts:
product_category
"Books" 100
Name: count, dtype: int64

Sentiment_books unique values:
['positive' 'negative']

Sentiment_books value counts:
Sentiment_books
positive 84
negative 16
Name: count, dtype: int64
```

단계 5 : 평점의 분포

다음으로 평점 분포를 파악하고자 합니다. 평점에 대해 자세히 알아보려면 마지막 코드 실행의 출력을 프롬프트로 제공합니다.

프롬프트

아래는 출력입니다.

- market_place 고유 값 ['"US"']
- market_place 고유 값 market_place "US" 100 Name: count, dtype: int64
- product_category 고유 값 ['"Books"']
- product_category 고유 값 product_category "Books" 100 Name: count, dtype: int64
- Sentiment_books 고유 값 ['positive' 'negative']
- Sentiment_books 값 계산 Sentiment_books positive 84 negative 16 Name: count, dtype: int64

다음과 유사한 응답을 볼 수 있습니다.

프롬프트 응답

좋습니다! 범주형 변수를 탐구했으니 별점 평점의 분포를 시각화하는 5단계로 넘어가겠습니다.

```
# 단계 5 : 평점의 분포

import matplotlib.pyplot as plt

# 별점 평점을 위한 히스토그램을 구성합니다
plt.hist(df['star_rating'], bins=5, edgecolor='black')
plt.title('Distribution of Star Ratings')
plt.xlabel('Star Ratings')
plt.ylabel('Frequency')
plt.show()
```

이 코드는 별점 평점의 히스토그램을 표시하여 리뷰의 전반적인 정서를 이해하는 데 도움이 됩니다. 이 코드를 실행하고 무엇을 찾는지 알려주세요.

이것을 사용해보고 작동하는지 확인해 보겠습니다. 아래에는 시각화를 수행하기 위한 코드가 있습니다. 코드 셀에서 이 코드를 실행하겠습니다.

```
import matplotlib.pyplot as plt

# 별점 평점의 분산을 구성합니다
plt.hist(df['star_rating'], bins=5, edgecolor='black')
plt.xlabel('Star Rating')
plt.ylabel('Frequency')
plt.title('Distribution of Star Ratings')
plt.show()
```

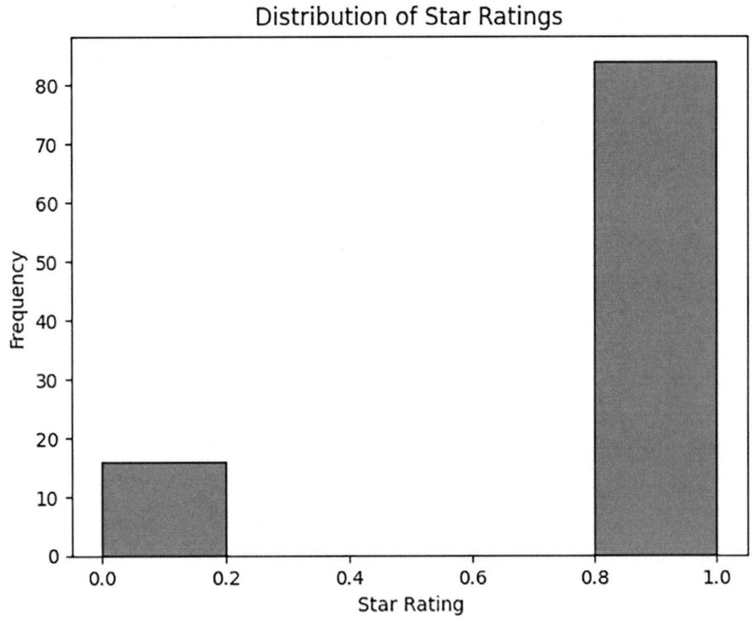

그림 17.3 별점 평점의 분산

단계 6 : 시기 분석

현재로서는 평점이 어떻게 분포되어 있는지 잘 알고 있으며, 평점이 매우 낮거나 매우 높은 것으로 보입니다. 다음 단계로 넘어가겠습니다.

프롬프트

다음 단계로 넘어가겠습니다.

다음과 유사한 응답을 볼 수 있습니다.

프롬프트 응답

좋습니다. 6단계로 넘어가겠습니다. 시기 분석 `Review_date` 열을 분석하여 시기 경과에 따른 추세, 계절적 변동 혹은 패턴을 살펴봅니다.

먼저 `review_date` 열을 datetime 형식으로 변환해야 합니다. 그리고 나서 연도, 월, 일을 별도로 열을 추출하여 더 쉽게 분석할 수 있습니다.

```
# 단계 6 : 시기 분석

# review_date를 datetime 포맷으로 변환합니다
```

```
df['review_date'] = pd.to_datetime(df['review_date'])

# 연, 월 및 일을 열로 분할하여 추출합니다
df['year'] = df['review_date'].dt.year
df['month'] = df['review_date'].dt.month
df['day'] = df['review_date'].dt.day

# 연당 리뷰 수를 확인합니다
print(df['year'].value_counts().sort_index())

# 월당 리뷰 수를 확인합니다
print(df['month'].value_counts().sort_index())

# 일당 리뷰 수를 확인합니다
print(df['day'].value_counts().sort_index())
```

이 코드는 연도별, 월별, 일별의 리뷰 수를 프린트합니다. 이 코드를 실행하고 무엇을 찾는지 알려주세요.

이것을 사용해보고 작동하는지 확인해 보겠습니다. 코드 셀에서 이 코드를 실행하겠습니다.

```
# 단계 6 : 시기 분석

# 리뷰 날짜를 datetime 포맷으로 변환합니다
df['review_date'] = pd.to_datetime(df['review_date'])

# 연, 월 및 일을 열로 분할하여 추출합니다
df['year'] = df['review_date'].dt.year
df['month'] = df['review_date'].dt.month
df['day'] = df['review_date'].dt.day

# 연당 리뷰 수를 확인합니다
print(df['year'].value_counts().sort_index())

# 월당 리뷰 수를 확인합니다
print(df['month'].value_counts().sort_index())

# 일당 리뷰 수를 확인합니다
print(df['day'].value_counts().sort_index())
```

다음과 유사한 출력물이 나옵니다.

```
year
2015    100
Name: count, dtype: int64
month
8       100
Name: count, dtype: int64
day
31      100
Name: count, dtype: int64
```

단계 7 : 기간 분석 리뷰

다음은 리뷰 기간 분석입니다.

프롬프트

아래는 출력입니다 : year 2015 100 Name: count, dtype: int64 month 8 100 Name: count, dtype: int64 day 31 100 Name: count, dtype: int64

다음과 유사한 응답을 볼 수 있습니다.

프롬프트 응답

좋습니다! 이제 데이터의 시간적 측면을 분석했으니 길이 분석을 검토하는 7단계로 넘어가겠습니다. Review_body의 기간을 분석하여 리뷰에 제공된 정보의 양을 파악합니다.

```
# 단계 7 : 기간 분석 리뷰

# 각 리뷰의 기간
df['review_length'] = df['review_body'].str.len()

# 리뷰 기간을 위한 서술 통계를 계산합니다
print(df['review_length'].describe())
```

이 코드는 각 리뷰의 기간을 계산하고 평균값, 중앙값, 최대 기간과 같은 서술 통계를 제공합니다. 이 코드를 실행하고 무엇을 찾는지 알려주세요.

이 시점에서 위의 코드가 무엇을 하고 있는지 파악하고 싶은지, Copilot에게 도움을 요청해 보겠습니다.

프롬프트

7단계로 넘어가기 전에 출력을 해석하는 방법을 설명해 주시겠어요?

다음과 유사한 응답을 볼 수 있습니다.

프롬프트 응답

물론이죠. 공유한 결과는 연도, 월, 일에 따른 리뷰 빈도를 나타냅니다.

- year : 모든 데이터 세트 100개의 리뷰는 모두 2015년에 작성되었습니다.
- month : 모든 데이터 세트 100개의 리뷰는 모두 8월에 작성되었습니다.
- day : 모든 100개의 리뷰는 모두 매월 31일에 작성되었습니다.

이 데이터 세트의 모든 리뷰가 2015년 8월 31일에 작성되었음을 시사합니다.

더 크고 다양한 데이터 세트에서 다양한 연도, 월, 일에 걸쳐 리뷰가 분포하였음을 볼 수 있습니다. 이를 분석하면 특정 기간 동안 리뷰가 증가하는 등, 시간이 지남에 따라 추세나 패턴을 식별하는 데 도움이 될 수 있습니다.

좋습니다. 데이터 세트가 제한되어 있고 모든 리뷰가 같은 시점에 이루어진 것 같아서 추세를 발견할 수 없다는 문제가 있습니다. Copilot에게 이 사실을 알리고 다음에 할 수 있는 일을 알아보겠습니다.

프롬프트

이 경우에는 이 데이터 세트 안에서 추세나 패턴을 탐구할 수 있습니다.

다음과 유사한 응답을 볼 수 있습니다.

프롬프트 응답

맞습니다. 이 데이터 세트의 모든 리뷰는 동일한 날짜에 작성되어 있기 때문에, 시간이 지남에 따라 추세나 패턴을 분석할 수 없습니다. 그러나, 다른 유형의 분석은 계속 수행할 수 있습니다. 예를 들자면 리뷰의 기간, 별점 평점의 분산 혹은 리뷰 텍스트에서 특정 단어나 관용구의 빈도를 분석할 수 있습니다.

더 크고 다양한 데이터 세트가 있는 경우 시간 경과에 따른 추세를 분석하거나, 다양한 제품 혹은 카테고리를 비교하거나, 기계 학습을 사용하여 리뷰 텍스트를 기반으로 별점 평점을 예측할 수도 있습니다.

검토 기간 분석은 계획대로 진행하겠습니다.

```
# 단계 7 : 기간 분석 리뷰

# 각 리뷰의 기간
```

```
df['review_length'] = df['review_body'].str.len()

# 리뷰 기간을 위한 서술 통계를 계산합니다
print(df['review_length'].describe())
```

이 코드는 각 리뷰의 기간을 계산하고 평균값, 중앙값, 최대 기간과 같은 서술 통계를 제공합니다. 이 코드를 실행하고 무엇을 찾는지 알려주세요.

이것을 사용해보고 작동하는지 확인해 보겠습니다. 이 코드를 코드 셀에 입력하고 실행합니다.

```
# 단계 7 기간 분석 리뷰

# 각 리뷰의 기간
df['review_length'] = df['review_body'].str.len()

# 리뷰 기간을 위한 서술 통계를 계산합니다
print(df['review_length'].describe())
```

다음과 유사한 출력물이 나옵니다.

```
count      100.000000
mean       253.190000
std        420.934403
min        6.000000
25%        36.000000
50%        104.500000
75%        269.750000
max        2685.000000
Name: review_length, dtype: float64
```

프롬프트

아래는 출력입니다.

count 100.000000 mean 253.190000 std 420.934403 min 6.000000 25% 36.000000 50% 104.500000 75% 269.750000 max 2685.000000 Name: review_length, dtype: float64

다음과 유사한 응답을 볼 수 있습니다.

프롬프트 응답

좋습니다! 공유한 결과는 데이터 세트의 검토 기간 요약을 제공합니다.

- count : 데이터 세트에는 100개의 리뷰가 있습니다.
- mean : 평균적으로 리뷰 길이는 약 253자입니다.
- std : 표준 편차는 약 421자로, 리뷰의 길이가 평균에 따라 상당히 다르다는 것을 나타냅니다.
- min : 가장 짧은 리뷰는 6자 길이입니다.
- 25% : 리뷰의 25%는 36자 이하입니다.
- 50% (혹은 중앙값) : 리뷰의 50%는 104.5자 이하입니다.
- 75% : 리뷰의 75%는 269.75자 이하입니다.
- max : 가장 긴 리뷰는 2685자 길이입니다.

이 정보는 텍스트 분석 혹은 자연어 처리 작업에 사용할 수 있는 텍스트 양을 이해하는 데 유용할 수 있습니다.

다음 단계에서는 이 데이터를 시각화하거나 리뷰의 텍스트 내용을 분석하는 것으로 고려할 수 있습니다. 예를 들자면 리뷰 길이의 히스토그램을 만들거나 워드 클라우드를 사용하여 리뷰에서 가장 일반적인 단어를 시각화할 수 있습니다. 다음에 무엇을 하고 싶은지 알려주세요.

단계 8 : 상관 분석

이제 두 개 이상의 변수 간의 관계를 파악하여 관련 변수가 무엇인지 파악하고자 합니다. 아래의 프롬프트는 분석이 어떻게 진행되는지 보여줍니다.

프롬프트

상관 분석을 위해 다음 단계로 넘어가겠습니다.

다음과 유사한 응답을 볼 수 있습니다.

프롬프트 응답

좋습니다. 상관 분석을 하는 8단계로 넘어가겠습니다. star_rating, helpful_votes, 및 total_votes와 같은 숫자 변수 간의 상관 관계를 분석합니다.

```
# 단계 8 : 상관 분석

# 상관성 행렬을 계산합니다.
correlation_matrix = df[['star_rating', 'helpful_votes', 'total_votes']].corr()

# 상관 행렬을 프린트합니다
print(correlation_matrix)
```

이 코드는 변수 쌍 사이의 상관 계수를 보여주는 상관 행렬을 계산하고 프린트합니다. 상관 계수의 범위는 -1에서 1입니다. 1에 가까운 값은 높은 긍정의 상관 관계를 의미하며, -1에 가까운 값은 높은 부정의 상관 관계를 의미합니다. 0에 가까운 값은 상관 관계가 없음을 의미합니다. 이 코드를 실행하고 무엇을 찾는지 알려주세요.

이것을 사용해보고 작동하는지 확인해 보겠습니다. Notebook의 코드 셀에 상관 코드를 추가하고 실행합니다.

```
# 단계 8 : 상관 분석

# 상관성 행렬을 계산합니다.
correlation_matrix = df[['star_rating', 'helpful_votes', 'total_votes']].corr()

# 상관 행렬을 프린트합니다
print(correlation_matrix)
```

다음과 유사한 출력물이 나옵니다.

```
                star_rating    helpful_votes    total_votes
star_rating     1.000000       -0.324371        -0.517002
helpful_votes   -0.324371      1.000000         0.659612
total_votes     -0.517002      0.659612         1.000000
```

다음으로 위의 결과물을 Copilot에게 보내어 상관 관계에 대한 설명을 얻을 수 있는지 알아보겠습니다.

프롬프트

아래는 출력입니다. star_rating helpful_votes total_votes star_rating 1.000000 -0.324371 -0.517002 helpful_votes -0.324371 1.000000 0.659612 total_votes -0.517002 0.659612 1.000000

다음과 유사한 응답을 볼 수 있습니다.

프롬프트 응답

좋습니다! 공유한 결과는 변수 쌍 사이의 상관 계수를 보여주는 상관 행렬입니다. 해석 방법은 다음과 같습니다.

- `star_rating` 및 `helpful_votes` : 상관 계수는 -0.324371로 약한 부정의 상관 관계를 나타냅니다.

이는 별점 평점이 높아질수록 유익한 의사 표시 수가 소폭 감소하는 경향이 있으며, 그 반대의 경우도 마찬가지임을 시사합니다.

- star_rating 및 total_votes : 상관 계수는 -0.517002로 중간 정도 부정의 상관 관계를 나타냅니다. 이는 별점 평점이 높아질수록 전체 의사 표시(유익한 의사 표시 수와 유익하지 않은 것 모두)가 감소하는 경향이 있으며, 그 반대의 경우도 마찬가지임을 시사합니다.
- helpful_votes 및 total_votes : 상관 계수는 0.659612로 중간 정도 긍정의 상관 관계를 나타냅니다. 이는 유익한 의사 표시 수가 증가함에 따라 전체 의사 표시 수도 증가하는 경향이 있으며, 그 반대의 경우도 마찬가지임을 시사합니다.

다음 단계에서는 히트맵을 사용하여, 이러한 상관 관계를 시각화하거나 다른 유형으로 이동할 수 있습니다. 다음에 무엇을 하고 싶은지 알려주세요.

다음으로 이러한 상관 관계의 시각화를 살펴보려면 한 가지 방법으로 히트맵이 있습니다.

프롬프트

8.1단계의 경우 히트맵을 사용하여 이러한 상관 관계를 시각화합니다.

다음과 유사한 응답을 볼 수 있습니다.

프롬프트 응답

물론입니다. 히트맵을 사용하여 상관 행렬을 시각화해 보겠습니다. 이를 위하여 seaborn 라이브러리를 사용하겠습니다.

```
# 단계 8.1 : 히트맵을 사용하여 상관 행렬을 시각화합니다

import seaborn as sns

# 상관 행렬의 히트맵을 구성합니다
plt.figure(figsize=(8, 6))
sns.heatmap(correlation_matrix, annot=True, cmap='coolwarm', center=0)
plt.title('Correlation Matrix Heatmap')
plt.show()
```

이 코드는 상관 행렬의 히트맵을 생성합니다. 색상은 상관 계수를 나타냅니다. 따뜻한 색상(빨간색 계열)은 긍정의 상관 관계, 차가운 색상은(파란색 계열)은 부정의 상관 관계, 중립 색상(흰색 계열)은 상관 관계가 없음을 나타냅니다. Annot = True 옵션은 히트맵에 상관 계수를 표시합니다. 이 코드를 실행하고 무엇을 찾는지 알려주세요.

이 코드를 사용하여 seaborn 라이브러리를 사용하여 히트맵 시각화를 생성하고 작동하는지 확인해 보겠습니다. Notebook의 코드 셀에서 코드를 실행합니다.

```
# 단계 8.1 : 히트맵을 사용하여 상관 행렬을 시각화합니다

import seaborn as sns

# 혼동 행렬의 히트맵을 구성합니다
plt.figure(figsize=(8, 6))
sns.heatmap(correlation_matrix, annot=True, cmap='coolwarm', center=0)
plt.title('Correlation Matrix Heatmap')
lt.show()
```

다음과 유사한 출력물이 나옵니다.

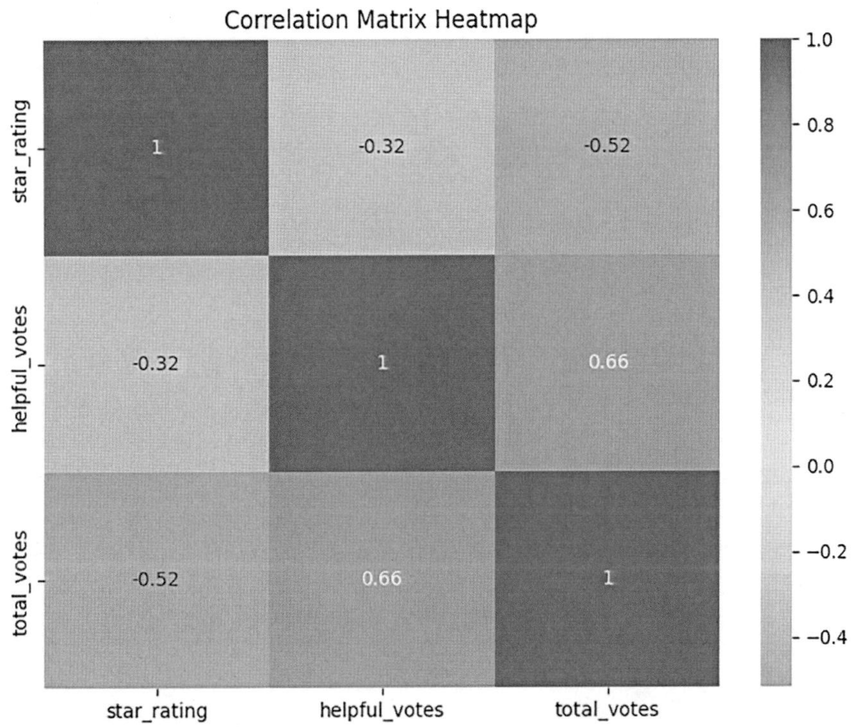

그림 17.4 세 변수(total_votes, helpful_votes 및 star_rating) 사이의 상관 관계를 보여주는 히트맵

단계 9 : 추가 탐색 분석

그렇다면 추가적인 탐구적 분석을 수행하려는 이유는 무엇일까요? 글쎄요, 그렇게 하고자 하는 몇 가지 타당한 이유가 있습니다.

- 숨겨진 사용자 패턴 찾기 추세, 패턴, 관계를 즉시 발견할 수 없는 경우가 있으며, 한 번 더 자세히 이러한 패턴을 찾을 수 있습니다.
- 초기 결과를 확인합니다. 초기 분석의 결과를 두 번째 분석으로 검증하면 견고성과 신뢰성을 보장할 수 있습니다.
- 이상치를 식별합니다. 이상치를 효과적으로 찾지 못하면 결과가 왜곡될 수 있습니다. 이러한 제품을 찾는 데 더 많은 시간을 투자하면 성과를 거둘 수 있습니다.
- 모델 정확도를 개선합니다. 정확도를 향상시킬 수 있는 추가 변수를 식별할 수 있습니다.

위는 추가 분석을 수행해야 하는 이유에 대한 포괄적이지 않은 목록입니다. Copilot이 어떻게 도움을 줄 수 있는지 알아보겠습니다.

프롬프트

감사합니다. 이 데이터 세트의 감정 분석에 대한 더 많은 탐구적 분석이 있는지 알고 싶습니다.

다음과 유사한 응답을 볼 수 있습니다.

프롬프트 응답

물론이죠. 감정 분석에는 텍스트 데이터를 더 심층적으로 탐구하는 것이 포함되는 경우가 많습니다. 몇 가지 추가적인 단계를 고려할 수 있습니다.

단계 10 : 텍스트 전처리

텍스트를 분석하기 전에 텍스트를 약간 정리하는 것이 도움되는 경우가 많습니다. 여기에는 모든 텍스트를 소문자로 변환하고, 문장 부호를 제거하며, 불용어("and", "the", "a"와 같은 많은 뜻이 없는 일반적인 단어)를 제거하기 및 어간 추출Stemming 혹은 표제어 추출Lemmatization(단어를 근본 형태로 축소)하는 것이 포함될 수 있습니다.

```
from nltk.corpus import stopwords
from nltk.stem import PorterStemmer
import re

# 어간 추출을 수행하는 PorterStemmer 객체를 초기화합니다
stemmer = PorterStemmer()

# 텍스트를 전처리하기 위한 함수를 정의합니다
def preprocess_text(text):
    # 소문자로 변환합니다text =
    text.lower()
```

```
    # 문장 부호를 제거합니다
    text = re.sub(r'[^\w\s]', '', text)
    # 불용어를 제거하고 단어를 저지합니다
    text = ' '.join([stemmer.stem(word) for word in text.split() if word not in
stopwords.words('english')])
    return text

# review_body 열에서 함수를 적용합니다
df['review_body_clean'] = df['review_body'].apply(preprocess_text)
```

단계 11 : 단어 빈도 분석

텍스트를 전처리한 후 리뷰에서 단어의 빈도를 분석할 수 있습니다. 이는 공통 주제나 화제를 식별하는 데 도움이 됩니다.

```
from collections import Counter

# 리뷰에서 단어의 빈도를 계산합니다

word_counts = Counter(' '.join(df['review_body_clean']).split())

# 10개의 상위 공통 단어를 프린트합니다
print(word_counts.most_common(10))
```

단계 12 : 감정 점수 계산

TextBlob 혹은 Vader와 같은 감정 분석 도구를 사용하여 각 리뷰에 대한 감정 점수를 계산할 수 있습니다. 이를 통하여 리뷰에 표현된 감정을 보다 정량적으로 측정할 수 있습니다.

```
from textblob import TextBlob

# 감정을 계산하기 위하여 함수를 정의합니다def calculate_sentiment(text):
    return TextBlob(text).sentiment.polarity

# body_clean 열에서 함수를 적용합니다
df['sentiment_score'] = df['review_body_clean'].apply(calculate_sentiment)

# 평균 감정 점수를 프린트합니다
print(df['sentiment_score'].mean())
```

이 코드를 실행하려면 nltk 및 textblob 라이브러리를 설치해야 하며, 이는 pip를 사용하여 실행할 수 있습니다.

```
pip install nltk textblob
```

다음 단계 중 하나를 진행하고 다른 작업을 수행하고 싶은 것이 있으면 알려주세요.

이 프롬프트는 응답으로 세 단계를 산출했습니다. 세 단계 모두에게 코드를 사용해보고 작동하는지 확인해 보겠습니다.

텍스트 전처리

```
# nltk 및 textblob이 설치되지 않은 경우 주석을 달지 않습니다
# !pip install nltk textblob

from nltk.corpus import stopwords
from nltk.stem import PorterStemmer
import re

# 어간 추출을 수행하는 PorterStemmer 객체를 초기화합니다
stemmer = PorterStemmer()

# 텍스트를 전처리하기 위한 함수를 정의합니다

def preprocess_text(text):
    # 소문자로 변환합니다
    text = text.lower()
    # 문장 부호를 제거합니다
    text = re.sub(r'[^\w\s]', '', text)
    # 불용어를 제거하고 단어를 저지합니다
    text = ' '.join([stemmer.stem(word) for word in text.split() if word not in
stopwords.words('english')])
    return text

# review_body 열을 함수로 정의합니다
df['review_body_clean'] = df['review_body'].apply(preprocess_text)
```

단어 빈도 분석

```
from collections import Counter

# 리뷰에서 단어의 빈도를 계산합니다
word_counts = Counter(' '.join(df['review_body_clean']).split())

# 10개의 상위 공통 단어를 프린트합니다
print(word_counts.most_common(10))
```

다음과 유사한 출력물이 나옵니다.

```
[('book', 80), ('read', 25), ('love', 24), ('great', 24), ('stori', 19), ('good', 17),
('page', 16), ('one', 15), ('like', 14), ('realli', 14)]
```

다음으로 위의 출력을 사용하여 다음 프롬프트를 구성하여 상황을 더 잘 이해하세요.

프롬프트

아래의 코드에서

```
from collections import Counter

# 리뷰에서 단어의 빈도를 계산합니다
word_counts = Counter(' '.join(df['review_body_clean']).split())

# 10개의 상위 공통 단어를 프린트합니다
print(word_counts.most_common(10))
```

아래는 출력입니다 : [('book', 80), ('read', 25), ('love', 24), ('great', 24), ('stori', 19), ('good', 17), ('page', 16), ('one', 15), ('like', 14), ('realli', 14)]

다음과 유사한 응답을 볼 수 있습니다.

프롬프트 응답

좋습니다! 여러분이 공유한 결과는 정리된 리뷰에서 가장 많은 빈도의 상위 10가지 단어를 보여줍니다.

```
'book': Appears 80 times
'read': Appears 25 times
'love': Appears 24 times
'great': Appears 24 times
'stori': Appears 19 times
'good': Appears 17 times
'page': Appears 16 times
'one': Appears 15 times
'like': Appears 14 times
'realli': Appears 14 times
```

이는 'love', 'great' 및 'good' 등의 단어가 꽤 흔할 정도로 대부분의 리뷰가 긍정적이라는 것을 시사합니다. 'Book'. 'Read'. 및. 'Page'라는 단어도 흔하며, 이는 도서 리뷰 데이터 세트에서 기대할 수 있습니다.

다음 단계에서는 각 리뷰에 대한 감정 점수를 계산하여 감정을 정량적으로 측정하는 것을 고려할 수 있습니다. 궁극적으로 막대 차트나 워드 클라우드를 사용하여 단어 빈도를 시각화할 수 있습니다. 다음에 무엇을 하고 싶은지 알려주세요.

아래에서 감정 점수 계산 코드를 실행해 보겠습니다.

감정 점수 계산

```
from textblob import TextBlob

# 감정을 계산하는 함수를 정의합니다
def calculate_sentiment(text):
    return TextBlob(text).sentiment.polarity

# body_clean 열에서 함수를 적용합니다
df['sentiment_score'] = df['review_body_clean'].apply(calculate_sentiment)

# 평균 감정 점수를 프린트합니다
print(df['sentiment_score'].mean())
```

다음은 출력입니다

```
0.23785470981747298
```

다음으로 응답을 해석해 보겠습니다. 평소와 마찬가지로 응답에 대한 프롬프트를 생성하여 Copilot이 어떻게 생각하는지 확인해 보겠습니다.

프롬프트

아래의 코드에서

```
from textblob import TextBlob

# 감정을 계산하기 위하여 함수를 정의합니다
def calculate_sentiment(text):
return TextBlob(text).sentiment.polarity

# body_clean 열에서 함수를 적용합니다
df['sentiment_score'] = df['review_body_clean'].apply(calculate_sentiment)

# 평균 감정 점수를 프린트합니다
print(df['sentiment_score'].mean())
```

다음은 출력입니다 : 0.23785470981747298

다음과 유사한 응답을 볼 수 있습니다.

프롬프트 응답

좋습니다! 공유한 결과는 데이터 세트의 리뷰에 대한 평균 감정 점수입니다.

감정 점수를 -1에서 1 사이의 숫자입니다. -1점은 매우 부정적인 감정,1점은 매우 긍정적인 감정, 0점은 중립적안 감정을 나타냅니다.

데이터 세트의 평균 감정 점수는 약 0.238로, 리뷰에서 전반적으로 긍정적인 감정을 나타냅니다. 이는 리뷰에서 'love', 'great', 및 'good'과 같은 긍정적인 단어가 꽤 흔하다는 단어 빈도 분석과 일치합니다.

다음 단계에서 히스토그램이나 상자 그림을 사용하여 감정 점수 분포를 시각화하는 것을 고려할 수 있습니다. 대체적으로 감정 점수와 별점 평점 혹은 리뷰 길이와 같은 다른 변수 간의 관계를 분석할 수도 있습니다. 다음에 무엇을 하고 싶은지 알려주세요.

프롬프트

다음 지침을 단계별로 따릅니다.

- 히스토그램을 사용하여 감정 분석 분포를 시각화합니다.
- 감정 점수와 별점 평점 혹은 리뷰 길이와 같은 다른 변수 사이에 관계를 분석합니다.

다음과 유사한 응답을 볼 수 있습니다.

프롬프트 응답

좋습니다. 단계별로 진행하겠습니다.

단계 13 : 감정 점수 분포 시각화

히스토그램을 사용하여 감정 분석 분포를 시각화할 수 있습니다.

```
plt.figure(figsize=(8, 6))
plt.hist(df['sentiment_score'], bins=20, color='skyblue')
plt.title('Distribution of Sentiment Scores')
plt.xlabel('Sentiment Score')
plt.ylabel('Frequency')
plt.show()
```

단계 14 : 감정 점수와 다른 변수 사이에 관계 분석

산포도를 사용하여 감정 점수와 별점 평점 및 리뷰 길이와 같은 다른 변수 간의 관계를 시각화할 수 있습니다.

```
# 감정 점수 vs 별점 평점의 산포도를 표시합니다
plt.figure(figsize=(8, 6))
plt.scatter(df['sentiment_score'], df['star_rating'], alpha=0.5,
color='skyblue')
plt.title('Sentiment Score vs Star Rating')
plt.xlabel('Sentiment Score')
plt.ylabel('Star Rating')
plt.show()

# 감정 점수 vs 리뷰 길의 산포도를 구성합니다
plt.figure(figsize=(8, 6))
plt.scatter(df['sentiment_score'], df['review_length'], alpha=0.5,
color='skyblue')
plt.title('Sentiment Score vs Review Length')
plt.xlabel('Sentiment Score')
plt.ylabel('Review Length')
plt.show()
```

이 플롯은 감정 점수와 별점 평점 혹은 리뷰 길이 사이에 상관 관계가 있는지 이해하는 데 도움이 됩니다. 이 코드를 실행하고 무엇을 찾는지 알려주세요.

이것을 사용해보고 작동하는지 확인해 보겠습니다. 아래 코드를 코드 셀에 추가하고 실행합니다.

감정 점수의 분포 시각화

```
import matplotlib.pyplot as plt

# 감정 점수의 히스토그램을 구성합니다
plt.figure(figsize=(8, 6))
plt.hist(df['sentiment_score'], bins=20, color='skyblue')
plt.title('Distribution of Sentiment Scores')
plt.xlabel('Sentiment Score')
plt.ylabel('Frequency')
plt.show()
```

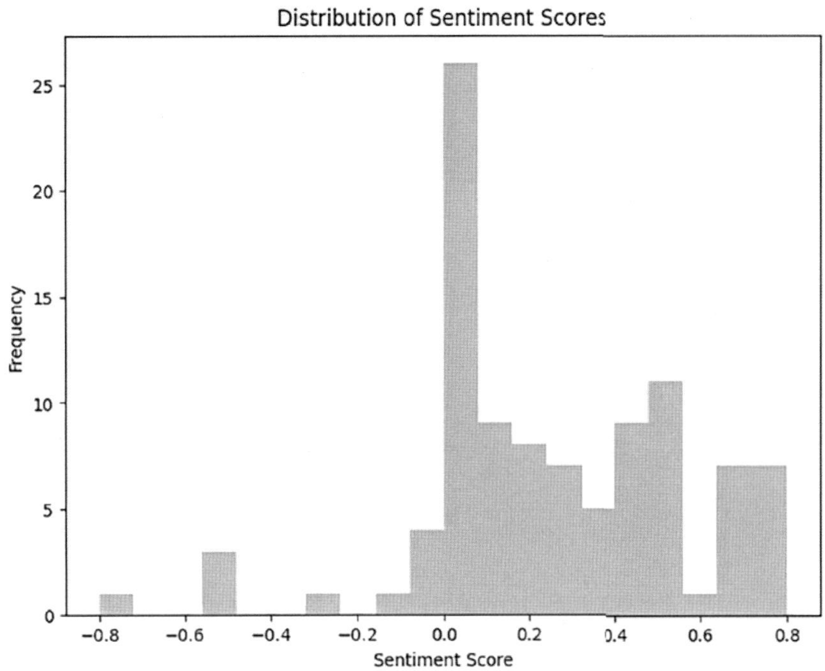

그림 17.5 감정 점수 분포를 나타내는 이미지

감정 점수와 다른 변수 사이에 관계 분석

```
# 감정 점수 vs 별점 평점의 산포도를 구성합니다
plt.figure(figsize=(8, 6))
plt.scatter(df['sentiment_score'], df['star_rating'], alpha=0.5,
color='skyblue')
plt.title('Sentiment Score vs Star Rating')
plt.xlabel('Sentiment Score')
plt.ylabel('Star Rating')
plt.show()

# 감정 점수 vs 리뷰 길의 산포도를 구성합니다
plt.figure(figsize=(8, 6))
plt.scatter(df['sentiment_score'], df['review_length'], alpha=0.5,
color='skyblue')
plt.title('Sentiment Score vs Review Length')
plt.xlabel('Sentiment Score')
plt.ylabel('Review Length')
plt.show()
```

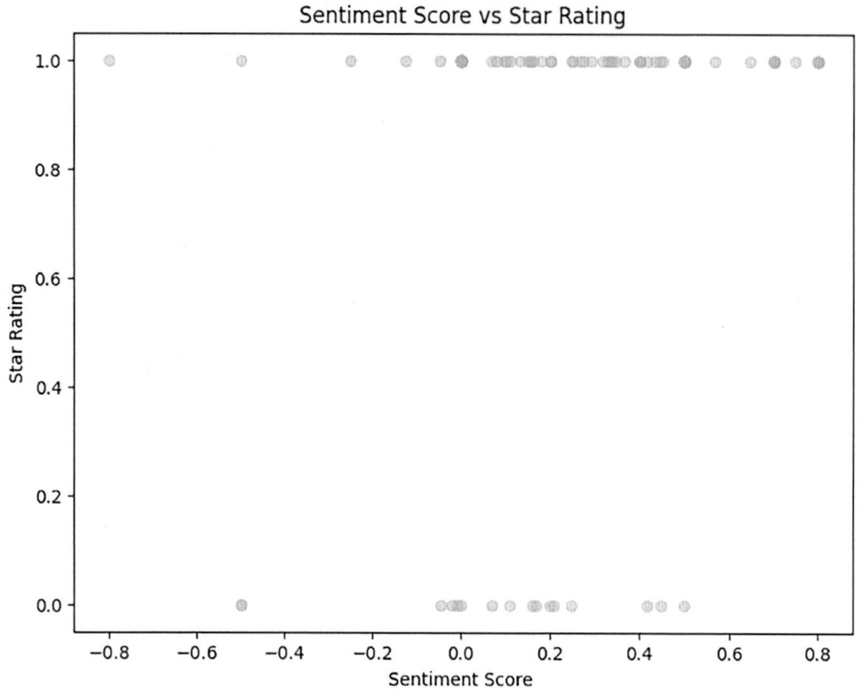

그림 17.6 감정 점수 vs. 별점 평점

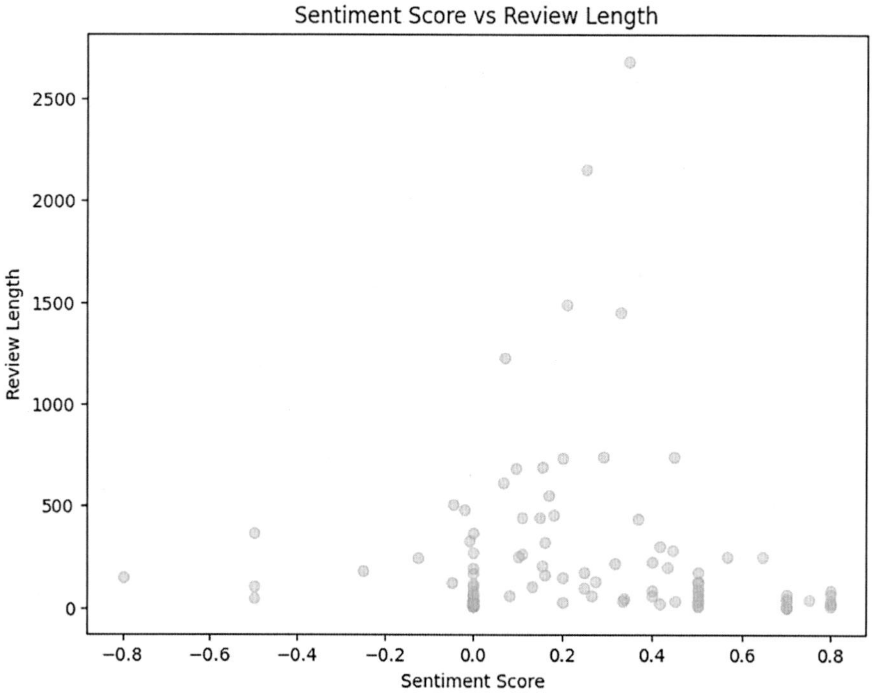

그림 17.7 감정 점수 vs 리뷰 길이

임무

임무는 취한 접근 방식을 되돌아보고 보스턴의 집값에 대한 이 데이터 세트에 대해 유사한 회귀 시나리오를 거치는 것입니다.

https://www.kaggle.com/datasets/vikrishnan/boston-house-prices.

위의 데이터 세트와 회귀 분석을 사용하여 답변할 수 있는 몇 가지 질문은 다음과 같습니다.

- 가격 예측 주택의 특징(예: 크기, 위치, 침실 수)을 고려할 때, 예상 가격은 얼마입니까?
- 특징 중요성 주택 가격에 가장 큰 영향을 미치는 특징은 무엇입니까?
- 가격 추세 특정 지역의 주택 가격은 시간이 지남에 따라 어떻게 변하나요?

솔루션

솔루션은 레포지토리에 있습니다.

https://github.com/PacktPublishing/AI-Assisted-Software-Development-with-GitHub-Copilot-and-ChatGPT

요약

이 장에서는 ChatGPT를 Github Copilot과 함께 사용한 경험과 이 경우 채팅 기능을 비교하고 대조하는 한 가지 중요한 목적이 있었습니다. 전반적인 문제와 데이터 세트의 모양을 설명함으로써 Copilot에게 많은 사전 정보를 제공하는 접근 방식을 사용했습니다. 또한 Copilot이 수행해야 할 작업이 안내할 수 있도록 지침을 제공하여 점진적으로 취해야 할 단계와 실행해야 할 코드를 보여주었습니다. 일반적인 결론은 ChatGPT에서와 거의 동일한 방법으로 Copilot 채팅을 사용할 수 있다는 것입니다.

또한 Copilot이 어떻게 생산량을 설명하고, 현재 어디에 있는지 이해하며, 다음 단계를 수행할 것을 제안할 수 있는지 확인했습니다.

일반적으로 코드가 실행되지 않거나 예상 출력물이 나오지 않는 경우, 항상 테스트하고 AI 어시스턴에게 도움을 요청해야 합니다.

Discord에서 우리 커뮤니티에 참여하세요.

저자 및 여러 독자와 함께 토론하려면 Discord 커뮤니티 공간에 참여하세요.

`https://packt.link/aicode`

제18장
ChatGPT Chat로 회귀

소개

기업의 주식은 기업의 소유권을 의미합니다. 주식의 단일 주식은 총 주식 수에 비례하여 회사의 부분 자산과 수익에 대한 청구를 나타냅니다. 예를 들자면, 투자자가 총 1,000주를 보유한 회사의 주식 50주를 보유하고 있다면, 해당 투자자(혹은 주주)는 회사 자산과 수익의 5%를 소유하고 청구권을 갖게 됩니다.

회사의 주식은 증권 거래소 및 조직을 통해 주주와 다른 당사자 간에 거래될 수 있습니다. 주요 증권 거래소로는 뉴욕증권거래소, 나스닥[NASDAQ], 런던증권거래소 그룹, 상하이증권거래소, 홍콩증권거래소 등이 있습니다. 주식이 거래되는 가격은 본질적으로 수요와 공급의 법칙으로 인해 변동합니다. 어느 순간 공급은 공공 투자자가 보유한 주식의 수이고, 수요는 투자자가 매수하고자 하는 주식의 수이며, 주식 가격은 균형을 달성하고 유지하기 위하여 위아래로 움직입니다.

투자자들은 일반적으로 저가 매수와 고가 매도를 원합니다. 이는 충분히 간단해 보이지만 주가가 상승할지 하락할지 예측하기가 매우 어렵기 때문에 실제로 실행하는 것은 매우 어렵습니다. 근본적인 분석과 기술적 분석은 가격 변동에 영향을 미치거나 미래 주가를 예측하는 이유와 상황을 이해하는 것을 목표로 하는 두 가지 주요 연구 영역입니다.

- **기본 분석**: 이 흐름은 거시 경제 환경, 산업 현황, 회사의 경영진 및 경쟁자 등 기업의 가치와 운영에 영향을 미치는 근본적인 요소에 초점을 맞춥니다.
- **기술적 분석**: 한편, 이는 가격 움직임, 거래량, 시간과 같은 과거 거래 활동에 대한 통계 분석을 사용하여 향후 가격 움직임을 예측합니다.

이 장에서는 Apple 데이터 세트를 사용하여 주가를 예측하고 투자자가 매수 여부를 결정하는 데 도움이 되는 두 번째 기법을 살펴봅니다.

회귀

먼저 Copilot Chat에 회귀의 정의를 묻는 것부터 시작하겠습니다.

프롬프트

회귀란 무엇인가요?

다음과 유사한 응답을 볼 수 있습니다.

프롬프트 응답

회귀는 종속 변수(대상)와 독립 변수(예측 변수) 간의 관계를 조사하는 데이터 분석에 사용되는 통계적 방법입니다. 이 방법은 주로 예측, 시계열 모델링 및 변수 간의 인과 관계를 찾는 데 사용됩니다. 예를 들자면, 강우량과 토양 침식 사이에 관계 혹은, 급여와 수년간의 경력 사이의 관계입니다.

채팅창에서 Github Copilot이 파란색으로 강조 표시된 다음 콘텍스트를 제안하며 "**다양한 유형의 회귀는 무엇인가요?**"라고 묻는 것을 발견할 수 있습니다. 이 항목을 클릭하여 답을 얻을 수 있습니다. 이는 Copilot이 사용자를 효과적으로 지원하는 강력한 도구임을 보여줍니다.

데이터 세트 개요

이 데이터 세트에는 10년에 걸친 Apple(APPL)의 데이터가 포함되어 있습니다. 이 데이터의 인사이트는 투자를 지원하는 유용한 가격 예측 알고리즘을 구축하는 데 사용할 수 있습니다.

이 데이터 세트에 대해 다음과 같은 메모를 작성할 수 있습니다.

- 데이터는 25개 거래소에서 수집 및 집계됩니다.
- 데이터는 매주 업데이트됩니다.
- 이 데이터 세트에는 AAPL의 1분, 5분, 30분 및 1시간 봉(당일시가/고가/저가/종가/거래량)을 포함합니다.
- 시간외 거래가 포함되어 있습니다. 가격은 분할 및 배당금에 따라 조정됩니다. 데이터 세트는 `https://www.kaggle.com/datasets/tarunpaparaju/apple-aapl-historical-`

stock-data에서 사용할 수 있습니다.

데이터 세트 탐색

이러한 회귀 접근 방식을 더 잘 설명하려면 목표에 적합한 예측 변수가 있어야 합니다. 데이터 세트는 주식에 더 직접적인 요소를 기록했습니다. 어떠한 단위 기간 동안의 가격 변동을 보여주는 다섯 가지 값(보통 하루이지만 일주일 혹은 한 달일 수도 있음)이 주요 거래 메트릭스입니다.

다음과 같습니다.

- **당일시가** : 특정 거래일의 시작 가격입니다.
- **당일종가** : 그 날의 최종 가격입니다.
- **고점** : 그 날 주식이 거래된 최고 가격입니다.
- **저점** :그 날 주식이 거래된 최저 가격입니다.
- **거래량** : 그 날 장 마감 전 거래된 총 주식 수입니다.

프롬프트 전략

이 장에서 TAG(과업-행동-자침) 프롬프트 패턴을 사용할 것입니다. 초기 프롬프트를 작성하는 데 도움이 되는 프로젝트 프레임을 구성하는 방법은 다음과 같습니다.

- **Task(과업)** : 과거를 통한 Apple 주식 가치의 회귀 분석입니다.
- **Action(행동)** : AI 어시스턴트에게 어떠한 조치를 취해야 하는지 알려줘야 합니다.
- **Guidance(지침)** : 지침은 데이터 세트를 설명하는 것이어야 합니다.

최초의 프롬프트

이 책의 다른 장과 마찬가지로, 원하는 작업과 데이터 세트의 모양에 대한 최대한 많은 콘텍스트를 제공하는 프롬프트부터 시작합니다. 이 아이디어는 AI 도구에 대한 상위 수준의 콘텍스트를 설정하여 나머지 프롬프트에서 AI 도구를 안내하는 데 도움이 된다는 것입니다.

프롬프트

Apple 과거 주식 데이터 세트를 사용하여 주가를 예측하는 회귀 프로젝트를 수행하고 있습니다. 이는 투자자가 주식 매수 여부에 대한 정보에 입각한 결정을 내리는 데 도움이 됩니다. 작업흐름에는 데이터 세트 불러오기, 콘텐츠 탐색, 데이터 세트 분할, 회귀 모델 구축, 성능 평가가 포함됩니다. 그렇지만 차근차근 배우고 싶다는 것을 기억하세요. 데이터 세트를 불러오는 것부터 시작하겠습니다. 데이터 세트를 <file path>에 저장하고 있습니다. 데이터 세트의 모양이 있습니다.

- **당일시가** : 특정 거래일의 시작 가격입니다.
- **당일종가** : 그 날의 최종 가격입니다.
- **고점** : 그 날 주식이 거래된 최고 가격입니다.
- **저점** : 그 날 주식이 거래된 최저 가격입니다.
- **거래량** : 그 날 장 마감 전 거래된 총 주식 수입니다.

다음과 유사한 응답을 볼 수 있습니다.

프롬프트 응답

물론입니다. 데이터 세트를 불러오는 것부터 시작하겠습니다. 이 작업을 위해 Python의 pandas 라이브러리를 사용합니다. <File-path>를 파일이 있는 경로로 대체합니다.

데이터 세트를 불러오는 Python 코드는 다음과 같습니다.

```
import pandas as pd

# <파일 경로>를 데이터 세트의 경로로 대체합니다

file_path = "<file-path>"

# 데이터 세트를 불러옵니다
df = pd.read_csv(file_path)

# 데이터 세트의 첫 번째 몇 줄을 표시합니다
print(df.head())
```

이 코드를 실행하면 데이터 세트의 첫 번째 몇 줄이 프린트되는 것을 볼 수 있습니다. 이렇게 하면 데이터에 대한 예비 조사가 제공됩니다.

다음 단계에서는 데이터 세트를 탐색하고 필요한 경우 데이터를 정리한 다음, 데이터 세트를 훈련 세트와 테스트 세트로 나누고 훈련 세트를 사용하여 회귀 모델을 구축한 후, 테스트 세트를 사용하여 모델의 성능을 평가하는 것이 좋습니다.

Copilot에서 생성한 출력물이 작동하는지 확인합니다. `File_path` 변수를 수정하여 데이터 세트의 위치를 가리킨 다음의 Notebook의 코드 셀에서 아래의 코드를 실행합니다.

```
import pandas as pd

# <file-path>를 데이터 세트의 경로로 대체합니다
file_path = "/your-path/.csv“

# Load the dataset
df = pd.read_csv(file_path)

# Display the first few rows of the dataset
print(df.head())
```

위의 코드를 실행한 후 표시해야 할 출력물은 다음과 같습니다.

```
     Date        Close/Last   Volume     Open     High     Low
0    02/28/2020  $273.36      106721200  $257.26  $278.41  $256.37
1    02/27/2020  $273.52      80151380   $281.1   $286     $272.96
2    02/26/2020  $292.65      49678430   $286.53  $297.88  $286.5
3    02/25/2020  $288.08      57668360   $300.95  $302.53  $286.13
4    02/24/2020  $298.18      55548830   $297.26  $304.18  $289.23
```

다음으로 과거 가격(기록된 다섯 가지 값)과 실적에 초점을 맞춰 미래의 가격을 예측할 것입니다. 먼저 데이터의 유형을 확인합니다.

프롬프트

데이터 유형을 확인합니다.

다음과 유사한 응답을 볼 수 있습니다.

프롬프트 응답

DataFrame에서 열의 데이터 유형을 확인하려면, dtypes 속성을 사용할 수 있습니다. 이 방법은 다음과 같습니다.

```
# 각 열의 데이터 유형을 확인합니다
print(df.dtypes)
```

이렇게 하면 각 열의 이름과 함께 데이터 유형이 프린트됩니다. 특정 작업은 특정 유형의 데이터에만 수행할 수 있으므로 이는 유용합니다. 예를 들자면, 문자열에 대한 숫자 연산을 수행할 수 없습니다.

이것을 사용해보고 작동하는지 확인해 보겠습니다. 코드 `print(df.types)`를 실행합니다.

```
# 각 열의 데이터 유형을 확인합니다
print(df.dtypes)
Date            object
Close/Last      object
Volume          int64
Open            object
High            object
Low             object
dtype: object
```

이제 위의 출력물을 사용하여 AI 도구를 쿼리합니다.

프롬프트

아래는 출력물로, Date object Close/Last object Volume int64 Open object High object Low object dtype: object

다음과 유사한 응답을 볼 수 있습니다.

프롬프트 응답

'Date' 열과 가격 열('당일종가', '당일시가', '고점', '저점')은 pandas의 문자열인 'object' 유형으로 읽히고 있는 것으로 보입니다. 그렇지만 분석을 위해 'Date'는 datetime 포맷으로, 가격 열은 float 형식으로 설정하는 것이 좋습니다.

데이터 유형을 변환하는 방법은 다음과 같습니다.

```
# 'Date'를 datetime으로 변환합니다
df['Date'] = pd.to_datetime(df['Date'])

# 가격 열에서 $를 제거하고 float로 변환합니다

price_columns = [' Close/Last', ' Open', ' High', ' Low']
for col in price_columns:
    df[col] = df[col].str.replace('$', '').astype(float)

# 데이터 유형을 다시 확인합니다
print(df.dtypes)
```

이 코드는 먼저 `Pd.to_datetime()`를 사용하여 'Date'열을 `datetime` 포맷으로 변환합니다. 그런 다음 각 가격 열에 루프를 형성하고, 각 값에서 달러 기호를 제거한 후, 열을 float 유형으로 변환합니다. 마지막으로 열의 데이터 유형을 다시 프린트하여 변경 사항을 확인합니다.

위의 제안 사항을 아래 코드를 실행하여 열을 변환해 보겠습니다.

```
# 'Date'를 datetime으로 변환합니다
df['Date'] = pd.to_datetime(df['Date'])

# 가격 열에서 $를 제거하고 float로 변환합니다
price_columns = [' Close/Last', ' Open', ' High', ' Low']
for col in price_columns:
    df[col] = df[col].str.replace('$', '').astype(float)

# 데이터 유형을 다시 확인합니다
print(df.dtypes)
```

다음과 같은 출력물이 나와야 하는 데, 문자열이 되는 대신에 적합한 유형으로 변환된 올바른 열입니다.

```
Date            datetime64[ns]
Close/Last      float64
Volume          int64
Open            float64
High            float64
Low             float64
dtype: object
```

다음으로 Copilot에게 결과를 알려주어 다음에 해야 할 일을 알려드리겠습니다.

```
아래는 출력물로, Date datetime64[ns] Close/Last float64 Volume int64 Open float64 High
float64 Low float64 dtype: object
```

다음과 유사한 응답을 볼 수 있습니다.

프롬프트 응답

좋습니다! 이제 'Date' 열은 'datetime64[ns]' 유형이고, 가격 열('당일종가', '당일시가', '고점', '저점')은 'float64' 유형입니다. 이는 'Date' 열에서 수와 관련된 활동에서 가격 열과 시간 시리즈 분석을

수행할 수 있다는 것을 의미합니다.

다음 단계는 누락된 값을 확인, 변수 분포 시각화 혹은 여러 변수 간의 상관 관계 검사와 같은 탐구적 데이터 분석을 수행하는 것입니다. 회귀 모델 구축을 준비하기 위하여 데이터를 훈련 세트와 테스트 세트로 나눌 수도 있습니다.

탐구적 데이터 분석

다음에 수행할 작업에 대해서 결과에 따른 데이터 세트에서 누락된 값을 확인하기로 결정했습니다.

프롬프트

누락된 값을 확인합니다.

다음과 유사한 응답을 볼 수 있습니다.

프롬프트 응답

DataFrame에서 누락된 값을 확인하려면, pandas에서 sum() 함수와 함께 insull() 함수를 사용할 수 있습니다. 이 방법은 다음과 같습니다.

```
# 누락된 값을 확인합니다
print(df.isnull().sum())
```

이렇게 하면 DataFrame의 각 열에 있는 누락됩 값의 수가 프린트될 것입니다. 만약 열에 누락된 값이 0이면 해당 열에 누락된 값이 없다는 것을 의미합니다. 열에 0보다 큰 수가 있다면 해당 열의 누락된 값의 수입니다.

Copilot의 응답은 null 값을 확인하라는 메시지와 그 방식에 대한 코드를 제공합니다. Notebook의 코드 셀에서 제안된 코드를 실행합니다.

```
# 누락된 값을 확인합니다
print(df.isnull().sum())
```

다음은 출력입니다

```
Date          0
Close/Last    0
Volume        0
Open          0
High          0
Low           0
dtype: int64
```

이 출력물을 Copilot에 제공하여 다음에 수행할 작업을 확인합니다.

프롬프트

아래는 출력물로, Date 0 Close/Last 0 Volume 0 Open 0 High 0 Low 0 dtype: int64

다음과 유사한 응답을 볼 수 있습니다.

프롬프트 응답

좋습니다. 출력은 데이터 세트에 누락된 값이 없음을 나타냅니다. 각 열에는 누락된 값이 0개씩 있습니다. 복잡한 과정일 수 있는 누락된 데이터를 처리할 필요가 없기에 좋은 소식입니다.

분석의 다음 단계는 탐구적 데이터 분석(EDA)을 수행하는 것입니다. 여기에는 데이터를 시각화하거나, 이상치를 확인하거나, 변수 간의 관계를 검사하는 것이 포함될 수 있습니다. 그런 다음 데이터를 훈련 세트와 테스트 세트로 나눈 후 회귀 모델을 구축할 수 있습니다.

좋습니다. 누락된 값이 없었으며 다음 단계는 시각적 분석과 이상치를 확인해야 할 것 같습니다. 해당 지식을 바탕으로 적절할 프롬프트를 만들어 보겠습니다.

프롬프트

데이터를 시각화하고 이상치를 확인합니다.

다음과 유사한 응답을 볼 수 있습니다.

프롬프트 응답

데이터 시각화는 Matplotlib 혹은 Seaborn과 같은 Python의 다양한 라이브러리를 사용하여 수행할 수 있습니다. 상자 그림은 이상치를 확인하는 데 매우 유용할 수 있습니다. 가격 열에 대한 상자 그림을 만드는 방법은 다음과 같습니다.

```
import matplotlib.pyplot as plt
import seaborn as sns

# matplot 특징을 설정합니다
f, axes = plt.subplots(2, 2, figsize=(15, 10))

# 빈 크기가 자동으로 결정되는 간단한 히스토그램을 구성합니다
sns.boxplot(data=df[' Close/Last'], ax=axes[0, 0])
axes[0, 0].set_title('Close/Last')

sns.boxplot(data=df[' Open'], ax=axes[0, 1])
axes[0, 1].set_title('Open')
```

```
sns.boxplot(data=df[' High'], ax=axes[1, 0])
axes[1, 0].set_title('High')

sns.boxplot(data=df[' Low'], ax=axes[1, 1])
axes[1, 1].set_title('Low')

plt.tight_layout()
```

이 코드는 2x2 그리드의 플롯을 생성하며, 각 플롯은 가격 열 중 하나의 상자 그림이 됩니다. 상자 그림은 데이터 분포를 시각화하고 잠재적인 이상치를 식별하는 데 유용합니다. 상자 그림에서 이상치는 일반적으로 상자 그림의 수염 바깥쪽에 있는 점으로 표시됩니다.

위의 코드는 matplotlib과 seaborn 라이브러리를 사용할 것을 제안하며, 상자 그림 시각화를 생성하는 코드도 포함하고 있는 점으로 표시됩니다. 코드를 실행해 보겠습니다.

```
import matplotlib.pyplot as plt
import seaborn as sns

# matplot 특징을 설정합니다
f, axes = plt.subplots(2, 2, figsize=(15, 10))

# 빈 크기가 자동으로 결정되는 간단한 히스토그램을 구성합니다
sns.boxplot(data=df[' Close/Last'], ax=axes[0, 0])
axes[0, 0].set_title('Close/Last')

sns.boxplot(data=df[' Open'], ax=axes[0, 1])
axes[0, 1].set_title('Open')

sns.boxplot(data=df[' High'], ax=axes[1, 0])
axes[1, 0].set_title('High')

sns.boxplot(data=df[' Low'], ax=axes[1, 1])
axes[1, 1].set_title('Low')

plt.tight_layout()
```

다음과 같은 상자 그림에 비슷한 결과를 볼 수 있습니다.

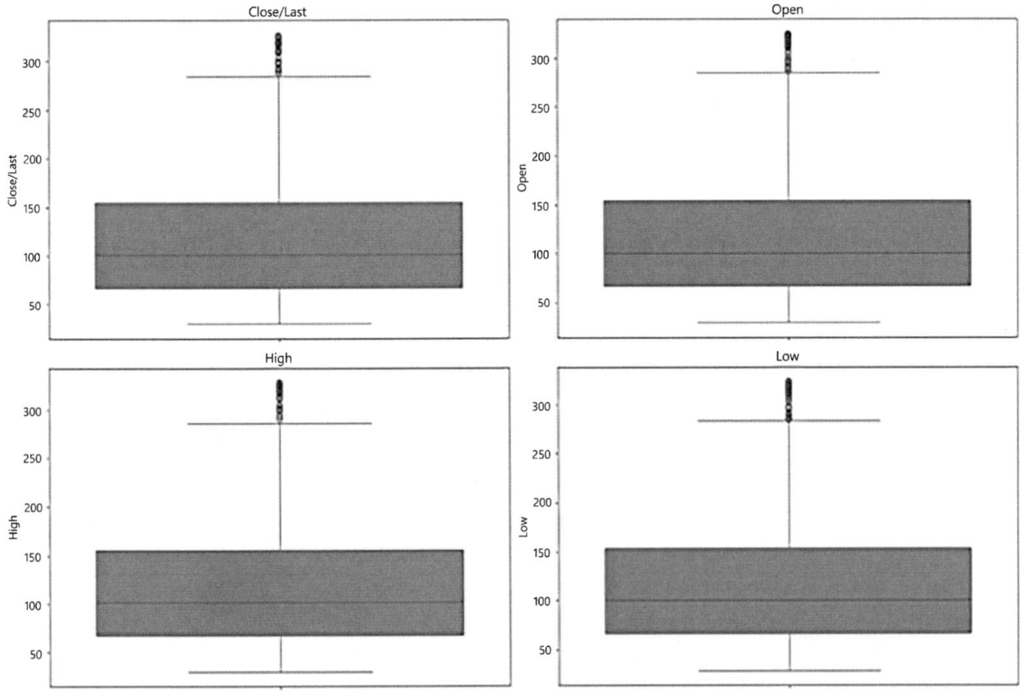

그림 18.1 데이터 세트의 상자 그림

다음으로 변수와 변수 관계에 대하여 자세히 알아보겠습니다.

프롬프트

변수 간의 관계를 살펴봅니다.

다음과 유사한 응답을 볼 수 있습니다.

프롬프트 응답

변수 간의 관계를 살펴보기 위하여 상관 행렬과 히트맵을 사용할 수 있습니다. 상관 행렬은 두 변수와 밀접한 관련성을 나타내는 수치를 제공하고 히트맵은 이러한 관계를 시각적으로 표현합니다.

이 방법은 다음과 같습니다.

```
# 상관 행렬을 계산합니다
corr = df.corr()

# 히트맵을 구성합니다
sns.heatmap(corr, annot=True, cmap='coolwarm')

plt.show()
```

이 코드는 먼저 corr() 함수를 사용하여 상관 행렬을 계산하며, 각 셀은 두 변수 간의 상관 계수를 나타내는 DataFrame()을 변환합니다. 그런 다음 이 상관 행렬을 사용하여 히트맵을 구성합니다. annot=True 인수를 사용하면 상관 계수를 히트맵에 그릴 수 있으며, cmap ='coolwarm' 인수는 히트맵의 색상 체계를 설정합니다.

상관 계수의 범위는 -1에서 1입니다. 1에 가까운 값은 높은 긍정의 상관 관계를 의미하며, -1에 가까운 값은 높은 부정의 상관 관계를 의미합니다. 0에 가까운 값은 상관 관계가 없음을 의미합니다.

응답에 따르면 상관 행렬을 생성하고 히트맵을 통하여 시각화해야 합니다. 위에서 제안한 코드를 사용해보고 어떤 결과가 나올지 알아보겠습니다.

```
# 상관 행렬을 계산합니다
corr = df.corr()

# 히트맵을 구성합니다
sns.heatmap(corr, annot=True, cmap='coolwarm')

lt.show()
```

위 코드의 출력물은 다음과 같습니다.

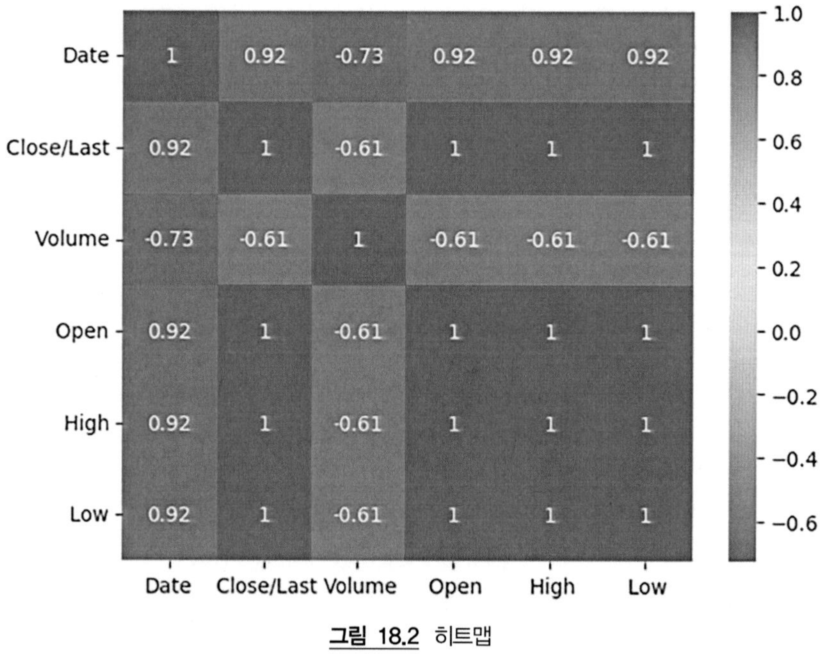

그림 18.2 히트맵

히트맵에서 다음을 확인할 수 있습니다

- 대각선은 각 변수와 자신의 상관 관계를 보여주기 때문에 항상 1입니다.
- 당일종가, 당일시가, 고점 및 저점은 서로 높은 긍정의 상관관계를(0.92) 가지며, 이는 이러한 변수 중 하나가 증가함에 따라 다른 변수도 증가하는 경향이 있음을 나타냅니다. 이는 주식 데이터의 경우 일반적으로 발생하며, 이는 거래일 내내 가격이 밀접하게 함께 움직이기 때문입니다.
- 거래량은 당일종가, 당일시가, 고점 및 저점(-0.61)과 부정의 상관관계를 보입니다. 이는 거래량이 많은 날에는 가격이 하락하는 경향이 있거나 그 반대일 수 있음을 시사합니다.

아래 스크린숏과 같이 Copilot은 변수 관계 분석 후에 다음 단계를 권장합니다. 이것을 선택하고 내용을 확인하겠습니다.

Copilot에게 다음에 무엇을 해야 하는지 물어보겠습니다.

프롬프트

변수 간의 관계를 조사한 다음 단계는 무엇입니까?

다음과 유사한 응답을 볼 수 있습니다.

프롬프트 응답

변수 간의 관계를 조사한 다음 단계는 일반적으로 모델링을 위하여 데이터를 준비하는 것입니다. 여기에는 여러 하위 단계가 포함될 수 있습니다.

- **특징 선택** : 상관 관계 분석에 따라서 목표 변수와 상관관계가 없는 일부 특징을 삭제하거나 다중 공선성을 피하기 위하여 서로 상관관계가 높은 두 특징 중 하나를 삭제할 수 있습니다.
- **데이터 분할** : 데이터를 훈련 세트와 테스트 세트로 분할해야 합니다. 일반적으로 훈련용 데이터는 80%와 테스트용 데이터 20%가 분할됩니다.
- **데이터 확장** : 사용하려는 모델에 따라 모든 특징의 값 범위가 비슷하도록 데이터를 확장해야 할 수도 있습니다.

데이터가 준비되면 회귀 모델을 구축할 수 있습니다.

데이터 분할

이 시점에서 모델 생성을 준비하겠습니다. 모델을 생성하기 전에, 나중에 모델을 검증하기 위한 데이터를 훈련 데이터와 테스트 세트로 분리해야 합니다.

프롬프트

이제 데이터를 분할하는 단계로 넘어가겠습니다.

다음과 유사한 응답을 볼 수 있습니다.

프롬프트 응답

물론, 데이터를 훈련 세트와 테스트 세트로 분할하는 것은 모델링을 위한 데이터를 준비하는 데 있어서 중요한 단계입니다. 이를 위하여 sklearn.model_selection의 train_test_split 함수를 사용합니다.

'당일종가' 가격을 예측한다고 가정할 때, 데이터를 분할하는 방법은 다음과 같습니다.

```
from sklearn.model_selection import train_test_split

# 특징 변수와 목표 변수를 정의합니다
X = df.drop(' Close/Last', axis=1)
y = df[' Close/Last']

# 데이터를 훈련 세트와 테스트 세트로 분할합니다
X_train, X_test, y_train, y_test = train_test_split(X, y, test_size=0.2, random_state=42)
```

이 코드는 먼저 특징 변수 X와 목표 변수 y를 정의합니다. 그런 다음 이를 훈련 세트와 테스트 세트로 분할하고, 데이터의 80%는 훈련 세트에, 20%는 테스트 세트에 전달합니다. Random_state 모수는 재현 가능성을 위해 사용되며, 동일한 random_state를 사용하면 코드를 실행할 때마다 동일한 훈련-테스트 분할이 이루어집니다.

요약하자면 위의 코드는 데이터 세트를 분할하는 방법을 보여줍니다. 다음에는 이 코드를 사용해 보겠습니다.

```
from sklearn.model_selection import train_test_split

# 특징 변수와 목표 변수를 정의합니다
X = df.drop(' Close/Last', axis=1)
y = df[' Close/Last']

# 데이터를 훈련 세트와 테스트 세트로 분할합니다
X_train, X_test, y_train, y_test = train_test_split(X, y, test_size=0.2, random_state=42)
```

현재로서는 결과를 변수에 할당할 때 표시할 출력물이 없습니다. 그렇지만 다음에는 프린트해 보겠습니다.

프롬프트

샘플 모양을 프린트합니다.

다음과 유사한 응답을 볼 수 있습니다.

프롬프트 응답

훈련 및 테스트 샘플의 모양을 프린트하려면 모양 속성을 사용할 수 있습니다. 이 방법은 다음과 같습니다.

```
# 훈련 세트의 모양과 테스트 세트를 프린트합니다
print("Training set (X):", X_train.shape)
print("Training set (y):", y_train.shape)
print("Test set (X):", X_test.shape)
print("Test set (y):", y_test.shape)
```

이렇게 하면 훈련 세트와 테스트 세트의 행과 열의 수가 프린트됩니다. 행 수는 X_train과 y_train 사이, X_test와 y_test 사이에서 동일해야 합니다. X_train과 X_test의 열 수는 동일해야 하며, y_train과 y_test는 각각 하나의 열(목표 변수를 나타내기 때문임)만 있어야 합니다.

제안된 코드는 일련의 프린트문으로 구성되어 있으므로 간단합니다. 코드 셀에서 해당 코드를 실행하여 시도해 보겠습니다.

```
# 훈련 세트와 테스트 세트의 모양을 프린트합니다
print("Training set (X):", X_train.shape)
print("Training set (y):", y_train.shape)
print("Test set (X):", X_test.shape)
print("Test set (y):", y_test.shape)
```

다음과 유사한 출력물이 나옵니다.

```
Training set (X): (2014, 5)
Training set (y): (2014,)
Test set (X): (504, 5)
Test set (y): (504,)
```

회귀 모델 구축

이제 데이터를 분할했으니 다음 단계로 모델을 훈련시키거나 적어도 다음 단계로 요청하면

Copilot이 그렇게 말할 것으로 예상합니다. 바로 그러한 질문을 하는 프롬프트를 만들겠습니다.

프롬프트

데이터를 분할하고 나서 다음 단계는 무엇입니까?

다음과 유사한 응답을 볼 수 있습니다.

프롬프트 응답

데이터를 분할한 다음 단계는 훈련 데이터를 사용하여 회귀 모델을 생성하고 훈련하는 것입니다. 데이터의 특성과 해결하려는 문제에 따라 간단한 선형 회귀 모델을 선택하거나 다항 회귀 혹은 릿지 회귀와 같은 더 복잡한 모델을 선택할 수 있습니다.

모델이 훈련되면, 이를 사용하여 테스트 데이터에서 예측할 수 있습니다. 그런 다음 이러한 예측을 테스트 데이터의 실제 값과 비교하여 모델의 성능을 평가합니다. 회귀 모델을 평가하는 일반적 메트릭스에는 평균 절대 오차 (MAE), 평균 제곱 오차 (MSE) 및 R-제곱이 포함됩니다.

좋습니다. 우리가 생각했던 대로 다음 단계는 모델을 훈련시키는 것입니다. 모델을 훈련하는 방법에 대한 자세한 정보를 묻는 프롬프트를 생성합니다.

프롬프트

회귀 모델을 생성하고 훈련합니다.

다음과 유사한 응답을 볼 수 있습니다.

프롬프트 응답

물론입니다. 훈련 데이터를 사용하여 간단한 선형 회귀 모델을 만들고 훈련시키겠습니다. 이를 위하여 `sklearn.linear_model`의 `LinearRegression` 클래스를 사용합니다.

모델을 생성하고 교육하는 방법은 다음과 같습니다.

```
from sklearn.linear_model import LinearRegression

# 선형 회귀 모델을 생성합니다
model = LinearRegression()

# 모델을 훈련합니다
model.fit(X_train, y_train)
```

이 코드는 먼저 선형 회귀 모델을 생성합니다. 그런 다음 fit 매서드와 훈련 데이터를 사용하여 모델을 훈련합니다. 이 단계가 끝나면 모델은 보이지 않는 데이터에 대한 예측을 할 준비가 됩니다.

데이터에 비선형 관계가 있는 경우 다항식 회귀 또는 트리 기반 모델과 같은 더 복잡한 모델을 사용해야 할 수도 있습니다. 또한 특징이 동일한 스케일이 아닌 경우 모델을 학습하기 전에 데이터를 확장해야 할 수도 있습니다.

선형 회귀 및 sklearn 라이브러리 사용에 대한 응답을 받았습니다. 계속 진행하기 전에 해당 라이브러리를 설치해야 할 수도 있습니다. 한 번 sklearn이 설치되었는지 확인한 후 아래에서 제안된 코드를 시행합니다.

```
from sklearn.linear_model import LinearRegression

# 선형 회귀 모델을 생성합니다
model = LinearRegression()

# 모델을 훈련합니다
model.fit(X_train, y_train)
```

위 코드의 출력물은 다음과 같습니다.

```
DTypePromotionError                       Traceback (most recent call last)
File ~/.conda/envs/myenv/lib/python3.12/site-packages/sklearn/base.py:1152, in
_fit_context.<locals>.decorator.<locals>.wrapper(estimator, *args, **kwargs)
    1145     estimator._validate_params()
    1147 with config_context(
    1148     skip_parameter_validation=(
    1149         prefer_skip_nested_validation or global_skip_validation
    1150     )
    1151 ):
->  1152     return fit_method(estimator, *args, **kwargs)

File ~/.conda/envs/myenv/lib/python3.12/site-packages/sklearn/linear_model/_
base.py:678, in LinearRegression.fit(self, X, y, sample_weight)
    674 n_jobs_ = self.n_jobs
    676 accept_sparse = False if self.positive else ["csr", "csc", "coo"]
--> 678 X, y = self._validate_data(
    679     X, y, accept_sparse=accept_sparse, y_numeric=True, multi_output=True
    680 )
    682 has_sw = sample_weight is not None
    683 if has_sw:
```

```
File ~/.conda/envs/myenv/lib/python3.12/site-packages/sklearn/base.py:622, in
BaseEstimator._validate_data(self, X, y, reset, validate_separately, cast_to_
ndarray, **check_params)
    620         y = check_array(y, input_name="y", **check_y_params)
    621     else:
--> 622         X, y = check_X_y(X, y, **check_params)
    623     out = X, y
    625 if not no_val_X and check_params.get("ensure_2d", True):

File ~/.conda/envs/myenv/lib/python3.12/site-packages/sklearn/utils/validation.
py:1146, in check_X_y(X, y, accept_sparse, accept_large_sparse, dtype, order,
copy, force_all_finite, ensure_2d, allow_nd, multi_output, ensure_min_samples,
ensure_min_features, y_numeric, estimator)
   1141         estimator_name = _check_estimator_name(estimator)
   1142     raise ValueError(
   1143         f"{estimator_name} requires y to be passed, but the target y is None"
   1144     )
-> 1146 X = check_array(
   1147     X,
   1148     accept_sparse=accept_sparse,
   1149     accept_large_sparse=accept_large_sparse,
   1150     dtype=dtype,
   1151     order=order,
   1152     copy=copy,
   1153     force_all_finite=force_all_finite,
   1154     ensure_2d=ensure_2d,
   1155     allow_nd=allow_nd,
   1156     ensure_min_samples=ensure_min_samples,
   1157     ensure_min_features=ensure_min_features,
   1158     estimator=estimator,
   1159     input_name="X",
   1160 )
   1162 y = _check_y(y, multi_output=multi_output, y_numeric=y_numeric,
estimator=estimator)
   1164 check_consistent_length(X, y)

File ~/.conda/envs/myenv/lib/python3.12/site-packages/sklearn/utils/validation.
py:795, in check_array(array, accept_sparse, accept_large_sparse, dtype, order,
copy, force_all_finite, ensure_2d, allow_nd, ensure_min_samples, ensure_min_
features, estimator, input_name)

    791 pandas_requires_conversion = any(
    792     _pandas_dtype_needs_early_conversion(i) for i in dtypes_orig
    793 )
    794 if all(isinstance(dtype_iter, np.dtype) for dtype_iter in dtypes_orig):
```

```
--> 795     dtype_orig = np.result_type(*dtypes_orig)
    796 elif pandas_requires_conversion and any(d == object for d in dtypes_orig):
    797     # Force object if any of the dtypes is an object
    798     dtype_orig = object

DTypePromotionError: The DType <class 'numpy.dtypes.DateTime64DType'> could not
be promoted by <class 'numpy.dtypes.Float64DType'>. This means that no common
DType exists for the given inputs. For example they cannot be stored in a
single array unless the dtype is `object`. The full list of DTypes is: (<class
'numpy.dtypes.DateTime64DType'>, <class 'numpy.dtypes.Int64DType'>, <class
'numpy.dtypes.Float64DType'>, <class 'numpy.dtypes.Float64DType'>, <class
'numpy.dtypes.Float64DType'>)
```

분명히 오류가 다시 발생하고 있으므로 Copilot이 이 오류를 해결할 수 있는지를 확인해 보겠습니다. 평소와 마찬가지로 오류 텍스트와 같은 콘텍스트를 포함하면 좋은 응답을 얻을 수 있습니다.

프롬프트

코드를 실행한 후 이 오류가 발생합니다.

```
Cell 39 line 7 4 model = LinearRegression() 6 # Train the model ----> 7 model.
fit(X_train, y_train)
File ~/.conda/envs/myenv/lib/python3.12/site-packages/sklearn/base.py:1152, in
_fit_context..decorator..wrapper(estimator, *args, **kwargs) 1145 estimator._
validate_params() 1147 with config_context( 1148 skip_parameter_validation=(
1149 prefer_skip_nested_validation or global_skip_validation 1150 ) 1151 ): ->
1152 return fit_method(estimator, *args, **kwargs)
File ~/.conda/envs/myenv/lib/python3.12/site-packages/sklearn/linear_model/
base.py:678, in LinearRegression.fit(self, X, y, sample_weight) 674 n_jobs =
self.n_jobs 676 accept_sparse = False if self.positive else ["csr", "csc",
"coo"] --> 678 X, y = self._validate_data( 679 X, y, accept_sparse=accept_
sparse, y_numeric=True, multi_output=True 680 ) 682 has_sw = sample_weight is
not None 683 if has_sw: ... 796 elif pandas_requires_conversion and any(d ==
object for d in dtypes_orig): 797 # Force object if any of the dtypes is an
object 798 dtype_orig = object
DTypePromotionError: The DType <class 'numpy.dtypes.DateTime64DType'> could
not be promoted by <class 'numpy.dtypes.Float64DType'>. This means that no
common DType exists for the given inputs. For example they cannot be stored in
a single array unless the dtype is object. The full list of DTypes is: (<class
'numpy.dtypes.DateTime64DType'>, <class 'numpy.dtypes.Int64DType'>, <class
'numpy.dtypes.Float64DType'>, <class 'numpy.dtypes.Float64DType'>, <class
'numpy.dtypes.Float64DType'>)
```

다음과 유사한 응답을 볼 수 있습니다.

프롬프트 응답

오류 메시지는 '날짜'열이 datettime 포맷이므로 모델이 'Date' 열을 처리하는 데 어려움을 겪고 있으며 모델이 수치 입력을 예상하고 있음을 시사합니다.

Datetime 데이터를 처리하는 일반적인 접근 방식 중 하나는 데이터 시간 데이터에서 연도, 월, 일 등의 특징을 추출하는 것입니다. 방법은 다음과 같습니다.

```
# 'Date'에서 특징을 추출합니다
X_train['Year'] = X_train['Date'].dt.year
X_train['Month'] = X_train['Date'].dt.month
X_train['Day'] = X_train['Date'].dt.day

# 원래 'Date' 열을 제거합니다
X_train = X_train.drop('Date', axis=1)

# 테스트 세트에서 같은 작업을 합니다
X_test['Year'] = X_test['Date'].dt.year
X_test['Month'] = X_test['Date'].dt.month
X_test['Day'] = X_test['Date'].dt.day
X_test = X_test.drop('Date', axis=1)

# 이제 모델을 다시 맞추고자 시도합니다
model.fit(X_train, y_train)
```

이 코드는 먼저 'Date'열에서 연도, 월, 일을 추출하여 데이터프레임이 새로운 열로 추가합니다. 그런 다음 원래의 'Date' 열을 삭제합니다. 마지막으로 모델을 다시 맞추려는 것을 시행합니다.

이는 간단한 접근 방식이며 특정 문제에 대한 datetime 데이터를 처리하는 가장 최적의 방식이 아닐 수 있습니다. 최적의 접근 방식은 데이터의 특성과 해결하려는 문제에 따라 달라질 수 있습니다.

Date 열이 문제였습니다. 모델 훈련은 수치 데이터만 처리할 수 있습니다. 응답에 따르면 정보를 보존하기 위하여 Date 열에서 특징을 추출하되 수와 관련된 포맷으로 추출해야 하는 것 같습니다. 또한 원하는 Date 열을 삭제해야 합니다.

제안된 코드를 실행해 보겠습니다.

```
# 'Date'에서 특징을 추출합니다
X_train['Year'] = X_train['Date'].dt.year
X_train['Month'] = X_train['Date'].dt.month
X_train['Day'] = X_train['Date'].dt.day

# 원래 'Date' 을 제거합니다
X_train = X_train.drop('Date', axis=1)

# 테스트 세트에서 같은 작업을 합니다
X_test['Year'] = X_test['Date'].dt.year
X_test['Month'] = X_test['Date'].dt.month
X_test['Day'] = X_test['Date'].dt.day
X_test = X_test.drop('Date', axis=1)

# 이제 모델을 다시 맞추고자 시도합니다
model.fit(X_train, y_train)
LinearRegression()
```

이제 코드가 문제없이 실행되는 것을 확인할 수 있습니다. Copilot에게 이 사실을 알리고 어떻게 진행할 수 있는지 알아보겠습니다.

프롬프트

감사합니다. 그렇게 진행합니다.

다음과 유사한 응답을 볼 수 있습니다.

프롬프트 응답

천만에요! 효과가 있었다는 소식을 듣게 되어서 기쁩니다. 이제 모델이 학습되었으므로 다음 단계는 일반적으로 모델을 사용하여 테스트 데이터를 예측하는 것입니다. 그런 다음 이러한 예측을 테스트 데이터의 실제 값과 비교하는 모델의 성능을 평가할 수 있습니다. 만약 더욱 더 궁금한 점이 있거나 추가 지원이 필요한 경우 언제든지 문의하세요.

모델 평가

답변에서 제안한 대로 Copilot은 다음과 같은 질문을 할 것을 권장합니다. 회귀 모델을 평가하기 위한 일반적인 메트릭스에는 어떠한 것이 있을까요? 이것을 선택하고 내용을 확인해 보겠습니다.

평가 메트릭스

평가 메트릭스에 대해 Copilot에게 물어보겠습니다.

프롬프트

회귀 모델을 평가하기 위한 일반적인 메트릭스에는 어떤 것이 있나요?

다음과 유사한 응답을 볼 수 있습니다.

프롬프트 응답

회귀 모델의 성능을 평가하기 위한 몇 가지 일반적인 메트릭스가 있습니다.

- **평균 절대 오차 (MAE)** : 이는 사전 예측값과 실제 값 사이의 절대적인 차이의 평균입니다. 예측이 얼마나 잘못되었는지 짐작할 수 있습니다.
- **평균 제곱 오차 (MSE)** : 이는 예측값과 실제 값 사이의 제곱 차이의 평균입니다. 차이를 제곱하면 큰 오류의 영향이 증폭됩니다.
- **평균 제곱근 오차(RMSE)** : 이는 MSE의 제곱근입니다. 출력 변수와 단위가 같기에 MSE보다 해석하기 쉽습니다.
- **R의 제곱 (R2)** : 독립 변수에서 예측할 수 있는 종속 변수의 분산 비율입니다. 모델의 예측이 실제 데이터에 얼마나 잘 부합하는지 측정할 수 있습니다. 1의 값은 모델이 실제 값을 완벽하게 예측한다는 의미이고, 0의 값은 모델이 실제 값을 전혀 예측하지 않는다는 의미입니다.
- **수정된 R의 제곱** : 이 버전은 모델의 예측 변수 수에 맞게 조정된 R-제곱의 수정된 버전입니다. 새로운 용어가 우연히 예상했던 것보다 더 많은 모델을 개선하는 경우에만 증가합니다.

이러한 각 메트릭스에는 고유한 강점과 약점이 있으며, 어떤 메트릭스를 사용할지는 특정 문제와 분석의 목표에 따라 결정됩니다.

이제 평가하는 방법과 어떠한 메트릭스를 사용하는지 알았으니 테스트 데이터를 바탕으로 다음에 예측을 하고 그 결과에 어떠한 결과가 나올지 알아보겠습니다.

프롬프트

다양한 메트릭스를 사용하여 예측하고 모델을 평가합니다.

다음과 유사한 응답을 볼 수 있습니다.

프롬프트 응답

물론입니다. 훈련된 모델을 사용하여 테스트 데이터를 예측해 보겠습니다. 그런 후 평균 절대 오차 (MAE), 평균 제곱 오차 (MSE), 평균 제곱근 오차(RMSE) 및 R-제곱(R^2)을 사용하여 이러한 예측을 평가합니다. Sklearn의 메트릭스 모듈을 사용하여 이러한 메트릭스를 계산합니다.

이 방법은 다음과 같습니다.

```
from sklearn import metrics
import numpy as np

# 테스트 데이터에서 예측을 수행합니다
y_pred = model.predict(X_test)

# MAE, MSE, RMSE, 및 R2을 계산합니다
mae = metrics.mean_absolute_error(y_test, y_pred)
mse = metrics.mean_squared_error(y_test, y_pred)
rmse = np.sqrt(mse) # 혹은 metrics.mean_squared_error(y_test, y_pred, squared=False)
r2 = metrics.r2_score(y_test, y_pred)

# 평가 메트릭스를 프린트합니다
print("Mean Absolute Error (MAE):", mae)
print("Mean Squared Error (MSE):", mse)
print("Root Mean Squared Error (RMSE):", rmse)
print("R-squared (R2 ):", r2)
```

이 코드는 먼저 모델을 사용하여 테스트 데이터에 대한 예측을 수행합니다. 그런 다음 이러한 예측을 테스트 데이터의 실제 값과 비교하여 MAE, MSE, RSME 및 R^2를 계산합니다. 마지막으로 이러한 메트릭스를 출력합니다.

이 코드에는 메트릭스가 모두 포함되어 있으며 모델에서 응답을 생성하는 `predict()` 함수를 호출합니다. 이것을 사용해보고 작동하는지 확인해 보겠습니다.

```
from sklearn import metrics
import numpy as np

# 테스트 데이터에서 예측을 수행합니다
y_pred = model.predict(X_test)

# MAE, MSE, RMSE, 및 R2을 계산합니다
mae = metrics.mean_absolute_error(y_test, y_pred)
mse = metrics.mean_squared_error(y_test, y_pred)
rmse = np.sqrt(mse) # 혹은 metrics.mean_squared_error(y_test, y_pred, squared=False)
r2 = metrics.r2_score(y_test, y_pred)

# 평가 메트릭스를 프린트합니다
print("Mean Absolute Error (MAE):", mae)
print("Mean Squared Error (MSE):", mse)
print("Root Mean Squared Error (RMSE):", rmse)
print("R-squared (R2 ):", r2)
```

다음과 유사한 응답을 볼 수 있습니다.

```
Mean Absolute Error (MAE): 0.458844690389933
Mean Squared Error (MSE): 0.4236006011305136
Root Mean Squared Error (RMSE): 0.6508460656180642
R-squared (R2 ): 0.999868004623502
```

아래 응답과 유사한 응답을 받을 수 있습니다.

프롬프트

Below is the output, Mean Absolute Error (MAE): 0.458844690389933 Mean Squared Error (MSE): 0.4236006011305136 Root Mean Squared Error (RMSE): 0.6508460656180642 R-squared (R2): 0.999868004623502

다음과 유사한 응답을 볼 수 있습니다.

프롬프트 응답

좋습니다! 결과는 회귀 모델에 대한 계산된 메트릭스를 보여줍니다.

- **평균 절대 오차 (MAE)** : 예측값과 실제 값의 평균 절대 차이는 약 0.46입니다. 즉 평균적으로 예측값과 실제 값에서 약 0.46 단위 떨어져 있음을 의미합니다.
- **평균 제곱 오차 (MSE)** : 예측값과 실제 값의 평균 절대 차이는 약 0.42입니다. 이 메트릭스는 차이를 제곱하기 때문에 MAE보다 큰 오류에 더 민감합니다.
- **평균 제곱근 오차(RMSE)** : MSE의 제곱근은 약 0.65입니다. 이 메트릭스는 출력 변수와 단위가 같기에 MSE보다 해석하기 쉽습니다.
- **R의 제곱 (R2)** : 독립 변수에서 예측할 수 있는 종속 변수의 분산 비율은 약 0.9999 입니다. 이는 1에 매우 가깝다는 것으로, 이는 모형이 평균에 대한 반은 데이터의 거의 모든 변동성을 설명한다는 것을 나타냅니다.

전반적으로 이러한 메트릭스는 모델이 테스트 데이터에서 매우 우수한 성능을 발휘하고 있음을 시사합니다.

다음으로 예측 값을 실제 값과 비교하여 모델이 얼마나 잘 수행되고 있는지 파악하고자 하므로, 해당 요청을 반영하는 프롬프트를 생성합니다.

프롬프트

예측 값과 실제 값을 비교하여 표시합니다.

다음과 유사한 응답을 볼 수 있습니다.

프롬프트 응답

물론 예측값을 플롯으로 시각화하여 실제 값과 비교할 수 있습니다. Matplotlib을 사용하여 이를 수행하는 방법은 다음과 같습니다.

```
import matplotlib.pyplot as plt

# 실제 값을 구성합니다
plt.scatter(X_test.index, y_test, color='blue', label='Actual')

# 예측 값을 구성합니다
plt.scatter(X_test.index, y_pred, color='red', label='Predicted')

plt.title('Actual vs Predicted')
plt.xlabel('Index')
plt.ylabel('Target')
plt.legend()
plt.show()
```

이 코드는 산포도를 생성하며 x축은 테스트 세트의 인덱스를, y축은 목표 변수를 나타냅니다. 실제 값은 파란색으로 표시되고 예측 값은 빨간색으로 표시됩니다. 이를 통해 모델에서 수행한 예측을 실제 값과 시각적으로 비교할 수 있습니다.

제안된 코드는 테스트 데이터와 비교하여 예측 값을 더 잘 비교하기 위하여 산포도를 만들고자 하는 것 같습니다.

```
import matplotlib.pyplot as plt

# 실제 값을 구성합니다
plt.scatter(X_test.index, y_test, color='blue', label='Actual')

# 예측 값을 구성합니다
plt.scatter(X_test.index, y_pred, color='red', label='Predicted')

plt.title('Actual vs Predicted')
plt.xlabel('Index')
plt.ylabel('Target')
plt.legend()
plt.show()
```

위 코드의 출력물은 다음과 같습니다.

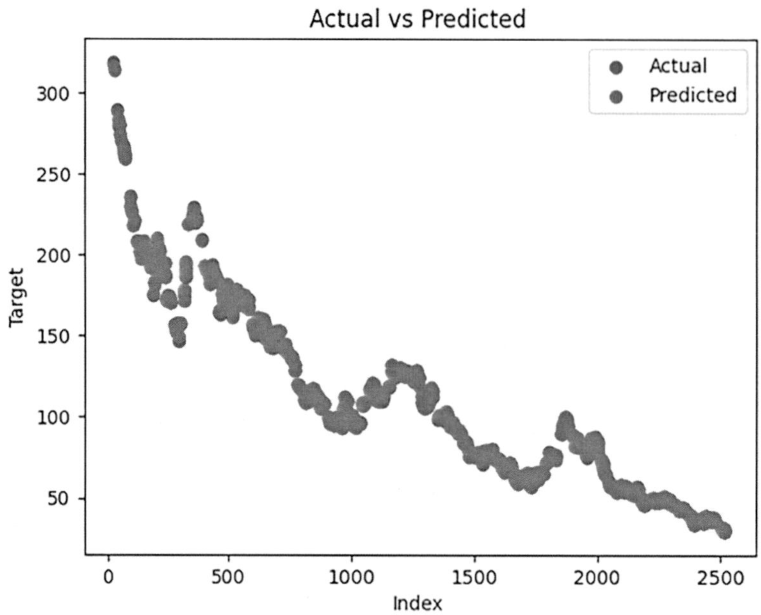

그림 18.3 실제 값 vs. 예측 값

예측된 데이터가 실제 데이터와 얼마나 잘 일치하는지 알 수 있습니다. 다음으로 학습 내용을 요약해 보겠습니다.

임무

회귀를 사용하여 값을 예측하는 대신에 동일한 데이터를 분류 문제로 취급하여 다음 날 주가가 상승할지 하락할지 예측해 보겠습니다.

요약

회귀는 하나 이상의 예측 변수를 기반으로 연속적인 결과 변수를 예측하는 데 사용되는 기계 학습의 기본 개념입니다. 에기에는 종속 변수(흔히 대상이라고 함)와 하나 이상의 독립 변수(특징) 간의 관계를 식별하는 것이 포함됩니다. 또한 Date와 같은 열을 포함할 수도 있지만, 이를 포함하려면 해당 열에서 중요한 숫자 부분, 즉 연도. 월, 일을 추출해야 한다는 사실도 발견했습니다.

회귀는 의료 및 마케팅과 같은 다른 분야에도 많은 응용 분야가 있습니다. 프롬프트 관점에서는 콘텍스트를 일찍 설정하고 Copilot에게 데이터 모양을 보여주면, Copilot에게 다음에 해야 할 일을 묻는 데 도움이 되는 것이 좋습니다.

다음 장에서는 Github Copilot을 사용하여 코드를 작성하는 데 도움이 되는 동일한 데이터 세트를 사용할 것입니다.

Discord에서 우리 커뮤니티에 참여하세요.

저자 및 여러 독자와 함께 토론하려면 Discord 커뮤니티 공간에 참여하세요.

`https://packt.link/aicode`

제19장
Copilot 제안으로 회귀

소개

이전 장에서는 Github Copilot Chat를 사용하여 회귀 문제를 구축하고 Ai가 코딩을 어떻게 도움을 줄 수 있는지 살펴보았습니다. 이 장에서는 다른 접근 방식을 취하겠습니다. Github Copilot의 도움을 받아 코드를 작성하여 코딩과 유용한 주석 추가를 안내할 수 있도록 할 것입니다. 이는 회귀 문제를 효과적으로 해결하기 위한 코딩 기술과 Copilot의 제안을 결합한 대화형 경험이 될 것입니다. Github Copilot이 코딩 과정을 실시간으로 어떻게 개선할 수 있는지 알아보겠습니다.

이 과업에서는 Apple 데이터 세트를 사용하여 주가를 예측하고 투자자가 구매 여부를 결정하는 데 도움을 줄 것입니다. 이 데이터 세트는 18장 ChatGPT Chat로 회귀에서 Copilot Chat을 사용하여 분석한 것과 동일한 데이터 세트입니다.

데이터 세트 개요

이 데이터 세트는 2010년부터 지난 10년간 Apple의 주식(AAPL로 거래됨)에 대한 풍부한 정보를 제공합니다. 이 데이터는 투자 의사 결정에 중요한 Apple 주식의 미래 가격을 예측하는 예측 알고리즘을 개발하는 데 도움이 될 수 있기 때문에 매우 가치가 있습니다. 이 세트의 데이터는 25개의 다양한 증권 거래소에서 수집 및 집계되었습니다.

이 데이터를 예측에 효과적으로 사용하려면 목표에 영향을 미치는 주요 요소인 주가 예측 특징에 대해 이해해야 합니다.

이 데이터 세트에는 특정 기간(일반적으로 하루) 동안 주가가 어떻게 변화하는지 나타내는 5사지 중요한 값이 포함되어 있지만, 1주일 혹은 1개월이 될 수도 있습니다. 값은 다음과 같습니다.

- **당일시가** : 거래일 시작 시점의 주가입니다.
- **당일종가** : 거래일 마지막의 주가입니다.
- **고점** : 이 값은 거래일 동안, 주가가 도달한 가장 높은 가격을 보여줍니다.
- **저점** : 이는 거래일 동안, 주가가 기록한 가장 낮은 가격을 나타냅니다.
- **거래량** : 이는 장 마감 전날 하루동안, 거래된 총 주식의 전체 수입니다.

주식의 과거 실적과 함께 이 다섯 가지 기록된 값을 포함하는 과거 가격 데이터를 사용하여 미래 가격을 예측하는 데 중점을 둘 것입니다.

프롬프트 전략

이 장에서는 2장에 기서술된 "탐구 프롬프트 패턴"을 사용합니다. 일반적으로 어떠한 조치를 취하고 꽤나 확신하지만, 전환이 필요한 경우, AI 어시스턴트가 어떤 조치를 취할 것인지에 관심이 있습니다.

Copilot의 도움으로 코딩 시작하기

Github Copilot을 설치하면 회귀 문제를 Python으로 코딩할 준비가 됩니다. 열린 파일에서 제안을 사용하는 접근 방식은 채팅 창을 사용하는 것과는 약간 다릅니다. 가장 큰 차이점은 주석 입력에 의존하고 Tab 키를 사용하여 Copilot이 제안을 제공하도록 한다는 것입니다. 이 기법은 Jupyter Notebook과 일반 텍스트 파일에서도 똑같이 잘 작동합니다. 작동 방식은 다음과 같습니다.

```
# 회귀 문제와 함께 사용할 라이브러리에 대한 가져오기 문을 생성합니다.
```

여기에 열려 있는 텍스트 파일이 있습니다. Import 문을 생성하기 위하여 주석을 추가했습니다. Copilot이 응답을 생성하려면 Return 키 다음에 *Tab* 키를 사용하여 제안을 수락해야 합니다. 위의 텍스트 파일이 어떻게 변경될 수 있는지는 다음과 같습니다.

```
# 회귀 문제와 함께 사용할 라이브러리에 대한 가져오기 문을 생성합니다
import pandas
import numpy
import scikit-learn
```

Import 문은 Copilot에서 *Tab* 다음에 *Return*을 누를 때 생성되는 내용입니다.

> **참고**
>
> AI 어시스턴트는 코드 완성을 제공하여 도움을 주지만, 각 제안을 수락하기 전에 검토하고 이해하는 것을 잊지 마세요.

단계 1 : Copilot 보조로 라이브러리 가져오기

이 책의 다른 장에서 Copilot Chat에서 그랬던 것처럼 문제, 데이터 세트 등을 미리 설명하는 신속한 제안 주석으로 시작할 수 있습니다. 그러면 프롬프트가 이렇게 보일 수 있습니다.

```
# 회귀 문제를 수행하기 위하여 따라야 할 단계를 생성하는 데, 여기에 데이터 세트와 해당 열이 있습니다.
```

하지만 필요한 모든 것을 요구하는 접근 방식을 시도할 것입니다.

시작하겠습니다. 첫 번째 주석(이는 채팅 창에서 입력하는 것과 같습니다)을 작성하겠습니다.

프롬프트

```
# import pandas
```

*Tab*으로 제안을 수락합니다. 다음 도전적인 코드를 볼 수 있습니다.

프롬프트 응답

```
# import pandas
import pandas as pd
```

좋습니다! 필요한 라이브러리를 가져왔습니다. 다음으로 데이터 세트를 불러오고 살펴봅시다.

단계 2 : 데이터 세트 불러오기와 탐색

다음 단계에서는 데이터 세트를 불러오고 데이터 특징을 탐구하고자 합니다. 동일한 파일에서 계속 작업하고 아래 프롬프트를 추가합니다.

프롬프트

```
# 데이터 세트를 pandas 데이터프레임에 불러옵니다
```

이 시점에서 Copilot은 우리가 무엇을 하려고 하는지 이해하므로, 위의 프롬프트 주석을 입력할 필요가 없습니다. 그렇기에 Return을 여러 번 누른 다음, Tab 키를 누르면 아래의 콘텐츠가 표시됩니다.

프롬프트 응답

```
# 데이터 세트를 pandas 데이터프레임으로 불러옵니다
df = pd.read_csv('enter-your-file-path')

# 데이터프레임의 첫 번째 다섯 열을 프린트합니다
print(df.head())
```

참고

Kaggle (https://www.kaggle.com/ datasets/varpit94/apple-stock-data-updated-till-22jun2021) 에서 데이터 세트를 다운로드하고, read_csv의 경로를 바꾸어 파일이 시스템에 있는 위치를 가리켰는지 확인합니다.

만약 제안된 코드를 실행한다면 다음과 유사한 출력물이 표시됩니다.

```
   Date        Close     Volume     Open      High      Low
0  02/28/2020  $273.36   106721200  $257.26   $278.41   $256.37
1  02/27/2020  $273.52   80151380   $281.1    $286      $272.96
2  02/26/2020  $292.65   49678430   $286.53   $297.88   $286.5
3  02/25/2020  $288.08   57668360   $300.95   $302.53   $286.13
4  02/24/2020  $298.18   55548830   $297.26   $304.18   $289.23
```

위의 내용이 보이면 데이터가 성공적으로 불러와졌음을 의미합니다.

유형 및 열 가져오기

좋습니다! 이제 데이터를 성공적으로 불러왔으니 불러온 데이터 세트에 대해 어떠한 열과 열 유형이 있는지 등을 자세히 알아보겠습니다. 평소와 마찬가지로 동일한 파일을 계속 작업하고 프롬프트를 주석으로 추가합니다.

프롬프트

```
# 데이터 세트에 있는 열의 데이터 유형을 가져옵니다
```

다음과 같은 결과가 표시됩니다.

프롬프트 응답

```
# 데이터 세트에서 열의 데이터 유형을 가져옵니다
print(df.dtypes)
```

이제 코드를 실행합니다. 열과 데이터 유형을 표시해야 합니다.

```
Date        object
Close       object
Volume      int64
Open        object
High        object
Low         object
dtype: object
```

물론입니다! 열이 보이지만 많은 열에 object 유형이 있습니다. 좋지는 않군요 기계 학습 훈련에 사용하려면 숫자가 있어야 합니다. 이 문제를 간단히 해결할 수 있는지 알아보겠습니다만, 먼저 데이터 세트의 모양에 대해 자세히 알아보겠습니다.

데이터 세트 모양

몇 개의 열과 몇 개의 행으로 구성되어 있는지 등 구조 측면에서 데이터 세트에 대해 자세히 알아보겠습니다. 이렇게 하면 복잡성을 평가하고, 얼마나 많은 데이터가 있는지, 신뢰할 수 있도록 모델을 훈련하기에 충분한지 확인하는 데 도움이 됩니다. 다음 프롬프트 주석을 작성해 보겠습니다.

프롬프트

```
# 데이터 세트의 모양을 가져옵니다
```

다음과 같은 제안이 표시됩니다.

프롬프트 응답

```
# 데이터 세트의 모양을 가져옵니다
print(df.shape)
```

위의 코드를 실행하면 아래와 같은 응답이 제공됩니다.

```
(2518, 6)
```

이 응답은 2518개의 행과 6개의 열이 있음을 나타냅니다.

열 유형 주소 지정

이 시점에서 더 많은 숫자 열이 필요하다는 것을 알고 있으므로 숫자 열이 아닌 열을 다루도록 합니다. 먼저 숫자가 아닌 열을 식별합니다.

프롬프트

```
# 데이터 세트에서 열을 프린트합니다
```

아래와 같은 제안을 볼 수 있어야 합니다.

프롬프트 응답

```
# 데이터 세트에서 열을 프린트해야 합니다
print(df.columns)
Index(['Date', 'Close', 'Volume', 'Open', 'High', 'Low'], dtype='object')
```

방금 열을 프린트해 달라고 요청했지만 Copilot이 object 유형의 열만 표시하기로 결정했다는 점이 흥미롭습니다. Copilot은 기계 학습에 대한 교육을 받았으며 다음에 일어날 일을 추론할 수 있기 때문에 그다지 놀라운 일이 아닙니다. 이 경우에는 모델 학습에 사용하기 위하여 열을 변환하는 것입니다.

다음으로 다소 규범적으로 열을 숫자 버전으로 변환하여 아래의 프롬프트 주석을 달아달라고 요청합니다.

프롬프트

```
# $ 기호를 빈 문자열로 바꾸고 열을 float 데이터 유형으로 변환합니다
```

아래의 코드가 표시되며, 이 코드는 여러 열을 숫자 버전으로 변환합니다.

프롬프트 응답

```
# $ 기호를 빈 문자열로 바꾸고 열을 float 데이터 유형으로 변환합니다
df['Open'] = df['Open'].replace({'\$': ''}, regex=True).astype(float)
df['Close'] = df['Close'].replace({'\$': ''}, regex=True).astype(float)
df['High'] = df['High'].replace({'\$': ''}, regex=True).astype(float)
df['Low'] = df['Low'].replace({'\$': ''}, regex=True).astype(float)
```

좋습니다! 다음 열을 검사하여 변환이 올바르게 수행되었는지 확인하겠습니다.

프롬프트

```
# 데이터프레임의 첫 5행을 프린트하여 변경 사항을 확인합니다
```

다음과 유사한 응답이 나옵니다.

프롬프트 응답

```
# 데이터프레임의 첫 5행을 프린트하여 변경 사항을 확인합니다
print(df.head())
```

위의 코드를 실행하면 아래에 응답이 표시됩니다.

```
    Date      Close    Volume     Open    High    Low
0 02/28/2020  273.36   106721200  257.26  278.41  256.37
1 02/27/2020  273.52   80151380   281.10  286.00  272.96
2 02/26/2020  292.65   49678430   286.53  297.88  286.50
3 02/25/2020  288.08   57668360   300.95  302.53  286.13
4 02/24/2020  298.18   55548830   297.26  304.18  289.23
```

나중에 다룰 Date 열을 제외하고는 달러 기호가 제거되고 이제 열이 숫자로 표시되었음을 분명히 알 수 있습니다.

통계 요약

다음으로 통계 요약을 요청하여 데이터 세트에 대해 자세히 알아보겠습니다. 이러한 값을 확인할 수 있습니다.

- **Count** : Null이 아닌 항목의 수입니다.
- **평균** : The average value
- **표준 편차 (std)** : 데이터의 산포입니다.
- **최솟값 (min)** : 가장 작은 값입니다.
- **25번째 백분위수 (25%)** : 데이터의 25%가 하락한 값입니다.
- **중앙값 (50%)** : 가운데 값으로 50번째 백분위수로 알려져 있습니다.
- **75번째 백분위수 (75%)** : 데이터의 75%가 하락한 값입니다.
- **최댓값 (max)** : 가장 큰 값입니다.

이를 염두에 두고 프롬프트 코멘트를 작성해 보겠습니다.

프롬프트

```
# 데이터 세트의 통계 요약을 얻습니다.
```

다음과 유사한 출력물이 나옵니다.

프롬프트 응답

```
# 데이터 세트의 통계 요약을 얻습니다
print(df.describe())
```

만약 코드를 실행한다면 데이터는 이와 같이 나타납니다.

```
       Close        Volume        Open         High         Low
count  2518.000000  2.518000e+03  2518.000000  2518.000000  2518.000000
mean   114.769522   7.258009e+07  114.728443   115.766415   113.690582
std    60.662405    5.663113e+07  60.546893    61.134456    60.085105
```

```
min 2   9.835700      1.136205e+07   29.392800     29.928600     28.464300
25%     66.822475     3.053026e+07   66.877150     67.475300     66.372950
50%     101.090000    5.295469e+07   101.115000    102.085000    100.350000
75%
```

누락된 값 체크

데이터 세트의 품질을 평가하려면 누락된 값을 식별하는 것이 중요합니다. Null 값이 높으면 데이터 수집 혹은 입력에 문제가 있을 수 있으며 모델에 영향을 미칠 수 있으므로, 이를 처리할 수 있는 방법이 필요합니다.

프롬프트

누락된 값을 확인합니다.

다음과 유사한 응답이 나옵니다.

프롬프트 응답

```
# 누락된 값을 확인합니다
print(df.isnull().sum())
```

좋습니다! 그렇다면 코드는 무슨 동작을 할까요? 설명하겠습니다. 다음의 데이터 세트를 가지고 있다고 가정합니다.

```
data = {'A': [7, 99, None, 3, None],
        'B': [5, None, 6, 8, 9],
        'C': [10, 15, 12, None, 11]}
```

제안된 코드를 실행하면 열당 누락된 값의 수가 요약되고 다음과 같은 응답이 표시됩니다.

```
A: 2
B: 1
C: 1
```

누락된 값을 전체 점수에 영향을 미치지 않는 값으로 대체할 수 있습니다. 이를 위한 한 가지 방법은 평균값을 추가하고 none을 그 값으로 대체하는 것입니다.

중복 여부 체크

데이터를 정리하는 또 다른 방법은 중복된 데이터를 제거하는 것인 데, 이는 해당 데이터가 모델에 강화 효과를 일으키지 않기 때문입니다. 이에 대한 코멘트를 작성하고 Copilot이 도움이 될 수 있는지를 알아보겠습니다.

프롬프트

```
print(df.duplicated().sum())
```

이 시점에서 Copilot은 우리가 무엇을 하려고 하는지, 즉 중복을 식별하고 제거하려고 하는지 식별합니다. 따라서 아래의 두 과업에 대한 제안되는 코드를 확인할 수 있습니다.

프롬프트 응답

```
# 중복 여부를 체크합니다
print(df.duplicated().sum())

# 중복을 제거합니다
df.drop_duplicates(inplace=True)
```

숫자 특징 확장

다음으로 값이 0~1의 특정 범위에 속하도록 값을 측정할 것입니다. 이러한 유형의 전처리 알고리즘 성능, 수렴 속도, 해석 가능성, 값 그룹의 지배 방지 등의 여러 가지 유익한 영향을 끼칩니다. 특징 확장을 위한 프롬프트를 만들겠습니다.

프롬프트

```
# 숫자 특징을 확장합니다
```

응답에 두 개 이상의 열이 있는 경우 *Return* 및 *Tab*을 반복해서 눌러야 할 수도 있습니다. 다음과 유사한 출력물이 나옵니다.

프롬프트 응답

```
# 숫자 특징을 확장합니다
# StandardScaler를 가져옵니다
from sklearn.preprocessing import StandardScaler
```

```
scaler = StandardScaler()
df[['Open', 'Close', 'High', 'Low', 'Volume']] = scaler.fit_
transform(df[['Open', 'Close', 'High', 'Low', 'Volume']])

# 데이터프레임의 첫 5행을 프린트하여 변경 사항을 확인합니다
print(df.head())
```

제안된 코드를 실행하면 다음과 같은 결과가 나올 것입니다.

```
   date        Close     Volume     Open      High      Low
0  02/28/2020  2.614832  0.602988   2.354536  2.660953  2.375094
1  02/27/2020  2.617470  0.133721   2.748359  2.785130  2.651257
2  02/26/2020  2.932884  -0.404481  2.838059  2.979494  2.876649
3  02/25/2020  2.857534  -0.263366  3.076269  3.055571  2.870490
4  02/24/2020  3.024063  -0.300800  3.015313  3.082566  2.922093
```

시각화

다음으로 데이터를 시각화하고자 합니다. 방법에 대한 모호한 지침을 제공할 수는 있지만, 이 경우에는 산포도를 사용하기 괜찮은 도구이므로 프롬프트에 반영하겠습니다.

프롬프트

```
# 당일시가 및 당일종가 열의 산포도를 생성합니다
```

다음과 유사한 응답이 나옵니다.

프롬프트 응답

```
import matplotlib.pyplot as plt

# 당일시가 및 당일종가 열의 산포도를 생성합니다
plt.scatter(df['Open'], df['Close'])
plt.xlabel('Open')
plt.ylabel('Close')
plt.title('Relationship between Open and Close')
plt.show()
```

위의 코드를 실행하면 다음과 같은 산포도가 생성됩니다.

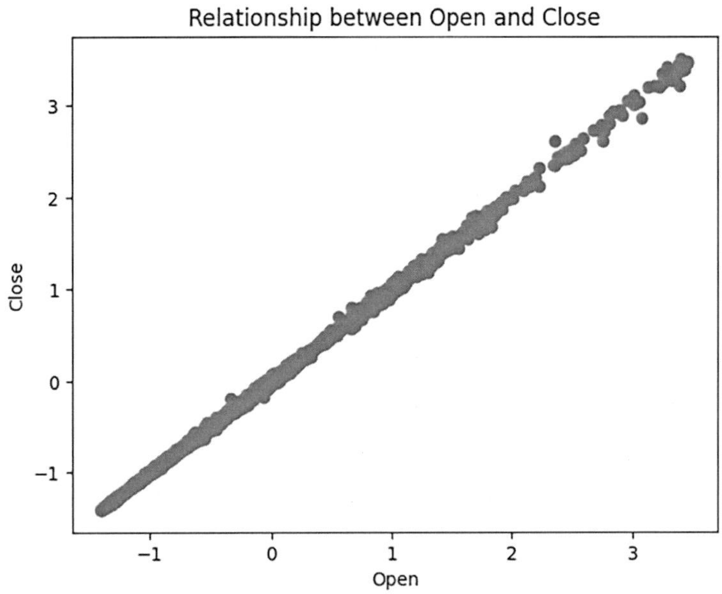

그림 19.1 당일시가 열과 당일종가 열 사이의 관계를 보여주는 산포도

단계 3 : 훈련과 테스트 세트로 데이터 분할

모델을 훈련하기 전에 데이터를 훈련 데이터와 테스트 데이터로 분할해야 합니다. 이에 도움이 되는 프롬프트를 만들어 보겠습니다.

프롬프트

"Scikit-learn에서의 train_test_split을 사용하여 데이터 세트를 분할합니다"

다음과 유사한 출력물이 나옵니다.

프롬프트 응답

```
# 데이터 세트를 분할하기 위하여 scikit-learn의 train_test_split을 사용합니다
from sklearn.model_selection import train_test_split

# 데이터 프레임에서 Date 열을 제거합니다
df = df.drop('Date', axis=1)

# 데이터 세트를 훈련 세트 및 데이터 세트로 분할합니다
X = df.drop('Close', axis=1)
y = df['Close']
X_train, X_test, y_train, y_test = train_test_split(X, y, test_size=0.2, random_state=42)
```

```
# 훈련 세트 및 테스트 세트의 모양을 프린트합니다
print('X_train shape:', X_train.shape)
print('y_train shape:', y_train.shape)
print('X_test shape:', X_test.shape)
print('y_test shape:', y_test.shape)
```

만약 위의 코드를 실행한다면 다음과 유사한 출력물이 표시됩니다.

```
X_train shape: (2014, 4)
y_train shape: (2014,)
X_test shape: (504, 4)
y_test shape: (504,)
```

질문하기

Copilot의 채팅 경험에서와 마찬가지로 특정 주제에 대해서 질문을 할 수 있습니다. 만약 질문 앞에 "Q:" 접두사를 붙이면 Copilot은 질문이라는 것을 이해합니다. 다음 단계에서 시도해 보겠습니다.

프롬프트

Q: 데이터를 훈련 및 테스트 세트로 분할한 이후의 다음 단계는 무엇입니까?

다음과 유사한 응답이 나옵니다.

프롬프트 응답

```
# Q: 데이터를 훈련 및 테스트 세트로 분할한 이후의 다음 단계는 무엇입니까?
# A: 훈련 세트를 사용하여 모델을 훈련하고 테스트 세트를 사용하여 모델을 테스트합니다
```

단계 4 : 회귀 모델 구축

모델을 훈련할 때가 왔습니다. 여기서는 꽤 모호하게 생각하고 Copilot에게 훈련을 요청할 수도 있습니다. 그러나 원하는 훈련 유형을 제안하는 것이 좋습니다. 이 경우에는 선형 회귀를 원하므로 다음을 포함하는 프롬프트를 생성합니다.

프롬프트

"선형 회귀 모델을 초기화합니다".

다음과 유사한 응답이 나옵니다.

제안된 프롬프트 응답

```
# 선형 회귀 모델을 초기화합니다
# LinearRegression을 가져옵니다
from sklearn.linear_model import LinearRegression

# LinearRegression를 lr로 예시합니다.
lr = LinearRegression()
```

좋습니다! 선형 회귀를 사용할 수 있는 몇 가지 코드가 있습니다. 그렇지만 아직 훈련을 실시하지 않았기 때문에 다음 단계에서 합니다.

단계 5 : 모델 훈련

훈련 유형을 지정하면 다음 단계에서 모델을 훈련시킵니다.

프롬프트

"모델에 맞춥니다"

다음과 유사한 응답이 나옵니다.

프롬프트 응답

```
# 훈련 데이터를 lr로 맞춥니다
lr.fit(X_train, y_train)

# 테스트 세트의 레이블을 예측합니다
y_pred = lr.predict(X_test)
```

단계 6 : 모델 성능 평가

좋습니다! 모델을 훈련시켰지만 얼마나 잘 작동하는지에 대해서는 아무것도 모르니 다음에 해결해야 할 문제입니다.

프롬프트

MSE 혹은 R-제곱과 같은 성능 메트릭스를 평가합니다.

다음과 유사한 출력물이 나옵니다.

프롬프트 응답

```
# MSE 혹은 R-제곱과 같은 성능 메트릭스를 평가합니다

from sklearn.metrics import mean_squared_error

# 테스트 세트에서 모델의 평균 제곱 오차 (MSE)를 계산합니다
mean_squared_error = mean_squared_error(y_test, y_pred)
print('Mean squared error:', mean_squared_error)

# 테스트 세트에서 모델의 평균 제곱근 오차 (RMSE)를 계산합니다
root_mean_squared_error = np.sqrt(mean_squared_error)
print('Root mean squared error:', root_mean_squared_error)
```

위의 코드를 실행하면 아래에 유사한 응답이 표시됩니다.

```
MSE: 0.00011569609998631774
RMSE: 0.010756212157926123
```

얻은 출력물은 두 가지 에러에 해당합니다. 평균 제곱 오차와 평균 제곱근 오차.

MSE가 낮을수록 데이터에 더 잘 맞는 모델임을 나타냅니다. 이 경우에는 MSE는 상당히 낮으며, 이는 모델의 예측이 실제 값에 매우 가깝다는 것을 시사합니다.

RSME 값도 매우 낮아, 모델의 예측이 매우 정확하다는 것을 강조합니다. 좋습니다! 이 장의 과제를 검토한 다음 Copilot을 사용하여 기계 학습에 도움을 주는 방법에 대해 요약해 보겠습니다.

임무

사전에 많은 정보를 제공하는 프롬프트 접근 방식을 사용하여 이 문제를 해결해 보세요. 다음과 같은 프롬프트의 구성을 제안합니다.

- "다음과 같은 모양의 데이터 세트에 대한 회귀 분석을 수행합니다.

- 당일시가: 거래일 시작 시점의 주가입니다.
- 당일종가 : 거래일 마지막의 주가입니다.
- 고점 : 이 값은 거래일 동안, 주가가 도달한 가장 높은 가격을 보여줍니다.
- 저점 : 이는 거래일 동안, 주가가 기록한 가장 낮은 가격을 나타냅니다.
- 거래량 : 이는 장 마감 전날 하루 동안, 거래된 총 주식의 전체 수입니다.

데이터 불러오기 및 전처리부터 모델 훈련 및 평가까지 모든 단계를 제안합니다. 각 단계별로 코드를 표시해야 합니다.

그런 다음 응답이 무엇인지 확인하고 각 단계에 대해 제안된 코드 스니펫을 실행해 보세요. 만약 문제가 발생한다면 다음과 같은 질문 프롬프트와 함께 Copilot에 오류를 표시합니다.

- "Q: 아래/위에 있는 코드가 동작하지 않습니다. 수정해주세요."

Return 및 *Tab*을 눌러 완료의 수락하는 것을 잊지마세요.

요약

이 장에서는 Github Copilot의 제안 특징을 사용하여 의견을 입력하고 Return 및 Tab 키를 사용하여 Copilot의 제안을 수신하고자 했습니다. 때때로 전체 응답을 받으려면 Return 및 Tab을 반복적으로 눌러야 하기에 다소 혼란스러울 수 있습니다. 또한 코드를 적극적으로 작성할 때마다 적합한 AI 경험이기도 합니다. Github Copilot Chat에도 자리가 있습니다. 실제로 서로 다른 두 가지 경험은 서로를 보완합니다. 각 접근 방식중 어느 것을 사용할지 선택합니다. 또한 Copilot에서 제안한 코드를 테스트하고 필요한 경우 Copilot에게 코드 출력물을 수정하도록 항상 요청하세요.

Discord에서 우리 커뮤니티에 참여하세요.

저자 및 여러 독자와 함께 토론하려면 Discord 커뮤니티 공간에 참여하세요.

`https://packt.link/aicode`

제20장
GitHub Copilot으로 효율성 향상하기

소개

지금까지 Github Copilot과 ChatGPT에 대해 책의 시작 부분에서 배운 지식을 사용해 왔습니다. 이 기초 지식은 프롬프트를 작성하고 수락하는 방법을 알려주기에 충분했습니다. 또한 기계 학습, 데이터 과학 및 웹 개발을 위한 솔루션을 만드는 작업을 시작할 수 있었습니다. 웹 개발의 경우, 기본 코드 베이스로 작업할 때, Copilot이 효율적인 도구라는 사실도 알게 되었다. 이 장에서는 활용하고자 하는 특징이 더 많기 때문에 AI 도구의 지식을 한 단계 더 발전시키고자 합니다.

효율성을 높이기 위해 수행할 수 있는 많은 작업이 있으며, Copilot 내에 파일 스캐폴딩Scaffolding을 지원하는 특징이 있으며, 편집자로서 작업 공간과 시간 절약 특징인 Visual Studio Code에 대해 자세히 알아볼 수 있습니다. 이 장에서는 몇 가지 중요한 특징을 다룹니다.

이 장에서 다루는 것은 다음과 같습니다.

- Copilot을 사용하여 코드를 생성하는 방법을 알아보세요.
- Copilot 명령어를 사용하여 새로운 프로젝트 생성과 같은 작업을 자동화합니다.
- 코드를 디버깅하고 문제를 해결하는 기법을 적용합니다.
- Copilot을 사용하여 코드를 검토하고 최적화합니다.

코드 생성과 자동화

Copilot의 핵심은 코드 생성기입니다. 문서 혹은 소스 코드의 일부인 텍스트를 생성할 수 있습니다.

Copilot을 사용하여 코드를 생성하는 두 가지 주요 방법이 있습니다.

- Copilot의 활성 편집기Active Editor는 프롬프트를 주석으로 표시합니다.
- Copilot Chat에서 프롬프트를 입력할 수 있습니다.

Copilot 활성 편집기

활성 편집기에서 Copilot은 코드를 생성할 수 있습니다. 코드를 생성하기 위해서는 프롬프트를 주석으로 작성해야 합니다. 프로그래밍 언어 코드에 주석을 추가하는 방법은 다양합니다. 예를 들자면, JavaScript 및 C#에서는 //를 사용하고 HTML의 경우 <!--를 입력합니다.

이에 대한 예시를 보겠습니다.

프롬프트

두 개 모수의 사용을 추가하는 새로운 함수를 만듭니다.

```
//두 개 모수의 사용을 추가하는 새로운 함수를 만듭니다
```

위에는 프롬프트가 주석으로 표시되어 있습니다. Copilot은 이 프롬프트를 살펴보고 이를 기반으로 코드를 생성하고자 시도합니다. 이 시점에서 Copilot은 생성된 코드를 "제안"으로 반환하며, *Tab* 키를 사용하여 이를 수락할 수 있습니다. 편집기의 모습은 다음과 같습니다.

```
// 두 개 모수의 사용을 추가하는 새로운 함수를 만듭니다

function add(num1, num2) {
  throw new Error('Function not implemented.');
}
```

이 시점에서는 아무런 제안도 받지 못합니다. 몇 가지 옵션이 있습니다.

- *Return* 키를 눌러서 더 많은 제안을 받을 수 있습니다.
- 생성하려는 코드의 일부를 입력하기 시작하면, Copilot이 입력한 내용을 기반으로 코드를 제안합니다.

Copilot Chat

Copilot Chat은 채팅 인터페이스를 사용하여 Copilot과 상호 작용하는 방법입니다. Copilot Chat을 활성화시키려면 Visual Studio Code (혹은 VS Code)의 왼쪽 하단에 있는 아이콘을 클릭하면 채팅창이 열립니다.

그림 20.1 Visual Studio Code의 왼쪽 메뉴와 Copilot Chat의 "Chat" 아이콘을 표시합니다

위의 Chat 아이콘을 클릭하면 아래의 이미지가 표시됩니다.

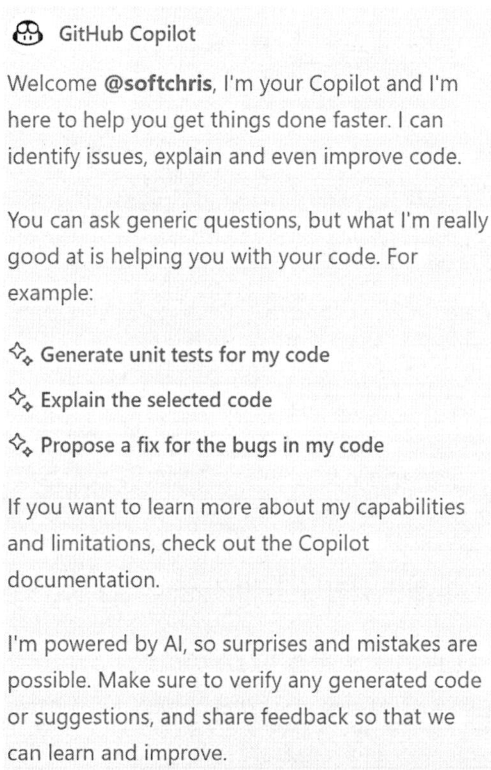

그림 20.2 위 이미지는 Visual Studio Code의 왼쪽 메뉴에서 Chat 아이콘을 클릭하면 열리는 채팅 창을 보여줍니다.

이전과 동일한 프롬프트를 기반으로 코드를 생성해 보겠습니다. 채팅 창의 입력 텍스트 필드를 사용하여 프롬프트를 입력합니다.

프롬프트

두 개 모수의 사용을 추가하는 새로운 함수를 만듭니다.

출력물은 텍스트 명령어와 코드 제안의 두 부분으로 구성됩니다. 먼저 텍스트 지침입니다.

프롬프트 응답

물론입니다. 두 개의 모수를 사용하여, 그 합을 추가하며 반환하는 함수의 예시는 다음과 같습니다.

```
function add(a, b) {
  return a + b;
}
```

특징 사용 방법은 예시도 보여줍니다.

```
const result = add(2, 3);
console.log(result); // 출력물 5
```

Copilot 명령어

채팅 창에 /를 입력하기 시작하면, Copilot에서 사용할 수 있는 명령어 목록이 표시됩니다.

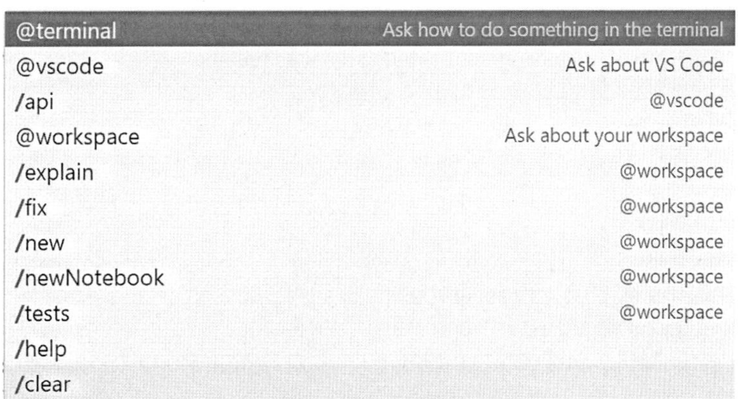

그림 20.3 사용 가능한 명령어

사용 가능한 명령어는 상당히 많으며, 이 장에서는 그 중 몇 가지에 초점을 맞출 것입니다.

Notebook 생성하기

이 명령어를 사용하면 새로운 Notebook을 생성할 수 있습니다. Notebook은 코드 스니펫과 텍스트를 저장할 수 있는 곳입니다. Notebook을 생성하려면 /newNotebook을 입력하고 Notebook의 이름(예: `products`)도 입력합니다.

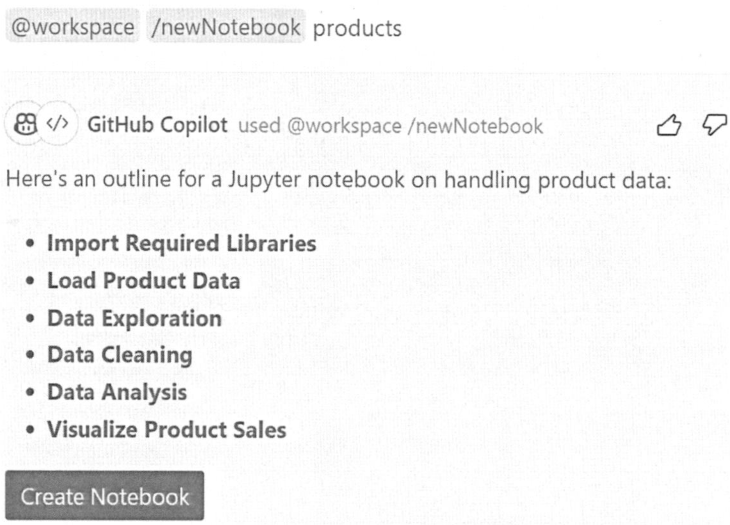

그림 20.4 Notebook을 생성합니다

위의 이미지는 `/newNotebook` 명령어를 입력하면 표시되는 내용을 보여주며, **노트북 생성**Create Notebook을 클릭하여 Notebook의 스캐폴딩을 확인하라는 메시지가 표시됩니다.

이렇게 하면 products에 일반적으로 사용되는 코드 스니펫이 포함되는 새로운 Notebook이 생성됩니다. 다음으로 출력물을 검사하겠습니다.

Notebook의 고급 수준에서 다음이 포함되어 있습니다.

- import, 데이터 세트 작업에 필요한 모든 가져오는 것이 포함되어 있으며, 다음으로 출력물을 검사하겠습니다.

```
import pandas as pd # Pandas 라이브러리를 가져옵니다
import numpy as np # NumPy 라이브러리를 가져옵니다
import matplotlib.pyplot as plt # 데이터 시각화를 위하여 matplotlib 라이브러리를 가져옵
니다
import seaborn as sns # 데이터 시각화를 위하여 Seaborn 라이브러리를 가져옵니다
```

- CSV 파일에서 데이터를 불러오는 코드가 포함된 데이터 (CSV 파일 `product_data.csv`

은 없지만, Copilot은 사용자가 해당 파일을 가지고 있는 것으로 가정하고 코드의 이 부분을 사용자가 가지고 있는 CSV 파일의 이름에 맞게 조정합니다)를 불러옵니다.

```
# CSV 파일의 제품 데이터를 Pandas 데이터프레임으로 불러옵니다
product_data = pd.read_csv('product_data.csv')

# JSON 파일의 제품 데이터를 Pandas 데이터프레임으로 불러옵니다
# product_data = pd.read_json('product_data.json')

# 데이터프레임의 첫 번째 다섯 열을 프린트합니다
print(product_data.head())
```

- 제품 데이터를 탐구하고, 여기에는 데이터를 검사하는 작업이 포함됩니다.

```
# 제품 데이터를 탐구하기 위하여 Pandas 함수를 사용합니다
# 데이터프레임의 마지막 다섯 열을 표시합니다
print(product_data.tail())

# 데이터프레임의 요약 정보를 표시합니다
print(product_data.info())

# 데이터프레임의 통계 요약을 표시합니다
print(product_data.describe())
```

- 제품 데이터를 필터링하고, 여기에는 데이터를 여과하는 작업이 포함됩니다.

```
# 부울 인덱싱을 사용하여 특정 기준에 따라 제품을 필터링합니다
filtered_data = product_data[(product_data['category'] == 'electronics')
& (product_data['price'] < 100)]

# 필터된 데이터를 표시합니다
print(filtered_data)
```

- 데이터 정렬, 분류 작업이 포함됨.

```
# sort_values() 함수를 사용하여 하나 이상의 열을 기준으로 제품 데이터를 정렬합니다
# 오름차순으로 가격 정렬을 합니다
product_data.sort_values(by='price', ascending=True, inplace=True)

# 카테고리별로 오름차순으로 정렬한 다음, 내림차순으로 정렬합니다
product_data.sort_values(by=['category', 'price'], ascending=[True, False],
inplace=True)
```

```
# 정렬된 데이터를 표시합니다
print(product_data)
```

• 데이터 수집, 데이터를 더 잘 이해하기 위하여 데이터를 수집하는 경우가 많습니다.

```
# 카테고리별로 제품 데이터를 그룹화하고 각 카테고리의 총 가격을 계산합니다
category_total_price = product_data.groupby('category')['price'].sum()

# 각 카테고리용 총 가격을 표시합니다
print(category_total_price)

# 카테고리별로 제품 데이터를 그룹화하고 각 카테고리의 평균 가격을 계산합니다
category_avg_price = product_data.groupby('category')['price'].mean()

# 각 카테고리에서 평균 가격을 표시합니다
print(category_avg_price)

# 카테고리별로 제품 데이터를 그룹화하고 각 데이터에서 제품의 수를 계산합니다
category_product_count = product_data.groupby('category')['product_id']. count()

# 각 카테고리에서 제품의 수를 표시합니다
print(category_product_count)
```

요약하자면, 많은 양을 직접 작성할 필요가 없는 코드입니다. 이 Notebook을 시작점으로 사용하여 제품 데이터를 작업할 수 있습니다.

새 프로젝트 생성

또 다른, 매우 유용한 명령어는 프로젝트를 만들 수 있다는 것입니다. 일반적으로 손수 파일을 생성하는 데 시간이 걸리거나 CLI 도구를 사용하여 프로젝트를 생성합니다. Copilot을 사용하면 채팅 창에 /new를 입력하여 프로젝트를 생성할 수 있습니다. 명령어를 사용하려면 /new를 입력한 후, 설명(예: React)을 입력합니다. 이렇게 하면 React 프로젝트 템플릿이 있는 새로운 프로젝트가 생성됩니다. 출력물을 검사하겠습니다.

```
my-react-app
├── public
│ ├── index.html
│ └── favicon.ico
├── src
│ ├── App.js
│ ├── index.js
│ ├── components
│ │ ├── Customer.js
│ │ ├── Product.js
│ │ ├── CustomerList.js
│ │ └── ProductList.js
│ ├── data
│ │ ├── customers.json
│ │ └── products.json
│ └── styles
│ ├── App.css
│ ├── Customer.css
│ ├── Product.css
│ ├── CustomerList.css
│ └── ProductList.css
├── package.json
└── README.md
```

위에서 만든 파일은 React 프로젝트에서 예상되는 일반적인 파일입니다. 다음이 포함됩니다.

- `public`, 이는 응용 프로그램의 위치를 나타내는 JavaScript 파일을 참조하는 `index.html` 파일이 포함됩니다.
- `src`, 이는 모든 응용 프로그램이 포함되어 있으며 컴포넌트, 데이터 및 CSS 스타일을 위해 서로 다른 폴더로 나뉩니다.

이 모든 것이 출발점이 됩니다. 원하는 대로 파일을 변경할 수 있습니다.

디버깅과 트러블슈팅

코드를 디버깅과 트러블슈팅은 문제를 해결할 수 있는 것은 중요한 기술입니다. 코드를 개발할 때 처음 코드를 개발하는 데 필요한 작업을 수행하는 경우는 거의 없습니다. 코드를 디버깅하고 트러블슈팅하여 무엇이 운제인지 파악할 수 있어야 합니다. 보고된 버그가 있는 경우도 마찬가지이며, 버그가 어느 시점에 잘못되었는지 진단할 수 있어야 합니다.

Copilot이 도움이 될 수 있으며, 괜찮은 접근 방식은 Copilot Chat을 사용하여 디버깅 및 문제 해결에 대한 지원을 추가하도록 요청하는 것입니다.

다음은 제공된 샘플 코드의 일부입니다. Python용 Flask 프레임워크의 REST API입니다. 작동하는 코드이지만 디버깅 및 트러블슈팅 관점에서 작업하는 것이 쉽지 않을 수 있습니다.

```
from flask import Flask, jsonify, request
import sqlite3

app = Flask(__name__)

# 데이터베이스에 대한 연결을 생성합니다
conn = sqlite3.connect('products.db')
c = conn.cursor()

# 존재하지 않는 경우 제품에 대한 테이블을 만듭니다
c.execute('''CREATE TABLE IF NOT EXISTS products
             (id INTEGER PRIMARY KEY AUTOINCREMENT,
             name TEXT,
             price REAL)''')
conn.commit()

@app.route('/products', methods=['GET'])
def get_products():
    # 데이터베이스에서 모든 제품을 검색합니다
    c.execute('SELECT * FROM products')
    products = c.fetchall()

    # 제품을 JSON 응답으로 변환합니다
    response = []
    for product in products:
        response.append({
            'id': product[0],
            'name': product[1],
            'price': product[2]
        })
    return jsonify(response)

@app.route('/products', methods=['POST'])
def add_product():
    # request body에서 제품 데이터를 검색합니다
    data = request.get_json()
    name = data['name']
    price = data['price']
```

```
    # 제품을 데이터베이스에 삽입합니다
    c.execute('INSERT INTO products (name, price) VALUES (?, ?)', (name, price))
    conn.commit()

    # 성공 메시지를 반환합니다
    return jsonify({'message': 'Product added successfully'})

if __name__ == '__main__':
    app.run(debug=True)
```

위의 코드는 작동하지만 디버깅 및 문제해결을 지원하지 않으며, Copilot Chat을 사용하여 어떻게 지원을 추가할 수 있는지 알아보겠습니다.

프롬프트

트러블슈팅과 디버깅을 위한 지원을 추가합니다.

Copilot Chat은 텍스트와 코드 모두로 답변해 드립니다.

프롬프트 응답

물론입니다. 트러블슈팅 및 버그 제거를 지원하는 업데이트 버전의 Flask API는 다음과 같습니다.

```
from flask import Flask, jsonify, request
import sqlite3

app = Flask(__name__)

# 데이터베이스에서 연결을 생성합니다
conn = sqlite3.connect('products.db')
c = conn.cursor()

# 존재하지 않는다면 제품에 대한 테이블을 생성합니다
c.execute('''CREATE TABLE IF NOT EXISTS products
             (id INTEGER PRIMARY KEY AUTOINCREMENT,
             name TEXT,
             price REAL)''')
conn.commit()

@app.route('/products', methods=['GET'])
def get_products():
    try:
```

```
        # 데이터베이스에서 모든 제품을 검색합니다
        c.execute('SELECT * FROM products')
        products = c.fetchall()

        # 제품을 JSON 응답으로 변환합니다
        response = []
        for product in products:
            response.append({
                'id': product[0],
                'name': product[1],
                'price': product[2]
            })
        return jsonify(response)
    except Exception as e:
        # 에러를 기록하고 오류 메시지를 파악합니다
        app.logger.error(str(e))
        return jsonify({'error': 'An error occurred while retrieving products'})

@app.route('/products', methods=['POST'])
def add_product():
    try:
        # 요청 본문에서 제품 데이터를 검색합니다
        data = request.get_json()
        name = data['name']
        price = data['price']

        # 제품을 데이터베이스에 삽입합니다
        c.execute('INSERT INTO products (name, price) VALUES (?, ?)', (name, price))
    conn.commit()

        # 성공 메시지를 반환합니다
        return jsonify({'message': 'Product added successfully'})
    except Exception as e:
        # 에러를 기록하고 오류 메시지를 파악합니다
        app.logger.error(str(e))
        return jsonify({'error': 'An error occurred while adding the product'})

if __name__ == '__main__':
    app.run(debug=True)
```

다음은 개선 사항입니다.

- `get_products()` 함서에서 코드 주위에 `try/except` 블록을 추가했습니다.
- 로그 오류에 `logger` 문을 추가했습니다.
- `app.run()` 문에 debug=True를 추가했습니다.

이러한 변경 사항은 코드 문제를 해결하고 디버깅하는 데 도움이 됩니다.

다음으로 코드 리뷰 및 최적화를 위하여 Copilot을 사용하는 방법을 살펴보겠습니다.

코드 리뷰와 최적화 기법

현재 작동하는 코드가 있지만 최적화되지 않았습니다. 예를 들어, 일반적으로 코드를 서로 다른 파일로 분리하는 것이 좋습니다. 코드 개선을 위해 Copilot이 제안하는 사항을 살펴보겠습니다.

프롬프트

선택한 코드를 개선합니다.

평소와 마찬가지로 텍스트와 코드 측면에서 Copilot Chat 응답을 받습니다.

프롬프트 응답

물론입니다. 선택한 코드를 개선할 수 있는 몇 가지 사항이 있습니다.

- 콘텍스트 관리자를 사용하여 데이터베이스 연결 및 커서를 처리합니다. 이렇게 하면 예외가 발생하더라도 코드 실행이 완료되면 연결이 제대로 닫힙니다.
- 목록 이해력을 사용하여 제품을 JSON 응답으로 변환합니다. 이 방법은 for 루프를 사용하는 것보다 더 간결하고 빠를 수 있습니다.
- 응답 개체의 JSON 모수를 사용하여 JSON 응답을 반환합니다. 이는 jsonify 함수를 사용하는 것보다 더 간결합니다.
- request.json 속성을 사용하여 request body에서 제품 데이터를 검색합니다. 이이 더 간결하고 Python과 같은 방법입니다.

결과 코드는 다음과 같습니다.

```
from flask import Flask, Response, request
import sqlite3

app = Flask(__name__)

# 존재하지 않는다면 제품에 대한 테이블을 생성합니다
with sqlite3.connect('products.db') as conn:
    c = conn.cursor()
    c.execute('''CREATE TABLE IF NOT EXISTS products
                 (id INTEGER PRIMARY KEY AUTOINCREMENT,
                 name TEXT,
                 price REAL)''')
conn.commit()

@app.route('/products', methods=['GET'])
```

```
def get_products():
    try:
        # 데이터베이스에서 모든 제품을 검색합니다
        with sqlite3.connect('products.db') as conn:
            conn.row_factory = sqlite3.Row
            c = conn.cursor()
            c.execute('SELECT * FROM products')
            products = c.fetchall()

        # 제품을 JSON 응답으로 변환합니다
        response = [{'id': product['id'], 'name': product['name'], 'price':
product['price']} for product in products]
        return Response(response=response, status=200, mimetype='application/ json')
    except Exception as e:
        # 오류를 기록하고 오류 메시지를 반환합니다
        app.logger.error(str(e))
        return Response(response={'error': 'An error occurred while retrieving products'},
status=500, mimetype='application/json')

@app.route('/products', methods=['POST'])
def add_product():
    try:
        # 요청 본문에서 제품 데이터를 검색합니다
        data = request.json
        name = data['name']
        price = data['price']

        # 제품을 데이터베이스에 삽입합니다
        with sqlite3.connect('products.db') as conn:
            c = conn.cursor()
            c.execute('INSERT INTO products (name, price) VALUES (?, ?)', (name, price))
            conn.commit()

        # 성공 메시지를 반환합니다
        return Response(response={'message': 'Product added successfully'}, status=201,
mimetype='application/json')
        except Exception as e:
        # 에러를 기록하고 오류 메시지를 파악합니다
        app.logger.error(str(e))
        return Response(response={'error': 'An error occurred while adding the product'},
status=500, mimetype='application/json')

if __name__ == '__main__':
    app.run(debug=True)
```

위의 가장 큰 변화는 콘텍스트 관리자를 사용하여 데이터베이스 연결 및 커서를 처리하는 것이었습니다. 이렇게 하면 예외가 발생하더라도 코드 실행이 완료되면 연결이 제대로 닫힙니다.

여전히 코드를 서로 다른 파일로 분리하고 싶은 데, 이를 위해 Copilot이 무엇을 제안하는지 살펴보겠습니다.

프롬프트부터 시작하겠습니다.

프롬프트

책임별로 코드를 별도의 파일로 분리합니다.

결과 코드는 다음과 같습니다.

프롬프트 응답

```
# app.py
from flask import Flask
from products import products_bp

app = Flask(__name__)
app.register_blueprint(products_bp)

if __name__ == '__main__':
    app.run(debug=True)
# database.py
import sqlite3

def get_db():
    db = sqlite3.connect('products.db')
    db.row_factory = sqlite3.Row
    return db
# products.py
from flask import Blueprint, jsonify, request
from database import get_db

products_bp = Blueprint('products', __name__)

@products_bp.route('/products', methods=['GET'])
def get_products():
    try:
        # 데이터베이스에서 모든 제품을 검색합니다
        db = get_db()
        products = db.execute('SELECT * FROM products').fetchall()
```

```
        # 제품을 JSON 응답으로 변환합니다
        response = [{'id': product[0], 'name': product['name'], 'price': product['price']}
for product in products]
        return jsonify(response)
    except Exception as e:
        # 에러를 기록하고 오류 메시지를 파악합니다
        app.logger.error(str(e))
        return jsonify({'error': 'An error occurred while retrieving products'}), 500

@products_bp.route('/products', methods=['POST'])
def add_product():
    try:
        # 요청 본문에서 제품 데이터를 검색합니다
        data = request.json.get('data', {})
        name = data.get('name', '')
        price = data.get('price', 0)

        # 제품을 데이터베이스로 삽입합니다
        db = get_db()
        db.execute('INSERT INTO products (name, price) VALUES (?, ?)', (name, price))
        db.commit()

        # 성공 메시지를 반환합니다
        return jsonify({'message': 'Product added successfully'}), 201
    except Exception as e:
        # 에러를 기록하고 오류 메시지를 파악합니다
        app.logger.error(str(e))
        return jsonify({'error': 'An error occurred while adding the product'}), 500
```

참고

만약 코드를 실행하는 동안 오류가 발생하면 Copilot에게 문의하여 오류가 있다고 말하고 문제를 해결하도록 요청합니다. Copiot은 코드 생성기, 그 이상이라는 점을 기억하세요.

현재 보고 있는 것은 우려사항의 분리입니다. App.py 파일은 응용 프로그램을 시작하고 청사진을 등록하는 역할을 합니다. database.py 파일은 데이터베이스 연결을 처리합니다. products.py 파일은 제품 API를 처리하는 역할을 합니다. 이 코드는 우리가 작업하고 유지 관리할 수 있는 코드입니다.

이 코드는 콘텍스트 관리자를 사용하여 database.py를 바꿈으로서, 연결을 처리합니다.

```
import sqlite3

def get_db():
    with sqlite3.connect('products.db') as db:
        db.row_factory = sqlite3.Row
        return db

def init_db():
    with sqlite3.connect('products.db') as db:
        db.execute('''CREATE TABLE IF NOT EXISTS products
                      (id INTEGER PRIMARY KEY AUTOINCREMENT,
                      name TEXT,
                      price REAL)''')
        db.commit()

# 간결함을 위하여 생략된 기타 코드
```

여기에서는 Copilot이 코드를 단계적으로 검토하여 단일 파일을 여러 파일로 분할한, 다음 코드를 개선하는 방법을 확인하였습니다.

워크스페이스

워크스페이스는 디렉토리에 열려 있는 모든 파일입니다. 추천할 때 AI 어시스턴트가 이 모든 파일을 고려하기를 바랍니다. 다음 파일이 있는 다음 웹 프로젝트를 살펴봅시다.

```
src/
  app.py
  utils.py
```

app.py 에는 API 가 포함되어 있으며 utils.py에는 이메일 검증함수가 포함되어 있습니다. App.py를 위한 코드입니다.

```
# Flask를 사용하여 웹 API를 생성하고 제품의 Get 경로가 있어야 합니다.

from flask import Flask, jsonify
app = Flask(__name__)

@app.route('/customers, methods=['GET'])
def get_customers():
```

```
    return jsonify({'customers': ['item1', 'item2', 'item3']})
# TODO, create a POST route for products
# Run the app
if __name__ == '__main__':
    app.run(debug=True)
```

TODO 주석을 참조하세요. 고객을 저장할 경로를 추가하려고 합니다. 이 고객을 보관할 때는 고객 데이터에 유효한 이메일이 포함되어 있는지 확인해야 합니다. 다행히도 utils.py 파일에는 이미 이러한 함수가 포함되어 있지만, Copilot이 이 함수를 사용하도록 할 수 있을까요? 살펴봅시다.

App.py의 주석을 변경하여 다음과 같이 말합니다.

프롬프트

TODO 고객을 위한 POST 경로를 만듭니다. request body를 검증하고 유효한 이메일 주소를 가지고 있는지 확인해야 합니다.

의도하고자 하는 기본 함수가 제대로 동작하지 않습니다.

프롬프트 응답

```
@app.route('/customers', methods=['POST'])
def post_customers():
    return jsonify({'message': 'success'})
```

이를 도와주려면 Github Chat을 사용하여 다음 프롬프트를 입력합니다.

프롬프트

request body를 유효성을 확인하고 유효한 이메일 주소를 가지고 있는지 확인해야 합니다.

프롬프트 응답

Request body를 검증하고 유효한 이메일 주소를 갖도록 하려면 Flask의 request 객체와 정규 표현을 사용할 수 있습니다. post_customers 함수를 수정하는 방법은 다음과 같습니다.

```
from flask import request
import re

@app.route('/customers', methods=['POST'])
def post_customers():
    data = request.get_json()

    if 'email' not in data:
        return jsonify({'message': 'No email provided'}), 400

    email = data['email']
    pattern = r'\b[A-Za-z0-9._%+-]+@[A-Za-z0-9.-]+\.[A-Z|a-z]{2,}\b'

    if not re.match(pattern, email):
    return jsonify({'message': 'Invalid email format'}), 400

    return jsonify({'message': 'success'})
```

위의 코드는 작동하지만 이미 이메일 검증을 해결하는 함수가 있는 기존 utils.py 파일을 활용하지 않습니다. 그렇다면 Copilot이 해당 파일을 고려하도록 하려면 어떻게 해야 하나요? 답은 @workspace라는 명령어에 있습니다. @worskspace 명령어는 모든 파일을 고려합니다. 사용 방법은 다음과 같습니다.

프롬프트

@workspace는 선택한 코드를 개선하여 request body에 유효한 이메일 주소가 포함되어 있는지 확인하고, 주로 워크스페이스의 다른 파일의 함수를 사용하여 문제를 해결합니다.

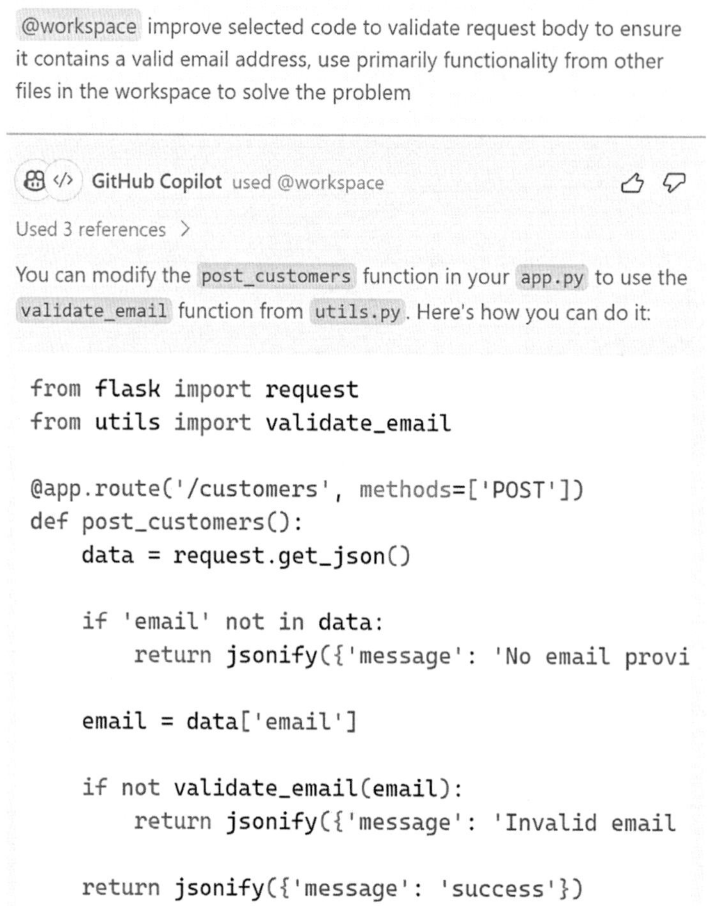

그림 20.5 Copilot Chat의 이미지는 @workspace 명령어를 사용하여 새로운 코드를 생성하는 대신, 워크스페이스의 기존 코드 및 코드 파일을 활용하여 문제를 해결하는 방법을 보여줍니다.

또한 응답을 코드로 표시하고 무엇을 볼 수 있는지 논의해 보겠습니다.

프롬프트 응답

```
from flask import request
from utils import validate_email

@app.route('/customers', methods=['POST'])
def post_customers():

    data = request.get_json()

    if 'email' not in data:
        return jsonify({'message': 'No email provided'}), 400
```

```
    email = data['email']

    if not validate_email(email):
        return jsonify({'message': 'Invalid email format'}), 400

    return jsonify({'message': 'success'})
```

위 코드에서는 `utils.py` 파일에 있는 `validate_email`을 사용하여 이메일을 검증합니다. 이는 첫 번째 시도로서 중요하며, 이 문제를 해결하면 Copilot이 코드를 복제하게 되었습니다. 이러한 이유로 솔루션을 제안할 때 Copilot이 워크스페이스의 모든 코드를 고려하도록 하며 `@workspace`를 사용하는 것이 좋습니다.

Visual Studio Code 찾아보기

Copilot의 또 다른 특징은 Visual Studio Code에서 작업하는 방법을 빠르게 찾을 수 있다는 점입니다. 공식 문서를 참조하는 대신 코드 편집기를 떠나지 않고 필요한 것을 빠르게 찾는 것이 좋습니다. 이 특징을 사용하려면, `@vscode` 명령어가 있습니다. 채팅 창이 열려 있는지 확인하고 다음 프롬프트에서 어떻게 작동하는지 확인해 보겠습니다.

프롬프트

`@vscode` 터미널 창을 열려면 어떻게 하나요?

그림 20.6 위의 프롬프트에 대한 Copilot 응답

여기에는 주목할 만한 두 가지 사항이 있습니다.

- Copilot 작업 방법과 위치를 알려줍니다.
- **명령어 팔레트로 보기**Show in Command Palette 버튼을 클릭하면 필요한 항목을 찾는 방법을 시각적으로 보여줍니다.

터미널

마지막으로 보여드릴 정말 훌륭한 기능은 터미널 명령어 입니다. 이론적으로 이 특정 명령어에 의존하지 않고 터미널을 사용할 수 있지만, 질문 앞에 "터미널을 어떻게 해야 하는지 보여줘"로 접두사를 붙이지 않아도 도움이 됩니다. 이 명령얼ㄹ 사용하려면 프롬프트 앞에 `@terminal` 이라는 이름으로 접두사를 붙입니다.

프롬프트

`@Terminal`은 원격 레포지토리를 가리키는 Git의 원격 업스트림을 만드는 방법을 보여줍니다.

프롬프트 응답

Git에서 원격 레포지토리를 가리키는 "업스트림upstream" 이라는 원격 저장소를 만드는 방법을 보여줍니다. 다음은 명령어 입니다.

- `git remote add upstream {remote_repo_url}`
- `{remote_repo_url}`을 원격 저장소의 URL로 대체합니다.
- 이 명령어는 지정된 원격 위치를 가리키는 "업스트림"이라는 이름에 새로운 원격을 추가합니다. 그런 다음 필요에 따라 "업스트림" 원격에서 가져오거나 푸시Push 할 수 있습니다.
- `{remote_repo_url}`: 원격 저장소의 URL입니다. URL은 Github, Gilab, Bitbucket, 그렇지 않다면 기타 Git 서버의 URL일 수 있습니다.

보시다시피 필요한 명령어와 입력 방법에 대한 자세한 설명이 모두 제공됩니다.

임무

문서화, 테스트 혹은 객체 관계 매퍼object-relational mapper (ORM)를 추가하여 코드를 더욱 개선할 수 있는지 확인합니다. 이 장에서 다루는 명령어를 사용하는 것을 잊지 마세요.

도전 과제

Copilot Chat이 지원하는 다른 명령어를 확인하고 이를 위하여 작업 흐름을 개선할 수 있는지 확인합니다.

문제

Copilot이 도울 수 있는 것을 고르시오.

가. 코드 생성, 자동화, 디버깅, 문제 해결, 코드 검토 및 최적화

나. 배포

다. 위 중 해당사항 없음

요약

이 장에서는 Copilot에서 사용할 수 있는 몇 가지 고급 기능에 대해 설명했습니다. `@Workspace`을 사용하여 Copilot이 모든 파일을 고려할 수 있도록 하는 방법을 배웠습니다. `@vscode` 명령어는 Visual Studio Code로 작업하는 방법을 보여준다는 점에서 또 다른 유용한 명령어였습니다.

또한 스캐폴딩, 특히 웹 프로젝트를 위하여 파일을 스캐폴딩하는 방법과 스타터 코드가 포함된 Notebook을 생성하는 방법도 살펴봤습니다. 이러한 명령어는 프로젝트를 처음 시작할 때 몇 시간을 절약할 수 있습니다. Copilot은 꽤나 많은 명령어가 있는 데, 이를 사용해 보는 것이 좋습니다.

Discord에서 우리 커뮤니티에 참여하세요.

저자 및 여러 독자와 함께 토론하려면 Discord 커뮤니티 공간에 참여하세요.

`https://packt.link/aicode`

제21장

소프트웨어 개발에서 에이전트

소개

이 장에서는 소프트웨어 개발에서 에이전트의 개념에 대해 설명할 것입니다. 에이전트가 무엇이며 어떻게 작동하거나, 프로젝트에서 에이전트를 어디에 쓸 수 있는지를 살펴볼 것입니다. 가장 유명한 에이전트의 프레임워크를 살펴보고 어떻게 시작할 수 있는 방법을 확인할 것입니다.

에이전트가 해결할 수 있는 문제를 소개하겠습니다. 일반적인 생각은 프로그램이 사용자를 대행할 수 있다는 것입니다. 이 예제로는 과업 자동화, 결정 만들기 및 다른 에이전트 및 사람들과 상호 작용할 수 있습니다. 이와 같은 프로그램은 시간을 절약하고 삶을 편하게 만들거나 사업을 좀 더 효율적으로 만듭니다.

이 장에서 우리가 다룰 내용은 다음과 같습니다.

- 소프트웨어 개발에서 에이전트의 개념을 소개합니다.
- 에이전트가 무엇이고 어떻게 동작하는지 설명합니다.
- 에이전트의 다른 유형과 어떻게 그것을 사용될 수 있는지 논의합니다.

에이전트란 무엇인가요?

이전에 말한 것처럼, 에이전트는 사용자를 대행할 수 있는 프로그램입니다. 작업을 수행하고, 의사 결정을 내리고, 다른 에이전트 및 인간과 상호작용 할 수 있습니다. 에이전트는 다양한 응용 프로그램에서 사용할 수 있습니다.

프로그램을 에이전트 프로그램으로 만드는 것이 아니라 단순한 프로그램으로 만드는 몇 가지 이유가 있습니다.

- **에이전트 프로그램은 명확한 목표가 있습니다** : 예를 들자면 온도 조절기를 25도로 유지하려면 적절한 조치를 취하거나 에이전트가 재정을 관리하고 수익을 극대화하려고 노력하는 것을 예로 들을 수 있습니다.
- **자율** : 에이전트는 이전에 정의한 목표를 달성하기 위하여 필요한 결정을 내립니다. 금융 에이전트의 경우 특정 트리거 조건을 충족하면 주식을 사고 팔 수 있습니다.
- **센서가 있습니다** : 센서는 물리적이거나 소프트웨어의 API일 수 있으며, 이를 통해 에이전트가 "세상이 어떤 곳인지" 이해할 수 있습니다. 온도조절기의 경우 센서는 온도 메트릭스이지만, 금융 에이전트의 경우 센서는 에이전트가 목표를 결정할 수 있는 주식 시장 API가 될 수 있습니다.

에이전트는 어떻게 작동하나요?

에이전트는 입력을 받고, 이를 처리하며 출력을 생성하여 작업합니다. 특정한 작업을 수행하고, 의사 결정을 내리며, 다른 에이전트 및 인간과 상호 작용하도록 프로그래밍 할 수 있습니다. 에이전트는 상화 작용을 통해 학습하고 시간이 지남에 따라 성능을 향상시킬 수도 있습니다.

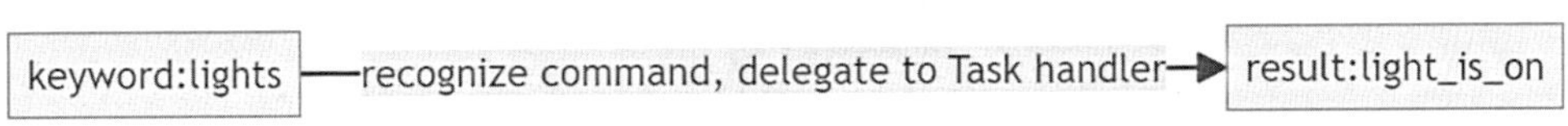

그림 21.1 단순한 에이전트의 프로세스 키워드, 인식, 수행 과업

단순 에이전트 vs. AI 사용 에이전트

에이전트는 새로운 것이 아닙니다. 에이전트들은 오랫동안 존재해 왔습니다. 새로운 점은 에이전트가 이제 AI로 구동된다는 점입니다. 두 가지를 비교해 보겠습니다.

- **단순 에이전트** : 기존 에이전트는 미리 정의된 규칙과 논리에 따라 특정 과업을 수행하고 의사 결정을 내리도록 프로그래밍되어 있습니다.
- **AI를 사용하는 에이전트** : AI를 기반으로 하는 에이전트는 더 복잡한 과업을 수행하고 더 많고 지능적인 의사 결정을 내릴 수 있습니다. 자연어를 이해하고, 상호 작용을 통해 학습하며, 시간이 지남에 따라 성능을 향상시킬 수 있습니다.

단순 에이전트

이전 절에서 언급했듯이 단순 에이전트는 특정 작업을 위해 만들어졌다는 점에서 제한적입니다. 키워드를 사용하거나 자신을 표현할 수 있는 방식이 제한되어 있기 때문에 일반적으로 상호 작용하는 것도 제한적입니다.

간단한 에이전트의 예시로는 챗봇이 있습니다. 이러한 챗봇은 제한된 키워드와 문구(文句) 세트를 이행하도록 프로그래밍되어 있습니다.

예를 들자면 "제품에 대해 자세히 알려주세요" 혹은 "반품 정책은 무엇인가요?"와 같은 질문이 있습니다. 이러한 키워드와 문구 외의 대화를 시도하면 챗봇이 사용자를 이해하지 못하게 됩니다.

단순 에이전트는 좌담가가 아닙니다

사람과 대화를 나눌 때는 사람이 몇 가지 주제를 잘 알고, 적어도 다른 주제에 대해 이야기할 수 있기를 기대합니다. 더 간단한 에이전트의 경우 다음과 같은 대화를 나눌 수 있습니다.

- 사용자 "제품에 대해 알려주세요."
- 에이전트 "전자 제품, 의류, 액세서리 등 다양한 제품을 보유하고 있습니다. 무엇에 관심이 있으신가요?"
- 사용자 "현재 날씨에 맞는 옷에 관심이 있습니다."
- 에이전트 "옷에 대한 조언은 확실히 할 수 있지만, **현재 날씨**는 모르겠습니다."

여기에서 관찰할 수 있는 흥미로운 두 가지 사항이 있습니다.

- 대화가 짧게 느껴지고 중요한 정보는 문장의 끝이나 쉼표 직전에 있으므로 간단한 구문 분석을 사용하여 중요한 정보를 추출한다는 것을 나타냅니다.
- 날씨와 같은 제품이 아닌 정보는 처리하지 않으므로, 응답을 필터링하는 데 도움이 될 수 있습니다.

도구 호출 및 대규모 언어 모델을 통한 향상된 대화

LLM은 더 자연스럽게 들릴 뿐만 아니라 텍스트에서 유창하게 의도를 분석하고 인식할 수 있다는 점에서 향상된 특징입니다. 또한 옷 API, 날씨 API 등 다양한 특징에 대해 LLM에게 알려주면 대화를 잘 처리하고, 사람과의 대화를 닮을 수 있는 도구 호출이라는 도구를 통해 LLM에 추가 지식을 제공할 수 있습니다. LLM과 함께 대화를 나누고 차이점을 강조해 보겠습니다.

- 사용자 "당신의 제품은 무엇인가요?"

- 에이전트 "전자 제품, 의류, 액세서리 등 다양한 제품을 보유하고 있습니다.
- 사용자 "좋습니다. 현재 날씨에 맞는 옷에 관심이 있습니다. 추천해주실 수 있나요?"
- 에이전트 "옷에 대한 더 나은 조언을 드릴 수 있도록 위치를 알려주실 수 있나요?"
- 사용자 "물론이죠. 저는 애리조나 주 피닉스에 살고 있어요."
- 에이전트 "알겠습니다. 현 시점에서 피닉스는 화씨 90도[4] 입니다. 이 반바지를 추천해도 될까요?"

이 대화가 더 잘 진행된 이유는 이 LLM이 입력으로 한 피닉스가 날씨 API를 호출한 후에 날씨 응답을 필터링하여 옷 API를 호출하는 도구 덕분에 더 자연스럽게 표현할 수 있기 때문입니다.

대화 에이전트의 해부학

대화 에이전트는 일반적으로 다음과 같은 구성 요소로 구성됩니다.

- **입력** : 에이전트에 대한 입력은 일반적으로 자연어의 형태입니다. 과거에 하드코드[Hardcode]를 사용해야 했던 영어뿐만 아니라 다양한 구어체가 될 수 있습니다.
- **처리** : 입력 처리는 일반적으로 **자연어 처리(NLP)** 기법을 사용합니다.
- **위임** : 에이전트의 적절한 구성 요소에 대한 입력 위임입니다. 위임받은 구성원은 예를 들자면 항공편 예약이나 질문 답변과 같은 특정 업무의 에이전트가 될 수 있습니다.

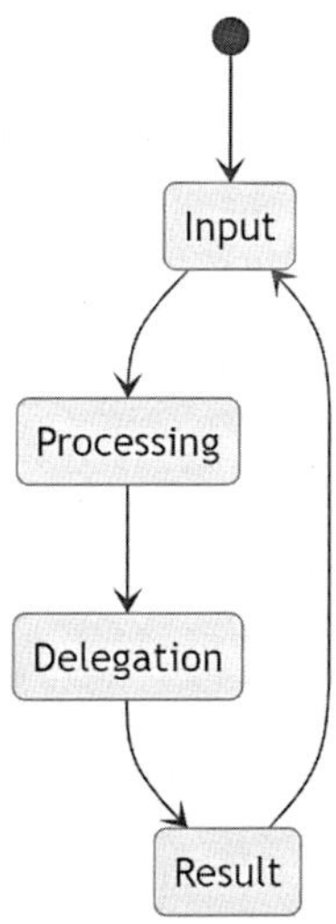

그림 21.2 대화형 에이전트 과정 단계

4) **역자주** : 섭씨 약 32도

앞의 다이어그램은 입력에서 처리, 위임에서 결과로 이동하는 루프를 나타내는 데, 루프가 있는 이유는 무엇일까요? 에이전트는 목적이라는 개념이 아니라 사용자가 입력을 제공할 때까지 기다렸다가 이에 반응합니다. 이 장의 앞 부분에서 언급했듯이 에이전트는 목표를 향해 노력하며, 목표가 재정 관리라면 지속적인 업무입니다.

LLM에서 도구 호출에 대한 자세한 내용

이 장에서 이전에 도구 호출에 대해 언급한 적이 있지만, LLM에 특징을 추가하는 것이 어떻게 작동하는지 보여드리겠습니다.

LLM은 훈련된 내용만 알고 있으며, 훈련되지 않은 내용에 대해서는 많은 경우 할루시네이션이라고 알려진 항상 정확하지 않은 답변을 제공합니다. LLM이 보다 정확한 응답을 제공하고자 하는 영역을 개선하려면 도구와 함께 제시할 수 있습니다. 도구 제공 과정은 다음 구성요소로 구성됩니다.

- 함수에 대한 JSON 설명
- LLM이 이 함수를 언제 호출해야 하는지 알 수 있도록 함수에 대한 설명

이전 구성 요소를 제공한 후에는 날씨를 가져올 수 있는 특징을 제공한다고 가정해 보겠습니다. 이제 LLM은 내장된 특징을 사용하여 사용자가 날씨에 대해 알고 싶어한다는 의미로 다음의 모든 입력을 의미론적으로 해석할 수 있습니다.

- "솔트레이크시티의 오늘 날씨는 어떤가요?"
- "샌프란시스코의 기온은 몇 도인가요?"
- "내일 뉴욕에 비가 오나요?"
- "런던 날씨는 어떤가요?"
- "밖은 따뜻하나요?"

GPT를 사용하는 도구로 성능 추가하기

작동 방식은 JSON 형식으로 특징 사양을 제공하는 것입니다. 이 JSON 함수 형식은 GPT 모델이 이해하는 스키마입니다. GPT 모델은 기본적으로 두 가지를 수행합니다.

- 프롬프트에서 모수를 추출합니다.
- 여러 특징에 대해 알 수 있듯이 특징을 호출할지 여부와 호출할 특징을 결정합니다.

그런 다음 개발자로서 LLM이 함수를 호출해야 한다고 생각하는 경우 적극적으로 호출해야 합니다.

함수 형식은 이 스키마를 따릅니다.

```
{
        "type": "function",
        "function": {
            "name": "get_current_weather",
            "description": "Get the current weather",
            "parameters": {
                "type": "object",
                "properties": {
                    "location": {
                        "type": "string",
                        "description": "The city and state, e.g. San Francisco, CA",
                    },
                    "format": {
                        "type": "string",
                        "enum": ["celsius", "fahrenheit"],
                        "description": "The temperature unit to use. Infer this
from the users location.",
                    },
                },
                "required": ["location", "format"],
            },
        }
    }
```

이전 JSON 스키마에서 GPT 모델에 몇 가지 사항을 알려드립니다.

- get_current_weather라는 함수가 있습니다.
- 설명은 "Get the current weather"입니다.
- 이 함수에는 location 및 format, 두 가지 모수가 필요합니다.
- 파라미터, 모수 유형 및 허용 값에 대한 설명도 있습니다.

다음 프롬프트가 주어졌을 때 실제로 어떻게 작동하는지 설명하겠습니다.

프롬프트

"솔트레이크시티의 오늘 날씨는 어떤가요?"

GPT 모델이 프롬프트에 추출할 수 있는 내용은 다음과 같습니다.

- 위치 솔트레이크시티
- 포맷 이는 제공되지 않지만 GPT는 사용자의 위치에서 이를 추론할 수 있습니다.
- 호출 함수 get_current_weather.

개발자가 해야 할 일은 추출된 모수 값으로 표시된 함수를 호출하는 것입니다. 다음은 함수 설명이 제공되는 GPT 모델에 연결하고 응답을 구문 분석하는 데 사용할 수 있는 코드입니다.

```
import open

def get_current_weather(location, format):
    # Call weather API
    response = requests.get(f"https://api.weather.com/v3/wx/forecast/
daily/5day?location={location}&format={format}
    return response.json()

# Call the GPT model

tool = {
        "type": "function",
        "function": {
            "name": "get_current_weather",
            "description": "Get the current weather",
            "parameters": {
                "type": "object",
                "properties": {
                    "location": {
                        "type": "string",
                        "description": "The city and state, e.g. San Francisco, CA",
                    },
                    "format": {
                        "type": "string",
                        "enum": ["celsius", "fahrenheit"],
                        "description": "The temperature unit to use. Infer this
from the users location.",
                    },
                },
                "required": ["location", "format"],
            },
        }
    }
```

```
prompt = "What's the weather like today in Salt Lake City?"

response = openai.Completion.create(
  model="text-davinci-003",
  prompt=prompt,
  max_tokens=150,
  tools= [tool]
)

# Parse the response
function_response = response.choices[0].function_response # here we learn what
function to call
location = function_response.parameters.location # extracting parameter value
for location
format = function_response.parameters.format # extracting parameter value for
format
weather = get_current_weather(location, format) # here we get the response from
the API
```

이것은 GPT를 사용하여 대화 에이전트를 만드는 방법의 가장 기본적인 예일 것입니다.

하지만 고급 에이전트에게는 조금 더 많을 것을 기대합니다. 만약 항공권, 호텔, 자동차, 레스토랑 예약과 같이 더 복잡한 작업을 하고 싶다면 어떻게 해야 할까요?

진보된 대화

GPT 모델에 더 많은 특징을 추가하면 한동안 효과가 있을 수 있다고 생각하기 쉽습니다. 그러나 대화가 복잡해짐에 따라 GPT 모델은 대화의 콘텍스트를 기억하고 대화의 상태를 추적해야 합니다.

고급 대화의 경우 더욱 더 복잡해집니다.

여행사 사무실에 들어가서 두 사람 사이에 다음과 같은 대화가 오간다고 상상해 보세요.

사용자 "휴가를 가고 싶어요."

에이전트 "그렇군요."

사용자 "따뜻한 여행지에 가고 싶어요."

에이전트 "알겠습니다. 어디를 찾고 있는지 자세히 알려주세요."

사용자 "해변을 낀 여행지를 원해요"

에이전트 "좋습니다. 더 자세한 내용이 있나요?"

사용자 "가는 곳이 최소 25도가 되었으면 좋겠어요."

에이전트 "좋습니다. 더 자세한 내용이 있나요?"

사용자 "아니오. 없어요."

에이전트 "당신의 기준과 일치하는 세 곳을 찾았습니다. 제가 소개해도 될까요?"

사용자 "네. 부탁드립니다."

에이전트 "여기에 세 곳이 있습니다. 어느 곳에 대해 더 알고 싶나요?"

사용자 "첫 번째 여행지를 알려주세요."

에이전트 "첫 번째 장소에 대한 자세한 정보는 다음과 같습니다."

사용자 "좋네요. 호텔과 항공편을 예약할 수 있나요?"

에이전트 "물론입니다. 제가 도와드리겠습니다."

에이전트 "호텔과 항공편을 예약했습니다."

사용자 "고맙습니다. 아, 렌터카를 빌려야 해요."

에이전트 "물론입니다. 찾고 있는 특정 자동차가 있나요?"

사용자 "아니오, 예산은 하루당 $100입니다."

에이전트 "당신의 기준과 일치하는 다섯 가지를 찾았습니다. 제가 소개해도 될까요?"

사용자 "네. 부탁드립니다." 다섯 번째를 원합니다."

에이전트 "자동차를 예약해 드렸습니다."

에이전트 "휴가 준비가 모두 끝났습니다."

사용자 "고맙습니다. 그렇지만 잠깐만요. 첫날 밤 레스토랑 예약에 도움이 필요해요."

이 시점에서 이 대화는 꽤 오랫동안 계속될 수 있음이 분명합니다. 에이전트는 대화의 콘텍스트를 기억하고 상태를 계속 추적해야 합니다.

또한 호텔, 항공편, 자동차, 레스토랑 예약, 날씨 API, 관광 API 등 에이전트가 다른 에이전트나 서비스에 위임해야 하는 다양한 작업도 있습니다.

요점은 에이전트에게 초기 프롬프트를 이해하고 다른 에이전트나 서비스에 작업을 위임하는 것 이상의 것이 있다는 것입니다. 이 대화는 상태 기계이자 다양한 에이전트와 서비스의 오케스트레이션이라고 생각해야 합니다.

진보된 대화 모델링하기

더 발전된 대화에는 콘텍스트와 상태를 모두 기억하는 것이 포함된다고 언급했습니다. 예제 대화의 하위 집합을 살펴보고 상태가 어떻게 변하는지 살펴봅시다.

사용자 "휴가를 가고 싶어요."

에이전트 "그렇군요."

현제 에이전트는 휴가를 떠나려는 사용자의 의도 외에는 아무것도 기억하지 못하고 있습니다. 방금 사용자의 프롬프트를 확인했습니다.

사용자 "따뜻한 여행지에 가고 싶어요."

에이전트 "알겠습니다. 어디를 찾고 있는지 자세히 알려주세요."

이제 상황이 흥미로워지고 있습니다. 에이전트는 '따뜻함'을 기준으로 기억해 왔으며, '따뜻함'을 너무 추운 곳을 걸러내는 데 사용할 수 있는 온도 범위로 변환해야 합니다.

사용자 "해변을 낀 여행지를 원해요"

에이전트 "좋습니다. 더 자세한 내용이 있나요?"

이는 또 다른 진전이며, 에이전트는 장소를 필터링할 때 사용할 추가 기준으로 "해변"을 기억하고 있습니다.

사용자 "가는 곳이 최소 25도가 되었으면 좋겠어요."

추가 기준인 "25도"가 추가되었습니다. 섭씨 20도 ~ 40도로 정의된 이전 기준인 "따뜻함은 범위를 섭씨 25~40도로 조정합니다.

에이전트 "좋습니다. 더 자세한 내용이 있나요?"

사용자 "아니오. 없어요."

이 시점에서 에이전트는 사용자가 더 이상 추가할 기준이 없음을 인식하고, "따뜻한", "해변",

"섭씨 20~45도" 필터를 사용하여 검색/결정을 내릴 수 있습니다. 이제 API를 호출하여 장소 목록을 가져오고 에이전트는 목록을 사용자에게 제시하여 선택할 수 있습니다.

에이전트 "당신의 기준과 일치하는 세 곳을 찾았습니다. 제가 소개해도 될까요?"

추가해야 할 중요한 사항은 사용자가 기준을 변경하지 않는 한, 이 특정 여행 검색에 대한 기준을 기억할 뿐만 아니라 다음 단계에도 기억해야 한다는 것입니다.

앞의 예시에서 상태가 천천히 구축되고 에이전트가 대화의 콘텍스트를 기억해야 한다는 것을 알 수 있기를 바랍니다.

다음 단계로 구성된 진보된 대화를 생각하면 도움이 될 수 있습니다.

1. **입력** : 에이전트에 대한 입력은 일반적으로 자연어의 형태입니다.
2. **처리** : 입력 처리는 일반적으로 NLP 기법을 사용합니다.
3. **다음 단계를 결정합니다** : 에이전트는 입력과 현재 대화 상태를 기반으로 대화의 다음 단계를 결정해야 합니다. 여기서 답변은 자세한 정보를 묻고, 옵션 목록을 제시하고, 무언가를 예약하는 등의 방법입니다.
4. **대화를 종료하거나 계속(사용자 입력 요청)합니다** : 에이전트는 대화를 종료할지 계속할지 결정해야 합니다. 계속해야 하는 경우 사용자 입력을 요청해야 합니다.

진보된 대화를 위한 의사 코드

에이전트는 예를 들어서 몇 가지 다른 상태를 가질 수 있습니다.

- **과업 요청** : 이 질문은 일반적으로 대화가 시작될 때 혹은 작업이 수행되고 사용자 선택이 완료되었을 때 주로 묻습니다.
- **사용자에게 작업에 대한 자세한 정보를 요청합니다** : 이는 일반적으로 사용자에게 선택할 수 있는 항목을 제시하는 작업이 수행된 후에 묻는 질문입니다.
- **사용자에게 옵션 목록을 제시합니다** : 이는 일반적으로 사용자에게 선택할 수 있는 항목을 제시하는 과업이 수행합니다.
- **과업을 수행합니다** : 여기에서 에이전트는 호텔, 항공권, 자동차 혹은 레스토랑 예약과 같은 과업을 수행합니다.
- **대화를 종료합니다** : 대화가 끝나면 에이전트가 이 상태로 이동하고 사용자는 어떻게든 대화가 끝났음을 나타냅니다.

의사 코드에서는 이렇게 보일 수 있습니다.

```
# enum
class State(Enum):
    ASK_FOR_TASK = 1
    ASK_FOR_MORE_INFORMATION = 2
    PRESENT_TASK_RESULT = 3
    PERFORM_TASK = 4
    END_CONVERSATION = 5

# 최초의 상태입니다
state = State.ASK_FOR_TASK

def ask_for_task():
    # 사용자에게 과업을 요청합니다
    pass

def ask_for_more_information(task):
    # 필터 기준을 저장합니다
    pass

def present_task_result(task):
    # 결과를 나타내어서 사용자가 고를 수 있도록 합니다
    pass

def perform_task(task):
    # 과업을 수행합니다
    pass

def end_conversation():
    # 대화를 종료합니다
    pass

while state != State.END_CONVERSATION:
    if state == State.ASK_FOR_TASK:
        # 과업을 위해 요청합니다
        task = ask_for_task()
        state = State.ASK_FOR_MORE_INFORMATION
    elif state == State.ASK_FOR_MORE_INFORMATION:
        # 과업에서 더 많은 정보를 사용자에게 요청합니다
        task = ask_for_more_information(task)
        state = State.PERFORM_TASK
    elif state == State.PRESENT_TASK_RESULT:
        # 사용자에게 옵션의 목록을 나타냅니다
        task = present_task_result(task)
```

```
        state = State.ASK_FOR_MORE_INFORMATION
    elif state == State.PERFORM_TASK:
        # 과업을 수행합니다
        perform_task(task)
        state = State.PRESENT_TASK_RESULT
    elif state == State.END_CONVERSATION:
        # 대화를 종료합니다
        end_conversation()
```

이전 코드는 진보된 대화를 위한 적절한 시작점입니다. 그렇지만 인간이 항상 예측 가능한 것은 아니며 에이전트가 예상치 못한 상황을 처리할 수 있어야 한다는 점을 기억해야 합니다. 예를 들자면, 인간은 언제든지 마음을 바꾸거나 새로운 기준을 추가할 수 있습니다.

자율적인 에이전트

자율적인 에이전트는 사람의 개입 없이도 스스로 행동할 수 있는 에이전트입니다. 사람의 입력 없이도 과업을 수행하고, 의사 결정을 내리며, 다른 에이전트 및 인간과 상호 작용할 수 있습니다. 자율 주행 에이전트는 자율 주행 차량부터 가상 어시스턴트에 이르기까지 다양한 응용 프로그램에서 사용할 수 있습니다.

자율 에이전트의 예시로는 다음이 있습니다.

- **자율 주행 자동차**: 자율 주행 자동차는 사람의 개입 없이 스스로 운전할 수 있는 자율 주행 에이전트입니다. 도로를 탐색하며 장애물을 피하고 주변 환경에 따라 결정을 내릴 수 있습니다.
- **가상 어시스턴트**: 가상 어시스턴트는 사람의 입력 없이도 작업을 수행하고, 의사 결정을 내리며, 인간과 상호 작용할 수 있는 자율 에이전트입니다. 자연어를 이해하고, 상호 작용을 통해 학습하며, 시간이 지남에 따라 성능을 향상시킬 수 있습니다. 재무 담당자가 있는 경우를 상상해 보세요. 재무를 관리하고 연간 8%의 가치 상승을 보장하는 높은 수준의 목표를 제시했을 수도 있습니다. 이 에이전트에게 일정 가치 미만의 주식을 사고 팔 수 있는 권한을 부여했지만 일정 한도 이상의 대량 구매 및 판매에 대해서는 컨설턴트에게 제공했을 수 있습니다.

앞으로 대화 에이전트뿐만 아니라 자율 에이전트도 증가할 것으로 보입니다. 고객 서비스부터 의료, 금융, 운송에 이르기까지 이러한 에이전트를 사용할 수 있는 흥미로운 분야가 많이 있습니다. 병력, 선호도 등을 파악하면서 세금 납부, 휴가 예약, 건강 관리를 도와줄 수 있는 자율 에이전트가 있다고 상상해 보세요.

임무

다음 대화가 주어지면 대화에 참여할 가능성이 높은 에이전트 유형을 추론하고 대화를 모델링하는 방법을 추론합니다.

사용자 "케이크를 굽고 싶습니다."

에이전트 "물론입니다. 어떤 종류의 케이크를 굽고 싶은가요?"

사용자 "초콜릿 케이크를 만들고 싶습니다."

에이전트 "물론입니다. 염두에 두고 있는 레시피가 있나요?"

사용자 "아니오, 레시피를 찾는 데 도움을 주실 수 있나요?"

에이전트 "알겠습니다. 알레르기나 선호도와 관련하여 알아야 할 사항이 있나요?"

사용자 "견과류 알레르기가 있고 만들기 쉬운 레시피를 선호합니다. 아, 비건 케이크도 만들고 싶어요."

에이전트 "알겠습니다! 기준에 맞는 세 가지 레시피를 찾았습니다. 말씀드려도 될까요?"

사용자 "네. 부탁드립니다."

에이전트 "여기에 세 가지 레시피가 있습니다. 어느 것을 원하시나요?"

사용자 "두 번을 원합니다."

에이전트 "이게 다인가요?"

사용자 "아니오, 재료를 사야하나요? 그리고 오븐 온도 설정을 도와주실 수 있나요"

에이전트 "네, 몇 가지 재료가 부족한 것 같습니다. 재료 주문을 도와드릴 수 있습니다. 오븐 온도 설정도 도와드릴 수 있습니다 언제 설정해야 하나요?"

사용자 "네, 주문하고 주문이 도착하는 대로 오븐을 설정합시다."

에이전트 "주문을 완료하고 배송을 기다리고 있습니다. 오븐 온도는 도착하는 대로 설정하겠습니다."

사용자 "고마워요."

에이전트 "천만에요. 다 말씀했나요?"

사용자 "네."

도전 과제

에이전트를 사용하여 해결할 수 있는 문제를 생각할 수 있나요? 이 문제를 해결하기 위해 에이전트를 어떻게 사용하시겠습니까? 어떤 유형의 에이전트를 사용하시겠습니까?

문제

Q: LLM에서 도구 호출은 무엇인지 고르시오.

가. LLM이 내장된 도구를 호출하여 응답을 제공하는 것입니다.

나. JSON의 함수 설명과 이 함수를 호출해야 하는 시기를 나타내는 의미 설명을 제공하여 LLM에 새로운 특징을 알리는 것입니다.

다. 특징을 사용하여 LLM을 미세 조정할 때입니다.

요약

이 장에서는 소프트웨어 개발의 에이전트 개념을 소개했습니다. 에이전트란 무엇이며 어떻게 작동하는지 설명했습니다. 다양한 유형의 에이전트와 에이전트를 사용하는 방법에 대해 논의했습니다. 이제 GPT와 같은 LLM이 어디로 향하고 있는지, 그리고 여러분의 미래가 어떻게 변화할지 미래를 엿볼 수 있기를 바랍니다.

레퍼런스

궁금하시다면 에이전트에 대한 리소스를 확인해 볼 가치가 있습니다.

- Autogen: `https://github.com/microsoft/autogen`
- Semantic Kernel: `https://learn.microsoft.com/en-us/semantic-kernel/overview/`
- Join our Discord: `https://discord.gg/pAbnFJrkgZ`

Discord에서 우리 커뮤니티에 참여하세요.

저자 및 여러 독자와 함께 토론하려면 Discord 커뮤니티 공간에 참여하세요.

`https://packt.link/aicode`

제22장
결론

이 책을 이곳까지 함께해주신 독자 여러분께 진심으로 감사드립니다. 이제 프로젝트에서 Github Copilot 및 ChatGPT와 같은 AI 도구를 자신 있게 사용할 수 있는 시점에 도달하셨기를 바랍니다.

이 책 되풀이

이 책에서 거쳐온 것을 재정리하겠습니다. Ai의 세계를 소개하는 것을 시작으로 **대규모 언어 모델**Large Language Model(LLM)이 어떤 것인지 알아보았습니다. 그러고 나서, 오늘날 가장 유명한 AI 도구인 Github Copilot 및 ChatGPT를 소개했습니다. 두 개의 도구는 유명할 뿐만이 아니라. 비교와 대조하는 것 또한 흥미롭습니다. ChatGPT는 채팅 인터페이스와 함께 제공되며 다양한 작업을 처리할 수 있도록 설계되었습니다. Github Copilot에는 채팅 인터페이스와 편집기 내부 모드도 제공되지만, 소프트웨어 개발과 관련된 문제를 해결하는 데 더 전념합니다. 이 두 도구를 통합하는 중요한 측면은 프롬프트와 자연어 입력을 사용할 수 있고, 입력으로 사용할 수 있으며, 최종 사용자는 문제 해결에 더 가까워질 수 있는 출력을 받는다는 사실입니다. 이 두 도구 모두 프롬프트 입력에 의존하기 때문에 어떤 유형의 프롬프트와 몇 줄의 프롬프트가 필요한지 결정하고, 프롬프트를 조정하며, 심지어는 프롬프트를 사용하여 AI 도구의 응답을 검증할 수도 있습니다.

그런 다음, 이러한 AI 도구를 효과적으로 사용할 수 있는 프롬프트 전략을 제시했습니다. 그러고 나서, 여러 장에 걸쳐 프론트엔드에서 백엔드에 이르는 웹 개발 프로젝트에서 이 프롬프트 전략이 어떻게 실행되는지 보여주었습니다. 그런 다음 데이터 과학 및 기계 학습 프로젝트에 동일한 프롬프트 전략이 어떻게 적용되는지 보여주었습니다. 이 두 가지 문제 도메인은 무작위로 선택되었습니다. 이 책의 요점은 생성형 AI 도구의 기능을 시연하는 것이며, 이를 프롬프트 전략과 페어링 방법을 알면 큰 힘을 얻을 수 있습니다.

AI 도구 사용의 영향은 이제 문제 도메인에 관계없이 코드 개발에 대한 많은 과업을 수행하는 도구가 생겼다는 것입니다. 개발자로서, 이제 모든 코드 라인을 입력하는 대신 선언적인 표현에 더 집중하여 원하는 방식으로 설명할 수 있다는 것을 의미합니다. AI 도구를 사용하고 그 도구를 효과적으로 사용하는 것은 사용자의 직업에서 상당한 코딩 부분에서 속도를 좀 더 낼 것 같습니다.

책을 마무리하기 전에 사용자를 대신하여 행동하고 Ai가 다음에 나아갈 방향을 나타낼 수 있는 프로그램인 에이전트의 미래에 대한 간략한 소개를 해드렸습니다.

마지막으로 향후 프로젝트의 성공을 위해 AI 도구와 그 특징을 더 자세히 다루었습니다.

주요 결론

그렇다면 이 책에서 얻을 수 있는 주요 결론은 무엇일까요? 다음과 같습니다.

- Github Copilot 및 ChatGPT와 같은 AI 도구는 앞으로도 계속 사용될 것이며 시간이 지나면 더 나아질 것입니다.
- 세상은 보다 선언적인 프로그래밍 방식으로 변화하고 있습니다. Ai에게 어려운 작업을 많이 해달라고 요청하세요. 사용자의 새로운 역할은 최선의 결과를 위해 AI 도구로 반복하여 일하는 것입니다.
- 웹 개발자, 데이터 과학자, 기계 학습 엔지니어의 여부에 관계없이 선택한 도메인 내의 문제에서 프롬프트 전략을 세워야 합니다.
- 개선된 모델로 인해 향후 중요성이 줄어들 것이라고 생각하더라도 프롬프트는 그 자체로 빠르게 기술이 되고 있습니다. 현재로서는 숙달해야 할 기법이며, 이 책이 해당 길에서 영감을 주는 데 능숙해지도록 도움이 되기를 바랍니다.

앞으로 어떻게 될까요?

에이전트에 관한 챕터(21장)에서 논의한 내용은 현재 진행 중인 상황이며, 이를 주시해야 합니다. 옥스퍼드 대학에서는 이미 에이전트가 커리큘럼의 일부로 있습니다. 더 알고 싶다면 이 코스를 확인하세요

https://conted.ox.ac.uk/courses/artificial-intelligence-generative-ai-cloud-and-mlops-online.

21장에서 언급했듯이 Autogen은 에이전트를 소개하는 매우 흥미로운 프로젝트입니다. 이를 살펴보고 원하는 경우 자체 프로젝트에 활용할 것을 권장합니다. https://github.com/microsoft/autogen.

마지막으로

AI의 세계는 빠르게 변화하고 있습니다. 어제의 완벽한 도구와 전략은 몇 달 후에 최선의 도구와 전략이 아닐 수도 있습니다. 따라서 이 책을 최신 연구 결과와 인사이트로 계속 업데이트하는 것이 저자들의 목표입니다. 친애하는 독자 여러분께 진심으로 감사드리며, 이 책이 여러분에게 가치가 있기를 바랍니다.

Discord에서 우리 커뮤니티에 참여하세요.

저자 및 여러 독자와 함께 토론하려면 Discord 커뮤니티 공간에 참여하세요.

https://packt.link/aicode

찾아보기

<packt>

www.packtpub.com

온라인 디지털 라이브러리에 가입하여 7,000여 권의 도서와 동영상은 물론, 개인 개발 계획과 커리어 발전에 도움이 되는 업계 최고의 도구를 모두 이용하세요. 자세한 내용은 웹사이트에서 확인하세요.

구독하는 이유는 무엇인가요?

- 4,000명 이상의 업계 전문가가 제공하는 실용적인 전자책과 동영상으로 학습 시간을 줄이고 코딩에 더 많은 시간을 할애하세요.
- 여러분을 위해 특별히 제작된 스킬 플랜으로 학습 향상
- 매월 무료 전자책 또는 동영상 받기
- 완벽한 검색 기능으로 중요한 정보에 쉽게 접근 가능
- 콘텐츠 복사 및 붙여넣기, 인쇄, 북마크하기

Packt에서 출판된 모든 도서의 전자책 버전을 PDF 및 ePub 파일로 제공한다는 사실을 알고 계셨나요? packtpub.com에서 전자책 버전으로 업그레이드할 수 있으며, 인쇄본 도서 고객은 전자책 사본에 대한 할인 혜택을 받을 수 있습니다. 자세한 내용은 customercare@packtpub. com으로 문의하세요.

www.packtpub.com 에서 무료 기술 기사 모음을 읽고, 다양한 무료 뉴스레터에 가입하고, Packt 도서 및 전자책에 대한 독점 할인 및 혜택을 받을 수도 있습니다.

즐거워 할 수 있는 다른 책들

이 책이 재미 있었다면 Packt의 다른 책에도 관심이 있을 것입니다.

Python Machine Learning By Example

Yuxi (Hayden) Liu

ISBN: 9781835085622

- 데이터 준비 및 모델 개발 전반에 걸쳐서 기계 학습의 모범 예시를 따르세요.
- 합성곱 계층Convolutiona Neural Network(CNN)과 전이 학습Transfer Learning을 이용하여 이미지 분류기를 구축하거나 개선합니다.
- TensorFlow 및 PyTorch를 사용하여 신경망을 개발하고 파인튜닝합니다.
- 데이터를 분석하고 예측합니다.
- 서포트 벡터 머신Support Vector Machine(SVM)을 사용하여 분류기를 구축하고 PCA로 성능을 향상시킵니다.
- 정규화, 특징 선택 등을 사용하여 과적합을 방지합니다.

Unlocking the Secrets of Prompt Engineering

Gilbert Mizrahi

ISBN: 9781835083833

- 다양한 유형의 프롬프트, 강점 및 약점을 탐구합니다.
- AI 에이전트의 지식 및 멘탈 모델을 이해합니다.
- 소설과 시를 위하여 AI 인사이트로 창의적 글쓰기를 향상시킵니다.
- AI 챗봇 제작 및 배포에 대한 고급 기술을 개발합니다.
- Ai가 교육, 법률 등의 산업을 어떻게 변화시킬지 알아봅니다.
- LLM과 다양한 도구를 통합하여 생선성을 향상시킵니다.
- AI 윤리 및 모범 사례를 이해하고 한계를 효과적으로 탐구합니다.
- 최적의 결과를 위하여 AI 기법을 실험하고 최적화합니다.

Packt는 당신과 같은 저자를 찾고 있습니다.

Packt에서 저자가 되는 것에 관심이 있다면, authors.packtpub.com로 방문하고 오늘 지원해주세요. 저희는 귀하와 마찬가지로 수천 명의 개발자 및 기술 전문가와 협력하여 글로벌 기술 커뮤니티와 인사이트를 공유할 수 있도록 지원했습니다. 일반 신청서를 보내거나, 저자를 모집 중인 특정 주제에 응모하거나, 자신의 아이디어를 제출할 수 있습니다.

후기를 써주세요

"AI-Assisted Programming for Web and Machine Learning, . Amazon 리뷰 페이지로 바로가는 QR 코드를 스캔하거나 구매한 곳 사이트에서 리뷰를 남겨주세요.

https://packt.link/r/1835086055

리뷰는 당사와 테크 커뮤니티에 중요하며, 우수한 품질의 콘텐츠를 제공하는 데 도움이 될 것입니다

이 책의 무료 PDF 사본 다운로드

책을 구매해 주셔서 감사합니다!

이동 중에도 독서를 좋아하지만, 도서를 어디든지 휴대할 수 없으신가요?

구매한 전자책이 선택한 기기와 호환되지 않으신가요?

걱정하지 마세요. 이제 Packt 책에서 무료로 해당 책의 DRM이 없는 PDF 버전을 받을 수 있으니 걱정하지 마세요.

모든 장치에서 어디서나 읽을 수 있습니다. 좋아하는 기술 서적에서 응용 프로그램에 직접 검색하거나 복사하거나 붙여 넣으세요.

특전은 여기에서 끝나지 않고 매일 편지함으로 할인, 뉴스 레터, 훌륭한 무료 콘텐츠를 독점적으로 이용할 수 있습니다.

간단한 다음 단계를 따라서 혜택을 받으세요.

1. QR 코드를 스캔하거나 아래 링크를 방문하세요.

https://packt.link/free-ebook/9781835086056

2. 구매 증빙 자료 제출
3. 여기까지입니다! 무료 PDF 및 기타 혜택을 이메일로 직접 보내드립니다.